cmz

CMZ. Wir machen die guten Bücher. Seit 1979.

Detlev Landgrebe

Kückallee 37
Eine Kindheit am Rande des Holocaust

Herausgegeben
von *Thomas Hübner*

Im Anhang:

Arthur Goldschmidt

Geschichte der evangelischen Gemeinde
Theresienstadt 1942–1945

Neu herausgegeben
von *Thomas Hübner*

Bibliografische Information Der Deutschen Bibliothek

Die Deutsche Bibliothek verzeichnet diese Publikation in der Deutschen Nationalbibliografie; detaillierte Daten sind im Internet über http://dnb.ddb.de abrufbar.

Originalausgabe

© 2009 by CMZ-Verlag Winrich C.-W. Clasen
An der Glasfachschule 48, 53359 Rheinbach
Tel. 02226-9126-26, Fax -27, info@cmz.de

Satz (Adobe Garamond Pro 11,5 auf 14 Punkt) mit Adobe InDesign CS 3:
Winrich C.-W. Clasen, Rheinbach

Scans und technische Beratung:
Frank Münschke dwb (Klartext Medienwerkstatt GmbH), Essen

Papier (G-Print 115 g/m²):
Grycksbo Paper AB, Grycksbo / Schweden

Umschlagabbildungen:
Arthur Goldschmidt (1873–1947), *Die weiße Gartenpforte Kückallee 37*, undatiert,
Pastellzeichnung auf Malkarton, 51,5 × 36,5 cm (Abb. 51 S. 171);
ders., *Portrait Detlev Landgrebe*, unbezeichnet, nicht signiert und nicht datiert [1941/1942],
Öl auf Karton, 43,2 × 34 cm (Abb. 9 S. 39);
ders., *Selbstportrait*, nicht signiert, unbezeichnet, undatiert,
Öl auf Leinwand, 64 × 55,3 cm (Abb. 42 S. 127)

Umschlaggestaltung und Litho:
Lina C. Schwerin, Hamburg

Gesamtherstellung:
Livonia Print Ltd., Riga / Lettland

ISBN 978-3-87062-104-9

20081125

www.cmz.de

Inhaltsverzeichnis

11 *Vorwort*
13 *Einleitung*

17 **Detlev Landgrebe: Kückallee 37**

»… dann wäre gar nichts zu machen«

19 Wenn Juden Christen werden
20 Die Chancen der Aufklärung
22 Der Reformjude Marcus Hertz Schwabe
24 Eine Streitschrift zur Emanzipation
27 Die schwedische Nachtigall:
    »welch ein herrlich gottbegabtes Wesen«
37 Arthur und Kitty Goldschmidt
47 Patriotischer Geist erfaßt die Familie
52 Reinbeker Idylle
54 Ludwig Landgrebe und seine Familie
59 Eine Kindheit in Wien
65 Philosophen in Freiburg
68 Die Verlobung mit einer »Jüdin«
69 Ein neuer Anfang in Prag
71 Die Verfolgung beginnt

»Mischlinge I. Grades« – Jahre der Verfolgung

83 Ein Deutscher in Prag
91 Flucht nach Belgien

93	Der Ariernachweis
94	»Die Jungens sind in Frankreich.«
99	Ein Sommer in Reinbek
107	Mitten im Krieg
117	Rückkehr nach Reinbek
121	Das Leid von Kitty Goldschmidt
123	Das Stigma wird amtlich
126	Die Deportationen beginnen
130	»Rassenschande«
133	Ein Haus geht verloren
136	Ein christliches Begräbnis
139	Deportation nach Theresienstadt
145	Eine Scheidung mit tödlichen Folgen
148	»Judengut«
150	Eine verstörte Familie
154	Schulzeit im Krieg
157	Die Angst kommt erst nachts
161	Trügerische Normalität
163	Alles, nur kein Judenkind

»Ich habe sie doch geliebt«

167	Leben ohne Angst
168	Endlich Professor
170	Ein Überlebender kehrt zurück
175	Rückkehr zur Normalität
181	Eine merkwürdige Freundschaft
186	Bessere Zeiten
189	Das Schweigen der fünfziger Jahre
193	Die Brüder meiner Mutter

Inhaltsverzeichnis

196 Schlußstrich in Reinbek
197 Eine große Familie

199 *Nachwort des Autors*

201 Thomas Hübner: Historisches Material

203 Anmerkungen zu »Kückallee 37«
245 Zeittafel
261 Stammbäume
281 Liste der verwendeten Unterlagen
aus dem Familienarchiv von Detlev Landgrebe
305 Literaturverzeichnisse

    305 Die von Detlev Landgrebe benutzte Literatur
    307 Das von Detlev Landgrebe benutzte Archivmaterial
    307 Veröffentlichungen der Familienmitglieder
    315 Werkverzeichnis Otto Goldschmidt (1829–1907)
    319 Veröffentlichungen von Freunden
der Familienmitglieder (und über sie)
    321 Veröffentlichungen über Familienmitglieder
    324 Weitere Literatur
    335 Nachschlagewerke
    337 Nachschlagewerke im Internet
    337 Archivmaterial, Unveröffentlichtes, Prospekte usw.
    339 Hörfunk- und Fernsehsendungen

343 Verzeichnis der Abbildungen

357 Erich Landgrebe – Ein Eintrag

365	Arthur Goldschmidt: Theresienstadt		
369	*Vorwort des Herausgebers*		
377	Vorwort		
379	I.	Theresienstadt	
385	II.	Der Aufbau der Gemeinde	
385		A)	innerhalb der Evangelischen
409		B)	Der Aufbau innerhalb der Katholiken
411	III.	Das Gemeindeleben	
411		1.	Der Gottesdienst
414		2.	Bibelstunde
417		3.	Gemeindeabende
422	Die Predigt		
427	*Nachwort des Herausgebers*		
435	Namenregister zu »Kückallee 37«, »Historisches Material« und »Nachwort des Herausgebers«		
451	Ortsregister zu »Kückallee 37«, »Historisches Material« und »Nachwort des Herausgebers«		
457	Namenregister zu »Theresienstadt«		
459	Bibelstellenregister		

Hamburg

»Von diesem Fenster aus
habe ich so oft auf die friedlichen Dächer geschaut,
aus denen der Rauch lustig wirbelnd in die Lüfte stieg,
und mir zuzurufen schien:
ich bereite ein gastliches Mahl,
um das sich Alles glücklich und froh vereint.
Mein Herz aber seufzte vergebens
nach einer solchen Vereinigung mit ihm,
mit ihm!
Die Dächer schaue ich lieber an als die Thürme,
die so kalt und stolz dastehen,
als wollten sie mich ewig daran mahnen,
daß sie zur Kirche gehören,
und die Kirche,
die Alles in Liebe segnen sollte,
was sich in Liebe gefunden,
sie verbindet ja doch nur, was zu ihr gehört,
und trennt für immer die,
die sich nicht in ihren Schoos flüchten.«

Johanna Goldschmidt,
Rebekka und Amalia, Leipzig 1847, S. 184

Vorwort

Mein Buch hat den Titel »Kückallee 37«. In dem Haus meiner Großeltern in Reinbek mit dieser Hausnummer spielt der wichtigste Teil meiner Geschichte: die Schrecken der Verfolgung durch die Nazis von 1940 bis 1945. Hier habe ich nach der Befreiung im Mai 1945 bis Ostern 1950, bis zu dem Umzug der Familie nach Kiel, die schönsten Jahre meiner Kindheit und Jugend erlebt. Der Gedanke an das Haus Kückallee 37 weckt in mir Heimatgefühle.

Soweit ich mich erinnern kann, war unsere Adresse immer Kückallee 37. Nun hat der Herausgeber dank seiner Akribie festgestellt, daß das Haus bis 1940 die Hausnummer 27 trug und erst dann mit der Nummer 37 in das Straßenverzeichnis der Gemeinde Reinbek eingetragen wurde. Meine Erlebnisse haben sich also zum Teil in dem Haus mit der Nummer 27 abgespielt. Mit einem Augenzwinkern bitten der Herausgeber und ich den geneigten Leser, uns die kleine Ungenauigkeit nachzusehen. Denn ich bleibe bei dem Titel »Kückallee 37«, der für mich gefühlsmäßig der einzig richtige ist.

Ich habe den Herausgeber gebeten, die 1948 erschienene Schrift meines Großvaters *Dr. Arthur Goldschmidt* – »Die evangelische Gemeinde in Theresienstadt 1942–1945« – als Anhang zu meinem Text neu erscheinen zu lassen. Sie ist ein ungewöhnliches Zeugnis unserer jüdischen Familiengeschichte, mit dem ich mich auch auseinandergesetzt habe.

Der als »Jude« deportierte *Arthur Goldschmidt* gründet und leitet eine evangelische Gemeinde im »Judenghetto« Theresienstadt. Er handelte kraft seiner Menschlichkeit und seines christlichen Glaubens. Ich will ihn durch die Neuveröffentlichung seines Berichtes als Menschen gewürdigt wissen. Er hat es verdient, daß die Erinnerung an ihn bewahrt wird.

Ohne den Einsatz und die unermüdliche Arbeit des Herausgebers *Dr. Thomas Hübner* wäre mein Buch nicht in dieser Form erschienen. Ich nenne nur beispielhaft einige seiner Beiträge. Er hat Ungenauigkeiten und Fehler im Text korrigiert. Er verantwortet den gesamten wissenschaftlichen Apparat. Die Zeittafel (245ff.) erleichtert das Verständnis meines Textes. Aus den von mir gelieferten Bruchstücken zu den Stammbäumen ist eine genealogische Arbeit entstanden, die wissenschaftlichen Ansprüchen standhält. Er hat interessante persönliche Verknüpfungen meiner jüdischen Vorfahren mit bedeutenden Persönlichkeiten der deutschen Kulturgeschichte aufgespürt. Dank seiner Sachkenntnis und Erfahrung konnte dieses

Buch durch Bilder von hervorragender Qualität bereichert werden. Darüber freue ich mich. Ich danke *Thomas Hübner* für sein Engagement.

Emanuel Eckardt hat meine Arbeit in Aufbau und Stil mit großem Einfühlungsvermögen bearbeitet. Seine Schnelligkeit, sich in meinen Text hineinzufinden, verblüffte mich. Ich fühlte mich mit meinem sehr persönlichen Text von ihm verstanden, so daß ich ihm vorbehaltlos vertraute. Er war mir in der letzten Phase der Arbeit eine wichtige moralische Hilfe.

Viele Freunde und Verwandte haben mir geholfen. Sie lasen meine Manuskripte, hörten mir geduldig zu und diskutierten mit mir über den Text. Manche haben Bilder und wichtige Familiendokumente beigesteuert. Ihnen allen danke ich, will mich aber darauf beschränken, nur einige meiner Helfer namentlich zu nennen. An erster Stelle steht meine Frau *Renate*, die mir dank ihrer fachlichen Kompetenz als Psychologin besonders helfen konnte.

Als weitere Helferinnen und Helfer nenne ich *Jochen Amme, Sabine Boehlich, Hildegard Bowen de Febrer, Dr. Malte Dobbertin, Hermann Gieselbusch, Marianne Gmelin, Didier Goldschmidt, Inge Grolle, Peter Jacubowsky, Hans Jakobs, Claus-Uwe Jessen, Helmut Junker, Winfried Landgrebe, Jutta Lieck-Klenke, Jutta Matthess, Carl Nedelmann, Renate Schmitz-Peiffer* und *Haimo Schwarz*.

Ich widme dieses Buch der Familie: meinem Bruder *Winfried*, meiner Schwester *Marianne*, meinen Söhnen *David*, *Benedikt* und *Jonathan*, meiner Nichte *Alix Marie*, meinen Neffen *Jobst, Max, Florian* und *Matthias* und den späteren Nachkommen.

Hamburg, im Juni 2008

Detlev Landgrebe

*Einleitung**

Ich komme aus einer Familie, die seit 1933 von den Nazis wegen der jüdischen Herkunft meiner Mutter verfolgt wurde. Obwohl sie evangelisch getauft worden war, wurde sie nach den Rassenkategorien der Nazis als Jüdin definiert. Mein Vater war »rein arisch« oder – wie es im Nazijargon auch hieß – »deutschblütig«, weil er keine jüdischen Vorfahren hatte. Ich bin am 27. März 1935 geboren worden. Mein jüngerer Bruder und ich wurden als »Mischlinge I. Grades« oder als »Halbjuden« bezeichnet. So definierten die Nazis die Menschen, die einen »arischen« und einen jüdischen Elternteil hatten, aber nicht der jüdischen Gemeinde angehörten, sondern entweder atheistisch oder christlich waren. Wir überstanden die Nazizeit in Reinbek, einem Vorort von Hamburg. Meine Eltern lebten in einer sogenannten privilegierten Mischehe,[1] wie die Nazis in der Rassengesetzgebung die Ehe von arischen und »jüdischen« Ehepartnern bezeichneten, die ihre Kinder christlich erzogen. Während in den von der deutschen Wehrmacht besetzten Ländern alle Menschen jüdischer Herkunft deportiert und ermordet wurden, gleichgültig, ob sie getauft waren oder in einer Mischehe lebten, hatten in Deutschland die in einer Mischehe lebenden Juden und ihre christlich erzogenen Kinder unter glücklichen Umständen eine gewisse Chance zu überleben, weil die Nazis ihre Vernichtung erst für einen späteren Zeitpunkt geplant hatten. Der Schutz währte allerdings nur, solange der arische Ehepartner dem Druck der Diskriminierung standhielt und bei seiner Familie blieb. Da mein Vater sich nicht einschüchtern ließ und zwei einflußreiche Männer in Reinbek unserer Familie halfen, haben meine Eltern, mein jüngerer Bruder und ich die Jahre des Terrors überlebt. Aber die Bedrohung durch die Nazis war mir ständig gegenwärtig, meine Kindheit überschattet von ständiger Angst.

Als Deutschland 1945 befreit wurde, war ich zehn Jahre alt. Die Erinnerungen an die Schrecken der Nazizeit blieben. Ich hatte aber weder die Zeit noch die Kraft, mich mit ihnen auseinanderzusetzen und sie in mein Leben einzuordnen. Ich versuchte zu verdrängen, was geschehen war. Daher habe ich mich auch nicht mit der Frage beschäftigt, ob meine jüdische Herkunft noch eine Bedeutung für mich hatte. Bis zu meiner Pensionierung im Jahre 2000 habe ich in der Öffentlichkeit

---

* Die Anmerkungen zu »Kückallee 37« finden sich auf den Seiten 203–244.

nicht über meine jüdische Herkunft gesprochen. Meine Schul- und Studienfreunde wußten daher ebensowenig davon wie die Menschen, mit denen ich beruflich und während meiner langjährigen politischen Aktivitäten zu tun hatte. Später kam die Angst hinzu, daß meinen Söhnen irgendwann einmal dasselbe widerfahren könnte, was ich erlebt hatte, wenn bekannt würde, daß unsere Familie jüdischer Herkunft sei.

Nur in der Familie und unter Freunden drängte es mich, über meine Herkunft und meine Erlebnisse zu reden. Es war, als ob ich gegen meinen Willen einem inneren Druck nachgeben mußte. Meistens hatte ich das Gefühl, auf Unverständnis oder Desinteresse zu stoßen. Andererseits mochte ich mir nicht eingestehen, ein Opfer der Naziverfolgung gewesen zu sein. Ich vermied es, deutlich zu benennen, was sich in meiner Kindheit zugetragen hat. War es nicht nur eine »verdeckte« Form der Verfolgung, der wir ausgesetzt waren, eine Randerscheinung des Holocaust? Wenn ich davon erzählte, stieß ich jedenfalls oft auf Ablehnung. Ich vermute, daß die Zuhörer meine Geschichte für belanglos hielten, weil meine Eltern, mein Bruder und ich überlebt haben. Im Vergleich mit dem Bild, das wir heute von der Judenverfolgung im Dritten Reich haben, schienen die Erfahrungen meiner Kindheit nicht der Rede wert zu sein. Darüber zu reden, war mir peinlich. Ich fühlte mich als jemand, der sich wichtig machte, nahm schnell alles zurück oder spielte es herunter, berief mich auf meinen arischen Vater und die christliche Tradition der Familie. Ich sah mich zu der Erklärung gedrängt: »Da war nichts. Bei uns war es nicht so schlimm. Wir haben Glück gehabt. Es ist alles gut gegangen.« Trotzdem blieb meine Unsicherheit. War da wirklich nichts?

Meine Frau war die einzige, die mich seit Beginn unserer Ehe im Jahr 1967 geradezu hartnäckig mit meinem Versuch, die schlimmen Erfahrungen der Kindheit zu verdrängen, konfrontierte. Aber das war mir auch nicht recht. Als junger Mann wollte ich natürlich nichts davon hören, daß ich überhaupt Lebensängste hatte, und noch viel weniger davon, daß sie durch die Verfolgung während der Nazizeit entstanden sein könnten.

Noch heute kann ich dem jüngsten Bruder meiner Mutter, der 1938 als Kind von seinen Eltern getrennt und in Frankreich versteckt wurde,[2] nur wenig entgegenhalten, wenn er sagt: »Du warst mit Deinem arischen Vater in Reinbek doch sicher. Du hast Deine Eltern nicht als Kind verloren. Du hast nie einem deutschen Offizier, der Dich zur Deportation abholen sollte, in den Lauf der auf Dich gerichteten Maschinenpistole gesehen.[3] Du warst nicht ein Jahr lang auf abgelegenen Bauernhöfen in Savoyen in Frankreich versteckt«.[4] Nein, meine Erlebnisse während der Nazizeit waren wirklich nicht so schlimm wie die meines Onkels. Und

Einleitung

wieder überkam mich das mir nur zu gut bekannte, verlegene Gefühl, als einer von den glimpflich Davongekommenen in diesen Dingen doch lieber nicht mitreden zu sollen. Ich fühlte mich in der Defensive, als ob ich wie in einem Wettbewerb der Verfolgten beweisen müßte, daß auch ich ein Verfolgter war. Aber darum geht es mir nicht. Vielmehr will ich mich meiner eigenen Geschichte versichern.

Mein Vater meinte, daß die Nazis uns als etwas definiert hätten, was wir nicht waren. Für ihn war mit dem Untergang des Deutschen Reichs und der Nazis die Definition unserer Familie als jüdisch erledigt. Als ich ihn später einmal vorsichtig fragte (ich hatte das Gefühl, an ein Tabu zu rühren), ob ich nicht doch jüdisch sei, antwortete er unwirsch und kategorisch: »Wir wollen uns doch nicht die Rassenkategorien eines Herrn *Hitler* zu eigen machen«. Die Kategorien jüdisch und nicht jüdisch interessierten ihn nicht.

Aber ist mit dieser Antwort die Frage nach meiner jüdischen Identität auch für mich endgültig erledigt? Oder lohnt es sich, mich weiter mit dieser Frage auseinanderzusetzen? Sollte ich mich als jüdisch verstehen, weil ich von den Nazis als Jude, wenn auch nur als »Halbjude« verfolgt worden bin? Sollten die Nazis die Macht gehabt haben, über ihren Untergang hinaus mein Selbstverständnis als »jüdisch« zu bestimmen? Als ich etwa fünfzig Jahre nach dem Untergang des Nazireiches begann, mich mit der Geschichte der Verfolgung meiner Familie und meinen Erinnerungen an diese Zeit auseinanderzusetzen, bekam ich Zweifel, ob die jüdische Herkunft meiner Mutter wirklich keine Spuren bei mir hinterlassen haben sollte, wie mein Vater zu meinen schien. Ich stellte mir Fragen, die ich bis dahin nicht zugelassen hatte. Bin ich nicht doch jüdisch oder sogar ein Jude, dem durch die Umstände seine jüdische Identität abhanden gekommen ist? Wie aber kann ich jüdisch sein, obwohl ich Protestant bin?

Ich will versuchen, mich durch meinen Bericht von den belastenden Erinnerungen an meine Erlebnisse während der Nazizeit zu befreien und zu klären, wie ich mich in dem Spannungsfeld, nicht jüdisch und doch jüdisch zu sein, verstehen kann und will.

Kückallee 37

»… dann wäre gar nichts zu machen«

Wenn Juden Christen werden

Mein Großvater mütterlicherseits, *Dr. Arthur Goldschmidt*, war Protestant. Das wirft bei mir viele Fragen auf. Warum wollte er vom Judentum nichts mehr wissen? Erfolgte der Übertritt zum Protestantismus aus opportunistischen Gründen, um es in der judenfeindlichen, deutschen Gesellschaft leichter zu haben? Warum gab es in unserer Familie nicht einmal mehr die geringste Spur einer jüdischen Tradition? Sollte das Judentum für meine Großeltern wirklich vollkommen unerheblich geworden sein? Oder wollten sie ihre jüdische Herkunft verleugnen, um sich Diskriminierungen durch die deutsche Gesellschaft zu ersparen? Wie sollte ich mir den Widerspruch in der Person meines Großvaters erklären, der zugleich Jude und Christ gewesen zu sein schien? Um Antworten auf meine Fragen zu finden, will ich den Weg der Familie vom Judentum zum Christentum nachzeichnen.

David Abraham Goldschmidt – Jude in Altona – heiratete am 25. November 1784 die Tochter *Channe* von *Isaac Seligman Berend Salomon*, der ihr eine üppige Hochzeit ausrichtete. Zehn Jahre später, am 9. Februar 1794, wurde ihr Sohn *Moritz David Goldschmidt* geboren. Dieser heiratete am 9. September 1827 die einundzwanzigjährige *Johanna Schwabe* (Abb. 1), meine Ururgroßmutter, Tochter des seit 1816 in Hamburg ansässigen, jüdischen Kaufmanns *Marcus Hertz Schwabe* und seiner Ehefrau *Henriette*.

Später schrieb *Johanna Schwabe* unter dem Namen *Johanna Goldschmidt* ein bemerkenswertes Buch über das Verhältnis zwischen Juden und Christen und trat in Hamburg als Reformerin der Kindererziehung hervor.[5]

Abb. 1
*Johanna Goldschmidt geb. Schwabe
(1806–1884) Plattenaufnahme
8,9 × 5,6 cm*

Marcus Hertz Schwabe starb 1862 im Alter von 96 Jahren in Hamburg. Sein Bild hing neben dem seiner Ehefrau im Wohnzimmer meiner Eltern über einer Mahagonibank wie ein Denkmal der kaufmännischen Tüchtigkeit und des Reichtums der Vorfahren.[6] Die *Schwabe*s waren großzügige Leute, die den Enkeln, die sonntags zu Besuch kamen, ein Goldstück schenkten. Meine Mutter erzählte mit einem Unterton von Stolz und Bewunderung, daß *Marcus Hertz Schwabe* in Hamburg der »ganze Grindel« gehört habe. Das war für sie, als sie 100 Jahre später ihre Familiengeschichte erzählte,[7] um so beeindruckender, als sich der Grindel inzwischen zu einem dicht besiedelten innerstädtischen Gebiet entwickelt hatte. Dort waren in den fünfziger Jahren des 19. Jahrhunderts die ersten Hochhäuser in Hamburg gebaut worden.

Bis zu seinem Umzug nach Hamburg lebte *Marcus Hertz Schwabe* mit seiner Familie in Bremerlehe.[8] Er hatte fünf Töchter und zwei Söhne.[9] Mir fällt auf, daß keines seiner Kinder einen jüdischen Vornamen hatte und daß sich sein jüngster Sohn *Hermann Morris* im Jahre 1851 im Alter von 39 Jahren taufen ließ. Warum hat das Ehepaar *Schwabe* darauf verzichtet, seinen Kindern jüdische Vornamen zu geben? War der Beweggrund ein anderes, neues Verhältnis zu den Traditionen der Synagoge? Oder wollten sie es ihren Kindern ersparen, in der judenfeindlichen Hamburger Gesellschaft auf Anhieb an ihrem biblischen Vornamen als Juden erkannt zu werden? Handelten sie freiwillig, weil sie sich in jeder Hinsicht in die deutsche Gesellschaft integrieren wollten?

Ich glaube, daß *Marcus Hertz Schwabe* in seiner liberalen aufgeschlossenen Haltung und seinem Engagement für eine Reform des jüdischen religiösen Lebens in Hamburg eine Entwicklung in Gang gesetzt hat, die keine hundert Jahre später in die Taufe seiner Nachkommen münden sollte.

Die Chancen der Aufklärung

Während der Aufklärung in den Jahren 1781 (Theil 1) / 1783 (Theil 2) veröffentlichte der preußische Staatsrat *Christian Wilhelm von Dohm* seine Schrift »Über die bürgerliche Verbesserung der Juden«.[10] Die judenfeindliche Politik war für *Dohm* »ein Überbleibsel der Barbarei der verflossenen Jahrhunderte, eine Wirkung des fanatischen Religionshasses, die, der Aufklärung unserer Zeit unwürdig, durch dieselbe längst hätte getilgt werden sollen«. Ihm war jeder Bürger willkommen, der die Gesetze beachtete. In Frankreich fielen die Ideen *von Dohm*s auf fruchtbaren Boden. Dort verbreitete sie *Graf Mirabeau*,[11] der seit 1789 Wortführer

Die Chancen der Aufklärung

der französischen Nationalversammlung war. 1791 gelang es ihm, das Gesetz zur Emanzipation der Juden in Frankreich durchzusetzen.

Preußen dagegen verweigerte den Juden die Gleichberechtigung. Schon 1786 hatte *von Dohm* dem König, *Friedrich Wilhelm II.*,[12] vorgeschlagen, die bürgerliche Gleichberechtigung der Juden gesetzlich zu regeln. Die Verwirklichung dieser Emanzipationsideen, die auch die Brüder *Humboldt*[13] und andere geistig führende Männer in Deutschland vertraten, scheiterten an den politischen Verhältnissen in Preußen. Erst die Besetzung durch die Truppen *Napoléons*[14] brachte den Juden zeitweise die Gleichberechtigung in den deutschen Staaten. Sie wurde zuerst im Königreich Westfalen unter der Herrschaft von *Napoléons* Bruder *Jérôme*[15] durchgesetzt. In der Verfassung dieses Königreiches, das von 1807 bis 1813 bestand, wurde die vollständige Gleichberechtigung der Juden verankert. Bei seinem Einzug in Kassel als König von Westfalen am 10. Dezember 1807 erklärte er: »Sie [die Juden] sollen meinem Vorsatz gemäß nicht nur Bürger sein, sondern auch öffentliche Ämter bekleiden.« Es war also ein Franzose, der mit dem Recht zur Bekleidung öffentlicher Ämter die volle Gleichberechtigung der Juden wenigstens im Königreich Westfalen durchgesetzt hat.

Im übrigen Deutschland sollte es noch lange dauern, bis dieses Ziel endgültig erreicht war. Mit dem königlichen Edikt vom 11. März 1812 wurde in Preußen die bürgerliche Gleichstellung der Juden vor allem auf Betreiben des Staatskanzlers *Karl August Fürst von Hardenberg*[16] durchgesetzt. Allerdings geschah auch dieses nur halben Herzens, da die Juden nach wie vor vom Staatsdienst ausgeschlossen blieben. In den anderen deutschen Staaten blieb die Lösung der Judenfrage uneinheitlich. Baden war 1809 mit einem Gesetz über die volle Gleichberechtigung der Juden des Landes am fortschrittlichsten. In anderen Staaten blieb es bei mittelalterlichen Vorstellungen und Gesetzen.

So war es auch in Hamburg, wo immer noch das Judenreglement von 1710 galt. Die orthodoxe, lutherische Geistlichkeit hatte Reglementierungen durchgesetzt, die das jüdische Leben stark einschränkten. Die Forderung der Aufklärung, die bürgerlichen Rechte der Juden zu verbessern, die vereinzelt auch auf die Forderung nach ihrer Gleichstellung hinauslief, kam mit zwanzigjähriger Verspätung etwa um 1800 in Hamburg an. Die Hamburger Aufklärung erwies sich allerdings als intolerant. Sie verband die Forderung nach der Gleichstellung der Juden mit den Forderungen an die Juden, ihre sprachlichen Eigentümlichkeiten, also das sogenannte Judendeutsch und ihre altjüdischen Gesetze, Gebräuche und Sitten aufzugeben. Somit hatte die Aufklärung in Hamburg bis zum Untergang des Alten Reiches im Jahre 1806 keine Konsequenzen.[17] Hier blieb alles beim alten.

Nur für eine kurze Phase von etwa fünf Jahren von 1808 bis 1813 erzwangen die Franzosen in den von ihnen besetzten deutschen Gebieten die bürgerliche Gleichstellung der Juden. Das galt auch für Hamburg, wo die Juden ab 1812 das Bürgerrecht erwerben konnten, nachdem Hamburg Ende 1810 dem französischen Kaiserreich einverleibt worden war. Die Franzosen setzten nun auch in Hamburg die Gleichstellung der Juden durch, die aber in ihrer Mehrheit der neuen Regelung nicht getraut zu haben scheinen. Vielleicht hatten sie Zweifel an der Dauerhaftigkeit der französischen Herrschaft. Jedenfalls erwarben während dieser Zeit nur wenige wohlhabende Juden das Hamburger Bürgerrecht.

Nach dem Ende der Besetzung deutscher Territorien durch die Franzosen ersuchte *Hardenberg* die Hansestädte, den Juden den Status des preußischen Edikts von 1812 zu gewähren. Sein Vorstoß blieb erfolglos. Die Hansestädte drehten die Entwicklung nach der Franzosenzeit sogar wieder zurück. Schon 1813 hatte sich gezeigt, daß der Hamburger Senat die etwa sechstausend in der Stadt lebenden Juden (das waren 6 Prozent der insgesamt einhunderttausend Einwohner) wieder unter Fremdenrecht stellen wollte. Auf dem Wiener Kongreß 1815 gelang es dem Senat, für Hamburg rückständige Ziele im Sinne der Restauration durchzusetzen, so daß hier die Judenordnung von 1710 in modifizierter Form wiederhergestellt werden konnte.

Deshalb konnte *Marcus Hertz Schwabe* das Bürgerrecht nicht erwerben, als er 1816 mit seiner Familie nach Hamburg zog. Die Vorteile der Lebens- und Arbeitsbedingungen in Hamburg scheinen aber zumindest für die wohlhabenden, jüdischen Kaufleute größer gewesen zu sein als die Nachteile des rückständigen Judenreglements, so daß *Marcus Hertz Schwabe* offenbar bereit war, sie in Kauf zu nehmen und nach Hamburg umzog.

Trotzdem blieb die Rückständigkeit der hiesigen Verhältnisse zwischen Juden und Christen, die im täglichen Leben in der unverhohlenen Judenverachtung der Hamburger zum Ausdruck kam, auch für die Juden der Oberschicht eine drückende Last.

Der Reformjude Marcus Hertz Schwabe

Die Aufklärung, die französische Revolution und schließlich die Herrschaft *Napoléon*s, durch die viele der emanzipatorischen Ideen der französischen Revolution in Europa verbreitet wurden, ging auch am Leben in den jüdischen Gemeinden nicht vorbei. Die Beziehung zum religiösen Leben der Gemeinde lockerte sich, weil sich die Gedanken der Aufklärung und das strenge Reglement der orthodoxen Gemeinden für viele Juden nicht mehr miteinander vereinbaren ließen. Immer weniger Juden besuchten regelmäßig die Gottesdienste, deren alte Formen ihnen nicht mehr zeitgemäß erschien. Aber nach dem Wiener Kongreß 1815, als die Restauration einsetzte, lebte nicht nur unter den Christen, sondern auch unter den Juden das Interesse an ihrer Religion wieder auf. Inzwischen hatten sich viele Juden trotz aller noch bestehenden Diskriminierungen an die Welt außerhalb des Judentums angepaßt. Eine Rückkehr zu den traditionellen, religiösen Gebräuchen, die eine erneute Abkapselung von der übrigen Welt bedeutet hätte, war nicht mehr möglich.

In dieser Situation suchten Hamburger Juden nach einer Erneuerung des Gemeindelebens, in dem das Judentum in moderner Form wieder erstarken konnte ohne die alten Riten, von denen sich viele abgestoßen fühlten. Manche hofften auch, den Emanzipationsprozeß durch eine Annäherung der jüdischen an die christlichen Riten zu beschleunigen. So kam es am 11. Dezember 1817 zur Gründung des »Neuer Israelitischer Tempel-Verein in Hamburg«[18] durch fünfundsechzig Mitglieder der jüdischen Gemeinde. Nach dem Statut wollten die Gründer die Bedeutung des Gottesdienstes wiederherstellen und dadurch das Interesse an der jüdischen Religion wieder beleben.

Die Begründer des Tempel-Vereins stammten überwiegend aus den mittleren Einkommensschichten mit einem unverhältnismäßig hohen Anteil von Kaufleuten, während die wirklich wohlhabenden Hamburger Juden nicht dazu gehörten. Es scheint, daß die aufgrund ihres Reichtums in der Stadt etablierten Juden, die vor allem der älteren Generation angehörten, auf Distanz zu dem Tempel-Verein mit seinen Modernisierungsideen blieben. Der Tempel-Verein entsprach also mehr den Interessen von jüngeren Männern, die sich aus der Enge des jüdischen Gemeindelebens gelöst hatten und Handelsbeziehungen und sogar auch private Kontakte zu Nichtjuden pflegten.

Marcus Hertz Schwabe hatte mit einer kleinen Gruppe Hamburger Juden die Gründung des neuen israelitischen Tempel-Vereins vorbereitet. Seine Aktivität bei der Gründung des Tempel-Vereins zeigt, daß *Marcus Hertz Schwabe* sich zwar im jüdischen Glauben noch fest verwurzelt fühlte, zugleich aber die jüdische Gemeinde aus ihrer traditionellen Abkapselung gegenüber ihrer Umwelt lösen und sie modernisieren wollte. Die jüdische Lebenspraxis in ihren traditionellen Formen war mit der Lebensauffassung eines weltaufgeschlossenen Kaufmanns, der die Anerkennung durch die bürgerliche, nichtjüdische Gesellschaft suchte, nicht zu vereinbaren.

Der Verzicht des Ehepaars *Schwabe* darauf, ihren Kindern einen jüdisch-religiösen Namen zu geben, kann daher einerseits als Zeichen eines modernen, jüdischen Selbstverständnisses angesehen werden, dem die orthodoxen jüdischen Gebräuche bei der Namensgebung nicht mehr entsprachen. Andererseits wollten die Eltern *Schwabe* ihren Kindern wahrscheinlich den Weg in die nichtjüdische Gesellschaft erleichtern, weil sie nun nicht mehr allein durch ihre Vornamen als Juden zu erkennen waren.

Die Kinder von *Marcus Hertz Schwabe* haben den Weg ihres Vaters, sich aus der traditionellen, jüdischen Religiosität zu lösen, in unterschiedlicher Weise fortgesetzt, wie ich anhand der Beispiele der Tochter *Johanna Goldschmidt* (geb. *Schwabe*) und des Sohnes *Hermann Morris Schwabe* zeigen werde.

Eine Streitschrift zur Emanzipation

Die markanteste Persönlichkeit unter den Kindern des Ehepaares *Schwabe* war die am 10. Dezember 1806 geborene *Johanna*,[19] die spätere Ehefrau von *Moritz David Goldschmidt*, meine Ururgroßmutter. Schon als Kind fiel sie durch ihre musikalische Begabung auf. Ihre Eltern förderten sie durch eine sorgfältige Erziehung und suchten ihr die besten Lehrer aus, die sie finden konnten. Die aufgeklärte Haltung der Familie *Schwabe* gegenüber den religiösen jüdischen Traditionen wird auch in der Erziehung ihrer Kinder sichtbar. *Johanna* wurde nicht mehr in der Synagoge, sondern durch einen aufgeklärten israelitischen Prediger, *Dr. Eduard Kley* aus Berlin,[20] religiös erzogen. Er war auch der Initiator für die Gründung des neuen israelitischen Tempels. *Kley* begann damit, jeden Sonntagvormittag Religionsunterricht zu geben, der öffentlich zugänglich war. Seine Predigten[21] beruhten auf einem Katechismus, den er geschrieben hatte.[22] Er improvisierte Gebete und komponierte hebräische Choräle, die er von einer kleinen Orgel begleitet singen ließ. Damit hatte sich der jüdische Gottesdienst weit von den alten jüdischen Gebräuchen entfernt und sich in mancher Hinsicht der protestantischen Gottesdienstordnung angenähert. *Johanna* erlebte das Judentum nur noch in dieser modernisierten Form fern von den traditionellen Gebräuchen jüdischer Religiosität.

Zugleich erlebte sie aber auch, daß die Rechtslage der Juden ebenso rückständig war wie die Einstellung des Hamburger Bürgertums gegenüber den Juden. Diese blieben nämlich gesellschaftlich ausgegrenzt. Trotzdem etablierte sich etwa seit Beginn des 19. Jahrhunderts ein jüdischer Mittelstand, von dem sich eine kleine Schicht erfolgreicher Kaufleute und Bankiers abhob, zu der auch die Familie *Schwabe* gehörte. Diese Schicht entwickelte einen eigenen Lebensstil, indem sie mehr und mehr die Lebensart der reichen Hamburger Oberschicht übernahm. Aber auch diesen Juden wurde die gesellschaftliche Anerkennung versagt. Die christlichen Kaufleute standen zwar geschäftlich ständig mit den jüdischen Kaufleuten in Verbindung, gesellschaftlich verkehrte man aber nicht miteinander. In christlichen Familien war es unüblich, Juden zu sich ins Haus zu lassen oder sich in deren Häuser einladen zu lassen. Diese vom Senat der Freien und Hansestadt zwar nicht kodifizierte, aber im täglichen Leben praktisch rigoros durchgehaltene Politik der Ausgrenzung traf natürlich die armen Juden am stärksten, die gezwungen waren, sich in den jüdischen Quartieren zusammenzudrängen. Aber auch die Juden der Oberschicht litten unter der Diskriminierung durch die Hamburger Gesellschaft.

Im Jahr 1836 [?] berichtete die »Allgemeine Zeitung des Judentums« über das gesellschaftliche Klima in Hamburg:

»Der Judenhaß, oder viel mehr die Judenverachtung, streift hier wirklich an's Unglaubliche, und wenn christliche Familien sich auch nicht ganz von dem Verkehr mit reichen Juden losmachen können, so wird es doch stets den Anschein haben, als ob man sich zu diesen herablasse. […] Befragt man die Christen nach der Ursache dieses unnatürlichen Hasses, so erhält man zur Antwort: ›Sie sind arrogant, unverschämt und wucherisch, meinen es überdies mit keinem Christen ehrlich‹«.[23]

Johanna behandelte dieses Problem in ihrem ersten Buch, das sie 1847 unter dem Titel »Rebekka und Amalia. Briefwechsel zwischen einer Israelitin und einer Adeligen über Zeit- und Lebensfragen«[24] anonym veröffentlichte. Die Konflikte zwischen Christen und Juden sind das Thema des Buches, mit dem sie um die Gleichstellung der Juden warb. In einem fingierten Briefwechsel zwischen einer jungen Jüdin und der christlichen Tochter eines Ministers schüttet die Jüdin ihr Herz aus über die Zurücksetzungen und Beschränkungen, unter denen die Juden zu leiden hatten.[25]

Johanna dachte allerdings nicht an eine Lösung vom Judentum. Sie wollte Jüdin bleiben. So tritt sie zwar für die Emanzipation der Juden ein, lehnt aber eine Konversion zum Christentum ab. In dem Briefroman schlägt ihre Titelheldin Rebekka die Ehe mit einem angesehenen, christlichen Rechtsanwalt aus, weil sie dem Glauben ihrer Väter treu bleiben will.[26] *Johanna*s Religiosität ist allerdings von Toleranz und Liberalität geprägt. Daher wendet sie sich gegen die religiöse Indoktrinierung der Kinder. Aufgrund ihrer Erfahrungen als Mutter von sechs Kindern spricht sie sich dagegen aus, sie schon in den ersten Jahren konfessionell festzulegen und zu prägen. Sie schreibt:

»Es sollte aber billigerweise *kein* Kind sogenannten christlichen Gehorsam und christliche Demuth als besonders anzuempfehlende Eigenschaften betrachten lernen, denn mussen [!] wir nicht *zuerst* einen ganz freien Menschen bilden, der die ewigen Principien des Göttlichen frei von jeder confessionellen Richtung in sich aufnimmt? Möge es später, wenn der prüfende Geist die Verschiedenartigkeit der Bekenntnisse zu sondern vermag, sich für *das* entscheiden, welches seinem Sinn am meisten entspricht; aus dem zarten Alter aber entfernt den Hochmuthsteufel der sogenannten confessionellen Tugenden, denn dem Erzieher kann es, darf es nicht unbekannt sein, dass jede Religionslehre *dieselben* Tugenden gebietet, und man daher fur [!] die Vortrefflichkeit der Menschen am besten sorgt, wenn man ihnen die Grundlage alles Guten, als fest wurzelnd in den ewigen Geboten heiliger Menschenliebe zeigt«.[27]

Johanna argumentiert gleichermaßen gegen die christliche wie gegen die jüdische Indoktrinierung von Kindern. Ihre Kritik an den jüdischen und christlichen Erziehungspraktiken ist deutlich. Zugleich löst sie sich durch ihre Schriften und öffentlichen Aktivitäten aus der Rolle, die der jüdischen Frau im patriarchalisch geprägten Leben der Juden in Familie und Synagoge zugewiesen war, wo es für Frauen ein Leben in der Öffentlichkeit nicht gab. Ihr Wirkungskreis blieb auf das Haus und die Familie beschränkt. Selbst an dem Gebet in der Synagoge durften sie nur verborgen von der Empore aus teilnehmen.

Aus dieser Rolle tritt *Johanna* heraus und vertieft die durch ihren Vater begonnene Loslösung vom traditionellen Selbstverständnis der Juden. Zugleich durchbricht sie mit sozialen Aktivitäten die Abkapselung der Juden von der übrigen Gesellschaft. In ihrem Buch entwickelt sie den Plan, einen Frauenbildungsverein zu gründen mit dem Zweck, Mädchen aus den armen Bevölkerungsschichten zu bilden.

Die Idee stieß bei *Amalie Westendarp*,[28] einer anderen Hamburger Frauenrechtlerin, die aus einer aufgeklärten christlichen Fabrikantenfamilie[29] stammte, auf großes Interesse. 1848 gründeten die beiden Frauen den »Frauenverein zur Bekämpfung und Ausgleichung religiöser Vorurteile«. Für die Hamburger Jüdinnen bedeutete der Verein eine lang ersehnte Gelegenheit, Kontakt zu nicht-jüdischen Frauen aufzunehmen, was bisher nicht möglich gewesen war. Die Verständigung zwischen den jüdischen und christlichen Frauen gelang in dem Verein so gut, daß die christlichen Vereinsmitglieder den Jüdinnen ein großes Freudenfest gaben, als am 23. Februar 1849 in Hamburg die Gleichberechtigung der Juden proklamiert wurde. Bei dieser Gelegenheit beschlossen die Frauen auf Anregung von *Johanna*, daß sich der Verein der Verbreitung von Kindergärten widmen solle. Wenig später fusionierte er mit einem anderen liberalen Frauenverein zum »Allgemeinen Bildungsverein deutscher Frauen«. Es war der erste seiner Art in Deutschland.

In diesem Rahmen hat *Johanna* in Zusammenarbeit mit dem bekannten Reformpädagogen *Friedrich Fröbel*³⁰ im Jahr 1850 den ersten »Bürgerkindergarten« gegründet.³¹ Damit verhalf sie der Idee des Kindergartens in Hamburg zum Durchbruch. Im Jahr 1855 gründete sie den Fröbelverein, der zum Träger eines Seminars für Kindergärtnerinnen werden sollte. *Johanna* blieb bis zu ihrem Tod am 10. Oktober 1884 in der Frauenbewegung auf dem Gebiet der Kindererziehung aktiv. Noch zwei Jahre vor ihrem Tod stiftete sie einen Stipendienfonds für hilfsbedürftige Kindergärtnerinnen. Sie hatte mit ihren Reformbestrebungen großen Erfolg.

Die Hamburger Frauen-Zeitung gedachte ihrer noch im Jahr 1910 anläßlich des fünfzigsten Jahrestages der Gründung des Fröbelvereins in einem langen Gedenkartikel.³²

Die schwedische Nachtigall: »welch ein herrlich gottbegabtes Wesen«

Hermann Morris, der jüngere Bruder von *Johanna*, ging in seinem Verhältnis zur jüdischen Religion einen anderen Weg als seine Schwester, indem er sich 1851 evangelisch taufen ließ. Vielleicht wurde er in dieser Entscheidung auch durch das Beispiel anderer Juden bestärkt. So hatte schon *Abraham Mendelssohn Bartholdy*, der Sohn des berühmten jüdischen Aufklärers *Moses Mendelssohn*, seinen Sohn, den 1809 in Hamburg geborenen, späteren Komponisten *Felix Mendelssohn Bartholdy* taufen lassen.³³ Als *Hermann Morris Schwabe* sich taufen ließ, hatte der Druck auf die Juden infolge der Revolution von 1848 spürbar nachgelassen. Die Nationalversammlung in der Frankfurter Paulskirche hatte am 27. Dezember 1848 das Gesetz über die »Grundrechte des deutschen Volkes« verabschiedet, in dem die Gleichberechtigung der Juden rechtlich verankert war. In einer vorläufigen Verordnung aus dem Jahre 1849 folgte der Hamburger Senat diesem Vorbild. Damit hörte die gesellschaftliche Ausgrenzung der Juden aber nicht auf. Jude zu sein, bedeutete nach wie vor, in vielen Bereichen des Lebens benachteiligt oder offen diskriminiert zu werden. Wer in Norddeutschland und Preußen ohne Einschränkungen und ohne Vorbehalte seiner Mitbürger zu der deutschen Gesellschaft gehören wollte, mußte evangelisch sein. *Hermann Morris* hat offensichtlich durch den Eintritt in die evangelische Kirche darauf reagiert. Möglicherweise wollte er nicht länger wegen seiner Religionszugehörigkeit berufliche Nachteile in Kauf nehmen oder eine christliche Frau heiraten.

Abb. 2
Ehepaar Moritz David Goldschmidt (1794 – etwa 1880) und Johanna Goldschmidt geb. Schwabe (1806–1884) mit fünf ihrer sechs Kinder; v. l. n. r.: (5. Kind in der Geschwisterreihe) Anna (verh. Warburg), 4. (?) Otto Moritz David (1829–1907, verh. mit Johanna Maria Lind – »Jenny«, 1820–1887), (6.) Alfred Oscar (1841–1868), 1. (?) Felix (verh. mit Delphine Kummern, 1837–1927), 2. (?) Henriette (verh. mit Dr. M.[oritz ?] G.[ustav ?] Salomon), 3. (?) Emil fehlt auf dem Bild. Daguerreotypie von 1843, 14,5 × 12 cm

Die schwedische Nachtigall: »welch ein herrlich gottbegabtes Wesen«

Unter den sechs Kindern[34] von *Johanna* und *Moritz David Goldschmidt* (Abb. 2) blieben nur zwei Töchter Mitglieder der jüdischen Gemeinde (Abb. 3). Ein Sohn [*Felix*] heiratete als Arzt eine Pfarrerstochter aus der Pfalz, die sehr fromm war. Wie meine Mutter leicht amüsiert erzählte, pflegte sie eine enge Beziehung zu dem Hauptpastor der Michaeliskirche in Hamburg, mit dem sie im Alter häufig die Rede besprach, die er an ihrem Grab halten sollte.

Ein anderer Sohn[35] lebte als Kaufmann zwischen London und Afrika. Diesem reichen Junggesellen verdankte mein Großvater *Arthur* als dessen Neffe die Finanzierung seines Studiums. Mir ist nichts darüber bekannt, ob er in London der jüdischen Gemeinde angehörte. Vielleicht hat ihn als Kosmopoliten seine Religionszugehörigkeit wenig interessiert.

Auch *Otto Goldschmidt* (1829–1907)[36] entfremdete sich dem jüdischen Glauben und ließ sich schließlich taufen. Er ist als einziger unter den Kindern von *Johanna* einer breiteren Öffentlichkeit bekannt geworden – als Klavierbegleiter und Ehemann[37] der Sängerin *Jenny Lind* (1820–1887; Abb. 58, S. 317),[38] die im 19. Jahrhundert unter dem Beinamen »schwedische Nachtigall« berühmt war.[39] Bis heute gilt sie nicht ohne Grund als die bedeutendste Sängerin ihres Jahrhunderts, wie *Clara Schumann*s Urteil – »ein Lied der Lind bewirkte, was ich mit all meiner Spielerei nicht hatte können erreichen« – gleichermaßen belegt wie das ihres Mannes *Robert*: »Jenny Lind […] dies klare Verständnis von Musik und Text im ersten Nu des Überlesens, diese einfach-natürliche und tiefste Auffassung zugleich auf das Erstemal-Sehen der Komposition habe ich in dieser Vollkommenheit noch nicht angetroffen«; »welch ein herrlich gottbegabtes Wesen ist das, welch eine reine künstlerische Seele!«[40]

Abb. 3
Johanna Goldschmidt geb. Schwabe (1806–1884), mit ihren Nesthäkchen: links Anna (verh. Warburg), rechts Alfred Oscar (1841–1899); Daguerreotypie von 1843, 6,3 × 5,2 cm

Die Verbindung zwischen *Jenny Lind* und *Otto Goldschmidt* begann in den USA. *Jenny* war in Europa bereits auf der Höhe ihres Ruhms, als sie am 27. September

1850 mit dem Schiff von Liverpool aus zu einer Konzerttournee aufbrach. Die Reise dauerte bis zum 24. Mai 1852, ihr letztes Konzert gab sie in »Castle Garden« in New York.[41] Ihr Konzertmanager war der 1810 geborene *Phineas T. Barnum*,[42] erfolgreicher »Eventmanager« und Philantrop, der in den Vereinigten Staaten als »Meister des Humbug« [*N.-O. Franzén* (Anm. 39, S. 209), 246] bekannt wurde. *Jenny Lind*s Tournee wurde ein riesiger Erfolg. Schon bei ihrem ersten Konzert in New York sang sie vor 7000 Menschen (254).[43] Sie genoß einen Starrummel von bis dahin unbekannten Ausmaßen und wurde durch diese Tournee reich. Dabei gab sie zahlreiche Wohltätigkeitskonzerte und spendete einen beträchtlichen Teil ihrer Einnahmen für wohltätige Zwecke.[44] Ihr Ruhm als Sängerin verbunden mit ihrer Wohltätigkeit hat sie in den USA zu einer Legende werden lassen (260f., 272f.).

Während dieser Tournee arbeitete *Jenny Lind* zunächst mit ihrem Pianisten *Julius Benedict* (248) zusammen,[45] bis dieser eine Berufung als Kapellmeister an »Her Majesty's Theatre« in London annahm, so daß sie ihren Liedbegleiter verlor (274). Sie wußte aber, wen sie statt dessen haben wollte: *Otto Goldschmidt*.

Sie hatte den jungen, sehr korrekten und bescheidenen Musiker, der Schüler sowohl ihrer Freundin *Clara Schumann* als auch des von ihr verehrten *Felix Mendelssohn Bartholdy* war (Abb. 5, S. 34),[46] schon einige Jahre früher kennengelernt.[47] *Clara Schumann* zählte ihn und »Frau Goldschmidt« zu den »Künstlern«, mit denen sie »besonders befreundet war«. Nach seiner Hamburger Zeit, wo er mit *Clara Schumann* gemeinsam ein Konzert für zwei Klaviere gegeben hatte,[48] ging *Otto Goldschmidt* nach Paris, um bei *Frédéric François Chopin* zu studieren.[49]

Jenny Lind schrieb *Otto Goldschmidt*, und bereits im Mai 1851 war er in New York.[50] *Barnum* hielt *Goldschmidt* für einen sehr ruhigen, tadellosen Gentleman und außerordentlichen Musiker. Aber es gefiel ihm nicht, daß *Jenny* den jungen Pianisten bei den letzten Konzerten in New York als Klaviersolisten auftreten lassen wollte. *Barnum* hatte feststellen müssen, daß der junge deutsche Pianist bei dem Publikum nicht besonders gut ankam. *Jenny* bestand jedoch darauf, und *Otto Goldschmidt* wurde ein Mitglied ihrer Truppe. Mitte des Jahres 1851 trennte sich *Jenny* von *Barnum* und bediente sich bei der Fortsetzung ihrer Tournee anderer Agenten. In Harrisburg in Pennsylvania gab es keinen anderen Konzertsaal als die Methodistenkirche. Bevor sie mit *Otto Goldschmidt* dort auftreten durfte, hatte sich ihr Agent der Methodistengemeinde gegenüber verpflichten müssen, die Kanzel zu verdecken. Die Methodistenbrüder meinten nämlich, es sei gottlos und sündhaft, wenn nichtchristliche Mitglieder der Truppe dem Allerheiligsten zu nahe kämen. Diese demütigende Maßnahme galt natürlich *Otto Goldschmidt* wegen seiner jüdischen Herkunft (277). Der Antisemitismus verfolgte ihn also bis in die USA.

Die schwedische Nachtigall: »welch ein herrlich gottbegabtes Wesen«

Wie der Biograph *Nils-Olof Franzén* schreibt, scheint diese Tournee nicht dasselbe Aufsehen erregt zu haben wie unter der Ägide von *Barnum* (277). *Otto Goldschmidt* sei wohl keine große Attraktion gewesen. Obwohl er ein vorzüglicher Pianist war und auch gut aussah, fehlte ihm mit seinem seriösen Repertoire die Zugkraft. Trotzdem hielt *Jenny Lind* uneingeschränkt zu ihm. Als das Publikum ihm einmal den rechten Applaus verweigerte, ging sie demonstrativ auf ihn zu und reichte ihm die Hand (277). Sie hielt ihn für einen wunderbaren Pianisten.

In den Herbstmonaten des Jahres 1851 kamen sich *Jenny Lind* und *Otto Goldschmidt* immer näher, so daß *Jenny* in ihren Briefen nach Deutschland zu erkennen gab, daß sie ihn heiraten wolle. Aber es schien zwei große Hindernisse zu geben. *Otto* war neun Jahre jünger als *Jenny*. Sie schreibt: »Es hat sich *keiner gefunden* und *wird* sich keiner finden, mit welchem ich so mit *einem* Herzen und *einer* Seele leben kann, wie mit Goldschmidt. – Aber *das Alter*! Das Alter!« (279) Das andere Hindernis war *Ottos* Abstammung. *Jenny* schreibt: »Ist das nicht grausam! Ist das nicht ganz zum Verzweifeln! Seine Familie ist *jüdisch*, aber er gehört ebenso wenig dorthin wie ich. *Die* verstehen ihn überhaupt nicht. Er hat sich immer zu Christen gehalten und sehnt sich herzlich danach, getauft zu werden …« (279). Wie der Biograph *Nils-Olof Franzén* meint, ging es *Jenny* um *Ottos* Religion. Denn bei der Wahl ihrer Freunde, wie z.B. *Felix Mendelssohn Bartholdy*[51] und *Giacomo Meyerbeer*,[52] habe deren jüdische Abstammung für sie keine Rolle gespielt.

Am 5. Februar 1852 wurden *Jenny Lind* und *Otto Goldschmidt* in Boston getraut.[53] Drei Wochen vorher war *Otto* zum evangelischen Bekenntnis übergetreten (282).[54] Auf ihrem letzten Konzert in den USA sang *Jenny Lind* am 21. Mai 1852 in New York vor siebentausend Zuhörern eine Abschiedsarie, die ihr Mann für diese Gelegenheit komponiert hatte.[55]

Nach ihrer Rückkehr lebten die Eheleute fünf Jahre in Dresden. Von hier aus reisten sie zu Konzerten in deutschen Städten und in Wien, danach unternahmen sie größere Tourneen durch die Niederlande, England, Schottland und Wales. *Jenny* trat jetzt nur noch unter dem Namen »Madame oder Frau Goldschmidt« auf (s. Abb. 4). Sie hatte immer noch einen großen Ruf, den Höhepunkt ihrer Karriere hatte sie aber in Amerika erreicht.

Jenny schreibt in Briefen über ihren Mann: »Otto ist äußerst genau und gestreng mit jeder Sache. […] Seine Gewissenhaftigkeit und sein klarer Kopf gestatten ihm nicht, über irgendeine Sache in der geringsten Unklarheit zu verbleiben.«[56] Oder ein anderes Mal: »Mein Otto ist ein Schatz, er ist ein vortrefflicher Mensch, wenn ich mich so äußern darf. Wir leben still und zufrieden zusammen im Glauben an den Erlöser. Wir halten jeden Morgen mit unseren Dienstleuten Morgenandacht«[57]

(vgl. Abb. 4, Transskription S. 344). Der Biograph *Franzén* meint, *Jenny*s Worte klängen nicht nach einer großen, romantischen Liebe. Aber aus ihrem Lob seiner soliden bürgerlichen Tugenden spreche eine warme Ergebenheit und das Gefühl der Geborgenheit, das *Jenny* nach ihrer schwierigen Jugend und ihrer turbulenten Karriere nötig gehabt habe. Außerdem bewunderte sie ihren Mann als Pianisten und Komponisten. Sie setzte sich immer wieder mit Nachdruck dafür ein, daß er auftreten konnte. Ihre Ergebenheit gegenüber ihrem Mann scheint allerdings zuweilen kritisch kommentiert worden zu sein.[58]

Im Sommer 1858 siedelte die Familie nach London über,[59] wo man ein palastartiges Haus mit Park in Wimbledon bezog, das zum Treffpunkt der Spitzen der Londoner Gesellschaft wurde und in dem auch *Königin Victoria*,[60] der Prinzgemahl *Albert*[61] und der britische Premierminister *Disraeli*[62] verkehrten.[63] Die *Goldschmidt*s waren dank der sprudelnden Konzerteinnahmen von *Jenny* und ihrer umsichtigen Vermögensverwaltung reiche Leute. Als *Moritz David Goldschmidt*, *Otto*s Vater, Ende der fünfziger Jahre in Hamburg vor dem Konkurs stand, half *Otto* ihm finanziell aus den Schwierigkeiten. *Jenny* wurde nicht müde, *Otto*s gute Eigenschaften als Ehemann und Vater zu rühmen, obwohl er ein etwas pedantischer und in sich gekehrter, wenn auch sehr respektabler Mann gewesen zu sein scheint. Nur einmal läßt sie in einem Brief Kritisches verlauten. Sie ist fast vierundfünfzig Jahre alt und schreibt über ihren fünfundvierzigjährigen Mann: »Er läßt so leicht den Mut sinken. Nimmt alles so *schwer*, so schrecklich *solide*, daß es sogar mir zu solide ist. Aber – er ist bedrückt, weil er keinen besonderen *Lebensberuf* zu erfüllen hat, und bei seiner großen Fähigkeit, was Talent und Kopf zu leisten vermögen, ist es natürlich, daß er sich nach einer Tätigkeit sehnt«.[64] Die letzte Bemerkung ist nicht ganz einleuchtend, weil *Otto* 1863 als Professor für Klavier in die Royal Academy of Music in London eintrat und 1866–1868 dort als Vize-Rektor tätig war. 1875 wurde unter seiner Leitung der Bach-Chor gegründet, den er zehn Jahre lang mit großem Erfolg leitete.[65]

Jenny starb 1887. *Otto* überlebte sie um zwanzig Jahre. Er starb 1907. In der Westminster Abbey ist eine Gedenktafel für *Jenny Lind* mit der Inschrift angebracht: »Ich weiß, daß mein Erlöser lebt«.[66]

Der Blick auf die religiöse Orientierung von *Otto Goldschmidt* zeigt, daß er sich der Synagoge offenbar schon entfremdet hatte, bevor er *Jenny Lind* kennenlernte.[67] Dazu mag das Vorbild seines Lehrers *Felix Mendelssohn Bartholdy* beigetragen haben,[68] den sein Vater hat evangelisch taufen lassen. *Otto Goldschmidt* wurde am 29. Oktober 1843 als Student mit der Matrikel-Nr. 48 am Conservatorium der Musik zu Leipzig eingeschrieben, der von *Felix Mendelssohn Bartholdy* am

Die schwedische Nachtigall: »welch ein herrlich gottbegabtes Wesen«

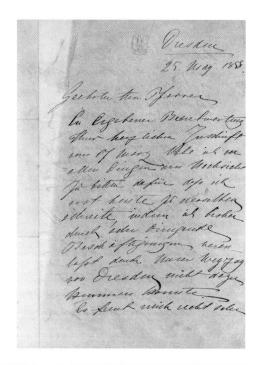

Abb. 4
*Jenny Goldschmidt geb. Lind (1820–1887),
Autograph – Brief vom 25. Mai 1858
(Transskription S. 344)*

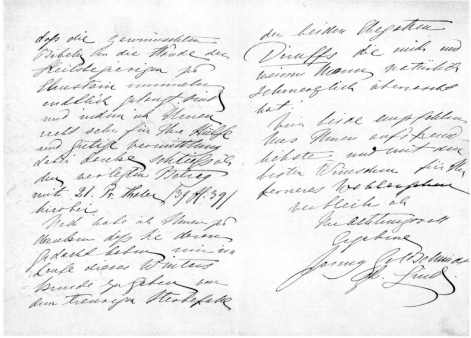

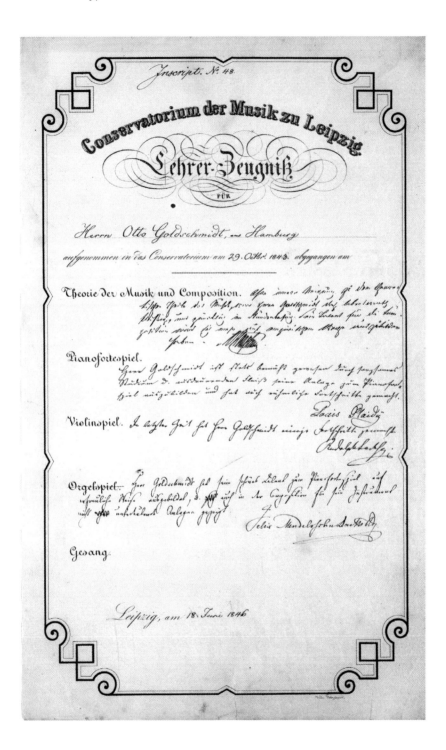

Die schwedische Nachtigall: »welch ein herrlich gottbegabtes Wesen«

Abb. 5
Felix Mendelssohn Bartholdy (1809–1847), Autograph Leipzig 18. Juni 1846: Zwischenzeugnis für Otto Goldschmidt (Transskription S. 345f.)

2. April 1843 gegründeten ersten Musikhochschule Deutschlands (Abb. 5 und 6). Weil *Jenny* sich eine Ehe mit einem Nichtchristen nicht vorstellen konnte, war es nur konsequent, daß *Otto* sich taufen ließ und an der Seite von *Jenny Lind* ein überaus frommer Christ wurde. Mein Großvater *Arthur Goldschmidt* hat ihn in England zuweilen besucht. Bei Ausbruch des Ersten Weltkrieges im Jahr 1914 brach die Familie *Goldschmidt* die Beziehungen zu meinen Großeltern ab. Ich denke, daß die Familie in England die deutsch-nationale Gesinnung ihrer deutschen Verwandten nicht ertragen konnte (vgl. aber Abb. 7 und 8).

Abb. 6
Inskriptionseintrag Otto Goldschmidt (Transskription S. 346)

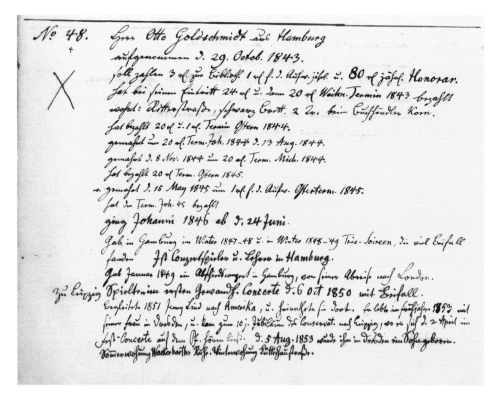

Abb. 7
*Jenny Goldschmidt geb. Lind (1820–1887), Noten-Autograph 2. April 1859
(Transskription S. 347)*

Trotz dieses Bruchs wurde die Erinnerung an *Otto Goldschmidt* und *Jenny Lind* in meiner Familie mit einem gewissen Stolz auf die berühmte Verwandtschaft in England bewahrt. Im Hause meiner Großeltern und später bei meinen Eltern hatte ein schönes Portrait von *Jenny Lind* im repräsentativen Mahagonirahmen einen Ehrenplatz.[69] Ich bin mit dem Bild aufgewachsen, denn später hing es im Hause meiner Eltern. Ich benutze täglich einen großen Schuhlöffel aus Elfenbein mit den Initialen von *Otto Goldschmidt*, den ihm *Königin Victoria* geschenkt hat. Eine große Brosche aus Elfenbein mit dem Bild des Heiligen Christophorus, ein Geschenk von *Otto Goldschmidt* zur Hochzeit meiner Großeltern, wäre 1939 beinahe der Habgier der Nazis zum Opfer gefallen, weil sie einen goldenen Rahmen hatte (s. u. S. 197, 355; Abb. 57). Alles Gold mußten die Juden damals abgeben. Mein Großvater rettete die Brosche, indem er den Goldrahmen abtrennte. So ist sie bis heute im Familienbesitz erhalten. Für mich verbindet sich mit der Brosche mehr die Erinnerung an die Nazizeit als an *Jenny Lind*.

*Otto*s jüngerer Bruder, mein Urgroßvater *Alfred Oskar Goldschmidt*, wird am 7. September 1841 in Hamburg geboren. Er war Kaufmann und heiratete am 5. März 1867 *Pauline Lassar*,[70] die Tochter des jüdischen Kaufmanns *Diodor Lassar* und Schwester des angesehenen Hautarztes *Oscar Lassar*, welcher der Hautarzt war, mit dessen Namen sich das Motto »Jedem Deutschen wöchentlich ein Bad« verbindet.[71]

Alfred und *Pauline Goldschmidt* schließen die Ehe nicht in der Synagoge, sondern nur als Zivilehe. Am 1. Juli 1868 lösen sie sich vom jüdischen Glauben durch ihre formelle Austrittserklärung aus dem deutsch-israelischen Gemeindeverbund in Hamburg. Am 9. Februar 1889 lassen sie sich in der Jerusalems-Kirche in Berlin evangelisch taufen.[72] *Alfred* und *Pauline* sind im Jahr der Taufe 48 und 43 Jahre alt, gelten also als »Stehchristen«, wie die Deutschen jüdischer Abstammung abfällig

Abb. 8
*Otto Goldschmidt (1829–1907), Noten-Autograph 31. März 1859
(Transkription S. 347f.)*

genannt wurden, die sich als Erwachsene taufen ließen. Die Gründe für die Taufe kenne ich nicht. Ich kann mir nicht vorstellen, daß sie wirklich fromme Christen geworden waren. Ich halte es für wahrscheinlicher, daß sie in dieser Zeit, als in Deutschland eine zunehmend rassisch begründete Judenfeindschaft aufflammte, ihre jüdische Herkunft vergessen lassen wollten. Die Taufe mag ihnen als »Entre Billet zur Europäischen Kultur«, wie *Heinrich Heine* sich ausdrückte,[73] zu einem gleichberechtigten gesellschaftlichen Leben gegolten haben.

Im Jahr 1873 baute mein Urgroßvater, der in Berlin sein Glück als Kaufmann versuchen wollte, im Stadtteil Steglitz eine ansehnliche Villa, die im Jahr darauf bezogen wurde. Nach einem geschäftlichen Mißerfolg kehrte die Familie etwa gegen Ende des Jahres 1889 wieder nach Hamburg zurück und nahm ihre Wohnung in einem Wohnviertel, in dem viele Juden lebten – im Grindelhof. Offenbar hatte die Taufe nichts daran geändert, daß meine Urgroßeltern *Alfred* und *Pauline Goldschmidt* sich in ihrem vertrauten jüdischen Milieu am wohlsten fühlten.

Arthur und Kitty Goldschmidt

Am 30. April 1873 wurde ihr Sohn *Arthur* in Berlin geboren, mein Großvater. Bis ihn 1933 die Nazis wegen seiner jüdischen Herkunft aus seinem Beruf vertrieben, war er Richter am hamburgischen Oberlandesgericht. In diesen Jahren wandte er sich der Malerei zu, die schon immer seine Liebhaberei gewesen war. Nun wurde sie zu seinem Lebensinhalt. Auch ohne künstlerische Ausbildung entwickelte er sich zu einem beachtlichen Maler und Zeichner. Auf seinem Selbstportrait sieht er mich so an, wie ich ihn in Erinnerung habe. Wenn mein Blick auf das

Bild fällt, werde ich jedes Mal von den stahlblauen, klaren Augen gefangen genommen. Das Brustbild zeigt einen untersetzten kraftvollen Mann von etwa sechzig Jahren mit einem markanten, völlig unbehaarten Kopf. In der rechten Hand hält er seine Tabakspfeife. In die linke Ecke des Bildes hat er ein Bündel von Pinseln gesetzt, als ob er demonstrieren wolle, daß er nun Maler sei (vgl. Abb. 9). *Arthur* war die beherrschende Persönlichkeit meiner Familie. Wer ihm begegnete, konnte sich kaum seiner Anziehungskraft entziehen. Aber ich erinnere mich auch, wie ich mich schon als Zehnjähriger innerlich gegen ihn auflehnte.

Arthur Goldschmidt wuchs mit vier Geschwistern[74] in einem anregenden und kultivierten Elternhaus auf. Im Unterschied zur Tradition christlicher Familien, in denen die Kindstaufe unmittelbar nach der Geburt üblich war, wurde er erst 1889 im Alter von 16 Jahren kurz vor der Konfirmation zugleich mit seinen Eltern evangelisch getauft. Da in der Regel nur Juden, die sich assimilieren wollten, so spät getauft wurden, blieb die jüdische Herkunft meines Großvaters durch das Datum im Taufschein erkennbar. Ich halte es für denkbar, daß seine Eltern, die aus der jüdischen Gemeinde ausgetreten waren, das Kind weder auf den jüdischen noch auf den christlichen Glauben festlegen, sondern ihm die Option offen halten wollten, sich im Konfirmandenalter für die eine oder andere Religion zu entscheiden. Für das bürgerliche Ansehen und die Berufschancen war es jedenfalls vorteilhafter, christlich zu sein. Dieses Verhalten wurde den Christen jüdischer Herkunft oft als Opportunismus vorgeworfen. Ich meine, es spricht nicht gegen die Juden, die sich dazu genötigt sahen, sondern gegen eine intolerante Gesellschaft, die ihre jüdischen Mitbürger diskriminierte und ihnen erst dann gleiche Rechte einräumte, wenn sie formell Christen waren. Entscheidend sind nicht die Motive meines Großvaters, Christ zu werden, sondern was er aus seinem Leben gemacht hat.

Nach der Umsiedlung seiner Eltern von Berlin nach Hamburg besuchte *Arthur* das Wilhelm-Gymnasium,[75] dem er seine umfassende, humanistische Bildung verdankte. Sein Leben lang beschäftigte er sich mit griechischen und lateinischen Texten. Ich sehe ihn noch heute vor mir, wie er nach seiner Rückkehr aus dem Konzentrationslager Theresienstadt jeden Abend bis einen Tag vor seinem Tod im Februar 1947 Texte von *Platon* und *Tacitus* in der Urfassung las.

Schon früh zeigte sich seine nationale Gesinnung. Als Vierzehnjähriger stand er im März 1888 inmitten einer riesigen Menschenmenge in eisiger Kälte »Unter den Linden«, um den Trauerzug des alten Kaiser *Wilhelm* vorbeifahren zu sehen.[76] Sein Leben lang blieb er ein glühender, deutscher Patriot. Als 1914 der Erste Weltkrieg ausbrach,[77] erfaßte auch ihn die allgemeine Kriegsbegeisterung. Er ließ sich einen ansehnlichen Offiziersmantel aus schwerem, schwarzen Stoff fertigen, den

Abb. 9
*Arthur Goldschmidt (1873–1947), Selbstportrait, nicht signiert, unbezeichnet, undatiert,
Öl auf Leinwand 64 × 55,3 cm*

ich als Kind immer noch im Schrank hängen sah, und meldete sich als Freiwilliger zum Kriegsdienst. Zu seiner grenzenlosen Enttäuschung wurde mein Großvater aus gesundheitlichen Gründen nicht als wehrtauglich befunden, was aber seiner nationalen Gesinnung keinen Abbruch tat. Viele Jahrzehnte später erklärte mir einer seiner jüngeren Freunde, er habe niemanden gekannt, der so national gesonnen war wie mein Großvater.

Als er starb, war ich elf Jahre alt. Ich habe meinen Großvater als einen frommen Protestanten erlebt.[78] Er sorgte dafür, daß ich regelmäßig zum Kindergottesdienst ging. Er sah sich nicht als Jude, wurde allerdings von den nichtjüdischen Deutschen immer wieder mit seiner jüdischen Herkunft konfrontiert. Als er 1892 in Freiburg im Breisgau sein juristisches Studium begann, wollte er z.B. Mitglied einer Studentenverbindung werden. Die Verbindungen, denen sich damals überwiegend Mediziner und Juristen anzuschließen pflegten, waren nach ständischen Kriterien voneinander abgegrenzt. Einige von ihnen nahmen nur Adelige oder Studenten aus vermögenden Familien auf. Juden und Christen jüdischer Herkunft hatten zu den gesellschaftlich angesehensten Verbindungen keinen Zutritt, so daß ihm die meisten Verbindungen verschlossen blieben. Also schloß er sich der »Albingia«, einer der wenigen, relativ liberalen Verbindungen an, die an seiner jüdischen Herkunft keinen Anstoß nahmen. Als sogenannte »schwarze Verbindung« verzichtete sie darauf, in der Öffentlichkeit die militärisch wirkenden Insignien in Form von bunten Mützen und Bändern zur Schau zu tragen, wie es bei den konservativeren Verbindungen üblich war. Doch ungeachtet ihrer Liberalität mochte auch die »Albingia« nicht auf das für die deutschen Studentenverbindungen charakteristische, blutige Ritual der Mensuren verzichten, bei dem die Studenten versuchten, im ritualisierten Fechten auf dem Paukboden einander mit scharfen Säbeln im Gesicht zu verletzen. Dadurch war das Gesicht vieler Juristen und Mediziner der damaligen Zeit durch Narben entstellt. Diese Blessuren, »Schmisse« genannt, galten unter den deutschen Akademikern als ein begehrenswertes Standesmerkmal und als Ausdruck deutscher Gesinnung. Seiner deutsch-nationalen Einstellung entsprechend hat mein Großvater natürlich auch Mensuren geschlagen. Die »Schmisse« auf seinem kahlen Kopf und im Gesicht trug er mit Stolz. Da ein Jude niemals eine Mensur geschlagen hätte, scheint mein Großvater – sei es bewußt oder unbewußt – die Idee gehabt zu haben, sich durch die Mensuren von seiner jüdischen Herkunft geradezu demonstrativ distanzieren und seine Zugehörigkeit zum Deutschsein bekennen zu können. Sein Studium schloß er 1895 mit der Promotion ab.[79]

Am 31. Januar 1902 wurde *Dr. Arthur Goldschmidt* im Alter von 29 Jahren als Richter in Hamburg vereidigt. Als Staatsbeamter hatte er einen gesellschaftlichen

Abb. 10
*Arthur Goldschmidt (1873–1947) 1916;
Photographie 14,3 × 9,8 cm*

Status erreicht, der Juden üblicherweise verschlossen blieb. Dennoch betrachteten Nichtjuden meinen Großvater als Juden. Aus der Zeit vor dem Ersten Weltkrieg zeigt eine Bemerkung des Hamburger Kulturhistorikers *Gustav Schiefler* in seinem Buch über die Kulturgeschichte Hamburgs den Widerspruch in der Selbstwahrnehmung meines Großvaters und in der Wahrnehmung seiner Person durch die Öffentlichkeit. In seiner Beschreibung des geistigen Lebens in den verschiedenen Berufsständen in Hamburg erklärt *Schiefler*, daß unter den Juristen der mittleren Generation »das jüdische Element« – er nennt unter anderem *Arthur Goldschmidt* – »einen gewissen Vorsprung geistiger Regsamkeit« hatte. Wie selbstverständlich rechnete er meinen Großvater also zu den Juden.[80] Wer aus einer jüdischen Familie stammte, wurde eben als Jude bezeichnet, auch wenn er getauft war. Es scheint, als ob bei den Hamburgern unbewußt eine Warnlampe »Achtung Jude« aufleuchtete.

Mein Großvater machte eine schnelle Karriere. Nach einigen Jahren als Amtsrichter und als Richter am Landgericht wurde er am 16. November 1917 im Alter von 44 Jahren zum Rat am Hanseatischen Oberlandesgericht der drei Hansestädte Hamburg, Lübeck und Bremen gewählt (Abb. 10).[81] In den folgenden Jahren erhielt er zweimal einen Ruf an das Reichsgericht in Leipzig, den er aber mit Rücksicht auf die schwache Konstitution meiner Großmutter ablehnte. Vielleicht wollte er auch nicht auf die gute Einnahmequelle aus seiner Tätigkeit als Gutachter und Schiedsrichter in Seefahrtsstreitigkeiten verzichten.[82]

Mein Großvater hatte einen scharfen Verstand, in juristischen Angelegenheiten eine treffende Urteilsfähigkeit und die Gabe, sich zu konzentrieren und schnell zu arbeiten, so daß ihn seine Arbeit als Richter nicht auslastete. Daher konnte er sich stets Zeit für die vielen Menschen nehmen, die sich mit ihren Bitten um Rat an

Abb. 11
*Toni Katharina Jeanette (»Kitty«) Horschitz (1882–1942)
vor ihrer Eheschließung mit Arthur Goldschmidt am 10. Mai
1905 in Kassel; Plattenaufnahme 15,7 × 7,8 cm*

Abb. 12
Ilka Betty Horschitz geb. Fleischel (1858–1930), Toni Katharina Jeanette (»Kitty«) Horschitz (1882–1942, verh. Goldschmidt) und Julius Horschitz (1838–1910) am 20. September 1902. Silberne Hochzeit von Ilka und Julius, Kitty mit dem Silberhochzeitsbuch, das sie für ihre Eltern gemacht hat; Photographie 10,1 × 10,5 cm

ihn wandten. Außer der Malerei beschäftigte er sich mit griechischen und lateinischen Texten sowie mit kunstgeschichtlichen Fragen. Schon im Januar 1902 hat er neben seiner juristischen Tätigkeit einen Artikel zu den Wettbewerbsentwürfen für das in der Nähe des Hafens geplante Bismarckdenkmal verfaßt, in dem er sich zustimmend zu dem preisgekrönten Entwurf von *Hugo Lederer*[83] äußert, der auch realisiert worden ist.[84]

Am 10. Mai 1905 heiratet *Arthur Goldschmidt* die am 9. Februar 1882 in Kassel geborene *Toni Katharina Jeanette Horschitz*, »Kitty« genannt (Abb. 11). Ihre Eltern, meine Urgroßeltern, sind *Julius* und *Ilka Horschitz*. *Julius* (Abb. 12), Inhaber einer Zuckerhandelsfirma in Hamburg, stammte aus einer wohlhabenden, jüdischen

Abb. 13
Das Wohnzimmer im Hause von Julius Horschitz (1838–1910) im Hamburger Stadtteil Harvestehude am Alsterkamp um 1888; Plattenaufnahme 11,9 × 17 cm

Kaufmannsfamilie in Kassel. Als er 1877 *Ilka Fleischel* heiratete, die ebenfalls aus einer reichen, jüdischen Familie kam, waren beide zwar noch jüdisch, aber sie schlossen ihre Ehe nicht mehr in der Synagoge, sondern hatten sich beide ebenfalls vom Judentum losgesagt. Wie meine Mutter später in ihren Familienaufzeichnungen schrieb,[85] war es das Bestreben ihrer Eltern, sich zu assimilieren und sich nicht mehr durch ihr Bekenntnis von den christlichen Deutschen zu unterscheiden. Zwanzig Jahre nach ihrer Hochzeit ließen sich *Julius* und *Ilka Horschitz* am 12. April 1897 als Protestanten taufen. Sie waren also ebenso wie die Eltern von *Arthur Goldschmidt* sogenannte »Stehchristen«. Ihre fünf Kinder wurden getauft.[86] Keines von ihnen erhielt einen jüdischen Vornamen. Für meine Großmutter haben sie die Vornamen *Toni Katharina Jeanette* gewählt. Mir scheint, daß meine Urgroßeltern bewußt solche Vornamen gewählt hatten, welche die jüdische Herkunft meiner Großmutter in Vergessenheit geraten ließen. Das reichte allerdings nicht hin, um sie später vor der rassistischen Verfolgung durch die Nazis zu schützen. Da meine Großmutter erst im Alter von sechs Jahren getauft wurde, blieb ihre jüdische Herkunft im Taufschein erkennbar.

Ihre Kindheit und Jugend verbrachte meine Großmutter *Kitty* mit ihren vier Brüdern in dem privilegierten Hamburger Stadtteil Harvestehude. Dort hatten ihre Eltern am Alsterkamp ein großes Haus, das von *Kitty*s Mutter, einer ebenso eleganten wie extravaganten Frau, in großbürgerlichem Stil mit zahlreichem Personal verschwenderisch geführt wurde, solange das Geld reichte (Abb. 13). Als mein Urgroßvater *Julius Horschitz* nicht mehr in der Lage war, den großzügigen Lebensstil seiner Frau zu finanzieren, mußte die Familie 1897 nach Kassel umziehen.

Der Hang zu großzügigem Umgang mit Geld scheint meiner Urgroßmutter *Ilka Horschitz* (Abb. 14) von ihren Eltern

Abb. 14
Ilka Betty Horschitz geb. Fleischel (1858–1930)
März 1895; Plattenaufnahme 13,5 × 7,2 cm

August Fleischel und *Regina* geb. *Oppenheimer* mit in die Wiege gelegt worden zu sein. *August Fleischel* stammte aus Ungarn und war – wie meine Mutter *Ilse* ihn in ihren Familienerinnerungen ein wenig übertreibend beschrieb – »ein hochbegabter, charmanter und amüsanter Mann, der nie einen Beruf ausgeübt hat. Er war lediglich reich vor allen Dingen durch seine Frau, die eine geborene Oppenheimer war.« Als seine einzige erwähnenswerte Leistung weist meine Mutter darauf hin,[87] daß er im deutsch-französischen Krieg 1870/71 einen Lazarettzug des Roten Kreuzes nach Frankreich geführt habe.

Meine Urgroßmutter *Ilka* zeichnete sich nicht nur durch ihren Hang zu einem großzügigen Lebensstil aus. Sie war zugleich eine tatkräftige Frau, die es verstand, ihr großes Haus mit Umsicht zu führen. So bestand sie während der Choleraepidemie in Hamburg eisern darauf, daß die Böden des Hauses jeden Tag mit heißem Wasser gesäubert wurden und daß alle im Haus lebenden Personen nur abgekochtes

Abb. 15
Toni Katharina Jeanette (»Kitty«) Horschitz (1882–1942, verh. Goldschmidt) um 1902 in Kassel; Plattenaufnahme 18,8 × 9,9 cm

Wasser trinken durften. Dank dieser Vorsichtsmaßnahmen erkrankte niemand im Hause an Cholera.

Die Jugendphotos meiner Großmutter stehen in einem krassen Gegensatz zu meinen Erinnerungen aus den Jahren 1939–1942, als ich *Kitty* als verhärmte und verzweifelte, alte Frau erlebte, die ständig gehetzt war und im täglichen Leben nichts mehr so recht zu Ende brachte. Daher sehe ich die Bilder noch heute mit einer Mischung aus Stolz, Erstaunen und ein wenig Trauer. Mein Stolz gilt dem schönen, schlanken Mädchen, das meine Großmutter war, als sie heiratete. Ihre aufwendige, geschmackvolle Kleidung läßt auf ein wohlhabendes Elternhauses schließen. Ihr schönes Gesicht und ihr üppiges, lockiges Haar lassen – wie meine Mutter sich ausdrückte – meine Großmutter als eine »bezaubernde« junge Frau mit einem großen »Liebreiz« erscheinen. Allerdings lächelt sie auf keinem dieser Photos; sie blickt den Betrachter eher melancholisch an (Abb. 11, 15). Vielleicht lag es im Stil der Zeit, junge Frauen mit ernstem Ausdruck zu photographieren.

Meine Urgroßeltern waren von der Verbindung ihrer Tochter *Kitty* mit *Arthur Goldschmidt* nicht angetan, weil er aus einer jüdischen Familie kam. Meine Mutter behauptete, ihnen wäre ein deutscher Offizier adeliger Herkunft lieber gewesen. Daher nahmen *Julius* und *Ilka Horschitz* ihren künftigen Schwiegersohn kühl auf, richteten aber trotz ihrer Enttäuschung dem jungen Paar eine üppige Hochzeit in Kassel-Wilhelmshöhe aus. Die Tischkarten waren in grünem Samt gefaßt und in Gold gedruckt. Das Menu bestand aus zwölf Gängen. Das Festessen wurde von einer Tafelmusik mit zehn Stücken begleitet. Keine vierzig Jahre später sollte diese so glänzend begonnene Ehe von *Arthur* und *Kitty* in Angst und Elend enden.

Nach ihrer Hochzeit bewohnten sie bis 1916 eine geräumige Mietwohnung in der dritten Etage des Hauses Jungfrauenthal Nr. 18 in dem Hamburger Stadtteil Eppendorf, ein bürgerliches Milieu, in dem viele gut situierte Juden oder Hamburger jüdischer Herkunft lebten. Hier wurde am 21. September 1906 ihre Tochter *Ilse Maria*, meine Mutter, geboren. Die Häuserzeile, zu der ihr Geburtshaus gehört, wird auch heute noch – 100 Jahre später – von gutsituierten Hamburgern bewohnt. Wenige Tage nach ihrer Geburt wurde meine Mutter evangelisch getauft und im März 1923 konfirmiert. Ihre Eltern *Arthur* und *Kitty* verstanden sich als Christen und fühlten sich nicht mehr jüdisch. Sie wußten nichts mehr von jüdischer Religiosität und jüdischen Gebräuchen. Im Haus meiner Großeltern war kein einziger jüdischer Kultgegenstand zu finden. Nichts erinnerte an den jüdischen Glauben ihrer Vorfahren. Als fromme Protestanten versäumten sie nur selten den sonntäglichen Kirchgang. Ihre Kinder wurden – wie es bei den Protestanten üblich war – unmittelbar nach der Geburt getauft. Die Familie feierte die christlichen Feste. Vor dem Essen wurde ein Tischgebet gesprochen. Allerdings hatte sich *Arthur* – wie er später schrieb – nie tätig am kirchlichen Leben beteiligt.[88]

Kitty mochte nicht in der Großstadt leben. Sie sehnte sich nach einem Leben auf dem Lande. Deshalb zog die Familie im Sommer mit einem großen Möbelwagen nach Escheburg, einem kleinen Bauerndorf am Rande der Elbmarsch, wenig außerhalb von Hamburg. Das sommerliche Leben in dem Bauerndorf entsprach den romantischen Vorstellungen meiner Großmutter von einem naturverbundenen Leben. *Arthur* fand dank seiner Offenheit und seiner Neugier, Menschen kennen zu lernen, unter den Bauern von Escheburg gute Freunde, denen er bis an sein Lebensende die Treue hielt. Und einer dieser Freunde, der »alte Steffens«,[89] wird ihm später einen Freundschaftsdienst anbieten, der ihn selbst in größte Gefahr gebracht hätte. *Ilse Maria*, die kleine Tochter, wurde in ihren ersten Lebensjahren von ihrer Mutter unterrichtet.

Patriotischer Geist erfaßt die Familie

Die kleine *Ilse* wurde früh mit der patriotischen Gesinnung ihrer Eltern vertraut. Im August 1911 schrieb *Kitty* an ihre kaum fünf Jahre alte Tochter *Ilse*: »… daß Du den Kaiser und die Kaiserin gesehen hast, das war doch wohl herrlich und das wirst Du gewiß nicht vergessen.« In den Wochen vor Ausbruch des

Ersten Weltkrieges erlebte *Ilse* als Siebenjährige die Kriegsbegeisterung ihrer Eltern. Ihre Mutter deckte im Überschwang ihres Patriotismus den Geburtstagstisch in den Farben der schwarz-weiß-roten Nationalflagge. Der Tisch war mit unzähligen Fähnchen in denselben Farben übersät. Selbst die Geburtstagtorte hatte einen schwarz-weiß-roten Zuckerguß, und die Puppe war mit schwarz-weiß-roten Schleifen geschmückt. Weihnachten 1914 durfte *Ilse* helfen, sogenannte Feldpostpakete für die vier Brüder[90] ihrer Mutter zu packen, die sich freiwillig als Soldaten gemeldet hatten, und an irgendeiner Kriegsfront eingesetzt waren. Extrablätter mit den Siegesnachrichten der deutschen Armeen wurden in der Familie umjubelt. Im September 1915 schrieb *Kitty* allerdings in ihrem Geburtstagsbrief an meine Mutter etwas friedlicher: »Wir wollen beten, daß Dein neues Lebensjahr bald den Frieden bringt und die lieben Onkel alle und so viele andere gesund heimkehren«.[91] Dagegen hieß es in einem Brief im Juli 1917 wieder: »Freust Du Dich auch über die Siege gegen die Russen.«[92] Der Wunsch nach einem baldigen Frieden und das Frohlocken über deutsche Schlachtensiege schienen für meine Großmutter miteinander vereinbar zu sein.

Im krassen Gegensatz zu dieser naiven Kriegsbegeisterung steht ein Brief vom 17. Dezember 1915 von *Alfred Gustav Goldschmidt*, der an der Kriegsfront in Polen als einfacher Soldat bei der Artillerie diente. Er war der jüngste Bruder meines Großvaters.[93] Zu Kriegsbeginn 1914 hatte er sich noch als Freiwilliger an die Front gemeldet. Nun schrieb er an seine Mutter:

»Ihr zu Hause scheint ja noch einer gewissen kriegerischen Begeisterung fähig zu sein. Dein verspäteter Brief vom 5. Nov. und *Kitty*s Brief lassen mich das empfinden, den Abstand zwischen dem Fühlen, dessen die zu Hause noch fähig sind und die im Felde. Denn diese denken, fühlen nichts weiter als ›wann wird dieser schauderhafte, widerwärtige Krieg ein Ende nehmen?!‹ Selbst diejenigen, die nicht am schlimmsten dran sind (das sind ja die armen Infanteristen im Schützengraben), empfinden nun – u. je länger es sich hinzieht, desto mehr – das Jammervolle dieses Kriegslebens. Es fehlt hier draußen zwischen Dreck u. Schlamm, Eis u. Schnee, Stroh u. Läusen die schöne Suggestion von Glockengeläut und 100000 bunten Fähnchen, mit denen man bei Euch die Siege feiert u. sicher zu neuer Kriegsbegeisterung anfeuert. Ob das allerdings auch bei den ärmeren Volksschichten der Fall ist, die gegenwärtig von trockenem Brot und trockenen Kartoffeln zu leben gezwungen sind? Was das heißt, weiß ich aus eigener Erfahrung! Aber das war mir nicht das Schlimmste. Dreck u. Läuse sind das größere Uebel. Und wenn man einen Zug russischer Gefangener sieht, blühende kräftige Gestalten mit freundlichen friedlichen Gesichtern und der schwarzen aufgedunsenen, krampfverzerrten Kadavern gedenkt, die man gesehen hat u. die zu Hunderttausenden und Aber Hunderttausenden die Kampffelder im Osten u. Westen u. Süden Europas bedeckten u. wieder u. wieder über sie hin gestreut werden, so müßte man an Wahnwitz glauben, wenn man nicht ahnte, daß die arme Menschheit genau wie die übrige Lebewelt, über die sie sich so erhaben dünkte, dem grausamem Wirken elementaren Naturgesetzes unterworfen ist, das kein Erbarmen kennt u. keine Ehrfurcht vor Kultur und Zivilisation«.[94]

Sollte meine Großmutter *Kitty* von diesem Brief nicht erfahren haben? Oder wie soll ich mir erklären, daß sie noch 1917 über das Schlachtenglück der Deutschen jubelte? *Alfred Goldschmidt*, ein begabter Maler, fiel 1917 in Frankreich. Meine Mutter *Ilse* hat häufig von der unendlichen Trauer ihrer Großmutter *Pauline* (Abb. 16) über den Verlust ihres Lieblingssohnes *Alfred*, der in der Familie *Fredy* genannt wurde, gesprochen (Abb. 17).

Die Behauptung von *Ilse*, sie habe eine fröhliche und unbeschwerte Kindheit gehabt, stimmt nicht so recht mit manchen ihrer Erzählungen überein. *Arthur* war ein autoritärer Mann, der einen großen, bissigen Hund hielt, vor dem alle im Haus Angst hatten, worauf er allerdings keine Rücksicht nahm. *Arthur* schaffte den Hund erst ab, nachdem er selbst von ihm gebissen worden war. *Ilse*s Erziehung entsprach den damals üblichen autoritären und groben Methoden. Durch ihr Temperament hat *Ilse* ihre Eltern oft gestört. So wurde sie – wie sie mir erzählte – häufig in einen dunklen Keller gesperrt, wenn sie »ungezogen« war. Daher litt sie ihr Leben lang unter Klaustrophobie. Als Kind mußte sie mit dem Makel leben, als »die ungezogene Ilse« bezeichnet zu werden.

Im Jahr 1916 kehrt die Familie der Großstadt endgültig den Rücken und zieht nach Reinbek, einem beschaulichen Villenvorort im Grünen, er sollte zur Heimat der Familie *Goldschmidt* werden. Reinbek liegt östlich von Hamburg an der Eisenbahnstrecke nach Berlin am Rande des Sachsenwaldes an der Bille – einem kleinen

Abb. 16
Pauline Goldschmidt geb. Lassar (1845–1919), nach 1899 als Witwe (ihr Ehemann Alfred Oscar Goldschmidt, geb. 1841, war 27. Februar 1899 verstorben); Plattenaufnahme 14,6 × 10,1 cm

Abb. 17
Pauline Goldschmidt geb. Lassar (1845–1919), Arthur Goldschmidt (1873–1947), Toni Katharina Jeanette (»Kitty«) Goldschmidt geb. Horschitz (1882–1942), Alfred Gustav Goldschmidt (»Fredy«, 1879–1917), sitzend Ilse Maria Goldschmidt (1906–1982) um 1916; Photographie 11,2 × 16,3 cm

Flüßchen, das weiter westlich in die Elbe mündet. In der Mitte des Ortes steht am Mühlenteich ein schönes Renaissanceschloß, das *Herzog Adolf I. von Schleswig-Holstein-Gottdorf* gebaut hat.[95]

Anfang des 20. Jahrhunderts begannen betuchte Hamburger am Rande dieses idyllisch gelegenen Bauerndorfes Villen und Sommerhäuser zu bauen. Die Verkehrslage war günstig. An der Eisenbahnstrecke Strecke von Hamburg nach Berlin hatte Reinbek einen eigenen Bahnhof für die Vorortbahn. Die schönsten und größten Villen Reinbeks lagen an der Bille. Aber auch die Häuser an der Kückallee waren recht ansehnlich. Dorthin zogen *Arthur* und *Kitty* in eine Sommervilla, die sich ein Hamburger Kaufmann als Landsitz gebaut hatte. Der parkartige Garten befriedigte *Kitty*s Sehnsucht nach dem Landleben. Im Jahre 1919 kauften sie das Haus, in dem sie bis dahin als Mieter gewohnt hatten.

Patriotischer Geist erfaßt die Familie

Abb. 18
*Ilse Maria Goldschmidt (1906–1982) 1919;
Photographie 14,3 × 9,8 cm*

Abb. 19
*Toni Katharina Jeanette (»Kitty«) Goldschmidt
geb. Horschitz (1882–1942) und ihre Tochter
Ilse Maria (1906–1982) um 1922; Photographie
14,9 × 10,4 cm*

Ilse Maria besucht im nahe gelegenen Bergedorf die Luisenschule, eine reine Mädchenschule (Abb. 18). Mein Großvater *Arthur* wünscht, daß *Ilse* Latein und Griechisch lernt, um das humanistische Abitur zu machen.

Damals ist es selten, daß Mädchen das Abitur machen. Noch seltener besuchen Mädchen humanistische Gymnasien. Mein Großvater kümmert sich nicht um solche Konventionen. Die humanistische Bildung seiner Tochter ist ihm wichtiger. Daher wechselt *Ilse* nach kurzer Zeit von der Luisenschule auf die ebenfalls in Bergedorf gelegene Hansaschule, das humanistische Gymnasium für Jungen. Dort bleibt sie bis zu ihrem Abitur im Jahre 1926 das einzige Mädchen (Abb. 19).

Reinbeker Idylle

Im gesellschaftlichen Leben des Ortes sind *Arthur* und *Kitty Goldschmidt*, so scheint es, vollkommen integriert. Sie gehören zur schmalen Schicht des gehobenen Bürgertums, von der in Reinbek im Volksmund als den »Herrschaften« gesprochen wurde. Im Jahre 1919, bei der letzten Wahl nach preußischem Dreiklassenwahlrecht, zählt *Arthur* zur Minderheit der 27 Steuerzahler in Reinbek, die wegen der Höhe ihres Einkommens in die Gruppe 2 der Wahlliste eingetragen waren. Er wird als Vertreter der liberal-konservativen Deutschen Volkspartei zum Gemeinderat gewählt. Seinem gesellschaftlichen Ehrgeiz entspricht das Golfspiel, damals noch ein Privileg der gut situierten bürgerlichen Schicht. Er ist Mitglied in der Hamburger »Gesellschaft Harmonie von 1789«,[96] die sich als »eine geschlossene Gesellschaft von Männern [definiert], die sich in ihren Mußestunden versammelten und durch freundschaftliche Unterhaltung und gegenseitige Austauschung ihrer Gedanken ... sowie durch ein erlaubtes Spiel, eine Erholung von ihren Geschäften zu verschaffen suchten«.[97] Außerdem gehört er dem Überseeclub[98] in Hamburg an, der nur Männern zugänglich ist, die von sich glauben, für Hamburg wichtig zu sein. Mit einer Gruppe gutbürgerlicher Herren, die sich zum sonntäglichen Tontaubenschießen treffen, gründet er 1921 den Tontaubenclub, der sich später zu einem der besonders standesbewußten Hamburger Tennis- und Hockey-Clubs entwickeln sollte.[99] *Arthur Goldschmidt* genießt seine Rolle als angesehenes Mitglied der Gesellschaft. Seine jüdische Herkunft mindert in keinem seiner Vereine sein Ansehen; in Reinbek scheint niemand davon zu wissen. Einer seiner Freunde erzählte mir, daß er erst 1933 nach der Machtübernahme durch *Hitler* und nach Erlaß der ersten Rassengesetze von der jüdischen Abstammung meines Großvaters erfahren habe.

In diesen Jahren entstand die Freundschaft zwischen *Arthur* und seinem Nachbarn *Carl Dobbertin*,[100] einem reichen und erfolgreichen Kaufmann. Er bewohnte mit seiner Familie ein großes Haus an der Goetheallee, das seiner Größe nach einem Schloß ähnlich war. Es lag schräg gegenüber dem Haus meiner Großeltern. *Dobbertin*, ein großer, stattlicher Mann, der mir schon als Kind durch seinen eleganten, auf Taille geschnittenen, grauen Mantel auffiel, hatte dunkle, leicht ergraute Haare und tiefliegende, durchdringende Augen unter buschigen Augenbrauen (Abb. 20). Als Kinder hatten wir Angst vor ihm, weil er so streng wirkte. Wenn er abends aus dem Geschäft kommend nach Hause ging, unterbrachen wir unsere Spiele in der Kückallee, drückten uns an den Straßenrand und warteten, bis er außer Sichtweite war. *Dobbertin* wurde damals von den traditionsreichen und standesbewußten

Hamburger Kaufmannsfamilien abschätzig als Neureicher bezeichnet. Manche mag der Neid auf seinen Erfolg geplagt haben. Mein Großvater, der in den Zeiten seiner beruflichen Erfolge und seiner angesehenen gesellschaftlichen Stellung bis 1933 nicht frei von Dünkel war, so daß meine Mutter später manches Mal sagte, er sei gesellschaftlich ein »Streber« gewesen, hatte zumindest *Dobbertin* gegenüber keinen Hochmut. Er interessierte sich für Menschen, die es im Leben zu etwas gebracht hatten, gleichgültig aus welcher Schicht sie kamen. Irgendwann in den zwanziger Jahren geriet *Dobbertin* in geschäftliche Schwierigkeiten. In dieser Situation bürgte mein Großvater mit seinem gesamten Vermögen für ihn. Noch heute wird es nur selten einen Juristen geben, der bereit ist, mit seinem Vermögen — und sei es für den besten Freund — zu bürgen. Jeder Jurist hat schon auf der Universität gelernt,

Abb. 20
Carl Joachim Heinrich Dobbertin (* 15.10.1889 Altona, † 15.4.1960 Hamburg) um 1943; Photographie 22,1 × 16,2 cm

wie schnell eine Bürgschaft den Bürgen in den wirtschaftlichen Abgrund reißen kann. In der für ihn charakteristischen Mischung aus Loyalität und Optimismus setzte sich mein Großvater über alle angelernten juristischen Bedenken hinweg. Er behielt recht und alles ging gut. Ich werde später schildern, wie *Dobbertin* unserer Familie während der Nazizeit diesen ungewöhnlichen Freundesdienst entgolten hat.

Arthur und *Kitty* führen in den zwanziger Jahren ein äußerlich unbeschwertes Leben in einem großbürgerlich geführten Haushalt. Als einziges Kind – ihre beiden Brüder *Erich* und *Jürgen* wurden erst 1924 und 1928, also 18 bzw. 22 Jahre später geboren[101] – wuchs *Ilse* unter anspruchsvollen Bedingungen auf. Von früh an war *Ilse* das Leben in einem großzügig geführten Haushalt mit Dienstpersonal gewohnt. Selbstverständlich gab es ein Kindermädchen für sie. In dem geselligen Haus wurden die große Verwandtschaft und die Freunde oft üppig bewirtet. Ich frage mich, ob die intensive Pflege der Beziehungen zu den Verwandten das Erbe unbewußter jüdischer Tradition ist, die Großfamilie zusammenzuhalten. Bis an ihr Lebensende bewahrte *Ilse* ihre Erinnerungen an die zahlreichen Onkel und Tanten, die alle ebenso gut situiert und jüdischer Herkunft waren wie ihre eigene Familie.

Nach dem Abitur besuchte sie ein Jahr lang die wirtschaftliche Frauenschule in Großsachsenheim in Württemberg. Diese sogenannte »Maidenschule« war ein Pensionat für junge Mädchen aus gutem Hause, die dort Hauswirtschaft und Gartenbestellung lernten. Meine Mutter trug bis an ihr Lebensende bei der Küchenarbeit die weißen Schürzen, die sie als Maid auch schon in Großsachsenheim getragen hatte. Ich vermute, daß der Umweg zum Studium über die Maidenschule die Konzession an die etwas konventionelleren Bildungsvorstellungen meiner Großmutter war. In der Wahl ihres Studienfaches war der Bildungsweg meiner Mutter durch die Interessen meines Großvaters bestimmt, der sich sein Leben lang für Kunstgeschichte interessiert und sogar einige Aufsätze über italienische Malerei veröffentlicht hat.[102]

Das Jahr 1928 verbringt *Ilse* im Hause ihrer Eltern, da sie nach der Geburt ihres jüngeren Bruders *Jürgen* ihrer Mutter helfen muß, die mit dem Leben nicht mehr fertig geworden zu sein scheint. So kann meine Mutter erst im Wintersemester 1928/1929 mit dem Studium der Kunstgeschichte in Freiburg im Breisgau beginnen. Während ihres Studiums mußte sie immer wieder zu Hause helfen, ihre jüngeren Brüder zu versorgen, mit denen ihre Mutter offensichtlich nicht fertig wurde. *Ilse* führte ihr Studium nicht zu Ende. Über die Gründe hat sie nie gesprochen. Vermutlich hat ihre ständig kranke Mutter sie so sehr in Anspruch genommen, daß für das Studium weder Zeit noch Kraft übrig bleiben.

Noch in demselben Jahr lernt sie *Ludwig Landgrebe* kennen, der in Freiburg im Breisgau Philosophie studiert. Wenige Monate später verloben sich *Ilse* und *Ludwig* (Sommer 1929).

Ludwig Landgrebe und seine Familie

Ludwig Landgrebe kam aus einer protestantischen Familie, in der sich das deutsche Bürgertum des 19. Jahrhunderts spiegelt. Wie ein roter Faden durchzieht der Drang nach höherer Bildung die Geschichte dieser kleinen Familie. Der Vorfahre *Ludwig August Moritz Landgrebe* (1765–1848) war Bürgermeister von Grebenstein, einem kleinen Ort, südlich von Göttingen im damaligen Kurfürstenthum Hessen gelegen. Sein Sohn war der Tuchfabrikant *Heinrich Carl Ludwig Landgrebe*

(1809–1876).[103] Alsbald nach seiner Ausbildung zum Kaufmann trat er in Weida im Großherzogtum Sachsen-Weimar-Eisenach in die Kattundruckerei seiner späteren Schwiegermutter ein,[104] die den Betrieb nach dem frühen Tod ihres Ehemanns, des Amtsinspektors und Rentamtmanns *Scheube* in Weida, im Jahre 1809 gegründet hatte. 1835 heiratete *Heinrich Carl Ludwig Landgrebe* deren Tochter, die verwitwete *Natalie Leisching* (Abb. 21). Danach gründete er in Weida ein eigenes Unternehmen,[105] in dem er das Tuch veredelte und vertrieb, das er von Handwebern in Weida und Umgebung arbeiten ließ. Nach dem Ende seines Berufslebens setzte er sich mit seiner Familie nach Wien zur Ruhe (Abb. 22).

Sein einziger Sohn *Karl Ludwig Richard Landgrebe* (1837–1878), mein Urgroßvater, betätigte sich in Wien als Kaufmann. Seine Ehefrau *Leopoldine Linnert* kam aus einfachen Verhältnissen. Ihr Vater war der Sohn eines »Weißwäschers«,[106] der sich im Militär aus dem Mannschaftsstand eines Jägerbataillons in Wien zum Platzhauptmann und damit in das Kleinbürgertum heraufgearbeitet hatte. Auffallend ist, daß *Karl Ludwig Richard* und *Leopoldine* evangelisch getraut worden waren, obwohl *Leopoldine* eine fromme Katholikin war. Sie ist die Frau, die meinen Vater erzogen hat.

Ihr Mann *Karl Ludwig Richard Landgrebe* stirbt 1878 im Alter von 40 Jahren an einer Lungenentzündung. Die im Alter von nur 31 Jahren verwitwete *Leopoldine*, meine Urgroßmutter, ist plötzlich allein verantwortlich für ihre drei kleinen Kinder im Alter zwischen vier und acht Jahren.[107] Ohne jegliches Vermögen beginnt für sie ein schweres Leben in ständiger Sorge um den Lebensunterhalt. Sie war neunzehn Jahre alt, als sie heiratete. Nun versucht sie, ihre kleine Familie mit Klavierstunden zu ernähren. Immer wieder zwingt sie die wirtschaftliche Misere zum Wohnungswechsel, jedesmal ist es eine billigere Wohnung. Sie leidet unter der Armut, in der ihre Kinder groß werden. In einem ihrer Briefe an ihren Sohn *Karl* (1871–1931) spricht sie über seine »harte, bittere Jugend«.[108]

Karl Landgrebe fühlt sich früh für seine Mutter und seine Geschwister verantwortlich. Er tut sich, ebenso wie seine ältere Schwester *Marie* und sein jüngerer Bruder *Max*, als begabter und fleißiger Schüler mit guten Zeugnissen hervor. Besonders *Marie* und *Karl* waren bildungshungrig und hätten gern das Abitur gemacht. Aber *Leopoldine* war finanziell nicht in der Lage, ihren Kindern den Besuch eines Gymnasiums zu ermöglichen.

Der Traum *Karls*, die »Matura« zu machen und Geschichte zu studieren, bleibt unerfüllt. Statt dessen beginnt er eine kaufmännische Lehre. Er fühlte sich in seinem Beruf unglücklich, verdiente schlecht und blieb sein Leben lang in derselben Wiener Firma kaufmännischer Angestellter (Abb. 23).

Abb. 21
Ehepaar Heinrich Carl Ludwig Landgrebe (1809–1876) und Natalie Josephe Landgrebe geb. Scheube verw. Leisching (1801–1881), dazwischen sein Sohn Karl Ludwig Richard Landgrebe (1837–1878); Daguerreotypie von 1843, 7,4 × 5,4 cm (Innenmaße Passepartout)

Ludwig Landgrebe und seine Familie

Abb. 22
Ehepaar Natalie Josephe Landgrebe geb. Scheube verw. Leisching (1801–1881) und Heinrich Carl Ludwig Landgrebe (1809–1876), dazwischen sein Sohn Karl Ludwig Richard Landgrebe (1837–1878), Wien etwa 1865; Plattenaufnahme 19,5 × 24,8 cm

Am 5. April 1900 heiratet *Karl* in Wien die Kindergärtnerin *Rosa Tuma*. Ihr Vater *Franz Tuma* stammt aus einer Tagelöhnerfamilie in Mähren aus dem Dorf Kronau in der Nähe von Brünn.[109] Er hatte sich in Wien zum Kanzleidiener der privaten Lemberg-Czernowitzer-Eisenbahn-Gesellschaft heraufgearbeitet. Auch in dieser Generation unserer Familie setzt sich wieder das evangelische Bekenntnis durch. Obwohl *Rosa* katholisch ist, wird das Paar evangelisch getraut, nachdem *Rosa* zwei Monate vorher zur evangelischen Kirche übergetreten ist.

Am 9. März 1902 wird *Ludwig*, ihr einziger Sohn, mein Vater, geboren. Aber schon ein Jahr nach seiner Geburt stirbt *Rosa* 1903 im Alter von nur sechsundzwanzig Jahren an Tuberkulose. Auf der einzigen Photographie (Abb. 24), die von ihr

Abb. 23
Karl Ludwig Heinrich Landgrebe (1871–1931); Photographie 9 × 5,8 cm

Abb. 24
Rosa Anna Tuma (1877–1903), vielleicht kurz vor ihrer Eheschließung mit Karl Ludwig Heinrich Landgrebe (1871–1931) am 5. April 1900 in Wien; Plattenaufnahme 14,5 × 10,1 cm

erhalten ist, ist ein hübsches, schlankes Mädchen mit dunklen Augen und vollem, dunklen Haar zu sehen. *Leopoldine* findet in einem Brief vom 14. Januar 1902 an ihren Sohn *Karl* kein gutes Wort für seine junge Frau. Sie ärgert sich, daß *Rosa* »so ganz ungeniert ihre Meinung« sagt und schreibt: »Etwas weniger Selbstbewußtsein bei ihr wäre uns lieber gewesen.« Und: »Für ihre Charaktereigenschaften, die uns nicht so ganz behagen, ist sie ja nicht allein verantwortlich zu machen.«[110] *Leopoldine* interessiert sich nicht für die Gesundheit ihrer hochschwangeren Schwiegertochter, sondern äußert statt dessen nur deutlich ihre Unzufriedenheit mit ihr. Die bevorstehende Geburt eines Enkelkindes hält sie nicht für erwähnenswert.

Ich wollte mehr über meine Großmutter *Rosa* wissen. Daher habe ich meinen Vater manches Mal nach ihr und der Familie seiner Mutter gefragt. Aber er wußte über sie nicht mehr zu sagen, als daß sie gestorben sei, als er ein Jahr alt war. Deshalb sei er von seiner Großmutter erzogen worden. Über die Familie seiner Mutter wußte er nur von einem Besuch als Schüler bei seinem uralten Großvater *Franz Tuma* zu erzählen, der ihm über die Haare gestrichen und »mein guter Junge« gesagt habe. Ich wundere mich bis heute über diese emotionslosen und spärlichen Auskünfte. Mein Vater scheint sich keine Gedanken darüber gemacht zu haben, daß er ohne Mutter groß geworden ist.

Nachdem ich von meinem Vater so wenig über seine Mutter *Rosa* erfahren konnte, war ich froh, wenigstens einige sie betreffende Urkunden zu finden: ihren katholischen Taufschein vom 19. Juli 1877, ihr »Befähigungszeugnis als Kindergärtnerin« vom 28. Juni 1895 mit recht durchschnittlichen Noten, die Bescheinigung ihres Übertritts in die evangelische Kirchengemeinde (Augsburger Bekenntnis) in Wien vom 27. Januar 1900, und ihren Totenschein mit ihrem Sterbedatum 5. September 1903. Außerdem existiert aus der Zeit nach der Geburt meines Vaters ein Brief von *Rosa* an ihre Schwiegermutter *Leopoldine*,[111] in welchem sie nichtssagend, konventionell und in braver Manier über ihre Gesundheit und über ihr Baby schreibt. Mehr ist nicht über *Rosa* zu erfahren. Ihr kurzes Leben reichte nicht aus, um Spuren in der Familie zu hinterlassen. Als *Rosa* starb, war ihr Mann *Karl* erst zweiunddreißig Jahre alt. Er hat erst wenige Jahre vor seinem Tod Ende der 20er Jahre wieder geheiratet, als mein Vater seine Ausbildung mit der Promotion beendet hatte. Ich vermute, daß mein Großvater nicht früher geheiratet hat, weil er sich ausschließlich auf den Werdegang seines Sohnes *Ludwig* konzentrieren wollte.

Eine Kindheit in Wien

Nach dem Tod seiner Frau zieht mein Großvater *Karl Landgrebe* mit seiner Mutter *Leopoldine* zusammen in eine Mietwohnung in der Trauttmannsdorffgasse 52 in dem Wiener Stadtteil Hietzing. Hier wächst sein Sohn *Ludwig* in bescheidenen Verhältnissen auf. *Leopoldine* führt den Haushalt und übernimmt die Sorge für ihren einjährigen Enkel. Der Vater kann sich nicht viel um sein Kind kümmern; er arbeitet sechs Tage in der Woche von morgens um acht bis sieben Uhr abends, die übliche Arbeitszeit für Angestellte. Er sei wohl ein schlechter Vater gewesen, räumt *Karl* später in einem Brief an seinen Sohn sei.[112]

Als *Leopoldine* die Verantwortung für die Erziehung des Enkelkindes übernimmt, ist sie 55 Jahre alt, eine nach damaligen Maßstäben alte Frau, die schon als alleinerziehende Mutter von vier Kindern ein entbehrungsreiches Leben hinter sich hatte,

Abb. 25
Leopoldine Agnes Landgrebe geb. Linnert (1848–1918), Weihnachten 1909 in Wien; Plattenaufnahme 9,1 × 6 cm

immer an der Grenze der Armut.[113] Bis zu seinem Lebensende stand auf dem Schreibtisch meines Vaters eine kleine, etwas verblichene Photographie von *Leopoldine*. Mit ihrem glatt nach hinten gekämmten Haar, ihrer schmucklosen Kleidung und ihren strengen Gesichtszügen wirkt sie wie eine alt gewordene Frau, die nach einem freudlosen Leben nur noch die Pflichterfüllung und ein gottgefälliges Leben im Sinn hat (Abb. 25). Ich habe mich oft gefragt, wie es dem kleinen *Ludwig* mit dieser Großmutter ergangen sein mag. In einer kurzen autobiographischen Notiz aus dem Jahr 1975 erwähnt er, daß er von ihr »mit Güte aber zugleich der spartanischen Strenge der altösterreichischen Offizierstochter erzogen«[114] worden sei.

Noch Jahrzehnte später scheint *Leopoldine* den frühen Tod ihres Mannes nicht verwunden zu haben; die traumatische Erfahrung der Armut findet ihren Niederschlag in den Briefen[115] an ihren Sohn *Karl*, der während des Ersten Weltkrieges als Soldat in der Schreibstube in Krakau dient. Sie ermahnt ihn in jedem ihrer Briefe,[116] sich warm anzuziehen und darauf zu achten, sich nicht zu erkälten, als ob sie fürchtete, auch er könne wie sein Vater an Lungenentzündung sterben.

So schreibt sie 1916 an ihren Sohn *Karl* in Krakau:

»Bleib gesund, denk an dein Burschi [Anm. des Verf.: mein Vater *Ludwig*], das dich so notwendig braucht. Hast Du kein Ungeziefer. Kannst Du denn baden Dich wenigstens ganz waschen und abfrottieren. Bleib nur frisch und gesund. Gott schütze Dich, manchmal denke ich, Du mußt doch bald wieder kommen. Er muß doch bald ein Ende finden, dieser schreckliche Krieg«.

Eine Kindheit in Wien

In einem anderen Brief wiederholt sie ihre Ermahnungen und Beschwörungen:

»Mir ist so angst um dich, daß du die Arbeit nicht bewältigen kannst, und dich der Wechsel von Kalt zu Warm krank machen könnte. Ich kann nur beten, daß der l.[iebe] Gott Dich aushalten läßt und gesund erhält. Ich bitte Dich nicht die Kleider herunter zu reißen (Dich auszuschälen), wenn du erhitzt bist«.[117] –

Über sich selbst schreibt sie selbstkritisch:

»Dein Burscherl ist gesund und soweit Kind noch, daß er sich nicht unnöthig sorgt, und mich auszankt, wenn ich mich sorge, ich verspreche auch mich zusammenzunehmen, doch werden die Feigen nicht mutig.«[118]

Voller Sehnsucht nach ihrem Mann beschwört sie die Nöte der Kriegszeiten und vergißt auch nicht, ihren Enkel zu erwähnen:

»Wenn ich dich nur einmal sehen und hören könnte, damit ich wieder Mut bekäme, nur einmal wieder Deine liebe Hand drücken und küssen könnte. Wenn ich Dir nur helfen könnte, für Dich wieder sorgen könnte. Alles, Alles nur gesund bleiben und den unglückseligen Krieg zu Ende, damit die armen Menschen weiter leben können. Gott sei dank, daß der Bub die Angst um Dich nicht hat, und ist voll Zuversicht und kann nicht glauben, daß nicht Alles, Alles wieder gut wird«.[119]

Im Sommer 1916 beschreibt sie ihre Erwartungen an die Pflichterfüllung und an den Fleiß ihres Enkels:

»Nicht nur an Vergnügen und seine Bequemlichkeit soll er denken und in der ernsten Zeit an die furchtbar ernste Zukunft, der wir entgegengehen. Er soll lernen, freiwillig zu verzichten, und Opfer gern zu bringen, die ja von uns allen verlangt werden, damit er im Kampf um das Leben aushalten kann und nicht zusammenbricht, wenn es Ernst wird. Er soll die Zeit besser ausnützen und mehr von sich verlangen. Nicht nur Aufgaben machen, sich selber welche geben und genauer, gewissenhafter bei Allem werden. Kurz es soll ihm das Studium und Arbeiten Freude machen.«[120]

In demselben Brief schreibt sie weiter:

»Und so möchte ich unser Burscherl [gemeint ist mein Vater *Ludwig*] haben, wie Du heute noch bist. Für die Anderen sich opfern, wie Du [e]s tust. Leben und Sterben für das Wohl Deines Kindes. Alles aus dem Weg räumen, damit er [e]s leichter hat. Aber Du sollst ihm auch lernen, daß man auch Pflichten hat nicht nur Rechte. Das lernt sich ja so schwer, wenn Du [e]s ihm jetzt nicht angewöhnst und begreiflich machst, kann man's nicht, wenn man's braucht.«[121]

Abb. 26
Ludwig Max Carl Landgrebe (1902–1991)
Weihnachten 1910; Plattenaufnahme 9,1 × 6 cm

In ihren Briefen, die ihre einfache Bildung widerspiegeln, erscheint *Leopoldine* zwar als eine strenge, aber auch leidende und verängstigte alte Frau. Sie beschwört den lieben Gott und das von ihr ersehnte Ende des Krieges und beschreibt die tägliche Arbeitslast, die sie zu bewältigen hatte. Sie schickte ihrem Sohn Pakete mit Lebensmitteln und Kleidung, die sie ausgebessert hatte. Ihre Tage waren damit ausgefüllt, Lebensmittel zu beschaffen, die immer knapper wurden, je länger der Krieg dauerte. Im Winter 1917/18 hungerte die Zivilbevölkerung in Wien. Doch nie klagte sie darüber, daß sie als alte Frau die Verantwortung für ihren heranwachsenden Enkel zu tragen hatte. Allerdings zeigte sie für die früh erwachten geistigen Interessen ihres Enkels, der stundenlang las und musizierte, kein Verständnis.

Marie dagegen, *Karls* 1869 geborene ältere Schwester, begleitet liebevoll die Entwicklung des Knaben *Ludwig* und fördert seine geistigen Interessen nach Kräften. »*Tante Mieze*«, wie er sie nennt, nimmt im Leben des Kindes eine wichtige Rolle ein, versucht mit ihrer Warmherzigkeit und Zuneigung, die fehlende Mutter zu ersetzen.

Als Folge einer Kinderlähmung leidet sie ihr Leben lang unter einer Herzkrankheit und einem verkrüppelten Bein. Dessen ungeachtet erarbeitet sie sich mit Intelligenz und eisernem Fleiß die Position der Hauptkassiererin des Wiener Frauen-Erwerbsvereins[122] – heute würde man sie als kaufmännische Geschäftsführerin bezeichnen. Damit gelingt ihr ein für die damalige Frauengeneration bemerkenswerter beruflicher Aufstieg. Wegen ihrer Tüchtigkeit und Verläßlichkeit sowie ihrer nie versiegenden Hilfsbereitschaft genoß sie ein hohes Ansehen. Trotzdem hatte sie wegen ihrer körperlichen Behinderung ein schweres und über weite Strecken freudloses Leben. Wie ihre Freundin und Lebensgefährtin ihrer letzten Lebensjahre

Eine Kindheit in Wien

1926 in einem Nachruf festhielt, brachte erst *Ludwig*, der heranwachsende Neffe, Glück und Freude in ihr Leben:

»Für ihn [*Ludwig*] sorgtest Du, ihn liebtest Du wie eine Mutter ihr Kind liebt, an seinem ernsten Streben ein tüchtiger Mann zu werden, erfreute sich Dein Herz.«[123]

Marie setzte wie ihr Bruder *Karl* große Hoffnungen auf den Heranwachsenden (Abb. 26). Er sollte die »Matura« machen und möglichst auch studieren, wovon *Karl* vergeblich geträumt hatte. In ihm sollte sich der Traum erfüllen, welcher der Familie bisher versagt geblieben war. Da nimmt es nicht wunder, daß der kleine *Ludwig* schon im Alter von zwölf Jahren seine Unterschrift übte: »Professor Dr. Ludwig Landgrebe« (s. u. S. 169).

Die zahlreichen Postkarten von *Marie* an *Ludwig* lassen sie als eine liebevolle, überaus besorgte Tante erscheinen, die verstand, was für ihn wichtig war.[124] 1921 freute sie sich über das bevorstehende Abitur.[125] Später (1923), während des Studiums in Freiburg im Breisgau, machte sie sich Gedanken darüber, ob sein Lehrer *Edmund Husserl* den Ruf nach Berlin annehmen werde, und ob *Ludwig* als dessen Privatassistent[126] deshalb sein geliebtes Freiburg im Breisgau verlassen müsse. Sie machte sich Sorgen, ob neben dem Studium die Tätigkeit als Privatassistent nicht zu anstrengend für ihn sei. In ihren letzten Postkarten und Briefen[127] an *Ludwig* aus dem Frühjahr 1926 ermahnte sie ihn, keine waghalsigen Ski- und Klettertouren zu machen. Kurz vor ihrem Tod äußerte sie noch ihre Freude über seine bevorstehende Promotion.

Neben Tante *Marie* verdient auch Onkel *Eduard* als Förderer *Ludwigs* genannt zu werden. *Eduard Leisching*, ein Vetter von *Ludwigs* Vater,[128] war als Direktor des Kunstgewerbemuseums in Wien ein angesehener Mann. Er stand der Familie helfend zur Seite,[129] kümmerte sich vor allem um *Ludwig*, den er in seinen geistigen und musikalischen Interessen anregte und förderte. Mein Vater hat ihn immer als Vorbild angesehen. Er hat entscheidend dazu beigetragen, seine philosophischen Interessen zu wecken.

Die Leidenschaften des Gymnasiasten *Ludwig* galten den Bergen, der Philosophie, der Literatur und der Musik. 1975 erinnert er sich: »Mit den Symphonien *Gustav Mahler*s und den Aufführungen der ersten Werke *Arnold Schönberg*s[130] konnten wir damals den Übergang zur modernen Musik miterleben«. Und weiter:

»Daß die Musik den Zugang zu einer Wahrheit vermitteln kann, die durch keine sprachliche Artikulation einzuholen ist, war eine Einsicht, welche die Neigung zu überschwänglichen Spekulationen bezähmen konnte.«[131]

Abb. 27
Ludwig Max Carl Landgrebe (1902–1991) etwa 1920; Plattenaufnahme 9 × 6 cm

Im Streichquartett, in dem er mit seinen Freunden musiziert, spielt er die zweite Geige. Er ist stolz darauf, daß sie die musikalisch anspruchsvollen, späten Quartette von *Beethoven* spielen. In einem Freundeskreis von sieben jungen Leuten, die sich ironisierend die »Geisttriefenden« nennen, trifft er sich regelmäßig zu gelehrten Gesprächen. *Karl Kraus* spielt für sie eine große Rolle. In seinem Nachlaß fand ich in einer verborgenen Kiste die kleinen, roten Hefte der Zeitschrift »Die Fackel«,[132] die *Karl Kraus* als geistiges Sprachrohr dienten. Diese zerlesenen und im Laufe der Zeit verblichenen roten Heftchen lassen – wann immer ich sie zur Hand nehme – vor meinen Augen das geistige Leben in Wien Anfang der zwanziger Jahre lebendig werden.

Aus seiner Kindheit hat *Ludwig* eine Anekdote oft wiederholt, die den Ursprung seiner Vorstellungen von einem Europa der Vaterländer anschaulich macht. Der alte *Kaiser Franz Joseph* pflegte zuweilen eine bekannte Wiener Schauspielerin,[133] mit der er befreundet war, in ihrer Villa zu besuchen, die am Rand eines kleinen Parks in der Nähe der Trauttmannsdorffgasse lag, wo *Ludwig* wohnte. In diesem Park begegnete Großmutter *Leopoldine* mit dem kleinen *Ludwig* an der Hand dem Kaiser. Als er an ihnen vorüber ging, trat sie respektvoll beiseite und machte einen tiefen Hofknicks. Der Kaiser lächelte huldvoll zurück. Mein Vater fühlte sich wohl durch diese Geschichte an die vermeintlich heile Welt der k.u.k. Monarchie erinnert, deren Zerbrechen er immer wieder beklagte. Er schwärmte oft von dem Zusammenleben der vielen Völker in der Donaumonarchie bis 1918 unter der Obhut des Kaiserhauses und sprach von den vermeintlichen Segnungen dieses Vielvölkerstaats.

Es muß ein Schock für ihn gewesen sein zu erleben, wie sich das alte Österreich als ein Phantom erwies, das sich nach dem Ende des Ersten Weltkrieges und nach dem Friedensvertrag von St. Germain in viele Staaten auflöste.

Nach *Leopoldines* Tod im Jahre 1918 leben *Karl* und der nun sechzehnjährige *Ludwig* allein in der Trauttmannsdorffgasse. *Ludwig* hat kaum etwas über seinen Vater erzählt, so daß nur einige erhaltene Briefe von *Karl* an *Ludwig* aus den Jahren 1920 bis 1927 das Verhältnis zwischen Vater und Sohn erhellen können. 1920 schreibt *Karl* an den fast achtzehnjährigen Sohn, daß »ich bisher noch niemals in dem Maße empfunden habe, was ich an Dir besitze und wie viel Du mir bist.« Er wolle ihm »ein wahrer Vater sein« und er hoffe, daß es ihm »in Zukunft besser gelingt als bisher, Dir ein Heim zu bereiten« (Abb. 27).[134] In Umkehrung der üblichen Beziehung schreibt der Vater an den Sohn, daß dessen

»Erziehung schon so auf mich eingewirkt hat, daß ich glaube, Du wirst in Zukunft nicht mehr allzu viel Geduld für Deinen ›zweifelsüchtigen‹ und ›zermürbten‹ Vater aufzubringen notwendig haben. Könnte ich Dir nur auch ein bißchen geistiger Führer sein. Das ist mir wohl leider versagt, aber an Deinen Ideen und geistigem Fluge wirst Du mich fernerhin gewiß gerne, soweit mein Unterthanenverstand dazu ausreicht, ein klein wenig teilnehmen lassen«.[135]

Aus dem Brief spricht die Einsamkeit von *Karl*, der außer *Ludwig* niemand mehr hat. Ich stelle mir vor, daß es für einen bald Achtzehnjährigen nicht einfach gewesen sein kann, sich gegenüber seinem Vater in der Rolle des Trösters zurecht zu finden. Vielleicht hat *Ludwig* aber auch dank seiner psychischen Robustheit die depressive Gemütslage seines Vaters nicht wahrgenommen.

Philosophen in Freiburg

Nach dem Abitur im Jahr 1921[136] studiert *Ludwig* drei Semester Philosophie, Geographie und Geschichte in Wien,[137] aber er will dort nicht bleiben. Der deutschsprachige Rest der alten Monarchie ist nach dem Ersten Weltkrieg nur noch ein unbedeutender Kleinstaat, der jungen, aufstrebenden Menschen besonders an den Universitäten nur geringe Entwicklungsaussichten bieten kann. Da die Philosophen, die damals an der Universität Wien lehren, *Ludwig* nicht interessierten, will er in Deutschland studieren. Sein Vater *Karl* stellt sich den Plänen seines Sohnes nicht in den Weg. Im Jahre 1923 verläßt *Ludwig* Wien, um in Freiburg im Breisgau Philosophie zu studieren.

Mit einem Empfehlungsschreiben seines Onkels *Eduard Leisching*, einem Studienfreund des jüdischen Philosophieprofessors *Edmund Husserl* (Abb. 28), führt er sich bei seinem künftigen Lehrer ein. Seine philosophische Begabung bleibt dem Professor nicht verborgen. Im Herbst 1923 wird *Ludwig* zum Hilfsassistenten

Abb. 28
Edmund Husserl (* 8.4.1859 Proßnitz / Mähren, † 27.4.1938 Freiburg i.Br.)
Photographie 7,9 × 10,4

von *Husserl* berufen, im darauffolgenden Sommer unterstützte *Husserl* mit einem hervorragenden Zeugnis den Antrag *Ludwig*s, das Honorar für seine Tätigkeit als Privatassistent zu erhöhen.[138]

Dieses Honorar reicht aber für seinen Lebensunterhalt nicht aus. Er bleibt auf die Unterstützung des Vaters angewiesen, der alles tut, um ihm das Studium zu ermöglichen. Die Briefe des Vaters an den Sohn dokumentieren die aufopferungsvolle Hingabe, aber auch die Schwierigkeiten, das Geld für das Studium aufzubringen. So erfährt der Sohn, daß sein Vater seinen alten Mantel wenden und löcherige Hemden sowie verschlissene Schuhe reparieren läßt, um für das Studium seines Sohnes zu sparen.[139] Seine andere große Sorge gilt der Gesundheit *Ludwig*s. Ängstlich ermahnt er ihn, keine zu waghalsigen Bergtouren zu machen. Als *Ludwig* sich aber ein Kletterseil wünscht, setzte der Vater sich über seine Angst hinweg und beschafft es, obwohl es ihn viel Mühe und Geld kostet. Schließlich sieht er sich sogar gezwungen, ein Darlehen bei seiner Firma aufzunehmen. Trotz der etwas kleinlich wirkenden Beschreibungen über die Geldbeschaffung ist er in den Grenzen seiner Möglichkeiten ein großzügiger Mann. So ermutigt er *Ludwig*, sich durch die Geldknappheit nicht von dem Kauf nötiger wissenschaftlicher Bücher abschrecken zu lassen. Als *Ludwig* Privatassistent bei *Edmund Husserl* wird, rät er ihm,

»von dem betretenen selbstgewählten Wege, der für Dich der richtige zu sein scheint, um keinen Preis mehr abzuweichen und Dich durch zwischenzeitliche Mißerfolge, die auch kommen können, entmutigen zu lassen, sondern unentwegt auf Dein schönes Ziel loszusteuern«.

Karl konnte damals nicht wissen, daß sein Sohn schon schneller als erwartet den Zuspruch brauchen würde, sich durch »zwischenzeitliche Mißerfolge« nicht entmutigen zu lassen.

Am 24. Februar 1927 promoviert *Ludwig Landgrebe* im Alter von 25 Jahren im Fach Philosophie mit dem Thema »Wilhelm Diltheys Theorie der Geisteswissenschaften«.[140] Er bleibt Assistent bei *Husserl* und bereitete seine Habilitationsschrift vor, um Professor werden zu können.

Obwohl *Karl* ahnt, daß sein Sohn nach seinem Erfolg bei *Husserl* nicht wieder nach Wien zurückkehren würde, klagt er mit keinem Wort über seine zunehmende Einsamkeit. Er schreibt lediglich in einer Mischung aus Resignation und Realismus, daß *Ludwig*s Anstellung als Assistent ihn wohl »nötigen werde, sich mehr oder weniger auf ständiges Alleinsein ein zu stellen«. Seine Schwester *Marie*, mit der er sich innig verbunden fühlt, stirbt im April 1926. Etwas pathetisch schreibt er an seinen Sohn,[141] er habe jetzt nur noch ihn und verspricht ihm, er wolle ihn nie verlassen, solange er lebe. Wenige Jahre vor seinem Tod hat er noch einmal geheiratet,[142] nachdem er die Hoffnung aufgegeben hatte, daß *Ludwig* nach Wien zurückkehren würde.

Im Januar 1930 besucht *Ilse* zum ersten Mal ihren künftigen Schwiegervater *Karl Landgrebe* in Wien. Sie mochte ihn auf Anhieb, spricht später mit großer Sympathie über ihn. Seine Einsamkeit hat sie sehr beschäftigt. Ich hörte sie später das eine oder andere Mal sagen, *Ludwig* habe sich nicht um seinen Vater gekümmert. Am 9. November 1931 stirbt *Karl Landgrebe* in Wien im Alter von sechzig Jahren.[143] Mein Vater behauptete, er sei so früh gestorben, weil seine Frau ihn mit ihren wienerischen Kochkünsten ungesund ernährt habe. Ich glaube, daß er an Einsamkeit starb.

Für *Ludwig* steht die Philosophie im Mittelpunkt seiner Interessen. Seiner philosophischen Arbeit hat er – beinahe – alles andere in seinem Leben untergeordnet.

Das sollte sich bis zu seinem Tode nicht mehr ändern. Ebenso wichtig waren ihm nur die Berge und das Skilaufen, an dem er bis zum Alter von 77 Jahren Vergnügen hatte. Während seiner Studienzeit in Freiburg im Breisgau galt seine Liebe dem Schwarzwald. Dort gründete er mit einer Gruppe von Freunden, die sich von der Wandervogelbewegung getrennt hatte, einen Verein, genannt »Luginsland«. Die Mitglieder bauten sich oberhalb des Bauerndorfes Muggenbrunn eine Hütte, idyllisch am Waldrand an einer steil abfallenden Rinderweide gelegen. Über die Nazizeit hat mein Vater später nicht viel erzählt. Wenn es aber um die Hütte und den »Luginsland« ging, die ihm zu seiner neuen Heimat geworden waren, wurde er lebhaft und gesprächig. Hier lernte er auch meine Mutter kennen.

Die Verlobung mit einer »Jüdin«

Im Sommer 1929 verlobt sich *Ludwig* mit *Ilse Maria Goldschmidt*, die in Freiburg im Breisgau Kunstgeschichte studiert. Später, als alter, verwitweter Mann sagte er einmal, das Schönste an dieser Verbindung sei gewesen, daß seine Einsamkeit ein Ende hatte. Trotz seiner nach der Verlobung sicherlich hochgestimmten Gefühle blieb sein Sinn nüchtern auf die Erfüllung seines Lebensziels gerichtet. Philosoph zu werden, was praktisch nichts anderes heißen konnte, als Karriere an einer deutschen Universität zu machen. Sein Selbstverständnis als Philosoph ist so ausgeprägt, daß er *Ilse* bei der Verlobung gesteht, für ihn werde die Philosophie immer den ersten Platz einnehmen und erst danach komme sie.

Ilses jüdische Herkunft scheint *Ludwig* nicht sonderlich zu interessieren. Die Familie *Goldschmidt* gehört der evangelisch-lutherischen Kirche an, hat außer durch ihre Herkunft keine Beziehung mehr zum jüdischen Glauben; er hat also keinen Anlaß, darüber nachzudenken. Sicher übersteigt es im Jahre 1929 auch sein Vorstellungsvermögen, daß *Ilse* einmal als Jüdin diskriminiert und verfolgt werden könnte, nur weil ihre Großeltern jüdischer Herkunft sind. Sein künftiger Schwiegervater *Arthur Goldschmidt* ist beruflich und gesellschaftlich ein angesehener Mann. In Reinbek weiß kaum jemand, daß die *Goldschmidt*s jüdische Vorfahren haben. Und *Ludwig* hat sich schon als Schüler und Student nie darum gekümmert, daß zum Beispiel *Karl Kraus*, der in seiner Jugend eine große Rolle gespielt hatte, oder sein von ihm verehrter Lehrer *Edmund Husserl* Juden waren.

Ilse Goldschmidt ist von kleiner, gedrungener Statur. Sie hat ein schmales, feines Gesicht, erweckt den Anschein einer zarten Frau. Sie hat strahlend blaue Augen und ungewöhnlich dichtes, tiefbraunes Haar. Die Lebhaftigkeit ihres Ausdrucks und ihr Temperament lassen sie auch in meiner späteren Erinnerung als eine schöne Frau erscheinen.

Offenbar fühlte sich *Ludwig* nicht nur von *Ilse*, sondern auch von ihrer Familie und besonders von seinem künftigen Schwiegervater *Arthur Goldschmidt* angezogen. Kurz nach der Verlobung schrieb er ihm, daß er dankbar daran denke, wie er »eine zweite Heimat gewonnen und das Vorbild eines glücklichen Familienlebens gefunden habe«. Er wolle sich *Arthur* als Gatte und Vater zum Vorbild nehmen,

»weil ich für die Weisheit, die in Deiner Art zu leben sich kundgibt, wirklich die größte Bewunderung habe. Ich bin zwar Philosoph – am Schreibtisch, aber ich glaube, daß ich in ›praktischer‹ Philosophie noch unendlich viel von Dir lernen kann und es auch gern möchte.«[144]

Der Überschwang ist verständlich. *Ludwig* sieht sich in ein Familienleben einbezogen, das er in dieser Form nie gekannt hat.[145] Der Schwiegervater *Arthur* mit seinen intellektuellen Fähigkeiten und seiner umfassenden Bildung, seiner Lebenskraft und seinem nie versiegenden Interesse für die Menschen scheint für ihn die Stelle eines Vaters einzunehmen. *Arthur* erwidert die Zuneigung. Zwischen den beiden Männern entsteht eine Freundschaft und ein bedingungsloses Vertrauensverhältnis, das sich bald als segensreich erweisen sollte. *Ludwig* hat die Autorität seines Schwiegervaters niemals in Frage gestellt. In ihrer Bewunderung für *Arthur* sind *Ludwig* und *Ilse* sich einig. Deshalb trägt er es gelassen, wenn *Ilse* dann und wann klagt, mit ihrem Vater als Ehemann würde sie viel besser durch das Leben kommen als mit ihm. Ich könnte mir vorstellen, daß *Ludwig* selbst dieser Meinung war.

Das Verhältnis zur Schwiegermutter ist dagegen nicht frei von Spannungen. *Kitty* kann ihren Schwiegersohn nicht leiden. Sie findet ihn zu hölzern, spröde und pedantisch. Ich habe diese Spannungen schon als Sechsjähriger gespürt. Daran hat sich bis zu ihrem Tod nichts geändert.

Ein neuer Anfang in Prag

Das Jahr 1930 bedeutet einen großen Einschnitt in *Ludwigs* berufliche Existenz. Sein Lehrer Professor *Edmund Husserl* wird im Jahre 1928 emeritiert. *Ludwig* kann sich nicht mehr bei ihm habilitieren; seine Tätigkeit als Privatassistent endet im Frühjahr 1930. Offenbar hat *Husserl* noch versucht, *Ludwig* eine Möglichkeit zur Habilitation zu vermitteln.[146] Aber das Ansehen und der persönliche Einsatz des bedeutenden Philosophen bleiben bei seinem Nachfolger und Schüler *Martin*

Heidegger ohne Wirkung. Nach einem Gespräch mit *Heidegger* ist *Ludwig* noch hoffnungsvoll, aber *Heidegger* ist nicht bereit, ihn zu habilitieren. Die Gründe dafür sind für mich bis heute nicht nachvollziehbar. *Ludwig* deutete später an, daß es schon vorher einen Bruch in den Beziehungen zwischen *Husserl* und *Heidegger* gegeben habe. Ich frage mich, ob er *Husserl* über die Ablehnung seines Kandidaten treffen wollte und ob sich hier bereits die Illoyalität *Heidegger*s gegenüber *Husserl* ankündigte, die sich während der Nazizeit, als das jüdische Ehepaar *Husserl*[147] Opfer der rassistischen Verfolgung wurde, in beschämender Weise fortsetzen sollte. *Ludwig* hat übrigens nie ein kritisches Wort über *Heidegger* verloren.

Husserl versucht nun, *Ludwig* an einer anderen Universität die Möglichkeit zu verschaffen, sich zu habilitieren, ohne Erfolg. Zu den Universitäten, an denen noch Platz für einen Habilitanden gewesen wäre, hatte er keine Beziehungen, oder seine Philosophie steht dort nicht im Ansehen. In Frankfurt a.M. und Köln, wo man geneigt gewesen wäre, *Ludwig* zu habilitieren, ist es nicht möglich, da es dort ohnehin schon viele Privatdozenten gibt.[148]

Immerhin erhält er zum 1. Januar 1930 vom preußischen Kultusministerium[149] ein Stipendium für die Arbeit an der Habilitationsschrift mit dem Thema »Der Begriff des Erlebens (Zur Kritik unseres Selbstverständnisses und zum Problem der seelischen Ganzheit)«,[150] obwohl er als Österreicher im damaligen Deutschen Reich als Ausländer galt, was bei der Entscheidung des Kultusministeriums in Berlin aber offensichtlich keine Rolle spielte. In Deutschland wurde er erst am 6. September 1930 eingebürgert.[151] Im Spätsommer 1932 läuft das Stipendium aus. An eine Verlängerung ist wegen der staatlichen Sparpolitik unter dem Reichskanzler *Heinrich Brüning* nicht zu denken. *Ludwig* versucht bei dem Philosophen *Ernst Cassirer* in Hamburg unterzukommen, hat aber auch dort keine Chance, weil *Cassirer*s eigene Schüler Schlange stehen, um eine der wenigen Assistentenstellen zu erhalten. *Ludwig* ist ohne geregeltes, regelmäßiges Einkommen. Arbeiten in der Volkshochschule und Zeitschriftenartikel bringen nicht genug ein, um davon leben zu können. Er sucht bei den Schwiegereltern in Reinbek Unterschlupf, lebt von der Unterstützung *Arthur Goldschmidt*s. Aus seinen Erzählungen hörte ich heraus, daß er diese Zeit als sehr demütigend empfand. Außerdem litt er unter seiner Schwiegermutter *Kitty*, die wohl angesichts seiner beruflichen Krise ihr Vorurteil bestätigt sieht, daß dieser Mann nicht gut genug für ihre Tochter sei. Nur *Arthur* und dessen Freund und Nachbar *Dobbertin* bleiben in ihrem Glauben an *Ludwig*s Zukunft unerschütterlich.

Mir fällt heute auf, daß *Ludwig* über diese Zeit viel dramatischer berichtet hat, als über die spätere Verfolgung unserer Familie während der Nazizeit. Bis an sein

Lebensende spricht er davon, in diesen Jahren eine »verkrachte Existenz« gewesen zu sein.

Ludwig gibt den Kampf um seine Habilitation nicht auf. Seine verwinkelten Züge, um zum Ziel zu kommen, machen anschaulich, daß schon damals Umsicht und Geschick, Anpassungsfähigkeit und nicht zuletzt persönliche Beziehungen nötig sind, um in einer wissenschaftlichen Laufbahn an einer deutschen Universität Erfolg zu haben. Auf Empfehlung eines Freundes von *Husserl*, des jüdischen Philosophieprofessors *Emil Utitz*,[152] der an der tschechischen Universität in Prag lehrt, versucht *Ludwig* bei Professor *Oscar Kraus* unterzukommen, der an der deutschen Universität in Prag Philosophie lehrt.[153] Von *Kraus* gibt es anscheinend eine Verbindung zu einem geschätzten Studienkollegen, *Ludwig*s Onkel *Eduard Leisching*,[154] der schon einmal in seiner Universitätslaufbahn eine entscheidende Rolle gespielt hatte. Er hatte ihn 1923 seinem Freund *Husserl* empfohlen. Am 14. Januar 1933 schickt *Leisching* ein Empfehlungsschreiben an *Oscar Kraus*, der *Ludwig* freundlich empfängt und bereit ist, ihn zu habilitieren. Einzige Bedingung: *Ludwig* muß eine neue Habilitationsschrift mit einem anderen Thema schreiben.[155] Er ist froh über diese Chance eines Neubeginns in Prag. Die Zuspitzung der politischen Ereignisse in Deutschland wird er registriert haben. Vermutlich übersteigt es aber seine Vorstellungskraft, daß mit dem Ende der Weimarer Republik auch für seine Familie eine neue Zeit beginnt, die Zeit der Verfolgung.

Die Verfolgung beginnt

Adolf Hitler wird am 30. Januar 1933 deutscher Reichskanzler. Unmittelbar danach kommt es überall in Deutschland zu lokal organisierten, wilden Ausschreitungen von SS- und SA-Horden gegen diejenigen, die nach der Definition der Nazis Juden waren. Viele werden von SA-Schlägerbanden willkürlich eingeschüchtert, gequält und verschleppt, oder gar ermordet. Jüdische Geschäfte werden boykottiert und geplündert. Die Juden sind der brutalen Zerstörungswut der SA-Banden schutzlos ausgeliefert. Die Polizei schreitet nicht ein, um die Juden zu schützen, sondern sieht weg. Das Klima in Reinbek mit seinen 4000 Einwohnern, einem idyllisch gelegenen Villenvorort von Hamburg am Rande des Sachsenwaldes, ist geprägt durch wohlsituierte, liberale Hamburger Kaufleute, die hier ihre Villen erworben hatten und jeden Morgen mit dem Vorortzug nach Hamburg fahren, um dort ihren Geschäften nachzugehen. In seiner bürgerlichen Beschaulichkeit bietet Reinbek keinen geeigneten Hintergrund für gewaltsame Ausschreitungen dieser Art. Außerdem gibt es in Reinbek keine Juden. Die jüdische Herkunft der Familie *Goldschmidt* scheint durch ihren Umzug von Hamburg nach Reinbek in Vergessenheit geraten zu sein. Selbst Freunde der *Goldschmidt*s aus der Reinbeker Zeit erklären später, davon erst nach der Machtübernahme durch *Hitler* erfahren zu haben. *Arthur* und *Kitty* geben auch keinen Anlaß, danach zu fragen. Sie führen das Leben von angepaßten, deutschen Staatsbürgern. *Arthur* läßt sich in seiner nationalistischen Gesinnung von kaum jemand in Reinbek übertreffen. Sein Mandat im Gemeinderat übt er bis zur Machtübernahme durch die Nazis aus. *Arthur* und *Kitty* genießen zwar ein hohes Ansehen, sind aber weder gesellschaftlich noch wirtschaftlich so exponiert, daß sie Feinde haben, die ihnen hätten schaden wollen. Daher kommt hier niemand auf die Idee, der Familie *Goldschmidt* wegen ihrer jüdischen Herkunft die Scheiben einzuschlagen.

Schon kurze Zeit nach der Machtergreifung *Hitler*s wird die Sicherheit des bürgerlichen Lebens der Familie *Goldschmidt* durch die Gesetzgebung gegen die Juden erschüttert. Am 23. März 1933 stimmt der Reichstag über das von dem Reichskanzler *Adolf Hitler* vorgelegte »Gesetz zur Behebung der Not von Reich und Volk« ab, durch das die Regierung ermächtigt werden sollte, ohne die Zustimmung des Reichstages, des Reichsrates und des Reichspräsidenten Gesetze zu erlassen. Da dieses Ermächtigungsgesetz eine Änderung der Weimarer Verfassung bedeutet, braucht *Hitler* eine Zweidrittelmehrheit im Reichstag. Nach der Zusage *Hitler*s, dieses Gesetz nicht zu mißbrauchen, stimmt eine Mehrheit von 444 Abgeordneten dem Gesetz zu. Nur die 94 Abgeordneten der SPD stimmen dagegen. Sie haben sich nicht durch die Drohungen der SA, die im Reichstag aufmarschiert sind, einschüchtern lassen. Auf der Grundlage des Ermächtigungsgesetzes kann *Hitler* auch solche Gesetze erlassen, die von der Verfassung abweichen. Der Weg für den Erlaß von Ausnahmegesetzen und Verordnungen gegen einzelne Bevölkerungsgruppen, vor allem gegen die Juden, ist geebnet. Um die deutsche Bevölkerung auf die Judenverfolgung einzustimmen, beschließen *Hitler* und sein Propagandaminister *Joseph Goebbels*,[156] daß ab 1. April 1933 die jüdischen Geschäfte im ganzen Deutschen Reich boykottiert werden sollen. In einem Aufruf vom 28. März 1933 werden die Parteidienststellen der NSDAP aufgefordert, »sofort Aktionskomitees zu bilden, zur praktischen planmäßigen Durchführung des Boykotts jüdischer Geschäfte, jüdischer Waren, jüdischer Ärzte und jüdischer Rechtsanwälte«.[157]

Zwar wird der Boykott von den Nazis selbst aus wirtschaftlichen Gründen bald wieder beendet, weil alle Fachleute davor warnen, die Juden überstürzt aus dem Wirtschaftsleben zu entfernen. Grundsätzlich gibt es jedoch keine Kräfte, die ihre Stimme gegen die antijüdische Politik *Hitler*s erheben. Sie entspricht einer

Die Verfolgung beginnt

weitverbreiteten, antisemitischen Stimmung in Deutschland. Die Kirchen machen davon keine Ausnahme. Die großen protestantischen Sonntagszeitungen veröffentlichen zahlreiche Kommentare mit dem Tenor, die Juden seien im kulturellen Leben, in der Wirtschaft, der Justiz und der Medizin überrepräsentiert. Dagegen müsse etwas unternommen werden. Bisher hatte sich der Staat (z.B. Polizei, Bürgermeister, Landräte) nicht an den Willkürakten gegen die Juden beteiligt. Sie sind vielmehr das Werk des in der NSDAP und der SA organisierten Pöbels. Jetzt aber wird der Boykott trotz seines Mißerfolges zum Signal für Behörden und Ministerien im Deutschen Reich, bei der »Lösung der Judenfrage« mitzuwirken. Denn der »Führer« hatte durch den Boykottaufruf zu verstehen gegeben, daß jede Maßnahme der Judenverfolgung in seinem Sinn sei. So fühlt sich auch der kommissarische Justizminister von Preußen politisch legitimiert, in einem Funkspruch vom 31. März 1933 an die Oberlandesgerichtspräsidenten anzuordnen, daß alle jüdischen Richter sofort ihr Urlaubsgesuch einzureichen hätten. Die Anordnung wird mit einem verlogenen Vorwand begründet:

»Die Erregung des Volkes über das anmaßende Auftreten amtierender jüdischer Rechtsanwälte und jüdischer Richter hat Ausmaße erreicht, die dazu zwingen, mit der Möglichkeit zu rechnen, daß, besonders in der Zeit des berechtigten Abwehrkampfes des deutschen Volkes gegen die alljüdische Greuelpropaganda, das Volk zur Selbsthilfe schreitet. Das würde eine Gefahr für die Aufrechterhaltung der Autorität der Rechtspflege darstellen«.[158]

So wird *Arthur Goldschmidt* Anfang April 1933 beurlaubt.[159] Er darf seinen Beruf »vorläufig« nicht mehr ausüben, um nur wenige Monate später endgültig aus dem Amt gejagt zu werden. Was muß es für ihn, der sich nichts hatte zu Schulden kommen lassen, bedeutet haben, per einer abstrusen rassistischen Definition seiner beruflichen und bürgerlichen Existenz beraubt zu werden? Woher weiß der Oberlandesgerichtspräsident überhaupt schon zwei Monate nach *Hitler*s Machtergreifung, dem Beginn der rassistischen Verfolgung, daß der Richter *Arthur Goldschmidt* aus einer jüdischen Familie kommt? Stand in seiner Personalakte, daß er erst im Alter von sechzehn Jahren getauft worden war, so daß die Behörde dadurch auf seine jüdische Herkunft aufmerksam wurde? Oder hat man ihn direkt gefragt? In diesem Fall wird er nicht einmal versucht haben, seine Herkunft zu verschweigen. Das hätte seinen Vorstellungen von der Korrektheit eines deutschen Staatsdieners nicht entsprochen.

Schon eine Woche nach dem Boykott der jüdischen Geschäfte wird sichtbar, welche verheerenden Auswirkungen das Ermächtigungsgesetz für alle politischen Gegner der Nazis, vor allem aber für die Juden haben sollte. Am 7. April 1933 wird das erste Judengesetz, das »Gesetz zur Wiederherstellung des Berufsbeamtentums«, beschlossen. Offiziell verfolgt es den Zweck, den Beamtenapparat von Personen zu säubern, die ihren Posten während der Weimarer Republik aus politischen Gründen erlangt hatten. Dieses Gesetz bietet die Grundlage, politisch mißliebige Beamte aus dem Staatsdienst zu entfernen. Vor allem aber dient es dem ersten großen Schlag gegen die Juden. Denn nach § 3 – dem Arierparagraphen – sind Beamte nicht arischer Abstammung in den Ruhestand zu versetzen. Rund 5000 Personen jüdischer Abstammung sind davon betroffen. In Anbetracht dieser kleinen Zahl kann also keine Rede davon sein, daß – wie die Nazi-Propaganda behauptet – die Beamtenschaft von Juden durchsetzt gewesen sei. Das Gesetz selbst definiert zunächst nicht, was unter »nichtarisch« zu verstehen sei. Die Definition bringt erst eine Verordnung vom 11. April 1933. Dort heißt es in Paragraph 3:

»Als nicht arisch gilt, wer von nicht arischen, insbesondere jüdischen Eltern oder Großeltern abstammt. Es genügt, wenn ein Elternteil oder ein Großelternteil nicht arisch ist. Dies ist insbesondere dann anzunehmen, wenn ein Elternteil oder ein Großelternteil der jüdischen Religion angehört hat.«

Das pseudorechtliche Vorgehen der Nazis täuscht über das Unrecht dieser Gesetzgebung hinweg. Meine Großeltern *Arthur* und *Kitty Goldschmidt* hatten nie der jüdischen Gemeinde angehört. Seit ihrer Taufe verstanden sie sich als evangelische Christen. Als solche ließen sie sich trauen und erzogen ihre Kinder im christlichen Glauben. Plötzlich werden sie nur deshalb als Juden definiert, weil ihre Eltern, also meine Urgroßeltern, der jüdischen Gemeinde angehört hatten, bevor sie sich taufen ließen. Noch viel absurder wirkt die Definition meiner Mutter als Jüdin, die unmittelbar nach der Geburt getauft wurde und in einem christlichen Elternhaus aufwuchs. Schließlich stellt die Definition meiner Person als jüdischer Mischling ersten Grades (getauft, christlich erzogen, Mutter jüdisch, Vater arisch) den Gipfel der Absurdität dar. Heute läßt sich dieser Unsinn kaum noch nachvollziehen. Aber damals war er grausame Wirklichkeit.

Die Nazis zwingen die Familie *Goldschmidt* in einen Status, der weder ihrem deutsch-nationalen Selbstverständnis noch ihren christlich-protestantischen Überzeugungen und Lebensgewohnheiten entspricht. Der Arierparagraph macht alle Bemühungen ihrer Vorfahren zunichte, durch den Übertritt zum Christentum zu beweisen, daß sie sich auch in ihrem Glaubensbekenntnis nicht mehr von der Mehrheit der Deutschen unterschieden.

Aufgrund dieses ersten Gesetzes gegen die Juden wird *Arthur Goldschmidt* im Alter von 60 Jahren am 30. November 1933 endgültig aus seinem Amt als Richter entfernt, sein Berufsleben durch staatliche Willkür in diskriminierender Weise beendet.[160] Da er 27 Jahre im Staatsdienst gewesen war, erhält er nach § 8 des Gesetzes das ihm zustehende Ruhegehalt, das allerdings in den nächsten Jahren nadelstichartig auf ein Minimum reduziert werden sollte.

Bis zu seiner Zwangspensionierung hatte *Arthur Goldschmidt* dem 4. Senat des Oberlandesgerichts angehört. Dessen Vorsitzender – damals Senatspräsident genannt – schreibt meinem Großvater am 1. September 1933 auf schwarzumrandetem, gewöhnlich für Kondolenzschreiben bestimmtem Briefpapier, daß er die Bitterkeit dieser Entscheidung empfinde und daß er seine frische und lebensbejahende Mitarbeit noch oft schmerzlich vermissen werde. Er dankt ihm für alles, was er in den langen Jahren seiner Tätigkeit für das Oberlandesgericht geleistet habe, und hofft, daß seine reichen Fähigkeiten – wenn nun auch in äußerlich anderen Formen – »noch lange Jahre der deutschen Kultur zu Gute kommen mögen.«[161]

Immerhin hat sich dieser Mann durch die Bekundung seiner Solidarität wenigstens privat über die damals herrschenden antisemitischen Vorurteile hinweggesetzt. Offenbar hatte aber auch er sich den Nazis schon unterworfen, so daß er es nicht mehr wagte, sich durch öffentlichen Protest für meinen Großvater einzusetzen.

Dank seines unverwüstlichen Optimismus und seines fröhlichen Naturells glaubt *Arthur Goldschmidt* zunächst, daß seine Zwangspensionierung nur vorübergehend sei. Wie viele Juden hofft er, daß das Unrecht gegen ihn wieder rückgängig gemacht werde, wenn die »Kinderkrankheiten« des Regimes überwunden seien. Er nutzt die gewonnene Zeit, um mehr zu malen und um Freunde zu besuchen. Erst allmählich wird die Familie *Goldschmidt* Opfer eines verdeckten, schleichend voranschreitenden Prozesses der Diskriminierung. *Arthur* und *Kitty* werden immer weniger zu Geselligkeiten eingeladen, da niemand sich nachsagen lassen will, Kontakte mit Juden zu pflegen.[162] Auch sie sprechen kaum noch Einladungen aus, bedingt durch den immer spürbarer werdenden Geldmangel und die Angst, daß ihre Einladungen unter irgendwelchen Vorwänden abgelehnt werden könnten. Sie treffen sich nur noch mit ihren Verwandten und Freunden, die wegen ihrer jüdischen Herkunft genau so wie sie selbst vom gesellschaftlichen Leben ausgeschlossen sind.

Hat *Arthur* 1933 das kommende Unheil nicht kommen sehen? Warum ist er mit seiner Familie nicht schon wie viele andere 1933 emigriert? Nach Erlaß der ersten Judengesetze emigrierten 1933 immerhin schon 40.000 von 500.000 im damaligen Deutschen Reich lebenden Juden. Warum ist er ihrem Beispiel nicht gefolgt? War er politisch blind oder überstieg es einfach sein Vorstellungsvermögen, sich das kommende Unheil auszumalen? Oder hinderten ihn seine familiären Verhältnisse, die sofortige Emigration ins Auge zu fassen?

*Arthur*s und *Kitty*s Verwandten haben sich in der Frage der Emigration unterschiedlich verhalten, aber auch sie blieben 1933 mit einer Ausnahme in Deutschland. *Arthur* selbst hatte in Deutschland keine weiteren Verwandten aus der Familie *Goldschmidt*, nachdem seine Schwester *Elsa* schon früh (1913) gestorben war. Seine Brüder *Paul* und *Oscar* waren aus mir unbekannten Gründen schon vor dem Ersten Weltkrieg nach Australien und in die USA ausgewandert.

Walter Horschitz – der zweitälteste der vier Brüder meiner Großmutter *Kitty Goldschmidt* – war schon 1933 nach der Machtergreifung *Hitler*s nach England ausgewandert. Seine beruflichen Verbindungen zu einer Londoner Bank mögen ihm den Entschluß erleichtert haben, Deutschland zu verlassen. Bis dahin hatte er abwechselnd in Berlin und London gelebt. Er war ein hervorragender, erfolgsverwöhnter Bankkaufmann, ein sehr guter Cellist, ein guter Reiter und liebte die Frauen. Im Ersten Weltkrieg erhielt er wegen seiner Leistungen als Offizier an der Front das Eiserne Kreuz 1. Klasse. 1921 heiratete er *Annemarie Rosenthal*, die aus einer kultivierten jüdischen Familie in Berlin kam. Ihr Vater war hoher Richter, bis die Nazis auch ihn 1933 aus dem Amt jagten. *Walter*s Ehe wurde schon nach fünf Jahren geschieden. Seitdem lebte er in Berlin, widmete sich den Pferderennen und seinen schönen Freundinnen bis er 1933 in seiner dritten Ehe *Carla* – eine ehemalige deutsche Schönheitskönigin – heiratete. Die Londoner Bank schickte ihn nach Persien, wo er mit *Carla* lebte. Nach dem Ende seiner Tätigkeit in Persien lebte er wieder in London, wo er 1945 starb.

*Walter*s geschiedene Frau, *Annemarie Horschitz-Horst*, blieb nach der Scheidung mit ihrer kleinen Tochter [*Margret*] in Berlin. 1933 emigrierte sie ebenfalls sofort nach London. Ihre alten Eltern aber mußte sie in Berlin zurücklassen, 1942 kamen sie ihrer Deportation durch gemeinsamen Selbstmord zuvor.[163] In ihren Erinnerungen schreibt meine Mutter *Ilse* über *Annemarie*:

»Was eigentlich bei der Machtübernahme der Nazis noch kaum jemand ahnte, und was später furchtbare Wirklichkeit werden sollte, die Ausrottung aller Juden, sah sie deutlich voraus und emigrierte nach England. Geld und Möbel konnte sie im Gegensatz zu später damals noch mitnehmen«.[164]

Im Unterschied zu meiner Mutter glaube ich allerdings nicht, daß irgend jemand für sich in Anspruch nehmen kann, schon im Jahre 1933 die Judenvernichtung vorausgesehen zu haben. Ich vermute eher, daß bereits das vergiftete politische Klima in Deutschland für *Annemarie* Grund genug war, das Land zu verlassen. So ließ sie

Die Verfolgung beginnt

Abb. 29
Hochzeitsgesellschaft von Richard Horschitz (1884–1947) und Mathilde Horschitz geb. Henning (1898–1960) am 7. Mai 1922 in Reinbek vor dem Goldschmidtschen Haus Kückallee 27 (später Nr. 37, heute 43); von links nach rechts stehend hintere Reihe: Erwin Horschitz (1878–1943), Walter Horschitz (1880–1945), drei Personen unbekannt (Eintrag zu der unbek. Frau auf der Rückseite: »Grete«: Margarete Lassar geb. Küller?); vordere Reihe: Elli Horschitz (geb. Reimann, adopt. Hamberg), Kitty Goldschmidt geb. Horschitz (1882–1942) und Arthur Goldschmidt (1873–1947), Mathilde Horschitz geb. Henning und Richard Horschitz, Ilka Horschitz geb. Fleischel (1858–1930), Edgar Horschitz (1887–1941); sitzend: Günter Horschitz (geb. etwa 1915), Ilse Maria Goldschmidt (1906–1982), Gerda Horschitz (1913–2005, verh. und gesch. Matthess); Plattenaufnahme 18 × 25,6 cm

zwar ihre Eltern zurück, rettete aber ihre elfjährige Tochter[165] vor dem Tod durch die Nazis. Die anderen Brüder *Kittys* (*Erwin*, *Richard* und *Edgar*) blieben 1933 in Deutschland.

Richard (Abb. 29) war unter anderem Bergwerksdirektor in der Region Zwickau und lebte dann in Halle an der Saale. Er flieht 1939 mit seiner Frau mittels eines Besuchsvisums in die Schweiz, wo ihre Tochter *Eva Maria* im voralpinen Töchterinstitut Buser in Teufen, Appenzell Außerrhoden, zur Schule geht.[166] Da er in der Schweiz keine Arbeit findet, läßt er Frau und Tochter dort zurück und versucht, in Paris Arbeit zu finden. Dort wird er aber für einen deutschen Spion gehalten, muß flüchten und lebt einige Jahre im Untergrund in Südfrankreich. Schließlich wird er doch gefaßt und in dem Lager in Gurs an der spanischen Grenze gefangen gehalten, wo auch viele Juden aus Deutschland interniert waren.[167] Nach Kriegsende gelingt ihm durch die Vermittlung einer evangelischen Kirchenorganisation die legale Einreise in die Schweiz.

Erwin Horschitz, der älteste Bruder meiner Großmutter,[168] und *Edgar*, ihr jüngster Bruder, bezahlten mit ihrem Leben, daß sie Deutschland nicht verlassen hatten.

Auch meine Großeltern *Arthur* und *Kitty Goldschmidt* denken nicht an Emigration. *Arthur* ist fest davon überzeugt, daß das Naziregime nur eine vorübergehende Erscheinung sei und sich alles wieder zum Besseren wenden würde. Außerdem hätte er als deutscher Jurist im Alter von sechzig Jahren keine Aussicht gehabt, im Ausland beruflich Fuß zu fassen. Nachdem sein Vermögen sich durch eine unglückliche Spekulation in den zwanziger Jahren verflüchtigt hatte, besitzt er nur noch das Haus in Reinbek. Er ist sicher, daß dessen Verkaufserlös nicht ausreichen würde, um die Familie im Ausland durchzubringen. *Kitty* ist eine kranke Frau, die das Alltagsleben kaum bewältigt. Sie wäre zu schwach gewesen, ein Leben in der Emigration auszuhalten. Der Gedanke daran mag sich schließlich auch deshalb verboten haben, weil ihre beiden Söhne 1933 erst fünf und neun Jahre alt waren. Wer mag schon seine kleinen Kinder dem ungewissen Schicksal in der Emigration aussetzen? *Arthur* und *Kitty* glauben, daß es für sie als Christen nun schlimmer nicht mehr kommen könne. Nur verzögert nehmen sie wahr, daß das Leben für sie immer unerträglicher wird. Wie sollten sie sich vorstellen, daß die Judenverfolgung in ihrer Vernichtung enden würde?

Dieses Ziel der Nazis kristallisiert sich selbst bei ihren Führungsgruppen erst seit dem Beginn des Krieges gegen die Sowjetunion im Juni 1941 heraus. Endgültig wird die Vernichtung der europäischen Juden erst in der Wannseekonferenz am 20. Januar 1942 beschlossen. Als *Arthur* und *Kitty* allmählich das Ausmaß der Bedrohung erkennen, ist es für die Emigration zu spät.

1962 erlebte ich eine heftige Auseinandersetzung zwischen *Annemarie*, die nach London emigriert war, und meinen Eltern, in deren Verlauf sie mit scharfen Worten die Passivität und die Blindheit unserer Familie in der Frage der Emigration kritisierte. Man habe schon 1933 sehen können, was auf die Juden zukommen würde. Deshalb sei es unbegreiflich, daß meine Familie nicht emigriert sei. Vielleicht bestimmten auch die Wut und die Trauer von *Annemarie* über den Selbstmord ihrer Eltern, die es nicht geschafft hatten, sich von Berlin zu trennen, die

Heftigkeit des Streites. Seitdem beschäftigt mich die Frage, weshalb meine Familie nicht emigriert ist.

In den sechziger Jahren fiel mir auf, daß sich mein Vater – allerdings nur innerhalb der Familie – mit einem gewissen Dünkel abschätzig über Emigranten äußerte. Bevorzugtes Ziel seiner abwertenden Bemerkungen war der Philosoph *Karl Jaspers*, der wegen seiner jüdischen Ehefrau in die Schweiz geflüchtet war.[169] Sollte mein Vater ihm etwa das Gutachten über *Heidegger* aus dem Jahre 1945 für die Universität Freiburg im Breisgau verübelt haben?[170] Darin zieht *Jaspers* die Konsequenz aus den Verstrickungen *Heidegger*s mit den Nazis und bezeichnet diesen als ungeeignet, weiterhin an der Universität zu lehren. Das Gutachten bedeutete das Ende der akademischen Laufbahn von *Heidegger*, den *Ludwig* jedoch – als Bewunderer seiner Philosophie – bis ans Lebensende gegen den Vorwurf verteidigte, Nazi gewesen zu sein. Hier zeigt sich einmal mehr, wie *Ludwig*s Blick ausschließlich auf die Philosophie gerichtet war, so daß er den Skandal der Verstrickungen *Heidegger*s mit den Nazis rigoros ausblendete. Diese Art des Ausblendens mag auch zur Schärfe der Auseinandersetzung mit *Annemarie* beigetragen haben. Oder äußerte sich *Ludwig* abschätzig über Emigranten? Er hielt sich zugute, ein besserer Deutscher gewesen zu sein, der die Nazizeit in Deutschland durchgestanden hatte, ohne daß er der sich ihm »bietenden Versuchung erlag, nach Amerika auszukneifen«, wie er später einmal schrieb.[171]

Zumindest weiß *Arthur* seit dem Gesetz vom April 1933 (siehe S. 73), daß die Lage für Nichtarier in Deutschland schwierig wird. In seiner Korrektheit fühlt er sich verpflichtet, daraus meinem Vater gegenüber die Konsequenzen zu ziehen. Anfang Juli 1933 stellt *Arthur* ihm in einem Brief anheim,[172] wegen *Ilse*s jüdischer Herkunft das Verlöbnis zu lösen. Der Brief wirft nicht nur ein Licht auf seine Gesinnung, sondern zugleich auch auf die patriarchalischen Verhältnisse in der Familie *Goldschmidt*. *Ilse* ist 1933 eine Frau von beinahe 27 Jahren. Trotzdem führt nicht *Ilse* diesen lebensentscheidenden Briefwechsel mit ihrem Verlobten *Ludwig*, sondern ihr Vater. Am 4. Juli 1933 antwortet *Ludwig* seinem künftigen Schwiegervater, meinem Großvater, mit folgendem Brief aus Prag.

»Ich kann verstehen, daß Du Dich verpflichtet fühltest, mir von dem neuen Gesetz Mitteilung zu machen. Aber was soll sich dadurch ändern? Ich komme mir manchmal vor, wie der Bursch, dem das Gruseln gelehrt werden sollte. Aber ich habe es bisher noch immer nicht lernen sollen.

Wenn das Gesetz wirklich irgendwelche Folgen für mich haben sollte, so müßten diese als Schicksal getragen werden, und dann wäre gar nichts zu machen.

Im übrigen glaube ich, daß auch nach der engen Auslegung des Gesetzes *Ilse* noch bzw. als ›Arierin‹ gelten kann, da doch ihre Großeltern schon christlich waren. Aber sei dem wie immer;

ich habe einen zu hohen Begriff von ›deutscher Treue‹, als daß mich irgend etwas irre machen könnte. Und Entscheidung liegt bei mir keine mehr, da sie schon vor vier Jahren als unabänderlich gefallen ist.«[173]

Wie gebündelt zeigen sich in diesem Brief charakteristische Eigenschaften meines Vaters, der nicht daran denkt, sich aus Gründen der Karriere opportunistisch aus der Verlobung zu lösen. Die antijüdischen Maßnahmen der Nazis beeindrucken ihn nicht. Ebensowenig interessiert ihn der Rassenwahn der Nazis. In einer Art stoischer Geisteshaltung will er sein Schicksal tragen, falls die Judengesetze entgegen seiner optimistischen Erwartung Folgen für ihn zeitigen könnten. Schließlich begründet er seine Entscheidung, an dem Verlöbnis festzuhalten, mit seinem hohen Begriff von »deutscher Treue«. Treue und Loyalität waren im Selbstverständnis von *Ludwig* wichtige Tugenden. Trotzdem bleibt merkwürdig, daß er seine Treue als deutsch bezeichnet. Diese Ausdrucksweise mag in der Zeit gelegen haben. Für mich spiegelt sich darin vor allem seine deutsche Gesinnung. Die Identifizierung mit Deutschland, die für ihn den Dienst an der deutschen Philosophie bedeutet, zieht sich wie ein roter Faden durch die Briefe, die von ihm erhalten sind. In der ihm eigenen Mischung aus Schüchternheit und Gefühlskargheit spricht er in dem Brief nicht über die Gefühle zu meiner Mutter, nicht davon, daß er sie liebt, und daß deshalb seine vor vier Jahren getroffene Entscheidung unabänderlich sei. Er beschränkt sich auf Grundsätze, die seine Entscheidung bestimmen. Erst viele Jahre später antwortet er auf die Frage, wie er das Leben mit meiner Mutter trotz der Verfolgung während der Nazizeit durchgehalten habe: »Ich habe sie doch geliebt«.[174]

Da *Arthur* und *Ludwig* fürchteten, daß die Nazis die Ehe zwischen einem Arier und einer Jüdin bald verbieten würden, wollen *Ludwig* und *Ilse* dem durch ihre Heirat zuvorkommen. Dabei ist *Ludwig*s berufliche Zukunft in Prag ungewiß. *Arthur* kann ihnen nur wenig helfen, nachdem er durch die vorzeitige Zwangspensionierung selbst in finanzielle Schwierigkeiten geraten ist.[175] In dieser Situation erklärt sich das Ehepaar *Dobbertin* in Reinbek bereit, *Ludwig* und *Ilse* finanziell so lange über Wasser zu halten, bis *Ludwig* nach seiner Habilitation in Prag selbst Geld verdienen würde. Die Hochzeit findet am 22. Juli 1933 statt (Abb. 30).[176] *Ludwig* und *Ilse* können keinen eigenen Hausstand gründen, da sie kein Geld haben und *Ludwig* auch nichts verdient. So bleibt ihnen nichts anderes übrig, als im Hause meiner Großeltern zu wohnen. Diese Situation muß für die jungen Eheleute schwierig gewesen sein. Die späteren Spannungen zwischen meinem Vater und meiner Großmutter, die ich als Kind erlebt habe, mögen hier ihre Wurzel gehabt haben.

Die Verfolgung beginnt

Abb. 30
Hochzeit von Ludwig Max Carl Landgrebe (1902–1991) und Ilse Maria Landgrebe geb. Goldschmidt (1906–1982) am 22. Juli 1933; Photographie 12,7 × 7,8 cm

»Mischlinge I. Grades« – Jahre der Verfolgung

Ein Deutscher in Prag

In den Jahren von 1933 bis 1934 arbeitet *Ludwig* an seiner neuen Habilitationsschrift.[177] Zunächst hat er nur ein Zimmer in Prag und pendelte zwischen Reinbek und Prag, während *Ilse* bei ihren Eltern bleibt und ihn nur zuweilen besuchte. So erklärt sich, daß mein älterer Bruder und ich in Reinbek im Hause meiner Großeltern geboren wurden.

Mein Bruder *Carl Reimar Arthur*, genannt *Mocki*, wird am 17. April 1934 und ich ein Jahr später am 27. März 1935 geboren (Abb. 31). Wir sind beide von Pastor *Fries*,[178] der damals die Pfarrstelle in Reinbek innehatte, getauft worden. Kurz nach meiner Geburt kommt *Mocki* am 4. Mai 1935 durch einen Unfall ums Leben. Der Tod des Kindes im Haus meiner Großeltern in Reinbek muß die Familie über die Trauer hinaus in unerträgliche Gefühle gestürzt haben.[179] In der Familie wurde nur in Andeutungen über die Umstände seines Todes gesprochen. Ich wußte aber schon als Kind, daß der jüngste Bruder meiner Mutter, der damals sieben Jahre alte *Jürgen*, irgendwie an dem Unfall beteiligt war. Aber wie? Ich wagte nie zu fragen, ob er Schuld hatte. Bruchstückhaft hörte ich aus gelegentlichen Andeutungen meiner Eltern heraus,

Abb. 31

Ilse Maria Landgrebe geb. Goldschmidt (1906–1982) mit ihrem ersten Kind Carl Reimar Arthur Landgrebe (»Mocki«, * 17.4. 1934 Reinbek, † 5.5.1935 Reinbek) Herbst 1934; Photographie 10,6 × 5,7 cm

daß mein älterer Bruder sich an einem Gummireifen erwürgt habe, der um den Pfosten seines Kinderbettes hing. Es scheint so, daß *Jürgen* den Reifen dort hingehängt hatte. Schon als Kind wußte ich also alles über den Tod von *Mocki*, und zugleich hatte ich das Gefühl, daß für mich alles im Dunklen blieb. Meine Eltern sprachen mit mir nicht über den Tod von *Mocki*. So erfuhr ich nicht, ob sie *Jürgen* die Schuld an dem Tod meines Bruders gaben. Auch später fragte ich meine Mutter nicht nach *Mocki*s Tod, und ob sie noch immer traurig sei. Wahrscheinlich lag es an dieser Sprachlosigkeit, daß ich unausgesprochene Vorwürfe und Schuldgefühle, Angst und eine gewisse Erstarrung der Gefühle auf der Familie lasten fühlte.

Als *Jürgen* meine Mutter »dreißig Jahre später« fragte, ob sie ihm den Tod von *Mocki* noch nachtrage, lachte sie und antwortete, das sei so lange her, daß sie nicht mehr daran denke.[180] Die Wahrheit aber war, daß sie bis zu ihrem Lebensende den Tod ihres Kindes nicht verwinden konnte. Das habe ich erst zwanzig Jahre nach ihrem Tod von einer engen Freundin der Familie[181] erfahren, der sie ihr Leid geklagt hatte.

Nachdem *Ludwig* seine neue Habilitationsschrift innerhalb von knapp zwei Jahren fertiggestellt hatte, beschloß die Philosophische Fakultät der Deutschen Universität Prag am 24. Januar 1935, ihn zu habilitieren und ihm die venia legendi, die Lehrerlaubnis, zu erteilen. Dank seiner Hartnäckigkeit scheint er sein Ziel endlich erreicht zu haben. Allerdings bedarf der Beschluß der Fakultät noch der Genehmigung des tschechischen Kulturministeriums, bevor die Universität *Ludwig* als Privatdozenten begrüßen darf. Obwohl diese Genehmigung fehlt, scheint mein Vater es für richtig zu halten, jetzt mit *Ilse* und mir nach Prag umzuziehen. Er hat sich mit Sicherheit mit seinem Schwiegervater *Arthur* und *Dobbertin* beraten, der überhaupt erst durch seine Hilfe die finanziellen Voraussetzungen für den Umzug und das Leben in Prag geschaffen hatte. So ziehen meine Eltern im Laufe des Jahres 1935 in einen Vorort von Prag nach Roztoky in die Tiche udoli op 8. Die Umstände dieses Beginns der Ehe in einer eigenen Wohnung sind denkbar deprimierend. Nach dem Schock des Todes von *Mocki* vor nur wenigen Monaten muß meine Mutter sich nicht nur von Reinbek trennen, was ihr sehr schwer fällt, sondern sich auch an das Leben in einem ziemlich trostlosen tschechischen Provinzdorf gewöhnen. *Ilse* war lieber in Reinbek bei ihren Eltern. In Prag fühlte sie sich einsam. Die freundschaftliche Solidarität der Professoren der philosophischen Fakultät mit *Ludwig* kann daran nicht viel ändern. *Ludwig* ist auf seine Arbeit fixiert und steht davor, endlich sein Lebensziel zu erreichen. Er wird nicht viel dazu beigetragen haben, das Leben meiner Mutter aufzuhellen. Außerdem leben meine Eltern in Roztoky einfach und bescheiden im Vergleich zu den Verhältnissen, die *Ilse* aus ihrem Elternhaus kannte. Da es in ihrer Wohnung kein Badezimmer gibt, steht die Badewanne in der Küche. Das Badewasser muß auf dem mit Kohlen geheizten Küchenherd erwärmt werden. So oft es geht, flüchtet meine Mutter aus Roztoky und reist mit mir nach Reinbek. Schon früh werde ich für diese Reisen mit einem kleinen Kinderkoffer ausgestattet.

Abgesehen von diesen dürftigen Lebensumständen war der Anfang in Prag durch die Unsicherheit belastet, wann die tschechischen Behörden meinem Vater endlich die Genehmigung erteilen würden, als Privatdozent an der Universität Vorlesungen zu halten und damit Geld zu verdienen. Die tschechische Bürokratie erledigte wegen ihrer Deutschfeindlichkeit die Angelegenheiten der Deutschen nur schleppend. *Ludwig* muß daher befürchten, daß die Genehmigung seiner Habilitation sich endlos hinauszögern könnte.[182] Vor diesem Hintergrund ist seine überraschende Anfrage bei dem Auswärtigen Amt und dem Reichs- und Preußischen Minister für Wissenschaft in Berlin zu erklären, ob dort Bedenken dagegen bestünden, daß er die tschechoslowakische Staatsbürgerschaft erwerbe.[183] Vielleicht hoffte er, das tschechische Kultusministerium würde sein Habilitationsverfahren wohlwollender bearbeiten, wenn er tschechischer Staatsbürger wäre.

Als ich in den nachgelassenen Papieren *Ludwig*s entdeckte, daß er damals die Absicht gehabt hatte, seine deutsche Staatsbürgerschaft aufzugeben, war ich verblüfft. Widersprach diese Absicht nicht seinem immer wieder bekundeten Selbstverständnis, nichts anderes als ein Deutscher sein und nur in Deutschland leben zu wollen? Hat er nicht 1933 in seinem Brief an den Schwiegervater von »deutscher Treue« gesprochen (s. o. S. 80)? Immer wieder hat er gesagt und geschrieben, daß er sich ein Leben in der Emigration nicht vorstellen könne. Auch in den schwierigsten Zeiten der Verfolgung ist er in seiner patriotischen Überzeugung nicht schwankend geworden. Auf den ersten Blick scheint seine Absicht, Tscheche zu werden, der tief verwurzelten Verankerung *Ludwig*s im Deutschen zu widersprechen. Bei näherem Hinsehen löst sich dieser vermeintliche Widerspruch allerdings auf. *Ludwig* ist in der Tradition der untergegangenen, österreichischen k.u.k. Monarchie erzogen worden, die geprägt war durch die Idee des Zusammenlebens vieler Völker in einem Staat. Der Gedanke an einen derartigen – und natürlich toleranten – Vielvölkerstaat hat ihn nie losgelassen. Nach Herkunft und Erziehung war er Kosmopolit. Sein deutsches Selbstverständnis war also nicht mit einer deutschnationalen Haltung identisch. Sein Deutschsein hatte andere Wurzeln.

Der Lebensinhalt *Ludwig*s war die deutsche Philosophie. Schon als junger Student hatte er gesehen, daß die philosophische Forschung in Wien unter dem Niveau in Deutschland lag. Nur hier sah er Chancen für seine philosophische Arbeit.

Daher hatte er alle Hebel in Bewegung gesetzt, um in Deutschland studieren zu können. Hier wollte er seine Laufbahn als Professor der Philosophie machen. Als Philosoph sah er sich in der Tradition der deutschen Philosophie seit *Kant* und *Hegel*, deren gesammelte Werke neben den gesammelten Werken seines Lehrers *Edmund Husserl* in seiner Bibliothek einen hervorragenden Platz einnahmen. So konnte er sich seine philosophische Arbeit nur in deutscher Sprache vorstellen. Er hat später davon gesprochen, »daß philosophische Arbeit viel zu eng mit Sprache und Volk verknüpft ist, als daß sie auf die Dauer in der Fremde fruchtbar weitergeführt werden könnte.«[184]

Ein Leben außerhalb des deutschen Sprachraums schien ihm unmöglich. Die Wurzel seines Patriotismus lag also nicht in der vagen Vorstellung einer deutschen Nation, sondern in der deutschen Philosophie, in deren Tradition auch die philosophische Fakultät der deutschen Universität in Prag stand. Die Frage der Staatsangehörigkeit trat in den Hintergrund angesichts der Möglichkeit, in Prag der deutschen Philosophie dienen zu können. Die von den Nazis rassistisch und nationalistisch aufgeheizte Propaganda, nach der die Tschechen als Slawen und damit als ein minderwertiges Volk bezeichnet wurden, berührte ihn nicht. Rassistische Kategorien waren ihm fremd. Ihn interessierte nur die Chance, durch das Erwerben der tschechoslowakischen Staatsangehörigkeit schneller und sicherer zum Ziel der Habilitation zu kommen.

Es könnte noch einen weiteren Beweggrund für *Ludwig*s Bemühungen um die tschechische Staatsbürgerschaft gegeben haben. Durch *Hitler*s Machtergreifung und die Sympathie der Sudetendeutschen für die Nazis wuchsen auch die Spannungen zwischen Tschechen und Deutschen an der Universität Prag, die gespalten war in Liberale und Nationalisten. Letztere wünschten die baldige »Heimkehr ins Reich«. Als Deutscher, der sein Land verlassen hatte, galt *Ludwig* diesen großdeutschen Nationalisten als Vaterlandsverräter. Daher fand er mehr Freunde unter den Tschechen und den deutschen Juden. So entstand die lebenslange Freundschaft mit dem tschechischen Philosophen *Jan Patočká*,[185] der im Jahre 1968 als einer der Verfasser der Resolution der tausend Worte zur Befreiung der Tschechoslowakei von der Unterdrückung durch die Sowjetunion als Freiheitskämpfer berühmt wurde. Außerdem ist *Ludwig*s Freund und Förderer, Professor *Emil Utitz*,[186] zu nennen – ein deutscher Jude.

Tatsächlich bestätigt das tschechische Kultusministerium erst ein Jahr später das positive Votum der Universität und erteilt meinem Vater endlich die venia legendi.[187] Nach quälenden Jahren der Ungewißheit, in denen *Ludwig* mehrmals glaubte, seinen Berufswunsch aufgeben zu müssen, ist er nach schwierigen Umwegen nun endlich Privatdozent mit dem Recht, Vorlesungen und Seminare abzuhalten. Seine Idee, tschechischer Staatsbürger zu werden, verfolgt er nicht weiter.

Ludwig bleibt seiner Überzeugung von der engen Verknüpfung der philosophischen Arbeit mit Sprache und Volk auch treu, als ihm 1936 das Angebot gemacht wird, in den USA wissenschaftlich zu arbeiten. Jüdische Schüler von *Husserl* lehrten in der Emigration an verschiedenen Universitäten in den USA. Bei ihnen hat *Ludwig* wegen seiner bisherigen philosophischen Arbeit und als einer der engsten Mitarbeiter von *Edmund Husserl* einen guten Ruf. Der ebenfalls in die USA emigrierte Sohn *Husserl*s, *Gerhart*,[188] pflegt dort Beziehungen zu Universitätskreisen, die sich für die Philosophie seines Vaters interessieren. Dank dieser Verbindungen kann *Gerhart Husserl* meinem Vater unmittelbar nach der Habilitation wissenschaftliche Arbeitsmöglichkeiten in den USA vermitteln.[189] Doch trotz der schwierigen Lebensumstände in Prag lehnt *Ludwig* diese Möglichkeiten zur Emigration ab. Später wird er sich immer wieder in bedrohlichen Situationen den deutschen Behörden und der Gestapo gegenüber auf diese Entscheidung berufen, deren Tragweite er damals allerdings noch nicht übersehen kann.

Am 15. September 1935 werden das »Reichsbürgergesetz« und das »Gesetz zum Schutz des deutschen Blutes und der deutschen Ehre«, die sogenannten »Nürnberger Gesetze«, erlassen.[190] Sie beziehen ihre Legitimation ausschließlich aus dem Willen *Hitler*s, der sie anläßlich des Nürnberger Reichsparteitages der NSDAP (Nationalsozialistische Deutsche Arbeiter Partei) ausgerufen hat. Mit einer Gesetzgebung, wie wir sie aus den westlichen Demokratien kennen, haben die Nürnberger Gesetze nichts zu tun. Mit ihnen wird die Diskriminierung der Nichtarier, d.h. der Deutschen mit jüdischen Vorfahren, systematisch weiter getrieben.

Nach dem Reichsbürgergesetz kann nur derjenige deutscher Reichsbürger sein, der »deutschen oder artverwandten Blutes« ist. Jeder Deutsche, der als Reichsbürger gelten will, muß daher beweisen, daß weder seine Eltern noch seine vier Großeltern jüdisches Blut hatten. Juden gelten nicht mehr als »Reichsbürger«, sondern nur noch als »Staatsangehörige«. Als solche sind sie nicht mehr »Träger der vollen politischen Rechte«. Diese wolkige Formulierung verbirgt mehr schlecht als recht das Ziel des Gesetzes, die »Nichtarier« aus der Gesellschaft auszuschließen und sie zu wehrlosen Objekten staatlicher Willkürmaßnahmen zu machen.

Das Gesetz zum Schutz des deutschen Blutes soll die deutsche Rasse vor der Vermischung mit der minderwertigen jüdischen Rasse schützen. Eheschließungen ebenso wie außerehelicher Verkehr zwischen Juden und »Reichsbürgern« deutschen Bluts sind verboten. In ihren krankhaften Vorstellungen fürchten die Nazis die Vermischung von »deutschem Blut« und »jüdischem Blut«. Deshalb dürfen Juden

»deutschblütige« Frauen unter 45 Jahren nicht mehr als Hausangestellte beschäftigen. Die Nazis halten es offensichtlich für undenkbar, daß eine »deutschblütige« Frau über 45 für einen Juden noch attraktiv sei. Schließlich wird den Juden in demselben Gesetz das Hissen der Reichs- und Nationalflagge verboten. Obwohl das Hissen der Flagge keinen sachlichen Zusammenhang mit dem »Schutz des deutschen Blutes« haben kann, wird auf der symbolischen Ebene ein Zusammenhang hergestellt. Nur wer »deutschblütig« ist, sei würdig, die deutsche Flagge zu zeigen.

Die Nürnberger Gesetze verschärfen nicht nur den politischen Druck auf meine Eltern und Großeltern, sondern bringen zugleich die demütigende Beendigung der langjährigen Freundschaft meines Vaters mit seinem engsten Freund *Ernst Voege*, mit Spitznamen *Harras*.[191] Seit Beginn ihres Studiums in Freiburg im Breisgau sind sie einander nicht nur durch ihre historischen Interessen, sondern auch durch ihre Liebe zum Schwarzwald und zu den Alpen verbunden. Als Freund meines Vaters wird *Harras* bis 1933 gastfreundlich in die Familie *Goldschmidt* in Reinbek einbezogen. Mit *Hitler*s Machtergreifung wird *Harras* zum glühenden Nazi. Dieses scheint die Beziehung zu meinem Vater zunächst nicht beeinträchtigt zu haben, aber nach den Nürnberger Gesetzen zieht *Harras* die praktische Konsequenz aus seiner politischen Gesinnung, da er in der Ehe seines Freundes mit einer Jüdin einen Verstoß gegen die Gesetze sieht. *Harras* setzt der Freundschaft durch kurze Briefe an *Ludwig* und *Arthur Goldschmidt* ein Ende,[192] die er offensichtlich in kränkender Absicht mit der von den Nazis verordneten Grußformel »Heil Hitler« unterzeichnet.[193] So schnell wird durch die Judengesetzgebung der Nazis eine Freundschaft zerstört! Meinem Vater hat diese Demütigung keine Ruhe gelassen. Zwölf Jahre später, nach der Befreiung Deutschlands durch die Alliierten, sollte er darauf zurückkommen.

Am 13. März 1938 wird Österreich durch den Einmarsch der deutschen Truppen gewaltsam dem Deutsche Reich einverleibt, ein Gewaltakt, den die Nazis »Anschluß« nennen und der von den Österreichern jubelnd begrüßt wird. Nachdem *Hitler* wie üblich in einer Mischung von politischer Raffinesse und Gewalttätigkeit vollendete Tatsachen geschaffen hatte, organisieren die Nazis eine »Volksabstimmung« im »Altreich« und im bisherigen Österreich, um darin über den »Anschluß« abzustimmen und zugleich in ein und demselben Vorgang den »Großdeutschen Reichstag« zu wählen. Für die »Auslandsdeutschen« in der Tschechoslowakei wird am 10. April 1938 eine Fahrt von Prag aus nach Dresden zur Teilnahme an der Abstimmung organisiert. *Ludwig* fährt mit. Die Fahrt ist bis auf die Minute genau perfekt organisiert, inklusive »Merkblatt für Reisende im Sonderzug«,[194] auf dessen Rückseite ein Muster des Stimmzettels abgebildet ist. Der zur Abstimmung gestellte Text lautete:

Ein Deutscher in Prag

»Bist du mit der am 13. März 1938 vollzogenen Wiedervereinigung Österreichs mit dem Deutschen Reich einverstanden und stimmst Du für die Liste unseres Führers Adolf Hitler?«

Diese Art der Abstimmung ist eine Farce. Die Deutschen haben keine Möglichkeit, unterschiedlich über die beiden Fragen abzustimmen, die von fundamentaler Wichtigkeit für die Zukunft ihres Landes waren. Ohne Alternative können sie auf die beiden höchst unterschiedlichen Fragen nur zusammen mit »Ja« oder »Nein« stimmen. Außerdem werden sie durch ein entmündigendes »Du« nur noch aufgerufen, ihrem Führer zu folgen. Die Abstimmung und die Wahl sind also nichts anderes als eine propagandistische Massenveranstaltung zur Akklamation der Taten *Hitler*s.

Nach dem Krieg hat meine Mutter meinem Vater zuweilen vorgeworfen: »Wenn Du nicht mit mir verheiratet gewesen wärest, wärest du auch Nazi geworden« (s. u. S. 185). Als Beweis für ihre Behauptung führte sie dann seine Teilnahme an dieser »Volksabstimmung« an. *Ludwig* versuchte sich damit zu rechtfertigen, daß er neugierig gewesen sei und daher diese Art von Naziveranstaltungen einmal habe erleben wollen. Ich glaube, daß die Gründe für die Reise *Ludwig*s tiefer lagen, als er zugeben mochte. Die k.u.k. Monarchie war aufgelöst worden. Als Student hatte er erlebt, daß der im September 1919 durch die Verträge von St. Germain entstandene Reststaat des deutschsprachigen Österreich nicht lebensfähig war. Das politische Klima in Wien war eng und muffig geworden. In dieser deprimierenden Situation richteten die Österreicher ihre Hoffnungen auf *Hitler*. In ihrer Mehrheit haben sie die Nazis und den »Anschluß« Österreichs an Deutschland unter dem Motto »Heim ins Reich« begeistert begrüßt. Selbst die ehemaligen Gegner Deutschlands im Ersten Weltkrieg hielten den »Anschluß« politisch für plausibel, auch wenn sie die Methoden *Hitler*s ablehnten. Diese Woge der Zustimmung wird auch meinen Vater erfaßt haben. Er war politisch zu naiv, um den Nationalsozialismus zu durchschauen. Offenbar ist er 1938 von den außenpolitischen Triumphen *Hitler*s so beeindruckt, daß er nicht wahrnehmen kann, schon längst sein Opfer geworden zu sein.

Trotz der dürftigen Verhältnisse, in denen meine Eltern leben, beschäftigte meine Mutter eine böhmische Putzfrau, die ich *Pleschi* nannte. Sie lebte mit Mann und Tochter *Helenka* – meiner Spielkameradin – in einer bescheidenen Kate neben dem Haus, in dem meine Eltern eine Wohnung gemietet hatten. Durch den Umgang mit *Helenka* und ihrer Familie konnte ich mich sprachlich zuweilen besser verständlich machen als meine Eltern. Von *Helenka* hatte ich gelernt zu »böhmackeln«. So nannte mein Vater die Sprachmischung aus tschechischen und deutschen Sprachbrocken. Mit dieser Zeit verbinde ich meine ersten bruchstückhaften Kindheitserinnerungen.

Zu einer meiner frühesten Kindheitserinnerungen gehört ein Spaziergang mit meinem Vater, auf dem wir an eine Batterie von schweren Artilleriegeschützen gelangten, die uns außerhalb unseres Dorfes auf einer Anhöhe wie graue Ungetüme zu bedrohen schienen. Ich war mir nie ganz sicher, ob die Erinnerung an diesen Spaziergang Traum oder Wirklichkeit war. Warum sollten dort mitten im Frieden Kanonen stationiert worden sein? Die Erklärung war nicht schwierig: Während der Sudetenkrise im Mai 1938 hatte die tschechoslowakische Regierung ihre Truppen aus Angst vor einem Überfall *Hitler*s mobilisiert – so auch in der Nähe unseres Dorfes. Ich habe mich also nicht getäuscht. Ich kann mich auf mein Gedächtnis verlassen. Seitdem ich an dieser frühen Stelle meiner Geschichte die Übereinstimmung meiner Erinnerung mit den historischen Tatsachen entdeckt hatte, habe ich bei der weiteren Arbeit meinen Erinnerungen mutiger vertraut.

Im Münchener Abkommen vom 30. September 1938 gelingt es *Hitler*, die Westmächte über seine wahren kriegerischen Absichten zu täuschen. Um die Sudetenkrise nicht in einen Krieg münden zu lassen, stimmen Großbritannien und Frankreich der Abtrennung der Sudeten von der Tschechoslowakei und ihrer Vereinigung mit dem Deutschen Reich zu. Nach dieser Demütigung der Tschechen sehen die sudetendeutschen Nazis in Prag ihre Stunde gekommen. Niemand wagt mehr, sich gegen ihre Übergriffe zu wehren, deren Opfer auch mein Vater im Wintersemester 1938/39 werden sollte. Deutsche Anhänger der Nazis beschmieren seine Vorlesungsankündigungen am schwarzen Brett mit Hakenkreuzen und dem Wort »Judenknecht«, um ihn wegen seiner Ehe mit einer Jüdin zu brandmarken. Noch Jahrzehnte später hat mein Vater sich manches Mal sarkastisch als »Judenknecht« bezeichnet. Ich hatte den Eindruck, daß ihn diese Diskriminierung tief verletzt hat. Uniformierte Anhänger der Nazis stören seine Vorlesungen, so daß er sie nicht zu Ende führen kann. Die Stellung meines Vaters an der Universität wird unhaltbar.

Am 15. März 1939 bricht *Hitler* das Münchener Abkommen. Deutsche Truppen marschieren in die Tschechoslowakei ein. *Hitler* erscheint auf dem Hradschin in Prag. Die Tschechoslowakei ist als Staat untergegangen und wird zum Protektorat Böhmen und Mähren unter der Verwaltung eines deutschen Reichsprotektors ausgerufen. Es konnte nur noch eine Frage der Zeit sein, bis die Judenverfolgung auch hier einsetzen würde. Damit ist endgültig klar, daß mein Vater als »jüdisch Versippter« an der Universität in Prag nicht bleiben kann. Da er auch in Deutschland wegen seiner jüdischen Ehefrau keine Aussicht hat, an einer Universität unterzukommen, befindet er sich wieder einmal in einer aussichtslosen Situation.

Flucht nach Belgien

Zum Retter in der Not wurde der damals 29jährige Franziskanerpater *Herman van Breda*,[195] der an der katholischen Universität zu Löwen (Leuven) in Belgien Philosophie lehrte. Er war wie mein Vater Schüler des Philosophen *Edmund Husserl*. In Absprache mit meinem Vater hatte er 1938 in einer kühnen Aktion die Kisten mit dem wissenschaftlichen Nachlaß von *Husserl* vor der Vernichtung durch die Nazis aus Freiburg im Breisgau nach Löwen gerettet und in das Institut Superieur de Philosophie der Universität Löwen gebracht.[196] Dort sollte nun der Nachlaß von *Husserl*, der aus Tausenden in *Gabelsberger* Stenographie[197] beschriebenen Manuskriptblättern bestand, geordnet und transkribiert werden. Für diese Aufgabe hatte *van Breda* die finanziellen Mittel zur Anstellung von zwei Wissenschaftlern beschafft. Mein Vater war als langjähriger enger Mitarbeiter von *Husserl* und durch seine eigenen Arbeiten nicht nur als Phänomenologe angesehen, sondern er beherrschte auch die *Gabelsberger* Stenographie. Daher bot *van Breda* ihm an, diese Aufgabe in Löwen zunächst für zwei Jahre zu übernehmen. Mein Vater zögerte nicht, diese Chance zu ergreifen.

Vor dem Umzug nach Belgien muß er allerdings Schwierigkeiten und Schikanen überwinden. Vor allem muß er deren Vorwurf entkräften, er sei ein Vaterlandsverräter, weil er nach Belgien emigrieren wolle. Als Vaterlandsverräter hätte er keine Chance, die Ausreisegenehmigung zu erhalten. Vor diesem Hintergrund ist sein Brief vom 27. März 1939 zu verstehen, in dem er den Rektor der Prager Universität um dessen Einverständnis bittet, seine Tätigkeit in Prag zu unterbrechen und ihm gleichzeitig zu bestätigen, daß er Angehöriger der Universität bleibe. Er fügt hinzu,

»daß er gerne die Gelegenheit benütze, auf einer gesicherten finanziellen Basis im Auslande für deutsche Philosophie zu wirken. Ich kann jedoch diese Tätigkeit nur dann als sinnvoll betrachten, wenn sie bloß vorübergehenden Charakter hat, da ich überzeugt bin, daß philosophische Arbeit viel zu eng mit Sprache und Volk verknüpft ist, als daß sie auf die Dauer in der Fremde fruchtbar weitergeführt werden könnte. Sollten sich mit Rücksicht auf die Abstammung meiner Frau nach Ablauf der zwei Jahre meiner Rückkehr nach Prag Hindernisse in den Weg stellen, so bin ich daher fest entschlossen, dann zum Zwecke einer Rückkehr nach Deutschland lieber in irgendeine andere Tätigkeit umzusatteln als dauernd als Philosoph im Ausland zu leben«.[198]

Dieser Brief ist ein anschauliches Zeugnis für das Verhalten meines Vaters während der Nazizeit. Seine Überzeugung, als Philosoph nur im deutschen Sprachraum arbeiten zu können, diente ihm zugleich als Mittel, den Nazibehörden gegenüber seine unerschütterliche deutsche Gesinnung zu beweisen. Er könne sich ein Leben im Ausland nur vorübergehend vorstellen und das auch nur, um von dort aus Deutschland durch seine philosophische Arbeit zu dienen. Mein Vater war sich wahrscheinlich der besonderen Ironie seines Arguments nicht bewußt, Deutschland ausgerechnet durch die Arbeit an dem nachgelassenen Werk von *Edmund Husserl* dienen zu wollen – einem von den Nazis verfemten Juden! In der Argumentationsweise meines Vaters vermischten sich die Überzeugung von seiner Berufung zu einem deutschen Philosophen und eine taktische Anpassung an die Mentalität der Nazis. Diese Argumentation hat er bis zum Ende der Nazizeit konsequent wiederholt. Sie hat ihm später noch manches Mal als Mittel gedient, kritische Situationen unbeschadet zu überstehen.

Nach langen und zermürbenden Kämpfen mit den deutschen Behörden in Prag erhielten meine Eltern schließlich die Genehmigung, mit mir nach Belgien auszureisen. Da ihnen aber die Ausfuhrgenehmigung für ihre Möbel noch fehlt, sind sie nach der Auflösung ihrer Wohnung in Roztoky gezwungen, ihren bescheidenen Hausstand zunächst bei einem Spediteur zu lagern, bis die Behörden ihn zum Transport frei geben würden.

Auf dem Weg nach Belgien reisen meine Eltern über Reinbek, wo sie mich zunächst für einige Tage bei meinen Großeltern lassen wollten, bis sie in Löwen eingerichtet wären. Aus den wenigen Tagen sind dann vier Monate geworden.

Kurz bevor meine Eltern Prag verließen, stellte mein Vater den Antrag auf Mitgliedschaft im NS-Dozentenbund Prag-Brünn.[199] Ich frage mich, was ihn zu diesem Schritt bewogen haben mag, nachdem er nicht nur seine eigene Diskriminierung durch die Nazis erlebt, sondern auch das Unglück gesehen hatte, das die Nazis über die Familie seiner Schwiegereltern gebracht hatten? Hat er den verbrecherischen Charakter des Naziregimes immer noch nicht erkannt? Hat er nicht unmittelbar erlebt, wie die Nazis ihm und seinen Schwiegereltern nichts als Unglück brachten? Sollte er die Illusion gehabt haben, der NS-Dozentenbund sei nur eine harmlose berufsständische Organisation? Sah er nicht, daß auch sie ein Instrument der Nazis zur Gleichschaltung aller Lebensbereiche war? Oder handelte er aus taktischen Erwägungen? Was mögen seine Motive gewesen sein? Tatsächlich wollte er die Hoffnung nicht aufgeben, an die Prager Universität zurückkehren zu können. Dies war nur möglich als Angehöriger des NS-Dozentenbundes. Außerdem erschien der Antrag auf Aufnahme in diese Organisation ein geeignetes Mittel, den Nazibehörden zu demonstrieren, daß er kein »vaterlandsloser Geselle« sei, der sein Land fluchtartig verlassen, sondern nach Ablauf von zwei Jahren zurückkehren wolle.

Der Ariernachweis

Allerdings setzte eine Mitgliedschaft im NS-Dozentenbund den sogenannten Ariernachweis voraus, durch welchen die Deutschen in einem unsäglichen bürokratischen Aufwand beweisen mußten, daß sie keine jüdischen Großeltern hatten, wie es der »Arierparagraph« forderte. Diesen Nachweis hatte auch mein Vater zu erbringen. Da die Begriffe »Arier« und »Jude« nur eine Ausgeburt der rassistischen Wahnvorstellungen der Nazis waren, gelang es nicht, die beiden sogenannten Rassen nach wissenschaftlichen Kriterien zuverlässig voneinander abzugrenzen. Die sogenannten Arier und Juden waren eben nichts anderes als deutsche Bürger unterschiedlicher Religionszugehörigkeit. Mangels »rassischer« Kriterien griffen die Nazis paradoxerweise nun doch wieder auf die Religionszugehörigkeit der Vorfahren zurück. Sie anerkannten für den Ariernachweis Eintragungen über die Religionszugehörigkeit in den standesamtlichen Registern, die der Staat seit 1875 führte. Für die Zeit vor 1875 nahm man darüber hinaus die Kirchenbücher zu Hilfe. Sie gaben zwar Auskunft über den Empfang der christlichen Sakramente, aber natürlich nicht über die »rassische« Herkunft. Dennoch galten die Kirchenbücher den Nazis als geeignetes Beweismittel für die »jüdische« bzw. »arische« Herkunft, weil Auszüge erkennen ließen, ob die Großeltern schon als Säuglinge getauft waren, und damit der Zweifel ausgeräumt war, daß sie je der jüdischen Religionsgemeinschaft angehört hatten.

Die deutschen Landeskirchen boten den Nazis willfährig ihre Dienste zur Reinhaltung der Rasse an. In einer Werbeschrift der evangelisch-lutherischen schleswig-holsteinischen Landeskirche aus dem Jahr 1939 heißt es:

»Auf der Reinheit des Blutes beruht die Kraft der Nation. Das ist in unserem Reiche Allgemeingut der Erkenntnis. Der Erforschung von Familie und Sippe in ihren blutmäßigen Zusammenhängen dienen mannigfache Bestrebungen unseres öffentlichen Lebens. Millionen von Arierscheinen, die aus den alten Kirchenbüchern herausgezogen wurden, verbürgen die Reinheit der Abstammung und bieten die Gewähr für die Durchsetzung der notwendigen bevölkerungspolitischen Aufgaben. Die Kirche hat in der Erkenntnis der großen Bedeutung dieser Dinge für das Volk und seine Zukunft sich freudig in den Dienst der Sache gestellt«.[200]

Meinem Vater fiel es dank der sorgfältig gesammelten Familienurkunden nicht schwer, sich den Ariernachweis zu beschaffen. Im Jahr 2001 entdeckte ich die Päckchen mit den penibel nach Generationen geordneten Urkunden. Mein Vater hatte die Taufurkunden seiner Vorfahren aus den einzelnen Sammlungen herausgenommen und in einem Umschlag »kleiner Ariernachweis«[201] gebündelt. Wegen seiner Ehe mit einer »Jüdin« nützten ihm seine Bemühungen jedoch nichts. Wer eine Jüdin zur Frau hatte, galt als »jüdisch versippt« und damit als Bürger zweiter Klasse, der nicht »würdig« war, den NS-Organisationen anzugehören. Der Gaudozentenführer lehnte am 19. Juni 1939 seine Aufnahme in den nationalsozialistischen deutschen Dozentenbund ab.[202] Die eigentlichen, rassistischen Gründe der Ablehnung werden in dem Bescheid mit der vagen Formulierung verdeckt, »die Voraussetzungen seien nicht gegeben«. Damit war endgültig klar, daß mein Vater nicht mehr an die Universität würde zurückkehren können.

»Die Jungens sind in Frankreich.«

Als meine Eltern im April 1939 nach Löwen gingen, blieb ich bis September 1939 bei meinen Großeltern *Arthur* und *Kitty Goldschmidt* in Reinbek (Abb. 32). Nur wenige Monate vor meiner Ankunft hatten sie die wohl schwerste Entscheidung ihres Lebens getroffen. Nach dem Erlaß des Reichserziehungsministers vom 2. Juli 1937 war ihren beiden damals vierzehn und zehn Jahre alten Söhnen *Erich* und *Jürgen* als Juden der Übergang auf das Gymnasium verwehrt. Deshalb entschlossen sie sich, sie zu Freunden nach Italien, der jüdischen Familie *Binswanger*, zu schicken, die bereits auf der Flucht vor den Nazis emigriert war.[203] Damit kam mein Großvater der Verordnung vom 15. November 1938 zuvor, nach welcher alle jüdischen Kinder aus »deutschen« Schulen zu entfernen seien. Als *Binswanger*s sich auch in Italien nicht mehr sicher fühlten, beschlossen sie, weiter nach Neuseeland zu emigrieren und boten an, *Erich* und *Jürgen* mitzunehmen. Meine Großeltern konnten sich jedoch nicht mit der Vorstellung abfinden, daß ihre Kinder im weit entfernten Neuseeland endgültig unerreichbar sein würden. Sie baten die Jugendfreundin meiner Großmutter, *Noémy Halphen*, die in die reiche Pariser Bankiersfamilie der *Rothschild*s eingeheiratet hatte, *Erich* und *Jürgen* aufzunehmen.[204] *Frau von Rothschild*, wie sie respektvoll von meinen Eltern genannt wurde, brachte die beiden Brüder meiner Mutter in einem Internat in Megève in Hochsavoyen unter. Auf diese Weise kamen *Erich* und *Jürgen* nach Frankreich. Schon als Vierjähriger hörte ich meine Großeltern ständig sagen: »Die Jungens sind in Frankreich.«

Abb. 32
Erich Goldschmidt (geb. 1924), Arthur Goldschmidt (1873–1947), Jürgen Goldschmidt (geb. 1928) und vorne Detlev Landgrebe (geb. 1935), Frühjahr 1938; Photographie 8 × 5,4 cm

»*Die Jungens sind in Frankreich.*«

Für mich verband sich seitdem mit Frankreich das vage Gefühl von einem fremden Land, in dem es besser sein mußte als in Deutschland, weil man »die Jungens« dort hingebracht hatte.

Das Drama des Abschieds meiner Großeltern von ihren »Jungens« hat »*Nana*« – die Kinderfrau – ihr Leben lang nicht losgelassen. *Erna Zimmermann*, die von den beiden Jungen *Nana* genannt wurde,[205] hatte ihren Mann *Hermann*, Gärtner bei der Familie *Dobbertin*, während ihrer Zeit im Hause meiner Großeltern kennengelernt. Als einzige unter den zahlreichen Kindermädchen im Haus meiner Großeltern hielt sie es mit dem depressiven und unausgeglichenen Temperament meiner Großmutter und mit *Jürgen*, der als ein schwieriges Kind galt, viele Jahre lang aus. Immer wieder gelang es meinem Großvater, sie zu beschwichtigen, wenn meine Großmutter im Dunkel ihrer Depressionen und ihrer Verzweiflung sie geohrfeigt oder sogar einmal angespuckt hatte. *Nana* liebte »die Jungens« und trotz allem auch meine Großeltern, so daß eine Familienfreundschaft entstand, die selbst die Nazizeit überdauerte. *Nana*s Vater war Tischler und Anhänger der Sozialdemokraten. Er und seine Frau gehörten zu den wenigen Menschen, die während der Nazizeit noch zu unserer Familie hielten. 35 Jahre später, Anfang der siebziger Jahre des vorigen Jahrhunderts, hütete *Nana* nicht mehr die Söhne meiner Großeltern, sondern meine eigenen Söhne. Wenn ich sie abends aus Blankenese in ihre Wohnung in Eppendorf in unserem alten Ford nach Hause fuhr, sprach sie immer wieder von meinen Großeltern und den Jungens. Sie brach jedes Mal in Tränen aus, wenn sie erzählte, wie meine Großeltern einander stützend und haltend am äußersten Ende des Bahnsteigs des Hamburger Hauptbahnhofs ihren Kindern in dem Zug nachwinkten, bis auch der letzte Wagen nicht mehr zu sehen war.[206] Meine Großeltern sollten ihre Jungens nicht wiedersehen. Damals kam mir ihre Erzählung wie die sentimentale Geschichte einer alten Frau vor, mit der ich eigentlich nicht viel zu tun hatte. Nun, nach weiteren dreißig Jahren, erkenne ich, daß ich damals im Gespräch mit *Nana* meine kindlichen Erfahrungen mit der Verfolgung unbedingt von mir fernhalten und nicht wahrhaben wollte, daß ich auch mit den Leiden der Verfolgung unserer Familie zu tun haben könnte. Heute bewundere ich die Tapferkeit meiner Großeltern, die sich trotz der Ungewißheit, ihre Kinder je wieder zu sehen, von ihnen trennten und ihnen damit das Leben gerettet haben.

Die deutschen Juden mußten gemäß der Verordnung vom 21. Februar 1939 Gold, Silber, Platin, Edelsteine und Perlen innerhalb von zwei Wochen bei öffentlichen Ankaufsstellen abliefern. Mein Großvater kam nicht auf die Idee, Gegenstände zu verstecken. Das wäre mit seinem Selbstverständnis als Deutscher, der dem Staat zu gehorchen hatte, nicht vereinbar gewesen. In seiner Korrektheit, die gegenüber einer kriminellen, staatlichen Maßnahme heute schwer verständlich ist, hat er Kristallschalen und Weinkaraffen, die nur mit einem silbernen Rand verziert waren, abgegeben. So trennte er auch die üppige, goldene Einfassung von jenem Medaillon aus Elfenbein ab, das die englische *Königin Victoria* Tante *Jenny Lind*, Frau meines Urgroßonkels *Otto Goldschmidt*, geschenkt hat. Meiner Mutter bedeutete dieses Erbstück so viel, daß sie es in den sechziger Jahren neu fassen ließ und meiner Frau zur Hochzeit als Vermächtnis übergab (s. o. S. 36; Medaillon Abb. 57, S. 197, 355).[207]

Auch das Tafelsilber, das meine Großeltern zur Hochzeit bekommen hatten, wurde abgeliefert, soweit es nicht dem täglichen Gebrauch diente. Die mit rotem Filz ausgelegten Silberschubladen, in denen es für jedes Stück eine passende Vertiefung gab, waren nun beinahe leer. Wenn ich sie als Kind aufzog, um mit den übrig gebliebenen Bestecken den Tisch zu decken, malte ich mir die früher reich gefüllten Besteckschubladen aus. Meine Frage nach dem verschwundenen Silber beantworteten meine Eltern ohne Erklärung nur kurz und wie eine selbstverständliche Tatsache: »Das hat Großpapi abgegeben«. Dem staatlichen Raub fiel auch die goldene Taschenuhr mit Klappdeckel zum Opfer, die *Dobbertin* als Pate dem jüngsten Bruder meiner Mutter, *Jürgen*, geschenkt hatte. Mein Großvater war in seiner Korrektheit nicht auf die Idee gekommen, wenigstens diese Uhr für seinen Sohn vor den Nazis zu verstecken. In seiner Autobiographie »Über die Flüsse« beklagt *Georges-Artur Goldschmidt* noch 60 Jahre später den Verlust. Er ist der festen Überzeugung, die Uhr nach dem Krieg auf dem dreiteiligen Anzug meines Vaters erkannt zu haben, und mit Bitterkeit meint er sagen zu müssen, daß sogar die eigenen Verwandten die von den Nazis begonnene Beraubung in der Nachkriegszeit fortsetzten. Mein Onkel hat sich geirrt. Er hat seine Uhr, an der sich die Nazis bereichert haben, mit dem ebenfalls goldenen Erbstück meines Vaters verwechselt. Mein Vater als »Arier« brauchte seine Taschenuhr ohne Klappdeckel 1939 nicht abzugeben. Leider ist auch sie 1991 bei der Auflösung des Haushalts nach seinem Tod verlorengegangen.[208]

Die Diskriminierung meiner Großeltern setzte sich kontinuierlich fort. Jüdische Männer müssen nach der Verordnung vom 17. August 1938 vom 1. Januar 1939 an zusätzlich zu ihren Vornamen den Namen Israel und Frauen den Namen Sara führen, wenn sie nicht schon jüdische Vornamen tragen.[209] Eine spezielle Liste enthält alle Namen, die die Nazis für jüdisch halten. Mit dieser Verordnung erzielen die Behörden eine doppelte Wirkung. Die erzwungenen, zusätzlichen Vornamen erleichterten es den deutschen Behörden bei Razzien und öffentlichen Personenkontrollen, Juden zu identifizieren. Sie werden also wie Kriminelle gebrandmarkt und gedemütigt. Meine Großeltern tragen keinen jüdischen Vornamen. Mein Großvater hieß *Arthur Felix* und meine Großmutter *Toni Katharina Jeanette*. In seiner kleinen, präzisen und steil nach oben ansteigenden Handschrift teilte mein Großvater am 30. Januar 1939 in drei Zeilen der Polizeibehörde in Reinbek mit, daß er den zusätzlichen Vornamen »Israel« angenommen habe. Einen entsprechenden Brief setzte er für meine Großmutter auf, den sie unterschreibt.[210]

Noch dreißig Jahre später wirkte die durch die Zwangsnamen erlittene Demütigung in meiner Familie nach. Im November 1968 wurde mein ältester Sohn geboren. Meine Frau wollte ihn *David* nennen. Gegen den Namen an sich hatte ich keine Einwände, weil ich ihn schön und wegen seiner Kürze praktisch fand. Über meine »mulmigen Gefühle«, meinem ersten Sohn einen jüdischen Vornamen zu geben, setzte ich mich hinweg. Dagegen ließ mein jüngerer Bruder, damals ein angehender evangelischer Pastor, seinen Ängsten freien Lauf. Er empörte sich, daß wir es wagten, unserem Sohn diesen Namen zu geben, »nach all dem, was in unserer Familie passiert war«. Trotzdem konnte auch ich meine Angst nicht ganz verdrängen, mein Sohn könnte wegen seines Vornamens in Schwierigkeiten geraten, falls es je wieder zu Judenverfolgungen kommen würde. Deshalb bestand ich darauf, daß er außer dem Namen *David* auch noch die beiden sehr deutsch klingenden Namen *Christian* und den in der Familie *Landgrebe* über Generationen hinweg üblichen Namen *Ludwig* erhielt. Bei unserem 1971 geborenen Sohn fühlte ich mich auf der sicheren Seite, als wir ihm die unverkennbar christlichen Namen *Johannes Benedikt* gaben. Bei *Jonathan* schließlich, 1977 geboren, hatte ich keine Ängste mehr. Nun war es Mode geworden, seinen Kindern jüdische Vornamen zu geben. Als Ironie der Geschichte sei noch erwähnt, daß die Nazis in ihrer Liste jüdischer Vornamen den Namen *David* nicht aufgeführt hatten. Wahrscheinlich erschien er ihnen zur Kennzeichnung von Juden nicht geeignet, weil er schon damals bei Nicht-Juden häufig vorkam.

Juden dürfen nach der Anordnung der örtlichen Polizeistellen vom 1. September 1939 ihre Wohnung abends im Sommer nach 9 Uhr und im Winter nach 8 Uhr nicht mehr verlassen. Das offizielle Ausgehverbot wirkt nur noch wie die amtliche Bestätigung einer Freiheitsberaubung, unter der meine Großeltern auch schon vorher zu leiden hatten. Schon lange konnten sie wegen Geldmangels nicht mehr ausgehen, um abends Theater oder Konzerte zu besuchen. Gesellige Beziehungen im Freundeskreis mit Abendeinladungen haben nun ganz aufgehört, weil niemand gern mit Juden verkehrte. Die wenigen Besuche bei Verwandten oder jüdischen Freunden, die nicht emigriert waren, riskierten sie ohnehin nur bei Tag. Sie fürchteten nächtliche Polizeikontrollen. Es hat sich herumgesprochen, daß Juden auch schon vor diesem Ausgehverbot nachts von der Polizei oder der Gestapo verhaftet worden waren und nie wieder gesehen wurden. Noch viel schmerzlicher als diese Freiheitsberaubung empfinden meine Großeltern die Anordnung über die Ablieferung aller Rundfunkgeräte durch Juden vom 23. September 1939. Sehr bald sollte die erzwungene Abgabe des Telefons erfolgen und damit die Isolierung meiner Großeltern verschärfen.

Ein Sommer in Reinbek

Länger als geplant blieb ich von April bis kurz vor dem Überfall der Deutschen auf Polen am 1. September 1939 bei meinen Großeltern in Reinbek (Abb. 33), während meine Eltern in Löwen als Untermieter in einem möblierten Zimmer auf ihre Möbel warten müssen, weil die deutschen Behörden in Prag den Transport nicht genehmigen. In seiner Not wendet sich mein Vater an *Dobbertin*. Ihm gelingt es dank seiner geschäftlichen Beziehungen nach Prag, den Hausstand meiner Eltern als Handelsgut der Firma *Dobbertin* deklarieren und als solches unbeanstandet von den deutschen Grenzkontrollen nach Belgien befördern zu lassen. Der Umzug wird auch von *Dobbertin* finanziert. Nun erst können sich meine Eltern nach monatelanger Verzögerung in dem kleinen Häuschen in der Koning Albert Laan in Kessel-Loo bei Löwen einrichten.

Als ich im April 1939 zu meinen Großeltern kam, wurde ihr Haus geteilt. Meine Großeltern zogen in die erste Etage, in der mehr schlecht als recht ein Bad und eine Küche eingerichtet wurden. Das Parterre wurde an das Ehepaar *Justus* mit vier Kindern vermietet.[211] Vermutlich ist meinen Großeltern endgültig klar geworden, daß sie das ganze Haus nicht mehr halten können. Die Beamtenpension, die mein Großvater noch erhält, wird wie bei allen Beamten jüdischer Herkunft ständig gekürzt, so daß sie kaum noch ausreicht, um den täglichen Lebensunterhalt zu bestreiten. Die finanziellen Schwierigkeiten meiner Großeltern lassen sich an den Hypotheken ablesen, mit denen mein Großvater das Haus belasten mußte, um zu Geld zu kommen. Der Unterhalt des Hauses war für meine Großeltern zu teuer geworden.

Zu meinen ersten Erinnerungen an die Zeit bei meinen Großeltern gehört die Teilung des Hauses, die mich erschreckte. Ich spürte, daß meinen Großeltern etwas weggenommen wurde, und daß sie unter dem Verlust litten. Ich sah dem Tischler, der die beiden Wohnungen durch Holzwände von dem geräumigen Treppenhaus trennte, ebenso erschreckt wie bewundernd zu. Zum ersten Mal erlebte ich einen

Tischler bei der Arbeit. Ich staunte, wie er große Bretter zurechtschnitt, sie glatt hobelte und mit Nägeln zu einer Holzwand mit einer Tür zusammenfügte. In dem ursprünglich großzügig zugeschnittenen Haus war es nun eng geworden. Noch viele Jahre lang habe ich mir ausgemalt, wie es gewesen sein mag, als meine Großeltern das ganze Haus allein bewohnt hatten.

Hier sollte ich nach unserer Rückkehr aus Belgien von 1940 bis 1945 die durch die Verfolgung belasteten Jahre meiner Kindheit und die schönsten Jahre nach der Befreiung seit Mai 1945 bis 1950 erleben. In jenem Sommer war Reinbek noch ein verträumter, ländlicher Ort, dessen Idylle erst viel später nach dem Zweiten Weltkrieg durch die Zersiedelung zerstört wurde. Die in ihrem unteren Teil von uralten Eichen und in ihrem oberen Teil von nunmehr hundert Jahre alten Linden bestandene Kückallee war nur auf ihrer nördlichen Seite mit Villen bebaut, die von großen Gärten getrennt weit auseinander lagen. Nach Süden hin ging der Blick auf die von den Ausläufern des Sachsenwaldes gesäumten Getreidefelder. Das Haus meiner Großeltern lag, wenn man vom Ortskern herkommend die Kückallee hinaufging, als letztes auf der linken Seite an der Ecke zur Goetheallee. Das parkartige Grundstück, das nach dem Krieg aufgeteilt und mit drei weiteren Häusern bebaut wurde, grenzte rückwärtig an die kopfsteingepflasterte Schönningstedter Straße, über die ich 1945 in einer Mischung aus Neugier und Erleichterung die englischen Panzer kommen sah. Dahinter erstreckte sich, umrahmt von Feldern und Weiden, Prahlsdorf mit einer willkürlichen Ansammlung von Bauernhöfen und ärmlichen Siedlungshäusern.

Das Haus meiner Großeltern war zu Anfang des 20. Jahrhunderts ursprünglich als ländlicher Sommersitz eines Hamburger Kaufmanns entstanden. Die etwa zu derselben Zeit gebauten Villen in der Kückallee glichen einander durch ihren hervorragenden Dachfirst und die als Vorbau nach Süden gelegenen, überdachten und an den Seiten verglasten Terrassen, die selten benutzt wurden. Ich liebte das Pfeifenkraut, das die Terrasse und den Balkon meines großelterlichen Hauses überwucherte, und es dadurch von den anderen, kahler wirkenden Villen in der Kückallee unterschied. In den zwanziger Jahren, als mein Großvater viel Geld verdiente, ließ er das Haus umbauen. Die Küche wurde aus dem Keller in das Parterre verlegt, während der Aufzug nach oben – wenn auch ohne Funktion – erhalten blieb. Vor

Abb. 33
Detlev Landgrebe (geb. 1935) am 23. Mai 1939 im Garten des Hauses Kückallee 27 (später Nr. 37, heute 43); Photographie 8,2 × 5,2 cm

Ein Sommer in Reinbek

dem stillgelegten Aufzug stehend malte ich mir manches Mal aus, wie Schüsseln und Terrinen rumpelnd aus der Küche nach oben gezogen wurden. Außerdem setzte meine Großmutter bei dem Umbau einen großen Balkon auf der Nordseite des Hauses durch, den mein Großvater – ebenso wie auch mein Vater – wegen seiner ungünstigen Lage für überflüssig hielt. Diesen Balkon hätte ich längst vergessen, würde ich mich nicht der verächtlichen Bemerkungen meines Vaters über dessen Unbrauchbarkeit erinnern, die – wie ich spürte – eigentlich nicht dem Balkon, sondern meiner Großmutter galten. Trotz der aufwendigen Umbauten war es nicht gelungen, aus dem ehemaligen Sommersitz ein wirklich winterfestes Haus zu machen. Im Winter blieb es zugig. Daran änderten auch die Doppelfenster nichts, die in einer umständlichen Aktion im Herbst eingesetzt und im Frühjahr wieder herausgenommen wurden.

Der Garderobe gegenüber führte eine Holztreppe in den Keller. Mit einem Kellerraum, dem Apfelkeller, verbindet sich meine Erinnerung an den intensiven Geruch der Äpfel, die als Vorrat für den Winter auf langen Holzborden bis in das Frühjahr hinein so lange aufbewahrt wurden, bis sie klein und verschrumpelt waren. Über den Apfelborden standen in langen Reihen Marmeladengläser, Blechdosen mit Gemüse und die in Weckgläser eingemachten Birnen aus dem Garten. Vor allem die Birnen in den Einmachgläsern, die luftdicht mit Hilfe eines roten Gummiringes verschlossen wurden, waren oben meistens bräunlich und kaum mehr genießbar, nachdem sie zu lange aufbewahrt worden waren. Wenn man beim Öffnen den roten Gummiring zwischen dem Glas und dem Deckel herauszog, gab es eine kleine, säuerlich riechende Verpuffung und man wußte, daß auch dieses Glas wieder schlecht geworden war. In einem kleinen dunklen und feuchten Raum, in dem manchmal dicke Kröten hockten, befand sich die elektrische Wasserpumpe, die oft ausfiel. Ich sehe meinen Großvater vor mir, wie er mit wissendem Gesicht in den Keller ging, um sie wieder in Gang zu bringen. Manchmal gelang es ihm, was ihn immer sehr stolz machte.

Die rot gefliste Küche im Keller des ehemals herrschaftlichen Hauses diente nun als Waschküche. In den Wandschränken stapelten sich Küchengeräte, ein Porzellanservice mit rotgoldenem Rand für vierundzwanzig Personen, riesige Bratenplatten und Saucieren. In den guten Zeiten im Leben meiner Großeltern dienten sie den Diners für große Gesellschaften. Jetzt waren sie nutzlos, weil keine Gesellschaften mehr gegeben wurden. In der Ecke stand nun ein mit Holz und Briketts heizbarer Waschkessel mit einem großen Metalldeckel. Wenn die Wäsche kochte, wurde sie bei aufsteigenden Dampfschwaden mit einem großen Holzstab umgerührt. Meine Mutter hatte für diese schwere Arbeit nicht genug Kraft, während ich

Ein Sommer in Reinbek

Frau *Justus*, die unten im Haus wohnte, mit ihren sehnigen Armen zuweilen hier ihre Wäsche waschen sah. Aber auch sie hat den Waschkessel nur selten benutzt. So wurde die Waschküche mehr und mehr zur Rumpelkammer und zum Fahrradkeller, in den ich später mein Fahrrad über eine steile Steintreppe hinunter schleppen mußte.

Der Sommer 1939 im Garten meiner Großeltern war sonnig und heiß. Ich mußte eine weiße, baumwollene Kappe tragen, um mich gegen die Sonne zu schützen. Meine Großmutter war stets besorgt um meine Gesundheit. Oft begleitete ich meinen Großvater, wenn er mit Leinwand und Staffelei in den nahe gelegenen Wald (Abb. 34), zum Tal des Flüßchens Bille (Abb. 35) oder an den Rand der Kornfelder (Abb. 36) ging, um zu malen. Bei den Waldspaziergängen brachte er mir bei, die glitschigen, schwarzen Nacktschnecken anzufassen. Seitdem scheue ich mich nicht, glitschiges Getier aller Art anzufassen. Die Landschaft um Reinbek war noch unberührt. Als Vierjähriger werde

Abb. 34
Detlev Landgrebe (geb. 1935) begleitet im Sommer 1939 seinen Großvater Arthur Goldschmidt (1873–1947), der mit der Staffelei im Sachsenwald unterwegs nach Motiven Ausschau hält; Photographie 8,5 × 5,3 cm

ich mir der Schönheit dieser schleswig-holsteinischen Landschaft am Rande des Sachsenwaldes kaum bewußt gewesen sein. Aus dieser Zeit mag aber mein Vergnügen an Landschaften herrühren. Vielleicht hat mein Großvater dieses Interesse geweckt, als er mich zum Malen mitnahm. Auf dem Boden des Hauses sammelte er die auf Holzrahmen aufgezogenen, bemalten Leinwände. Sie waren in Reihen nebeneinander gestellt. Ich habe sie wie ein Buch immer wieder aufgeklappt, um sie anzusehen. Meistens malte er Landschaften – von Knicks[212] gesäumte, gelbe Kornfelder, Waldstücke am Ufer der Bille, einzelne Kiefern auf einem gerodeten Waldstück, die Bille inmitten von giftig grünen Wiesen oder auch nur einen großen Findling im Wald. Die Bilder mit ihrem groben Pinselstrich und ihrer großzügigen

Abb. 35
Arthur Goldschmidt (1873–1947), Die Bille bei Reinbek, unbezeichnet, nicht signiert, nicht datiert, Öl auf Leinwand, 81 × 61 cm

Farbgebung gelangen ihm trotz mangelnder Ausbildung als Maler so gut, daß alle Freunde, denen er eines schenkte, sie gern aufgehängt haben. Das Haus meiner Großeltern hing voll von seinen Bildern. Sie gehören zu meinen Kindheitserinnerungen. Für mich haben sie ihren Wert vor allem als Ausdruck der Lebensfreude und der Kraft meines Großvaters, der mit seiner Malerei die erzwungene, berufliche Untätigkeit ausfüllte und der Bedrückung durch die Verfolgung trotzte. In diesem hat er auch zwei bunte Aquarelle für mich mit Szenen aus den Märchen »Schneewittchen«[213] und »Hänsel und Gretel« gemalt,[214] um die meine Großmutter ihn gebeten hatte. Meine Mutter pflegte etwas süffisant zu bemerken, daß meine Großmutter ihm beschreiben mußte, was er darstellen sollte, weil ihm die Phantasie gefehlt habe, sich eine Szene aus einem Märchen vorzustellen.

Meine Mutter hat später oft beteuert, ich hätte es bei meinen Großeltern, die mich geliebt hätten, gut gehabt. Sie reagierte verständnislos, da ich dennoch keine

Abb. 36
Arthur Goldschmidt (1873–1947), Kornfeld bei Reinbek, unbezeichnet, nicht signiert, nicht datiert, Öl auf Malkarton, 49,5 × 39,8 cm

guten Erinnerungen an diesen Sommer in Reinbek und an meine Großmutter hatte. Täuschte sich meine Mutter oder trügt mich mein Gedächtnis? Häufig sprachen meine Großeltern von den »Jungens« – ihren beiden Söhnen, die nun in Frankreich in einem Kinderheim leben mußten, um vor den Nazis in Sicherheit zu sein. Vielleicht habe ich den Druck der Verfolgung, unter dem meine Großeltern zu leiden hatten, gespürt, so daß ich darüber vergessen habe, daß ich es damals bei meinen Großeltern auch gut gehabt habe. Oder war meine Großmutter schon damals so sehr am Ende ihrer Kräfte, daß sie nicht mehr in der Lage war, ihrem vierjährigen Enkel ein Gefühl von Geborgenheit zu geben? Sie war schon für meine beiden Onkel, die nur elf und sieben Jahre älter sind als ich, eine schwierige und unausgeglichene Mutter gewesen, wie *Georges-Arthur Goldschmidt* in seiner Autobiographie anschaulich beschreibt.[215] In der ihr eigenen Hartnäckigkeit hatte sie über viele Jahre und trotz sechs Fehlgeburten darum gekämpft, nach meiner Mutter noch mehr Kinder zu haben. Schließlich war sie bei der Geburt ihrer Söhne im Alter von 42 bzw. 46 Jahren eine für damalige Verhältnisse alte Mutter. Sie war der Aufgabe, zwei kleine Kinder zu versorgen, nie gewachsen und holte in ihrer Not meine Mutter ständig aus dem Studium, weil sie zu Hause helfen sollte (s. o. S. 54).

Natürlich achtete meine Großmutter in der Sorge um die Gesundheit des ihr anvertrauten Enkels streng darauf, daß ich einen Mittagsschlaf hielt wie auch an diesem Sonntag, an dem das Ehepaar *Bunsen* mit ihren beiden Töchtern – einige Jahre älter als ich – zu Besuch kam. Meine Großmutter trat mit der Familie *Bunsen* an mein Bett, um mich zu wecken und ihr vorzustellen. Ich war damals ein verschüchterter Junge. Als nun diese fremden Menschen vor meinem Bett erschienen und mich wie ein niedliches Tierchen mit schmeichelnden Worten wecken wollten, genierte ich mich, wie ich mich selten wieder in meinem Leben geniert habe. In meiner Not versuchte ich der Begegnung mit diesen fremden Menschen auszuweichen, indem ich meine Augen zukniff und mich schlafend stellte. Allen Bemühungen meiner Großmutter und der Besucher zum Trotz gelang es ihnen nicht, mich zu wecken. Schließlich hoben sie mich aus dem Bett. Aber auch stehend hörte ich nicht auf, mich mit zugekniffenen Augen schlafend zu stellen, weil ich hoffte, sie würden mich endlich in Ruhe lassen. Statt dessen redeten sie auf mich ein und diskutierten meinen Zustand. Schließlich wurde meine Großmutter von ihrer Sorge übermannt und bat den Hausarzt *Dr. Odefey* zu kommen, der nicht nur ihr Arzt, sondern auch ein Freund war.[216] Er war eine mächtige Erscheinung, eine der angesehensten Persönlichkeiten in Reinbek. Ich sehe ihn vor mir in einem schweren schwarzen Mantel und einem steifen Hut auf dem Kopf. Er trug eine große dunkle Hornbrille und einen Schnurrbart. Natürlich durchschaute er die Situation sofort und rüffelte meine Großmutter wegen dieses Theaters. Ich kann mich nicht daran erinnern, wie ich den »Sonntagnachmittagskaffee« mit den großen Mädchen, vor denen ich mich besonders genierte, überstanden habe.

Mein kraftvoller, optimistischer und meist gut gelaunter Großvater konnte den Druck, unter dem sie lebten, nicht ausgleichen. Die Spannung mag sich in dem Streit entladen haben, dessen unfreiwilliger Zeuge ich von meinem Bett aus wurde, das damals noch im Ankleidezimmer neben dem Schlafzimmer meiner Großeltern stand. An einem sonnigen Sommermorgen stand mein Großvater vor dem Rasiertisch im Ankleidezimmer, um sich zu rasieren. Er war halb bekleidet. Seine Hose wurde von breiten Hosenträgern gehalten und seinem Hemd fehlten der Kragen und die Manschetten, die – wie damals üblich – erst am Ende der Ankleideprozedur angeknöpft wurden. Auf dem Rasiertisch unter dem Spiegel stand eine Metallschale mit heißem Wasser für den Rasierschaum. Mein Großvater war im Begriff, an dem breiten Lederriemen, der an dem Rasiertisch aufgehängt war, das Rasiermesser zu schleifen. Dabei kam es zu einem Streit zwischen meinen Großeltern, ohne daß ich verstand, worum es ging. Vor Verlegenheit nestelte ich mit einer Schere so lange an den goldenen Knöpfen meiner roten Wolljacke, bis mir das Malheur passierte, einen von ihnen abzuschneiden. Nun entlud sich die Spannung auf mich. Meine Großeltern tadelten mich ärgerlich. Wehren konnte ich mich nicht, denn meine Missetat war offenkundig. Ich hätte ihnen nicht einmal erklären können, daß eigentlich sie die Ursache dieses Mißgeschicks waren.

Eine Photographie aus dem Sommer 1939 wirkt auf mich wie ein Dokument des Kummers meiner Großmutter über den Verlust ihrer Söhne. Meine Großmutter und ich stehen Hand in Hand im Garten unter einem blühenden Obstbaum. Die Photographie war mir nicht neu. Schon manches Mal hatte ich sie in dem Album mit den Photos aus dem Sommer 1939 flüchtig wahrgenommen, ohne auf die Rückseite zu schauen. Dort entdeckte ich nun sechzig Jahre später die Notiz meiner Großmutter: »Großmutti freut sich, daß sie wieder einen Jungen hat«. Ich war also ein »Ersatz«.

Mitten im Krieg

Als meine Eltern aus Prag über Reinbek nach Löwen ausreisen, sind der Name »Sara« und das große »J« in ihrem Paß noch nicht eingetragen, obwohl sie sich aufgrund der Verordnungen vom 17. August 1938 und 5. Oktober 1938[217] schon als Jüdin hätte kennzeichnen lassen müssen. Vielleicht hat die deutsche Botschaft in Prag, die formal für die Änderung des Passes zuständig war, sie übersehen oder aber die dortigen Beamten waren mit den Judengesetzen noch nicht hinlänglich vertraut, so daß sie es versäumten, meine Mutter aufzufordern, ihren Paß ändern zu lassen. Wer weiß, ob meine Eltern nach Belgien hätten ausreisen können, wenn die deutschen Grenzbeamten entdeckt hätten, daß sie Jüdin war. Erst im September 1939 wird sie von der deutschen Botschaft in Brüssel aufgefordert, ihren Paß ändern zu lassen. Daraufhin ersucht mein Vater am 28. September 1939 die deutsche Botschaft, meiner Mutter die Namensänderung zu erlassen. Er hat die Rassenpolitik der Nazis noch nicht begriffen, und scheint immer noch zu glauben, daß seine Familie von den Rassengesetzen nicht betroffen wäre. Er sollte schnell eines besseren belehrt werden. Am 17. Oktober teilt die Botschaft ihm mit, daß »der Befreiung von der Führung des Vornamens nicht entsprochen werden kann«.[218]

Im August 1939 holen mich meine Eltern nach Löwen, wo sie in der Koning Albert Laan 16 ein kleines Reihenhaus gemietet haben. Ich habe die wenigen Monate der Ruhe, die der Familie in Löwen gegönnt waren, als eine friedliche Zeit in Erinnerung. So sind mir die unvergleichlich guten, in eine fettige Papiertüte eingeschlagenen Pommes frites unvergeßlich, die mein Vater mir zuweilen am nächstgelegenen Straßenstand kaufte. Das beschauliche Leben in Löwen sollte allerdings nicht lange dauern.

Im katholischen Löwen gab es keinen evangelischen Kindergarten, also schickten meine Eltern mich in einen katholischen Kindergarten. Eines Tages kam ich von dort mit der Nachricht nach Hause: »Die bösen Deutschen kommen«. Vielleicht haben belgische Kindergärtnerinnen, die uns mit dieser Nachricht nach Hause schickten, dazu beigetragen, meine späteren Zweifel an meiner Zugehörigkeit zu den Deutschen zu wecken.

Meine Mutter ist im Mai 1940 hochschwanger. Als am 8. Mai die Wehen einsetzen, bringt sie mein Vater in das Krankenhaus in Löwen. Er wartet dort aber nicht auf die Geburt, um mich nicht länger unter der Obhut einer Zugehfrau allein zu lassen. Am 9. Mai 1940 wird mein Bruder *Winfried* in Löwen geboren. Ich habe mich oft über diese »deutsch-wagnerianische« Namensgebung gewundert. Meine Eltern erklärten später dazu, in ihrer Drangsal sei ihnen kein anderer Name eingefallen. Trotzdem ist es merkwürdig, daß sie sich für diesen Namen entschieden haben. Ich vermute, daß sie – bewußt oder unbewußt – hofften, durch diesen unverkennbar deutschen Namen die jüdische Herkunft meiner Mutter verbergen und demonstrieren zu können, daß sie nicht jüdisch seien.[219]

Am 10. Mai 1940 beginnen die Deutschen den Krieg gegen Frankreich mit einer militärischen Offensive und überfallen Belgien, um ihre Angriffspläne realisieren zu können, obwohl sich das Land für neutral erklärt hatte. Am 18. Mai kapituliert die belgische Armee bedingungslos. Belgien wird von den Deutschen besetzt.

Schon am ersten Tag des Angriffs auf Belgien wird mein Vater verhaftet. Gegen Mittag kommt ein belgischer Polizist in unser Haus. Ich begreife nicht, was es bedeutet, daß der Polizist meinen Vater abholt, spüre aber, daß etwas Bedrohliches geschieht. Ich bleibe allein unter der Obhut der Putzfrau.

Mein Vater hat später in seiner nüchternen Art schriftlich über seine Verhaftung und Internierung berichtet.[220] Zunächst wird er in einer Einzelzelle des Gefängnisses völlig von der Außenwelt abgeschlossen, so daß er meiner Mutter seine Verhaftung nicht mitteilen kann. Nach viertägiger Einzelhaft wird er mit 25 anderen Gefangenen in einem Lastwagen in ein anderes Gefängnis gebracht. Der Lastwagen verunglückt und überschlägt sich. Alle Gefangenen werden verletzt und bleiben mehrere Stunden unversorgt am Straßenrand liegen. Mein Vater kommt mit Prellungen und Abschürfungen davon. Ein Gefangener stirbt an seinen Verletzungen. Mein Vater wird mit sämtlichen im belgischen Staatsgebiet verhafteten »feindlichen« Ausländern in Viehwaggons verladen. Bis zu 43 Männer werden in einen Waggon gepfercht. Damit beginnt ein Leidensweg durch Frankreich.

Die Gefangenen bleiben sechs Tage in den Waggons, weil das französische Wachpersonal nicht weiß, wohin sie gebracht werden sollen. Sie erhalten weder Wasser noch Nahrung. Vom dritten Tage an werden einige Männer vor Durst und Angst verrückt. Einige von ihnen, die den Verstand völlig verloren haben, und alle Welt mit dem Tode bedrohen, werden von den anderen Mitgefangenen mit Hosenträgern und Gürteln gefesselt. Es gibt Männer, die vor Durst ihren eigenen Urin trinken. Tagsüber herrscht in den Waggons ohne jede Lüftung drückende Hitze. Stundenlang sind die Verzweiflungsschreie der Gefangenen und ihr Gebrüll nach Wasser zu hören. Die durch die Schreie irritierten französischen Wachsoldaten schießen willkürlich in die Viehwaggons, um die Insassen zum Schweigen zu bringen. Es ist wie eine Ironie des Schicksals, daß ihre Schüsse Juden treffen, die auf der Flucht vor den Nazis Schutz in Belgien gesucht hatten.

Mein Vater spricht später von seinen »Erfahrungen mit einem perversen Sadismus und den aufgewühlten Leidenschaften der Wachmannschaften«.[221] Auch seine Situation ist auf tragische Weise verfahren. Er war als Mann einer Jüdin aus dem ihm feindlich gesonnenen Deutschland nach Belgien gekommen, um Schutz zu suchen, kam als Freund zu Freunden. Nun wird er von seinen Beschützern plötzlich als Feind gefangen und gedemütigt. Vielleicht haben ihn diese Erfahrungen in seiner Überzeugung bekräftigt, daß sein Platz nirgendwo anders als in Deutschland sein konnte.

Nach sechs Tagen werden die Gefangenen in Orleans aus den Waggons gezogen und in ein Lager gebracht, in dem sie 14 Tage in Holzbaracken ohne jede Hygiene bei schlechter Ernährung verwahrt werden, bis man sie in das Internierungslager in Saint Cyprien bei Perpignan (Abb. 37–40) transportiert. Dort werden die jüdischen und die nichtjüdischen Internierten getrennt und in verschiedenen Teilen des Lagers untergebracht.[222] Wie mein Vater schreibt, wird seinem »Bestreben in ein rein-deutsch arisches Lager gebracht zu werden, stattgegeben«. Was mag ihn bewogen haben, sich so deutlich von den Juden abzugrenzen? War es ihm so wichtig, arisch zu sein und mit Juden nicht verwechselt zu werden? Oder hatte er andere Gründe? Schon bei seiner Ausreise aus Prag hatte er die Erfahrung gemacht, wie gefährlich es ist, von den deutschen Behörden als Emigrant und damit als Vaterlandsverräter angesehen zu werden. In der Erwartung des deutschen Sieges scheint mein Vater mit sicherem Instinkt zu spüren, daß er nur dann eine Chance hat, von den Deutschen aus dem Lager befreit zu werden, wenn es ihm gelingt, sich als rein arischer deutscher Bürger darzustellen, den die Feinde Deutschlands interniert haben. Die Entwicklung sollte ihm Recht geben.

Meine Mutter weiß nicht, wo ihr Mann geblieben ist und ob er noch am Leben ist. Sie hat keinerlei Nachricht über seinen Verbleib und ist mit mir und ihrem Neugeborenen allein auf sich gestellt, eine ausweglose Situation. Als Deutsche muß sie mit der Feindschaft der Belgier rechnen. Als Jüdin muß sie die einmarschierenden Deutschen fürchten.

Der schon erwähnte Freund meines Vaters,[223] der Franziskanerpater *Herman van Breda* (Abb. 41), kommt ihr zu Hilfe. Der gut aussehende, sympathische Mann mit dunklen, vollen Haaren und ebenso dunklen Augen trägt die braune Kutte der Franziskanermönche aus groben, wollenem Tuch mit einer spitzen Kapuze auf dem Rücken. Die Kutte reicht ihm bis zu den Füßen. An dem weißen Strick um die Taille hängt ein Rosenkranz. Ich fand besonders interessant, daß er keine Strümpfe trug, sondern mit bloßen Füßen in groben Ledersandalen steckte. Mich beschäftigte deshalb die Frage, wie er es im Winter mit dieser Fußbekleidung hielt, und ob er dann nicht kalte Füße haben würde. Erst viele Jahre später sah ich zu meiner Beruhigung, daß er bei kaltem Wetter Strümpfe trug.

Ich habe ihn so gut in Erinnerung, weil ich ihn neun Jahre später unter glücklicheren Umständen in Belgien wiedersehen sollte. Er schien die Menschen, denen er begegnete, umarmen zu wollen, und verstand es, sie mit seinem Charme für sich zu gewinnen. Seine Klugheit und seine Fröhlichkeit verband sich mit Tatkraft, Mut, einem großen Organisationstalent und einer unerschöpflichen Hilfsbereitschaft. Er war es, der meinem Vater den Weg nach Belgien gebahnt hatte und den

Abb. 37
Felix Nussbaum (* 11.12.1904 Osnabrück, † Auschwitz nach dem 2.8.1944), Selbstbildnis im Lager [Saint Cyprien bei Perpignan, Pyrenäen, Südfrankreich], unbezeichnet, signiert und datiert: 1940, Öl auf Sperrholz, 52,5 × 41,5 cm; Neue Galerie, New York; © VG Bild-Kunst, Bonn 2008

Abb. 38
Leo Breuer (* 21.9.1893 Bonn, † 14.3.1975 ebd.), Internierungslager St. Cyprien. Der Schreibende, 1941, signiert unten rechts: L. BR., Aquarell / Tinte, 25,5 × 21 cm
© *VG Bild-Kunst, Bonn 2008*

Abb. 39
Leo Breuer (* 21.9.1893 Bonn, † 14.3.1975 ebd.), Internierungslager St. Cyprien. Zwei Betende, 1941, signiert unten rechts: L. BR., Aquarell / Tinte, 27,5 × 21,5 cm
© *VG Bild-Kunst, Bonn 2008*

Nachlaß *Edmund Husserl*s vor der Vernichtung durch die Nazis rettete. Schon in seinen jungen Jahren war er eine Autorität. Er schien Kontakte zu allen wichtigen Persönlichkeiten Belgiens zu haben. Sicherlich kam ihm dabei auch das Ansehen zugute, das Geistliche und vor allem Mönche damals noch bei den zutiefst katholischen Flamen genossen.

Unerschrocken und ohne Vorurteile birgt er meine Mutter, mich und meinen soeben geborenen Bruder aus dem Chaos. Als katholischer Priester und Bürger eines Landes, das soeben von den Deutschen überfallen wurde, rettete er eine deutsche Protestantin jüdischer Herkunft. Er hätte in meiner Mutter einen Feind sehen können: als Deutsche, als Angehörige einer religiösen Richtung, die den Katholiken in Belgien nicht sympathisch war. Aber religiöse und patriotische Ideologien dieser Art interessierten Pater *van Breda* nicht. Für ihn zählte nur Menschlichkeit und die Freundschaft mit meinen Eltern.

Mitten im Krieg

Abb. 40
Felix Nussbaum (* 11.12.1904 Osnabrück, † Auschwitz nach dem 2.8.1944), »St. Cyprien« (Gefangene in Saint Cyprien), bezeichnet, signiert und datiert auf der Rückseite: 18.VI.1942 (unvollendet), Öl auf Leinwand, 68 × 138 cm, Felix-Nussbaum-Haus Osnabrück mit der Sammlung der Niedersächsischen Sparkassenstiftung; © VG Bild-Kunst, Bonn 2008

Der Krieg erreicht die Stadt. Löwen wird von den Deutschen bombardiert. Mein Vater ist fort, meine Mutter auch, ich bin in dem kleinen Miethäuschen meiner Eltern in der Koning Albert Laan 16 allein unter der Obhut einer Aufwartefrau, bis Pater *van Breda* mich dort holt. An seiner Hand führt er mich über eine Eisenbahnbrücke durch die zerstörte und an manchen Stellen noch brennende Stadt in das Krankenhaus in Löwen. Da meine Mutter aber auf der Station für die Wöchnerinnen liegt, darf ich nicht zu ihr. Ich werde in einem riesigen, überfüllten Keller gebracht, in dem die Belgier Schutz vor den deutschen Bombenangriffen suchen, und an einem Durchgang auf eine Matratze gelegt. Niemand kümmert sich um mich. Die Menschen hasten an meiner Matratze vorbei, ich sehe nicht viel mehr als ihre Beine. Niemand reagiert auf meine Fragen nach meiner Mutter. Ich fühle mich verlassen, finde aber die Situation in dem überfüllten Luftschutzkeller aufregend und interessant. Am Tag darauf, es ist der 10. Mai 1940,[224] bringt Pater *van Breda* (Abb. 41) mich nach Uccle bei Brüssel in das katholische Krankenhaus »Hôpital des deux Alices«. Dort sehe ich nach einigen Tagen meine Mutter mit dem Baby wieder. Sie ist dort vor Nachstellungen aller Art sicher, denn die Oberin ist eine Verwandte von Pater *van Breda*. In ihrer Erschöpfung scheint sie

Abb. 41
(Prof.) Dr. Herman Leo van Breda (Taufname: Leo Marie Karel, * 28.2.1911 Lier, † 4.3.1974 Löwen), Franziskanermönch (Ordensname: Hermanus), Philosoph und Begründer des Husserl-Archivs in Löwen, Priesterweihe 19.8.1934, 1936 Studien am Löwener Institut für Philosophie, wo er 1941 promoviert wurde; Photographie 12,8 × cm 7,6 cm

mich kaum wahrzunehmen. Ich werde in einem anderen Krankenzimmer bei einem älteren Jungen untergebracht, der an einem Bein einen großen Gipsverband trägt. Da ich in den wenigen Monaten im Kindergarten schon recht gut flämisch gelernt habe, unterhalten wir uns gut; ich fange an, meine Trennungsängste zu vergessen.

Meine Mutter wendet sich in ihrer Not mit einer handschriftlichen Notiz, datiert vom 21. Mai 1940, an einen deutschen Offizier. Sie bittet einen Major *Dr. von Becker*, der in Brüssel stationiert sein soll, er möge bei ihr vorbeikommen, da sie seinen Rat erbitten wolle. Der Zettel wird der deutschen Botschaft zur Bearbeitung weitergeleitet und von einem Regierungsrat handschriftlich kommentiert:

»Die Frau liegt als Wöchnerin im obigen Institut. Mann (Prof. d. Philosophie) ist Reichsdeutscher und ist in Löwen interniert worden. Die Wöchnerin bittet um Rat und Hilfe.«[225]

Es ist heute nicht mehr herauszufinden, wie meine Mutter auf den Namen eines Majors *Dr. von Becker* kam. Vermutlich hat sie an den Freund [späteren Ehemann] ihrer Cousine *Edith Martens*[226] gedacht, der aber nie in Brüssel stationiert war. Vielleicht hoffte sie, daß ihr Hilferuf – wie auch immer – an ihn weitergeleitet würde, und er als deutscher Offizier die Möglichkeit hatte, ihr zu helfen. Jedenfalls scheint ihr verzweifelter Hilferuf den von ihr gemeinten Adressaten nie erreicht zu haben. Wieder hilft Pater *van Breda*. Er holt meine Mutter aus dem Krankenhaus und bringt sie auf dem Dachboden eines zu seinem Kloster gehörenden Hauses unter, wo sie nun eine vorläufige Bleibe findet. Im gleichen Haus haben dank der Hilfe von Pater *van Breda* auch *Eugen Fink*, der letzte Assistent von *Husserl*, und seine Frau[227] Unterschlupf gefunden. *Eugen Fink* hatte nach dem Einmarsch der Deutschen die wissenschaftliche Arbeit an dem Nachlaß von *Husserl* im Institut Superieur de Philosophie ebenso aufgeben müssen wie mein Vater.

Am 28. Mai 1940, nach dem Ende der Kriegswirren, wagt meine Mutter, nach dem Haus in der Koning Albert Laan zu sehen. Haustür und Schränke sind erbrochen. Nach Angaben der Polizei und der Nachbarn haben englische Soldaten das Haus geplündert. Wer weiß, ob es wirklich so war oder ob Belgier ihre Wut an den Deutschen ausgelassen hatten.

Nachdem die Deutschen die nördliche Hälfte Frankreichs besetzt hatten, etabliert sich im unbesetzten südlichen Teil Frankreichs im Badeort Vichy im Einvernehmen mit den Nazis eine faschistische französische Regierung unter dem greisen Marschall *Pétain*,[228] der wegen seiner militärischen Führungskraft während des Ersten Weltkriegs in Frankreich als Volksheld gilt. Dieses sogenannte Vichy-Regime ist zur Zusammenarbeit mit den Nazis bereit und schließt am 22. Juli 1940 für das unbesetzte Frankreich einen Waffenstillstandsvertrag, in dem es sich verpflichtet, alle Deutschen auszuliefern, die sich in seiner Kriegs- und Zivilgefangenschaft befinden. Am 12. und 13. August 1940 ermittelt eine Kommission im Auftrag des deutschen Auswärtigen Amtes, daß in Saint Cyprien 2595 Personen interniert sind. 296 Personen sind »Arier«. Nahezu 90 Prozent der Internierten sind also Juden, die vor den Nazis in Frankreich Schutz gesucht haben. Die Deutschen arischer Abstammung können nach Deutschland zurückkehren. Mein Vater ist allerdings schon vorher frei gelassen worden. Die Gründe sind mir unbekannt. Vielleicht wollte das Vichy-Regime durch die Freilassung von nicht-jüdischen Deutschen den Nazis schon vor dem Waffenstillstand seinen guten Willen zur Zusammenarbeit signalisieren.

Am 10. Juli 1940 trifft mein Vater auf dem Bahnhof in Löwen ein, mager und abgerissen. Er trägt noch denselben Straßenanzug in beiger Farbe, den er schon bei seiner Verhaftung getragen hatte und der nun nach dem Unfall mit dem Lastwagen und nach der Internierung ein Bild des Jammers ist. Durch ein Loch im linken Hosenbein ist sein bloßes Knie zu sehen. Einen so abgerissenen Menschen hatte ich noch nie gesehen, so daß mir seine Rückkehr schon wegen dieses Anblicks unvergeßlich geblieben ist. Das Wiedersehen ist nicht fröhlich. Mein Bruder, den mein Vater nun auf dem Bahnhof zum ersten Mal sieht, liegt auf einem Kissen auf den Armen meiner Mutter. Meine Mutter weint. Ich weiß nicht, ob es die Freude über die Rückkehr ist oder Verzweiflung und Angst über die ausweglose Situation. Die Stimmung war bedrückend. Mein Vater macht sein undurchdringliches, ernstes Bulldoggengesicht, das er sein ganzes Leben lang bei offiziellen oder betrüblichen Anlässen trug, etwa bei universitären Feierlichkeiten oder bei Beerdigungen. Trotzdem bin ich froh und erleichtert, daß er wieder da ist. Unter seinem Schutz fühlte ich mich geborgen. Ich habe auch später nicht erlebt, daß er unter dem Druck der Verfolgung die Nerven verloren hat. Es gab bei ihm keine Zeichen von Schwäche. Er schien keine Angst zu haben. Das sollte auch bis zum Kriegsende so bleiben. Bis heute habe ich das Gefühl, daß er mein Retter vor den Nazis war.

Durch die deutsche Besetzung Belgiens endet für meinen Vater die Beschäftigung an der Universität in Löwen. Die Arbeit am Nachlaß von *Edmund Husserl* kann nicht fortgesetzt werden. Die Hinterlassenschaft des Philosophen muß vor den Deutschen versteckt werden, denn sie hätten das Eigentum eines deutschen Juden beschlagnahmt und vernichtet. Ohne Arbeit kann mein Vater die Familie in Belgien nicht ernähren. Er entschließt sich zur Rückkehr nach Deutschland, begibt sich freiwillig in die Fänge der Nazis, denen er eigentlich entkommen wollte. Ich frage mich heute: Hat mein Vater sich und seine Familie mit der Rückkehr nach Deutschland unüberlegt oder gar leichtfertig in unabsehbare Gefahren begeben? War er etwa durch seinen deutschen Patriotismus blind für die Gefahren geworden, die uns in Deutschland drohten?

Andererseits: Hätte mein Vater versucht, in Belgien zu bleiben, hätten wir die deutsche Staatsangehörigkeit verloren. Wir wären von den Deutschen als staatenlose, jüdische Emigranten behandelt worden, die der Judenverfolgung völlig schutzlos ausgeliefert waren. Dagegen genoß die Familie wegen der arischen Herkunft meines Vaters in Deutschland immerhin noch einen gewissen Schutz, der für die christlich-jüdischen Familien galt, die in sogenannten Mischehen lebten. Im Ausland ließen die Nazis diesen Unterschied nicht gelten. Alle, »die jüdisches Blut« hatten, wurden deportiert und vergast. Spätestens mit Beginn der Deportation der belgischen Juden hätte auch unsere Familie dieses Schicksal ereilt.

Für meinen Vater kommt es also darauf an, die deutschen Besatzungsbehörden davon zu überzeugen, daß er kein Emigrant sei, dem nach den Wertmaßstäben der Nazis wegen Vaterlandsverrats die deutsche Staatsbürgerschaft hätte entzogen werden müssen. Er wendet sich daher an die Auslandsorganisation der NSDAP in Belgien und erklärt, daß er nur zeitweise für die deutsche Philosophie in Belgien habe arbeiten wollen, aber nie die Absicht gehabt habe, auf Dauer dort zu bleiben. Da seine Arbeit nun unmöglich geworden sei, wolle er nach Deutschland zurückkehren. Es gelingt ihm, die Zweifel der Besatzungsbehörden an seiner deutschen

Gesinnung auszuräumen. Die Dienststelle der NSDAP stellt ihm einen Rückwandererausweis aus. Ebenso pocht er der deutschen Besatzungsmacht gegenüber auf seinen Status als deutscher Staatsbürger, als er Entschädigung für die Plünderung seines Hauses durch feindliche Soldaten fordert, deren Opfer er als Deutscher geworden sei. Die zuständige Oberfeldkommandatur der deutschen Wehrmacht in Belgien erkennt seine Ansprüche an. Später ist ihm eine Entschädigung auch ausgezahlt worden. Umsichtig und eloquent hat er jeden Verdacht, er habe emigrieren wollen, zerstreut. Stets schlug das Pendel bei den Nazibehörden und selbst bei der Gestapo zugunsten meines Vaters aus. Er konnte ihnen vermitteln, woran er selbst glaubte, daß er nämlich ein deutscher Patriot war. Kurze Zeit später sollte ihm die Beredsamkeit, mit der er seine patriotische Überzeugung darzustellen verstand, aus einer besonders gefährlichen Situation bei dem Grenzübertritt nach Deutschland helfen.

In einem Schreiben vom 2. Oktober 1940 bestätigt der Rektor der katholischen Universität von Löwen, daß mein Vater von April 1939 bis zum 10. Mai 1940 am Institut Superieur de Philosophie Kurse abgehalten habe. Der Rektor bedauert, daß mein Vater wegen der Plünderung seines Haushalts während seiner Internierung und wegen der Unsicherheit einer Vertragsverlängerung genötigt sei, schon vor Ablauf des auf zwei Jahre befristeten Auftrages nach Deutschland zurückzukehren.[229] Stil und Inhalt dieses Schreibens lassen darauf schließen, daß mein Vater es selbst aufgesetzt hat. Der Hinweis auf die Plünderung des Hauses durch englische Soldaten wird den deutschen Behörden als Beweis gedient haben, daß hier ein deutscher Staatsbürger als Opfer des feindlicher Übergriffe angesehen und entschädigt werden mußte.

Rückkehr nach Reinbek

Meine Eltern sind nun in Belgien Flüchtlinge, die alles verloren haben: Wohnung, Hausstand, Beruf und Einkommen. Wer sollte sie mit ihren zwei kleinen Kindern aufnehmen und wovon sollten sie leben? Ihnen bleibt keine andere Wahl als zu meinen Großeltern nach Reinbek zurückzukehren. Sie leben zwar finanziell in engen Verhältnissen, haben aber immer noch ihre schöne Wohnung mit fünf Zimmern in der oberen Etage ihres Hauses. Am 4. Oktober 1940 treten meine Eltern die Reise nach Reinbek an. An der deutsch-belgischen Grenze wird die Familie aus dem Zug geholt. Meine Mutter steht weinend mit meinem fünf Monate alten Bruder auf dem Bahnsteig. Ich bewache – ausgerüstet mit einem kleinen Spielzeugsäbel – das Gepäck, während mein Vater von der Gestapo abgeführt und in einem Kontrollgebäude auf dem Bahnsteig verhört wird.[230] Die Bewachung des Gepäcks empfinde ich als eine wichtige Aufgabe, die ich sehr ernst nehme. Ich habe das Gefühl, in einer schwierigen Situation Verantwortung zu tragen, was mir über meine Angst hinweghilft. Mein Vater ist in der Bürobaracke verschwunden, meine Mutter ist verzweifelt. Wieder einmal habe ich das Gefühl, wie sehr das Geschick der Familie nur von meinem Vater abhängt. Wann kommt er endlich wieder? Im Verhör wird er von der Gestapo als Judenknecht und Vaterlandsverräter beschimpft, weil er emigriert sei. Die Gestapo will ihm die Rückreise nicht erlauben. Er läßt sich nicht einschüchtern und erklärt beredt seine deutsche Gesinnung, die sich gerade darin zeige, daß er nun nach Deutschland zurückkehren wolle, um dem Vaterland zu dienen. Er beruft sich auf den Rückwandererschein der NSDAP und die Anerkennung seiner Plünderungsschäden durch die Oberfeldkommandatur.[231] Schließlich läßt die Grenzpolizei uns einreisen. Unsere Familie scheint ihr aber so verdächtig, daß sie es für nötig hält, der Gestapo in Hamburg unsere Rückkehr ins Reichsgebiet zu melden.[232]

Am Abend des 4. Oktober 1940 treffen wir bei meinen Großeltern ein. Die Atmosphäre ist bedrückend und bleibt es bis zur Befreiung im Mai 1945. Meine Eltern haben in einigen Koffern nur so viel mitnehmen können, wie sie eben tragen konnten. Die Reste ihres geplünderten Hausstandes sind in Belgien geblieben. Mein Vater steht vor den Trümmern seiner wissenschaftlichen Laufbahn. Wie soll er ohne Arbeit und Einkommen seine Familie ernähren? Meine Großeltern können uns finanziell nicht helfen. Die Nazis hatten die Pensionszahlungen an meinen Großvater allmählich so einschrumpfen lassen, daß er sich selbst und meine Großmutter kaum noch über Wasser halten konnte.

Meine Mutter ist am Ende ihrer Kräfte. Der Tod ihres ersten Kindes, die unglücklichen Jahre der Emigration in Prag, die Flucht aus Prag, die Deportation meines Vaters und die Geburt ihres bis dahin jüngsten Kindes inmitten der Kriegswirren, das alles belastet sie schwer. In dieser Situation gibt es für meine Eltern keinen anderen Ausweg, als mit meinen Großeltern in deren Wohnung zusammen zu ziehen. Meine Großmutter war unter dem Druck der nun schon sieben Jahre während Verfolgung und nach dem Verlust ihrer Söhne psychisch so krank geworden, daß sie kaum mehr die Kraft hatte, das tägliche Leben zu bewältigen. Nun sollen drei Generationen in fünf Zimmern zusammenleben. Vielleicht hätte es gut gehen können, wenn alle Beteiligten starke Nerven gehabt hätten, die aber meiner Mutter und meiner Großmutter fehlen. Außerdem können mein Vater und meine Großmutter einander nicht   -en; meine Mutter ist zwischen ihnen hin und her gerissen. Als ruhender Pol in dieser verängstigten und bedrückten Familie erweist sich mein Großvater, der sich in seinem unerschütterlichen Optimismus durch nichts umwerfen läßt. Aber auch ihm will es nicht gelingen, das Familienleben aufzuhellen.

Ich litt unter dem von Spannungen und Ängsten geladenen Klima in der Familie, ohne daß ich mir darüber klar war, woran es lag und flüchtete, so oft es ging, zu meinem Schulfreund *Günter Harbrecht*. Meine nächtlichen Ängste versuchte ich dadurch abzuwehren, daß ich mich nachts tief unter meine Bettdecke verkroch und mich so in sie einwickelte, daß ich das Gefühl hatte, nun könne mir nichts passieren. Ich habe es vorgezogen, in Schweiß gebadet zu schlafen, statt auch nur die Nase aus der Bettdecke zu stecken.

Wenige Tage nach unserer Ankunft in Reinbek, am 10. Oktober 1940, wird mein Vater von der Gestapo in die Staatspolizeileitstelle in der Düsternstraße in Hamburg vorgeladen. Wieder muß er ausführlich zu Protokoll geben, aus welchen Gründen er in das Ausland gegangen und warum er wieder zurückgekehrt war. Es geht alles gut. Auch die Gestapo in Hamburg läßt sich von den Argumenten meines Vaters überzeugen.

Mein Vater ist nun in Reinbek ohne Beruf und ohne Einkommen. In dieser Not bietet ihm unser Nachbar *Carl Dobbertin* an, ihn in seinem Handelsunternehmen als kaufmännischen Angestellten zu beschäftigen. Doch bevor mein Vater sich dazu durchringt, seine wissenschaftliche Karriere aufzugeben und sein Leben als kaufmännischer Angestellter zu verbringen – eine Tätigkeit, die ihm wegen seiner mangelnden Begabung für alles Kaufmännische überhaupt nicht zusagt –, will er einen letzten Versuch machen, an eine Universität zurückzukehren. Er erkundet die Möglichkeiten in Prag, obwohl ihm eigentlich klar sein muß, daß er dort keine Chance mehr haben würde, nachdem ihn der NS-Dozentenbund wegen seiner jüdischen Ehefrau abgelehnt hatte.[233] Er plant, dennoch nach Prag zu reisen, um sich beraten zu lassen. Vielleicht rechnet er damit, durch Gespräche seine Chancen verbessern zu können.

Da die Tschechoslowakei nach der Besetzung durch die Deutschen aufgehört hat, als Staat zu existieren, benötigt ein Deutscher für die Reise nach Prag weder Paß noch Visum, sondern nur den »Durchlaßschein« einer deutschen Behörde. Dafür braucht mein Vater allerdings eine Bestätigung der Prager Universität, daß seine Reise dringlich sei. Er wendet sich daher an Professor *Otto* von der philosophischen Fakultät,[234] dem er vertraut. In seinem Brief vom 20. November 1940 beschreibt er seine Lage:

»Ich habe freilich keinerlei Hoffnung, in einer Universitätsstellung bleiben zu können. Ich selbst bin ja arischer Abstammung; das Hindernis liegt auf Seiten meiner Frau, und mir ist kein Fall bekannt, wo in diesem Punkte eine Ausnahme gemacht worden wäre. Das Einzige, was ich hoffe ist dies, daß mir durch Empfehlungen der Universität und, ev.[entuell] durch ihre Vermittlung, des Reichserziehungsministeriums der in meinem Alter – ich bin 38 – und meiner Situation schwierige Übergang zu einer anderen Tätigkeit erleichtert werden kann und ich dabei nicht allzu tief herabsteigen muß. Und dafür hoffe ich freilich, daß meine Einstellung und mein Schicksal in Belgien etwas ausmachen könnten. Es ist ja nicht übertrieben, wenn ich sage, daß ich, um mir und meinen Kindern Heimat und Vaterland zu erhalten, alles geopfert habe, was bisher meinem Leben Sinn gegeben hat. Denn von den Möglichkeiten, durch eine Auswanderung eine Fortsetzung meiner wissenschaftlichen Laufbahn zu sichern, habe ich von vornherein und bewußt keinen Gebrauch gemacht.«[235]

Mein Vater scheut sich nicht, sich den Gepflogenheiten des Naziregimes anzupassen und seinen Brief mit der Grußformel »Heil Hitler« zu unterzeichnen.

Ende November 1940 schreibt ihm Professor *Otto*, der Dekan der philosophischen Fakultät wolle sich bei dem Rektor dafür einsetzen, den Durchlaßschein zu ermöglichen.[236] Mein Vater schien dadurch wieder Hoffnung geschöpft zu haben. Wenig später schrieb er seinem Freund *Herman van Breda* in Löwen, daß er die Reise nach Prag wohl erst im Januar 1941 machen könne. Bis dahin seien ihm noch einige Monate ruhiger Arbeit geschenkt, bis sich über seine Zukunft etwas entscheiden könne. Unter Arbeit verstand mein Vater immer nur seine philosophischen Studien. Jede andere Tätigkeit hatte mit Arbeit in seinem Sinne kaum etwas zu tun. Trotz der teilweise dramatischen Schwierigkeiten, die er hinter sich hatte, und trotz der schier aussichtslosen Situation, in der er sich mit seiner Familie befand, hatte er die Kraft, sich auf ruhige Monate der Arbeit zu freuen, als ob er mit seiner Philosophie in eine andere Welt abheben konnte.

Doch alle Hoffnung, sein berufliches Schicksal noch wenden zu können, sollte nicht lange dauern. Am 20. Dezember 1940 schreibt ihm der Dekan der philosophischen Fakultät,[237] daß auch eine persönliche Rücksprache an den Tatsachen, die mein Vater in dem Brief vom 20. November geschildert hatte,[238] nichts mehr ändern könne. Man bedauere, nichts dazu tun zu können, um meinem Vater »den schmerzlichen Weg des Überganges zu einem anderen Beruf zu erleichtern«. Wobei der Schreiber des Briefes vermeidet, das eigentliche Hindernis für eine Anstellung meines Vaters, nämlich die jüdische Herkunft meiner Mutter, beim Namen zu nennen. Er spricht eher unscharf »von den Voraussetzungen, die nicht gegeben seien«. Offenbar schämen sich die Prager Kollegen meines Vaters, ihm zu schreiben, daß er wegen der jüdischen Herkunft meiner Mutter von der Universität vertrieben wurde. Der Brief endet nicht mit der Grußformel »Heil Hitler«, sondern handschriftlich »mit den besten Wünschen für ein weiteres Wohlergehen«. Das fehlende »Heil Hitler« wirkt wie ein verdecktes Signal des Dekans, daß er meinem Vater trotz der jüdischen Ehefrau gern geholfen hätte, aber es nicht kann, weil die deutsche Protektoratsbehörde es nicht erlaubt.

Am 24. Januar 1941 beginnt mein Vater seine Arbeit als kaufmännischer Angestellter in der Firma *Dobbertin & Co.* Sein Monatsgehalt beträgt 225,00 Reichsmark brutto, seine Arbeitszeit, 53½ Stunden pro Woche, beginnt täglich von 8.30 Uhr und endet um 17.00 Uhr; sonnabends hat er von 8.00 bis 13.00 Uhr im Kontor zu sein. Seine Arbeit bestand darin, mit Salz zu handeln. Als ich im Mai 2005 den Schriftsteller und Journalisten *Ralph Giordano* kennen lernte, der in seinem Roman »Die Bertinis«[239] die Verfolgung seiner Familie durch die Nazis wegen der jüdischen Herkunft seiner Mutter schildert, erzählte er mir, daß er im Kriege während seiner Lehrlingszeit bei *Dobbertin* meinen Vater erlebt habe, den er offensichtlich mit Sympathie als einen bescheidenen Mann charakterisierte. *Giordano* sagte über *Dobbertin*, dieser habe für die rassisch Verfolgten »etwas über gehabt«, wie man in Hamburg sagt, so daß es ihn nicht gehindert habe, *Giordano* als Lehrling einzustellen, obwohl er Halbjude war. Mein Vater scheint sich als kaufmännischer Angestellter nicht ausgezeichnet zu haben. Als er nach dem Krieg 1946 doch noch Professor wurde, beglückwünschte ihn Frau *Dobbertin*[240] mit der Bemerkung, daß er es wegen seiner fehlenden Begabung für das Geschäftliche im Beruf des Kaufmanns höchstens zum Buchhalter gebracht hätte.

Das Leid von Kitty Goldschmidt

Irgendwann im Laufe des Jahres 1941 beschließt meine Großmutter, über der Wohnzimmertür eine Blumengirlande anzubringen, in deren Mitte in silbernen Lettern die Worte »Herzlich willkommen« standen. Ich weiß nicht mehr, ob jemand von einer Reise zurückkam oder ob ein Hausgast begrüßt werden sollte. Sie war von ihrer Arbeit an der Girlande so stark gefangen genommen, daß sie alles andere um sich herum vergaß. Sie fand nicht einmal die Zeit, sich richtig anzuziehen; die Strümpfe hingen wie so oft herunter gerutscht über die Morgenschuhe, der Morgenrock wehte und ihre Haare waren nur notdürftig aufgesteckt. Immer wieder stieg sie auf die Leiter, um die Anordnung der Blumen in der Girlande zu verbessern. Alle Familienmitglieder waren gezwungen, sich mit der Girlande zu beschäftigen. Niemand kam mehr zu den Dingen, die er sich vorgenommen hatte. Spannung und Nervosität verbreiteten sich. Die Perfektionierung der Girlande ließ meiner Großmutter keine Ruhe. Infolge ihrer fahrigen Geschäftigkeit gab es das Mittagessen erst am Abend um sechs Uhr.

1941 hat meine Großmutter das letzte Mal Weihnachten erlebt. Die »Jungens« waren nun schon lange in Frankreich. Ich hätte den Heiligabend dieses Jahres sicher vergessen, wenn es vor der Bescherung nicht wieder einmal einen dieser absurden Vorfälle gegeben hätte, die meine Großmutter auszulösen schien als ob sie unter dem Zwang stand, sich in den Mittelpunkt des Familienlebens zu rücken. An diesem Weihnachtsabend wurde sie mit dem Schmücken des Weihnachtsbaumes nicht fertig. Niemand durfte ihr helfen, da sie eigensinnig darauf bestand, selbst den Baum zu schmücken, ohne Rücksicht darauf, daß die Bescherung erst in den späten Abendstunden beginnen konnte. Ich sehe mich noch heute auf dem niedrigen Korbstuhl mit den karierten Kissen in blassen grünen Farben ungeduldig hin und her rückend Stunde um Stunde auf die Bescherung warten. Derweil wurde in der Küche auf dem großen Gasherd das Weihnachtsessen vorbereitet. Die zugezogenen Gardinen hingen dicht über dem Gasherd, um den Fensterrahmen ganz zu verdecken, worauf meine Großmutter aus ästhetischen Gründen nicht verzichten wollte. In ihrer spielerischen und zugleich störrischen Art schlug sie alle Warnungen über die Brandgefahr in den Wind. Ausgerechnet vor der Bescherung kam, was kommen mußte. Die Gardinen fangen Feuer. Die Küche brennt. Mein Vater bleibt Herr der Situation, greift zum roten Feuerlöschgerät, das im Flur an der Wand hängt, und löscht den Brand. Die Gardinen hängen in schwarzen Fetzen an der Wand und die Fensterrahmen sind schwarz. In mir verfestigt sich einmal mehr die Vorstellung, daß mein Vater der einzige ist, auf den ich bauen kann und daß meine Großmutter die Ursache des Chaos sei. Es wäre auch ohne Brand sehr spät geworden. Nun wird abends um halb zehn beschert, ein Heiligabend, der in gedrückter Stimmung endet.

Nicht nur die chaotische Lebensführung meiner Großmutter, sondern auch ihr Herrschaftsbedürfnis sind eine Quelle ständiger Spannungen. Wenn mein Vater sich morgens in aller Frühe zum Aufbruch ins »Geschäft« fertig macht, darf er sich nicht im Bad rasieren. Meine Großmutter kann den Gedanken nicht ertragen, auch nur kurze Zeit daran gehindert zu werden, »ihr« Bad zu benutzen. Also muß mein Vater zornig, aber hilflos einen kleinen Napf mit heißem Wasser nach oben in seine Kammer tragen, um sich dort zu rasieren. Vielleicht haben diese Demütigungen meines Vaters die Erinnerungen an meine Großmutter verdunkelt. Ich spürte nur ihre Angst und das Chaos, das sie verursachte.

Das Stigma wird amtlich

Schon vor unserem ersten Umzug nach Belgien, als ich den Sommer bei meinen Großeltern in Reinbek verbrachte, wurde meine jüdische Abstammung aktenkundig. Im Rahmen der Volkszählung vom 17. Mai 1939 vermerkt der Beamte zur Frage, ob einer meiner vier Großelternteile der Rasse nach Volljude war oder ist:

»Zweifelhaft: Die Eltern des Großvaters mütterlicherseits sind 1867 formgerecht aus der jüd. Gemeinde ausgetreten, der Großvater mütterlicherseits war daher niemals Jude«.[241]

Nach der Gesetzeslage hätte der Beamte eigentlich keine Zweifel haben können. Denn die Nazis hatten die Nürnberger Rassengesetze durch mehrere Verordnungen ergänzt.[242] Durch sie sollten alle Unklarheiten beseitigt werden, wer als Jude zu gelten hatte. Allerdings war die Rassengesetzgebung so kompliziert, daß die Nazibürokratie selbst oft Schwierigkeiten bei der Anwendung des Gesetzes hatte. Es lohnt sich, den Gesetzeswindungen ein wenig nachzugehen, um anschaulich zu machen, durch welche absurden Regelungen sich das Schicksal vieler Deutscher entschied, die jüdische Vorfahren hatten.

Nach der ersten Verordnung zum Reichsbürgergesetz vom 14. November 1935 war jüdischer Mischling, wer von einem oder zwei der Rasse nach volljüdischen Großelternteil abstammt. An der arischen Herkunft meines Vaters gab es keine Zweifel. Seine Eltern und Großeltern waren »reinrassige Arier«. »Volljude« konnte ich also auf keinen Fall sein. Ob ich aber ein jüdischer Mischling war, hing davon ab, ob meine Großeltern mütterlicherseits jüdisch waren. Nach der genannten Verordnung galt ein Großelternteil ohne weiteres als volljüdisch, wenn er der jüdischen Religionsgemeinschaft angehört hat. Meine Klassifizierung als Mischling hing also davon ab, ob meine Großmutter oder mein Großvater volljüdisch waren. Dafür war wieder die Frage entscheidend, ob deren Eltern der jüdischen Religionsgemeinschaft angehört hatten.

Der Reinbeker Beamte stellte bei meinem Großvater *Arthur Goldschmidt* fest, daß dessen Eltern *Alfred* und *Pauline* schon am 1. Juli 1868 aus der jüdischen Gemeinde ausgetreten waren.[243] Er kam daher zu der einzig möglichen Feststellung, die ein Mensch mit einem normalen Verstand nur haben kann, daß nämlich mein Großvater kein Jude sei, da er der jüdischen Religionsgemeinschaft niemals angehört hatte. Dieses Ergebnis entsprach aber nicht der Nazigesetzgebung. Der Beamte hatte nicht beachtet, daß meine Urgroßeltern *Alfred* und *Pauline* bis zu ihrer Hochzeit der jüdischen Gemeinde angehört hatten, und erst danach ausgetreten waren. Daß der Beamte die Judenpolitik offenbar noch nicht begriffen hatte, macht ihn zwar sympathisch, führt aber dazu, daß die Feststellung meines minderwertigen Status als Mischling ersten Grades laut Aktenlage zunächst unklar blieb. Ich könnte mir aber auch vorstellen, daß es meinem Großvater dank seiner juristischen Argumentationskunst gelungen ist, den Beamten davon zu überzeugen, daß er unmöglich Jude sein konnte. Vielleicht aber haben sie beide die rassistischen Definitionen nicht richtig verstanden.

Dank der perfekten Organisation der staatlichen Bürokratie in allen Angelegenheiten der Judenverfolgung sollten die amtlichen Zweifel an meinem Status als Mischling ersten Grades nicht lange währen. Bald nach unserer Rückkehr aus Belgien, am 11. November 1940, teilt der Bürgermeister von Reinbek dem Landrat des Kreises Stormarn mit,

»daß die Familie Landgrebe hier am 5. 10. d[es]. J[ahres]. von Löwen zugezogen und für Kückallee 37 gemeldet ist. Die Ehefrau *Ilse Maria* ›Sara‹ *Landgrebe* ist Jüdin. Die Kinder *Hans Detlev Ludwig* geb. am 27.3.1935 zu Reinbek und *Winfried* geb. am 9.5.1940 zu Löwen / Belgien sind Mischlinge I. Grades«.[244]

Bald erlebte ich, daß es bedrohlich war, Jude zu sein, auch wenn ich mir einredete, kein richtiger Jude zu sein, weil mein Vater arisch war. Mir war aber bewußt, daß ich Halbjude war, ein unangenehmer Zustand, den ich zu verleugnen versuchte. Ich entwickelte schon als Kind eine gewisse Beredsamkeit, um mir und anderen Kindern zu erklären, ich sei christlich und hätte eigentlich mit dem Jüdischen nichts zu tun, weil mein Vater arisch und auch meine Großeltern jüdischer Abstammung Christen seien. Doch wie sehr ich mich auch anstrengen mochte, einen jüdischen Teil meiner Person zu bestreiten, die Ideologie der Nazis war stärker als ich. Sie hat mich als Halbjuden definiert. Schon als Kind von sechs Jahren spürte ich die Schande, ein Mischling ersten Grades zu sein.

Die Polizeiverordnung vom 1. September 1941 macht anschaulich, wie die Nazis das Mittel der modernen Rechtsverordnung nutzten, um mittelalterliche Maßnahmen der Stigmatisierung wiederzubeleben und zur Diskriminierung gegen die Juden durchzusetzen. In der Verordnung heißt es:

»Juden, die das sechste Lebensjahr vollendet haben, ist es verboten, sich in der Öffentlichkeit ohne einen Judenstern zu zeigen. Der Judenstern besteht aus einem handtellergroßen, schwarz ausgezogenen Sechsstern aus gelbem Stoff mit der schwarzen Aufschrift ›JUDE‹. Er ist deutlich sichtbar auf der linken Brustseite des Kleidungsstückes fest angenäht zu tragen«.

Meine Großmutter trug den Stern auf ihrem braunen Wintermantel, ging aber kaum mehr aus dem Haus. Mein Großvater hatte den Stern auf seinem schweren, schwarzen Paletot befestigt und ließ sich nicht einschüchtern. Er nahm mich zu einem Spaziergang durch Reinbek an die Hand, um den Reinbekern damit das Unrecht zu demonstrieren, das einem der angesehensten Bürger des Ortes durch die Brandmarkung mit dem Judenstern angetan wurde. Obwohl ich als sechsjähriger Junge nicht einordnen konnte, was geschah, spürte ich die Bedrohung, und hatte bei diesem Spaziergang mulmige Gefühle.

Am 21. Oktober 1941 stellt mein Vater bei der Ortspolizeibehörde den schriftlichen Antrag, meine Großeltern von der Kennzeichenpflicht freizustellen. In der Begründung beruft er sich darauf, daß meine Mutter in einer Mischehe mit einem Arier lebend den Stern nicht zu tragen brauche. Diese Regelung müsse auch für ihre Eltern gelten. Keine vier Tage später erreicht meine Großeltern der Befehl, sich zur Deportation nach Osten auf einem Sammelplatz in Hamburg einzufinden. Die Familie scheint also keine Ahnung davon gehabt haben, was ihr bevorstand.

Ich weiß nicht, ob mein Vater die Initiative ergriffen hat, diesen Antrag zu stellen oder ob mein Großvater ihn dazu gedrängt hat. Wahrscheinlich haben sie beide gemeinsam beschlossen, sich gegen die Diskriminierung meiner Großeltern zu wehren. Sie glaubten immer noch an den Rechtsstaat, scheinen die Judengesetze nicht gekannt oder nicht verstanden zu haben, denn sonst hätten sie erkennen müssen, daß ihr Begehren nicht nur aussichtslos, sondern auch gefährlich war. Wer sich im Winter 1941 noch offen für Juden einsetzte, wurde von den Nazis mit Gefängnis bestraft, wenn nicht sogar ins KZ gebracht. Glücklicherweise blieb der Antrag für meinen Vater ohne weitere Folgen. Die Ortspolizeibehörde begnügte sich damit, ihn umgehend abzulehnen.[245] Vermutlich hat er den glimpflichen Ausgang seiner Aktion dem Reinbeker Bürgermeister *Claußen*[246] zu verdanken, von dem später zu erzählen sein wird.

In dieser Zeit gab es nur noch wenige Menschen in Reinbek, die es wagten, meinen Großeltern zu helfen und sich ihnen gegenüber solidarisch zu verhalten. Zu den wenigen Ausnahmen gehörte eine Freundin der Familie, Frau *Bowen*.[247] Sie wohnte mit ihrer Tochter *Hildegard*, meiner Freundin aus Kindertagen, in ihrem großen Haus am anderen Ende der Kückallee. Sie war durch die Heirat mit einem Engländer englische Staatsbürgerin geworden. Ihr Ehemann hatte sich noch kurz vor Kriegsbeginn nach England gerettet. Als Engländerin war sie in der Gefahr, von ihrer Tochter getrennt und als Volksfeindin inhaftiert zu werden. *Hildegard* lebte daher in der ständigen Angst, ihre Mutter zu verlieren. Trotzdem ließ Frau *Bowen* sich nicht davon abschrecken, den freundschaftlichen Kontakt mit meinen Großeltern fortzuführen. Als meine Eltern, mein Bruder und ich nach unserer Rückkehr aus Belgien in die Wohnung der Großeltern zogen, hatte mein Großvater keinen Platz mehr um zu malen. Frau *Bowen* richtete ihm einen Raum in ihrem Haus als Atelier ein. Ich erinnere mich, daß ich dort geduldig sitzen mußte, damit er mich porträtieren konnte. Dabei ist 1941/1942 ein Brustbild in Öl entstanden (Abb. 42).

Es zeigt einen ernsten und verständigen Jungen, sonntäglich gekleidet mit hellblauem Hemd, blauer Krawatte und dunkelblauem Pulli mit kurzen Ärmeln vor einem blaßgrünen Hintergrund. Ich frage mich, ob mein Großvater mich als den altklugen und angepaßten Jungen erkannt hat, der in seiner Familie nicht glücklich war, oder ob er mich nur deshalb so ernst hat aussehen lassen, weil er ein fröhliches Kind nicht malen konnte.

Die Malerei war ihm zum Lebensinhalt geworden, aber er konnte das Atelier im Hause von Frau *Bowen* nicht lange genießen. Denn ein Jude, der bei der Ehefrau eines Volksfeindes Unterschlupf für seine Malerei fand, mußte Nazis ein Dorn im Auge sein. So wurde dem Bürgermeister *Claußen* nach einiger Zeit von Reinbeker Bürgern zugetragen, mein Großvater und Frau *Bowen* würden als Feinde Deutschlands konspirieren. Ein derartiges Gerücht war für Frau *Bowen* wie auch für meinen Großvater lebensgefährlich. Wenn die Gestapo davon erfahren hätte, wären Frau *Bowen* und mein Großvater ins KZ gekommen. Der Bürgermeister sah sich gezwungen,[248] Frau *Bowen* aufzufordern, meinen Großvater nicht mehr in ihrem Haus malen zu lassen. Wie ihre Tochter *Hildegard* sich mehr als sechzig Jahre später erinnert, verbot er es mit der Begründung, »die Leute hätten gesagt, Frau *Bowen* und Herr *Goldschmidt* konspirierten zusammen«.

Die Deportationen beginnen

Im Jahr 1933 hatten in Deutschland rund eine halbe Million Juden gelebt. Das entsprach einem Bevölkerungsanteil von weniger als einem Prozent. Die meisten von ihnen flüchteten unter dem Druck der Verfolgung in das Ausland, so daß im Oktober 1941 nur noch 163.696 Juden im ehemaligen Deutschen Reich (ohne Österreich) lebten. Zu ihnen gehörten auch meine Großeltern. Im Oktober 1941 begannen die Deportationen in den Osten. Bis November 1941 wurden 70.000 Juden aus Berlin, Wien, Prag und aus anderen deutschen Städten nach Lodz und nach Riga deportiert. Meine Großeltern sollten am 25. Oktober 1941 mit dem ersten Transport der Hamburger Juden nach Osten abtransportiert werden. Sie wurden aufgefordert, ihre Sachen für den Transport zu packen. Das Ziel der Deportationen war geheim, so daß auch der Ortspolizist, der den Transportbefehl

Abb. 42
Arthur Goldschmidt (1873–1947), Portrait Detlev Landgrebe (geb. 1935), unbezeichnet, nicht signiert und nicht datiert [1941/1942], Öl auf Karton, 43,2 × 34 cm

überbracht hatte, ihnen nicht sagen konnte, wohin sie transportiert werden würden und was sie mitnehmen sollten.

Da meine Großeltern glaubten, sie würden in einem Ghetto im Osten weiterleben können, wollten sie sich entsprechend für das kalte Klima ausrüsten und die Koffer packen. Aber ihnen fehlten die Dinge, von denen sie glaubten, daß sie für den Transport in den Osten brauchen würden. Als Juden erhielten sie schon seit langer Zeit keine Kleidermarken, um ihre verschlissene Kleidung zu ersetzen. Ebensowenig hatten sie Lebensmittelvorräte anlegen können, da die Lebensmittelzuteilung für Juden nur knapp für die tägliche Ernährung ausreichte. Das Ehepaar *Dobbertin* kam zu Hilfe und schickte Koffer und Körbe mit warmer Kleidung, Pelzen und Lebensmitteln zu uns herüber. Sie taten es heimlich in der Nacht, denn es war gefährlich, Juden zu helfen. Die Rechtsverordnung vom 24. Oktober 1941 drohte, daß »deutschblütige Personen, die in der Öffentlichkeit Beziehungen zu Juden zeigen«,[249] in Schutzhaft zu nehmen oder sogar bis zu drei Monaten in ein KZ einzuweisen seien. Nächtelang grummelte es in der Wohnung. Die gedämpften Gespräche und die Geräusche beim nächtlichen Packen der großen Koffer auf dem Flur drangen durch die geschlossene Zimmertüre an mein Bett. Als Randfigur eines Dramas, dessen Tragweite ich nicht verstand, erlebte ich die Gefahr, die meinen Großeltern drohte, und die Panik meiner Großmutter und meiner Mutter, die Angst um ihre Eltern hatte.

Einen Tag vor dem Abtransport erschien der Gemeindepolizist in seiner grünen Uniform mit schwarzem Tschako[250] auf dem Kopf an unserer Wohnungstür. Ich saß auf dem niedrigen Korbstuhl mit den blaß grün karierten Kissen im Kinderzimmer. Die Tür zum Flur war geöffnet, so daß ich die Ereignisse an der Wohnungstür beobachten konnte. Meine Großmutter öffnete die Tür. Sie war wie so oft trotz fortgeschrittener Tageszeit noch im Schlafmantel mit aufgelösten Haaren und über die Knöchel gerutschten langen Strümpfen. Es war für mich ein verstörender Anblick, sie so in Angst und Verzweiflung zu sehen. Der Polizist hieß *Stier*[251] und war ein freundlicher Mann. Er teilte meiner Großmutter mit, daß die Deportation aufgeschoben sei. Als meine Großmutter seine gute Nachricht hörte, sank sie in ihrem aufgelösten Zustand vor ihm auf die Knie und umfaßte ihn weinend. Ich habe nie wieder einen so gedemütigten Menschen wie meine Großmutter gesehen.

Der Kniefall (s. u. S. 139) sollte meine schlimmste Erinnerung an die Verfolgung bleiben. Den Namen des Polizisten habe ich nicht vergessen. Sein Grab entdeckte ich Jahrzehnte später auf dem Reinbeker Friedhof. Ich hatte das Gefühl, ein Denkmal an die Eindrücke dieses Tages gefunden zu haben. Meine Eltern sprachen nach

Die Deportationen beginnen

Abb. 43
Eduard Claußen (* 26.2.1885 Meldorf, † 14.10.1974 Reinbek), bis zum 15.12.1945 Bürgermeister von Reinbek, Photographie während der 700-Jahr-Feier Reinbek 2.–6. Juli 1938; siehe das darauf verweisende Abzeichen unter dem Parteiabzeichen der NSDAP

der Befreiung zuweilen davon, daß der Aufschub der Deportation meine Großmutter davor bewahrt habe, im KZ sterben zu müssen. Sie hätte den Abtransport wegen ihrer schlechten Gesundheit nicht lange überlebt.

Die Gestapo führte den Abtransport aller Juden, die den Deportationsbefehl erhalten hatten, grausam durch. Weder alte und kranke Menschen noch Familien mit Kindern wurden verschont. Auch die frühere gesellschaftliche Stellung interessierte die Gestapo nicht. Daß meine Großeltern vom Abtransport verschont wurden, war ungewöhnlich. Aus welchen Gründen hatte die Gestapo diese Ausnahme zugelassen? Mehr als 60 Jahre später fand ich die Erklärung. In den Papieren meines Vaters befindet sich der Durchschlag seines Briefes vom 17. Mai 1945 – also nach der Befreiung – an den Reinbeker Bürgermeister *Eduard Claußen* (Abb. 43).[252] Mein Vater schreibt, daß *Claußen* einen heftigen Zusammenstoß mit den nach

Reinbek entsandten Beamten der Gestapo nicht gescheut habe, um das Schicksal der Deportation von meinen Großeltern abzuwenden. Ihm sei es zu danken, daß diese Maßnahme im letzten Augenblick widerrufen wurde.

Am 8. Dezember 1941 setzt sich *Claußen* in einem Schreiben an die Geheime Staatspolizei (Gestapo) Lübeck abermals für meine Großelternein, mit dem Erfolg, daß sie auch in den nächsten Monaten nicht deportiert wurden.

Ich habe von dem Bürgermeister *Claußen* nur das vage Bild eines schlanken, älteren Herren mit glatt gekämmten, grauen Haaren, der sich korrekt in einen grauen Mantel kleidete, in Erinnerung. Trotzdem machte er mir einen unauslöschlichen Eindruck, weil er am Revers seines Mantels deutlich sichtbar das Parteiabzeichen der NSDAP trug. So sah also in meiner kindlichen Vorstellung ein Nazi aus. Ich konnte nicht wissen, daß er zu der verschwindend kleinen Minderheit der Deutschen gehörte, die es wagten, sich für Juden einzusetzen. Ihm hat unsere Familie zu verdanken, daß es nicht noch schlimmer gekommen ist.[253]

»Rassenschande«

Allmählich verschwanden die Verwandten, die ich bei Besuchen erlebt hatte. Zu den Verschwundenen zählt auch *Edgar*, der jüngste Bruder meiner Großmutter. Obwohl ich ihn 1939 während des Sommers bei meinen Großeltern in Reinbek nur wenige Male getroffen habe, fühlte ich mich zu ihm hingezogen. Ich liebte seine Fröhlichkeit und Leichtigkeit, die meine Großeltern verloren hatten. Trotzdem wäre er mir wahrscheinlich nur noch schemenhaft in Erinnerung geblieben, wenn meine Eltern sich nicht zuweilen abschätzig über ihn geäußert hätten. Da ihr Bild nicht zu dem paßte, das ich von Onkel *Edgar* hatte, mögen sie – ohne es zu ahnen – mein Interesse für Onkel *Edgar* geweckt haben, das bis heute anhält (Abb. 44).

Bis 1914 führte *Edgar* dank der Zuwendungen eines wohlhabenden Onkels, der als Kaufmann in London lebte, ein angenehmes Leben in Kassel, London, Antwerpen und auf einer mehrjährigen Weltreise. Als der Erste Weltkrieg ausbrach, meldete er sich sofort bei seiner Truppe in Kassel und zog in den Krieg. In den Schlachten an der Marne, vor Verdun, in der Champagne und an der Somme zeichnete er sich so aus, daß er bald zum Leutnant befördert wurde. Ihm wurden mehrere Orden verliehen, die im Frisiertisch meiner Großmutter verwahrt wurden. Ich habe sie als Kind oft aus der Schublade gezogen, um sie zu bewundern. Seine Vorgesetzten beschrieben *Edgar* als besonders tapferen, kaltblütigen und fähigen Offizier von hervorragend anständigem Charakter und unbedingt nationaler Gesinnung. Wie es damals vielen jungen Offizieren ging, die nach vier Jahren aus dem Krieg heimkehrten, tat sich auch *Edgar* schwer, wieder im bürgerlichen Leben Fuß zu fassen. Er war als Kaufmann ausgebildet, fing vieles an, was er ebenso schnell wieder aufgab. Sobald die Sonne schien, hielt er es im Büro nicht mehr aus und ging ins Grüne. Häufig kam er mit einer Braut, um sie meinen Großeltern vorzustellen. Es sollen schöne und sympathische Mädchen gewesen sein. Zu einer Heirat konnte er sich aber nie entschließen. Da er auch beruflich erfolglos war, reiste er schließlich mit einem Köfferchen als Vertreter für Bettwäsche durch die Lande. Seine Erfolglosigkeit tat seiner Vergnügtheit und seiner Lebenslust aber keinen Abbruch. Auch von den Nazis ließ er sich nicht beeindrucken. Obwohl seiner Emigration nach England nach etlichen Bemühungen schließlich nichts

Abb. 44
Edgar Bruno Horschitz (* 15.8.1887 Hamburg; am 6.12.1941 nach Riga deportiert und dort ermordet) um 1916; Photographie 13,4 × 9,7 cm

mehr im Wege stand, konnte er sich nicht entschließen, Deutschland zu verlassen. Er lebte hier zu gern.

Einmal beging er die Unvorsichtigkeit, sich im Hause seines Vetters mit einem Fräulein *Möller* »mehrmals intim einzulassen«. Er hatte sich verliebt und konnte sich wohl nicht vorstellen, daß die Hausangestellte seines Vetters ihn anzeigen würde. Er kam wegen »Rassenschande« vor Gericht.

Nach dem Blutschutzgesetz vom 15. September 1935 ist »Rassenschande« ein Verbrechen und der Geschlechtsverkehr zwischen Juden und Deutschen mit Gefängnis oder Zuchthaus zu bestrafen. Am 26. April 1940 wurde *Edgar* zu einer Zuchthausstrafe von zwei Jahren verurteilt.[254]

Das zehn Seiten lange Urteil ist ein anschauliches Beispiel für den moralischen und juristischen Verfall der deutschen Justiz während der Nazizeit. Um die

»Rassenschande« zu belegen, scheute sich das Gericht nicht, die Intimitäten des Geschlechtsverkehrs bis in alle Einzelheiten auszubreiten. In seinen Ausführungen zur Höhe der Strafe wog das Gericht straferschwerende und strafmildernde Gründe gegeneinander ab. Dieser verlogene Versuch, den rechtlichen Skandal dieses Urteils zu verschleiern und sich den Anschein zu geben, juristisch das Für und Wider abgewogen zu haben, wirkt besonders abstoßend. Das Gericht meinte, straferschwerend sei gewesen, daß *Edgar* »im fünften Jahr nach Erlaß des deutschen Rassengesetzes und während des entscheidenden Schicksalskampfes des deutschen Volkes« Verkehr mit seiner Freundin hatte, »obwohl er als ehemaliger Frontoffizier hätte wissen können und müssen, daß durch diesen Verstoß gegen ein deutsches Grundgesetz die innere Abwehrbereitschaft des deutschen Volkes zersetzt würde«. Als strafmildernd werteten die Richter »sein tapferes Verhalten vor dem Feinde« als Offizier des Ersten Weltkrieges, so daß ihm mehrfach große Auszeichnungen zuteil geworden seien. Der Rassenwahn findet seinen krassesten Ausdruck in den Argumenten der Richter, die Art und Weise der Begehung der Straftat durch *Edgar* habe »nicht im Rahmen der üblichen jüdischen Rassenverbrechen« gelegen. *Edgar* habe nur mit einer einzigen und alleinstehenden Frau, zu der er sich seit fast einem Jahre innerlich hingezogen fühlte, geschlechtlich verkehrt. Dahinter stand die ebenso schlüpfrige wie widerwärtige Vorstellung, es sei in den Juden angelegt, die deutschen Frauen scharenweise zu verführen und dadurch deutsches Blut zu schänden.[255]

Edgar kam zur Verbüßung der Strafe sofort ins Zuchthaus. Dort wurde er am 15. November 1941 zwecks »Evakuierung« der Gestapo übergeben. Wenige Tage nach seiner Auslieferung an die Gestapo erging am 20. November 1941 eine allgemeine Verfügung des Reichsministers, nach welcher alle jüdischen Gefangenen sechs Wochen vor ihrer Entlassung aus der Strafanstalt der Geheimen Staatspolizei zu melden seien, damit diese Gelegenheit habe, sie abzuholen. Im Fall von *Edgar* hat die Gestapo weder diese Verfügung noch das Ende seiner Strafe abgewartet, sondern sie hat willkürlich zugegriffen. Ihre Macht war inzwischen so groß, daß sie nicht einmal mehr den Schein zu wahren brauchte, nach irgendwelchen rechtlichen Regeln zu handeln. *Edgar* wurde mit einem der ersten Judentransporte des Winters 1941 nach Riga deportiert. Dort wurde er ermordet. Das Denkmal im Wald von Riga-Bikernieki erinnert an ihn und die ins Baltikum deportierten Juden. Den Namen von *Edgar* habe ich im Buch der Erinnerung an die im Baltikum ermordeten Juden gefunden.[256]

1976 wurde ich auf einen Artikel des Hamburger Journalisten *Günther Schwarberg* in der Illustrierten »Stern« aufmerksam, in dem er aufdeckte, daß der Richter

Schultz am Oberlandesgericht in Hamburg, der zum Senatspräsidenten befördert werden sollte, während der Nazizeit an Unrechtsurteilen mitgewirkt hatte wie auch an dem Urteil gegen *Edgar*.[257] Nach diesem Artikel, der in Hamburg in der Öffentlichkeit zu heftigen Diskussionen führte, verzichtete das Hamburger Oberlandesgericht schließlich auf die Beförderung des Richters. Ich bat den damaligen Justizsenator, Professor *Dr. Ulrich Klug*,[258] der ein Kollege meines Vaters an der Kölner Universität war, mir eine Kopie des Urteils gegen *Edgar* zu schicken.[259]

Die Affäre um den Richter *Schultz* weitete sich damals zu einem Justizskandal in Hamburg aus. Aber nicht etwa, weil die Justizbehörde einen Richter mit Nazivergangenheit hatte befördern wollen, sondern weil der Senator die Personalunterlagen des Richters einem Journalisten zugänglich gemacht hatte, was nicht zulässig war. *Klug* mußte seinen Hut nehmen. Offenbar kam es der Hamburger Landesregierung gelegen, den eigentlichen Skandal, nämlich die geplante Beförderung des Richters *Schultz*, durch den Fehler des Senators verdecken zu können. Denn noch Mitte der siebziger Jahre weigerte sich das deutsche Justizwesen, die Verstrickung von Juristen mit den Nazis aufzudecken, die in der Bundesrepublik wieder zu Amt und Würden gekommen waren. Im Fall des Senators *Klug* gab es eine zusätzliche, besonders unerfreuliche Paradoxie. Er kam aus einer jüdischen Familie und war deshalb während der Nazizeit zum Opfer der Verfolgung geworden. Nun verlor er – ein Opfer der Nazis – sein Amt, weil er daran mitgewirkt hatte, die Vergangenheit eines Nazitäters aufzudecken. *Klug* hat sein Schicksal während der Nazizeit nicht als Argument benutzt, um sich in seinem Amt zu verteidigen. Er ging stillschweigend.[260]

Ein Haus geht verloren

Seit 1933 waren die Juden durch Schikanen, Diskriminierungen, Boykotte ihrer Unternehmen und durch Gewalttätigkeiten aller Art so sehr unter Druck gesetzt worden, daß sich nach fünf Jahren Naziherrschaft noch wenige im Wirtschaftsleben hatten halten können. Mit der »Verordnung über den Einsatz des jüdischen Vermögens« vom 3. Dezember 1938 wurden sie nun gezwungen, ihr Vermögen zu veräußern, und wurden endgültig ihrer wirtschaftlichen Existenzgrundlage und auch ihres Privatvermögens beraubt. Auch dieses Mal wahrten die Nazis den Schein der Rechtsstaatlichkeit, indem sie den Raub hinter der Fassade einer Verordnung verbargen. Die ließ allerdings so viel Spielraum, daß die Behörden praktisch nach eigenem Gutdünken verfahren konnten.

Wie würde sich die Verordnung auf das Hauseigentum meiner Großeltern auswirken?

Im Januar 1939 meldete der Reinbeker Bürgermeister *Claußen* dem Landrat des Kreises Stormarn, daß mein Großvater ein Haus in der Kückallee besitze und fügte hinzu, daß er allerdings plane auszuwandern und daher damit zu rechnen sei, daß er das Haus verkaufen werde. Mein Großvater hat damals zwar mit dem Gedanken gespielt, zu seinen Söhnen nach Frankreich zu ziehen, hat aber konkret nichts unternommen, um seine Auswanderung vorzubereiten. Vermutlich wollte der Bürgermeister mit der Erwähnung der Auswanderungspläne gegenüber seiner vorgesetzten Behörde die Enteignung des Hauses so lange wie möglich verhindern. Tatsächlich antwortete der Landrat im April 1939, es sei bekannt, daß mein Großvater auswandern wollte, und daß daher auf die sofortige »Arisierung« des Hauses, wie die Enteignung des Eigentums der Juden damals genannt wurde, verzichtet werde.[261] Er rechnete also offenbar damit, daß es dem Staat nach der Auswanderung meiner Großeltern auch ohne Zwangsmaßnahme in absehbarer Zeit in die Hände fallen würde.

Mein Großvater erhielt aber auch noch aus einem anderen Grund eine Schonfrist, den der Landrat mit der Bemerkung andeutete, es sei vorläufig nicht beabsichtigt, sämtlichen jüdischen Grundbesitzern die Veräußerung ihres Grundeigentums abzuverlangen. Dahinter stand die geheime Führerentscheidung vom 28. Dezember 1938 zur Frage der Unterbringung von Juden. Ihr Ziel war es, die Juden aus ihren Mietwohnungen zu vertreiben und sie in den sogenannten »Judenhäusern« gesammelt unterzubringen. Dafür brauchten die Nazis Wohnhäuser in jüdischem Eigentum, in denen sie die andernorts vertriebenen Juden unterbringen konnten. Daß arische Hauseigentümer gezwungen werden könnten, Juden in ihre Häuser aufzunehmen, kam für die Behörden aus ideologischen Gründen nicht in Frage. Vorerst sollten private Wohnhäuser nur »arisiert« werden, wenn im Einzelfall zwingende Gründe dafür vorlagen. Mein Großvater kam also auch aus diesem Grund zunächst in den Genuß dieser Schonfrist. Außerdem wurde sein Haus in Reinbek als »Judenhaus« nicht gebraucht, weil es in Reinbek keine Juden gab, die für die Unterbringung in Frage gekommen wären.

Nach dem Ausbruch des Krieges am 1. September 1939 scheint meinem Großvater allmählich klar geworden zu sein, daß er sein Haus auf die Dauer nicht würde halten können. An eine Auswanderung war nicht zu denken. Es war also unmöglich, die Absicht einer Ausreise vorzuschützen, um durch den freiwilligen Verkauf des Hauses einer Enteignung zuvorzukommen. Mein Großvater mußte damit rechnen, gewaltsam durch die Nazis enteignet und als Jude, der keinerlei Schutz genoß, gewaltsam aus seinem Haus vertrieben zu werden. In dieser Zwangslage war es für ihn die bessere Lösung, das Haus freiwillig an seinen Freund *Dobbertin* zu verkaufen. Seit dem Herbst 1939 berieten sie über den Verkauf, ohne daß es dazu kam. Zwei Jahre lang hoffte mein Großvater immer noch, das Haus halten zu können. Doch als er die Ankündigung der bevorstehenden Deportation am 25. Oktober 1941 erhielt, schien er endgültig erkannt zu haben, daß er keine Chance mehr hatte, das Haus vor dem Zugriff der Nazis zu bewahren. Er entschloß sich, es *Dobbertin* zu verkaufen, der meinen Großeltern zusicherte, sie und die Familie *Landgrebe* weiterhin als Mieter in dem Haus wohnen zu lassen.

Mein Großvater wußte, daß ihm nicht mehr viel Zeit blieb und die Deportation jeden Tag bevorstehen konnte. Möglicherweise würde er nicht einmal mehr die Zeit gehabt haben, den Verkauf des Hauses beurkunden zu lassen. Um einem derartigen Risiko vorzubeugen, ließ er am 18. November 1941 durch einen Hamburger Notar beurkunden, dass er meinem Vater Generalvollmacht erteilte, ihn in allen seinen Angelegenheiten zu vertreten. Schon am 26. November 1941 ließ mein Vater den Vertrag über den Verkauf des Hauses von einem Hamburger Notar beurkunden. Der Notar setzte den Kaufpreis unabhängig von dem wahren Wert des Grundstücks auf 30.000 Reichsmark fest, weil Juden bei dem Verkauf ihres Eigentums nicht mehr erlösen durften. *Dobbertin* übernahm die Schulden meines Großvaters in Höhe von rund 20.000 Reichsmark, die als Hypotheken auf dem Grundstück lasteten. Sie wurden ihm auf den Kaufpreis angerechnet. Mein Großvater erhielt daher nur noch 10.000 Reichsmark, die er meinem Vater gab, damit er als »Arier« wenigstens das Geld für die Familie vor der Enteignung durch die Nazis rettete.

Die »Arisierung« des Grundstückes mußte nun noch von den staatlichen Behörden genehmigt werden. Deshalb wandte sich Frau *Dobbertin* an Bürgermeister *Claußen* mit der Bitte, sich bei seinen vorgesetzten Behörden für die Genehmigung einzusetzen. In zwei Briefen[262] an den Landrat begründete *Claußen* ausführlich, daß er den Verkauf des Hauses unterstütze, weil *Dobbertin* ein angesehener Bürger Reinbeks sei, der sich um das Wohl der Gemeinde verdient gemacht habe. Das Haus meiner Großeltern solle der Wohnsitz der Familie seines Schwiegersohnes werden. Daraufhin fragte der Landrat, ob es sich bei dem Verkauf um eine unerwünschte Grundstücksspekulation handele. Offenbar saß im Landratsamt ein »korrekter« Beamter, der sicher sein wollte, daß *Dobbertin* sich nicht durch den Kauf von »Judengut« zu einem Schleuderpreis bereichere. Der Schein wurde gewahrt, daß es bei der Verfolgung der Juden »korrekt und anständig« zuging. *Claußen* holte nun weit aus, um den Verdacht der Grundstücksspekulation auszuräumen. Schließlich genehmigte der Landrat im Februar 1942 den Kauf des Hauses durch *Dobbertin*. Der Verkehrswert des Grundstücks betrage 44.400,00 Reichsmark, während der Kaufpreis wegen des nicht sehr guten Zustandes von Haus und Garten auf 40.000,00 Reichsmark festgesetzt wurde. Da *Dobbertin* meinem Großvater nur 30.000,00 Reichsmark hatte zahlen dürfen, mußte er die Differenz von 10.000,00 Reichsmark als Ausgleichsabgabe an das Reich zahlen.[263]

Nach dem Mietvertrag vom 5. Dezember 1941 vermietete *Dobbertin* meinem Vater die Wohnung meiner Großeltern und den Garten für 150,00 Reichsmark monatlich. Er hat sich die Miete nie zahlen lassen und überließ es meinem Vater, »ob und in welcher Weise Herr und Frau Dr. Goldschmidt in Ihrer Wohnung weiter bleiben«. So weit war es also gekommen, daß meine Großeltern nur noch die Untermieter ihres Schwiegersohnes in ihrem eigenen Haus waren. Diese »Konzession« von *Dobbertin* diente allerdings dem Schutz meiner Großeltern. Als Untermieter eines Ariers waren sie weniger gefährdet, zwangsweise aus der Wohnung gesetzt zu werden. In Hamburg war bereits eine Aktion in Gange, jüdische Mieter unter fadenscheinigen Vorwänden aus ihren Mietwohnungen zu verjagen, und sie in den sogenannten Judenhäusern am Grindel zusammenzupferchen. Wenn meine Großeltern selbst Mieter der Wohnung geblieben wären, hätte ihnen das gleiche Schicksal drohen können. Dagegen war die Familie *Landgrebe* nicht gefährdet, obwohl meine Mutter Jüdin war. Denn nach Entscheidung des »Führers« vom 28. Dezember 1938 galt für Familien, die in »Mischehe mit Kindern« (Mischlinge ersten Grades) lebten, daß sie in »ihrer bisherigen Wohnung verbleiben« konnten. Hinzu kam, daß meine Großeltern, wären sie Mieter geblieben, nach einer Bestimmung vom 15. April 1941 ihre Wohnung mit einem Judenstern neben dem Namensschild an der Wohnungstür hätten kennzeichnen müssen. Für privilegierte Mischehen galt die Vorschrift nicht und weil mein Vater nun Mieter der Wohnung war, blieb der Familie diese Demütigung erspart.

Ein christliches Begräbnis

Im Frühsommer 1942 war meine Großmutter mit ihren Kräften am Ende. Der nun schon neun Jahre dauernde Druck der Verfolgung, der täglich spürbare soziale Abstieg, das ungewisse Schicksal ihrer beiden Söhne, die enge Wohnung und die Angst vor der Deportation hatten ihre Kräfte erschöpft. Sie verlor ihren Lebenswillen und wurde krank und bettlägerig. Von ihrem Bett aus konnte sie nicht in ihren geliebten Garten blicken. Wenigstens das Beet mit den blühenden

Ein christliches Begräbnis

Tulpen hätte sie gern gesehen. Es lag rechts neben der weißen, hölzernen Gartenpforte, die immer halb offen stand, weil ihre Flügel in den Angeln hingen und sich daher nicht mehr richtig schließen ließen. Schließlich kam sie auf die Idee, daß es vielleicht möglich wäre, die Tulpen mit Hilfe von Spiegeln zu betrachten, wenn sie nur im richtigen Winkel vor ihrem Bett stünden. Mit Neugier sah ich zu, wie mein Großvater und meine Eltern sich bemühten, meiner Großmutter ihren Wunsch zu erfüllen. Aufgeregt versuchten sie, alle im Haus verfügbaren Spiegel so aufzustellen, daß meine Großmutter die Tulpen hätte sehen können. Trotz aller Mühen ist der Versuch nicht gelungen. Mein Großvater hat statt dessen ein Pastellbild des Tulpenbeetes gemalt und vor ihrem Bett aufgestellt.

Meine Großmutter verließ das Bett nicht mehr. Sie starb am 2. Juni 1942 im Alter von 60 Jahren, ohne ihre beiden Söhne noch einmal gesehen zu haben. *Erich* und *Jürgen*, die nun achtzehn und vierzehn Jahre alt waren, lebten weit weg in ihrem Versteck in Frankreich.

In der Todesanzeige waren außer den Namen meines Großvaters auch die Namen ihrer beiden Söhne *Erich* und *Jürgen* aufgeführt, unvorsichtigerweise mit der Angabe ihres Wohnsitzes Megève in Frankreich. Offensichtlich hatte mein Großvater immer noch keine Vorstellung von dem Ausmaß der Judenverfolgung. Jedenfalls hatte er keine Bedenken, die Adresse seiner in Frankreich versteckten Söhne in der Todesanzeige zu nennen.[264]

Es ging noch einmal gut. Wäre die Gestapo durch die Todesanzeige darauf aufmerksam geworden, daß in Megève noch zwei deutsche jüdische Jungen versteckt waren, wären sie in höchste Lebensgefahr geraten. *Erich* und *Jürgen* hatten Glück. Die Deutschen kamen erst 1944, um sie zu holen, nachdem ein Dorfbewohner sie verraten hatte. Sie konnten sich mit knapper Not retten. *Erich* sprang aus dem Fenster, flüchtete in die Wälder und schloß sich der französischen Widerstandbewegung an. *Jürgen* konnte sich bis zur Befreiung bei Bauern in der Umgebung verstecken.[265]

Die von meinem Großvater formulierte Todesanzeige spiegelt den tiefen christlichen Glauben meiner »jüdischen« Großmutter:

»Nach schwerer Krankheit entschlief heute sanft, im Glauben an den Erlöser, unsere geliebte *Kitty Goldschmidt*.«

Auf ihrem Nachttisch lag eine Bibel und ein Gesangbuch. Sie tröstete sich täglich mit Hilfe des Neuen Testaments. Für den Gemeindepfarrer hätte es eine selbstverständliche Pflicht sein sollen, für ein ehrenvolles Begräbnis meiner Großmutter zu sorgen. Doch es sollte anders kommen.

Im Februar 1942 hatte die schleswig-holsteinische Landeskirche die 130 nicht arischen Christen aus der Kirche ausgeschlossen.[266] Daher verweigerte der Reinbeker Pastor *Hartung*[267] meiner Großmutter die kirchliche Beerdigung.[268] Mein Großvater hat sich heftig mit ihm auseinandergesetzt, und den Mann, der sich gern in der Uniform eines Marineoffiziers zeigte, in seiner grenzenlosen Enttäuschung als Feigling bezeichnet. Es kann sein, daß Pastor *Hartung* Angst hatte, eine Jüdin zu beerdigen. So kam es zu dem Skandal, daß ein evangelischer Pfarrer sich weigerte, einer »Glaubensschwester« den letzten Segen zu geben. Für die Familie war es ein Schock. In der Verfolgungsgeschichte meiner Familie bleibt dieser Verrat als ein besonders krasser Fall menschlichen Versagens in Erinnerung. Ich war damals erst sieben Jahre alt und zu klein, um die Tragweite des Ereignisses zu begreifen. Aber das Bild des Pastors in Marineuniform, der meiner Großmutter das Begräbnis verweigerte, ist in meiner Erinnerung lebendig. Ich wußte: Dieser Mann ist eine Bedrohung unserer Familie. Seitdem ist meine Familie nicht mehr in die Reinbeker Kirche gegangen. Ich wurde später in die Nachbargemeinde Wohltorf in den Konfirmandenunterricht geschickt. Pastor *Hartung* blieb bis lange Zeit nach dem Kriege in seiner Gemeinde ein geachteter Mann, dessen Versagen in der Nazizeit unter den Teppich gekehrt wurde. Sein Verhalten paßt nicht ganz zu dem Bild, das die Reinbeker Kirchengemeinde bis heute von ihm hat. 60 Jahre später versuchten die Söhne von Pastor *Hartung*, das Verhalten ihres Vaters zu erklären. Als Kirchenmann hätten er und seine Familie auch unter dem Druck der Nazis gestanden. Sie seien als Pastorenkinder unter den Jugendlichen als Außenseiter diskriminiert gewesen. Es mag so gewesen sein. Nur an seinem unchristlichen Verhalten ändert es nichts.

Daß meine Großmutter trotzdem christlich beerdigt wurde, ist Pastor *Walter Auerbach* zu danken. Er gehörte zu der kleinen Gruppe nicht arischer Pastoren in Schleswig-Holstein[269] und wurde vom Vorstand seiner Kirchengemeinde in Altenkrempe in Ostholstein unmittelbar nach der Machtergreifung der Nazis wegen seiner jüdischen Abstammung aus dem Amt vertrieben.[270] Nach einigen Jahre, in denen er sein Amt nicht ausüben durfte, schob die Kirche ihn nach Hamburg ab. Wegen seiner jüdischen Herkunft wagte sie zwar nicht, ihn formal mit einer kirchlichen Aufgabe zu betrauen, stellte ihm aber anheim, die aus der Kirche ausgeschlossenen nicht arischen Christen zu betreuen. So erklärte er sich bereit, meine Großmutter zu beerdigen. Aus diesem Anlaß ist eine Familienfreundschaft entstanden, die bis heute anhält.

Deportation nach Theresienstadt

Anfang Juli 1942 erhielt mein Großvater – er war 69 Jahre alt – von der Gestapo in Hamburg den »Evakuierungsbefehl« nach Theresienstadt. Es sprach sich herum. Aus Escheburg meldete sich der »alte Steffens«, sein bester Freund unter den Bauern des kleinen Dorfes der Elbmarsch mit dem Angebot, ihn auf seinem Bauernhof zu verstecken.[271] Mein Großvater hätte niemals einen Freund in Gefahr gebracht, um seine Haut zu retten. Er fand sich in sein Schicksal.

Die für die Deportation vorgesehenen Juden mußten ihre Wohnungsschlüssel bei der Polizei abgeben. Ihre Wohnungen und ihr Hausstand wurden nach der Deportation vom Staat geraubt. Nun erwies es sich als ein Glück, daß mein Großvater weder Wohnung noch Hausstand besaß, sondern nur noch als Untermieter in seinem Haus lebte. Mein Vater brauchte als Arier die Beschlagnahme der Wohnung und des Hausstandes nicht zu befürchten. Dank der Weitsicht meines Großvaters blieb wenigstens dem Rest seiner Familie, meinen Eltern, meinem jüngeren Bruder und mir die Wohnung erhalten.

Am 19. Juli 1942,[272] einen Tag vor dem Abtransport, hatte mein Großvater sich im Gebäude der Provinzialloge für Niedersachsen an der Moorweidenstraße einzufinden. In dem Reisegepäck, dessen erlaubtes Gewicht 50 kg betrug, durfte er nur Wegzehrung, Wäsche, Kleidung und Decken mitnehmen.

Mein Großvater schrieb später: »Am kirchlichen Leben hatte ich mich nie tätig beteiligt. Ich galt als Jude im Sinne der Nürnberger Gesetze, da die Großeltern Juden gewesen waren. Im Juni 1942 starb meine Frau und am 20. Juli 1942 wurde ich nach Theresienstadt ›evakuiert‹. Ich ging dorthin, wie unter dem Auftrag, dort Gottes Wort verkünden zu sollen.«[273] Eilig bat er Pastor *Auerbach*, ihm »liturgisches Material«[274] zu beschaffen, der ihm unter großen Schwierigkeiten zwanzig Bibeln besorgte. Mein Großvater brachte sie in seinem Gepäck unter und verzichtete dafür auf manche Gegenstände des täglichen Lebens, um das erlaubte Gewicht nicht zu überschreiten.

Merkwürdigerweise kann ich mich, anders als beim dramatischen »Kniefall« (s. o. S. 128) meiner Großmutter im Oktober 1941, an den Aufbruch meines Großvaters nicht erinnern. Er war einfach weg, ohne daß ich mich wegen seines Verschwindens geängstigt hätte. Es mag daran gelegen haben, daß er selbst keine Angst verbreitete. In seinem unerschütterlichen Optimismus, der nun nicht mehr durch die Sorge um meine Großmutter getrübt wurde, war er überzeugt, bald zurückzukehren. Frau *Bowen* kam zu seinem Abschied. Von ihrer Tochter *Hildegard* habe ich erfahren, es seien auch noch manche andere Reinbeker gekommen. Sein Freund,

Abb. 45
Arthur Goldschmidt (1873–1947), Leseratten, nicht signiert, unbezeichnet, undatiert (1942–1945), Bleistiftzeichnung in Theresienstadt auf Papier, 10 × 14 cm

der halbjüdische Rechtsanwalt *Reinhart Bunsen*[275] begleitete ihn zur Moorweidenstraße. Mit 771 Hamburger Juden wurde er am 19. Juli 1942 mit Lastwagen zum Hannoverschen Bahnhof transportiert, von dem aus alle Judentransporte abgingen. Trotz des großen Aufgebots von Gestapo-Leuten, welche die Juden bewachten, wagte der alte Tischlermeister *Chevalier*, der Vater der Kinderfrau *Nana*, meinem Großvater eine Zigarre durch das Gitter zu reichen, hinter dem die Juden eingepfercht auf ihren Abtransport warteten. Wäre auch nur ein Gestapo-Mann wegen dieser »judenfreundlichen« Geste auf ihn aufmerksam geworden, hätte es ihn die Freiheit kosten können. Wie viel Tapferkeit und Zivilcourage sich zuweilen hinter einer kleinen Geste verbergen kann!

Die 84jährige Mutter von Pastor *Auerbach* wurde zusammen mit meinem Großvater deportiert. Einige Tage vor dem Abtransport hatte sie sich in einem Haus am

Deportation nach Theresienstadt

Abb. 46
Arthur Goldschmidt (1873–1947), *Die Stube des Zeichners, nicht signiert, unbezeichnet, undatiert (1942–1945), Bleistiftzeichnung in Theresienstadt auf Papier, 21 × 30 cm*

Grindel einfinden müssen, in dem die zum Abtransport bestimmten Juden versammelt wurden. Tagelang mußte sie mit fünf anderen alten Leuten in einem winzigen Zimmer auf den Abtransport warten. Es gab nur eine Liege und einen Stuhl, so daß die alten Leute stehen mußten, wenn sie sich nicht kurze Zeit abwechselnd ausruhen konnten.

Das Lager in der Garnisonstadt Theresienstadt (Abb. 45–48) hatte nicht den Charakter eines KZ, sondern war eine nach den Anweisungen und unter der Aufsicht der SS geführte städtische Selbstverwaltung.[276] Bei seiner Ankunft nahm die SS meinem Großvater einen großen Teil seines Gepäcks weg. Er behielt nur eine kleine Tasche, in der sich Reiseproviant, ein Paar Strümpfe und das Neue Testament befanden. Doch er ließ sich nicht beirren. Schon bald nach der Ankunft in Theresienstadt sammelte mein Großvater gläubige Christen um sich und begann,

Abb. 47
Arthur Goldschmidt (1873–1947), unten links getitelt »Theresienstadt 1942 jüd. Hochzeit auf dem Dachboden«, signiert »Dr. A. G.«, Bleistiftzeichnung in Theresienstadt auf Papier, 15 × 17,5 cm

Andachten abzuhalten. Gewissenhaft führte er eine Liste der Teilnehmer. Wenn einer nicht mehr erschien, erkundigte er sich nach dessen Schicksal. Kranke besuchte er am Krankenbett. Über verschwundene Menschen notierte er in seiner Liste, daß sie nach Auschwitz abtransportiert worden waren. Auf diese Weise hatte er den Überblick über das Schicksal seiner Gemeindemitglieder. Und so konnte er später der Familie *Auerbach* berichten, daß ihre Mutter und Großmutter in Theresienstadt verhungert war und ihr daher das Schicksal erspart blieb, in Auschwitz vergast zu werden. Hin und wieder trafen Postkarten meines Großvaters ein, auf denen er uns in seiner präzisen, kleinen Schrift in wenigen Sätzen Lebenszeichen gab, soweit die strenge Zensur es erlaubte. Die Mitteilungen waren so kurz, daß

Deportation nach Theresienstadt

Abb. 48
Arthur Goldschmidt (1873–1947), unten links getitelt »22.9.42. Abtransport nach Polen«, nicht signiert, Bleistiftzeichnung in Theresienstadt auf Papier, 10 × 14 cm

nicht herauszulesen war, wie es ihm ging. Jede Postkarte versetzte meine Eltern, besonders aber meine Mutter, in große Aufregung. Immer wieder lasen sie den Text und versuchten herauszufinden, ob sich hinter den kargen Sätzen mehr verbarg als ein Lebenszeichen. Meine Mutter zeigte mir die Postkarten mit der stets gleichen Bemerkung: »Großpapi hat wieder eine Postkarte geschickt.«

Mein Großvater hat dank seiner robusten körperlichen und seelischen Konstitution im Lager seinen Lebensmut und seinen Optimismus nicht verloren. Tatkräftig versammelte er die evangelischen Christen um sich und wurde zum Kopf einer Gemeinde, deren Seelsorger und Prediger er war.[277]

In der Niederschrift seiner Erinnerungen berichtet er über seine Erfahrungen und seine Arbeit als Seelsorger sowie das Überleben unter den schwierigsten Bedingungen:

»Über dieses materielle Elend hinaus wirkte die seelische Qual. Man war von der übrigen Welt völlig abgeschlossen; aus ihr drangen nur Gerüchte herein. Nur alle zwei bis drei Monate durfte man eine Karte mit fünfundzwanzig Worten, mit streng zensiertem Inhalt, hinaussenden; fast ebenso spärlich war die Nachricht von den Lieben draußen, die außerdem immer um Monate verzögert ankam. So lebte man wie auf einer weltentlegenen Insel.

Dieses abgetrennte Leben war dazu voll steter Sorge um eben dieses Leben: Man sah ein gewaltsames Ende voraus, wußte aber nicht, wie und wann es eintreten würde. Würde der Krieg gewonnen? Würde man dann durch SS-Fliegerbomben vernichtet oder mit Maschinengewehren zusammengeschossen? Vielleicht auf dem eine Zeitlang eingezäunt gewesenen Marktplatz oder in jenem Talkessel, in dem einmal – an einem regnerischen Novembertag – die Bevölkerung zur Abzählung von früh morgens bis spät abends wie eine Viehherde zusammengetrieben war und wo man die Maschinengewehre schon aufgepflanzt gewähnt hatte. Und wurde der Krieg verloren, war dann nicht erst recht das Schicksal das gleiche – es sei denn, daß die Feinde noch rechtzeitig als Befreier kämen; die Feinde, die mit Tücherwinken aus den Höfen begrüßt wurden, wenn die Angriffsstaffeln die Stadt, die sich von ihnen geschont wußte, überflogen?

Aber nicht nur ein solches Ende drohte; auch ein früheres Todesgeschick klopfte Tag für Tag an das Tor: ›Abtransport‹! [Abb 48] Alle acht bis zwölf Wochen, mitunter öfter, wurden ein-, zwei-, fünftausend Menschen zum Transport bestimmt; niemand wußte, wen und wann es ihn traf. Wohin die Transporte gingen, erfuhr man nicht. – Hoffnungen auf erträgliches Arbeitslager mischten sich mit der Furcht vor Polen und Birkenfeld, worunter sich der Name Auschwitz verbarg. – Man nahm Abschied auf Nimmerwiedersehen. Nur spärliche Gerüchte von den neu Verbannten, zuweilen angeblich eine beruhigende Postkarte, drangen nach Theresienstadt. Erst nach der Befreiung erfuhr man, daß die vielen Tausende wohl meistenteils in Auschwitz vernichtet waren, auch daß das gleiche Schicksal dem kleinen in Theresienstadt gebliebenen Reste zugedacht war, dessen Vergasung in der ›kleinen Festung‹ für den 15. Mai 1945 vorbereitet war.«[278]

Es gibt manche Zeugnisse von der Tätigkeit *Arthur Goldschmidt*s in Theresienstadt. Am 23. Oktober 1943 schrieb ihm der Theresienstädter Häftling *Dr. Kurt Steinfeld*,[279] er betrachte sich als zugehörig zu der evangelischen Gemeinde, da mein Großvater ihn und seine Frau in die Liste der Gemeindemitglieder eingetragen habe. Da er wegen seiner Krankheit an den Gottesdiensten nicht teilnehme könne, wolle er seine Zugehörigkeit durch ein der Gemeinde gewidmetes Theresienstadt-Gebet bekunden. Zugleich bedankt er sich für die Besuche meines Großvaters und dessen herzliches persönliches Interesse.

Am 12. Mai 1948 dankte der ehemalige Mithäftling *Arndt* meiner Mutter für die Übersendung der Schrift meines Großvaters. In dessen Brief heißt es:

»Sie [die Schrift] hat mir wieder die unverzagte und positive Einstellung ihres Vaters und seine Akrivitäten, wenn es galt zu handeln, in das Gedächtnis zurückgerufen. Oft habe ich mich daran aufgerichtet; ebenso ist es mit zahlreichen anderen gewesen und so ist sein Wirken so außerordentlich segensreich gewesen.«[280]

Ich habe allerdings auch eine kritische Bemerkung über meinen Großvater gefunden. Die 1866 in Wien geborene *Elsa Bernstein*[281] hatte seinerzeit in München einen literarischen Salon geführt, in dem prominente Schriftsteller und Künstler zu Gast gewesen waren. Sie gehörte daher zu den wenigen Juden, die von der SS in einem der sogenannten Prominentenhäuser in Theresienstadt untergebracht worden waren. Sie beschrieb in ihren Erinnerungen, wie sie die Ansprache meines Großvaters bei einer Beerdigung erlebt hat. »Sehr gescheit, viel zu gescheit, um feierlich oder gar weihevoll zu sein. Die Einsteinsche Relativitätstheorie mit heranzuziehen ist hier nicht am Platz. Gut, daß *Dr. Stargardt* noch ein paar Worte hinzufügt. Einfache, warme Worte. Der eine hat Herz und der andere hatte kein Herz.«[282]

Dieses Urteil *Elsa Bernstein*s wird meinem Großvater nicht gerecht. Es gehört Mut und Glaubensstärke dazu, inmitten der überwältigenden Mehrheit der Juden, die allen Grund zum Haß auf die Christen hatten, eine evangelische Gemeinde zu gründen und zu führen. Wie man diesen Mann herzlos nennen kann, verstehe ich nicht.

Eine Scheidung mit tödlichen Folgen

Die Familie war auseinander gerissen, die Verfolgung hatte noch nicht alle erfaßt, aber die Schlinge zog sich zu. *Erwin Horschitz*, der älteste Bruder meiner Großmutter *Kitty*, lebte in Hamburg mit seiner Frau *Elli* an der Rothenbaumchaussee 31 an der Ecke zur Johnsallee in einer geräumigen Mietwohnung. Ich habe sie als Kind mit meiner Mutter dann und wann besucht und war von der luxuriösen Einrichtung beeindruckt. Ich wagte kaum auf die wertvollen Teppiche zu treten oder mich auf die seidenbespannten kleinen Sessel vor den ebenso kleinen Mahagonitischen zu setzen. Trotz *Erwins* jüdischer Abstammung konnten sie ihre große Wohnung halten, weil *Elli* »arisch« war. Sie war zwar als Adoptivtochter des reichen jüdischen Kaufmannsehepaares *Eduard* und *Ida Hamberg* aufgewachsen. Als die Familie den »Ariernachweis« erbringen mußte, stellte sich aber zum Glück heraus, daß die leiblichen Eltern von *Elli* arischer Herkunft waren. Da *Erwin* und *Elli* ihre Kinder evangelisch erzogen, lebten sie in einer »privilegierten Mischehe«.

Einmal kamen *Erwin* und *Elli* zum sonntäglichen Mittagessen. Ich erinnere mich genau, es war der Winter 1941/1942. Schon in diesen frühen Kriegsjahren herrschte Lebensmittelknappheit. Jeder durfte nur die Lebensmittel kaufen, die ihm auf seiner Lebensmittelkarte zugeteilt waren. Sie bestand aus perforierten Lebensmittelmarken, auf denen die Berechtigung zum Kauf z.B. von 500 Gramm Brot oder 50 Gramm Fleisch angegeben war. Bei jedem Einkauf mußten diese

Marken von der Karte abgetrennt und abgegeben werden. Fleisch war besonders knapp. Bei Einladungen zum Essen war es daher üblich, daß die Besucher das ihrige an Lebensmittelmarken zum gemeinsamen Essen beitrugen. So hatten auch *Erwin* und *Elli* meiner Großmutter Fleischmarken gegeben, weil es einen Braten geben sollte. Das Mittagessen war nicht fröhlich. Wieder einmal stand ich am Rande, ohne zu verstehen, warum das Mittagessen in einer gedrückten Stimmung verlief. Lag es daran, daß mein Großvater seinen Schwager nicht besonders schätzte, oder gab es im Hintergrund etwas Bedrohliches, von dem ich nichts wußte? Schließlich mündeten die Spannungen nach dem Essen in eine heftige Auseinandersetzung zwischen meinem Großvater und *Erwin*, der ihm vorwarf, er habe vom Braten weniger auf dem Teller gehabt, als ihm nach den Fleischmarken, die er abgegeben hatte, zustand. Mein Großvater habe sich den Löwenanteil genommen. Meine Familie entrüstete sich über den Vorwurf, und meinte, *Erwin* sei eben ein schwieriger Mann. Ich habe ihn anders in Erinnerung und bin davon überzeugt, daß *Erwin* nur versucht hat, sich gegen die Überheblichkeit meines Großvaters und gegen eine gewisse Dreistigkeit, zu der er neigte, zu wehren. Heute erscheint mir der Anlaß für diese Auseinandersetzung gering. Ich hätte diesen Familienkrach sicher vergessen, wenn er nicht zugleich meine letzte Erinnerung an *Erwin* gewesen wäre.

Vielleicht hätte er wie die meisten jüdischen Ehepartner einer privilegierten Mischehe vor der Deportation bewahrt werden können, zumindest bis Februar 1945, als die letzten in Hamburg lebenden Volljuden nach Theresienstadt deportiert wurden.[283] Aber er wurde von einem Mitbewohner bei der Gestapo denunziert. Die Heimtücke, Willkür und Grausamkeit, mit der die Gestapo in Hamburg Juden und politische Gegner verfolgte, wird anschaulich durch den Bericht, den *Elli Horschitz* nach der Befreiung 1945 der Badischen Landesstelle für die Opfer des Nationalsozialismus, Zweigstelle Singen (Hohentwiel), gegeben hat.[284]

»Im Januar 1943 erfolgte eine Meldung des im Erdgeschoß unseres Hauses in Hamburg, Rothenbaumchaussee 131, wohnenden Holländers *Jean Westering*, damaliger Gründer und Führer der holländischen Nazipartei in Hamburg, in später Abendstunde an die Polizei. Die Wohnung sollte gerade aufgebrochen werden, als mein Mann und ich hinzu kamen. Wir mußten dem Polizeibeamten unterschriftlich bestätigen, daß es sich bei der Wohnung im 1. Stock um die unsrige handelte. Wie mir Herr *Westering* später mitteilte, hatte er die Meldung nur deshalb gemacht, weil ihn das Winseln unserer kleinen Hündin irreführte, und er so annahm, daß irgend etwas oben vorgefallen wäre.

Sechs Wochen später veranstaltete die Gestapo bei uns eine ihrer übel berüchtigten Hausdurchsuchungen (es war nicht das erst Mal), beschlagnahmten zahlreiche Bücher und nahmen meinen Mann mit, ohne ihm, mir oder meinem Sohn *Kurt* zu sagen,[285] daß er nicht zurück kommen sollte.

Eine Scheidung mit tödlichen Folgen

Ich versuchte nun alles, um meinen Mann frei zu bekommen. Der Rechtsanwalt *Dr. Hermann Joost*, früher: Hamburg 1, Speersort 6 (als Rechtsanwalt heute nicht mehr zugelassen), vormals Teilhaber des Vetters meines Mannes, *Dr. Hans Arnthal*, dem es noch gelang, vor dem Ausbruch des Krieges nach Australien zu emigrieren, wollte angeblich meinem Mann helfen und ließ sich von mir durch Vermittlung des Bilderrestaurators Herrn *Guido Schliep* ein sehr wertvolles Gemälde als ›Vorschuß‹ für seine Bemühungen geben. Er gehörte der SS an und hatte beste Beziehungen zur Gestapo. Unternommen wurde aber von diesem Herrn nichts.

Die Gestapo legte mir nahe, mich von meinem Mann scheiden zu lassen, da ich ihm hierdurch das Los des KZ-Lagers Auschwitz oder Dachau ersparen könnte. Nach erfolgter Scheidung käme er nach Theresienstadt, wo es die Juden ganz gut hätten. Da ich nun von zahlreichen Freunden und Bekannten hörte, daß *alle* Juden, die damals nach den KZs Auschwitz oder Dachau kamen, spätestens nach drei Tagen vergast oder auf irgendeine andere Art und Weise umgebracht wurden, während in Theresienstadt die Juden nicht getötet wurden [es wußte in der Heimat damals niemand, daß fast sämtliche Juden nach kurzer oder längerer Zeit von Theresienstadt in andere KZs verbracht wurden, wo sie dann umgebracht wurden], so entschied ich mich wenn auch schwersten Herzens, die mir angeratene Scheidung einzureichen, in der letzten Hoffnung, ihm hierdurch das Leben erhalten zu können.

Um ihm diese Mitteilung machen zu können, erhielt ich ein einziges Mal die Genehmigung, meinen Mann (natürlich unter Bewachung) kurz sprechen zu dürfen. Er hatte es in Fuhlsbüttel grauenhaft. Mit zahlreichen anderen jüdischen, polnischen und politischen Gefangenen in einer Zelle zusammengepfercht, erhielten sie das in jeder Beziehung mangelhafte ›Essen‹ in total verdreckten Schüsseln gereicht, so daß er elend, mit Abszessen besät und geistig verwirrt, das Gefängnis unter Bewachung am Vorabend des Abtransports nach Theresienstadt verließ, um die letzte Nacht in Hamburg bei der jüdischen Gemeinde zu verbringen, wo ich ihn wenigstens noch einige Stunden betreuen durfte.

In Theresienstadt angekommen, mußte er erfahren, daß fast alle Juden kurz über lang in andere KZs abtransportiert wurden, wo sie dann sofort bei Ankunft vergast wurden. Für ihn als alternder und durch die furchtbaren Drangsale des Naziregimes, besonders aber durch die entsetzlichen Erlebnisse der letzten Zeit seelisch und körperlich völlig zusammen gebrochener Mensch sah er keine Rettung mehr für sich, so daß er sich nach drei Tagen vergiftete. Die Asche mußte, wie dies es in Theresienstadt seitens der SS-Bewachung angeordnet war, von Jüdinnen auf ein Feld hinausgetragen und dort ausgestreut werden.

Die Nachrichten aus Theresienstadt entstammen dem unseren Verwandtenkreis angehörenden z.Zt. in Reinbek bei Hamburg wohnenden Oberlandesgerichtsrat *Dr. Arthur Goldschmidt*, einer der wenigen aus Theresienstadt Zurückgekehrten. Ich habe Herrn *Dr. Arthur Goldschmidt* auch als Zeugen angegeben, da er die letzten Tage meines Mannes in Theresienstadt miterlebt hatte. Einen Totenschein seitens der Lagerverwaltung des KZs Theresienstadt habe ich nie erhalten.«

Am 24. März 1943 wurde *Erwin Horschitz* nach Theresienstadt deportiert. Dort traf er meinen Großvater,[286] dem er erklärte, daß er Selbstmord begehen werde. Mein Großvater hat versucht, ihn davon abzubringen. Sein Zuspruch war vergeblich. *Erwin* vergiftete sich am 31. März 1943 mit dem von ihm vorsorglich mitgenommen Zyankali. Unter den ermordeten und emigrierten Verwandten ist mir Onkel *Erwin* in meiner Erinnerung besonders nahe geblieben. Vielleicht liegt es daran, daß er mir kurz vor seinem Abtransport einen silbernen Serviettenring mit meinen Initialen schenkte. Ich weiß nicht, was ihn bewogen hat, mir – dem kleinen siebenjährigen Jungen – dieses Geschenk zu machen. Wollte er mir ein Abschiedsgeschenk machen? Jedenfalls ist mir der Serviettenring teuer als Andenken an einen von den Nazis in den Tod getriebenen Onkel, den ich nur wenig kannte, der mir aber herzlich zugetan gewesen sein muß. Als ich 1993 die Gedenkstätte Yad Vashem besuchte, habe ich seinen Namen in dem Totenbuch der von den Deutschen ermordeten Juden gesucht und auch gefunden.

»Judengut«

Nach der Deportation meines Großvaters enteignete der Staat seinen Hausstand, der ihm nach dem Verkauf des Hauses und der Abgabe seiner Wertsachen als restlicher Besitz übrig geblieben war, als »Judengut«. Die Familie *Landgrebe* lebte nun also in einem Hausstand, der ihr nicht gehörte und den ihr der Staat jederzeit willkürlich wegnehmen konnte. Für meine Eltern, die bei ihrer Flucht aus Belgien außer ein wenig Kleidung nichts mehr besaßen, war es aber lebensnotwendig, den Hausstand meiner Großeltern weiter benutzen zu können, auch wenn die Möbel alt, die Wäsche und das Bettzeug zerschlissen und das Geschirr abgeschlagen waren. Deshalb versuchten meine Eltern, den restlichen Familienbesitz vom Staat zurückzukaufen. Meine Mutter kam als Käuferin nicht in Frage, sie durfte als Jüdin kein Judengut erwerben. Aber auch mein Vater konnte den Besitz seines Schwiegervaters nicht ohne behördliche Genehmigung übernehmen. Die Behörden ließen sich Zeit mit der Entscheidung, was mit dem vom Staat geraubten Eigentum meines Großvaters geschehen solle. Die Ungewißheit, ob unserer Familie Möbel, Wäsche und Hausrat erhalten blieb, hielt noch mehrere Monate nach der Deportation meines Großvaters an.

Die Klärung sollte im Spätherbst 1942 unter bedrückenden Umständen erfolgen. Zwei Beamte mit grimmigen Gesichtern erschienen in unserer Wohnung, um den Wert des Hausstandes zu schätzen und damit den Preis zu ermitteln, den ein Käufer dieses »Judenguts« an den Staat zu zahlen hätte. Die beiden martialisch wirkenden Beamten durchwühlten Schubladen und Schränke. Im Schlafzimmer standen schwere, um die Jahrhundertwende gebaute, hellbraune Eschenholzmöbeln, die dank ihrer soliden Machart viele Umzüge überstanden haben. Als die beiden Männer den großen dreiteiligen Kleiderschrank durchsuchen wollten, ließ sich die mittlere Tür mit dem großen Spiegel nicht öffnen. Es entstand eine bedrohliche Situation, meine Mutter weinte, und selbst mein Vater schien nervös zu werden, was ich sonst gar nicht von ihm kannte, als er nicht sofort den richtigen Schlüssel fand. Die fremden Männer waren grob und feindlich. Sie drohten, den Schrank aufzubrechen, wenn der Schlüssel nicht umgehend gefunden würde. Ich hatte Angst und bildete mir ein, meine Eltern machten sich schuldig, weil sie den Schrank nicht sofort aufschlossen. Im letzten Moment fand mein Vater den Schlüssel. Er steckte auf der rechten Schranktür und paßte für beide Türen. Die Männer fanden nur Kleidung und Wäsche. Ich war erleichtert, da es noch einmal gut gegangen war. Heute steht der Spiegelschrank bei meiner Schwester in Bayern. Jedesmal, wenn ich ihn sehe, steht mir die Hausdurchsuchung vor Augen. Noch heute ist es mir eine Genugtuung zu wissen, daß die rechte Schranktür und die Spiegeltüre mit demselben Schlüssel aufgeschlossen werden. Man muß ihn eben nur umstecken, um eine Bedrohung abzuwenden.

Solange meine Großmutter lebte, standen auf dem Frisiertisch mit seinen schwenkbaren Seitenspiegeln eine große Schüssel aus Porzellan und ein dazu passender Wasserkrug, so daß sie sich dort waschen konnte, wenn sie sich durch die Unruhe des Familienlebens gestört fühlte und nicht aus dem Schlafzimmer herauskommen mochte. Nach ihrem Tod und der Deportation meines Großvaters brachten meine Eltern diese Waschutensilien auf den Dachboden, weil sie niemand mehr brauchte. Der Frisiertisch blieb trotzdem für mich interessant, denn ich stöberte oft in den Schubladen unter den Spiegeln und fand die spärlichen Reste von Gegenständen, die zur Toilette einer Dame aus gut situierten Verhältnissen der Jahrhundertwende gehörten. Ich fand lange, bis zum Ellenbogen reichende weiße Handschuhe aus dünnem Wildleder, zwei mit Perlmutt verzierte Operngläser, feine Spitzenkragen, bestickte rosa Frisiertücher und bunten Modeschmuck, der in den Schubladen herumlag. Die feinen mit Samt gepolsterten Schmucketuis aus Leder, mit den passenden Vertiefungen für Schmuckstücke, waren leer. Auf meine Frage, wo der Schmuck geblieben sei, erhielt ich wieder nur die Antwort: »Das mußte Großpapi abgeben.« Wie bei den Silberschubladen konnte ich mir auch hier nur ausmalen, wie der Schmuck ausgesehen haben mag, der in die samtenen Vertiefungen paßte. Immer wieder kramte ich das rote Lederetui aus der Schublade, in dem das eiserne Kreuz von Onkel *Edgar* lag, das ihm der Kaiser im Ersten Weltkrieg wegen Tapferkeit an der Front verliehen hatte.

Im Hausstand meiner Großeltern gab es nur noch wenig wertvolles Mobiliar. Trotzdem wurde es mit einem Wert von 10.000 Reichsmark bei weitem überbewertet. Zu diesem überhöhten Preis durfte mein Vater schließlich nach langer Ungewißheit dem Staat abkaufen, was der Staat der Familie geraubt hatte. Und diese Summe aufzubringen war nur möglich, weil mein Großvater den Betrag von 10.000 Reichsmark, der aus dem Verkauf des Hauses übrig geblieben war, auf meinen Vater übertragen hatte.[287] Auf diese Weise blieb nicht nur der Familie *Landgrebe*, sondern auch meinem Großvater die Wohnung bis zu seiner Rückkehr aus dem KZ erhalten. Mein Großvater hat die Übertragung der 10.000 Reichsmark auf meinen Vater nach seiner Rückkehr aus Theresienstadt nicht in Frage gestellt. Er betrachtete sie als die verspätete Mitgift für meine Mutter, die er ihr 1933 nicht mehr hatte geben können. Seine beiden Söhne wollte er aus der Entschädigung, die er erwartete, finanziell befriedigen. Daraus sollte allerdings nichts mehr werden.

Eine verstörte Familie

Am 7. Dezember 1942 richtet die Bezirksstelle Nordwestdeutschland der Reichsvereinigung der Juden in Deutschland ein Schreiben an *Ilse* Sara Landsche ohne genaue Adresse.[288] Trotz des verstümmelten Nachnamens erreicht das Schreiben meine Mutter. Darin wird sie aufgefordert, ihre Personalien anzugeben, weil die Kartei der Reichsvereinigung nicht mit der amtlichen Kartei übereinstimme. Die Reichsvereinigung war von den Nazis beauftragt worden, auch die in Mischehe lebenden Juden und Christen in ihren Listen zu führen und mußte nun prüfen, ob meine Mutter nach den gesetzlichen Bestimmungen in ihre Kartei aufzunehmen war. Wie zum Hohn bestätigt ihr die Reichsvereinigung nun, was sie ohnehin weiß, daß man sie nicht vergessen habe und daß sie als Jüdin in den staatlichen Listen geführt werde. Nach der Deportation meines Großvaters kann sie das Schreiben der Reichsvereinigung nur als Ankündigung der auch ihr bevorstehenden Deportation verstehen. Die nun schon neun Jahre währende Bedrohung und die Deportation meines Großvaters bleiben bei meiner Mutter nicht ohne Folge. Sie wird zunehmend depressiver, schafft es oft kaum noch, meinen Bruder und mich zu versorgen und lebt in ständiger Angst um ihre Kinder. Sie wagt es nur noch selten, Reinbek zu verlassen, weil sie durch den Zwangsnamen Sara und das große »J« im Ausweis überall sofort als Jüdin identifiziert werden konnte. Sie lebt in der Angst, daß die Gestapo sie jederzeit von der Straße weg verhaften könnte. Wer zu den rassisch Verfolgten gehörte, ist der Willkür der Gestapo ausgeliefert. Sie ist nicht sicher, ob es ihr bei einer Festnahme noch nützen würde, sich auf ihre privilegierte Mischehe mit einem arischen Ehemann und ihre zwei christlich erzogenen

Eine verstörte Familie

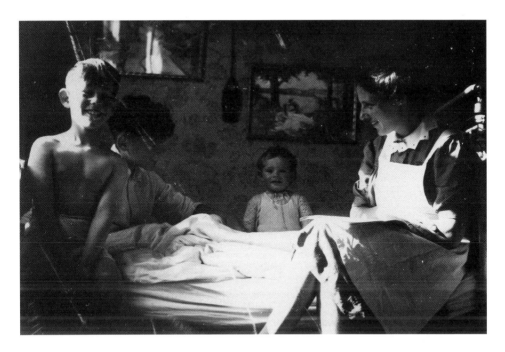

Abb. 49
Familienidyll mit Hans Detlev Ludwig Landgrebe (geb. 1935), Winfried Landgrebe (geb. 1940), Ilse Marianne Landgrebe (geb. 1948, verh. Gmelin) und Ilse Maria Landgrebe geb. Goldschmidt (1906–1982) im Sommer 1949; Photographie 5,5 × 8,3 cm

Kinder zu berufen. Nur ein einziges Mal wagen meine Eltern, eine kleine, gemeinsame Erholungsreise in den Harz zu unternehmen. Sie steigen nur in Züge kleiner Regionalbahnen, die sie ständig wechseln, um nicht in Kontrollen der Polizei oder der Gestapo zu geraten. Nach der Deportation meines Großvaters ist meine Mutter am Ende ihrer Kräfte. Sie will sich umbringen, stürzt im Nachthemd, über das sie nur ihren Mantel gezogen hat, aus dem Haus und wirft sich in die Bille. Ein hilfloser Versuch, denn der Fluß führt nur knietiefes Wasser. Mein Vater zieht sie ans Ufer und bringt sie nach Hause. Sie weint. Nachthemd und Mantel sind naß bis zu den Knien. Ich frage meinen Vater, was mit der Mutter passiert sei. »Mutti wollte in die Bille gehen« ist seine lakonische Antwort.

Mir scheint, er hatte wenig Verständnis für diesen Akt der Verzweiflung. In den Jahren bis zur Befreiung überlagern die Depressionen meiner Mutter alle meine Erinnerungen an sie. Ihr Bild ist wie ausgeblendet. Ich sehe immer nur meinen

Vater. Mir scheint, als wäre meine Mutter nicht wirklich für uns da gewesen, dabei besitze ich Photographien, auf denen sie zu sehen ist, wie sie mir und meinem Bruder Märchen vorliest. Für mich taucht sie erst nach 1945 wieder auf (Abb. 49). Nach dem Krieg erholte sie sich allmählich vom Elend der Nazizeit. Bis zu ihrem Tod im Jahre 1982 sollte sie trotz ihrer qualvollen Krankheit mit ihrer Tapferkeit und Fröhlichkeit das Familienleben weit mehr prägen als mein Vater, der sich seiner Wissenschaft zuwandte und seinen beruflichen Verpflichtungen alles andere unterordnete, als wolle er die während der Nazizeit verlorenen Jahre aufholen.

In den Jahren bis zur Befreiung hatte *Winfried*, mein fünf Jahre jüngerer Bruder, unter dem Druck, in dem unsere Familie lebte, besonders zu leiden. Wir bewohnten gemeinsam ein großes, helles Kinderzimmer mit Blick über die Felder auf den Vorwerksbusch, einen Ausläufer des Sachsenwaldes. *Winfried* schlief in dem eisernen Gitterbett, in dem noch vor wenigen Jahren *Jürgen*, der jüngste Bruder meiner Mutter, geschlafen hatte, der nun in Frankreich versteckt lebte. Ich schlief in einem großen Bett, dessen Pfosten mit Knäufen aus Messing verziert waren und dessen Bettrahmen in der Mitte von dicken Holzklötzen gestützt werden mußte, seit er aus Altersschwäche zusammengebrochen war. Von meinem Bett aus erlebte ich die vielen schweren Krankheiten meines kleinen Bruders und seine Nöte. Ich habe ihn aus dieser Zeit vor allem als ein gequältes und leidendes Kind in Erinnerung. Infolge der schlechten Ernährung war sein Körper und vor allem der Kopf eine lange Zeit mit Furunkeln übersät. Er bekam Scharlach, sein Zahnfleisch war bis an den Zahnrand von Eiter bedeckt. Er muß große Schmerzen gelitten haben, weinte und quengelte ständig, schüttelte in seiner Not den Kopf hin und her, bis er endlich einschlief. Meine Eltern wurden mit ihm nicht fertig, so daß sie ihn ständig straften. Mein Vater war ihm gegenüber unbarmherzig. Ich hatte Mitleid mit meinem Bruder, war aber selbst ein kleiner Junge mit vielen Nöten, so daß ich ihm nicht beistehen konnte. Ein Lichtpunkt in dieser Trostlosigkeit war seine gleichaltrige Freundin *Baby Justus* – die jüngste Tochter der Familie, die seit 1938 im Erdgeschoß des Hauses meiner Großeltern lebte, ein lustiges Mädchen mit fröhlichen blauen Augen und dicken, dunkelblonden Zöpfen. Jeden morgen kam sie in ihrer hellblauen, geblümten Steppjacke mit einem Butterbrot in der Hand zu uns herauf, um mit meinem Bruder zu spielen. *Baby Justus* starb 1944 ganz plötzlich an Diphtherie. Während ich diesen Kindestod nur am Rande wahrnam, war er für meinen Bruder eine Katastrophe, wie er später häufig sagte.[289]

Mein Vater wurde bis 1945 als »jüdisch Versippter« nicht als Soldat zur Wehrmacht eingezogen.[290] Daher blieb ihm das Schicksal erspart, als Soldat an irgendeiner Kriegsfront elend zugrunde zu gehen. Er wurde allerdings als eine Art

Eine verstörte Familie

Hilfssoldat zu einer Einheit von Flugabwehrkanonen (Flak) im Nachbarort Glinde eingezogen. Die Flak war damals allen Deutschen ein geläufiger Begriff, weil sie Deutschland vor den englischen und amerikanischen Bombenangriffen schützen sollte. In einer Mischung von Selbstironie und ein klein wenig Stolz trug mein kleiner, abgemagerter Vater die blaugraue Uniform mit einem schwarzen Koppel, die ihm viel zu weit war und um seinen Körper schlotterte. Auf dem Kopf trug er schräg nach Vorschrift ein Käppi. Er sah lächerlich aus und schien sich dessen auch bewußt zu sein. Seine Ironie schien größer zu sein als sein Wille, die Heimat zu verteidigen. Er hatte seinen Dienst bei den Scheinwerfern zu leisten. Diese Scheinwerfer hatten die Aufgabe, die feindlichen Flugzeuge mit ihren gebündelten Lichtstrahlen ins Visier zu nehmen, damit die Schützen an der Flak sie abschießen konnten. Mein Vater erzählte, daß bei den nächtlichen Diensten meistens Skat gespielt wurde. Die Scheinwerfer wurden offensichtlich nicht oft in Betrieb genommen. In seiner Einheit herrschte keine große Kampfbereitschaft. Vermutlich war den Männern klar, daß sie gegenüber der Luftüberlegenheit der Engländer und Amerikaner ohnehin nichts mehr ausrichten konnten, so daß es klüger war, die Scheinwerfer möglichst wenig anzustellen, um nicht selbst getroffen zu werden. Außerdem flogen die Flugzeuge der Alliierten meistens so hoch, daß sie von den Scheinwerfern nicht mehr erfaßt werden konnten.

Es war, als wären *Winfried* und ich seit unserer Rückkehr aus Belgien an die Stelle unserer beiden Onkel *Erich* und *Jürgen* getreten, die wegen des geringen Altersunterschiedes auch unsere Brüder hätten sein können. Wir trugen ihre Kleidungsstücke und spielten mit ihren Spielsachen, die sie nach Frankreich nicht hatten mitnehmen können. Meine Mutter kleidete meinen Bruder in die knöchellangen, höchst unpraktischen, aber reich mit Borden und Ösen verzierten Nachthemden und die ebenso unpraktischen Hosenanzüge, die sich über dem Gesäß nach hinten aufknöpfen ließen, und die mein Vater daher spöttisch »Schnellfeuerhosen« nannte. Ich trug besonders gern einen Matrosenanzug von *Erich*. Unter *Erich*s zurückgelassenem Spielzeug erregten drei etwa fingergroße, naturgetreu bemalte Spielzeugfiguren mein besonderes Interesse, die den Generalfeldmarschall *von Mackensen* in seiner schwarzen Husarenuniform mit der hohen Fellmütze, *Hindenburg*[291] in einem langen blaugrauen Marschallsmantel und *Hitler* mit seinem zum Hitlergruß ausgestrecktem Arm in brauner SA-Uniform darstellten. *Erich*s patriotische Gesinnung und sein Interesse für das Militär hatten offenbar nicht unter der Verfolgung der Familie gelitten. Die Schularbeiten machte ich an dem aufklappbaren Schülerpult meiner Onkel, über dem ich mir das Portrait von *Friedrich dem Großen* von Preußen aufgehängt hatte. Mein Lieblingsbuch war *Oskar*

Höckers 1886 für Jugendliche geschriebene Biographie »Friedrich der Große«, die ich von meiner Mutter geerbt hatte.[292] Ich bewunderte *Friedrich II.* und seine als Helden beschriebenen Generäle *Seydlitz, Zieten* und *den alten Dessauer*. Ich haßte den österreichischen Marschall *Daun*. Ich lebte mit dem Buch, weinte nach der verlorenen Schlacht bei Kunersdorf,[293] jubelte nach dem Tod der Zarin *Elisabeth von Rußland*,[294] weil Preußen nun doch noch gerettet wurde. Heute stelle ich ein wenig verblüfft fest, daß ich mich wie meine Mutter mit Preußen, mein Vater dagegen sich mit der k.u.k. Monarchie von Österreich identifizierte.

Schulzeit im Krieg

Im Herbst 1941 wurde ich in die Volksschule in Reinbek eingeschult.[295] Meine Lehrerin war Fräulein *Wernecke*,[296] wie unverheiratete Frauen damals lebenslang angesprochen wurden, die noch wenige Jahre vorher meine beiden Onkel *Erich* und *Jürgen* unterrichtet hatte. Sie wußte also, daß ich aus der jüdischen Familie *Goldschmidt* kam. Ihrem freundlichen Charakter hätte es nicht entsprochen, mich wegen meiner Herkunft leiden zu lassen. Auch der Lehrer *Palm*,[297] der mich in der zweiten und dritten Klasse unterrichtete, hat mich nie spüren lassen, was er von meiner Herkunft wußte. Dagegen war der Rektor der Schule ein unangenehmer Nazi.[298] Er ließ uns zu *Hitlers* Geburtstag auf dem Schulhof antreten und unter gehißter Hakenkreuzfahne das Nazilied »Die Fahne hoch, die Reihen fest geschlossen« singen.[299] Seine Naziüberzeugungen hat er allerdings nicht an mir ausgelassen und sich nicht um mich gekümmert. Ich ging zu diesen Feiern zu Ehren des »Führers« mit gemischten Gefühlen. Einerseits wollte ich dazu gehören, andererseits verließ mich inmitten dieser martialischen Kundgebungen nie die Furcht, wegen meiner jüdischen Mutter ausgeschlossen zu werden.

Nachts litt ich schon bald nach unserer Rückkehr aus Belgien an Schlaflosigkeit, Alpträumen und an undefinierbaren Ängsten. Tagsüber machte ich mir weniger Sorgen und schob die Gedanken an die bedrückende Stimmung zu Hause beiseite. Ich lebte draußen ein sorgloses Schülerleben und genoß das Gefühl, mich nicht durch meine jüdische Herkunft von meinen Schulkameraden zu unterscheiden. So war es auch, als ich mich als Drittkläßler mit einem Klassenkameraden während der Pause auf dem Schulhof geprügelt habe. Bei Prügeleien unter Schülern war es damals üblich, daß alle Schüler zusammenliefen, einen dichten Kreis bildeten und, um die Prügelei anzufeuern, laut grölten: »Haut se, haut se, immer auf die Schnauze«, bis die Lehrer dieses Spektakel beendeten. Da selbst die geringste

Schulzeit im Krieg

Verwicklung für rassisch Verfolgte gefährlich werden konnte, hätte die Prügelei schlimme Folgen für unsere Familie haben können, wenn irgend jemand meine Eltern mit der Begründung angezeigt hätte, ihr nicht arischer Sohn habe die arische Rasse durch die Prügelei beleidigt. Ein derartig aufgeheiztes, nazistisches Klima habe ich an unserer Schule aber nicht erlebt. Ich kann mich nicht daran erinnern, in der Schule als Judenjunge gehänselt worden zu sein.

Ich hatte einen Spielgefährten, *Günter*. Wir blieben bis zum Kriegsende unzertrennlich. Ich weiß nicht mehr, wie es zu der Freundschaft mit *Günter Harbrecht* gekommen ist. Heute denke ich, daß wir uns als die beiden schwächsten Kinder der Klasse instinktiv zusammengetan haben. *Günter* war ein weinerliches Kind, fand in der Klasse keinen Anschluß, und mir ging es nicht anders, weil ich wegen meiner Herkunft nicht den Mut hatte, mir andere Jungen als Spielkameraden zu suchen. *Günter*s Eltern wohnten in einem spitzgiebeligen Häuschen in der Parkallee am Rande eines kleinen Waldes – der Wildkoppel. Sein Vater war Polizist bei der Kriminalpolizei in Hamburg, seine Mutter eine Bauerstochter aus den Vier- und Marschlanden.[300] Oft habe ich bei ihnen in ihrer Wohnküche zu Mittag gegessen. Das Essen war bei ihnen besser als bei uns. Dank ihrer bäuerlichen Verwandtschaft litt die Familie *Harbrecht* weniger unter dem Mangel an Fett und Fleisch als meine Familie. *Günter*s Eltern haben mich nie spüren lassen, daß sie von meiner Herkunft wußten. Meine Mutter kam manches Mal zu Frau *Harbrecht*, um sich zu bedanken. Ich bin mir nicht sicher, ob für die Mittagessen oder vielmehr dafür, daß die Familie mich vorbehaltlos in ihr Haus kommen ließ.

Zuweilen schickte meine Mutter mich hinüber zu *Dobbertin*s, um mit *Carl-Eugen*, dem ältesten ihrer Enkel,[301] zu spielen. Das Ehepaar *Dobbertin* wohnte zusammen mit der Familie[302] ihrer Tochter *Fina*, ihrem einzigen Kind, in einer herrschaftlichen, palastartigen Villa, die unvergleichlich viel größer war als das Haus meiner Großeltern. Das lang gestreckte, hellgelb gestrichene und wuchtig wirkende Gebäude mit schwarzem Schieferdach lag wie ein Riegel quer am Ende der Kückallee in einem parkartigen Garten. Ich ging ungern hin, weil ich mich wie das Kind von armen Leuten fühlte, das aus Dankbarkeit den Wohltätern gegenüber mit dem Enkel spielen mußte, wagte aber nicht, mich gegen diese lästige Pflicht zu wehren. Schon der Weg im Garten über den weißen Kies zum Haupteingang des Hauses war wie der Eintritt in die einschüchternde Welt der reichen Leute. Während das Haus meiner Großeltern nur einen kleinen Vorraum als Windfang vor dem Hauseingang hatte, war der Fahrweg vor dem Eingang zum Hause *Dobbertin* durch ein auf Säulen ruhendes, großzügiges Portal überdacht. Ich mußte allen Mut zusammen nehmen, bevor ich auf den großen Klingelknopf drückte. Die

155

Abb. 50
Fina von Ondarza geb. Dobbertin mit Carl Reimar Arthur Landgrebe (»Mocki«, 1934–1935) im Hause Dobbertin in der Goetheallee in Reinbek, Jahresanfang 1935; Photographie 11,2 × 8,2 cm

Tür öffnete mir kein Familienmitglied, sondern *Emmi*, das Hausmädchen, angetan mit der damals üblichen Uniform, einem kurzen schwarzen Kleid mit einer kleinen, weißen Schürze und einem kranzartigen, weißen Häubchen auf dem Kopf. Ich nahm es persönlich, bildete mir ein, die Familie *Dobbertin* hielte mich nicht für wert, mich an der Haustür zu begrüßen, so daß ich das Haus mit einem unangenehmen Gefühl von Minderwertigkeit betrat, das durch den Blick auf die riesigen, hinter zugezogenen Gardinen im Halbdunkel liegenden Repräsentationsräume noch verstärkt wurde. Bevor *Emmi* mich in *Carl-Eugen*s Spielzimmer führte, durfte ich seine Mutter, »Tante *Fina*«, eine schlanke, elegant gekleidete Frau, in ihrem Ankleidezimmer mit einem »Diener« begrüßen. Ihr üppiger Schmuck lag in Schalen und Schachteln offen auf ihrem Frisiertisch herum. Es hieß in der Familie, daß meine Mutter und *Fina* Freundinnen seien. Tatsächlich gibt es ein Photo, auf dem *Fina* mit *Mocki*, meinem älteren – kurze Zeit später tödlich verunglückten – Bruder auf dem Arm zu sehen ist (Abb. 50). In meiner kindlichen Wahrnehmung schienen die beiden Frauen in getrennten Welten zu leben, wie eben arme und reiche Leute voneinander getrennt sind. Wie konnte die elegante und anspruchsvolle *Fina* mit meiner Mutter, dieser kleinen, von Angst und Depressionen niedergedrückten Frau im schäbigen schwarzen Mantel mit dem Kaninchenfellkragen befreundet sein? Ich bin mir nicht sicher, ob ich mich in meinen kindlichen Gefühlen getäuscht habe, daß *Fina* uns gegenüber etwas Herablassendes hatte, wobei ich die Rolle des braven Sohnes der armen Nachbarn spielte.

Da ich ein artiger und wohlerzogener Junge war, der einen guten Einfluß auf den Enkel ausübte, war ich im Hause *Dobbertin* willkommen. Es war, als hätte sich meine Mutter bei meiner Erziehung nach den Maximen des Centralvereins der deutschen Staatsbürger jüdischen Glaubens vom 1. August 1914 gerichtet:

»Insbesondere ist mit Strenge darauf zu halten, daß die Kinder in diesem Sinne erzogen werden, daß jede Dreistigkeit, vorlaute Unehrerbietigkeit, jede Spott- oder Witzrede gerügt oder bestraft werde ... Das jüdische Kind soll sich noch artiger und gesitteter benehmen als andere Kinder ... Die Juden [sind] als Minderheit doppelt verpflichtet, an ihr Verhalten, an ihr ganzes Auftreten den strengsten Maßstab zu legen.«[303]

So war ich zu einem schüchternen und zurückhaltenden, überaus höflichen Kind geworden. Der Gegensatz zu dem vier Jahre jüngeren Prinzen *Carl-Eugen* hätte nicht größer sein können. Laut schreiend und fordernd konnte er sich alles erlauben, ohne von seiner Mutter zurechtgewiesen zu werden. Ich hielt ihn für ungezogen, verstand nicht, wie ein Kind sich in dieser Weise Erwachsenen gegenüber behaupten konnte und stieß auch beim Spiel mit *Carl-Eugen* auf eine fremde Welt, die mich verunsicherte und ratlos machte. Das Zusammensein mit ihm wurde für mich zur Qual, ich fühlte mich dem viel jüngeren Jungen gegenüber unterlegen und war froh, wenn ich wieder nach Hause geschickt wurde. Unter den vielen Arbeiten, zu denen ich wie alle Kinder in der Kriegs- und Nachkriegszeit herangezogen wurde, habe ich diese Aufgabe als die unangenehmste Pflicht in Erinnerung. Ich spürte, daß meine Mutter mich aus Dankbarkeit hinüberschickte. Das Gefühl der Verunsicherung und Unterlegenheit sollte sich erst nach der Befreiung verflüchtigen. Rückblickend erinnere ich mich an manches schöne Kinderfest im Hause *Dobbertin*.

Die Angst kommt erst nachts

Im Sommer 1943 wurde ich für drei Monate in ein Kinderheim in Bodensdorf am Ossiacher See in Kärnten geschickt. Eine ungreifbare Angst hatte mich erfaßt. Die Verzweiflung meiner Mutter, die Leiden meines kleinen Bruders und die eiserne Miene meines Vaters, die auszudrücken schien, daß man mit Disziplin alles überstehen werde, all' das bedrückte mich. War ich aus dem Haus, konnte ich alles vergessen, so daß ich erwartungsvoll nach Bodensdorf abreiste. Aber auch dort entkam ich meinen nächtlichen Ängsten nicht. Als einziges Kind fand ich nicht in den Schlaf, hörte während quälender Stunden die Kirchturmuhr Stunde um Stunde schlagen, oft bis über Mitternacht hinaus. Eine kleine Linderung meiner nächtlichen Nöte verschaffte ich mir, indem ich im Dunklen heimlich zum Wasserhahn schlich, um soviel Wasser zu trinken, wie ich Lust hatte. Das war verboten. Kinder durften nicht einfach so viel trinken, wie sie Durst hatten.

Das Kinderheim wurde von *Eleonore Egbring* geführt.[304] Sie hatte eine Villa am Ossiacher See für diesen Zweck gemietet, eine außerordentlich energische und lebenstüchtige Frau sowie entschiedene Gegnerin der Nazis. Sie scherte sich nicht darum, daß ich Halbjude war. Die Mahlzeiten waren karg, die Lebensmittelknappheit spürbar. Aber wir litten keinen Hunger, und bis heute erinnere ich mich an die mit künstlicher, roter Marmelade beschmierte Semmel, die wir nachmittags bekamen, als einen Höhepunkt des Tages. Um das Schuhwerk zu schonen, liefen wir den Sommer über in den Bergen wie die Hütejungen barfuß. Selbst in die stacheligen Brombeerhecken am Rande des Sees wurden wir barfuß geschickt, um Beeren zu pflücken.

Bevor mein Vater mich im September 1943 in Bodensdorf abholte, machte er einen Besuch bei Freunden und Verwandten in Wien. Es war das erste Mal seit zwölf Jahren; seit dem Tod seines Vaters hatte er Wien nicht gesehen. Er schrieb meiner Mutter, die Stadt habe sich seit seinem letzten Besuch durch den »Anschluß« Österreichs an das Deutsche Reich zum Positiven gewandelt und die Menschen seien zufrieden, zum Deutschen Reich zu gehören. War mein Vater blind oder waren es die Wiener, daß sie noch 1943 weder den wahren Charakter des Naziregimes noch die sich deutlich anbahnende Katastrophe erkannt hatten?

Auf der Rückreise aus Bodensdorf trafen wir in Klagenfurt *Hansi*, die Nichte jener Frau,[305] die mein Großvater *Karl Landgrebe* in Wien wenige Jahre vor seinem Tod geheiratet hatte. Im Unterschied zu meinem Großvater *Arthur Goldschmidt*, der eine beherrschende Rolle in meiner Familie und auch in meinem Leben gespielt hat, hatte ich nicht viel über meinen Großvater in Wien erfahren. Nun lernte ich eine Frau kennen, die ihm nahe gewesen war. Dieser sonnige und milde Herbsttag mit *Hansi*, der Nichte meiner Stiefgroßmutter ist mir unvergeßlich. Ich hatte das Gefühl, das Leben meines Großvaters zu streifen. Zu Dritt ruderten wir in einem gemieteten Boot gemächlich auf dem Wörthersee. Ich erinnere mich an *Hansi* als eine liebenswürdige Frau, die sich mit meinem Vater gut zu verstehen schien.

Am Abend hatten wir noch Zeit bis zur Abfahrt des Zuges. Deshalb kehrten wir im Klagenfurter Bahnhofsrestaurant ein. Auf der Speisekarte fand mein Vater Zwetschgenknödel, die er für sein Leben gerne aß. Ich genoß, zum ersten Mal in meinem Leben in einem Restaurant zu sein und spürte den Stolz meines Vaters, der mir erklärte, daß es so gute Dinge wie Zwetschgenknödel eben nur in Österreich und nicht in der kulinarischen Wüste Preußens gebe. Natürlich wollte ich ihm zeigen, daß ich diese guten Dinge zu würdigen wußte, was mich dazu verführte, mehr Knödel zu essen als mir bekömmlich waren. Daher mußte ich auf der nächtlichen Reise im überfüllten Zug immer wieder von gutgelaunten Soldaten, die von irgendeiner Kriegsfront in den Heimaturlaub fuhren, unter Gelächter über ihre Köpfe hinweg zum Klo durchgereicht werden. Im Gang voller Soldaten wurde mir zum ersten Mal bewußt, daß Krieg war. Der Schrecken dieser Vorstellung vertiefte sich, als wir an dem Morgen unserer Rückkehr im Vorortzug von Hamburg nach Reinbek fuhren. Vor meiner Abreise hatte ich links und rechts zwischen den Stationen Berliner Tor bis Tiefstack[306] die langen Häuserreihen eines dicht besiedelten Stadtteils gesehen. Nun erstreckten sich dort endlose Trümmerfelder. Die großen Bombenangriffe im Juli 1943 hatten nicht nur diesen Teil der Stadt total zerstört.

Im Frühjahr 1944 wurde eine Hylusdrüsentuberkulose[307] bei mir festgestellt. Meine Patentante half. *Margarete Lassar*, Witwe des jüdischen Juristen *Dr. Gerhard Lassar*, eines Vetters[308] meines Großvaters, sorgte dafür, daß meine Eltern mich im Kinderkrankenhaus Anscharhöhe an der Tarpenbekstraße in Hamburg für drei Monate unterbringen konnten. Trotz meines rassischen Status als Mischling ersten Grades gab es bei der Aufnahme keine Schwierigkeiten. Ich wurde zu einer Gruppe von etwa zehn gleichaltrigen Kindern gelegt. Das Krankenhaus wurde von evangelischen Diakonissenschwestern geführt. Wir wurden von zwei Schwestern versorgt, die weiße, gesteifte Häubchen aus einem festen Leinenstoff und lange blaue, weißgepunktete Kleider mit einer weißen Schürze trugen und streng darum besorgt waren, daß wir viel aßen und uns während der Liegekuren, die den ganzen Tag dauerten, nicht rührten. Wir Kinder fanden uns ohne Widerspruch mit diesem gefängnisartigen Leben ab, in dem es kaum Zeit zum Spielen gab. Die Erwachsenen waren der Überzeugung, daß es uns gut gehen mußte, weil wir gut zu essen hatten. Wir hatten keinen Grund, daran zu zweifeln.

Im Juli 1944 wurde ich in das Kinderheim »Das hohe Licht« in Oberstdorf im Allgäu verschickt, um in der Bergluft weiter zu gesunden. Vom Heim, einer ehemals herrschaftlichen Villa, hatten wir einen schönen Blick auf das Bergmassiv mit der Trettachspitze (2.595 m). Die Kosten für meinen Aufenthalt in diesem gepflegten Heim für Kinder aus gut situierten bürgerlichen Familien bestritt auch dieses Mal meine Patentante *Grete Lassar*. Ich machte mir damals keine Gedanken darüber, daß ich schon wieder weggeschickt wurde, sondern hielt es für selbstverständlich. Die Reisen in die Kinderheime machten mir sogar Spaß und ich hatte keine Trennungsängste. Mir ging es nicht anders als vielen deutschen Kindern in der Kriegszeit, die im Rahmen des Programms der »Kinderlandverschickung« oft für lange Zeit auf das Land geschickt wurden. Ich fand mich damit ab, von zu Hause fort zu müssen, weil ich es im Kinderheim besser haben würde, wo für

Ernährung und Sicherheit gesorgt war. »Das hohe Licht« in Oberstdorf wurde von einer Holländerin geführt und bot Kindern Unterschlupf, die aus verfolgten Familien stammten.[309] Die Herkunft hat unter uns Kindern keine Rolle gespielt, doch auch hier litt ich unter den gleichen nächtlichen Nöten wie in Bodensdorf. Obwohl ich nachts von Ängsten gequält war, galt ich als ein selbständiger Junge, der sein »Leben in die Hand« nahm, worüber meine Mutter stolz berichtete. Eigentlich war geplant, daß ich auch den Winter über in Oberstdorf bleiben sollte. Als aber im Herbst 1944 die Verhältnisse in Deutschland wegen der ständigen Bombenangriffe immer chaotischer wurden und deshalb auf die Eisenbahnverbindungen kein Verlaß mehr war, fürchteten meine Eltern, mich bald nicht mehr nach Hause holen zu können. Daher machte mein Vater sich im Oktober 1944 auf den Weg, um mich zu holen. Schon kurze Zeit später war es kaum mehr möglich, durch Deutschland zu reisen.

Auf dieser Reise von Oberstdorf nach Reinbek fühlte ich mich meinem Vater so nahe wie kaum je wieder. Seit unserer Rückkehr aus Belgien war mir immer bewußt, daß er mich wegen seiner arischen Herkunft schützen konnte. Dieses Mal erlebte ich diesen Schutz, der bisher nur in meiner Vorstellung existierte, ganz unmittelbar, als er mit Umsicht und starken Nerven unsere Reisestrapazen bewältigte. Das Abenteuer unserer Heimreise führte uns in überfüllten Zügen, die wir immer wieder wegen drohender Fliegerangriffe verlassen mußten, über zerstörte Bahnhöfe. Nach der »Entwarnung« gelang es meinem Vater mehr oder weniger zufällig, einen anderen Zug zu finden, der uns Hamburg ein wenig näher brachte. Dabei schien er sogar ein gewisses sportliches Vergnügen darin zu finden, schneller als die anderen Reisenden den richtigen Zug ausfindig gemacht zu haben. Auf diese Weise kamen wir am ersten Tag nur bis Augsburg, wo mein Vater eine Freundin meiner Großmutter, *Irmgard Wedemeyer*, besuchen wollte, um ihr vor ihrer drohenden Deportation die Grüße unserer Familie auszurichten. Unser Besuch mußte heimlich bleiben. Die Nachbarn durften nichts bemerken, da es verboten war, Juden zu besuchen. Bei Kerzenschein wurde mit gedämpfter Stimme über Bedrohliches gesprochen. Aber ich fühlte mich auch hier wie auf der gesamten Reise sicher, weil mein Vater mir so nahe war, wie ich es sonst kaum erlebt hatte; und er war nur für mich da, ich hatte ihn für mich allein. Mein Nachtlager war ein schmales Sofa unter einer kratzenden Wolldecke mit einem unangenehmen Geruch, während mein Vater mit seinem Mantel zugedeckt die Nacht auf einem Lehnsessel verbrachte.

In aller Frühe brachen wir auf, noch im Schutz der Dunkelheit. Nach stundenlangen Aufenthalten auf Bahnhöfen, die von wartenden oder gehetzt hin und her hastenden, verängstigten Menschen überfüllt waren, kamen wir – ständig die Züge wechselnd – langsam voran, wobei wir das Glück hatten, kein Mal in einen Zug zu geraten, der von Tieffliegern angegriffen oder das Ziel von Bombenangriffen wurde.

Trügerische Normalität

Äußerlich scheint das Leben unserer Familie seit der Deportation meines Großvaters im Jahr 1942 normal und nicht schwieriger gewesen zu sein als das Leben der anderen Deutschen. Mein Vater stand nicht als Soldat an der Kriegsfront und hatte einen Broterwerb. Wir bewohnten eine ordentliche Wohnung, die nicht mit einem Judenstern gekennzeichnet werden mußte. Meine Mutter brauchte den Judenstern nicht zu tragen. Unsere Lebensmittelkarten waren nicht mit einem »J« gekennzeichnet, so daß wir die gleichen Lebensmittelzuteilungen erhielten wie die anderen Deutschen. Ich konnte zur Schule gehen, ohne als Judenkind diskriminiert zu werden und hatte sogar einen Spielgefährten. Unsere Familie wurde in Reinbek nicht schikaniert oder als »jüdisch versippt« diffamiert. Die Nachbarn erwiesen sich als freundlich und manchmal sogar als hilfsbereit. Sie waren die ersten, die zu Hilfe eilten, als mein Vater beim Obstpflücken von einem hohen Birnbaum gefallen war und ich zu Tode erschrocken mit ansah, wie sie ihn in das Haus führten. Aber dieser Schein der Normalität trügt. Wir lebten in ständiger Angst, von einem Tag auf den anderen dasselbe Schicksal erleiden zu müssen, wie mein Großvater und die Verwandten meiner Mutter. Niemand wußte, was die Nazis mit den »jüdisch versippten« Familien planten. Wann würden sie mit den Mischlingen ebenso verfahren wie mit den Volljuden? Als der gutmütige Herr *Justus*, der wegen seines Alters erst spät zur Wehrmacht eingezogen worden war, eines Tages in der Uniform eines Majors an der Tür stand, erschreckte er mich ebenso wie ein anderer Nachbar in der Kückallee, *Dr. Struve*, den ich zuweilen in seiner martialisch wirkenden SA-Uniform sah. Noch viele Jahrzehnte später sollte gegen den Greis wegen seiner Verstrickung in die Euthanasieverbrechen der Nazis ermittelt werden. Mein Vater, ein aus der Lebensbahn geworfener Mann, konnte seine Familie nur dank der Hilfe von *Dobbertin*s über Wasser halten. Meine Mutter wagte kaum mehr, aus dem Haus zu gehen. Die gesellschaftlichen Kontakte meiner Eltern beschränkten sich auf die losen Beziehungen zu den Nachbarn. Um so mehr genoß mein Vater die seltenen geselligen Abende unter Gleichgesinnten im Haus des Hamburger Rechtsanwalts *Dr. Kurt Fehling*,[310] einem sehr viel jüngeren Freund meines Großvaters. Dort wurde über Kunst und Philosophie diskutiert. *Fehling* kam 1944 in Italien als Soldat zu Tode.

Meine Mutter war durch den Druck der Verfolgung psychisch schwer erkrankt, so daß sie zeitweise kaum noch für ihre Kinder sorgen konnte. Mütterlichen Trost und Hilfe fand sie vor allem bei *Elisabeth Asch*, mit der sie sich durch die frühere freundschaftliche Nachbarschaft mit meinen Großeltern und durch dasselbe Verfolgungsschicksal verbunden fühlte. Die arische Witwe eines jüdischen Arztes, der schon vor langer Zeit verstorben war,[311] lebte allein. Ihre drei Töchter im Alter meiner Mutter waren wegen ihrer jüdischen Herkunft nach England geflüchtet.[312] *Elisabeth Asch*, die wir Kinder Tante *Lisbeth* nannten, war eine winzig kleine, verbuckelte Frau, deren Finger durch die Unterernährung mehr und mehr verkrüppelten, so daß sie nicht mehr Geige spielen konnte. Mit ihrer Fröhlichkeit und ihrem Humor gelang es ihr immer wieder, meine Mutter aufzurichten. Mein Bruder und ich liebten diese alte Tante mit ihrer guten Laune. Auch unsere Nachbarin *Editha Jung*, eine Freundin seit Kinderzeiten, blieb meiner Mutter auch während der Nazizeit treu. Noch Jahrzehnte später erinnerte sie sich an die Ängste meiner Mutter um meinen Bruder und mich. Außerdem schaute *Käthe Cotterell*, eine andere Jugendfreundin, zuweilen herein. Eine der treuesten Freundinnen der Familie war *Nana*, die ehemalige Kinderfrau meiner beiden Onkel *Erich* und *Jürgen*. Wenn meine Mutter – selten genug – noch wagte, nach Hamburg zu fahren, wurde ich von *Nana* in ihrer Wohnung betreut.

In den Jahren 1941 bis 1944 wurden bis auf wenige Ausnahmen die Hamburger Juden in sechzehn Transporten, die am 25. Oktober 1941 begannen, deportiert. Im Februar 1945 gab es noch 194 amtlich registrierte Juden in Hamburg,[313] die wie meine Mutter mit einem Arier verheiratet in einer sogenannten Mischehe lebten.[314] Nun sollten auch sie deportiert werden, obwohl Deutschland schon zum größten Teil von den alliierten Truppen besetzt war und die endgültige Niederlage unmittelbar bevorstand.

Am 13. Februar 1945 beauftragte das Landratsamt des Kreises Stormarn die Gemeinde Reinbek,

»die jüdischen Teile von Mischehen, die voll arbeitsfähig sind, zum geschlossenen Arbeitseinsatz am 14. Februar 1945 in die Talmud-Tora-Schule in Hamburg zu schaffen«.[315]

Die Wortwahl des Landratsamtes in dieser Verfügung entsprach der Methode der Nazis, alle Maßnahmen, die zur Vernichtung der Juden führten, hinter einer sachlich klingenden, bürokratischen Ausdrucksweise zu verbergen. So verhielt sich auch das Landratsamt und sprach von einem »geschlossenen Arbeitseinsatz«, obwohl sich dahinter nichts anderes verbarg, als die Deportation der letzten noch in Hamburg lebenden Juden. In Reinbek lebten noch drei »Volljuden«: der 43 Jahre alte *Hans Pniower*, *Henni Wehrspohn* und meine Mutter. Der mit der »Zuführung« zum Arbeitseinsatz beauftragte Wachtmeister notierte, daß *Pniower* am 14. Februar 1945 dem Sammelpunkt Talmud-Tora-Schule in Hamburg[316] »zugeführt« worden sei. Zugunsten von *Henni Wehrspohn* machte der Wachtmeister der Gemeinde dem Landratsamt gegenüber geltend, daß ihr Ehemann seit fünf Jahren als Soldat diente. Deshalb solle sie dem Transport nach Theresienstadt nicht angeschlossen werden. Das Landratsamt in Bad Oldesloe stimmte zu, so daß sie vor der Deportation bewahrt wurde. Meine Mutter wurde ebenfalls nicht deportiert. Allerdings gibt es über sie im Archiv der Stadt Reinbek keine Unterlagen. Die Hintergründe ihrer Rettung wurden erst durch einen Brief erhellt, den mein Vater nach der Befreiung am 17. Mai 1945 an Bürgermeister *Claußen* schrieb:

»Wie ich erst jetzt erfahre, ist es Ihrem Einspruch zu verdanken, daß meine Frau, Ilse Maria Landgrebe, geb. Goldschmidt, von der im Frühjahr d.[es]J[ahre]s. durchgeführten Deportation der Ehegatten jüdischer Abstammung durch die Gestapo ausgenommen wurde und dadurch ihrer Familie erhalten blieb«.[317]

Auch die Rettung von *Henni Wehrspohn* muß *Claußen* bewerkstelligt haben. Da die Ortspolizeibehörde ihm unterstand, kann die Initiative zu ihrer Rettung nur von ihm ausgegangen sein. Nur im Fall von *Pniower* war er offenbar an die Grenze seiner Möglichkeiten geraten.

Alles, nur kein Judenkind

Weder meine Mutter noch meine Großeltern *Goldschmidt* haben mir ein jüdisches Selbstverständnis vermittelt, da sie sich selbst nicht als Juden verstanden, sondern als deutsche Protestanten mit nationalistischer Gesinnung. Ich hatte keinen Bezug zum jüdischen Glauben und kannte weder jüdische Riten noch Gewohnheiten. Ich wußte nur, daß meine Mutter jüdische Vorfahren hatte, die sich aber schon vor langer Zeit hatten taufen lassen. Die jüdische Herkunft meiner Mutter hatte für mein Selbstverständnis äußerlich nur die Bedeutung einer Geschichte aus alten Zeiten, die nicht ausreichte, um mich mit dem Jüdischen zu identifizieren. Durch die Einordnung als Jude bzw. als Mischling definierten mich die Nazis also als etwas, was ich nicht verstand. Ich wußte nicht, was diese Definition bedeutete, außer daß sie die Ursache einer lebensgefährlichen Bedrohung war.

Es liegt auf der Hand, daß ich als Kind das Bedürfnis hatte, diese Gefahr von mir abzuwenden. Ich wollte sein wie andere Kinder auch, zu ihnen gehören und mich nicht durch meine jüdische Herkunft von meinen Klassenkameraden unterscheiden. Daher versuchte ich immer wieder zu erklären, daß ich nicht jüdisch sei, weil mein Vater arisch sei und daß meine Mutter und ihre Vorfahren schon vor langer Zeit getauft worden seien. Wenn ich zurückdenke, finde ich dieses Verhalten nur verständlich: Ich hatte Angst und versuchte, mich vor einer Bedrohung zu schützen. Außerdem wollte ich kein Außenseiter sein. Ich kann mir nicht einmal den Vorwurf machen, durch diese Haltung eine irgendwie geartete jüdische Identität verleugnet oder mich selbst belogen zu haben. Denn mit dem Jüdischen verband mich auf der bewußten Ebene nichts.

Von dieser kindlichen Strategie, von der ich glaubte, sie könne mir helfen, die Bedrohung abzuwenden, machte ich bewußt zum ersten Mal am 20. April 1945 Gebrauch. Obwohl die bedingungslose Kapitulation des Deutschen Reiches am 8. Mai und damit das Kriegsende unmittelbar bevorstanden, wurde wie jedes Jahr an diesem Tag *Hitlers* Geburtstag begangen,[318] und die Naziorganisationen in Reinbek bemühten sich voller Eifer, die ihnen auferlegten Pflichten zu erfüllen. Es schien, als ob niemand wahrnehmen wollte, daß die Feierlichkeiten an »Führers Geburtstag« in dieser Situation nur noch eine Farce waren. Auch in diesem Jahr sollten wie üblich die zehnjährigen deutschen Jungen in das »Jungvolk« der Hitlerjugend aufgenommen werden. Die Aufnahmezeremonie fand im Garten der Konditorei *Nagel* – einem Ausflugslokal der Hamburger – am Rande des damaligen Adolf Hitler-Platzes statt. Das Kommando führte der etwa 18 Jahre alte Fähnleinführer. Er trug eine dunkle Uniform mit breitem, schwarzen Lederkoppel, an dem martialisch das sogenannte Fahrtenmesser hing. Seine dicken, blond behaarten Beine steckten in viel zu kurzen Hosen. Ich beobachtete den Fähnleinführer, der mit energischen Schritten vor uns kleinen Jungen hin und her eilte, in einer Mischung aus Angst und Bewunderung. Mag er später auch ein loyaler Bürger der Bundesrepublik geworden sein, in seiner damaligen Rolle verkörperte er für mich das Dritte Reich. Daher habe ich seinen Namen, *Bernhard Donati*, nicht vergessen. Wir standen »in Reih und Glied« vor einem Tisch, hinter dem der stellvertretende Fähnleinführer saß. Der Reihe nach stellte er die üblichen und unverfänglichen Fragen nach dem Namen, dem Geburtsdatum und der Adresse; damit nicht genug. Die Frage, die mir Angst machte, galt der arischen Herkunft der Eltern. Ohne daß mich meine Eltern je darüber hätten aufklären müssen, wußte ich von der Gefahr, die wegen der jüdischen Herkunft meiner Mutter von dieser Frage ausging. In dieser bedrohlichen Lage mischte sich meine Angst vor den uniformierten, halbwüchsigen Hitlerjungen, die so viel Macht über uns hatten, mit meinem Wunsch, ebenso wie meine Schulkameraden in das »Jungvolk« aufgenommen zu werden. Ich dachte daher nicht daran, der Situation auszuweichen und einfach nach Hause zu gehen, sondern ich ließ es darauf ankommen. Mein Platz in der Schlange war weit hinten. Die Zeit dehnte sich endlos und meine Spannung stieg. Zu meiner Erleichterung fragte der stellvertretende Fähnleinführer hinter dem Tisch nur nach meinem Vater. So wurde ich noch am 20. April 1945 Mitglied des »Jungvolkes« der Hitlerjugend. Ich war erleichtert, weil ich nun keine Angst mehr zu haben brauchte, von meinen Altersgenossen als minderwertiger Mischling angesehen zu werden. Nun gehörte ich zu ihnen. Das war mir wichtig, denn ich hatte von meinem Großvater und meinem Vater gelernt, daß es nicht richtig war, unsere Familie als jüdisch zu bezeichnen, sondern daß wir uns von den anderen Deutschen nicht unterschieden.

Sechzig Jahre lang bewahrte ich dem stellvertretenden Fähnleinführer, *Harald Grossmann*,[319] eine freundliche Erinnerung, weil ich glaubte, er habe mich in einer Anwandlung von Menschenfreundlichkeit bewußt nur nach der rassischen Herkunft meines Vaters gefragt. Erst viel später entdeckte ich, daß nach der 2. Durchführungsverordnung zum Gesetz über die Hitlerjugend Mischlinge Mitglieder der Hitlerjugend sein konnten. Ich hätte also gar keine Angst haben müssen abgewiesen zu werden. Aber wer kannte damals schon diese absurden Regeln der Judenverfolgung, und wer wäre auf die Idee gekommen, einen zehnjährigen Jungen über sie aufzuklären?

Die Bedrohung blieb ungreifbar. Außerdem hätte es trotzdem schlecht für mich ausgehen können, weil die Regelung die Möglichkeit offen ließ, Mischlinge in das Jungvolk aufzunehmen oder nicht. Die jugendlichen Fähnleinführer hätten mich genauso gut unter Hohn und Spott abweisen können. Einen Anspruch für »Mischlinge« gab es nicht.

»Ich habe sie doch geliebt«

Leben ohne Angst

Zwei Wochen später, am 3. Mai 1945, marschierten die Engländer gegen 15.20 Uhr von Wentorf kommend in Reinbek ein. Bürgermeister *Claußen* hatte am Vorabend, dem 2. Mai 1945, gegen *Hitler*s ausdrücklichen Befehl, jeden Zoll deutschen Bodens bis zum letzten Mann zu verteidigen, im Bergedorfer Rathaus den Engländern die kampflose Übergabe von Reinbek angeboten.[320] Bei der Kapitulation ließ er sich durch Wentorfs Bürgermeister *Sehr* vertreten. So blieb Reinbek dank der Initiative des Bürgermeisters von sinnlosen Kampfhandlungen, die mit Sicherheit vielen Menschen das Leben gekostet hätten, verschont.[321]

An diesem sonnigen Frühlingstag standen meine Eltern und ich an dem großen Tor im hinteren Teil des Gartens und beobachteten die englischen Schützenpanzer, die sich in einer endlosen Reihe rasselnd über die Schönningstedter Straße nach Norden bewegten. Ich betrachtete sie in einer Mischung von Neugier und Erleichterung und freute mich, daß die Engländer endlich da waren. Meine Mutter weinte, und mein Vater machte ein bedrücktes Gesicht. Ratlos fragte ich ihn: »Warum weint Mutti?« Seine Antwort war: »Weil Deutschland den Krieg verloren hat.«[322]

Eine mir heute unerklärliche Scheu hielt mich davon ab, sie selbst zu fragen. Daher weiß ich nicht, ob die Antwort meines Vaters die Gefühle meiner Mutter widerspiegelte. Vielleicht hat sie geweint, weil sie und ihre Kinder überlebt hatten, und weil sie erleichtert war, von den Nazis befreit zu sein. Vielleicht aber rührte das Rasseln der englischen Schützenpanzer auch an ihre nationalen Gefühle, zu denen sie von Kindheit an erzogen worden war. Sicher ist aber, daß die Antwort meines Vaters seine eigenen Gefühle widerspiegelte, wie die Briefe[323] an seinen Freund *Harras* im Jahre 1947 zeigen, auf die ich zurückkommen werde (s. u. S. 181ff.). Aber ich verstand nicht, warum er und meine Mutter sich nicht auch über den Einmarsch der Engländer freuen konnten. Ich spürte, daß der Druck der Verfolgung von uns genommen war und genoß das für Norddeutschland ungewöhnlich lang anhaltende schöne Wetter ohne Schule, die erst im Herbst 1945 wieder beginnen sollte.

Auf der Straße vor unserem Haus lagerte in einigen alten Militärfahrzeugen eine Gruppe von Soldaten der ehemaligen Wehrmachtspost. Sie warteten darauf, von den Engländern registriert und nach Hause entlassen zu werden. Sie waren guter Laune und interessante Spielgefährten für uns Kinder. Ohne Waffen, Koppel und Schulterstücke machten sie in ihren abgetragenen Uniformen einen denkbar unmilitärischen und harmlosen Eindruck. Vor diesen Uniformen hatte ich keine Angst mehr.

Durch die Befreiung eröffneten sich mir neue, bisher verschlossene Möglichkeiten. Eine Gruppe von gleichaltrigen Kindern in der Kückallee nahm mich in ihren Kreis auf. Meine jüdische Herkunft war nun kein Hindernis mehr, um Mitglied in dem Reinbeker Hockey- und Tennisclub zu werden, der Tontaubenclub hieß. Trotz der Nöte der unmittelbaren Nachkriegszeit, trotz Hunger und Kälte erlebte ich die unbeschwertesten und fröhlichsten Jahre meiner Kindheit und Jugend. Wir genossen die schier unbegrenzte Freiheit in den großen parkartigen Gärten der Kückallee und den unmittelbar angrenzenden Ausläufern das Sachsenwaldes und nahmen die Anlagen des Tontaubenclubs mit seinen Tennis- und Hockeyplätzen für unsere Spiele in Besitz. Ich lernte schwimmen in dem idyllisch im Wald gelegenen Tonteich mit seiner Badestelle, die zum Club gehörte. Mein Vergnügen ließ ich mir nicht dadurch verderben, daß ich in unserer Hockeymannschaft nur mäßige Erfolge hatte und ich es nicht schaffte, vom drei Meter hohen Sprungbrett einen Kopfsprung in den Tonteich zu machen. Diese sportlichen Mängel kompensierte ich beim Fußballspielen.

Endlich Professor

Da mein Vater so schnell wie möglich in seinen Beruf und an die Universität zurückkehren wollte, wandte er sich kurze Zeit nach der Kapitulation an Professor *Bruno Snell*,[324] den die britische Besatzungsmacht als Dekan der philosophischen Fakultät der Hamburger Universität eingesetzt und beauftragt hatte, den Lehrbetrieb wieder in Gang zu bringen. *Bruno Snell*, ein integrer und angesehener Mann, der sich während der Nazizeit nicht kompromittiert hatte, versprach, sich für ihn einzusetzen.[325] Schon am 15. August 1945 erreicht *Ludwig Landgrebe* die Nachricht, daß der Fakultätsausschuß die Umhabilitierung meines Vaters von der Prager an die Hamburger Universität genehmigt hatte.[326] Am 7. September 1945 schrieb die Hochschulabteilung der Hamburger Schulverwaltung meinem Vater, daß seine Anstellung als bezahlter Dozent rückwirkend ab 1. Juli 1945 bewilligt worden sei.[327] Am 23. Januar 1946 hielt er seine Antrittsvorlesung über das Thema »Das Problem einer absoluten Erkenntnis«.[328] Endlich sah er sich für seine Disziplin und sein Durchhaltevermögen belohnt, die vielen Nächte, die er sich in den Jahren seit 1941 seinen philosophischen Arbeiten gewidmet hatte, nachdem er sich den Tag über im Büro der Firma *Dobbertin & Co.* mit dem Verkauf von Salz zu beschäftigen und in den Abendstunden die Gartenarbeit zu erledigen hatte. Ihm hatten in dieser Zeit nur wenige Bücher zur Verfügung gestanden. Vielleicht gewöhnte er sich deshalb daran, nur mit einem kleinen wissenschaftlichen Apparat zu arbeiten. Jedenfalls ist mir später aufgefallen, daß seine philosophische Bibliothek, die er im wesentlichen während seines Studiums zusammengetragen hatte, kaum wuchs.

Am 6. Juli 1946 wurde er in den Senat der Universität Hamburg gewählt[329] und nahm an der Wahl des ersten Nachkriegsrektors teil. Am 27. September 1946 wurde er zum außerplanmäßigen Professor ernannt.[330] Schon zum Wintersemester 1946/47 begann er in Kiel zu lehren.[331] Am 5. Februar 1947 unterschrieb er die Lehrstuhlverhandlungen und zum 1. April 1947 wurde er zum ordentlichen Professor auf den Lehrstuhl für Philosophie an der Universität Kiel berufen.[332] Der Lebenstraum meines Vaters, der schon als Zwölfjähriger seine Unterschrift mit dem Professorentitel übte (s. o. S. 63), ging in Erfüllung. Seine erfolgreiche, wissenschaftliche Karriere im Nachkriegsdeutschland begann. Mein Großvater, der im September 1945 aus Theresienstadt zurückgekehrt war, und *Dobbertin* sahen sich darin bestätigt, auf diesen Mann gesetzt zu haben. Das Ehepaar *Dobbertin* feierte den Erfolg mit einem Festessen. Meine Eltern erklärten später immer wieder, wie glücklich sie waren, daß mein Großvater diesen Erfolg noch erlebt hat.

Mein Vater versäumte nicht, sich bei den beiden Männern zu bedanken, die uns während der Nazizeit geholfen hatten. In einem ausführlichen Brief dankt er am 12. Mai 1945 *Dobbertin*.[333] Er habe ihm dreimal »ohne Rücksicht auf die Gefahr, die das für Sie und Ihre Firma bringen konnte« geholfen, indem er ihn in Prag finanziell unterstützte, »wodurch nicht nur meine Habilitation an der Deutschen Universität in Prag, sondern auch meine Heirat und das Durchhalten in den ersten schwierigen Jahren als unbesoldeter Privatdozent dort für mich möglich wurde«. Als er in Prag nach dem »Einmarsch der deutschen Truppen« seine Stellung verlor, habe *Dobbertin* die kostspielige Übersiedlung nach Belgien bezahlt. Als mein Vater schließlich nach Deutschland habe zurückkehren müssen, um die Gründung einer Existenz auf ganz neuer Basis zu versuchen, habe *Dobbertin* ihn »ohne Zögern« in seiner Firma angestellt, »obwohl ich für den kaufmännischen Beruf keinerlei Vorbildung mitbrachte und Ihnen und Ihrer Firma die Anstellung eines ›jüdisch-versippten‹ Mannes leicht hätte Schaden bringen können«. Weiter schrieb mein Vater, daß Sie »niemals die Freundschaft zu ihm [*Arthur Goldschmidt*] geleugnet, und ihn weiterhin in Ihrem Hause empfangen und öffentlich mit ihm verkehrt haben auch als viele andere Leute kaum noch wagten, ihn auf der Straße zu grüßen.« Schließlich beschreibt mein Vater die Hilfe der Familie *Dobbertin*, als meine Großeltern 1941 deportiert werden sollten, »obwohl Sie gewärtig sein mußten, daß dieses von der Gestapo überwacht wurde und Sie diese Handlungsweise als ›Unterstützung eines Juden‹ Ihren Kopf hätte kosten können«.

Drei Tage später, am 17. Mai 1945, dankt mein Vater auch dem Bürgermeister *Claußen* brieflich für seinen Einsatz für unsere Familie.[334] Er habe im Februar 1945 einen Zusammenstoß mit der Gestapo riskiert, um meine Mutter vor der Deportation nach Theresienstadt zu retten, und meine Großeltern im Jahre 1941 vor der Deportation bewahrt.

Ein Überlebender kehrt zurück

Im September 1945 kehrt mein Großvater aus Theresienstadt zurück. Meine Eltern holen ihn in Hamburg am Hauptbahnhof ab, wo die Transporte der Überlebenden ankamen. Wieder ist *Reinhart Bunsen* dabei, der Freund, der ihn vor drei Jahren auch zum Abtransport an die Moorweidenstraße begleitet hatte. Ich kann mich nicht erinnern, ob ich diesem Familienereignis aufgeregt oder neugierig entgegen sah. Aber das Bild des ersten Wiedersehens habe ich noch vor Augen. Am frühen Abend dieses freundlichen Spätsommertages trat mein Großvater mit meinen Eltern durch die weiße Gartenpforte, die wie bei seinem Abschied noch immer halb geöffnet war. Es gibt ein Bild dieser Pforte, mein Großvater hat es in Pastellfarben gemalt, mit dem kleinen runden Beet im Vordergrund, das meine Großmutter von ihrem Sterbebett aus so gerne noch einmal gesehen hätte (Abb. 51; s. o. S. 136f.). Diese kleine Gartenpforte ist für mich das Symbol von Haus und Garten in Reinbek.

Als das Gemeindeamt von meinem Großvater nach seiner Rückkehr wissen will,[335] wie viele in Reinbek ansässige Juden der vorgesetzten Behörde gemeldet werden sollten, verständigt er sich mit *Hans Pniower*, der Theresienstadt ebenfalls überlebt hatte. Sie kommen überein, dem Amt zu erklären, daß es in Reinbek keine Juden gebe. Für meinen Großvater ist das nur konsequent, da er sich nie als

Abb. 51
Arthur Goldschmidt (1873–1947), Die weiße Gartenpforte Kückallee 37, nicht signiert, unbezeichnet, undatiert, Pastellzeichnung auf Malkarton;   *36,5 cm*

Jude, sondern immer als Christ verstanden hatte. Es waren die Nazis, die ihn als Juden definiert hatten. Sein Selbstverständnis als Christ verbietet es ihm, sich nach den rassistischen Kategorien der Nazis als Juden definieren zu lassen. Wenig später verfaßt er eine Schrift über die evangelische Gemeinde in Theresienstadt.[336] Auch hier grenzt er sich als Christ von den Juden als Religionsgemeinschaft ab. Für die Probleme, die Juden mit dem Christentum haben, hat er kein Verständnis.

In allen Fragen, die mit unserer jüdischen Herkunft zu tun haben, war mein Großvater (Abb. 52) die beherrschende Persönlichkeit in unserer Familie und hat nicht nur die Haltung meines Vaters, sondern auch meine Haltung beeinflußt. Deshalb lohnt die Auseinandersetzung, mit seinen Äußerungen.

Ausführlich schildert er seine Erfahrungen als Christ inmitten der großen Mehrheit von Juden. Um in Theresienstadt eine christliche Gemeinde aufzubauen, fertigt er eine Liste der Gemeindemitglieder an. Dabei stellt sich heraus, daß eine große Anzahl sich erst als Erwachsene hat taufen lassen, meist aus Anlaß ihrer Heirat mit einem christlichen Partner. Das christliche Bekenntnis half ihnen nicht, wenn die Ehen durch Tod oder Scheidung aufgelöst wurden, sie wurden deportiert. Um diese Gruppe zu schützen, verzichtete mein Großvater grundsätzlich darauf, das Taufdatum in seiner Liste aufzuführen. Denn er beobachtete, daß die Juden – vor allem die Gesetzestreuen, von denen es sehr viele gab – sich in ihrem Verhalten gegenüber den Christen vom Zeitpunkt ihrer Taufe leiten ließen. Gegenüber denen, deren Eltern schon Christen gewesen waren, und die schon als Kinder im christlichen Glauben erzogen worden waren, »war die Haltung im allgemeinen neutral und gipfelte höchstens in einer grundsätzlichen, gelegentlich auch mißachtenden Ablehnung des Christentums, wie sie im Judentum weit verbreitet zu sein scheint«. Ganz anders sei die Haltung der Juden gegenüber denjenigen gewesen, die erst als Erwachsene übergetreten waren. Sie wurden »als ›Abtrünnige‹, als Renegaten … Verräter und … ›Geschmockle‹« verachtet. Wie mein Großvater schreibt, »scheuten sich [die Juden] oft nicht, ihrer Mißachtung bei gegebener Gelegenheit unverblümten Ausdruck zu geben.«[337] Besonders Frauen, die in Massenquartieren mit Juden hausten, hätten unter dieser Einstellung zu leiden gehabt. Infolgedessen sei nicht nur ein gewisser Rückstrom in das Judentum zu beobachten gewesen, sondern nicht wenige hätten es von vornherein gescheut, sich als Christen zu bekennen.

Mein Großvater schien kein Verständnis dafür zu haben, daß die Juden in Theresienstadt die Christen ablehnten oder ihnen zumindest mit einer gewissen Distanz begegneten. Sollte er trotz seiner umfassenden Bildung nichts von der Judenfeindschaft der Christen gewußt haben? Nichts von der daraus resultierenden

Judenverfolgung, die sich wie ein roter Faden durch die europäische Geschichte zieht? Warum erstaunt ihn die Haltung der Juden gegenüber den Christen? Hat er verdrängt, daß er, als er sich um ein christliches Begräbnis seiner Frau bemühte, selbst das Opfer einer judenfeindlichen Kirche geworden war? Sollte er auch vergessen haben, wie seine Großmutter *Johanna Goldschmidt* unter ihrer gesellschaftlichen Diskriminierung in Hamburg gelitten hatte?

Ich habe keine Antworten auf meine Fragen gefunden. Lediglich seine Korrespondenz mit dem von der SS eingesetzten, für die Selbstverwaltung des Ghettos verantwortlichen Judenältesten läßt Rückschlüsse auf die Vorstellungen meines Großvaters über das Verhältnis zwischen Juden und Christen zu. Er fordert mit Nachdruck, der evangelischen Gemeinde einen angemessenen

Abb. 52
*Arthur Goldschmidt (1873–1947)
November 1946; Photographie 10,3 × 8 cm*

Raum für ihre Gottesdienste zur Verfügung zu stellen und begründet das so:

»Die Juden haben in Mittel- und Westeuropa eine Minderheit von 1–2 % dargestellt, die seinerzeit eine vollkommene Kulturautonomie besaßen und – mit Recht – Toleranz begehrten und erhielten.«

Daraus zieht er den Schluß:

»Wir geben zu bedenken, was das Weltgericht der Geschichte einmal über die Anklage befinden würde, daß eine soziale Gemeinschaft, die als Minderheit Kulturautonomie begehrt und gefunden hat, als Mehrheit eine solche nicht einräumen will.«[338]

Weder in dieser Korrespondenz, noch in seinem Bericht über die evangelische Gemeinde in Theresienstadt interessiert er sich für die leidvolle Geschichte der Juden und bemüht sich nicht, deren Haltung gegenüber den Christen zu verstehen. Er sieht nur seine Aufgabe, sich als Repräsentant der kleinen christlichen Minderheit gegenüber der überwältigenden Mehrheit von Juden behaupten zu müssen.

Auch in der Ausnahmesituation des Lagerlebens setzten sich offenbar die üblichen Kämpfe zwischen Mehrheiten und Minderheiten fort. Immerhin bewirken seine hartnäckigen Schreiben, daß der Judenälteste nach langem Zögern den Raum zur Verfügung stellt.

Später, lange nach dem Tod *Arthur Goldschmidt*s, erzählte mir mein Vater, daß er bei seiner Heimkehr aus Theresienstadt erklärt habe: »Ludwig, jetzt bin ich auch Antisemit«. Sollte mein Großvater diese Bemerkung wirklich gemacht haben? War sie nur ironisch gemeint? Hat mein Vater ihr eine Bedeutung beigemessen, die sie vielleicht gar nicht hatte? Warum hat mein Vater mir überhaupt davon erzählt? Warum war sie ihm so wichtig, daß er sie an mich weitergab? Hätte er mir das nicht ersparen können? Die Bemerkung meines Großvaters beschämt mich noch heute. Um mich von dieser Scham zu befreien, versuche ich, ihren Hintergrund zu verstehen. Ich stelle mir vor, welchen Belastungen er ausgesetzt gewesen war, welchen Erfahrungen in den Jahren inmitten einer willkürlich zusammengetriebenen Masse entwurzelter Menschen, die unter unsäglichen hygienischen Bedingungen um ihr Überleben kämpften, krank, hungrig und in ständiger Angst vor dem Abtransport nach Auschwitz. Ich kann mir vorstellen, daß er sich, nun selbst von all' dem Elend und der Angst befreit, durch diese Bemerkung spontan erleichterte, ohne darüber nachzudenken, was er sagte. Ich kann mir nicht vorstellen, daß sein christliches Selbstverständnis so weit ging, daß er antisemitisch wurde, zumal er sich mit dem Judentum nie beschäftigt zu haben scheint.

Letztlich nimmt er wieder eine versöhnliche Haltung gegenüber der jüdischen Lagerverwaltung ein, wenn er schreibt:

»Rückwärts betrachtet, muß anerkannt werden, daß die Verwaltung einer gesollt und gewollt rein jüdisch aufgebauten Gemeinschaft, die naturgemäß eine christliche Gemeinde als einen Fremdkörper empfinden mußte, im ganzen doch großes Entgegenkommen bewiesen hat.«[339]

Aus heutiger Sicht kann man den Großmut und die Toleranz des Judenältesten in Theresienstadt nur bewundern. Ob eine christliche Mehrheit in einer ähnlichen Situation sich gegenüber einer jüdischen Minderheit wohl ähnlich tolerant verhalten hätte?

Rückkehr zur Normalität

Die letzten Jahre *Arthur Goldschmidt*s standen unter einem Leitmotiv, das er in seinem Bericht formulierte:

»Wir wissen, daß auch das Leiden eine Gnade Gottes ist, daß unter der Gnade auch unser Auftrag steht, wenn wir wieder Deutsche unter Deutschen werden sollten: Unsere Aufgabe ist dann nicht Vergeltung, sondern mit aufzubauen an dem inneren Deutschland, sich auswirken zu lassen, was das Leid uns an geistiger Erhöhung geschenkt hat.«[340]

Seine Wiedergutmachungsansprüche wollte er später dem Staat gegenüber geltend machen. Nach seiner Rückkehr verlangte er nur das zu unserer Wohnung gehörende Mansardenzimmer zurück, in dem 1943 nach den großen Angriffen auf Hamburg ein ausgebombtes, älteres Ehepaar einquartiert worden war. Er war dankbar, nach seiner Befreiung aus Theresienstadt in seine eigene Wohnung zurückkehren zu können, während die wenigen Juden, die das KZ überlebt hatten, nach ihrer Befreiung meistens wieder in Lagern leben mußten, da sie keine andere Unterkunft mehr fanden. Den alten Leuten wurde ein Zimmer in einem anderen Haus in der Kückallee zugewiesen, das aber schlecht zu beheizen war. Im strengen Winter 1945/46 erkrankte die Frau an Lungenentzündung und starb. Meine Mutter litt noch lange Zeit auch nach dem Tod meines Großvaters unter den Vorwürfen des verbitterten Witwers, der unserer Familie die Schuld an dem Tod seiner Frau gab. Sie fragte sich immer wieder, ob ihr Vater recht daran getan habe, die Räumung des Zimmers zu verlangen. Mein Großvater nutzte das Mansardenzimmer als sein Arbeitszimmer. Dort schrieb er den Bericht über die Evangelische Gemeinde in Theresienstadt.

Außerdem erhielt er Ersatz für seinen von den Nazis geraubten Radioapparat, ein ungewöhnlich großes Gerät der Marke Telefunken in dunkelbraunem Buchenholz, den die Engländer zuvor bei Nazis beschlagnahmt hatten. Der Radioapparat stand unmittelbar vor einer Tapetentür, die unser Kinderzimmer von dem Wohnzimmer trennte, so daß ich die abendlichen Sendungen im Bett mithören konnte. Im Winter 1945/46 hörten mein Großvater und mein Vater abends regelmäßig die Berichte über die Nürnberger Prozesse.[341] Die Namen der verurteilten Nazigrößen prägten sich mir wie von selbst ein. Ich ärgerte mich, daß *Hitler* nicht auch vor Gericht stand und malte mir aus, er wäre dabei gewesen und auch gehängt worden. Mein Vater und mein Großvater diskutierten und kommentierten den Verlauf des Prozesses und die Urteile immer einmütig. Diese Abende, an denen ich hinter der Tapetentür vor dem Einschlafen der Stimme des Radiosprechers lauschte, sind in meiner Erinnerung lebendig und die Genugtuung, mit der mein Vater und mein Großvater die Nachricht kommentierten, daß der Nazi-Verbrecher *Hermann Göring* sich der Vollstreckung seines Todesurteils durch Selbstmord entzogen habe. Es sei Deutschlands würdig, daß *Göring* sich nicht von den Siegern habe hängen lassen. Warum dieser Selbstmord Deutschlands würdig sei, verstand ich nicht. Ich freute mich, daß die Verbrecher gehängt wurden.

Mein Großvater richtete sein Leben so ein, als wolle er an die Zeit vor 1933 anknüpfen. Nun war er wieder ein angesehener deutscher Bürger. Er beteiligte sich mit ungebrochener Kraft am Wiederaufbau, gründete die CDU in Reinbek[342] und wurde Kreistagsabgeordneter der CDU in der Kreisstadt Bad Oldesloe.[343] Die britische Besatzungsmacht hätte ihn gerne als Bürgermeister von Reinbek eingesetzt, aber dieses Ansinnen lehnte er aus gesundheitlichen Gründen ab. Auf seinen Vorschlag hin setzten die Briten *Dobbertin* als Bürgermeister ein,[344] während mein Großvater zweiter Bürgermeister (Nachfolger von *Dobbertin*) wurde.[345] Als Wiedergutmachung und zur Ausübung seiner politischen Mandate erhielt er wieder ein Telephon. Außerdem verschafften ihm seine Mandate das für damalige Zeiten seltene Privileg, mit dem Taxi zu den Sitzungen des Kreistages in Bad Oldesloe gefahren zu werden. Damals gab es nur wenige Autos in Reinbek. Um so mehr beeindruckte es mich, meinen Großvater in das vor der Gartenpforte wartende Taxi steigen zu sehen. Mit *Dobbertin* zusammen gründete er die Volkshochschule in Reinbek.

Aus dem zwölf Jahre lang diskriminierten und vereinsamten Mann war plötzlich wieder der angesehene und im Mittelpunkt des öffentlichen Lebens in Reinbek stehende Bürger geworden. Viele Reinbeker kamen zu ihm, weil sie in den sogenannten »Entnazifizierungsverfahren« beweisen mußten, daß sie sich während der Nazizeit nichts hatten zu Schulden kommen lassen. Sie baten ihn um eine entsprechende Bestätigung, die sie vom Vorwurf, Nazi gewesen zu sein, gewissermaßen »rein gewaschen« hätte. Die begehrten Entlastungszeugnisse wurden deshalb »Persilscheine« genannt. Mein Großvater stellte viele solcher Persilscheine aus und half so vielen Menschen in Reinbek. Er genoß sein Leben – fast unbekümmert – wie es mir vorkam, als ob nichts gewesen wäre. Seine ungewöhnliche physische und psychische Kraft schien unverwüstlich zu sein. Er kümmerte sich um die Familie (Abb. 53). Oft beglückte er meine Mutter mit Lebensmitteln, die ihm Bauern und Gastwirte aus der Umgebung geschenkt hatten, bei denen er sich mit seinen Bildern und Zeichnungen bedankte. Er versammelte junge Leute um sich, mit denen er häufig in unserer Wohnung zusammenkam, um literarische Texte zu lesen. Einer Gruppe von jungen Männern aus dem Baltikum, die in Reinbek als Forststudenten

Rückkehr zur Normalität

Abb. 53
Ludwig Max Carl Landgrebe (1902–1991), Detlev Landgrebe (geb. 1935), Winfried Landgrebe (geb. 1940), Arthur Goldschmidt (1873–1947) und Ilse Maria Landgrebe geb. Goldschmidt (1906–1982) November 1946; Photographie 8 × 13 cm

eingeschrieben waren,[346] half er bei der Vorbereitung auf das Abitur, das sie nun nach der Heimkehr aus dem Krieg nachholen wollten.

Doch sein Wunsch, seine Söhne wiederzusehen, stieß auf unüberwindliche Hindernisse. Die Siegermächte hatten Deutschland in vier voneinander abgeschlossene Besatzungszonen aufgeteilt, die nur mit Genehmigung der Besatzungsmächte verlassen werden konnten. Private Reisen innerhalb Deutschlands waren in der ersten Zeit nach dem Krieg schwierig, private Reisen in das Ausland waren nahezu ausgeschlossen, was wegen der Deutschfeindlichkeit der Franzosen ganz besonders für Frankreich galt. Daß er sich auf sein Schicksal als Überlebender berief, konnte meinem Großvater den Weg zu seinen Söhnen nicht erleichtern. Für die zuständigen Behörden war er nur einer von vielen hunderttausenden in Lagern lebenden oder entwurzelten Menschen, zu denen ausländische Zwangsarbeiter ebenso gehörten wie KZ-Überlebende, die auf die Rückkehr in ihr Heimatland oder auf Möglichkeiten zur Auswanderung warteten. Trotz vieler Bemühungen gelang es ihm nicht, einen Weg zu seinen Söhnen in Frankreich zu finden.

Nachdem mein Vater Professor in Kiel geworden war, erwog mein Großvater, mit der Familie nach Kiel umzuziehen, um dort mit dem Geld, das er aus Entschädigungszahlungen erwartete, ein Haus zu bauen. Wegen seines vorzeitigen Todes sollte nichts gezahlt werden. Andererseits schrieb er seinem inzwischen 18 Jahre alten Sohn *Jürgen*, der vereinsamt in dem Heim in Frankreich lebte, er wolle ihn und seinen Bruder *Erich* so schnell wie möglich wiedersehen, und plane nach Grenoble umzuziehen, um dort mit ihnen zusammenzuleben.[347] Er scheint unentschieden gewesen zu sein.

In der Familie war mein Großvater der beherrschende, von allen geliebte und verehrte Patriarch. Mein Vater bezeichnete seinen Schwiegervater als seinen besten Freund. Meine Mutter genierte sich nicht zu erklären, daß ihr Vater ihr mehr bedeute als ihr Mann, den das nicht störte, weil er seinem Schwiegervater ebenso ergeben war. Dank des ansteckenden Optimismus und der Fröhlichkeit meines Großvaters verlor meine Mutter allmählich ihre Angst und fand ihre Sicherheit wieder ein wenig zurück.

Mein Großvater hat mich mehrmals porträtiert. Es gibt eine gelungene kleine Rötelstiftzeichnung von mir aus dem Sommer 1939 (Abb. 54), den ich als Vierjähriger bei meinen Großeltern verbrachte. Zwei oder drei Jahre später entstand das Ölbild im Hause der Nachbarin Frau *Bowen* (Abb. 42, S. 127). Im August 1946, wenige Monate vor seinem Tod, hat er mich noch einmal gezeichnet – ein ernst blickender Junge ohne jede Spur von kindlicher Fröhlichkeit (Abb. 55).

Beide Zeichnungen habe ich sorgfältig rahmen lassen und meinem Lesesessel gegenüber aufgehängt. Sie vermitteln mir das Gefühl, mir selbst als Kind zu begegnen, mich meiner Kindheit versichern zu können. Nach seiner Rückkehr aus Theresienstadt nahm mein Großvater seine alte Gewohnheit wieder auf, griechische und lateinische Texte zu lesen. Er wollte auch mir zu einer humanistischen Bildung verhelfen und ließ mich von einem aus Königsberg geflüchteten Lehrer in Latein unterrichten. Der Lehrer war faul, und mir fehlte der Wille zur Bildung. Auch sein Plan, mich bei einem benachbarten Tischler [348] in das Handwerk einzuführen, scheiterte. Ich wollte nur spielen und meine Freiheit haben, versuchte, mich der Dominanz meines Großvaters zu entziehen. Obwohl er mir auf seine Art liebevoll zugewandt war, wurde er mir in seiner Eitelkeit und seinem ausgeprägtem Hang, sich selbst darzustellen, zunehmend fremd. Ein besonderes Anliegen war ihm meine christliche Erziehung.

Schon vor meiner Einschulung war ich in die Religionsstunde zu Frau *Dr. Schwarz* gegangen.[349] Die weißhaarige, winzig kleine Frau trug ein schwarzes Samtband um den Hals, wie es alte, alleinstehende Damen der besseren Gesellschaft

Rückkehr zur Normalität

Abb. 54
Arthur Goldschmidt (1873–1947), Portrait Detlev Landgrebe (geb. 1935), unten rechts getitelt »Detlef«, unten links signiert und datiert »A. G. 17.VII.1939«, Rötelzeichnung auf Papier, 29,5 × 23,5 cm

Abb. 55
Arthur Goldschmidt (1873–1947), Portrait Detlev Landgrebe (geb. 1935), nicht signiert, unbezeichnet, datiert »8.[19]46«, Bleistiftzeichnung auf Papier, 27,3 × 20,2 cm

damals noch zu tun pflegten. Wöchentlich versammelte sie in dem großen Wohnzimmer ihres herrschaftlichen Hauses am Mühlenteich eine Gruppe von Kindern, um ihnen biblische Geschichten zu erzählen. Am Ende jeder Stunde schenkte sie uns kleine bunte Bildchen mit biblischen Motiven. Ich habe Frau *Dr. Schwarz* als eine gütige Dame in Erinnerung, die uns Kindern zugetan war, und ihren Herrn *Jesus* über alles liebte.

Nun sollte sich mein Religionsunterricht bei einer anderen alten, ebenfalls ein schwarzes Samtband tragenden Dame fortsetzen, die ein bis zum Hals geschlossenes schwarzes Kleid trug, das sie noch strenger wirken ließ als sie ohnehin schon war. Mein Großvater hielt die Dame für geeigneter, uns auf dem Niveau von Gymnasiasten religiös zu unterweisen. Die Religionsstunden vertrieben wir uns damit, unter dem Tisch Zöpfchen in die Fransen der schweren Samtdecke zu flechten.

Wir mußten wöchentlich ein Kirchenlied und viele Bibelverse auswendig lernen, die ich ebenso schnell vergaß, wie ich sie gelernt hatte. Die Texte interessierten mich nicht. Ihr Sinn erschloß sich mir nicht, und ich erfuhr in diesen religiösen Unterweisungen eben so wenig wie zu Hause etwas über Juden, weder in der Nazizeit noch in den Jahren danach. Juden begegneten mir nur in den Erzählungen des Alten Testaments als historische Erscheinungen, die für mich nicht mehr Bedeutung hatten als Römer oder Germanen. Ein wenig besser konnte ich mir die Juden durch die Geschichten des Neuen Testaments über die Auseinandersetzungen von *Jesus* mit den Pharisäern vorstellen, die uns als verbohrt und uneinsichtig dargestellt wurden. Wir wurden nie in der Weise indoktriniert, daß die Juden sich durch die Kreuzigung von *Jesus* schuldig gemacht haben, und daß sie deshalb die Feinde der Christen seien. So blieben die Juden für mich ein abstrakter, historischer Begriff, der mich als Kind und später als Jugendlicher nicht weiter interessierte.

Der Winter 1946/47 begann mit starkem, lang anhaltendem Frost. Die nach den Herbststürmen überschwemmten Wiesen, die das Flüßchen Bille zwischen dem Tonteich und dem Mühlenteich umgaben, waren zugefroren und bildeten spiegelblanke Eisflächen. Meine Freunde und ich hatten Schlittschuhe, die noch aus der Zeit unserer Großeltern stammten, unter unsere Stiefel geschraubt und verbrachten Stunden um Stunden auf dem Eis. In diesem langen und kalten Winter gab es ein festliches Ereignis: die feierliche Eröffnung der Volkshochschule im Sachsenwaldtheater in Reinbek, dessen Bau mein Großvater als zweiter Bürgermeister gefördert hatte. Die Gründung der Volkshochschule hatte er mit Nachdruck betrieben, um dem Ort einen kulturellen Mittelpunkt zu geben.[350] Mein Vater hielt den Festvortrag, mein Großvater saß in der ersten Reihe. Plötzlich sank er in sich zusammen.[351] Mein Großvater mußte – anscheinend bewußtlos – aus dem Theater getragen werden. Mein Vater setzte danach seinen Festvortrag fort. Später habe ich noch häufig bei meinem Vater diese nüchterne Haltung beobachten können, sich nicht beirren zu lassen, wenn er meinte, am Lauf der Dinge doch nichts ändern zu können.

Ein Freund der Familie, der Zahnarzt *Dr. Schlottmann*, und ein fremder Mann brachten meinen Großvater nach Hause. Sie faßten ihn unter Beine und Arme und schleppten ihn die Treppe zur Mansarde hinauf. Mein Großvater trug seinen schweren, schwarzen Paletot. Sein Kopf war vornüber gesunken. Ich stand vor dem Kinderzimmer, sah zu und fragte: »Ist er tot?« *Dr. Schlottmann* war ein aufrichtiger Mann, der meinte, nicht vor dem Enkel verbergen zu müssen, was dieser ohnehin wußte. Er nickte. Mein Großvater wurde in der Mansarde aufgebahrt. Katholische Schwestern aus dem St. Adolph Stift richteten seine Leiche her. Frau *Dobbertin* hatte sie um diesen Dienst gebeten. Das Totenzimmer war mit weißen Blumen reich geschmückt. Frau *Dobbertin* hatte es so herrichten lassen und eine ungewöhnliche Pracht in der Kargheit des täglichen Lebens entfaltet. Die frommen Schwestern hielten auch Totenwache. Einmal durfte ich von meinen Eltern begleitet an seinen Sarg treten, um meinen Großvater ein letztes Mal zu sehen. Er lag würdevoll in weißen Tüchern von Kerzen und Blumen umrahmt im Sarg. Der Anblick löste feierliche Gefühle in mir aus, und ich war stolz auf meine Rolle als Angehöriger, der den Leichnam noch einmal sehen durfte. An der Beerdigung durfte ich zwar nicht teilnehmen, aber dafür am anschließenden Leichenschmaus in unserem Wohnzimmer, zu dem Frau *Dobbertin* Kekse und Petits Fours beigesteuert hatte, die es sonst in dieser Hungerszeit nicht gab. Ich habe eine gute Erinnerung an die üppige Bewirtung und an die in gedämpftem Ton sprechenden Trauergäste, unter denen ich als trauernder Enkel eine gewisse Aufmerksamkeit beanspruchen konnte.

Eine merkwürdige Freundschaft

Der Bruch mit seinem Freund *Ernst Voege*, der die Beziehung 1935 wegen der jüdischen Herkunft meiner Mutter abgebrochen hatte, scheint meinem Vater keine Ruhe gelassen zu haben. Als er erfuhr, daß »*Harras*« den Krieg überlebt hatte, forderte er ihn brieflich auf, sich zu seinem damaligen Verhalten zu erklären. Die beiden ersten Briefe der sich anschließenden Korrespondenz empfinde ich als aufschlußreich, weil sie vom Selbstverständnis meines Vaters als Deutscher während der Nazizeit und von seiner kritischen Selbstbefragung über seine Einstellung gegenüber den Nazis handeln. Er beschreibt seinen inneren Zwiespalt während der Nazizeit, als er sich als Deutscher verstand, der wie alle anderen Deutschen seine Pflicht für sein Land tun wollte, zugleich aber erleben mußte, als »jüdisch Versippter« verfolgt zu werden. In seiner Einstellung gegenüber den Nazis sei er erst nach dem Attentat am 20. Juli 1944 zu einem »endgültigen menschlichen Verdammungsurteil über Hitler« gekommen. Schließlich fragt er sich selbstkritisch, wer »seiner selbst so sicher« sein könne, »daß er mit Gewißheit von sich sagen könne, daß er in all' den Jahren nichts getan hätte, was ihn unter heutigen Gesichtspunkten kompromittieren könnte, wenn er nicht wie ich durch die äußere Lage daran gehindert worden wäre. So will ich mir meine heutige Situation gar nicht ohne weiteres als Verdienst anrechnen.« Die Briefe spiegeln nicht nur die Schwierigkeiten meines Vaters, seine Erfahrungen als Verfolgter während der Nazizeit und sein Selbstverständnis als Deutscher auf einen Nenner zu bringen, sondern lassen zugleich auch auf seine Gesinnung und Lebenshaltung schließen. Beide Briefe sind es mir wert, sie in Gänze zu zitieren. Der Brief an »*Harras*« vom 12. Juli 1947:

»Lieber *Harras*!
Schon im vergangenen Winter habe ich durch *Pfiff* erfahren, daß Du mit Deiner Familie heil durch den Krieg gekommen bist und nun in Hinterstein bist. Ich vertrat damals *Pfiff* gegenüber den Standpunkt, daß es an Dir wäre, den ersten Schritt zur Wiederaufnahme der Beziehungen zu tun, nachdem sie durch Dich seinerzeit auch abgebrochen worden waren. Nun hat mir *Pfiff* vor einigen Wochen Deinen an ihn gerichteten Brief gesandt. Aus ihm wurde mir klar, warum Du von Dir aus nicht den ersten Schritt tun willst, und ich kann Deine Gründe verstehen und billigen. So fällt mir die Aufgabe zu, den Anfang zu machen.

Daß es sich dabei nicht um eine bloße Formalität handeln kann, damit wir nicht etwa geradezu in eine peinliche Situation geraten, wenn wir uns vielleicht zufällig auf der Hütte oder sonstwo treffen, sondern daß ein solches Wiederanknüpfen nur dann einen Sinn haben kann, wenn es das Ziel einer restitutio ad integrum hat, ist selbstverständlich. Für eine solche aber müssen verschiedene Voraussetzungen erfüllt werden, die eine Aussprache von schonungsloser Offenheit erfordern. Denn es liegen 12 Jahre dazwischen, die für das gegenseitige Verständnis überbrückt werden müssen.

Als damals 1935 kurz nach den Nürnberger Gesetzen Dein Brief kam, hat er mich schwer getroffen, was Du aus der Art meiner Antwort entnommen haben wirst. Es war die Zeit, in der ich immer mehr das Gefühl bekommen mußte, auf einem verlorenen Posten zu stehen. Durch Glück und Ausdauer war es mir möglich, ihn zu halten, und die Tatsache, daß ich heute noch hier bin und nicht der sich damals mir bietenden Versuchung erlag, nach Amerika auszukneifen, mag Dir zeigen, daß meine Überzeugungen sich im letzten Grunde nicht gewandelt haben. Die Hoffnung, daß wieder einmal in Deutschland meine Zeit kommen würde, hat mich auch in den dunkelsten Stunden, in denen mein Schwiegervater in Theresienstadt war und meine Frau sich kaum noch aus dem Hause wagen konnte in der Besorgnis, auch noch weggeschleppt zu werden, niemals ganz verlassen. Daß uns allen, auch den »Versippten« und ihren Kindern, zu einem gar nicht fernen Stichtag das Schicksal der Vergasung zugedacht war, habe ich erst später erfahren. So ist der Ritt über den Bodensee gut ausgegangen.

Deinen Schritt damals habe ich nicht als konjunkturbedingt angesehen; dafür glaubte ich Dich zu gut zu kennen. Ich deutete ihn mir als eine Deiner üblichen Gewaltsamkeiten, der Du dann immer das Richtige zu tun glaubtest, wenn es am meisten dem unmittelbaren und natürlichen Gefühl zuwiderlief – vielleicht so ähnlich wie seinerzeit Dein Versuch, alle geistigen Interessen zu ertöten und Gemüsebauer zu werden. Und ich habe diese Deutung auch meiner Frau und ihren Eltern gegenüber immer vertreten. Auch daß Du in der gleichen Zeit eine kurze briefliche Mitteilung an meinen Schwiegervater mit »Heil Hitler« unterzeichnetest, was ihn tief kränkte und was er – der sonst groß im Verzeihen war – Dir bei seinen Lebzeiten nie ganz verziehen hat – habe ich in gleicher Weise zu erklären versucht. Über das will ich mit Dir nicht rechten.

Aber eine andere Frage muß ich an Dich stellen. Ich weiß seit 12 Jahren nichts von Dir und muß, sollen wir wieder zueinander finden, Klarheit haben über den Weg der inneren Entwicklung, die Du in dieser Zeit zurückgelegt hast. Du hast Dich damals entschlossen, aktiv

Eine merkwürdige Freundschaft

mitzutun, und da wirst Du bald Gelegenheit bekommen haben, hinter die Kulissen zu sehen und früher als manche Außenstehende, vielleicht als ich selbst, gemerkt haben, daß die gutmütige Deutung der unerfreulichen Erscheinungen als ›Kinderkrankheiten‹ sich nicht aufrecht erhalten ließ, sondern daß an dieser Bewegung im Kern etwas faul war. Der Augenblick muß unweigerlich eingetreten sein, in dem Du Dich auf Grund solcher Einsicht von der Pflicht der Korrektheit dem Regime gegenüber entbunden wissen mußtest. Daß Du auch dann noch mir gegenüber geschwiegen und nicht von Dir aus die Beziehungen wieder aufgenommen hast, worauf ich in jenen Jahren immer wartete, das kann ich nicht verstehen und das muß mir von Dir erklärt werden. Daß Du nach dem Zusammenbruch mir nicht mehr schreiben wolltest, das verstehe ich, aber es ist ausgeschlossen, daß Du so blind warst, es erst dann zu merken, wie es stand.

Es mag sein, daß es äußere Gründe waren, aus denen Du weiter schwiegst, daß Du vielleicht nicht mehr wußtest, wo Du mich erreichen kannst und was aus mir geworden ist. Alle äußeren Umstände wirkten ja zusammen, daß sich auch einander Nahestehende aus den Augen verlieren konnten. Und es ist mir weniger eine ›Rechtfertigung‹ Deines Schweigens, auf die es mir ankommt, als wie gesagt Klarheit über Deinen Weg in diesen Jahren. Denn nur durch sie kann der Boden bereitet werden, auf dem ein Gespräch zwischen uns wieder möglich ist. So ist es jetzt an Dir, Dich zu äußern.«[352]

Die Antwort ist nicht erhalten, aber der zweite Brief meines Vaters, zehn Tage später geschrieben, hilft zu verstehen, was ihn damals beschäftigt hat:

»Lieber *Harras*!
Heute kam Dein Brief, und da nun Gott sei Dank das Semester zu Ende ist, habe ich auch die äußere Möglichkeit, Dir ebenso schnell zu antworten, wie Du mir geschrieben hast. Denn das ist mir ein Bedürfnis nach Deinem Schreiben, das in einer geradezu beglückenden Weise alles aus dem Wege räumt, was uns voneinander trennte. Mir ist es weniger überraschend, als es Dir vielleicht sein wird, wenn ich Dir nun sagen kann, daß es nicht zwei entgegengesetzte ›Fronten‹ waren, an denen wir in diesen Jahren standen, sondern daß das, was die Erlebnisgrundlage für Dein Verhalten war, mir auch stets gegenwärtig gewesen ist.

Um Dir das zu erklären, muß ich weit ausholen. Als ich am 10. Mai 1940 von den Belgiern als Deutscher – *Ihl* [Anm. d. Verf.: meine Mutter] hatte gerade am Tage vorher *Winfried* [Anm. d. Verf.: mein jüngerer Bruder] bekommen und lag in der Löwener Klinik – unter dramatischen Umständen in ein südfranzösisches Internierungslager gebracht wurde, habe ich dieselben Erfahrungen mit einem perversen Sadismus und den aufgewühlten Leidenschaften der Wachmannschaften gemacht, die Du dann 5 Jahre später hattest. Durch den Waffenstillstand mit Frankreich befreit, war ich überzeugt von dem bevorstehenden Sieg und glaubte nun, verzichtend auf die weitere Ausübung meines Berufes, die mir ja unmöglich gemacht war, an einem unscheinbaren Platz mich einreihen zu sollen, um von da aus bei einem Neuaufbau mitwirken zu sollen, von dem ich noch immer hoffte, daß er auch die Reinigung von den unerfreulichen Erscheinungen mit sich bringen würde. Ich habe dann bis zum Zusammenbruch als Angestellter in der Firma unseres Freundes *Dobbertin* gearbeitet. Auf diese Weise wenigstens in Deutschland bleiben zu können, schien mir sinnvoller als irgendwo in der Fremde weiter meinem Berufe nachzugehen. Das Militärische habe ich freilich nur in der harmlosen Gestalt der Heimatflak und des Volkssturms seit 1943 kennen gelernt. Aber auch hier überall hatte ich die gleiche Erfahrung von der selbstverständlichen Pflichterfüllung und Opferbereitschaft des Volkes und seiner Besten gemacht, die auch Deine Haltung bestimmten und die man niemals negativ bewerten kann, auch wenn man heute sieht, wie sie von einer verantwortungslosen Führerclique in der fürchterlichsten Weise mißbraucht wurde. Das ganze Ausmaß ihrer Verantwortungslosigkeit und Frivolität ist auch mir erst recht spät klar geworden. Zu einem endgültigen menschlichen Verdammungsurteil über *Hitler* selbst gelangte auch ich erst eigentlich nach der scheußlichen Rede, die er nach dem 20. Juli[353] gehalten hat. Bis dahin glaubte auch ich noch, ihm bei allem, was mich abstieß, doch auch als Persönlichkeit das Format nicht absprechen zu können. So habe ich mich immer von denen distanziert, die aus Verbitterung über ihr persönliches Schicksal zur reinen Negation nicht nur des Nationalsozialismus, sondern alles Deutschen überhaupt gelangt waren, versuchte, objektiv zu bleiben, dem Positiven gerecht zu werden und mein persönliches Schicksal als ein Opfer anzusehen, das einer größeren Sache gebracht werden müsse. So kam es, daß ich vieles von dem, was Du heute als Irrtum erkennst, auch teilte – auch den Glauben an die Autorität der militärischen Fachleute, die es wohl wissen müßten, warum sie den Krieg noch immer nicht aufgaben, obwohl der Laie verstandesmäßig kaum noch die Möglichkeit eines guten Endes sehen konnte. Erst nach dem – nie erwarteten – Gelingen der Invasion [Anm. des Verf.: gemeint ist die Landung der alliierten Truppen in der Normandie im Juni 1944] ist dieser Glaube bei mir zerstört worden. Aber auch dann noch befand ich mich bis zum Schluß in dem Konflikt einzusehen, daß nur ein völliger Zusammenbruch uns von diesem Regime befreien könne, als Deutscher aber unmöglich diesen Zusammenbruch wünschen zu können. Den Einzug der englischen Panzer beobachteten wir von unserem Garten aus, ich mit tiefer Beklemmung und *Ihl* [Anm. des Verf.: meine Mutter] weinend, obwohl wir wußten, wie nun ein unerhörter Druck von uns genommen war.

Wer wäre seiner selbst so sicher, daß er mit Gewißheit von sich sagen könnte, daß er in all den Jahren nichts getan hätte, was ihn unter heutigen Gesichtspunkten kompromittieren könnte, wenn er nicht wie ich durch die äußere Lage daran gehindert worden wäre. So will ich mir meine heutige Situation gar nicht ohne weiteres als Verdienst anrechnen. Aber nur weil es so war, kann ich heute mit Erfolg zu den Studenten sprechen, die ja fast alle im Krieg ihr Bestes gegeben haben in reiner Überzeugung. Ich kann es, weil eben die »Front«, an der sie und an der Du standest, im Grunde keine andere war als die, an der auch ich mich befand. Es ist ja eine der zweideutigen »Segnungen« des totalen Krieges, daß der Gegensatz zwischen Front und Heimat, der sich in dem letzten Kriege so unheilvoll ausgewirkt hat, aufgehoben wurde, so daß ein jeder, der diese Zeit nicht in reiner Negativität durchlebt hat, jenseits dieser Scheidung steht.«[354]

Trotz der damals schon sieben Jahre dauernden Verfolgung unserer Familie hat mein Vater im Jahre 1940 also immer noch geglaubt, daß sich die Nazis zu einem Besseren wenden könnten. Diese Briefe werfen doch Fragen auf. Wie konnte er nur sein eigenes, durch die Verfolgung erlittenes Unrecht, vor allem aber das Leid der Familie seines von ihm verehrten Schwiegervaters *Arthur Goldschmidt* später so marginalisieren, indem er von »unerfreulichen Erscheinungen« der Verhältnisse in

Deutschland spricht? Wieso war er nicht in der Lage, den einfachen Gedanken zu fassen, daß die von ihm sogenannten unerfreulichen Erscheinungen die Ursache des Unglücks waren, das die Nazis über ihn selbst, seine Familie und die Familie seiner Schwiegereltern gebracht hatten?

Wie ist die innere Sperre meines Vaters zu erklären, daß er den wahren Charakter der Naziherrschaft erst nach dem 20. Juli 1944 erkannte? Hat er sich nicht die Frage gestellt, wo die verschwundenen Verwandten meiner Mutter geblieben waren? Ist das Drama des eiligen Transports ihrer kleinen Brüder ins sichere Ausland an ihm vorübergegangen, ohne ihm die Augen zu öffnen? Wieso hat ihm seine eigene Vertreibung aus Prag, wieso nicht die Deportation meines Großvaters im Jahre 1942 die Augen geöffnet? Wie erklärt sich seine Blindheit gegenüber den Nazis?

Eine Antwort auf diese Fragen könnte im zweiten Brief der Hinweis sein, daß er sich immer von denen distanziert habe, »die aus Verbitterung über ihr persönliches Schicksal zur reinen Negation nicht nur des Nationalsozialismus, sondern alles Deutschen überhaupt gelangt waren« und daß er versuchte, »objektiv zu bleiben, dem Positiven gerecht zu werden und mein persönliches Schicksal als ein Opfer anzusehen, das einer größeren Sache gebracht werden müsse.« Obwohl ich diese Art von Loyalität, die an Selbstaufgabe grenzt, nur schwer nachvollziehen kann, beeindruckt mich aber die Aufrichtigkeit, mit der er sich dazu bekennt, was ihn von der überwältigenden Mehrheit der Deutschen unterscheidet, die alles taten, um ihre Verstrickung in die Naziherrschaft zu vertuschen und zu vergessen. Mein Vater benennt nicht nur seinen Irrtum, sondern geht in seiner kritischen Selbsterforschung noch einen Schritt weiter. Fern von jeder Selbstgerechtigkeit fragt er sich, ob er nicht auch ein Nazi geworden wäre, wenn er nicht durch die Ehe mit einer Jüdin daran gehindert worden wäre.

Obwohl ich mir zuweilen gewünscht habe, ich hätte diese Briefe nicht gefunden, sind sie mir im Ergebnis doch wichtig geworden, als Dokumente der Zerrissenheit im Selbstverständnis meines Vaters als jüdisch versippter Deutscher in Nazideutschland.

Meine Mutter hat meinem Vater bitter übel genommen, daß er den Kontakt mit *Ernst Voege* wieder aufnahm, ohne daran etwas ändern zu können. In ehelichen Auseinandersetzungen hörte ich sie sagen: »Wenn Du nicht mit mir verheiratet gewesen wärst, wärest du auch Nazi geworden« (s. o. S. 89). In meinen Augen wehrte er sich nur halbherzig gegen diesen Vorwurf, der ihn nicht zu treffen schien.

Voege selbst konnte nach 1945 vermutlich wegen seiner Nazivergangenheit in der Universität nicht wieder Fuß fassen. Er schlug sich zunächst als Waldarbeiter im Schwarzwald durch, später schrieb er im Auftrag von Wirtschaftsunternehmen anläßlich von Firmenjubiläen deren Unternehmensgeschichte. Er scheint davon auskömmlich gelebt zu haben. Im Hause meiner Eltern ist er nie mehr gewesen. Mein Vater sah ihn allerdings häufig während seiner Ferienaufenthalte im Schwarzwald. Meine Mutter hat ihn nicht wieder gesehen.

Bessere Zeiten

Seit Antritt seiner Professur im Jahre 1947 pendelte mein Vater zwischen Reinbek und Kiel. Im Mai 1948 wurde meine Schwester *Marianne* geboren. Zwei Jahre später zog die Familie in eine Mietwohnung nach Kitzeberg, einem kleinen Kieler Villenvorort jenseits der Kieler Förde. Mein Vater genoß sein Ansehen als geachtetes Mitglied der Kieler Universität. 1953 erreichte ihn ein Ruf an die Universität Marburg, den er vor allem aus familiären Gründen ablehnte. Meine Mutter lebte gern in Kiel und mir wollte er einen erneuten Schulwechsel ersparen. Im Jahr 1956 wechselte er an die Universität Köln, die ihn wissenschaftlich reizte, weil es dort ein *Husserl*-Archiv gab.[355] 1957 zog die Familie nach Bergisch Gladbach bei Köln in eine große und repräsentative ehemalige Fabrikantenvilla im Baustil des sogenannten bergischen Barock, die mein Vater 1961 kaufte. Er war stolz, der Hausherr dieses schönen Hauses zu sein und erklärte, hier werde er nie wieder herausgehen, es sei denn, er würde mit den Füßen zuerst heraus getragen. 1961 erhielt er einen Ruf auf den bis dahin vakant gehaltenen Lehrstuhl von *Martin Heidegger*. Trotz der damit verbundenen Ehre lehnte er ab.[356] Er wollte in den ihm noch verbleibenden neun Berufsjahren nicht noch einmal von vorn anfangen. Sein Freund *Eugen Fink*, der den Ruf meines Vaters nach Freiburg im Breisgau offenbar in die Wege geleitet hatte, war tief enttäuscht.[357] In seiner Wissenschaft machte mein Vater sich einen Namen vor allem als Phänomenologe. Er war ein an der Kölner Universität und unter den deutschen Philosophen angesehener Mann. Im Jahre 1970 wurde er emeritiert.[358]

Mein Vater ist seiner Haltung, die sich in seinen Briefen an *Harras* widerspiegelt, letztlich treu geblieben. Meine Mutter führte bitteren Streit mit ihm, als er Anfang der sechziger Jahre als Dekan der philosophischen Fakultät in Köln die Berufung eines Germanistikprofessors mit Nazivergangenheit durchsetzte, weil dieser aus seiner Sicht fachlich am qualifiziertesten war. Meine Diskussionen mit ihm über die Nazivergangenheit *Martin Heidegger*s, des berühmten Philosophen aus Freiburg im Breisgau, blieben fruchtlos. Er ließ auf *Heidegger* nichts kommen und bezeichnete dessen berüchtigte Rektoratsrede im Jahr 1933,[359] in welcher dieser die Nazis feierte, als einen Irrtum, der für das Denken *Heidegger*s aber ohne Bedeutung sei.

Das Selbstverständnis meines Vaters hatte nichts mit einem engen oder gar reaktionären Nationalismus zu tun, wie er in der restaurativen Zeit der Ära *Adenauer*, des ersten Bundeskanzlers der Bundesrepublik, verbreitet war. Die damaligen restaurativen Tendenzen, die in der Forderung nach Rückgabe der ehemaligen deutschen Gebiete östlich der Oder gipfelten, teilte er nicht, ebenso wenig die lautstarken Forderungen der Vertriebenenverbände und der sich aus ihnen rekrutierenden Partei »Bund der Heimatvertriebenen und Entrechteten«.[360] Schon während des sogenannten »polnischen Tauwetters« im Jahre 1956 fuhr er nach Polen, um mit polnischen Kollegen zu arbeiten. Seitdem trat er für die Anerkennung der Oder-Neiße-Linie als Grenze für Polen ein, und beklagte, daß *Adenauer* nicht bereit war, die neue Grenze anzuerkennen, um dadurch zur Aussöhnung mit Polen zu kommen. Die reaktionäre Politik der deutschen Vertriebenenverbände war ihm ein Greuel. Seit *Willy Brandt* in den sechziger Jahren die neue Ostpolitik einleitete, hat mein Vater aus außenpolitischen Gründen bis an sein Lebensende die SPD gewählt. Neben der Aussöhnung mit Polen lag ihm die Aussöhnung mit der Tschechoslowakei ebenso am Herzen. Sein engster Freund war der Prager Philosoph und Freiheitskämpfer *Jan Patočká*,[361] dessen schweres Schicksal nach der Niederschlagung der tschechischen Freiheitsbewegung im Jahre 1968 durch die Sowjets ihn ständig beschäftigte.[362] Auch stand er in engem Kontakt zu seinen in die USA emigrierten jüdischen Kollegen, auf deren Einladung hin er dort längere Zeit gearbeitet hat. Mit dem jüdischen Philosophen *Aaron Gurwitsch* und seiner Frau,[363] der sich vor den Nazis in die USA gerettet hatte, waren meine Eltern freundschaftlich verbunden.

Politisch wollte sich mein Vater allerdings nicht mehr engagieren. Er weigerte sich beharrlich, politisch motivierte Erklärungen oder Aufrufe zu unterschreiben und ist auch keiner Partei beigetreten. Noch 1945 ließ er sich von meinem Großvater überreden, Mitglied der CDU zu werden. Später war er froh, daß bei dem Umzug der Familie nach Kiel seine Mitgliedschaft in der CDU erloschen ist. Seine politische Aufgabe sah er seit den sechziger Jahren im Ost-West-Konflikt darin, sich kritisch mit dem Werk von *Karl Marx* und seinen kommunistischen Epigonen im damaligen Ostblock auseinanderzusetzen. Über viele Jahrzehnte hinweg übernahm er die Rolle des Wortführers und Organisators der »Marxismuskommission«, die an der evangelischen Akademie in Heidelberg angesiedelt war. Im übrigen erfüllte er seine berufsständischen Pflichten in der Universität als mehrjähriger Dekan der philosophischen Fakultäten in Kiel und Köln und in den Organisationen der deutschen Wissenschaft. Sein öffentliches Engagement ging aber über die Universität nicht hinaus.

Meine Mutter stellte sich in den Dienst der Karriere meines Vaters und der Familie. Ihre eigenen Interessen blieben im Hintergrund. Die Bewirtschaftung des großen Hauses in Bergisch Gladbach brachte sie häufig an den Rand ihrer Kräfte. Mein Vater ließ sich in einer heute noch kaum vorstellbaren Weise von meiner Mutter bedienen, ohne ihr auch nur durch einen Handschlag zu helfen. Sein Leben lang träumte mein Vater von der Vielfalt österreichischer Knödel, Zwetschgenknödel, Marillenknödel, Semmelknödel, von Beuscherln und Kalbsbries, von Apfelstrudel und Palatschinken. Wie oft seufzte meine Mutter unter dem Joch der österreichischen Küche. Immer wieder riß der hauchdünn auf dem Küchentisch ausgerollte Strudelteich, die Knödel zerfielen, die Dampfnudeln gingen nicht auf, oder es gab in den örtlichen Schlachtereien zum Kummer meines Vaters kein Lungenhaché für die Beuscherln, da es mit zunehmendem Wohlstand aus der Mode kam, Innereien zu essen. Meine Mutter haßte diese österreichische Küche. Sie liebte das norddeutsche Gericht Birnen, Bohnen und Speck. Im Laufe der langen Ehe meiner Eltern blieb von der österreichischen Küche nur noch die Sachertorte, die meine Mutter in ungezählten Exemplaren für ihre Kinder und Enkel gebacken hat. Eilig in Aluminiumfolie und derbes Packpapier verpackt, kam die Torte aus der Form geraten, eingedrückt und mit Rissen in dem Schokoladenüberzug gerade noch rechtzeitig oder aber auch zu spät zu den Geburtstagen ihrer Kinder und Enkel an. Die letzte Torte buk sie kaum 14 Tage vor ihrem Tod für meinen jüngsten Sohn *Jonathan*. Sie setzte sich mit der Sachertorte – einem der wenigen noch heute geschätzten Symbole des alten Österreich – ein Denkmal in der Familie. Es kam ihr dabei nie in den Sinn, ihre Bemühungen rund um die Herstellung der Sachertorte mit dem Gedanken zu verknüpfen, wie fremd ihr dieses Land, seine Traditionen und gewisse Züge österreichischer Mentalität meines Vaters immer geblieben waren.

Oft wurde meine Mutter von schweren Depressionen gequält, durch die sie immer wieder monatelang nahezu lebensunfähig wurde. Sie hat sich von ihren Leiden, das während der Nazizeit begann, nie wirklich erholt, obwohl sie später noch gute Phasen in ihrem Leben gehabt hat. Wenn sie an Depressionen litt, verfiel sie. Schon als Kind nahm ich wahr, wie *Ludwig* ihre Depressionen geradezu stoisch ertrug. Als das Leben nach der Befreiung im Jahre 1945 für unsere Familie, besonders aber für *Ilse* allmählich leichter wurde, bildete sie mit ihrer Lebhaftigkeit und ihrem warmen Interesse für Menschen den Mittelpunkt der Familie. Ihr Leben lang bewahrte sie ihre Freude an Kunstgeschichte und Literatur. Mit ihren unermüdlichen – zuweilen auch naiven – Fragen gab sie Anstöße zu den Tischgesprächen, denen *Ludwig* allein durch seine Anwesenheit die Aura von Bedeutsamkeit verlieh, ohne selbst viel dazu beizutragen. Mit *Ilse* war es nie langweilig. In den sechziger Jahren habe ich erlebt, daß *Ludwig* nun als angesehener Professor jedes seiner zahlreichen Gutachten für die Deutsche Forschungsgemeinschaft, in denen er die Arbeiten von Nachwuchswissenschaftlern zu beurteilen hatte, mit *Ilse* besprach. Über die Nazizeit hat sie nie gesprochen. Sie sammelte ständig Gäste um sich. Junge Leute blieben zuweilen mehrere Monate im Haus meiner Eltern und fühlten sich unter der Obhut meiner Mutter wohl.

Für meine Mutter war ihre jüdische Herkunft selbstverständlich, nicht etwa, weil sie sich als Jüdin fühlte, sondern weil sie in einem jüdischen Milieu groß geworden ist. Ihre gesamte Familie und die meisten Freunde ihrer Eltern kamen aus jüdischen Familien. Sie identifizierte sich mit ihrer Familiengeschichte, ohne darüber nachzudenken, was ihre jüdische Herkunft für sie bedeutete. Für das Judentum interessierte sie sich nicht. Im Unterschied zu meinen Großeltern scheint sie sich ihrer christlichen Identität nicht sicher gewesen zu sein. Sie vermittelte mir den Eindruck, die Kirche und die christliche Erziehung ihrer Kinder nur als bürgerliche Pflichtaufgabe anzusehen. Sie ging selbst Weihnachten nicht zur Kirche. Die protestantischen Gebetsrituale vor dem Mittagessen und vor dem Zubettgehen mit meinem Bruder und mir absolvierte sie unbeteiligt. Ich kann mich nicht daran erinnern, daß wir miteinander über das Christentum und Glaubensfragen gesprochen haben. Sie hat meinem Bruder und mir als Kindern abends deutsche Märchen vorgelesen, aber nie biblische Geschichten.

Das Schweigen der fünfziger Jahre

Meine unbeschwerten Jahre in Reinbek endeten 1950 schlagartig mit dem Umzug meiner Eltern nach Kiel. In dieser unwirtlichen Stadt, deren Kern infolge der Kriegszerstörungen nur noch aus kahlen Flächen zu bestehen schien, fand ich keinen Ersatz für die verlorene Idylle der Nachkriegsjahre in Reinbek. Seit dem Antritt seiner Professur in Kiel im Jahre 1947 schien mein Vater die während der Nazizeit verlorenen Jahre wissenschaftlicher Arbeit nachholen zu wollen. Jedenfalls konzentrierte er sich ausschließlich auf seinen Beruf und trat von nun an in der Familie in den Hintergrund. Ich konnte mich an die neue Konstellation in der Familie, an die Dominanz meiner Mutter und ihre autoritären Gewohnheiten, die sie mit ihrer übergroßen Fürsorge für mich verband, nicht gewöhnen, so daß ich aus der Familie flüchtete, so oft ich konnte.

In Kiel besuchte ich das humanistische Gymnasium. Als einziges Fach interessierte mich der Geschichtsunterricht, der aber über die Zeit *Bismarck*s und der Reichsgründung nicht hinausging. Von der Weimarer Republik und der Nazizeit war keine Rede. Über meine jüdische Herkunft und die Verfolgungserfahrungen unserer Familie sprach ich während meiner Schulzeit nicht. Niemand redete über die Nazizeit, nur *Fritz Reventlow*, damals mein engster Freund, Sohn eines Gutsbesitzers aus alter adeliger Familie – mit Ländereien und einem schönen Herrenhaus aus dem 18. Jahrhundert am Rande von Kiel. *Fritz* schien von meiner Herkunft zu wissen, sonst wäre ihm nicht eingefallen, mich mit gutmütigem Spott seinen »Hausjuden« zu nennen. Mir war es zwar nicht angenehm, aber ich ignorierte es, weil ich mir selbst nicht klar war, welche Bedeutung meine jüdische Herkunft für mich hatte.

Im Sommer 1955 begann ich, in Kiel Geschichte und Rechtswissenschaften zu studieren. Obwohl ich gute historische Kenntnisse hatte, und im Seminar des nachmals bekannten Historikers *Karl Dietrich Erdmann*[364] eine gute Figur machte, setzte ich das Geschichtsstudium nicht fort. Ich wollte weder Lehrer noch Wissenschaftler werden und folgte bei der Wahl meines Studiums weniger meinen Neigungen als vielmehr den Aussichten auf eine Karriere. Also begann ich Rechtswissenschaften zu studieren und träumte davon, in irgendeiner deutschen Stadt Bürgermeister zu werden.

Den Winter 1955/56 verbrachte ich als Stahlarbeiter im Schlackenloch eines Hochofens der Dortmund-Hörder Hüttenunion AG[365] in Dortmund. Die Gelegenheit zu diesem Ausflug in die »Welt der Arbeit« bot sich mir als Stipendiat des Evangelischen Studienwerkes Villigst bei Schwerte an der Ruhr.[366] Ich hatte mich um das Stipendium beworben, um aus dem Studienalltag und aus meinem Milieu auszubrechen und ein anderes Leben kennenzulernen. In Villigst lebten die Stipendiaten in beengten Verhältnissen sechs Monate unter einem Dach.

Die freie Zeit wurde intensiv zur geistigen und geistlichen Bildung genutzt. Das Studienwerk überzeugte uns mit dem Selbstverständnis einer sozial aufgeschlossenen, modernen Einrichtung, die bei der Bildung des evangelischen, akademischen Nachwuchses neue, unkonventionelle Wege gehen wollte. Aus heutiger Sicht spiegelte die Einrichtung mitsamt ihrer Stipendiaten aber doch eher den beengten Geist der Zeit der fünfziger Jahre. Lernziel war bürgerliche Tüchtigkeit, gepaart mit sozialer Aufgeschlossenheit und eingebettet in den evangelischen Glauben. Uns wurde gesagt, daß ein Villigster Stipendiat keine Katholikin zu heiraten habe. Obwohl die Institution sich ihres hohen geistigen Anspruchs rühmte und den Eindruck zu vermitteln suchte, die Hand am Puls der Zeit zu haben, kann ich mich

Das Schweigen der fünfziger Jahre

nicht erinnern, daß auch nur einmal die Nazizeit zum Thema wurde. Anlaß dazu hätte es genug gegeben. Nazizeit und Krieg hatten in den meisten Familien der Stipendiaten ihre Spuren hinterlassen. Viele von ihnen hatten ihre Väter im Krieg verloren, viele waren Flüchtlinge aus den ehemals deutschen Ostgebieten, und ich war – wenn auch als einziger – jüdischer Herkunft. Ich vermute, daß einige von uns aus Nazifamilien kamen. Einer der Stipendiaten hieß *Hermann Adolf*; für uns verbanden sich diese Vornamen geradezu zwangsläufig mit dem Gedanken an *Adolf Hitler* und *Hermann Göring*. Trotzdem fragte keiner von uns – sei es aus Scham, sei es aus Takt – nach den Gründen für diese in Mißkredit geratene Namensgebung. Es schien ein unausgesprochenes Tabu zu bestehen, das uns Stipendiaten hinderte, über die Nazizeit zu sprechen. Nicht nur unsere Eltern schwiegen; wir Jüngeren schwiegen ebenso, als ob es ein die Generationen übergreifendes Einvernehmen gegeben hätte, das heikle Thema zu vermeiden.

Auch die Vernichtung der Juden wurde nicht thematisiert, nur beiläufig erzählte ich einmal von meinem Großvater als Seelsorger der evangelischen Gemeinde in Theresienstadt. Damit wollte ich allerdings nicht auf meine jüdische Herkunft und das Schicksal meiner Familie aufmerksam machen, sondern vielmehr demonstrieren, daß ich aus einer frommen, protestantischen Familie käme, die eigentlich mit dem Jüdischen nichts zu tun habe. Auch ich rührte also nicht an das Tabu.

Mein Vater hatte oft und lebhaft von seinem bunten Studentenleben in Freiburg im Breisgau erzählt. Ich beschloß, seinem Beispiel zu folgen und im Sommer 1956 mein Studium dort fortzusetzen. Ich bewohnte ein Zimmer in einer am Stadtrand, auf einem Hang am Rande des Schwarzwaldes gelegenen Villa, die dem Ehepaar *Ellen* und *Erich Raemisch* gehörte. *Ellen* (geb. *Arnold*), die weitläufig mit meiner Mutter verwandt war, kam aus einer reichen, jüdischen Familie in Berlin. Spuren ihres früheren Wohlstands hatten sich bis in meine Freiburger Zeit erhalten. Sie hatten bis zu Beginn der Nazizeit eine bedeutende Sammlung von Bildern, vor allem deutscher Expressionisten zusammengetragen, deren Reste nun hier im Wohnzimmer hingen. *Ellen* und *Erich* beeindruckten mich durch ihren großzügigen Lebensstil und ihre Weltläufigkeit. *Erich Raemisch* zählte bis zu seinem frühen Ausscheiden aus dem Beruf zu den führenden Persönlichkeiten der jungen Bundesrepublik und gehörte zu den angesehensten Bürgern Freiburgs. Zugleich repräsentierten *Ellen* und *Erich* in ihrem Lebensstil und in ihrer historischen und politischen Sichtweise die Anpassung an einen Zeitgeist, der nichts anderes im Sinn zu haben schien als Leistung und Erfolg. Kritisches Nachdenken über die Nazizeit hatte hier keinen Platz. Ich tauchte voller Bewunderung in dieses Leben ein, ohne mich zu distanzieren wie die Generation der »68er« es nach mir tat.

Während der Nazizeit gehörte *Erich Raemisch* in Berlin als Geschäftsführer eines bedeutenden deutschen Industriesyndikats zu den sogenannten Wirtschaftsführern.[367] Wenn auch kein Anhänger der Nazis muß er sich doch so weit angepaßt haben, daß seine führende Stellung in der Wirtschaft trotz seiner jüdischen Ehefrau nie gefährdet war. Gewandt und klug wie er war, scheint er sich die Optionen nach allen Seiten offen gehalten zu haben. So erzählte er mir, daß Mitglieder der Widerstandsgruppe deutscher Offiziere, deren Führungsfigur *Graf Stauffenberg* war, in seinem Haus verkehrt hätten. 1948 wurde er zu einem der engsten Mitarbeiter des damaligen Wirtschaftsminister *Ludwig Erhard* und war stolz darauf, an hervorragender Stelle am Wiederaufbau der Bundesrepublik mitgewirkt zu haben.

Zuweilen kamen namhafte jüdische Emigranten aus dem weitläufigen Berliner Kreis der Freunde aus der Zeit vor 1933 zu Besuch. Ich erlebte diese Besuche als einen Austausch von konventionellen Freundlichkeiten. Sowohl der Besuch des jüdischen Professors *Pringsheim* und seiner Frau[368] als auch der von Professor *Fraenkel* und seiner Frau[369] hinterließen bei mir den Eindruck, als ob sie sich freuten, Deutschland wiederzusehen. Es war, als ob niemand unter den Nazis gelitten hatte, und als ob niemand etwas mit dem Jüdischen zu tun hatte. Natürlich wurde ich als junger Mann von einundzwanzig Jahren, der aus der »Provinz« kam und nun die »große Welt« kennen lernte, durch dieses Klima beeinflußt. Ich sah, daß bei diesen erfolgreichen und gesellschaftlich angesehenen Verwandten die jüdische Herkunft einfach nicht wahrgenommen wurde. Warum sollte ich es anders machen?

Auch innerhalb der Freiburger Universität wurde die Nazizeit nicht zum Thema, obwohl durch Gespräche hinter vorgehaltener Hand auch unter den Studenten bekannt war, daß sich viele ihrer Professoren während der Nazizeit kompromittiert hatten. Der Vertrauensdozent der Villigster Stipendiaten war der auf mich immer etwas depressiv wirkende Jurist *Erik Wolf*,[370] der Rechtsphilosophie und Kirchenrecht lehrte. Er glänzte wegen seiner rhetorischen Begabung. Seine moralische Autorität war unumstritten. Unter den Damen der besseren Gesellschaft war er vielleicht auch wegen seines guten Aussehens besonders angesehen. Erst Jahrzehnte später stellte sich seine Verstrickung mit den Nazis heraus, die er sein Leben lang verschwiegen hatte.[371] Dagegen konnte oder wollte der Verfassungsjurist *Ernst Rudolf Huber*,[372] der mich durch seine temperamentvollen und anschaulichen Vorlesungen beeindruckte, seine Karriere in der Nazizeit nicht vertuschen. Er durfte deshalb in Freiburg im Breisgau nur als Gast lesen, während er seinen Lebensunterhalt als Lehrer an der Fachhochschule in Wilhelmshaven bestreiten mußte. Auch der berühmte Philosoph *Martin Heidegger* durfte wegen seiner Verstrickung mit den Nazis keine Vorlesungen mehr halten, was aber die Professorenschaft nicht hinderte, ihn zumindest an ihrem gesellschaftlichen Leben teilnehmen zu lassen, wie ich es im Hause von *Arnold Bergsträsser* erlebte.³⁷³ *Bergsträsser*, der nach seiner Rückkehr aus der Emigration zu einem der Väter der politischen Wissenschaft in der Bundesrepublik wurde, hatte unter den Professoren der philosophischen Fakultät auch *Heidegger* zu einem Nachmittagskaffee eingeladen. Wie mir schien, stand *Heidegger* im Mittelpunkt des Interesses, obwohl er kein Wort sagte, sondern eher distanziert und skeptisch den unglaublichen Erzählungen des Professors für Parapsychologie, *Hans Bender*,³⁷⁴ zu folgen schien. Der Respekt der anwesenden Professoren vor ihrem berühmten Kollegen *Heidegger* schien ungebrochen zu sein, obwohl sie alle wußten, daß er wegen seiner Nazivergangenheit vom Lehrbetrieb ausgeschlossen worden war. Der Nachmittag verlor sich in den spannenden Erzählungen von Professor *Bender*.

In diesem Klima an der Freiburger Universität der fünfziger Jahre konnte eine Auseinandersetzung mit der Nazizeit nicht gedeihen. Noch weit entfernt von den Protesten der »68er Generation« gegen das Schweigen ihrer Väter kamen wir Studenten nicht auf die Idee, unsere Professoren nach ihrem Verhalten während der Nazizeit zu fragen.

Im Winter 1960/61 studierte ich in Paris. Während dieser Zeit war ich ständig bei *Jürgen*, dem jüngsten Bruder meiner Mutter, der sich jetzt *Georges-Arthur Goldschmidt* nannte, und seiner Frau *Lucienne* zu Gast. Sie bewirteten mich großzügig und herzlich. Doch auch hier blieb ich unfähig, mich mit der Verfolgungsgeschichte meiner Familie und mit meinen eigenen Erlebnissen während der Nazizeit auseinanderzusetzen. Es hätte nahe gelegen, mit meinem Onkel über unsere unterschiedlichen Erfahrungen zu reden. Wir taten es nicht. In unseren vielen und intensiven Gesprächen im Winter 1960/61 ging es niemals um die Nazizeit. Wir schwiegen beide darüber. Das ist aus meiner heutigen Sicht um so erstaunlicher, als *Goldschmidt* später den wesentlichen Teil seines Werkes als Schriftsteller der Auseinandersetzung mit seinem Verfolgungsschicksal als Jude widmete.

Die Brüder meiner Mutter

Die beiden jüngeren Brüder meiner Mutter, *Eric* (*Erich*) und der eben erwähnte *Georges-Arthur* (*Jürgen*) *Goldschmidt* haben die Nazizeit versteckt in einem Internat in Megève in den französischen Alpen überlebt. Als die Deutschen sie 1944 schließlich entdeckten, konnte sich *Erich* vor den Häschern der Nazis durch einen Sprung aus dem Fenster retten (s. o. S. 137). Er war zwanzig Jahre alt, als er sich der französischen Widerstandsbewegung anschloß. Nach der Befreiung kämpfte er in den letzten Kriegsmonaten noch als Soldat der französischen Armee gegen die Deutschen. In der ihm eigenen Art, Gefühlen keinen Raum zu geben, schilderte er bei einem seiner seltenen Besuche in Hamburg meiner Frau Jahrzehnte später seine Eindrücke bei der Befreiung des KZ Natzweiler im Elsaß durch die französische Armee-Einheit, der er angehörte. Nach Ende des Krieges wurde er aus der Armee entlassen. In der Erwartung, seinen Vater *Arthur Goldschmidt* nach dessen Rückkehr aus Theresienstadt wiederzusehen und mit ihm seinen künftigen Lebensweg zu beraten, schlug er sich zunächst in Frankreich mit Gelegenheitsarbeiten durch, um seinen Lebensunterhalt zu verdienen. Er scheint sich sicher gewesen zu sein, nicht nach Deutschland zurückkehren zu wollen und beantragte die französische Staatsbürgerschaft, um studieren zu können. Schon in dieser Zeit erwog er auch, Soldat zu werden. Für den Fall, daß sein Antrag auf Einbürgerung in Frankreich nicht genehmigt würde, hatte er die Absicht, sich in der Fremdenlegion als Legionär zu verpflichten. Die vagen Pläne seines Vaters, in Frankreich mit seinen Söhnen ein neues Leben aufzubauen, zerschlugen sich durch dessen Tod. In seinem Brief vom 14. Februar 1947[375] teilte mein Vater ihm in bewegenden Worten den Tod von *Arthur Goldschmidt* mit. Der Brief spiegelt nicht nur die herzliche Zuneigung meines Vaters zu seinem Schwager *Erich*, sondern auch seine große Verehrung für seinen Schwiegervater *Arthur Goldschmidt* wider.[376]

Die französischen Behörden reagierten nicht auf den Einbürgerungsantrag. Nach langem Warten war er sicher, daß sein Antrag keine Chance habe und unterschrieb schließlich das Papier, in dem er sich zu einem zwölfjährigen Dienst in der Fremdenlegion verpflichtete. Er wußte, daß er mit dieser Unterschrift der Fremdenlegion mit Haut und Haaren verfallen war. Als ob das Schicksal ein weiteres Drama für ihn vorgesehen hätte, brachte ihm die Post am nächsten Tag die französische Einbürgerungsurkunde. Hätte er damals nur einen Tag gewartet, hätte sein Leben einen völlig anderen Verlauf genommen. Nun konnte er nicht mehr zurück. Die Fremdenlegion kannte keine Gnade. Mein Vater hatte vorher noch versucht, ihn in einem langen Brief[377] von seinem Vorhaben, Soldat zu werden, abzubringen. Es ist ihm nicht gelungen. Im Vietnamkrieg zeichnete *Erich* sich als Soldat aus, so daß er als eine Ausnahme unter den Fremdenlegionären auf die Offiziersschule in St. Cyr in Frankreich geschickt und zum Offizier der französischen Armee ausgebildet wurde. Er trat zum katholischen Glauben über und rückte in seiner politischen Einstellung weit nach rechts. Da er ein Soldatenleben in Vietnam und später mit seiner Frau in verschiedenen Garnisonen in Afrika führte, haben wir ihn nur noch selten gesehen. Er hat einen Sohn, der bei seinen Schwiegereltern und der

Schwester seiner Frau in Straßburg aufwuchs. Für ein Kind scheint in dem Leben *Erich*s kein Raum gewesen zu sein.

Erich hat sich stets geweigert, an die Nazizeit und an seine Kindheit erinnert zu werden. Als ich ihm 1994 eine Einladung zu der Ausstellung im Schloß Reinbek »Ein Garten in Reinbek. Wege der jüdischen Familie Goldschmidt« schickte,[378] schrieb er mir, sein Vater sei nicht Jude, sondern Christ gewesen. Man solle aufhören, in den Kategorien der Nazis zu denken. Von ihm war nichts über seine Erinnerungen als Kind in Deutschland zu erfahren. Erst im Jahre 1995 schickte er mir die beiden erwähnten Briefe meines Vaters begleitet von seiner Visitenkarte, auf der er in etwas holperigem Deutsch schrieb:

»In meinen alten Militärsachen habe ich eine Akte mit unter anderen Briefe von Deinem Großvater und zwei von Deinem Vater. Obgleich sie mich persönlich betreffen, schicke ich Dir zwei Abbildungen, weil ich glaube daß nach beinahe fünfzig Jahren was mich darin anbetrifft überhaupt keine Interesse bietet. Dagegen wirst Du sehen in diesen Briefen welch ein herrlicher Mensch Dein Vater (und mein Freund *Luxi*) war.«[379]

Jürgen lebt in Paris, heißt jetzt *Georges-Arthur Goldschmidt*, und ist als Schriftsteller in Deutschland und Frankreich bekannt. Sein Werk ist in Deutschland durch zahlreiche Literaturpreise ausgezeichnet worden. Er entging den deutschen Häschern nur um Haaresbreite. Seine Rettung und seinen weiteren Weg beschreibt er in seiner Autobiographie »Über die Flüsse«.[380] Seine Erfahrungen zeigen die andere Seite der Medaille unseres Familienschicksals.

Jürgen hat zwei Söhne und drei Enkel in Paris.[381] Ich fühle mich ihm und seiner Familie nahe, obwohl es mir schwer fällt, manche Beschreibungen meiner Eltern in seiner Autobiographie zu akzeptieren. Ich habe aber gelernt, sie als seine Art der literarischen Auseinandersetzung mit seinem Schicksal und als seine Wahrheit anzusehen.

In den fünfziger und sechziger Jahren hat mein Vater viel Arbeit darauf verwandt, im Rahmen der Wiedergutmachung eine finanzielle Entschädigung durch den Staat für meine Mutter und ihre beiden Brüder zu erlangen. Am Ende eines mühsamen bürokratischen Verfahrens erhielten schließlich nur *Erich* und *Jürgen* einige tausend Deutsche Mark als Entschädigung für ihren »Ausbildungsschaden«. Diese Entschädigung wirkt wie ein Hohn im Vergleich zu dem schweren Schicksal, das sie als Kinder durch die Verfolgung der Nazis erlitten.

Schlußstrich in Reinbek

Die britische Besatzungsmacht ließ Bürgermeister *Claußen* in seinem Amt, obwohl er der NSDAP angehört hatte. Daß er Bürgermeister bleiben konnte, hatte er vermutlich nicht nur seinem mutigen Entschluß am 2. Mai 1945, Reinbek den Engländern kampflos zu übergeben, zu verdanken, sondern auch dem Brief meines Vaters vom 17. Mai 1945.[382] Er gab sein Amt erst im Dezember 1945 aus gesundheitlichen Gründen im Alter von 60 Jahren auf, so daß er bis an sein Lebensende eine ungeschmälerte Alterspension genießen konnte. Er bewahrte sich weiterhin ein hohes Ansehen in Reinbek, engagierte sich noch lange Jahre in der evangelischen Gemeinde und starb 1974 hochbetagt im Alter von 89 Jahren.[383]

Carl Dobbertin mehrte in den Nachkriegsjahren seinen Reichtum. Er galt als einer der reichsten Männer Hamburgs. Trotzdem bat er Anfang der fünfziger Jahre meine Eltern, die Familie möge schriftlich erklären, daß sie auf jegliche Ansprüche auf Rückgabe des Hauses verzichte. Meine Mutter und ihre Brüder unterschrieben das Dokument. Meine Eltern betrachteten diese Unterschrift nur noch als einen formalen Akt. Sie waren – ebensowenig wie mein Großvater – nicht auf die Idee gekommen, das Haus von *Dobbertin* mit der Begründung zurückzufordern, daß der Verkauf unter Druck zustande gekommen sei. Vielleicht fühlten sie sich *Dobbertin* gegenüber moralisch in einer Zwangslage, in der es ihnen unmöglich erschien, seinen Wunsch abzuschlagen. *Erich* unterschrieb ohne Zögern, weil er mit seiner Vergangenheit ohnehin nichts mehr zu tun haben wollte und sich daher auch nicht für Wiedergutmachung – in welcher Form auch immer – interessierte. *Jürgen* unterschrieb unter dem Einfluß meiner Eltern als junger Mann, ohne zu übersehen, welche Bedeutung die Unterschrift hatte. Er meinte später, ihm sei hier Unrecht geschehen und klagte meine Eltern an, ihn um sein Erbe gebracht zu haben.[384] Diese Vorwürfe, die ich nicht für gerechtfertigt halte, haben meine Mutter bis zu ihrem Tod schwer belastet. So wird zuletzt an den Auseinandersetzungen über den Verlust des Hauses die Zerstörung unserer Familie durch die Nazis sichtbar. Zwischen meiner Mutter und ihren Brüdern ist ein Gespräch über die Nazizeit nicht möglich gewesen. Es fehlte am gegenseitigen Verständnis. Infolge der unterschiedlichen Verfolgungsschicksale sind Gräben entstanden, die es unmöglich machten, in den Familien über die Leiden der Nazizeit zu reden und einander zu verstehen. Diese Sprachlosigkeit wirkt bis heute nach.

Seinen Lebensabend verbrachte *Dobbertin* mit seiner Schwägerin *Jeanne*[385] in einem schönen Haus am Bodensee. Meine Eltern und ich besuchten ihn dort im Sommer 1959 auf der Rückfahrt von der Schweiz. Bei dem Nachmittagskaffee in

Eine große Familie

Abb. 56
*Ludwig Max Carl Landgrebe
(1902–1991) etwa 1969;
Photographie 22,4 × 17,8 cm*

Abb. 57
*Ilse Maria Landgrebe geb. Goldschmidt
(1906–1982) vor dem 25.8.1967 (s. u. S. 355);
Photographie 17,4 × 12,5 cm*

dem parkartigen Garten am Ufer des Bodensees wurde über vieles, aber nicht über die Vergangenheit gesprochen. Ein Jahr später ist *Dobbertin* gestorben. Sein Stiefsohn übernahm die Firma *Dobbertin & Co*, hatte aber keine glückliche Hand.[386] Die Firma existierte nicht mehr lange.[387] Meine Mutter, die eine fleißige Briefschreiberin war, hielt *Jeanne* bis zu deren Tod die Treue.

Eine große Familie

Erst in den letzten Jahren ihres Lebens fand meine Mutter die Zeit und die Kraft, sich ihren eigenen Interessen, vor allem der Literatur zuzuwenden. Bis an ihr Lebensende bewahrte *Ilse* ihre Erinnerungen an die zahlreichen Onkel und Tanten, die alle ebenso gut situiert und jüdischer Herkunft waren wie ihre eigene Familie. Sie starb 1982 im Alter von 75 Jahren (Abb. 57), mein Vater 1991 im Alter von 89 Jahren (Abb. 56). *Ludwig Landgrebe* wurde im Familiengrab in Reinbek bestattet, wo auch meine Urgroßmutter *Ilka Horschitz*, meine Großeltern *Arthur* und *Kitty Goldschmidt*, mein älterer Bruder *Carl Reimar* und meine Mutter *Ilse* begraben sind.

Den Nazis ist es nicht gelungen, unserer Familie den Lebensmut zu nehmen. Unsere Eltern erlebten in den Jahren 1968 bis 1978 die Geburt ihrer acht Enkel.[388] Heute könnten sich *Ludwig* und *Ilse Landgrebe* ihrer zehn Urenkelkinder[389] erfreuen. Die Geburten des elften und des zwölften Urenkels stehen bevor.[390] Die Enkel sind alle miteinander vertraut. *Ludwig* und *Ilse* haben so etwas wie ein Band hinterlassen, das die Familien zusammenhält.

Im Mai 2008 haben wir zusammen mit meinem Bruder den 60. Geburtstag meiner Schwester *Marianne* in Hamburg gefeiert. Beinahe alle Familienangehörigen waren da. Meine einzige Nichte *Alix* allerdings fehlte, da der Weg aus Kasachstan zu weit war.

Marianne lebt in Oberbayern in einem schönen Haus am Rande des Ortes Schliersee mit Blick auf das bayerische Voralpenland. Sie ist Romanistin und widmet sich seit vielen Jahren mit großem Erfolg der Arbeit mit Kindern im Landkreis Miesbach. Ihr Ehemann *Rüdiger Gmelin* ist dort ein angesehener Internist. Sie hat zwei erwachsene Söhne.[391]

Mein Bruder *Winfried* ist Theologe und hat viele Jahre in einem Jugendgefängnis als Seelsorger gearbeitet, bevor er in der evangelischen Gemeinde Köln-Rodenkirchen die Pfarrstelle übernahm.[392] Er sieht sich in der Tradition unseres Großvaters *Arthur Goldschmidt* und unseres Vaters, der als Philosoph auch theologisch interessiert war.[393] Er wurde im Jahre 2005 pensioniert. Die Kirche war zu seinem Abschiedsgottesdienst völlig überfüllt – ein äußeres Zeichen für das Ansehen, dessen er sich in seiner Gemeinde erfreute. Noch heute als Pensionär unterrichtet er Religion und Latein an Kölner Gymnasien. *Winfried* hat drei erwachsene Kinder, zwei Söhne und eine Tochter.[394]

Ich habe mein gesamtes Berufsleben der Stadt Hamburg als Verwaltungsbeamter gedient. Lange Jahre arbeitete ich im Rathaus unter den jeweiligen Bürgermeistern im Planungsstab zur Beratung des Senats, in den letzten zehn Jahren meines Berufslebens als Abteilungsleiter in der Kulturbehörde. Dort hatte ich die Chance, entscheidend dazu beizutragen, den Museumsneubau neben der Hamburger Kunsthalle zu realisieren. Neben vielen anderen Aufgaben bemühte ich mich um den Ausbau der KZ-Gedenkstätte Neuengamme. Noch heute halte ich die Verbindung zu der Vereinigung der ehemaligen französischen Häftlinge. Die zehn Jahre in der Kulturbehörde betrachte ich als die erfüllteste Zeit meines Berufslebens. Im Jahr 2000 wurde ich pensioniert. Wir haben drei erwachsene Söhne.[395]

Nachwort des Autors

Mein Dank gilt meiner Frau Renate,[396] die seit Beginn unserer Ehe jahrzehntelang hartnäckig fragend und insistierend darauf bestanden hat, mich mit meinen Verfolgungserfahrungen und meiner jüdischen Herkunft auseinanderzusetzen. Sie hat keinen Konflikt gescheut, wenn ich mich ebenso hartnäckig weigerte, mich dieser Auseinandersetzung zu stellen. Sie hat meine Geschichte ernst genommen,[397] auch wenn ich versuchte, sie für belanglos zu erklären.

Trotzdem begann ich erst nach dem Tod meines Vaters im Jahre 1991, mich dem Thema meines Berichtes zu nähern. Seine kategorische Aussage »Wir wollen uns doch nicht die Rassenkategorien eines Herrn Hitler zu eigen machen« hatte mich zu seinen Lebzeiten daran gehindert, meine jüdische Herkunft als Teil meiner Identität anzuerkennen. Außerdem verlor ich etwa seit Beginn der neunziger Jahre des vergangenen Jahrhunderts meine Angst vor dem deutschen Antisemitismus, der nun allgemein als anstößig und inakzeptabel empfunden wird, auch wenn ich oft spüre, daß er unausgesprochen als innerer Vorbehalt vieler Deutscher gegenüber den Juden immer noch vorhanden ist. Endlich fühlte ich mich sicher genug, mich mit meinen jüdischen Vorfahren und der Verfolgung meiner Familie zu beschäftigen und darüber zu sprechen.

Die Antworten auf Fragen nach meiner jüdischen Identität fallen immer wieder anders aus. Sie hängen davon ab, unter welchen Umständen und von wem ich gefragt werde und in welcher Stimmung ich bin. Zuweilen fühle ich mich den Juden nahe, als ob ich zu ihnen gehörte. In anderer Stimmung sage ich mir dagegen, daß es aufgrund der protestantischen Ausrichtung meiner Familie rational nur schwer nachvollziehbare Gründe gibt, mein Selbstverständnis als jüdisch zu beschreiben.

Ursprünglich wollte ich mir nur Sicherheit darüber verschaffen, ob es verständliche Gründe dafür gibt, daß mich die Erinnerungen an die Nazizeit immer noch beschäftigen, oder ob ich nur an einer eingebildeten Krankheit leide. Im Laufe der Arbeit machte ich die Erfahrung, daß allein die präzise Aufklärung der historischen Tatsachen während der Zeit der Verfolgung bewirkte, daß ich mich mehr und mehr von den belastenden Erinnerungen befreien konnte. Aus den Erinnerungen, die immer wieder drohten, mich mit einer Flut von diffusen Gefühlen wie Wut und Selbstmitleid zu überschwemmen, wurde Geschichte, und sich seiner Geschichte bewußt zu werden, hat befreiende Wirkung.

Ich habe meine Ziele zum Teil erreicht. Die meisten meiner Erinnerungen kann ich belegen. Ich kann also sicher sein, daß sich zugetragen hat, woran ich mich erinnere. Auch mit meiner Selbstvergewisserung bin ich zu einem verblüffend einfachen Ergebnis gekommen. Es läuft darauf hinaus, daß ich ein protestantisch und preußisch-patriotisch erzogener Deutscher jüdischer Herkunft bin, und deshalb christliche, preußische und jüdische Traditionen in mir vereine. Die Nazis wollten mich als jüdischen Mischling diskriminieren. Wenn sie noch die Zeit dazu gehabt hätten, hätten sie mich vergast. Sie haben nur erreicht, daß ich mir meiner jüdischen Herkunft wieder bewußt geworden bin und sie in mein Leben integriere.

Meine Gefühle als Deutscher bleiben zwiespältig. Nach meiner Kindheitserfahrung, kein »richtiger Deutscher« zu sein, hat sich die Sicherheit einer ungebrochenen deutschen Identität bis heute nicht eingestellt. Die Kirche ist mir recht fern gerückt. Ob ich so konsequent wie meine Mutter sein kann, die sich auf dem Sterbebett geistlichen Beistand verbeten hat, wird sich zeigen.

Historisches Material

Anmerkungen zu »Kückallee 37«

Einleitung (S. 13–15)

1 Vgl. *Beate Meyer*, Fragwürdiger Schutz – Mischehen in Hamburg (1933–1945), in: *dies.* (Hg.), Die Verfolgung und Ermordung der Hamburger Juden 1933–1945, 2006, S. 79ff.
2 *G.-A. Goldschmidt*, Über die Flüsse, 2001, S. 137 (vgl. ebd. S. 141): »Die Abfahrt war auf Mittwoch, den 18. Mai 1938, festgelegt worden.«
3 *G.-A. Goldschmidt*, Die Absonderung, 1991, S. 170f.: »ein deutscher Offizier mit silbernen Streifen am Kragen, zwei behelmte Soldaten … mit vorgehaltener Maschinenpistole: in der Mitte die kleine, schwarze Öffnung des Laufes, beide auf ihn gerichtet«; *ders.*, Der unterbrochene Wald, 1992, S. 45f.: »der Offizier in der Mitte, die zwei Soldaten, *feldgrau*, zu beiden Seiten, das kleine schwarze Loch der Maschinenpistole auf ihn gerichtet«; *ders.*, Über die Flüsse, 2001, S. 204: »Ein Offizier zwischen zwei Soldaten, mit auf mich gerichteter Maschinenpistole, zu jeder Seite, mit dem kleinen schwarzen Loch, das auf mich zielte.«
4 *G.-A. Goldschmidt*, Der unterbrochene Wald, 1992, S. 57ff.; *ders.*, Über die Flüsse, 2001, S. 205ff.

»… dann wäre gar nichts zu machen«

Wenn Juden Christen werden (S. 19–20)

5 *Johanna Goldschmidt*, Rebekka und Amalia, Leipzig 1847.
6 Das Bild hängt in der Wohnung von *G.-A. Goldschmidt* (Über die Flüsse, 2001, S. 13).
7 Archiv J. 85, S. 304.
8 Die älteste schriftliche Überlieferung zur Besiedlung des heutigen Bremerhavener Stadtgebiets reicht bis 1139 zurück. Damals wurden die Kirchdörfer *Geestendorf* und *Wulsdorf* urkundlich genannt. Der 1275 erstmals erwähnte Flecken *Lehe* nördlich der Geeste gewann eine überörtliche Bedeutung als Amtssitz und Marktort mit minderstädtischen Rechten. Politisch stand das Gebiet an der Geestemündung lange im Widerstreit der Interessen des Erzbistums Bremen und der Stadt Bremen, wobei Lehe seine Rechte mehrfach durch Schutzverträge mit dem Bremer Rat zu wahren suchte. 1648/54 kam das Gebiet mit dem gesamten Erzbistum Bremen unter schwedische Hoheit. 1719 ging es nach kurzzeitiger dänischer Besetzung endgültig auf das Kurfürstentum, später Königreich Hannover über.
9 1. Rosette, 2. Betty, 3. Julie, 4. Johanna, 5. Ludolph, 6. Selly, 7. Hermann Morris, s. u. S. 265f.

Die Chancen der Aufklärung (S. 20–22)

10 *Ch. C. W. von Dohm* [1751–1820], Über die bürgerliche Verbesserung der Juden, 1781–1783; franz. Ausg.: *Christian Conrad Wilhelm von Dohm*, De la réforme politique des Juifs, übers. von *Jean Bernoulli*, Dessau 1782 (dass., Préface et notes de *Dominique Bourel*, Nachdr. Paris 1984); ital. Ausg.: *Christian G. Dohm*, Riforma politica degli Ebrei, Mantova 1807; vgl.: *Manasseh Ben Israel* (*Menasse Ben-Yiśrā'ēl*, Rettung der Juden: als ein Anhang zu des

Historisches Material

Hrn. Dohm Abhandlung: Über die bürgerliche Verbesserung der Juden. Aus dem Englischen übersetzt nebst einer Vorrede von *Moses Mendelssohn* [1729–1786], Berlin 1782; *Johann Christoph Unzer* [1747–1809], Anmerkungen zu der Schrift des Herrn Dohm, über die bürgerliche Verfassung der Juden, Altona 1782; *Friedrich Ludwig Kahle* [1734–1805], Bemerkungen zu dem Buche über die bürgerliche Verbesserung der Juden von Dohm, Berlin / Stralsund 1789; *Franz Reuss*, Christian Wilhelm von Dohms Schrift »Über die bürgerliche Verbesserung der Juden« und deren Einwirkung auf die gebildeten Stände Deutschlands. Eine kultur- und literaturgeschichtliche Studie, Leipzig [Diss. Phil. Fak., enthält Bibliogr.] / Kaiserslautern 1891; *Paolo Bernardini*, La questione ebraica nel tardo illuminismo tedesco. studi intorno allo »Über die bürgerliche Verbesserung der Juden« di C. W. Dohm, Firenze 1992.

11   *Honoré Gabriel de Riqueti Graf von Mirabeau*, * 9.3.1749 Le Bignon-Mirabeau, Dép. Loiret, † 2.4.1791 Paris.

12   König [seit 1786] *Friedrich Wilhelm II.*, * 25.9.1744 Berlin, † 16.11.1797 Potsdam.

13   *Wilhelm Freiherr von Humboldt*, * 22.6.1767 Potsdam, † 8.4.1835 Tegel (heute zu Berlin gehörig); *Alexander Freiherr von Humboldt*, * 14.9.1769 Berlin, † 6.5.1859 ebd.

14   *Napoléon Bonaparte*, Kaiser von Frankreich (1804–1814/15) als *Napoleon I.* (* 15.8.1769 Ajaccio / Korsika, † 5.5.1821 Longwood / Sankt Helena).

15   *Jérôme Bonaparte* (* 15.11.1784 Ajaccio / Korsika, † 24.6.1860 Schloß Villegenis bei Paris), König des Königreichs Westfalen 1807–1813.

16   *Karl August Freiherr von Hardenberg*, Fürst seit 1814 (* 31.5.1750 Essenrode / heute zu Lehre / Kreis Helmstedt, † 26.11.1822 Genua).

17   Mit der Niederlegung der Kaiserkrone durch *Kaiser Franz II.* (*Franz Joseph Karl*, * 12.2.1768 Florenz, † 2.3.1835 Wien, 1792–1806 letzter Kaiser des Heiligen Römischen Reiches Deutscher Nation, 1804–1835 Kaiser von Österreich) erlosch das Heilige Römische Reich Deutscher Nation am 6.6.1806.

Der Reformjude M.H. Schwabe (S. 22–24)

18   Vgl. *Matthias Morgenstern*, Von Frankfurt nach Jerusalem. Isaac Breuer und die Geschichte des »Austrittsstreits« in der deutsch-jüdischen Orthodoxie (Schriftenreihe wissenschaftlicher Abhandlungen des Leo Baeck Instituts 52), Tübingen 1995, S. 112–117 (»Der Hamburger Tempelstreit«); *Michael A. Meyer*, Die Gründung des Hamburger Tempels und seine Bedeutung für das Reformjudentum, in: Die Geschichte der Juden in Hamburg 1590–1990, Bd. 2, Hamburg 1991, S. 195–207; *Andreas Brämer*, Judentum und religiöse Reform. Der Hamburger Israelitische Tempel 1817–1938, Hamburg 2000.

Eine Streitschrift zur Emanzipation (S. 24–27)

19   Vgl. *G.-A. Goldschmidt*, Über die Flüsse, 2001, S. 22–25.

20   Vgl. *Sybille Baumbach*, Die israelitische Freischule von 1815, in: P. Freimark / A. Herzig (Hg.), Die Hamburger Juden, 1989, S. 214–233; *E. Kley* [1789–1867], Catechismus der mosaischen Religionslehre, ¹1814; *ders.*, Geschichtliche Darstellung der Israelitischen Freischule zu Hamburg bei Gelegenheit der Feier ihres 25jährigen Bestehens (am 31. Oktober 1841), 1841; *ders.*, Blätter der Erinnerung. Letzte Kanzelvorträge im neuen israelitischen Tempel, 1844 (u.a.); vgl. *D. Hertz*, Ihr offenes Haus – Amalia Beer [1767–1854] und die Berliner Reform, in: Kalonymos Jg. 2 H. 1, 1999, S. 2–3;

»Der [*Moses*] *Mendelssohn*schen Balance zwischen Säkular und Jüdisch entsprach es, daß die Wissensvermittlung zwischen den christlichen und jüdischen Hauslehrern der [vier] *Beer*-Söhne [ältester: *Jakob Liebmann Meyer Beer / Giacomo Meyerbeer*, 1791–1864 (s. u. S. 210 Anm. 52); jüngster: *Michael Beer* 1800–1833; Eltern: *Jakob Hertz Beer*, 1769–1825; *Amalia Beer*, geb. *Wulff*, 1767–1854] aufgeteilt wurde. Die christlichen Hauslehrer unterrichteten die Jungen in Musik, Geschichte, Deutsch, Französisch und Geographie. Aufgeklärte jüdische Lehrer übernahmen (nicht nur) die jüdischen Themen und die Aufsicht der älteren Söhne, sobald diese Berlin verließen, um ihre Ausbildung andernorts fortzusetzen. Einer der jungen Männer, die im Hause *Beer* gefördert wurden, war *Eduard Kley*, ein jüdischer Student an der Berliner Universität und der Hauslehrer *Michael Beer*s. *Kley*, der bei [*Johann Gottlieb*] *Fichte* [1762–1814] und [*Friedrich Daniel Ernst*] *Schleiermacher* [1768–1834] studiert hatte, lebte von 1809 bis 1817 bei den *Beer*s. Als diese ihr Haus für den Gottesdienst öffneten, trat *Kley* als einer der Prediger auf. 1817 zog er nach Hamburg, um eine fortschrittliche Schule zu leiten. Bald führte sein Wirken zu seiner Ernennung als erster Prediger des ›Hamburger Tempel‹« (Hervorhebungen von *Th. Hübner*).

Joseph Mendelssohn [1817–1856], Blüthen. Gedichte und Novellen eines Schriftsetzers, 1839, widmete sein literarisches Erstlingswerk mit einem bemerkenswerten Urteil seinem »unvergeßlichen Lehrer *Eduard Kley*, Prediger am Neuen Israelitischen Tempel und Oberlehrer der Israelitischen Freischule in Hamburg«.

21 Vgl. *E. Kley*, Predigten in dem neuen Jisraelitischen Tempel zu Hamburg, Bd. 1: 1819, Bd. 2: 1820; *ders.* Der Berg des Herrn, und Der ewige Gottesdienst des Jisraeliten, zwey Predigten, 1823; *ders.*, Die Feste des Herrn. Israelitische Predigten für alle Festtage des Jahres, gehalten in dem neuen Tempel zu Hamburg, 1824; *ders.*, Predigt-Skizzen. Beiträge zu einer künftigen Homiletik, Bd. 1, Bd. 2, 1856.

22 *E. Kley*, Catechismus der mosaischen Religionslehre, ¹1814.

23 Vom Verf. zitiert nach: *Eckart Kleßmann*, Geschichte der Stadt Hamburg, Hamburg, (¹1981) ²1981, S. 463f. – *E. Kleßmann* zit. ebd. zunächst eine Publikation von »1835« und schreibt dann: »Ein Jahr später berichtete die Allgemeine Zeitung des Judenthums aus Hamburg folgendes …« (es folgt oben übernommenes Zitat). Es kann also nur das Jahr 1836 gemeint sein. Die erste Nummer der »Allgemeine Zeitung des Judenthums. Ein unparteiisches Organ für alles jüdische Interesse in Betreff von Politik, Religion, Literatur, Geschichte, Sprachkunde und Belletristik« erschien aber am 2.5.1837, die letzte Nr. 116 des ersten Jg.s am 28.12.1837 (Jg. 1 bis Jg. 86 / 1922, dann Erscheinen eingestellt) in Leipzig, dann in Berlin. *E. Kleßmann*, Brief v. 15.1.2007 an *Th. Hübner*, kann sich an die Quelle nicht mehr erinnern.

24 *Johanna Goldschmidt* [ermittelte Verf.], Rebekka [in »Hamburg«] und Amalia [»von Felseck« in »Berlin«, ebd. S. 19. 8]. Briefwechsel zwischen einer Israelitin und einer Adeligen über Zeit- und Lebensfragen, Leipzig 1847; für *J. Goldschmidt* (Frauenrechtlerin) als Autorin votieren: *Hans Schröder* [1796–1855], Lexikon der hamburgischen Schriftsteller bis zur Gegenwart, im Auftrag des Vereins für Hamburgische Geschichte ausgearbeitet von Hans Schröder, Bd. 2 Dassovius – Günther, Hamburg 1854 (Bd. 1–8, 1851–1883), S. 539, Nr. 1262; *Meyer Kayserling* [1829–1905], Die jüdischen Frauen

in der Geschichte, Literatur und Kunst, Leipzig 1879 (Nachdr. Hildesheim 1991), S. 255; *Adolph Kohut*, Berühmte israelitische Männer und Frauen in der Kulturgeschichte der Menschheit. Lebens- und Charakterbilder aus Vergangenheit und Gegenwart; ein Handbuch für Haus und Familie, Leipzig, [Bd. 1, ca. 1900] Bd. 2 [ca. 1901], Leipzig-Reudnitz, S. 423; für *Alexander Sande* als Autor votieren – obwohl das »Vorwort«, ebd. S. (V-X) X unterzeichnet ist mit »von *der Verfasserin*« (das Geschlecht entspricht ja auch dem Buchtitel) –: *Michael Holzmann / Hanns Bohatta*, Deutsches Anonymen-Lexikon 1501–1926, (Weimar 1902–1928) Neudr. Hildesheim 1961, Nr. 10727.

Vgl. [*Johanna Goldschmidt*,] Muttersorgen und Mutterfreuden … Mit einem Vorwort von *Dr. [Adolph] Diesterweg* [1790–1866], Hamburg, (Band 1:) ¹1849 XXII, 220 S., Band 2: ¹1851 XII, 232 S.; *Lina Morgenstern*, Johanna Goldschmidt, in: *dies.*, Die Frauen des 19. Jahrhunderts Folge l, 1888, S. 323–328; *Ludwig Geiger*, Diesterweg und Frau Johanna Goldschmidt …, Januar 1907; zur Biographie und zum Lebenswerk [gemeinsam mit *Friedrich Wilhelm August Fröbel* (1782–1852)!] siehe: *Manfred Berger*, Frauen in der Geschichte des Kindergartens. Ein Handbuch, Frankfurt ¹1995, S. 205–210; *Maya Fassmann*, Die Frauenrechtlerin Johanna Goldschmidt, in: Die Geschichte der Juden in Hamburg 1590–1990, Band (1–3) 2, Hamburg 1991, S. 237–248; *Maya Fassmann*, Johanna Goldschmidt (1806–1884). Suche nach Emanzipation und Integration, in: *dies.*, Jüdinnen in der deutschen Frauenbewegung 1865–1919, Hildesheim u.a. 1996, S. 137–156; *Ingeborg Grolle*, Die freisinnigen Frauen. Charlotte Paulsen. Johanna Goldschmidt. Emilie Wüstenfeld (Hamburgische Lebensbilder Bd. 16), Bremen ¹2000; *Inge Grolle*, Johanna Goldschmidt (1806–1884) und Emilie Wüstenfeld (1817–1874). Aufbruch und Wege im Geist von 1848, in: *Helmut Bleiber* u.a. (Hg.), Akteure eines Umbruchs Bd. 2, Berlin 2007, S. 179–208.

25 *Johanna Goldschmidt*, Rebekka und Amalia, Leipzig 1847, S. 188 (»aus Rebekka's Tagebuche«, ebd. S. 166): »Wunder … können wohl geschehen …, aber das Wunder, daß eine Hamburger Aristokratenfamilie ein Judenmädchen freudig als eine Ebenbürtige betrachtet, darauf dürften wir vergebens warten, und *Ihre* Erwählte, mein theurer Freund! muß frei und stolz das Haupt erheben dürfen. Ach nein, ich bin gewiß nicht dazu gemacht, mir einen würdigen Platz erst zu erobern; *die Kraft* nur ward mir verliehen, ihn würdig zu behaupten, wenn er mir freundlich und liebevoll bewilligt ward, denn nicht zum thätigen Kampf gegen die Welt wird die Israelitin erzogen, nur Dulden und Ausharren muß sie, und der einzige und stete Kampf ihres Lebens ist *der*: gegen das Vorurtheil und die Härte der Menschen; *der* aber bedingt andere Waffen als *die*, mit denen man sich eine feste sichere Stellung erringt in einer Familie, die völlig gewappnet und wohlverschanzt, den unberufenen Eindringling verächtlich zurückweisen würde.« Vgl. ebd. S. 176.

26 *Johanna Goldschmidt*, Rebekka und Amalia, Leipzig 1847, S. 184: »Von diesem Fenster aus habe ich so oft auf die friedlichen Dächer [Hamburgs] geschaut, aus denen der Rauch lustig wirbelnd in die Lüfte stieg, und mir zuzurufen schien: ich bereite ein gastliches Mahl, um das sich Alles glücklich und froh vereint. Mein Herz aber seufzte vergebens nach einer solchen Vereinigung mit ihm, mit ihm! Die Dächer schaue ich lieber an als die Thürme, die so kalt und stolz dastehen, als wollten sie mich ewig daran mahnen,

daß sie zur Kirche gehören, und die Kirche, die Alles in Liebe segnen sollte, was sich in Liebe gefunden, sie verbindet ja doch nur, was zu ihr gehört, und trennt für immer die, die sich nicht in ihren Schoos flüchten«; vgl. ebd. S. 193.

27 *Johanna Goldschmidt*, Muttersorgen und Mutterfreuden …, Hamburg, Band 2, ¹1851, 16. Kapitel, S. 88f.; das Auffinden dieses Zitats verdankt der Autor *Ingeborg Grolle*.

28 Vgl. *Amalie Henriette Westendarp*, Meine Mutter. Agathe Margarethe Meyer, geb. Beusch, geb. 1794, gest. 1833. Handschriftliche Aufzeichnungen, Archiv der Firma H. C. Meyer jr. Hamburg 1887.

Amalie Henriette Westendarp, geb. *Meyer* [Tochter des Hamburger Fabrikanten *Heinrich Christian Meyer* (1797–1848)], ist die Schwester von *Margarethe Meyer-Schurz* (auch *Margaretha Meyer-Schurz*, oder nur *Margarethe Schurz*); sie heiratete am 6.7.1852 in London *Carl Schurz* (* 2.3.1829 Liblar / heute Erftstadt, † 14.5.1906 New York) und gründete 1856 den ersten deutschsprachigen Kindergarten in den USA.

29 Fabrikant *Heinrich Christian Meyer*, gen. *Stockmeyer* (* 4.6.1797 Nesse bei Bremerlehe, † 26.7.1848 Hamburg), Sohn eines Handwerkers, gilt als Hamburgs erster Großindustrieller.

30 *Friedrich Wilhelm August Fröbel*, * 21.4.1782 Oberweißbach / Thüringen, † 21.6.1852 Marienthal / Thüringen. Siehe *Johanna Goldschmidt*, Der Hamburger Fröbel-Verein, in: Der Frauen-Anwalt II. Jg. 1871–1872, Berlin, 1872, S. (33–36) 33, Anm.* der Redaktion: »Der vorstehende Bericht dürfte von um so größerem Interesse sein, als die geschätzte Verfasserin desselben eine persönliche Freundin *Fröbel*s war und als eine der ersten und würdigsten Verbreiterinnen seiner Lehre allgemein anerkannt ist.« Siehe *Johanna Goldschmidt*, Auszug aus dem Berichte über die Thätigkeit des Hamburger Fröbel-Vereins von 1862 bis 1872. Abgestattet im Namen des Vorstandes von *Johanna Goldschmidt* d.[er] z.[eitige] Präsidentin, in: ebd., III. Jg. 1872–1873, Berlin, 1873, S. 149–153; *dies.*, Auszug aus dem Bericht über die Thätigkeit des Hamburger-Fröbel-Vereins 1872–1874 erstattet im Namen des Vorstandes von der Präsidentin *Johanna Goldschmidt*, in: ebd. V. Jg. 1874–1875 No. 11. 12, Berlin, 1875, S. 265–271; vgl. *Johanna Goldschmidt*, Briefe an *Friedrich Fröbel*: »Hamburg, am 12. März [18]49 Adr.[esse]: Frau Goldschmidt Alterwall 63«; »Die Direktion des Vereins deutscher Frauen *Minna Leppoé, Pauline Alt, Johanna Goldschmidt*« Hamburg, d. 8. Okt. 1849; Mitunterzeichnerin Verein Deutscher Frauen zu Hamburg Brief ohne Datum (Okt./Nov. 1849); »Grindelhof, am 15. Mai 1850«, in: *Helmut König*, Mein lieber Herr Fröbel! Briefe von Frauen und Jungfrauen an den Kinder- und Menschenfreund, Berlin 1990, S. 108–109, 141, 145. 147.

31 Vgl. *Johanna Goldschmidt*, Bericht über die Bewahranstalt und Schule des Frauenvereins zur Unterstützung der Armenpflege. Abgestattet von Johanna Goldschmidt auf Wunsch des Frauenvereins, Hamburg 1866 (anläßlich »der Einweihungsfeier des Paulsen-Stiftes«, ebd. S. 2). »Die Bewahranstalt … wird nach den *Fröbel*'schen Principien geleitet, da der Frauenverein bei Gründung dieses Institutes vor 17 Jahren das Kindergarten-System einführte« (ebd. S. 2). »von der Schule [ist zu] berichten, daß sie es als eine ihrer ersten Aufgaben betrachtet, die *besonderen* Anlagen der Kinder frühzeitig zu erkennen … Dafür hat die Bewahranstalt trefflich vorgearbeitet, denn die *Fröbel*'schen Beschäftigungen entwickeln ganz besonders *jede künstlerische*

Begabung, da die Kinder zeichnen, singen, modellieren«.

32   *Meta Seifert*, Johanna Goldschmidt, in: Hamburger Frauen-Zeitung. Organ des Hamburger Hausfrauen-Vereins, Jg. 2, Nr. 23, Hamburg 16. November 1910, S. 1–2; vgl. *Ludwig Geiger*, Diesterweg und Frau Johanna Goldschmidt. Zur Frauenbewegung vor einem halben Jahrhundert, in: Die Frau. Monatsschrift für das gesamte Frauenleben unserer Zeit, hg. v. *Helene Lange*, Jg. 14, Berlin Januar 1907, S. 199–211.

Die schwedische Nachtigall: »welch ein herrlich gottbegabtes Wesen« (S. 27–37)

33   *Moses Mendelssohn* (* 6.9.1729 Dessau, † 4.1.1786 Berlin), Sohn: *Abraham Mendelssohn Bartholdy* (* 10.12.1776 Berlin, † 19.11.1835 Berlin) ließ seine vier Kinder auf briefliches Anraten seines Schwagers *Jakob Ludwig Salomon* 1816 christlich taufen und ebenfalls den Namen *Bartholdy* annehmen. Nachdem *Abraham M. B.* mit seiner Frau 1822 selbst zum Christentum übergetreten war, erhielt er die offizielle Erlaubnis, den Namen *Mendelssohn Bartholdy* zu tragen, führte ihn aber schon vorher. Berühmt ist sein Ausspruch: »Früher kannte man mich als den Sohn meines Vaters, heute kennt man mich als den Vater meines Sohnes« (*H. Kupferberg*, Die Mendelssohns, 1972, S. 81). Sein Sohn *Felix Mendelssohn Bartholdy* (* 3.2.1809 Hamburg, † 4.11.1847 Leipzig) erhielt bei seiner Taufe die Vornamen *Jakob* und *Ludwig*.

Erläuterung zum Namen: Der Bruder von *Lea*, geb. *Salomon* (*Abraham Mendelssohns* Ehefrau), *Jakob Ludwig Salomon*, ließ sich 1806 auf den Namen *Jakob Ludwig Bartholdy* taufen. Den Namen *Bartholdy* führte er schon seit 1800; er geht zurück auf einen Vorbesitzer des Familienanwesens in Cölln (1802–1920 Luisenstadt, heute Stadtteil Berliner Innenstadt): den Cöllnischen Bürgermeister *Christian Friedrich Bartholdi* (keine Lebensdaten bekannt). Dieser hatte 1648 das Anwesen erworben und es nach dem Tod seinem Sohn *Christian Friedrich Freiherr von Bartholdy* (1668–1714) vermacht. Dessen Erben verkauften die *Bartholdi*sche Meierei an den Magistrat, der es wiederum 1771 an *Daniel Itzig*, den Großvater von *Jakob Ludwig Salomon*, verkaufte.

Th. Hübner verdankt alle Angaben *Christine Baur* (E-Mail 8.5.2008), Staatsbibliothek zu Berlin – Musikabteilung mit Mendelssohn-Archiv, Berlin; sie verweist auf Lit.: *Elke von Nieding*, Versteckt in der Geschichte – Bartholdys Meierei, in: Mendelssohn-Studien Bd. 15, Hannover 2007, S. 107–119; *Susanne Netzer*, Fortuna et Veritas. Jakob Ludwig Salomon Bartholdy, a.a.O., S. 147–198; zur Annahme des Namens *Bartholdy*: *Ralph Larry Todd*, Mendelssohn. A life in music, Oxford 2003, besonders S. 14ff.

34   Siehe unten S. 261–263.
35   *Emil Goldschmidt*, s. u. S. 262.
36   Lebensdaten, Werdegang und Bedeutung sowie Werkverzeichnis und Lit. siehe *Robert Pascall*, Artikel »Goldschmidt, Otto Moritz David, * 21. Aug. 1829 in Hamburg, † 24. Febr. 1907 in London«, in: MGG¹ Bd. 16 (Supplement), 1979, Sp. 501–502; *Linda Maria Koldau*, Artikel »*Goldschmidt, Otto (Moritz David)*«, in: MGG² Personenteil Bd. 7, 2002, Sp. 1263–1264; *Gaynor G. Jones / Christopher Fifield*, Artikel »*Goldschmidt, Otto (Moritz David)*«, in: Grove³ Bd. 10, 2001, S. 107.
37   Aber auch als Komponist, s. u. S. 315–318: Werkverzeichnis *Otto Goldschmidt* (1829–1907) und weitere Kompositionen sowie Musikausgaben aus dem Kreis der Familie.

38 Lebensdaten, Werdegang und Bedeutung sowie Werkverzeichnis und Lit. siehe *Hans Kühner*, Artikel »Lind, Jenny (verh. Goldschmidt), * 6. Okt. 1820 in Stockholm, † 2. Nov. 1887 in Malvern Hills b. London« (Sterbeort: Malvern Wells / Worcestershire), in: MGG¹ Bd. 8, 1960, Sp. 885–887; *Rebecca Grotjahn*, Artikel *»Lind, Goldschmidt, Jenny, Johanna Maria«*, in: MGG². Personenteil Bd. 11, 2004, Sp. 139–141; *Elizabeth Forbes*, Artikel »Lind [*Lind-Goldschmidt*], *Jenny* [*Johanna Maria*]«, in: Grove² Bd. 14, 2001, S. 710.

39 *D. Landgrebe* entnimmt das folgende: *Nils Olof Franzén*, Jenny Lind – Die schwedische Nachtigall. Eine Biographie. Aus dem Schwedischen übersetzt von *Alfred Otto Schwede*, Berlin[-Ost] ¹1982 (= Neuaufl.: Berlin ¹1990; ²1990); grundlegend:
• *Henry Scott-Holland* [1847–1918] / *William Smyth Rockstro*, Memoir of madame Jenny Lind-Goldschmidt, her early art-life and dramatic career 1820–1851. From orig. documents, letters, ... collected by Mr. *Otto Goldschmidt*, London 1891 = deutsch:
• *Henry Scott Holland* / *William Smyth Rockstro*, Jenny Lind, ihre Laufbahn als Künstlerin. 1820–1851. Nach Briefen, Tagebüchern u.a. von *Otto Goldschmidt* gesammelten Schriftstücken, deutsch von *Hedwig I. Schoell*, mit Abbildungen und Musikbeilagen, 2 Bände, Leipzig 1891; hierzu *Clara Schumann*, Aus dem Tagebuch 1891, in: *Berthold Litzmann*, Clara Schumann. Ein Künstlerleben. Nach Tagebüchern und Briefen, Bd. III, Leipzig (¹1908) ⁵,⁶1923, S. 537: »Baden-Baden, 16. Mai. Ich lese jetzt Otto Goldschmidts Lind-Biographie. Der erste Band hat mich sehr interessiert, besonders ihre erste Jugend am Theater in Stockholm, die gar traurig war, was ihre häuslichen Verhältnisse betraf ... Spätere Erfolge habe ich ja zum Theil mit erlebt. In Berlin ist sie gefeiert worden, wie wohl nie ein Künstler. Der zweite Band des Buches ist leider eine Wiederholung vom größten Teil des Ersten, immer wieder ihre Triumphe, Recensionen aus den Blättern.« Diese Darstellung endet mit der Konzertreise in die USA und faßt die letzten 35 Lebensjahre nur kurz zusammen (»Schlußworte«, ebd. S. 382–395).
• *William Smyth Rockstro*, Jenny Lind. A record and analysis of the »method« of the late Madame Jenny Lind-Goldschmidt, ed. together with a selection of cadenze, solfeggi, abellimenti, & c. in illustration of her vocal art, ed. by *Otto Goldschmidt*, London 1894;
• *Berthold Litzmann*, Clara Schumann. Ein Künstlerleben. Nach Tagebüchern und Briefen, Bd.e II und III, Leipzig ¹1905, (¹1908) ⁵,⁶1923; siehe Bd. III, S. 633: Namenverzeichnis.

40 *Berthold Litzmann*, Clara Schumann. Ein Künstlerleben. Nach Tagebüchern und Briefen, Bd. II, Leipzig ¹1905, S. 146; *Robert Schumann*, ebd., S. 147. 209; vgl. auch das Urteil der zukünftigen Schwiegermutter *Johanna Goldschmidt*, Rebekka und Amalia, Leipzig 1847, S. 73f.: »Jenny Lind ... etwas so Einfaches, Edles ... Die ganze Erscheinung dieses seltenen Wesens hat mich dermaßen bezaubert«; vgl. ebd. S. 246 (Amalia an Rebekka): »und die Nachtigall soll mir mit ihrer süßen Stimme den herrlichsten Choral singen«.

41 *N. O. Franzén*, Jenny Lind, ¹1982, S. 251 – im folgenden erscheinen die Belegstellen im Text.

42 *Phineas Taylor Barnum*, * 5.7.1810 Bethel, † 7.4.1891 Bridgeport (Connecticut), Zirkuspionier in den USA.

43 Dagegen *H. S. Holland* / *W. S. Rockstro* / *O. Goldschmidt*, Jenny Lind a.a.O. (s.o. Anm. 39), Bd. 2, Brief von *Jenny Lind*, Boston, 27.9.1850, an ihre Eltern, direkt

44 nach der Ankunft in New York – S. (370–372) 371: »In New-York habe ich schon sechs Konzerte gegeben; ein Saal, der 11000 Menschen faßt, war jedesmal übervoll, und wir können wol noch 40 bis 50 Concerte allein in New-York«.

44 *H. S. Holland / W. S. Rockstro / O. Goldschmidt*, Jenny Lind a.a.O. (s.o. Anm. 39), Bd. 2, S. 378f.: allein in New York rund 35.000,- $ (1850!).

45 Vgl. *John Warrack*, Artikel »Benedict, Sir Julius, * 27. Nov. 1804 in Stuttgart, † 5. Juni 1885 in London«, in: MGG¹ Bd. 15, 1973, Sp. 647–648.

46 *Berthold Litzmann*, Clara Schumann. Ein Künstlerleben. Nach Tagebüchern und Briefen, Bd. II, Leipzig ¹1905, S. 207: *Otto Goldschmidt* hatte in Dresden bei *Clara Schumann* Klavierunterricht genommen.

47 *Felix Mendelssohn Bartholdy*, Brief an Jenny Lind, Leipzig, 18. März 1846, in: *ders.*, Sein Leben in Briefen, ausgewählt und eingel. von *Reinhard Sietz*, Köln / Krefeld 1948, S. (233–236) 236, unterschreibt: »Ihr Freund Felix Mendelssohn Bartholdy«; *S.[ebastian] Hensel*, Die Familie Mendelssohn 1729 bis 1847. Nach Briefen und Tagebüchern, Berlin (²1879) Bd. II (²1880) ¹⁵1911, S. 431 Anm. **: »Eine andere epochemachende musikalische Erscheinung in dieser Zeit war Jenny Lind, die … namentlich mit Felixens sehr befreundet war«.

48 *Berthold Litzmann*, Clara Schumann. Ein Künstlerleben. Nach Tagebüchern und Briefen, Bd. II, Leipzig ¹1905, S. 296. 207.

49 *R. Pascall*, Artikel »Goldschmidt, Otto Moritz David«, in: MGG¹ Bd. 16 (Supplement), 1979, Sp. (501–502) 501; vgl. *Cecilia Jorgensen / Jens Jorgensen*, Chopin and the Swedish Nightingale. The life and times of Chopin and a romance unveiled 154 years later, Brüssel ¹2003.

50 *N. O. Franzén*, Jenny Lind, ¹1982, S. 274; vgl. *H. S. Holland / W. S. Rockstro / O. Goldschmidt*, Jenny Lind a.a.O. (s.o. Anm. 39), Bd. 2, S. 369 Anm. 1: »Herr Otto Goldschmidt schloß sich der Gesellschaft, nachdem Julius Benedict sich zurückgezogen hatte, als Pianist und Accompagnateur an. Er kam Ende Mai 1851 nach Neuyork«.

51 *Robert Schumann*: »Auch über Mendelssohn sprachen wir viel, ›den reinsten und feinsten von allen Künstlern‹ nennt sie ihn, und daß sie Gott danke, daß er diesen Künstler ihr im Leben entgegengeführt.«, in: *Berthold Litzmann*, Clara Schumann. Ein Künstlerleben. Nach Tagebüchern und Briefen, Bd. II, Leipzig ¹1905, S. 147.

52 *Giacomo Meyerbeer* (1791–1864) hatte mit *Johanna Schwabe*, verheiratete *Goldschmidt* (1806–1884), einen gemeinsamen Hauslehrer: *Dr. Eduard Kley*, s.o. S. 204f. Anm. 20.

53 *H. S. Holland / W. S. Rockstro / O. Goldschmidt*, Jenny Lind a.a.O. (s.o. Anm. 39), Bd. 2, S. 378 Anm. 1: »Sie wurde am 5. Februar 1852 im Hause des Herrn *S.[amuel] Grey Ward* in Boston von dem Bischof [*Jonathan M.*] *Wainwright* aus Neuyork nach dem Ritus der episcopalen Kirche mit Herrn *Otto Goldschmidt* getraut. Unter den Trauzeugen finden sich die Namen der Herren [Pastor] *Edward Everett* [1794–1865, 6.11.1852–3.3.1853 Außenminister der USA] und *Ward*, des schwedischen Consuls *C. E. Habicht* u.a.«. Namen kursiv gesetzt von *Th. Hübner*.

54 Vgl. *R. Pascall*, Artikel »Goldschmidt, Otto Moritz David«, in: MGG¹ Bd. 16 (Supplement), 1979, Sp. (501–502) 501.

55 *Jenny Lind* [afterwards *Goldschmidt*], Programme of Madame Otto Goldschmidt's grand concert … May 21, 1852. With the words of the songs and translations, N.[ew] Y.[ork] 1852.

56 *N. O. Franzén*, Jenny Lind, ¹1982, S. 295, Brief v. 19.4.1855.
57 *N. O. Franzén*, Jenny Lind, ¹1982, S. 295, Brief v. 9.2.1857.
58 *N. O. Franzén*, Jenny Lind, ¹1982, S. 296: »Clara Schumann fand ihre Ergebenheit gegenüber dem Gatten fast abstoßend.«
59 Das sind die Eltern *Otto* und *Jenny Goldschmidt* mit ihren Kindern *Walter Goldschmidt* (* 1852 Dresden) und *Jenny Maria Catherine Goldschmidt* (* 1857 Dresden); *Ernst Goldschmidt* (* 1861 Wimbledon) war noch nicht geboren; s. u. S. 262.
60 *Victoria von Hannover*, Königin von Großbritannien und Irland, Kaiserin von Indien (1837–1901, * 24.5.1819 Kensington Palace, London, † 22.1.1901 Osbron House, Isle of Wight).
61 *Prinz Franz August Carl Albert Emmanuel von Sachsen-Coburg und Gotha*, Herzog zu Sachsen, seit 1857 britischer Prinzgemahl / Prince Consort (* 26.8.1819 auf Schloß Rosenau bei Coburg, † 14.12.1861 auf Schloß Windsor, Berkshire), der Cousin mütterlicherseits und Ehemann von *Victoria von Hannover*.
62 *Benjamin Disraeli* (* 21.12.1804 London, † 19.4.1881 Mayfair) seit 1876 1. Earl of Beaconsfield, Romanschriftsteller und britischer Premierminister.
63 *Berthold Litzmann*, Clara Schumann. Ein Künstlerleben. Nach Tagebüchern und Briefen, Bd. III, Leipzig (¹1908) ⁵⁻⁶1923, S. 417: 1881 »Aus dem Tagebuch: ... 7. März Abends Dinner bei Goldschmidts höchst gemüthlich. Die Frau interessiert mich immer, ich höre sie so gern sprechen, so bestimmt, gescheidt und klar.«
64 *N. O. Franzén*, Jenny Lind, ¹1982, S. 303, Brief v. 29.11.1874.
65 *R. Pascall*, Artikel »Goldschmidt, Otto Moritz David«, in: MGG¹ Bd. 16 (Supplement), 1979, Sp. (501–502) 501; vgl. *Otto Goldschmidt* (Hg.), The Bach Choir['s] Magazine, s. u. S. 316: Werkverzeichnis *Otto Goldschmidt* (1829–1907) und weitere Kompositionen sowie Musikausgaben aus dem Kreis der Familie.
66 Hiob 19,25 (s. u. S. 425, Anm. 90 ebd.).
67 Vgl. z. B. die Choralausgaben unten S. 318: Werkverzeichnis *Otto Goldschmidt* (1829–1907) und weitere Kompositionen sowie Musikausgaben aus der Familie.
68 Zu dem Unterricht von *Otto Goldschmidt* bei *Felix Mendelssohn Bartholdy* siehe *Gunilla Eschenbach*, Wiederentdeckte Mendelssohn-Autographe in Zeugnissen des Conservatoriums der Musik zu Leipzig, in: *Hans Joachim Marx* (Hg.), Hamburger Mendelssohn-Vorträge, 2003, Anhang S. (139–157) 139–140.143–146.
69 Vgl. Lithographie von *J. Lind*, in: *H. Kühner*, Artikel »Lind, Jenny (verh. Goldschmidt)«, in: MGG¹ Bd. 8, 1960, Sp. (885–887) 886; Abbildung in: *R. Grotjahn*, Artikel »Lind, Goldschmidt, Jenny, Johanna Maria«, in: MGG². Personenteil Bd. 11, 2004, Sp. 141.
70 Eltern: *Diodor Lassar* und *Emma* geb. *Beyfuss*, s. u. S. 262.
71 Prof. *Dr. Oscar Lassar* (* 11.1.1849 Hamburg, † 21.12.1907 Berlin, studierte Medizin in Heidelberg, Göttingen, Straßburg und Berlin, Promotion 1872, Assistent an der Berliner Charité, danach Eröffnung einer Privatklinik für Dermatologie und Syphilis in Berlin, erste Versuche einer Behandlung mit Röntgenstrahlen, entwickelte die heute noch gebräuchliche Zinksalbe, 1902 Professor an der Universität Berlin) rief 1873 den »Berliner Verein für Volksbäder« ins Leben, dessen Parole lautete: »Jedem Deutschen wöchentlich ein Bad!« Berühmt wurde das »Volksbrausebad« von *O. Lassar* auf der Berliner Hygieneausstellung 1883; 1899 gründete *O. Lassar* die »Deutsche Gesellschaft für Volksbäder«.

Vgl. *Oscar Lassar*, Zur Manometrie der Lungen. Inaugural-Abhandlung der medicinischen Facultät zu Würzburg vorgelegt von Oscar Lassar aus Hamburg, Würzburg 1872 (kein Lebenslauf enthalten); ders., Über Volksbäder, Braunschweig ¹1887 / ²1888; ders., Über Volks- und Arbeiter-Bäder, Mainz 1887; ders., Die Kulturaufgabe der Volksbäder, Berlin 1889; weitere Lit. s. Lit.verzeichnis S. 313f.; s. Anm. 308 S. 235.

72 Die Jerusalems-Kirche – bereits 1484 erwähnt – war die älteste Kirche in Berlin-Friedrichstadt, sie stand am späteren Schnittpunkt von Jerusalemer- (heute Kochstraße) und Lindenstraße. Zwischen 1689 und 1693 erfolgten Umbau und Erweiterung durch *Giovanni Simonetti* (1652 Roveredo [Kanton Graubünden / Schweiz] – 1716 Berlin). *Philipp Gerlach* (1679 Spandau – 1748 Berlin) erbaute 1728–1731 unter der Verwendung vorhandener Bausubstanz die Kirche neu; der Turm wurde 1747 wegen Baufälligkeit abgetragen. *Karl Friedrich Schinkel* (1781 Neuruppin – 1841 Berlin) baute die Kirche 1838 erneut um. *Edmund Knobloch* (1841–1883, Sohn von *Eduard Knoblauch*, Erbauer der Berliner Synagoge) verlieh der Kirche 1878/79 die letzte Gestalt, bevor diese im Zweiten Weltkrieg zerstört und die Ruine 1961 gesprengt wurde (an ihrer Stelle steht ein Teil des Axel-Springer-Verlagshauses).

73 *Heinrich Heine*, Prosanotizen. I. bis Mai 1831, S. 313 Zeile 33: »Der Taufzettel ist das Entre Billet zur Europäischen Kultur. – Sonettensteuer. –«.

Arthur und Kitty Goldschmidt (S. 37–47)

74 *Oscar Goldschmidt* (1868–1947), *Paul Goldschmidt* (?), *Elsa Goldschmidt* (1875–1913, Patentante von *Ilse Maria Goldschmidt*, s. u. B. 05, S. 282f.), *Alfred Goldschmidt* (»Fredy«, 1879–1917), s. u. S. 263.

75 Das humanistische Gymnasium wurde 1881 als »Neue Gelehrtenschule« gegründet und 1883 zu Ehren von Kaiser *Wilhelm I.* in »Wilhelm-Gymnasium« umbenannt. Von 1885 bis 1964 war es in dem Gebäude der heutigen Staatsbibliothek untergebracht, seit 1964 im Klosterstieg 17, Hamburg-Harvestehude.

76 Kaiser *Wilhelm I.*, * 22.3.1797 Berlin, starb im Dreikaiserjahr (sein Sohn *Friedrich III.* – * 18.10.1831 Potsdam, † 15.6. 1888 ebd. – regierte bis zu seinem Tod an Kehlkopfkrebs nur 99 Tage, ihm folgte sein Sohn *Wilhelm II.* – * 27.1.1859 Berlin, † 4.6.1941 Doorn / Niederlande) am 9.3.1888 in Berlin und wurde am 16.3.1888 im Mausoleum im Schloßpark von Charlottenburg beigesetzt.

77 28.7.1914: Kriegserklärung von Österreich-Ungarn an Serbien; 30.7.1914: Generalmobilmachung Rußlands zur Unterstützung Serbiens; 1.8.1914: das Deutsche Reich als Bündnispartner von Österreich-Ungarn erklärt daraufhin Rußland den Krieg.

78 G.-A. *Goldschmidt*, Mein Vater Arthur Goldschmidt, in: Ein Garten in Reinbek, 1994, S. 10: »Wie alle Bürger seiner Zeit – er wurde 1873 geboren – glaubte er an die europäische, besser gesagt: An die Sonderbestimmung Deutschlands. Eher als ›deutsch‹ war das Deutsche für ihn das ›Kulturelle‹ an sich, d.h. das Menschliche, aber nicht unter seiner flach rhetorischen Form, wie man es damals sah, sondern als Naturgegebenheit und Geist zugleich. Dieser, als Vierzehnjähriger getaufte Christ war ein Deutscher im vollen damaligen Sinne des Wortes: Religion – er war evangelisch und zutiefst, wie es so heißt, ›gläubig‹ – war eben als ›Glaube‹ auch zugleich etwas Nationales, etwas Exaltiertes, aber zugleich Gemäßigtes.«

79 A. *Goldschmidt*, Die rechtliche Natur des Bodmerei-Vertrages. Inaugural-Dissertation zur Erlangung der Juristischen

Doctorwürde vorgelegt der Hohen Juristenfacultät der Friedrich-Alexander-Universität zu Erlangen von Arthur Goldschmidt aus Hamburg, Hamburg 1895, 43 S.

Nicht zu verwechseln mit: *Dr. Arthur* [nicht: *Artur*] *Goldschmidt*, Gewerkvereine und Kartelle. Ein Vergleich auf historischer Grundlage. Inaugural-Dissertation der Staatswirtschaftlichen Fakultät der Kgl. Ludwig-Maximilian-Universität zu München zur Erlangung der Doktorwürde eingereicht von Arthur Goldschmidt, Berlin 1907 (kein Lebenslauf enthalten); auch *Arthur Goldschmidt*, Goethe im Almanach, Leipzig 1932, ist wiederum ein anderer, s. u. S. 307. und S. 327 Anm. 14.

»Personalbogen *Arthur Felix Goldschmidt*«: »1. jurist. Prüfung: 27. Mai 1895 ›ausreichend‹ zu Berlin, Referendar: 19. Juli 1895; 2. jurist. Prüfung: 23. Februar 1899; Promotion: Erlangen, 20. Juli 1895. Spätere Laufbahn: 3 / 3 99: Assessor. 31. / 1. [sic!] 1.2.1902.: Amtsrichter: 6. / 1 1913: Landesrichter. 16.11.1917 Oberlandesgerichtshof. 30.11. [sic!] 1.12.1933: § 6. in den Ruhestand versetzt.«. Andere Daten in: *Curt Rothenberger* (Hg.), Das Hanseatische Oberlandesgericht. Gedenkschrift zu seinem 60jährigen Bestehen, Hamburg 1939, S. (316–318) 316f.: »I b. Jüdische und halbjüdische (½) Mitglieder: C. Senatspräsidenten … D. Oberlandesgerichtsräte … Lfd. Nr … 60 Dr. Arthur Felix Goldschmidt« … Geburts- und Todesdaten … 30.4.1873 zu Berlin … Laufbahn (H), (B), (L) = Abkürzung der wählenden Senate Hamburg, Bremen, Lübeck … 1.2.1902 Richter am Amtsgericht, 6.1.1913 Richter am Landgericht, 16.11.1917 Oberlandesgerichtsrat (H), 31.10.1933 in den Ruhestand«.

Den »Personalbogen« u.a. hat dankenswerterweise die Präsidentin des Hanseatischen Oberlandesgerichts, *Erika Andreß*, Sievekingplatz 2, 20355 Hamburg, durch *Jörn Feddersen* mit einem Schreiben vom 29.4.2008 (Az: 1451E-lq) an Th. Hübner gesandt: die Aktenlage sei »leider sehr begrenzt, da die Personalakte des Herrn Dr. Goldschmidt in den 70er Jahren nicht in das Staatsarchiv Hamburg übernommen wurde und daher nicht erhalten«.

80 *Gustav Schiefler* (1857–1935), Eine hamburgische Kulturgeschichte 1890–1920, 1985, S. 55.

81 Siehe oben Anm. 79; anders: *C. Rothenberger* (Hg.), Das hanseatische Oberlandesgericht a.a.O. (s. o. Anm. 79), Hamburg 1939, S. 317, Lfd. Nr. 60, Sparte »Laufbahn«; vgl. »Personalbogen« oben Anm. 75.

82 Vgl. *Arthur Goldschmidt*, Revisionsbefugnis und Ausfuhrsperren. Ein Gutachten zur Praxis der Außenhandelsstellen, Hamburg (Hamburger Ausschuß für Freiheit des Außenhandels) 1922, 16 S.

83 *Hugo Lederer*, * 16.11.1871 Znaim (Znojmo / Tschechien), † 1.8.1940 Berlin, deutscher Bildhauer.

84 *Arthur Goldschmidt*, Das Hamburgische Bismarckdenkmal (11. Januar 1902), in: Kunstchronik. Wochenschrift für Kunst und Kunstgewerbe [Beiblatt zu Zeitschrift für bildende Kunst] NF Jg. XIII Nr. 13, 23. Januar [1902], Leipzig / Berlin 1901/1902, S. 198.

85 Archiv J. 85, S. 304.

86 Siehe unten S. 267f.

87 Archiv J. 85, S. 304.

88 Siehe unten S. 139; vgl. *A. Goldschmidt*, Geschichte der evang. Gemeinde Theresienstadt 1942–1945, 1948 / 2009, S. 11 / 385.

89 Das ist: *Julius Steffens*, * 4.8.1866 Escheburg, † 28.4.1950 ebd.; Ehefrau: *Olga*, geb. *Heitmann*, * 5.10.1874 Escheburg, † 25.2.1952 ebd.

Historisches Material

Patriotischer Geist erfaßt die Familie (S. 47–51)

90   *Erwin* (Taufpate von *Ilse Maria Goldschmidt*, s. u. B. 05, S. 282f.), *Walter, Richard, Edgar Horschitz*, s. u. S. 267f.
91   Archiv B. 06, S. 283 – Brief v. 20.9.1915.
92   Archiv B. 07, S. 283 – Brief v. 27.7.1917.
93   Siehe unten S. 263.
94   Archiv A. 08, S. 282 – Brief v. 17.12.1915.
95   Das Schloß Reinbek im gleichnamigen Ort wurde 1572–1576 von *Herzog Adolf I. von Schleswig-Holstein-Gottorf* (* 25.1.1526 auf der Duburg in Flensburg, † 1.10.1586 auf Schloß Gottorf, seit 1544 Herzog von Schleswig-Holstein-Gottorf) im Stil der niederländischen Renaissance als repräsentativer Bau in unmittelbarer Nachbarschaft zu den Hansestädten Hamburg, Lübeck und Lüneburg erbaut. Es befindet sich ungefähr auf dem Gelände des alten Zisterzienserinnenklosters (1534 zerstört). 1647–1874 war es Sitz der herzoglichen bzw. königlich dänischen Amtmänner und des preußischen Landrates. Ende des 19. Jahrhunderts wurde es verkauft und unterschiedlich genutzt. 1977–1987 wurde es mustergültig restauriert und dient seither als Kultur- und Kommunikationszentrum für die Einwohner der Region.
   Vgl. *Curt Davids*, Festschrift zur 725-Jahrfeier von Reinbek: 1238–1963, Zusammenstellung und Schriftleitung: *Curt Davids*, hg. v. Magistrat der Stadt Reinbek, Reinbek 1963 (Heide in Holstein 1963); *Dirk Bavendamm*, Reinbek. Eine holsteinische Stadt zwischen Hamburg und Sachsenwald, hg. v. Magistrat der Stadt Reinbek, Reinbek (¹1988, »erschien … anläßlich der 750-Jahrfeier«, ebd. S. 13) ²1996.

Reinbeker Idylle (S. 52–54)

96   Vgl.: Die Entwicklung der Gesellschaft »Harmonie« von 1789. Ein dokumentarischer Beitrag zur Geschichte bürgerlicher Kultur und Geselligkeit in Hamburg (Veröffentlichungen des Vereins für Hamburgische Geschichte 26), Hamburg 1979; Satzung der »Harmonie«. Gesellschaft Harmonie 1789, Hamburg 1908.
97   *Eckart Kleßmann*, Geschichte der Stadt Hamburg, Hamburg (¹1981) ²1981, S. 353.
98   Vgl. *Klaus D. Dettweiler*, Übersee-Club Hamburg. Der 1922 auf Initiative von Max Warburg gegründete Traditionsclub feiert seinen 70. Geburtstag. Welthandel stellte Fragen an den neuen Geschäftsführer, Klaus D. Dettweiler, Hamburg HPB Welthandel-Verlag Bd. 12, 1992; *Otto Mathies*, Der Überseeclub Hamburg und das Patriotische Gebäude. Zur Eröffnung Januar 1925, Hamburg 1925.
99   TTK Sachsenwald e.V. (Tontaubenklub Sachsenwald e.V.), Am Tonteich 33, 21521 Wohltorf. Vgl. TTK 75 Jahre, hg. v. TTK Tontaubenklub Sachsenwald e.V., Redaktion: *Rainer Stubenvoll*, Gestaltung: *Thilo Leppin*, Hamburg 1996, S. 7; weitere Quellen siehe ebd. S. 112.
100 *Carl Joachim Heinrich Dobbertin* (* 15.10.1888 Altona, † 15.4.1960 Hamburg) gründete 1910 das Handelshaus »Dobbertin & Co.« (Auskunft: *Malte Dobbertin*, Brief an *Th. Hübner*, Zollikon, 12.9.2008).
101 *Ilse Maria* (1906), *Alfred Erich* (1924) und *Jürgen Arthur* (heute Georges-Arthur) *Goldschmidt* (1928), s. u. S. 264.
102 In einem dieser Aufsätze soll sich *Arthur Goldschmidt* mit *Giovanni Bellini* (* um 1427 oder 1430 Venedig, † 29.11.1516 ebd.) befaßt haben; so hat *Ilse Landgrebe* sich gegenüber ihrem Sohn *Detlev Landgrebe* geäußert, wie er es in einem Telephonat am 12.6.2008 *Th. Hübner* mitgeteilt hat; s. u. S. 307. Hg. konnte keinen der Aufsätze bibliographisch ausfindig machen.

Ludwig Landgrebe und seine Familie (S. 54–59)

103 Vgl. *Heinrich Wilhelm Landgrebe*, Die Seidenzucht in Deutschland, mit besonderer Berücksichtigung auf Kurhessen, ihre Behandlung und Vortheile, Kassel 1852, VI, 96 S.; s.u. S. 272.

104 Vgl. *Hans-Dietrich Knoll*, Weidaer Industriegeschichte. Die Textilindustrie Teil I. Verlagswesen und Manufakturen, in: Die Osterburg Nr. 101, Weida o.J., S. (3–5) 4–5: »Verleger Landgrebe« (mit Photos vom Eingangsbereich außen und innen des »ehemaligen Landgrebeschen Hauses«); *H.-D. Knoll*, Weida vor 150 Jahren. Revolution in einer kleinen Stadt. Sturm auf das Landgreb'sche Haus, in: Die Osterburg Nr. 17, Weida Juli 1998, S. 6; *Paul Blauert*, Die Revolution des Jahres 1848 in Weida, in: Weidaer Geschichtsblätter Jg. 1, 1920, S. 3–19; *Heinrich Gottlieb Francke*, Nachrichten über die Familie Francke in Weida im Großherzogtum Sachsen, Nr. 2. Abgeschlossen im Juli 1912, Weida / Dresden 1912, S. 19: »Er betrieb die Leineweberei, richtiger die Zeugmacherei für Herrn Landgrebe, der als ein freundlicher Mann einerseits, andererseits aber auch als ein guter Kaufmann geschildert wird.«

105 So das Schreiben des Heimatgeschichtsforschers *Hans-Dietrich Knoll* vom 3.5.2007 an *Th. Hübner*.

106 *Mathias Linnert*, Weißwäscher, verheiratet mit *Katharina Rotsenbigler*, s.u. S. 279.

107 1. *Marie Natalie* (* 12.6.1869 Wien, † 26.4.1926 Wien), 2. *Karl Ludwig Heinrich Landgrebe* (* 16.3.1871 Wien, † 9.11.1931 ebd., mein Großvater), 3. *Max Ludwig Ignaz Landgrebe* (* 26.3.1873 Wien, † 13.1.1945 ebd.); 4. Paul Landgrebe (* 1874 Wien, † 29.3.1876 ebd.) war schon tot, als sein Vater am 17.1.1878 starb, deshalb stand *Leopoldine Landgrebe* als Witwe mit *drei* Kindern allein da; s.u. S. 275f.

108 Archiv E. 23, S. 288 – Brief v. 11.10.1916.

109 *Franz Tuma*, * 29.11.1832, rk., verheiratet mit *Anna Eben*.

110 Archiv E. 19, S. 288 – Brief v. 14.1.1902.

111 Archiv G. 21, S. 292 – Brief v. 4.6.1902.

Eine Kindheit in Wien (S. 59–65)

112 Archiv G. 25, S. 292 – Brief v. 12.1.1920.

113 Die Gesundheitsfürsorge von *Leopoldine Landgrebe* für ihren Enkel *Ludwig* war sorgfältig: s.u. Archiv J. 02 u. J. 07, S. 293.

114 *L. Landgrebe*, Ludwig Landgrebe, in: Philosophie in Selbstdarstellungen Bd. II, 1975, S. 129.

115 Archiv E. 21, S. 288 – Brief v. 9.7.1916; E. 22, S. 288 – Brief v. 23.7.1916.

116 Archiv E. 21, S. 288 – Briefe vom 9.7.1916, E. 22, S. 288 – 23.7.1916, E. 23, S. 288 – 11.10.1916 und E. 24, S. 288 – 9.4.1917.

117 Archiv E. 22, S. 288 – Brief v. 23.7.1916.

118 Archiv E. 23, S. 288 – Brief v. 11.10.1916.

119 Archiv E. 23, S. 288 – Brief v. 11.10.1916.

120 Archiv E. 21, S. 288 – Brief v. 9.7.1916.

121 Archiv E. 21, S. 288 – Brief v. 9.7.1916.

122 Wiener Frauen-Erwerb-Verein, gegründet 13.11.1866; vgl. *Friedrich Regensdorfer*, 60 Jahre Wiener Frauen-Erwerb-Verein. 1866–1926, Wien 1926.

123 So in: Gedenkartikel von *Martha Bach* für *Marie Landgrebe* im Oktober 1926.

124 Archiv E. 27, S. 289 – Postkarte vom 8.3.1921; E. 28, S. 289 – Brief v. 1.8.1923.

125 Archiv J. 08, S. 294 – *Ludwig Max Carl Landgrebe*s Reifezeugnis datiert vom 4.7.1921.

126 Erste Assistentin von *E. Husserl* war von 1916 bis 1918 die Jüdin und spätere katholische Ordensfrau *Edith Stein* (* 12.10.1891 Breslau, † 9.8.1942 Auschwitz); Assistent wurde dann 1918–1923 *M. Heidegger* (R. Safranski, Ein Meister aus Deutschland, 1994, S. 107–111. 516). *L. Landgrebe*, Ludwig Landgrebe, in: Philosophie in Selbstdarstellungen Bd. II, 1975, S. 136: »hatte

Husserl ... sich ... die Stelle eines Privatassistenten ausbedungen, die ich im Herbst 1923 erhielt und auch nach der Promotion bis 1930 innehatte«; 1928 wurde E. Husserl emeritiert; von 1930 bis *Husserls* Tod 1938 war *Eugen Fink* (1905–1975) sein Privatassistent; siehe »Nachlaß Eugen Fink. Laufzeit 1925–1975«, bearb. von *Dr. Cathrin Nielsen* und *Dr. Hans Rainer Sepp*, in: Universitätsarchiv der Albert-Ludwigs-Universität, Werthmannplatz 2, 79085 Freiburg i.Br., Bestand E 015).

127 Archiv E. 29, S. 289 – Brief v. 7.3.1926; E. 30, S. 289 – Osterkarte vom 31.3.1926; E. 31, S. 289 – Postkarte vom 28.7.1926.

128 Hofrat *Dr. Eduard Leisching*, * 26.11.1858, † 7.12.1938 Wien, entstammte einer kunstsinnigen evangelischen Familie, studierte in Wien und Berlin Philologie, Geschichte und Philosophie und promovierte 1884 in Wien. 1885 begann *Leisching* seine Berufslaufbahn als Direktionssekretär im Museum für Kunst und Industrie, wo ihn seine Karriere 1909 auf den Direktionssessel führte. Nach seiner Pensionierung 1925 wurde er Berater der Gemeinde Wien in Kunstangelegenheiten. Schon früh verschrieb sich *Leisching* der aufkommenden Volksbildung. In erster Linie auf seine Initiative geht die Gründung des Wiener Volksbildungsvereines (heute: Polycollege Stöbergasse, Wien) zurück. Er wurde als »Zweigverein Wien und Umgebung« des 1895 ins Leben gerufenen »Allgemeinen niederösterreichischen Volksbildungsverein« am 22.1.1887 gegründet. *Leisching* gelang es, als »Motor« der jungen Volksbildungsbewegung zahlreiche Intellektuelle für den Verein zu gewinnen. Daraus entwickelten sich die »Zentralbibliothek«, die »Urania« und das »Volksheim«. Sein volksbildnerisches Credo war die Neutralität der Bildungsarbeit, die fern von Politik zu leisten wäre. Obmann des Volksbildungsvereines wurde *Leisching*, der sich nicht in die erste Reihe drängen wollte, erst 1920. Dem liberal gesinnten *Leisching*, der von Zeitzeugen als liebenswürdig beschrieben wurde, attestierte man die Fähigkeit, in der Bildungsarbeit Idealismus mit »wohltuendem Realismus« zu vereinen. Hochbetagt wurde *Leisching* im September 1934 zum Ehrenobmann des Wiener Volksbildungsvereines gewählt.

Vgl. *Eduard Leisching*, Ein Leben für Kunst- und Volksbildung. 1858–1938. Erinnerungen, 1978; *Ch. Stifter*, Kleines Portrait: Eduard Leisching 1858–1938, 1992; *L. Landgrebe*, Ludwig Landgrebe, in: Philosophie in Selbstdarstellungen Bd. II, 1975, S. 130. 134.

129 Vgl. *B. Hamann*, Elisabeth, Kaiserin wider Willen, 1998, S. 473.

130 *G. Mahler*, * 7.7.1860 Kalischt / Böhmen, † 18.5.1911 Wien; *A. Schönberg*, * 13.9.1874 Wien, † 13.7.1951 Los Angeles.

131 *L. Landgrebe*, Ludwig Landgrebe, in: Philosophie in Selbstdarstellungen Bd. II, 1975, S. 129.

132 *Karl Kraus* [* 28.4.1874 Jičin / Böhmen, † 12.6.1936 Wien], Die Fackel, Wien 1899–1936, Nr. 1–922.

133 *Katharina Schratt* (* 11.9.1853 Baden bei Wien, † 17.4.1940 Wien), Schauspielerin – ihr hatte *Kaiser Franz Joseph I.* eine Villa in der Gloriettegasse 9, Wien 13 (Hietzing), geschenkt. Die Trauttmannsdorffgasse mündet in die Gloriettegasse.

134 Archiv G. 25, S. 292 – Brief v. 12.1.1920.

135 Archiv G. 25, S. 292 – Brief v. 12.1.1920.

Philosophen in Freiburg (S. 65–68)

136 *Ludwig Max Carl Landgrebes* Reifezeugnis vom 4.7.1921: Archiv J. 08, S. 294.

137 Zum Studium in Wien s. u. S. 294.

138 Siehe oben S. 215f. Anm. 126; möglicher Studienverlauf in Freiburg i.Br. s. u. S. 295 Anm. 29.

139 Archiv G. 26, S. 292 – Brief v. 3.6.1923.
140 *Ludwig Landgrebe*, Wilhelm Diltheys Theorie der Geisteswissenschaften (Analyse ihrer Grundbegriffe). Inaugural-Dissertation zur Erlangung der Doktorwürde der Philosophischen Fakultät der Albert-Ludwigs-Universität zu Freiburg i.Br. vorgelegt von Ludwig Landgrebe aus Wien. Referent: Prof. *Dr.* [*Edmund*] *Husserl*. Korreferent: Prof. *Dr.* [*Hans*] *Jantzen*. Tag der mündlichen Prüfung: 24. Februar 1927, Sonderdruck, Halle a. S. 1928, IV., S. 238–366 (= in: Jahrbuch für Philosophie und phänomenische Forschung Bd. IX, Halle a. S. 1928, S. 237–366). Zu Prof. *Dr. Hans Jantzen*: s. u. S. 296 Anm. 30; Archiv J. 89, S. 304: die Philosophischen Fakultät der Universität Freiburg i.Br. gratuliert zum 50. Jahrestag der Promotion.

Vgl. *L. Landgrebe*, Ludwig Landgrebe, in: Philosophie in Selbstdarstellungen Bd. II, 1975, S. 138: »Es gab jedoch noch keine Darstellung des inneren Zusammenhangs seiner [*W. Diltheys*] Theorie der Geisteswissenschaften. Sie wurde das Thema meiner Dissertation … In der Dissertation versuchte ich *Diltheys* Entwurf einer geisteswissenschaftlichen Psychologie als der philosophischen Grundlage der Geisteswissenschaften im Lichte von *Husserls* phänomenologischen Analysen und *Heideggers* Daseinsanalyse zu interpretieren.«

Siehe *E. Husserls* Gutachten über *L. Landgrebes* Dissertation, 13.2.1927, in: *E. Husserl*, Briefwechsel Bd. III Teil IV. Die Freiburger Schüler, 1994, S. (376–378) 378: »Allerdings die eigenen Stellungnahmen des V‹er›f‹assers› und manche dabei spielende phänomenologische Gedanken geben zu ernsten Bedenken Anlaß … Es ist alles in allem eine ausgezeichnete, über das Mittelmaß weit hinausreichende und so wie sie vorliegt zu wissenschaftlicher Wirkung berufene Arbeit, für die ich der Fakultät das *erste* Prädikat (*egregia*) vorschlagen möchte. Freiburg 13.II.1927 EHusserl«; vgl. Brief von *L. Landgrebe* an *E. Husserl*, »Freiburg, den 18.IX.1925«, ebd. S. 247.

141 Archiv G. 27, S. 292 – Brief v. 2.5.1926.
142 *Anna Passecker* (1886–1936).
143 Siehe Kondolenzschreiben vom 28.12.1931 von *E. Husserl* an *Ludwig Landgrebe* – »Ihr altgetreuer Lehrer EHusserl« –, in: *ders.*, Briefwechsel Bd. III Teil IV. Die Freiburger Schüler, 1994, S. 275f.

Die Verlobung mit einer »Jüdin« (S. 68–69)

144 Archiv J. 20, S. 296 – Brief v. 29.4.1929.
145 Vgl. *Ludwig Landgrebe*, Der Begriff des Erlebens. Ein Beitrag zur Kritik unseres Selbstverständnisses und zum Problem der seelischen Ganzheit 1932, hg. sowie mit einem Nachwort und einem Lit.verz. versehen von *Karel Novotný* (Orbis Phaenomenologicus Quellen, Bd. 2), Würzburg (Herbst) 2008, § 33, S. (109–113) 110 (die Seitenzahlen könnten sich für den Druck noch geändert haben): »Wir leben ›in der großen Welt‹, in der ›guten Gesellschaft‹ oder in ›kleinen Verhältnissen‹, in einer ›ärmlichen‹, ›beengten‹ Welt. Und auch durch solche Unterschiede können Menschen ›durch eine Welt‹ voneinander getrennt sein.«

Ein neuer Anfang in Prag (S. 69–71)

146 *E. Husserl*, Briefwechsel Bd. III Teil IV. Die Freiburger Schüler, 1994, S. 248–304, Brief von *E. Husserl* an *L. Landgrebe*, 2.7.1931, ebd. S. (260) 264: »Ja Himmelkreuzdonnerwetter, da muß ich wieder für meinen alten Landgrebe einen Brief, an Horkheimer, schreiben … Irgendwie werden wir es schon deichseln und endlich muß ich Sie doch ›unter die Haube bringen‹«; dass. 21.6.1932, ebd. S. 294:

»Sie sind nicht das einzige Sorgenkind«; dass., 5.2.1933, ebd. S. 304f.: »Schließlich bleibt Ihnen, da alle meine Versuche Ihnen an einer reichsdeutschen Universität den Weg zur Habilitation zu ebnen, mißlungen sind und nicht abzusehen ist, wo sonst Sie unterkommen könnten, wohl kaum etwas übrig, als es mit Prag zu versuchen.«

147 1887 ließ sich *E. Husserl* kurz vor seiner Eheschließung (6.8.1887) mit seiner ebenfalls aus Proßnitz / Mähren stammenden Verlobten *Malvine Steinschneider* in Wien evangelisch taufen. Vgl. *R. Bernet / E. Marbach / I. Kern*, Edmund Husserl, (¹1989) ²1996, S. 217–224.

148 *E. Husserl*, Briefwechsel Bd. III Teil IV. Die Freiburger Schüler, 1994, S. 248–304.

149 Durch Ministerialdirektor *Werner Richter* (1887–1960), 1910 Dr. phil. Berlin, 1913 venia legendi Germanistik Greifswald, 1916 Gastprofessor Konstantinopel (Istanbul), 1919 a.o. Prof. Greifswald, 1920 o. Prof. ebd. und Ministerialrat, 1925 Ministerialdirektor im preuß. Ministerium für Wissenschaft, Kunst und Volksbildung in Berlin, 1921 zugleich Honorarprof. in Berlin, 1933 aus politischen Gründen in den Ruhestand versetzt, 1938 Emigration in die USA, o. Prof. am Elmhurst College Illinois, 1948 Gastprof. in Marburg und München, 1949 o. Prof. Bonn, 1951–1953 dort Rektor; vgl. *Werner Richter*, Re-educating Germany, transl. by *Paul Lehmann*, Chicago (¹ Januar 1945) ² Juni 1945; siehe *E. Husserl*, Briefwechsel Bd. III Teil IV. Die Freiburger Schüler, 1994, S. 248. 262. 266.

150 Die verschollene Schrift hat sich nicht nur gefunden, sie wird auch fast zeitgleich mit diesem Band erscheinen; zu ihr schreibt *E. Husserl*, Briefwechsel Bd. III Teil IV. Die Freiburger Schüler, 1994, S. (304–306) 305, am 5.2.1933 an *Ludwig Landgrebe*: »Soll ich Ihnen nicht jetzt Ihre bisherige Habilitationsschrift wieder zusenden lassen? Nach dem was ich davon höre, mühen Sie sich noch immer mit dem Versuch meine Lehre von den Horizonten in Heideggerschem Sinn umzugestalten und so doch eine Verbindung zwischen mir und ihm herzustellen«. Dazu schreibt *Hans Rainer Sepp*, Der Begriff des Erlebens. Ludwig Landgrebes unpublizierte Schrift von 1932, in: *Helmuth Vetter* (Hrsg.), Lebenswelten, 2003, S. (103–113) 103: »Husserl bezieht sich auf ein umfangreiches Manuskript, das Landgrebe zum Begriff des Erlebens verfasst und Ende des Jahres 1932 zur kritischen Durchsicht an Eugen Fink nach Freiburg geschickt hatte. Landgrebe wollte sich mit dieser Arbeit habilitieren. ... Er habilitierte sich schließlich mit einer Arbeit zur Sprachphilosophie Anton Martys, ... Landgrebes ursprünglich zu diesem Zweck verfasste Schrift ›Der Begriff des Erlebens‹ verschwand daraufhin in der Versenkung. Als in den neunziger Jahren ein im staatlichen Archiv des Prager Strahov-Klosters deponierter Teil des Nachlasses von Jan Patočka wieder zugänglich wurde, entdeckte man darin eine Durchschrift von Landgrebes maschinenschriftlichem Text«; ebd. Anm. 5: »Diesen Textfund machte Dr. Karel Novotný vom Prager *Centrum fenomenologických bádání* [Zentrum für phänomenologische Forschungen].« Vgl. *Ludwig Landgrebe*, Der Begriff des Erlebens. Ein Beitrag zur Kritik unseres Selbstverständnisses und zum Problem der seelischen Ganzheit 1932, hg. sowie mit einem Nachwort und einem Lit.verz. versehen von *Karel Novotný* (Orbis Phaenomenologicus Quellen, Bd. 2), Würzburg 2008.

151 Archiv J. 21, S. 296.

152 Siehe unten S. 224f. Anm. 186; S. 371; vgl. *E. Husserl*, Briefwechsel Bd. III Teil IV. Die Freiburger Schüler, 1994, S. 296. 302. 321. 326.

153 Vgl. *L. Landgrebe*, Ludwig Landgrebe, in: Philosophie in Selbstdarstellungen Bd. II, 1975, S. 142: »An der Deutschen Universität [Prag] war die Philosophie damals allein durch den Schüler und Herausgeber [*Franz Clemens*] Brentanos [1838–1917], Oskar Kraus vertreten, und es war zu erwarten, daß die Philosophische Fakultät die Habilitation eines Philosophen begrüßen würde.« – Die Namen *F. C. Brentano* (einer seiner Schüler war *E. Husserl*) und *O. Kraus* kündigen das Thema der Habilitation an: s. u. S. 222 Anm. 177.

154 *E. Husserl*, Briefwechsel Bd. III Teil IV. Die Freiburger Schüler, 1994, S. 296. 298. 300. 302.

155 Zum ›alten Habil.entwurf‹: »1929 hatte ich mit den Vorarbeiten zu einer Habilitationsschrift begonnen ... Mein Entwurf bewegte sich sozusagen in dem Dreieck *Husserl – Dilthey – Heidegger*. Mein Ziel war, *Diltheys* Analysen der geschichtlichen Welt in den Kontext der transzendentalen Phänomenologie einzubringen und dabei über deren Verhältnis zu *Heideggers* ›Fundamentalontologie‹ Klarheit zu gewinnen.«
(*L. Landgrebe*, Ludwig Landgrebe, in: Philosophie in Selbstdarstellungen Bd. II, 1975, S. 140).
»Für meinen Entwurf einer Habilitationsschrift, der auch mich selbst nicht mehr befriedigte, konnte ich freilich bei *Kraus* kein Verständnis erwarten« (ebd., S. 142; vgl. hier S. 222 Anm. 177).

Die Verfolgung beginnt (S. 71–80)

156 *Paul Joseph Goebbels*, * 29.10.1897 Rheydt (Mönchengladbach), † 1.5.1945 Berlin durch Suizid.

157 Aufruf der Parteileitung der NSDAP zur »Abwehr der Greuel- und Boykottpropaganda«, (11 Punkte) Punkt 1.

158 »Anordnung des Reichskommissars für das Preußische Justizministerium, [*Hanns*] *Kerrl* [1887–1941], an alle Präsidenten der Oberlandesgerichte, Generalstaatsanwälte und Präsidenten der Strafvollzugsämter in Preußen« vom 31.3.1933.

159 Siehe »Personalbogen« oben S. 213 Anm. 79; vgl. *Hans Wogatzky*, 120 Jahre Hanseatische Gerichte, in: *C. Rothenberger* (Hg.), Das hanseatische Oberlandesgericht a.a.O. (s.o. S. 213 Anm. 79), Hamburg 1939, S. (15–111) 94: »Bei dieser Entwicklung kann das Ergebnis nicht wundernehmen: 1933 waren rund 15 v.H. aller Hamburger Richter Juden; am Amtsgericht rund 9 v.H., am Landgericht rund 19 v.H. und am Oberlandesgericht 25 v.H.; von den Amtsgerichtspräsidenten aber schon rund 18 v.H., von Landgerichtspräsidenten 20 v.H. und von den Senatspräsidenten am Oberlandesgericht nicht weniger als 37,5 v.H.«; S. 95: »Die erste Aufgabe ... war die Erneuerung des Beamtenkörpers und die Umstellung der Richterschaft«; S. 96: »Bis zum 1. Mai [1933] trat über die Hälfte aller Hamburger Richter in die Partei ein, die meisten sofort aktiv ... In der Rechtsprechung galt es zunächst, den Einfluß der Juden zu beseitigen«; S. 97: »Neben den reinen Parteibuch- und politisch unzuverlässigen Beamten wurden die jüdischen Beamten abgebaut, die nicht schon vor dem 1. August 1914 Beamte gewesen waren oder den Krieg als Frontkämpfer mitgemacht hatten«; V. Abbildungen, ebd. S. (327–330. Abbildungen 1–24) 330 zu Abb. 21: »Das Eindringen der Juden in die Rechtspflege. Das Bild zeigt in seiner unteren Hälfte die absolute Beteiligung der Juden an der Rechtsprechung des Oberlandesgerichts, in der oberen Hälfte die relative (Halbjuden sind als Juden gesetzt). Bei der kleineren Zahl der Mitglieder des Gerichts in den ersten Jahren

müssen dabei schon ein oder zwei Juden als entsprechend höherer Prozentsatz erscheinen. Im übrigen zeigt die Kurve deutlich das Wachsen des jüdischen Einflusses. Mit dem Ende des Jahres 1935 ist dieser Einfluß beseitigt.«

160 Siehe »Personalbogen« oben S. 213 Anm. 79.

161 Archiv B. II, S. 283 – *E. Engel*, Brief v. 1.9.1933; vgl. *Dr. Arnold Julius Eduard Engel* (* 1870, † 1949, 1926–1933 Senatspräsident am Hanseatischen Oberlandesgericht, 16.9.1933–1935 Oberlandesgerichtspräsident) in: *Curt Rothenberger* (Hg.), Das hanseatische Oberlandesgericht. Gedenkschrift zu seinem 60jährigen Bestehen, Hamburg 1939; die Hinweise verdankt *Th. Hübner* der Hilfsbereitschaft von *Dr. Dagmar Bickelmann*, Staatsarchiv Hamburg (E-Mail 22.5.2008).

162 Vgl. den Artikel: Versuche, Dr. Arthur Goldschmidt aus der Erinnerung zu beschreiben, in: *Arbeitskreis* Reinbeker Stadtgeschichte (Hg.), Ein Garten in Reinbek. Wege der Jüdischen Familie Goldschmidt, 1994, S. 13-14: »Mindestens ab 1939 mußte man sehr vorsichtig sein, wenn man Umgang mit Juden hatte. Wir haben uns darüber hinweggesetzt. (Frau J.)«; »Ich hatte nicht den Eindruck, daß die Reinbeker Gesellschaft die Familie Goldschmidt in der NS-Zeit ausschloß. Vielmehr wurde sie allseitig unterstützt. (Frau H.)«.

163 *Annemarie Horschitz* nannte sich in England »*Annemarie Horschitz-Horst*«, weil die Engländer »*Horschitz*« nicht aussprechen konnten. Ihre Eltern hießen: *Paul Rosenthal* und *Charlotte*, geb. *Model*. »Vieles spricht dafür, daß der Generalfeldmarschall *Walter Model* (1891–1945 Freitod), der von *Hitler* zum Arier erklärt worden war, aus derselben Familie stammt« – so *D. Landgrebe*, E-Mail vom 18.9.2006 an *Th. Hübner*.

Annemarie Horschitz-Horst wurde die Übersetzerin von *Ernest Hemingway* (1899–1961).

Vgl. *P. Ingendaay*, Der Sieger geht leer aus. … Vor hundert Jahren wurde Ernest Hemingway ›geboren, in: F.A.Z. Nr. 163 vom 17.7.1999, S. 1: »Nicht daß die alten ›Gesammelten Werke‹ bei Rowohlt die ungetrübte Freude gewesen wären. Im Impressum heißt es lapidar: ›Einzig autorisierte Übersetzung von Annemarie Horschitz-Horst‹. Die Formulierung hat es in sich. Denn sie bedeutet, daß an den Texten bis siebzig Jahre nach dem Tod der Übersetzerin kein Komma geändert werden darf und wir bis weit ins nächste Jahrtausend mit einem Hemingway-Surrogat gestraft sind. Zugegeben, der Autor klingt hier noch immer anders als Ernst Wiechert und Hans Carossa. Aber zu dem natürlichen Alterungsprozeß, dem jede Übersetzung unterworfen ist, steuert Frau Horschitz-Horst nach Kräften bei – mangelnde Sprachbeherrschung, stilistische Eigenmächtigkeiten, blühende Erfindungsgabe, eine willkürliche Interpunktion und die grobe Mißachtung des obersten Prinzips: den Text konzis und frei von aller Geschwätzigkeit zu halten. Wer in die Prosa Hemingways eine Wendung wie ›an und für sich‹ einschleust, die es im Englischen nicht gibt, hat den Text eines Autors, der seine geschriebenen Wörter zu zählen pflegte, mit dubiosen Fremdstoffen unrettbar aufgebläht.

Die Schuld an diesem Zustand trägt nicht der Rowohlt Verlag. Hemingway selbst, der wenig Deutsch verstand, versorgte Annemarie Horschitz-Horst mit einer schriftlichen Autorisierung und verstieg sich 1946 in einem Brief an Ernst Rowohlt zu dem Satz: ›Sie war die beste Übersetzerin, die ich je in irgendeiner Sprache hatte.‹ Ihre Erben denken natürlich nicht daran, an den existierenden

Vertragsbedingungen ein Jota zu ändern. Und die Hemingway-Erben sind zu beschäftigt, mit dem Namen ihres Vaters leichtes Geld zu verdienen, als daß sie es auf einen Prozeß mit den Nachfahren der Übersetzerin ankommen ließen. Schade. Zum 21. Juli ist weit und breit kein Geburtstagsgeschenk in Sicht, von dem Hemingways Leser etwas hätten.«

164 Archiv J. 85, S. 304 – Familiengeschichtliche Aufzeichnungen von *Ilse Maria Landgrebe*, geb. *Goldschmidt*, entstanden seit 1962.

165 *Margret Horschitz* (* 21.4.1922), s.u. S. 267.

166 Institut Buser, CH 9053 Teufen (Appenzell Ausserrhoden); vgl. *Rosmarie Nüesch-Gautschi*, Voralpines Töchterinstitut Buser in Teufen, in: FrauenLeben Appenzell. Beiträge zur Geschichte der Frauen im Appenzellerland. 19. und 20. Jahrhundert, hg. v. *Renate Bräuniger*, Herisau 1999, S. 328–338.

167 Vgl. *D. Freudenberg-Hübner* u. *E. R. Wiehn*, Abgeschoben. Jüdische Schicksale, Konstanz 1993.

168 *Erwin Horschitz* war Taufpate von *Ilse Maria Goldschmidt*, s.u. B. 05, S. 282.

169 *Karl Theodor Jaspers* (* 23.2.1883 Oldenburg, † 26.2.1969 Basel), promoviert 1908 an der Psychiatrischen Universitätsklinik Heidelberg; 1907 lernt *Jaspers* die Pflegerin an einer psychiatrischen Anstalt *Gertrud Mayer* (1879–1974) kennen (die Schwester seines Studienfreundes *Ernst Mayer*), welche er 1910 heiratet.

170 *K. Jaspers*, Gutachten für den Bereinigungsausschuß der Universität Freiburg [i.Br.], 22.12.1945, in: *H. Ott*, Martin Heidegger [1889–1976], unterwegs zu seiner Biographie, 1988, S. 316: »Heideggers Denkungsart, die mir ihrem Wesen nach unfrei, diktatorisch, communikationslos erscheint, wäre heute in der Wirkung verhängnisvoll. Mir scheint die Denkungsart wichtiger als der Inhalt politischer Urteile, deren Aggressivität leicht die Richtung wechseln kann«; vgl. *H. Ott*, Martin Heidegger und der Nationalsozialismus, 1988; *G.-A. Goldschmidt*, Ein Leben, ein Werk im Zeichen des Nationalsozialismus, 1988, S. 113–116.

171 Archiv J. 78, S. 303 – Brief v. 12.7.1947; s.u. S. 182.

172 Archiv B. 10, S. 283 – Brief v. 1.7.1933.

173 Archiv J. 22, S. 296 – Brief v. 4.7.1933.

174 Zu zwei Anlässen hat *Ludwig Landgrebe* wohl diese Worte gebraucht:

Nach dem Tod seiner Frau *Ilse* (2.7.1982) fragte ihn anläßlich eines Besuchs bei seinem Sohn *Detlev* in Hamburg seine Schwiegertochter *Renate* danach, warum er das Verlöbnis mit *Ilse* 1933 nicht gelöst habe, um seine Karriere nicht zu gefährden und Schwierigkeiten aus dem Wege zu gehen. Die umgehende Antwort war: »Ich habe sie doch geliebt« (mündlicher Bericht von *Detlev Landgrebe* an *Th. Hübner*, 12.8.2008).

E-Mail am 14.6.2008 von *Winfried Landgrebe* an *Th. Hübner*: »Im Spätsommer 1984 habe ich mir, obwohl ich schon über 40 Jahre alt war, zum ersten Mal (was der Anlaß war, weiß ich nicht mehr) die Frage gestellt, warum mein Vater meine Mutter während der Nazizeit nicht verlassen hat, um seine Karriere nicht zu gefährden. Einen Tag später bin ich nach Bergisch Gladbach gefahren und habe meinem Vater gefragt: ›Pap, warum hast Du denn Mutti nicht auch verlassen?‹ Er überlegte einen kurzen Moment und sagte dann nur einen einzigen Satz dazu: ›Ich habe sie doch geliebt.‹ In diesem Augenblick mußte ich mir sehr auf die Zunge beißen, um nicht zu weinen.«

175 Vgl. Brief von *Ludwig Landgrebe* an *E. Husserl* »Reinbek, den 8. Januar 1934, Kückallee 27«, in: *E. Husserl*, Briefwechsel Bd. III Teil IV. Die Freiburger Schüler,

Historisches Material

1994, S. (320–323) 321: »mein Schwiegervater kann nichts mehr für mich tun, da er durch seine Pensionierung in grosser pekuniärer Bedrängnis ist«.

176 Vgl. Glückwunschschreiben von *E. Husserl*, Briefwechsel Bd. III Teil IV. Die Freiburger Schüler, 1994, S. (312–314) 312: »Schluchsee 21 / VII 33 (mindest bis Ende August) Lieber Herr Dr. Zunächst meine und meiner Frau herzlichste Glückwünsche zu Ihrer Vermählung – Ihnen beiden. Es ist Ihnen vom Schicksal nicht leicht gemacht worden zur ehelichen Gemeinschaft zu kommen, und nicht ohne ernste Sorgen begründen Sie Ihren Hausstand und bedürfen gar sehr auch im weiteren Leben der zusammengefaßten Kraft und in der Gemeinschaft der wechselnden Ermutigung und Stütze. Aber Jugend muß auch wagen und das Wagnis dann würdig im Einsatz der ganzen Persönlichkeit wahrmachen. Das traue ich Ihnen beiden zu.«

»Mischlinge I. Grades« – Jahre der Verfolgung

Ein Deutscher in Prag (S. 83–90)

177 *L. Landgrebe*, Nennfunktion und Wortbedeutung: eine Studie über Martys Sprachphilosophie, Halle a.d. Saale (Akademischer Verlag) 1934, 132 S.; vgl. *ders.*, Chronologisches Verzeichnis sämtlicher Schriften [von *Ludwig Landgrebe*] von 1928 bis 1981, 1982, S. (157–162) 157 Nr. 2.
Anton Marty (* 18.10.1847 Schwyz / Schweiz, † 1.10.1914 Prag), 1869 Prof. am Lyzeum in Schwyz und kath. Priester, legte aus Glaubensbedenken seine Stellung nieder, 1880–1913 ord. Prof. für Philosophie in Prag, seine Forschungen galten vor allem der Sprachphilosophie. Vgl. *Anton Marty*, Gesammelte Schriften Bd.e 1.1; 1.2; 2.1; 2.2, hg. v. *Josef Eisenmeier* und *Alfred Kastill*, Halle a.S. 1916; *Oskar Kraus*, Anton Marty: sein Leben und seine Werke, eine Skizze, Halle a.S. 1916 (auch in: Ges. Schriften Bd. 1.1). Vgl. *L. Landgrebe*, Ludwig Landgrebe, in: Philosophie in Selbstdarstellungen Bd. II, 1975, S. 142f.: »ich fand in den heute zu Unrecht vergessenen, sehr subtilen und genauen sprachphilosophischen Untersuchungen des [*Franz Clemens*] Brentano [1838–1917] -Schülers *Anton Marty* ... ein Gebiet, auf dem ich mich sehr wohl mit *Kraus* verständigen konnte.« Vgl. hier S. 219 Anm. 153.

178 <u>Andreas</u> Karl Adolf *Fries*, * 13.12.1867 Heiligenstedten, 9.12.1894 ordiniert in Barmstedt, Adjunkt in Hademarschen, 6.10.1895 Pastor in Reinbek, 1.8.1936 emeritiert, † 22.5.1942 Hamburg-Bergedorf; siehe *F. Hammer*, Verzeichnis der Pastorinnen und Pastoren der Schleswig-Holsteinischen Landeskirche 1864–1976, 1991, S. 100; *Andreas Fries* war der erste »eigene Seelsorger« der ev. Gemeinde Reinbek; siehe *Dirk Bavendamm*, Reinbek. Eine holsteinische Stadt zwischen Hamburg und Sachsenwald, Reinbek (¹1988, »erschien ... anläßlich der 750-Jahrfeier«, ebd. S. 13) ²1996, S. 109, dort auch ein Portraitbild des Pastors.

179 Siehe Kondolenzschreiben von *E.* und *M. Husserl* an *L. Landgrebe* »Freiburg, 21.V.1935«, in: *E. Husserl*, Briefwechsel Bd. III Teil IV. Die Freiburger Schüler, 1994, S. (330–331) 331: »Ihr Brief, so sehr er mich betrübte, hat mir doch zugleich wohlgetan und mich von schwerer Sorge befreit: Ich sehe von neuem, wie stark Sie geworden sind und in wie großem Sinn Sie Ihr großes Schicksal auf sich nehmen.

Sie und, wie ich hinzufügen muß, Ihre bewunderungswerte Gemahlin. Ich konnte Ihnen kein Wort sagen, das Sie sich nicht selbst schon gesagt haben, ich habe nichts zu meinen und brauche Ihnen nicht die Hand zu reichen, um sie zu halten. Sie stehen fest. Und da Sie auch diese Probe bestanden haben, kann nie mehr von Zweifel und besorglicher Schwäche die Rede sein: Sie gehören zu den Wenigen, Auserlesenen, die in dieser Zeit einer fast durchaus haltlos gewordenen Menschheit die Berufenen sind [Anm. ebd.: »Nach Matthäus 22,14«], sie zu neuer Bodenständigkeit und Kraft, zu neuem Glauben und neuem Hoffen zurückzuführen.«

180 *G.-A. Goldschmidt*, Über die Flüsse, 2001, S. 100–102: »Sie [*I. M. Landgrebe*, geb. *Goldschmidt*] bekam einen Sohn namens Carl Rainer [!], der mir erst, als er zwei Jahre alt war, bewußt wurde ..., es war 1937, und ich war neun Jahre alt. Er schlief in einem kleinen weißen Gitterbett, im großen Zimmer meiner Schwester. ... Das Bett hatte merkwürdigerweise große hölzerne Scheibenräder mit ganz dünnen Gummireifen.

Eines Morgens hing ein solcher Reifen am Bettpfosten. ... Das Kind stand im Bett und hielt sich mit beiden Händen am Rand fest: ... Er schaute mich an und lachte. Ich fühlte mich wichtig und verpflichtet, ihn zu amüsieren. Ich nahm den Reifen, dessen seltsame dünne Rundung die Finger überraschte, und legte ihn mir um den Hals und sagte dem kleinen Kind: ›Schau mal, was für eine schöne Halskette ich habe.‹ Danach, dessen bin ich sicher, hänge ich den Reifen wieder an den Bettpfosten zurück und ging durch die andere Tür des Zimmers weg, ...

Nach einiger Zeit gab es einen Schrei, jemand brüllte, heulte; dumpfe Geräusche, schlagende Türen, schnelle Schritte. ... Dann, mit jenem Mienenspiel und diesen Wörtern, an denen ich sofort das ›Schonen‹ erkannte, sagte man mir, was ich bereits verstanden hatte. Carl-Rainer war tot, vom an den Pfosten hängenden Reifen erwürgt ... Keiner hatte mich gesehen, und keiner durfte je wissen, daß ich es gewesen war, der den Reifen an den Bettpfosten zurückgehängt hatte, um keinen Preis. ...

Ich hatte ein Verbrechen begangen, dachte ich ... Ich gestand mein ›Verbrechen‹ meiner Schwester erst dreißig Jahre später, dabei hatten ungeheure Geschehnisse alles von Grund auf umgestülpt, und der Gedanke, daß ich mich so lange hatte schuldig fühlen könne, ließ sie laut auflachen.«

181 *Renate Schmitz-Peiffer*, geb. *Schwarz* (E-Mail von *D. Landgrebe* vom 14.4.2008 an *Th. Hübner*).

182 Vgl. *E. Husserl*, Briefwechsel Bd. III Teil IV. Die Freiburger Schüler, 1994, S. 321. 324. 325.

183 Archiv J. 24, S. 298; J. 25, S. 298 – Briefe vom 23.1.1935 und 11.4.1935.

184 Siehe unten S. 91; Archiv J. 31, S. 299 – Brief v. 27.3.1939; vgl. *L. Landgrebe*, Ludwig Landgrebe, in: Philosophie in Selbstdarstellungen Bd. II, 1975, S. 147.

185 Prof. *Dr. Jan Patočká* (* 1.6.1907 Turnov, † 13.3.1977 Prag), Schüler u.a. von *E. Husserl* und *M. Heidegger*, Philosoph, auch befreundet mit *Eugen Fink*, dem Nachfolger von *L. Landgrebe* auf der Privatassistenten-Stelle bei *E. Husserl*.

Vgl. *Ludwig Landgrebe*, Erinnerungen an meinen Freund *Jan Patočká*. Ein Philosoph von Weltbedeutung, in: Perspektiven der Philosophie III 1977, erschienen Hildesheim / Amsterdam 1978, S. (295–312) 295f.: »Über die Philosophie Jan Patočkás zu reden, kann für den, der mit ihm seit mehr als 40 Jahren in einer immer enger werdenden Freundschaft verbunden war, nur heißen, auch über den Menschen und die Welt zu reden, in der er lebte und von der her ihm die Weise vorgezeichnet war, in der er seine Aufgabe verstand. So muß für solche Erinnerungen die Ich-Rede gestattet sein; denn über seine philosophischen Gedanken und die tiefstliegenden Impulse, von denen ihre Entwicklung geleitet war, weiß ich weniger aus dem, was von ihm zu seinen Lebzeiten in deutscher Sprache erschienen ist, als viel mehr aus nächtelangen regelmäßigen Gesprächen in meinen Prager Jahren von 1933–39 und dann aus einem Briefwechsel, der gerade in den 70er Jahren seine größte Intensität erlangte.«

Vgl. *Jan Patočká*, Zur ältesten Systematik der Seelenlehre, in: *Ludwig Landgrebe*: Phänomenologie heute. Festschrift für Ludwig Landgrebe, hg. v. *Walter Biemel* (Phaenomenologica Bd. 51), Den Haag 1972, S. 122–137.

186 Prof. *Dr. Emil Utitz* (* 27.3.1883 Prag, † 2.11.1956 Jena), zuerst jüdischen Glaubens, dann zur evangelischen Kirche konvertiert, deutscher Philosoph und Kunsthistoriker, 1916 Prof. für Philosophie und Ästhetik in Rostock, 1926–1933 (amtsenthoben aus rassischen Gründen) in Halle a.d. Saale, 1934 in Prag, 1939 aus rass. Gründen amtsenthoben; *Philipp Manes* [* 16.8.1875 Elberfeld, † nach dem 28.10.1944 Auschwitz], Als ob's ein Leben wär. Tatsachenbericht Theresienstadt 1942–1944, hg. v. *Ben Barkow* und *Klaus Leist*, Berlin 2005 [s. u. S. 420 Anm. 81], S. 530: am 30.7.1942 aus Prag nach Theresienstadt deportiert und dort befreit (also war *E. Utitz* dort zur gleichen Zeit wie *Arthur Goldschmidt*), vgl. ebd. S. 541; s. o. S. 71. Neben dem reichen Schrifttum ist hier zu nennen: *Emil Utitz*, Psychologie des Lebens im Konzentrationslager Theresienstadt (Widmung: »Meinen Mitarbeitern in Zeiten der Not und Gefahr, den Toten und Lebenden«), Wien (Verlag A. Sexl) 1948, 80 S., 5 Abb.

187 Archiv J. 27, S. 298 – Brief v. 23.9.1935; J. 28, S. 298 – Mitteilung vom 9.1.1936.

188 Prof. *Dr. Gerhart Husserl* (1893–1973), Jurist an der Universität Kiel, wurde 1933 von seinem Lehrstuhl infolge des »Gesetzes zur Wiederherstellung des Berufsbeamtentums« vertrieben, sein Nachfolger wurde zum Sommersemester 1933 *Karl Larenz* (1903–1993), welcher einen Beitrag liefert: Phänomenologie, Rechtsphilosophie, Jurisprudenz. Festschrift für Gerhart Husserl zum 75. Geburtstag, hg. v. *Thomas Würtenberger*, Frankfurt a.M. 1969, S. 132–151: *Karl Larenz*, Originäre Rechtssachverhalte.

189 Vgl. *L. Landgrebe*, Ludwig Landgrebe, in: Philosophie in Selbstdarstellungen Bd. II, 1975, S. 147.

190 Sie wurden auf dem »Reichsparteitag der Freiheit« verabschiedet: Reichsgesetzblatt I, hg. v. Reichsministerium des Innern, Berlin 1935, S. 1146–1147.

191 Die Lebensdaten sind unbekannt.

192 Die Briefe liegen dem Verf. nicht vor.

193 Archiv J. 78, S. 303 – Brief v. 12.7.1947; s. u. S. 182.

194 Archiv J. 29, S. 299.

Flucht nach Belgien (S. 91–92)

195 Vgl. *Ludwig Landgrebe*, Professor H. L. van Breda †, in: Philosophy and phenomenological research Jg. XXXVI, New York 1975/1976, S. 441–442; *Jörgen Vijgen*, Artikel »van Breda, Herman Leo«, in: Biographisch-Bibliographisches Kirchenlexikon Bd. XXV, Nordhausen 2005, Sp. 1405–1407 (Lit.!): Prof. *Dr. Herman Leo van Breda* (Taufname: *Leo Marie Karel*),* 28.2.1911 Lier, † 4.3.1974 Löwen, Franziskanermönch (Ordensname: *Her-*

manus), Philosoph und Begründer des *Husserl*-Archivs in Löwen, Priesterweihe 19.8.1934, 1936 Studien am Löwener Institut für Philosophie, wo er 1941 promoviert wurde; vgl. *André Wylleman*, In memoriam Prof. H. L. van Breda, in: Tijdschrift voor filosofie 36, Leuven 1974, S. 381–383; *Jacques Taminaux*, In memoriam H. L. van Breda, in: Revue philosophique de Louvain 72, Löwen 1974, S. 238–440; vgl. *Herman Leo van Breda*, Laudatio für Ludwig Landgrebe und Eugen Fink [anläßlich der Verleihung des Ehrendoktorats durch die Katholieke Universiteit de Leuven am 2.4.1971], in: Phänomenologie heute. Festschrift für Ludwig Landgrebe, hg. v. *Walter Biemel* (Phaenomenologica Bd. 51), Den Haag 1972, S. 1–13.

196 Vgl.: *Herman Leo van Breda*, Das Husserl-Archiv in Löwen [Rundfunkvortrag 6.4.1949], in: Hamb. Akad. Rundsch. a.a.O. (s.u. *L. Landgrebe*, 1946/1947, S. 312), 3. Jg. 1948/1950, 11/12. Heft, Hamburg 1950, S. 750–752.

197 *Franz Xaver Gabelsberger*, * 9.2.1789 München, † 4.1.1849 ebd., Erfinder des Kurzschriftsystems, Vorläufer der Deutschen Einheitskurzschrift.

198 Archiv J. 31, S. 299 – Brief v. 27.3.1939.

199 Archiv J. 32, S. 299.

Der Ariernachweis (S. 93–94)

200 Aus: Unsere Heimatkirche: »Herausgegeben im Auftrage des Landeskirchenamts Kiel vom landeskirchl. Presseamt«, Berlin o. J. (1939), 15 S. mit zahlr. Abbildungen; das Zitat findet sich S. 3, Überschrift: »Die Kirche dient der Sippe«. In dem Begleitschreiben – Ev.-Luth. Landeskirchenamt. Pressestelle … Kiel, den 12. Mai 1939. Betrifft: Bildblatt ›Unsere Heimatkirche‹ … an die Syndodalausschüsse und Kirchenvorstände« – heißt es: »Das Bildblatt ist unter den echt evangelischen Gedanken des Dienstes gestellt: Dienst der Kirche am Volk in der Erforschung seiner Blutzusammenhänge, Dienst am nationalen Gedanken … Das Bildblatt ist für die Kirchengemeinden ein ausgezeichnetes volksmissionarisches Mittel, das besonders zu Pfingsten als dem ›Geburtstag der christlichen Kirche‹ im Anschluss an die Gottesdienste usw. verteilt werden kann.«

Die Kopien der Broschüre und des Beischreibens verdankt *Th. Hübner Ulrich Stenzel*, Nordelbisches Kirchenarchiv Kiel.

201 Der sog. »kleine Ariernachweis« wies die Vorfahren bis 1850 aus, der »große Ariernachweis« bis 1850 (Voraussetzung für Mitgliedschaft in der NSDAP) bzw. 1750 (Mitglied der SS).

202 Archiv J. 35, S. 299.

»Die Jungens sind in Frankreich« (S. 94–99)

203 Vgl. *G.-A. Goldschmidt*, Über die Flüsse, 2001, S. 143–161; ebd. S. 145: »Seine Frau, *Ottilie Binswanger*, war eine geborene *Lilienthal*, sie war die Tochter des Architekten *Gustav Lilienthal* [* 9.10.1849 Anklam / Pommern, † 1.2.1933 Berlin], des Bruders *Otto Lilienthal*s [* 23.5.1848 Anklam / Pommern, † 10.8.1896 Berlin], eines der allerersten ›Vogelmenschen‹, der 1896 am Ruder einer der allerersten ›fliegenden Maschinen‹, die je in die Lüfte stiegen, tödlich verunglückt war.« Ebd., S. 348f.: »Anfang 1951 wurde ich von *Otti Binswanger* nach London eingeladen, bei der wir, mein Bruder und ich, in Florenz gelebt hatten« (Namen kursiv: *Th. Hübner*).

204 *G.-A. Goldschmidt*, Über die Flüsse, 2001, S. 162. 353.

205 *G.-A. Goldschmidt*, Über die Flüsse, 2001, S. 87.

Historisches Material

206 Vgl. *G.-A. Goldschmidt*, Ein Garten in Deutschland, 1988, S. 181: »Und plötzlich setzte sich der Schnellzug langsam in Bewegung, obgleich sich die Breite des Abteils nicht veränderte. Die Eltern standen draußen auf der hellen Fläche des Bahnsteigs nebeneinander. Während der Zug langsam und stoßweise anfuhr, traten sie bis zum anderen Bahnsteigrand zurück, um länger sichtbar zu bleiben. Der Vater trug einen Filzhut mit breitem, schwarzen Band und einen dunklen Mantel, der gerade an ihm herabfiel. Die Mutter griff plötzlich mit beiden Händen nach ihrem Hut, um die Nadel, die ihn festhielt, herauszuziehen, sie nahm ihn ab und drehte den Kopf nach dem Vater um, der das gleiche tat. Sie hatten die Hüte abgenommen, damit das Kind sie ein letztes Mal so sah, wie sie waren. Auf dem Bahnsteig, der vor ihnen ganz schmal wurde, wurden sie immer kleiner. Die dunkelgrüne Wand des Zugs schnitt den Vater als ersten ab, senkrecht, und auf dem äußersten Rand des Bahnsteigs blieb nur noch die Mutter für die Zeit eines Blicks zurück, dann verschwand sie ebenfalls ganz plötzlich.« Vgl. *ders.*, Der Spiegeltag, 1982, S. 11f.; *ders.*, Die Absonderung, 1991, S. 15; *ders.*, Über die Flüsse, ¹2001, S. 140f. (S. 141: »Bei einer Kurve des Gleises die Sankt-Katherinen-Kirche und Sankt Nikolaus ein letztes Mal erblickt und dann die unendlich große Bahnhofshalle«. – Es handelt sich also um den Hamburger Hauptbahnhof), vgl. S. 319: »ich fuhr in entgegengesetzter Richtung elf Jahre später die Strecke, die ich zum Abschied für immer gefahren war.«; *ders.*, Der unterbrochene Wald, 1992, S. 12f.18.19.

207 Vgl. *G.-A. Goldschmidt*, Über die Flüsse, 2001, S. 26f.; s. o. S. 36).

208 *G.-A. Goldschmidt*, Über die Flüsse, 2001, S. 320: »Feine, flache Porzellanteller mit fein eingezeichneten grauen Spiralen trugen genauso feine Suppenteller [Geschirr von *Peter Behrens*, 1868–1940, abgebildet in: Peter Behrens und Nürnberg. Ausstellungskatalog, bearb. von *Peter-Klaus Schuster* u.a., München 1980, S. 162f.], das alles mit schwerem Silberbesteck garniert, in das ein ein wenig gotisches ›G‹ graviert war. Alles war mit dem Anfangsbuchstaben der Familie gezeichnet, aber der Schwager [*Ludwig Landgrebe*], der gerade die goldene Taschenuhr aus der Tasche herauszog, die mir meine Paten zu meiner Taufe geschenkt hatten in Aussicht auf ein bürgerliches Leben und die er sich angeeignet hatte, wie alles übrige auch, gab mir zu bedenken, daß das alles meiner Schwester [*Ilse Maria Landgrebe*, geb. *Goldschmidt*] gehörte.« Auch an anderen Stellen kann der Leser zur gleichen Person einen ähnlich abschätzig verurteilenden, vielleicht der eigenen Eitelkeit auf Kosten anderer dienenden Ton vernehmen: ebd., S. 347. 365f. 392f.; vgl. hier S. 278 Anm. 86. Ganz anders dann aber ebd., S. 368: »Landgrebe war eine jener Ausnahmen, die man an den Fingern einer halben Hand abzählen konnte.«

209 Zweite Verordnung zur Durchführung des Gesetzes über die Änderung von Familiennamen und Vornamen. Vom 17. August 1938, Berlin – Der Reichsminister des Innern, Der Reichsminister der Justiz.

210 Archiv B. 12, S. 283; B. 13, S. 283.

Ein Sommer in Reinbek (S. 99–107)

211 *Hans* und *Klara Justus*, geb. *v. Wieser*, mit *Ingeborg* (heiratete nach dem Krieg einen Bulgaren und wanderte nach Australien aus), *Hella* († ?), *Ada* (Spielgefährtin von *D. Landgrebe*, lebt noch in Reinbek), *Baby* (erste Liebe von *W. Landgrebe*, s. S. 152).

212 Als Knick (Plural Knicke oder Knicks) wird besonders in Schleswig-Holstein eine Baum- oder Strauchhecke bezeichnet – lebende Zäune.

213 »Sneewittchen«, in: Kinder- und Hausmärchen. Gesammelt durch die Brüder *Grimm*. Vergrößerter Nachdruck der zweibändigen Erstausgabe von 1812 und 1815 nach dem Handexemplar des Brüder Grimm-Museums Kassel mit sämtlichen handschriftlichen Korrekturen und Nachträgen der Brüder Grimm sowie einem Ergänzungsheft: Transkriptionen und Kommentare in Verbindung mit *U. Marquardt* von *H. Rölleke*, Vandenhoeck & Ruprecht in Göttingen 1986: Bd. 1, Berlin, in der Realschulbuchhandlung 1812, Nr. (1–85) 53, S. 238–250 (Bd. 2, ebd. 1815, Nr. 1–70) = Brüder *Grimm*, Kinder- und Hausmärchen, 1. Bd. Märchen Nr. 1–60, 2. Bd. Nr. 61–144, 3. Bd. Nr. 145–200. Kinderlegenden 1–10, 4. Bd. Nachweise und Kommentare, Literaturverzeichnis – Nach der Großen Ausgabe von 1857, textkritisch revidiert, kommentiert und durch Register erschlossen, hg. v. *H.-J. Uther* (Eugen Diederichs München, Die Märchen der Weltliteratur), München 1996: 1. Bd , Nr. 53, S. 261–272; siehe 4. Bd. Nr. 53, S. (105–109) 105: »Die komplizierte und erst jüngst mit großer Wahrscheinlichkeit rekonstruierte Textgeschichte beginnt mit einer h[and]s.[chriftlichen] Fassung *Schneeweißchen* des *Grimm*-Bruders *Ferdinand* (1808), die *Jacob Grimm* mit einigen Verbesserungen seinem ehemaligen Lehrer und Förderer, dem Juristen *Friedrich Carl von Savigny*, als Beilage in einem Brief v. April 1808 zugeschickt hatte. Ob *Ferdinand* das Märchen selbst erfunden hat (wahrscheinlich) oder ob es ihm von *Marie Hassenpflug*, der frühen Märchenbeiträgerin, erzählt wurde, ist nicht zu klären.« (Namen kursiv: *Th. Hübner*).

214 »Hänsel und Gretel«, in: Kinder- und Hausmärchen a.a.O., 1812 / 1986 (s. o. Anm. 213): Bd. 1, Nr. 16.15, S. 49–58 = Brüder *Grimm*, Kinder- und Hausmärchen a.a.O., 1857 / 1996 (s. o. Anm. 213): 1. Bd , Nr. 15, S. 81–90; siehe 4. Bd. Nr. 15, S. (32–35) 32: »›Nach verschiedenen Erzählungen aus Hessen.‹ Die Herkunft bleibt unklar. In der Urfassung von 1810 … trug das Zaubermärchen den Titel *Das Brüderchen und das Schwesterchen*, das dann 1812 für K[inder- und]H[aus]M[ärchen Nr.] 11 Verwendung fand.«

215 *G.-A. Goldschmidt*, Über die Flüsse, 2001, S. 84–96.

216 *G.-A. Goldschmidt*, Über die Flüsse, 2001, S. 330: »Einzig unser Hausarzt, Dr. Odefey, sprach sich überall und zu jeder Gelegenheit gerne über die Nazis aus, er hatte auch nie ›deutsch‹ gegrüßt«.

Mitten im Krieg (S. 107–117)

217 Verordnung über Reisepässe von Juden vom 5. Oktober 1938, Berlin – Der Reichsminister des Innern.

218 Archiv, J. 36, S. 299 – Mitteilung der Deutschen Botschaft vom 17.10.1939.

219 Vgl. *L. Landgrebe*, Ludwig Landgrebe, in: Philosophie in Selbstdarstellungen Bd. II, 1975, S. 149: »Mit dem Einmarsch *Hitlers* in Belgien im Mai 1940 fand meine Tätigkeit in Löwen ein vorschnelles Ende. Meine Frau hatte am Tage zuvor unseren zweiten Sohn zur Welt gebracht und lag in der Löwener Universitätsklinik. Ich selbst wurde als Ausländer verhaftet, erlebte die deutschen Luftangriffe auf Löwen in einer Gefängniszelle und kam schließlich nach achttägigem Transport im plombierten Viehwagen in ein Barackenlager in Südfrankreich. Es war mir unverständlich, nicht mehr als Person, sondern nur noch als Nummer einer Kategorie behandelt zu werden, und

ich ahnte noch nicht, daß dies bald das Schicksal von Millionen werden sollte. Mit viel Glück überstand ich die zahlreichen bedrohlichen Situationen dieser Reise und konnte schon nach zwei Monaten heil und verlaust nach Belgien zurückkehren. Aber an eine Weiterarbeit war dort nicht mehr zu denken.«

Vgl. auch den zweiten Brief an *Ernst Voege* (»*Harras*«, Archiv J. 79, S. 303 – Brief v. 27.7.1947), s. u. S. 183: »Als ich am 10. Mai 1940 von den Belgiern als Deutscher ... unter dramatischen Umständen in ein südfranzösisches Internierungslager gebracht wurde, habe ich dieselben Erfahrungen mit einem perversen Sadismus und den aufgewühlten Leidenschaften der Wachmannschaften gemacht, die Du dann 5 Jahre später hattest.«

220 Archiv J. 37, S. 300.
221 Archiv J. 79, S. 303 – Brief v. 27.7.1947; s. u. S. 183.
222 Abb. siehe: *Felix Nussbaum* (* 11.12.1904 Osnabrück, † Auschwitz nach dem 2.8.1944), »Selbstbildnis im Lager« (St. Cyprien), unbezeichnet, signiert und datiert: 1940, Öl auf Sperrholz 52,5 × 41,5 cm, in: *E. Berger* u.a., Felix Nussbaum. Verfemte Kunst – Exilkunst – Widerstandskunst, ³1995, S. 338, vgl. S. 331–345. 362. 376f. 379; mehrere Aquarelle zu St. Cyprien in: *R. W. Gassen* u. *B. Holeczek* (Hg.), Leo Breuer [* 21.9.]1893 [Bonn] – [† 14.3.]1975 [Bonn]. Retrospektive, 1992, S. 123–125; *Maria Velte*, Leo Breuer. Gemälde und Gouachen 1919–1968 (Ausstellungskatalog Mittelrhein Museum Koblenz 27.9.-20.12.1968, Baukunst Köln 9.1.-15.2.1969), Koblenz 1968, S. 8.
223 Siehe oben S. 224f. Anm. 195.
224 Müßte es dem Berichte nach nicht der 11. Mai 1940 gewesen sein?
225 Archiv J. 38, S. 300.
226 Taufpatin von *Winfried Landgrebe*: s. u. J. 23, S. 297.
227 *Eugen Fink* hatte *Martl Fink*, geb. *Opitz*, am 18.8.1936 geheiratet (»Nachlass Eugen Fink. Laufzeit 1925–1975«, s. u. Lit.verz. Archivmaterial S. 337; vgl. *Eugen Fink / Herman Leo van Breda*, Studien zur Phänomenologie 1930–1939 (Phaenomenologica 21), Den Haag 1966.
228 *Henri Philippe Benoni Omer Joseph Pétain* (1856–1951), im I. Weltkrieg Oberbefehlshaber der Nordfront, danach Marschall und Generalinspekteur der französischen Armee.
229 Archiv J. 41, S. 300.

Rückkehr nach Reinbek (S. 117–121)

230 Archiv J. 60, S. 302.
231 Archiv J. 39, S. 300; J. 40, S. 300; J. 55, S. 301; J. 56, S. 301.
232 Vgl. Archiv J. 43, S. 300 ; J. 44, S. 300; J. 45, S. 300.
233 Archiv J. 32, S. 299; J. 35, S. 299.
234 Es handelt sich um *Dr. Ernst Otto*, ordentlicher Professor für Pädagogik an der Deutschen Karls-Universität Prag; vgl. *Ernst Otto*, Bericht über das Studienjahr 1938/39 der Deutschen Karls-Universität in Prag, in: Bericht der Deutschen Karls-Universität in Prag über die Studienjahre 1936/37. 1937/38, 1938/39. Nachrufe, Prag (Selbstverlag der Deutschen Karls-Universität) 1942; *Gerd Simon*, Wissenschaftspolitik im Nationalsozialismus und die Universität Prag. Dokumente, eingeleitet und hg. v. G. Simon, Tübingen (¹2000) ²2001.
235 Archiv J. 46, S. 300 – Brief v. 20.11.1940; vgl. J. 47, S. 301 – Brief v. 20.11.1940; J. 50, S. 301 – Brief v. 9.1.1941.
236 Archiv J. 48, S. 301 – Brief v. 26.11.1940.
237 Archiv J. 49, S. 301 – Brief v. 20.12.1940; vgl. J. 50, S. 301 – Brief v. 9.1.1940.
238 Archiv J. 46, S. 300 – Brief v. 20.11.1940; vgl. J. 47, S. 301 – Brief v. 20.11.1940.
239 *Ralph Giordano* [* 20.3.1923 Hamburg],

Die Bertinis. Roman, Frankfurt a. M. ¹1982.

240 *Josefine Dobbertin*, geb. *Mottelet* (* um 1879 Brüssel, † Januar 1953 Reinbek; so *Malte Dobbertin*, Brief an *Th. Hübner*, Zollikon / Schweiz, vom 12.9.2008).

Das Stigma wird amtlich (S. 123–126)

241 Archiv B. 14, S. 284 = J. 34, S. 299 – Auszug der Ergänzungskarte zur Volkszählung am 17.5.1939.
242 Vgl. *Jeremy Noakes*, Wohin gehören die »Judenmischlinge«? Die Entstehung der ersten Durchführungsverordnung zu den Nürnberger Gesetzen, in: *U. Büttner* (Hg.), Das Unrechtsregime Bd. 2, 1986, S. 69–89; *John A.[shley] S.[oames] Grenville*, Die »Endlösung« und die »Judenmischlinge« im Dritten Reich, in: a.a.O., S. 91–121.
243 Siehe oben S. 36.
244 Archiv J. 43, S. 300.
245 Am 4. November 1941, Archiv B. 16, S. 284 = J. 57, S. 301.
246 *Eduard Claußen* (* 26.2.1885 Meldorf, † 14.10.1974 Reinbek), war bis zum 15.12. 1945 Bürgermeister von Reinbek (s. u. S. 238 Anm. 344 und S. 196); *Peter Wagner*, Hauptamt Stadtarchiv Reinbek, E-Mail an *Th. Hübner* vom 10.10.2006: »Um die richtige Schreibweise des Namens *Claußen* herauszufinden, mußte ich lange in seiner Personalakte suchen, da er selbst in amtlichen Schriftstücken mal mit ss, mal mit ß geschrieben wurde. Ein zusätzlicher Stempel auf dem Bürgermeisterbogen Reinbek von 1940 weist seinen Namen mit ›ß‹ aus. Da auch seine (unleserliche) Unterschrift darunter ist, gehe ich von der Richtigkeit dieser Schreibweise aus.« Vgl. Archiv B. 18, S. 284 – Brief v. 30.12.1941.
247 *Ilse Bowen*, geb. *von Heimburg*, * 14.8.1889, † 23.4.1985 (so eine E-Mail von *D. Landgrebe* an *Th. Hübner* vom 2.4.2008).

248 Bürgermeister *Eduard Claußen* sollte der Familie später noch mutig helfen, s. u. S. 129f., 134f., 163, 170.

Die Deportationen beginnen (S. 126–130)

249 Anordnung des Reichssicherheitshauptamtes (RSHA) vom 24.10.1941, unterzeichnet von *Heinrich Müller* (1900–1945), Leiter des Amtes IV, Geheime Staatspolizei im RSHA, Berlin; die Anordnung wurde von den Gestapoleitstellen den Landräten, Bürgermeistern usw. erst Mitte November 1941 mitgeteilt.
250 Tschako, ungarisch: csákó, polnisch: czako, militärische, auch die helmartige Kopfbedeckung der Polizei.
251 *Wilhelm Stier* (1900–1981).
252 Archiv J. 67, S. 302 – Brief v. 17.5.1945.
253 Bürgermeister *Eduard Claußen* half der Familie noch weitere Male, s.o. S. 229 Anm. 248.

»Rassenschande« (S. 130–133)

254 Archiv C. 04, S. 285; C. 06, S. 285.
255 Vgl. Urteil Landgericht Hamburg, s. u. C. 4, S. 285.
256 Buch der Erinnerung. Die ins Baltikum deportierten deutschen, österreichischen und tschechoslowakischen Juden, bearb. von *W. Scheffler* und *D. Schulle* Bd. II, 2003, siehe »Hamburg-Schleswig-Holstein-Riga 6.12.1941«.
257 *Günther Schwarberg*, Herr Schultz und sein Schatten. In Hamburg sollte ein Richter Karriere machen, der im Dritten Reich Juden wegen »Rassenschande« ins Zuchthaus schickte, in: stern magazin Jg. 29 Heft Nr. 36, Hamburg 26. August bis 1. September 1976, S. (134–136) 134: »Der jüdische Kaufmann Edgar Horschitz bekam zwei Jahre Zuchthaus, weil er ›während des entscheidenden Schicksalkampfes des deutschen Volkes‹ durch eine kurze Freundschaft mit einer Hamburgerin ›die

Historisches Material

innere Abwehrbereitschaft des deutschen Volkes zersetzt‹ habe.«

258 Prof. *Dr. Ulrich Klug* (* 7.11.1913 Barmen, † 7.5.1993 Köln), 1960 ord. Prof. in Köln, 1971–1974 Staatssekretär im Justizministerium des Landes Nordrhein-Westfalen, 30.4.1974–23.2.1977 Senator der Justizbehörde der Freien und Hansestadt Hamburg. Siehe den Beitrag in der Festschrift für *Edmund Husserl*s Sohn (s. o. S. 224 Anm. 188): *Ulrich Klug*, Phänomenologische Aspekte in der Strafrechtsphilosophie von Kant und Hegel, in: *Thomas Würtenberger* (Hg.), Phänomenologie, Rechtsphilosophie, Jurisprudenz. Festschrift für Gerhart Husserl zum 75. Geburtstag, Frankfurt a.M. 1969, S. 212–233.

259 Archiv C. 04, S. 285; C. 06, S. 285.

260 Vgl. *Ulrich Klug*, Rechtsphilosophie, Menschenrechte, Strafrecht. Aufsätze und Vorträge aus den Jahren 1981 bis 1993, hg. v. *Günter Kohlmann*, Köln / Berlin u.a. 1994; Festschrift für Ulrich Klug zum 70. Geburtstag, hg. v. *Günter Kohlmann*, Bd. 1: Rechtsphilosophie, Rechtstheorie; Bd. 2: Strafrecht, Prozeßrecht, Kriminologie, Strafvollzugsrecht, Köln 1983; Ein Zeitzeuge berichtet. Professor Ulrich Klug zu Gast in der Stadtbücherei, in: Elmshorner Nachrichten, Hamburg vom 27.11.1987; Ansprachen gehalten anläßlich der Überreichung der Festschrift zum 70. Geburtstag an Professor Dr. *Ulrich Klug* am 7. November 1983, Köln 1983; *Jürgen Schmude* [Kommilitone von *Detlev Landgrebe*, Bundesminister der Justiz a.D.], Ein mutiger und liberaler Streiter für den Rechtsstaat. Zum Tod von Ulrich Klug, in: Sozialdemokratischer Pressedienst Jg. 13 Heft 90, 12.5.1993, Bonn 1993, S. 4; Ulrich Klug zum Gedächtnis. Reden anläßlich der Akademischen Trauerfeier für Herrn Professsor Dr. Ulrich Klug am 8.12.1994, hg. v. Verein zur Förderung der Rechtswissenschaft, Köln 1995.

Ein Haus geht verloren (S. 133–136)

261 Vgl. Archiv B. 18, S. 284.

262 Archiv B. 17, B. 19, S. 284 – Schreiben vom 24.11.1941, 30.12.1941.

263 *G.-A. Goldschmidt*, Über die Flüsse, 2001, S. 311.

Ein christliches Begräbnis (S. 136–138)

264 Archiv B. 20, S. 284.

265 Siehe *G.-A. Goldschmidt*, Die Absonderung, 1991, S. 177, und *ders.*, Über die Flüsse, 2001, S. 207.

266 Vgl. *A. Göhres / St. Linck / J. Liß-Walther* (Hg.), Als Jesus »arisch« wurde, ²2004, S. 179: »Dieser eindeutigen Stellungnahme eines hochrangig besetzten kirchlichen Gremiums *gegen* die Arbeit des Instituts ging allerdings der für die Landeskirche beschämende Akt des Ausschlusses der Christen jüdischer ›Abstammung‹ aus der landeskirchlichen Gemeinschaft am 10. Februar 1942 voran. In der Verfügung gab Landeskirchenamtspräsident Dr. [Christian] Kinder zudem die Bildung einer eigenen ›judenchristlichen‹ Gemeinde unter Obhut des 1935 als ›Nichtarier‹ aus den Diensten der Landeskirche entlassenen Pastors Walter Auerbach, Altenkrempe, bekannt.« Ebd. Anm. 46: Niederschrift der Theologischen Konferenz vom 7. Mai 1942; Archiv der Nordelbischen Kirche: 22.02 Landeskirchenamt-Zentralregistratur, Nr. 7487 Rundschreiben des Landeskirchenamtes (1942). Vgl. *B. Liesching*, »Eine neue Zeit beginnt«. Einblicke in die Propstei Altona 1933 bis 1945, 2002, S. 70–71: Betreuung für »Judenchristen«: Pastor Walter Auerbach.

267 *Paul Hermann Jakob Hartung*, * 23.6.1904 Hamburg, 11.11.1928 ordiniert in Hamburg, Hilfsgeistlicher in Hamburg (kirchliches Jugendamt), 6.1.1929 Pastor in Keitum, 25.10.1936 Pastor in Reinbek,

1.8.1970 emeritiert, † 27.1.1990 Hamburg; siehe *F. Hammer*, Verzeichnis der Pastorinnen und Pastoren der Schleswig-Holsteinischen Landeskirche 1864–1976, 1991, S. 139; Sterbedatum: Nordelbisches Kirchenarchiv Kiel, E-Mail von *Ulrich Stenzel* vom 11.9.2006.

268 Pastor *Hartung* hatte aber noch am 1.3.1941 *Winfried Landgrebe* in der Wohnung der Großeltern *Goldschmidt* getauft, s. u. J. 23, S. 296.

269 *Walter* Jacob Theodor Auerbach, * 23.10. 1882 Altona als Sohn des jüdischen Augenarztes *Dr. Ludwig Auerbach*, 3jährig kurz vor seinen Eltern christlich getauft, Abitur 1904, 1909 theol. Examen Kiel, 1911 heiratet er die Tochter eines seiner Plöner Gymnasiallehrer, *Magdalena Wiencke*, zwei Söhne und zwei Töchter, 14.5.1911 ordiniert, Hilfsgeistlicher in Altrahlstedt, 6.8.1911 Pastor in Schlichting, 2.11.1913 in Altenkrempe, 1.10.1935 Versetzung in den Zwangsruhestand, 1942 Auftrag zur Betreuung aller christlichen Gemeindeglieder jüdischer Herkunft im Hamburger Raum. 9.6.1943 Deportation seiner 87jährigen Mutter, *Maria Rebecca Auerbach* (geb. *Ree*), in das KZ Theresienstadt, wo sie an Entkräftung starb. Er hatte dieses Amt bis zu seinem Tod am 15.7.1954 in Altona inne. Siehe *K. Galle*, Walter Auerbach – Als Pastor wegen seiner jüdischen Herkunft zwangspensioniert, S. 163; *F. Hammer*, Verzeichnis der Pastorinnen und Pastoren der Schleswig-Holsteinischen Landeskirche 1864–1976, 1991, S. 20.

Zu der Beauftragung siehe »Niederschrift über die Sitzung des Landeskirchenamtes am 8. Januar 1942, 17 Uhr« TOP »b) Regelung der seelsorgerlichen Betreuung der evangelischen Juden«; *A. Göhres / St. Linck / J. Liß-Walther* (Hg.), Als Jesus »arisch« wurde, ²2004, S. 52: Erlaß.

270 Vgl. *A. Göhres / St. Linck / J. Liß-Walther* (Hg.), Als Jesus »arisch« wurde, ²2004, S. 179 Anm. 49: Zur Entlassung von Pastor Auerbach; vgl. *W. Knoke*, Kirche in den ersten Jahren der nationalsozialistischen Herrschaft im Spiegel von Gemeindechroniken aus dem ländlichen Ostholstein, in: *K. Reumann* (Hg.), Kirche und Nationalsozialismus, 1988, S. 315ff.

Von einem ähnlichen Beispiel berichtet *Sabine Boehlich*, »Heb auf, was Gott Dir vor die Thüre legt.« Das Leben der Sophie Jansen, Hochschulschrift, Potsdam 2003, 84 S.: Als ihre Urgroßmutter, die Schriftstellerin *Sophie Jansen* (eigentlich: *Sophie Rahel Schlossmann*, verh. *Josephson*, seit 1907 *Jansen*, * 9.3.1862 Hamburg, S. Boehlich, ebd., S. 2. 3. 23) von ihrem Deportationstermin nach Theresienstadt am 19.7.1942 erfährt, nimmt sie sich am 17.7.1942 in ihrer Wohnung in der Blankeneser Hauptstraße Nr. 56 das Leben und schreibt ihrer Tochter *Eva* (*Wulle*, geb. *Josephson*, später *Jansen*, so: S. Boehlich, ebd. S. 79) einen Abschiedsbrief, der 1997 ungelesen im Staatsarchiv (StA331-5 Unnatürliche Sterbefälle 1942/1131 Hamburg, ebd. S. 76 Anm. 231. 77 Anm. 232) auftaucht: »Meine geliebte Eva, Sei nicht böse, wenn ich Dich nun doch plötzlich verlassen habe ... Hoffentlich geben sich nun meine Verfolger zufrieden, wenn ich das bescheidene Plätzchen, das ich mir noch auf der Welt vorbehalten hatte, endgültig räume.«

Als die Tochter *Eva* den damals für Blankenese zuständigen Propst *Wilhelm Scheteling* bat, ihre Mutter zu beerdigen, verweigerte er der Toten auch diesen letzten Akt der Humanität (ebd. S. 77). Pastor *Auerbach* hielt dann die Trauerpredigt.

Zu *W. Auerbach* und *W. Scheteling* (1886–1952) siehe: Hansjörg Buss / Annette Göhres / Stephan Linck / Joachim Liß-

Historisches Material

Walther (Hg.), »Eine Chronik gemischter Gefühle«. Bilanz der Wanderausstellung ›Kirche, Christen, Juden in Nordelbien 1933–1945‹, Bremen 2005, S. 154. 163 (Personen- und Ortsregister, S. 344).

Deportation nach Theresienstadt (S. 139–145)

271 Siehe oben S. 47 und S. 213 Anm. 89.
272 Vgl. »Auszug aus der Namensliste der Deportation nach Theresienstadt vom 19. Juli 1942«, »Lfd. Nr. … 203 Goldschmidt Arthur F.[elix] I.[srael] [»Geb. dat.«] 30.4.73 Berlin [»Beruf«] – [»Wohnung«] Reinbek, Kückallee 27 [»St.(aats) A.(ngehörigkeit)«] D.[eutsches] R.[eich]«, in: *Martha Glass*, Jeder Tag in Theresin ist ein Geschenk, Hamburg 1996, S. 27.
273 *A. Goldschmidt*, Geschichte der evang. Gemeinde Theresienstadt 1942–1945, 1948 / 2009, S. 11 / 385; das Vorwort, ebd. S. 5 / 377, ist datiert vom 6. November 1946. Seinen Dienst versah *A. Goldschmidt* »bis zur Stunde, da die Gemeinde – im Juni 1945 – nach einem letzten Dankgottesdienst sich auflöste und die wenigen am Leben Gebliebenen befreit allmählich wieder in die Welt zurückkehren konnten« (a.a.O., S. 36 / 426).
274 *A. Goldschmidt*, Geschichte der evang. Gemeinde Theresienstadt 1942–1945, 1948 / 2009, S. 11 / 385.
275 Patenonkel von *G.-A. Goldschmidt* (Über die Flüsse, 2001, S. 325).
276 *A. Goldschmidt*, Geschichte der evang. Gemeinde Theresienstadt 1942–1945, 1948 / 2009, S. 7 / 380.
277 *A. Goldschmidt*, Geschichte der evang. Gemeinde Theresienstadt 1942–1945, 1948 / 2009, S. 14 / 389f.; vgl. S. 24 / 404f.
278 *A. Goldschmidt*, Geschichte der evang. Gemeinde Theresienstadt 1942–1945, 1948 / 2009, S. 10 / 383f.
279 Archiv B. 22, S. 284 – Brief v. 23.10.1943. Dr. *Kurt Steinfeld* kam im November 1942 nach Theresienstadt und verstarb dort; vgl. *Michael Hensle*, »Rundfunkverbrechen« vor nationalsozialistischen Sondergerichten. Eine vergleichende Untersuchung der Urteilspraxis in der Reichshauptstadt Berlin und der südbadischen Provinz, Diss. Berlin, 2001, S. 339; Gedenkbuch Berlins der jüdischen Opfer des Nationalsozialismus, hg. v. Zentralinstitut für Sozialwissenschaftliche Forschung, Berlin ¹1995, S. 1243; Kurzbiographie in: *Simone Ladwig-Winters*, Anwalt ohne Recht. Das Schicksal jüdischer Rechtsanwälte in Berlin nach 1933, Berlin 1998 (²2007), S. 59–60.
280 Archiv J. 80, S. 303 – Brief v. 12.5.1948.
281 *Elsa Bernstein* (1866–1949), geb. *Porges*, Pseudonym *Ernst Rosmer*, Schriftstellerin; *A. Goldschmidt*, Geschichte der evang. Gemeinde Theresienstadt 1942–1945, 1948 / 2009, S. 32 / 420.
282 *Elsa Bernstein* [veröffentlichte auch unter dem Pseudonym *Ernst Rosmer*], Das Leben als Drama. Erinnerungen an Theresienstadt, ¹1999, S. 67f.

Scheidung mit tödlichen Folgen (S. 145–148)

283 *A. Göhres / St. Linck / J. Liß-Walther* (Hg.), Als Jesus »arisch« wurde, ²2004, S. 58: »1945 … 14. Februar: Letzte Deportation aus Hamburg. Die Deportation nach Theresienstadt betraf 194 mit ›Ariern‹ verheiratete ›Volljüdinnen‹, deren Ehemänner in den ›Sonderkommandos J.‹ Zwangsarbeit leisteten.«
284 Diesen Bericht verdankt der Autor *Jutta Matthes*, der Enkelin von *Erwin Horschitz* (Namen kursiv gesetzt vom *Th. Hübner*), Archiv C. 10, S. 286.
285 Von den drei Geschwistern – *Gerda* (1913–2005), *Günter* (geb. 1915) und *Kurt* (später *Raymond E. Hollis*, 1916–2006), s. u. S. 267 – wird nur ein Sohn genannt, »weil nur *Kurt* bei ihnen lebte« (so *Detlev*

Landgrebe, E-Mail 21.1.2008 an *Th. Hübner*).

286 *Erwin Horschitz* muß ein besonderes Vertrauen bei *Arthur Goldschmidt* genossen haben, sonst hätte ihn dieser nicht mit dem Patenamt für seine Tochter *Ilse* betraut, s. u. B. 05, S. 282f.

»Judengut« (S. 148–150)

287 Archiv J. 58, S. 302.

Eine verstörte Familie (S. 150–154)

288 Archiv J. 63, S. 302 – Formular der Bezirksstelle Nordwestdeutschland vom 7.12.1942.
289 Siehe oben S. 226 Anm. 211.
290 *Ludwig Landgrebe* hatte allerdings seit dem 25. April 1941 einen Wehrpaß: Archiv J. 54, S. 301.
291 *August von Mackensen* (* 6.12.1849 Haus Leipnitz, Kreis Wittenberg / heute Trossin, Sachsen, † 8.11.1945 Burghorn / heute Habighorst, Niedersachsen, geadelt 1899), Teilnahme am I. Weltkrieg, 1915 Generalfeldmarschall; *Paul von Beneckendorff und von Hindenburg* (* 2.10.1847 Posen, † 2.8.1934 Gut Neudeck, Westpreußen), 1911 Ruhestand, Teilnahme am I. Weltkrieg, 1914 Generalfeldmarschall, 1925 Reichspräsident, am 30.1.1933 berief er *Adolf Hitler* zum Reichskanzler.
292 [*Paul*] *Oskar Höcker* [1865–1944], Friedrich der Große [* 24.1.1712 Berlin, † 17.8.1786 Potsdam] als Feldherr und Herrscher. Ein Lebensbild des Heldenkönigs, dem Vaterland und der deutschen Jugend geweiht zum hundertjährigen Todestage des unvergeßlichen Monarchen. Eine lebendige Beschreibung des militärischen und politischen Wirkens Friedrichs II. von Preußen. Mit vielen Abbildungen von *Adalbert von Roeßler* [1853–1922], Leipzig [$^{1.2}$1886, 176 S.; seit der 3. Aufl. 1896 ergänzt durch zwei Anhänge: Das Heer (*Friedrich*s II. wird beschrieben) und die Generale Friedrichs des Grossen (im Bild jeweils dargestellt)] ^{6}1906, 207 S.
293 Die Schlacht von Kunersdorf endete am 12.8.1759 mit der Niederlage *Friedrichs des Großen*; vgl. Die Kriege Friedrichs des Großen, hg. v. Großen Generalstabe. Kriegsgeschichtliche Abteilung II. Dritter Teil: Der Siebenjährige Krieg 1756–1763, Bd. 10: Kunersdorf, Berlin 1912.
294 *Friedrich Wilhelm von Seydlitz* (* 3.2.1721 Kalkar, † 7.11.1773 Ohlau / Preußen), Generalleutnant; *Hans Joachim von Zieten* (* 14.5.1699 Wustrau bei Neuruppin, † 26.1.1786 Berlin), General der Kavallerie; *Leopold I.*, Fürst von Anhalt-Dessau (* 3.7.1676 Dessau, † 9.4.1747 ebd.), »Der Alte Dessauer«, Generalfeldmarschall; *Joseph Leopold Graf Daun*, Fürst von Thiano (* 24.9.1705 Wien, † 5.2.1766 ebd.), Feldmarschall; *Elisabeth Petrowna Romanowa* (* 29.12. / julianisch 18.12.1709 Kolomenskoje bei Moskau, † 5.1.1762 / julianisch 25.12.1761 Sankt Petersburg.

Schulzeit im Krieg (S. 154–157)

295 Vgl. *D. Landgrebe*, Lebenslauf, in: ders., Der Rechtsgedanke der actio pro socio im Recht der GmbH, Diss. Bonn 1966, S. 151: »Vom Herbst 1941 an bis zum Frühjahr 1946 besuchte ich die Volksschule in Reinbek«.
296 Am 23.10.1950 konnte die Schulleiterin *Lina Wernecke* aus der alten Volksschule in den ersten Bauabschnitt der neuen Mühlenredder Schule einziehen, sie wurde 1964 in den Ruhestand verabschiedet; so festgehalten in: Festschrift Grundschule Mühlenredder Reinbek 1950–2000, Redaktion: *Margrit Ehbrecht*, Reinbek 2000, S. 6; vgl. auch *Richard Füllgraf*, Die Schulen Reinbeks in den letzten 25 Jahren. 25 Jahre Volksschule

Historisches Material

Reinbek (1938–1963), in: *Curt Davids*, Festschrift zur 725-Jahrfeier von Reinbek: 1238–1963, Reinbek 1963 (Heide in Holstein 1963), S. 182–189. Die Hinweise verdankt *Th. Hübner* der Schulsekretärin *Martina Quast* und ihrem Ehemann *Klaus Quast* (E-Mails Mai 2008).

297 *Richard Füllgraf*, Die Schulen Reinbeks a.a.O. (s. o. Anm. 296), S. 183: »Lehrer: *Palm* 26.8.1944 [zum Militär] eingezogen. Ostern 1963 pensioniert« (Name kursiv von *Th. Hübner*). Den Hinweis verdankt *Th. Hübner* Ehepaar *Martina* und *Klaus Quast* ebenso wie Vornamen und Lebensdaten, wofür sie den Friedhof in Reinbek aufgesucht haben: *Rudolf Palm* (1900–1994) – E-Mails Mai 2008 und 23.6.2008.

298 *Richard Füllgraf*, Die Schulen Reinbeks a.a.O. (s. o. Anm. 296), S. 183: »1938 Rektor: [*Emil*] *Tralau* bis 1945« (Name kursiv von *Th. Hübner*). Den Hinweis verdankt *Th. Hübner* Ehepaar *Martina* und *Klaus Quast* (E-Mails Mai 2008); die schwierige Ermittlung des Vornamens *Emil Tralau* ebenso (E-Mail 17.6.2008 an *Th. Hübner*).

299 Das sog. *Horst Wessel*-Lied ist ein nationalsozialistisches Lied, das zunächst (seit etwa 1930) ein Kampflied der SA (Sturmabteilung) war und etwas später zur Parteihymne der NSDAP avancierte. *Horst Wessel* (1907–1930) verfaßte den Text zu einem nicht eindeutig geklärten Zeitpunkt zwischen 1927 und 1929 auf eine vermutlich aus dem 19. Jahrhundert stammende Melodie.

300 Die Vierlande (ehemalige Flußinseln im Urstromland der Elbe) sind ein ca. 77 km² großes Gebiet, welches aus vier Stadtteilen Hamburgs besteht: die ehemaligen Kirchspiele Curslack, Kirchwerder, Neuengamme und Altengamme.

301 »Die Enkel, die ich [*Detlev Landgrebe*] noch erlebt habe, heißen *Carl-Eugen*, *Alexander* und *Fina Maria von Ondarza*. … Im übrigen ist die Familie in den fünfziger Jahren … nach [Caracas] Venezuela ausgewandert« (E-Mail des Autors an *Th. Hübner* vom 4.9.2006; so auch *Malte Dobbertin*, Brief an *Th. Hübner*, Zollikon / Schweiz, 12.9.2008).

302 Schwiegersohn: *Alessandro von Ondarza*, vgl. Anm. 301.

303 *Im deutschen Reich*. Zeitschrift des Centralvereins Deutscher Staatsbürger Jüdischen Glaubens, Jg. XX, H. 9, September-Oktober 1914, S. 337f.; zit. nach: *Avraham Barkai*, »Wehr dich!« der Centralverein Deutscher Staatsbürger Jüdischen Glaubens (C.V.) 1893–1938, München 2002, S. 56 / Anm. 3, S. 394.

Die Angst kommt erst nachts (S. 157–161)

304 Die Tochter von *Eleonore Egbring*, *Doris Egbring*, wird am 20.2.1949 Taufpatin von *Ilse Marianne Landgrebe* (s. u. S. 297). *Detlev Landgrebe*s Patentante *Margarete Lassar* (s. u. Anm. 308) und *Carl Dobbertin* (Telephonauskunft von *Detlev Landgrebe* an *Th. Hübner* am 10.4.2008) haben den Aufenthalt vermittelt und bezahlt. Auch *Winfried Landgrebe* war dort (Telephonauskunft von *Winfried Landgrebe* an *Th. Hübner* am 10.4.2008).

305 *Anna Landgrebe*, geb. *Passecker*, s. u. S. 276.

306 Die Station Berliner Tor ging als Teil der Ringlinie am 15.2.1912 in Betrieb. Von der einstigen Haltestelle ist heute nur noch der Name übrig.

Die Station Tiefstack wurde am 7.5.1842 als Bedarfshalt der Hamburg-Bergedorfer Eisenbahn eröffnet und hieß zunächst Ausschläger Weg. Seit dem 17.12.1907 zweigte hier die Südstormarnsche Kreisbahn ab, Anfang der 1990er Jahre Umbauten im Zuge der Wiedereinrichtung einer eigenen Trasse nach Berlin.

Vgl. *G.-A. Goldschmidt,* Der unterbrochene Wald, 1992, S. 93: »an jenem Sommertag des Jahres 1949 … hatten sie den Vorortzug bestiegen. Ab Tiefstack zogen die Gleise eine weite Kurve, welche das Auge ganz ausmessen konnte, inmitten der Trümmer, bis hin zum nächsten Bahnhof«.

307 *Willibald Pschyrembel* (1901–1987), Klinisches Wörterbuch mit klinischen Syndromen, [begr. von *Otto Dornblüth* (1860–1922), Wörterbuch der klinischen Kunstausdrücke für Studierende und Ärzte, Leipzig ¹1894] Berlin ²⁵¹1972, S. 503: »Hilus[drüsen]tuberkulose: Veraltete Bez.[eichnung] für Bronchiallymphknotentuberkulose.«

308 *Ilse Maria Landgrebe* hat ihrem Sohn *Detlev* mündlich überliefert, daß Prof. Dr. *Gerhard Lassar* ein Vetter ihres Vaters *Arthur Goldschmidt* sei (Telephonauskunft von *Detlev Landgrebe* an *Th. Hübner* am 10.4.2008), so daß also der Vater von *Gerhard Lassar,* Prof. *Dr. med. Oscar Lassar* ein Bruder von *Pauline Goldschmidt,* geb. *Lassar,* gewesen sein muß (s. o. S. 211f. Anm. 71, s. u. S. 262f.): vgl. *Gerhard Lassar,* Grundbegriffe des preußischen Wegerechts. Inaugural-Dissertation zur Erlangung der Doktorwürde einer Hohen Juristischen Fakultät der Friedrich-Wilhelms-Universität zu Berlin vorgelegt von *Gerhard Lassar,* Gerichtsreferendar in Berlin, Berlin 1919, S. 32: »Lebenslauf. Ich, *Gerhard Oskar Lassar,* evangelischen Bekenntnisses, bin am 16. Februar 1888 als Sohn des weiland a.o. Professors *Dr. med. Oscar Lassar* und seiner Ehefrau *Emma* geb. *Büding* in Berlin geboren. Ich bin preußischer Staatsangehöriger. Die Reifeprüfung bestand ich Ostern 1907 am Wilhelmgymnasium in Hamburg. … Im Jahre 1911 bestand ich die erste juristische Staatsprüfung mit dem Prädikat ›gut‹ und war sodann im Vorbereitungsdienst beschäftigt. Das Rigorosum bestand ich am 30. April 1918 ›magna cum laude‹. Zur Zeit bin ich Assistent bei der Berliner juristischen Fakultät. Ich war Kriegsteilnehmer.«

309 Aus dem Prospekt der Zeit: »Hohes Licht. Oberstdorf im Allgäu, 843 m. Das Jugenderholungsheim ›Hohes Licht‹ wurde 1923 von Mevr. [Frau] *H.[enriette] Laman [Trip] de Beaufort* [1890–1982, niederländische Schriftstellerin] und *Jonkheer Dr. jur. H. Laman Trip* erbaut und steht seitdem in gleichem Besitz und unter gleicher Leitung. Es ist das älteste Jugenderholungsheim im deutschen Alpengebiet und verbindet in der Umsorgung der ihm anvertrauten Jugend Tradition und reichste Erfahrung mit modernen Heilmethoden und zeitgemäßer Erziehung. Herausgegeben im Mai 1939«.

»Die Oberin zu meiner Zeit war *E. Dabelstein*« (E-Mail des Autors an *Th. Hübner* vom 8.4.2008). Vgl. *Elisabeth Dabelstein,* Wände und Grate. Mit 40 Kunstdruckbildern, Salzburg, Verlag »Das Bergland-Buch«, 1949. Handelt es sich um *Catharina Maria Elisabeth Dabelstein* (* 21.9.1869 Bünningstedt Kreis Stormarn, † 21.6.1947 Hamburg, verheiratet mit *Hugo Waak*)? Gab es wegen der räumlichen Nähe zum Elternhaus in Reinbek eine persönliche Beziehung?

Trügerische Normalität (S. 161–163)

310 Vgl. *Kurt Fehling,* Gefahren der beschränkten Haftung für die Gläubiger einer G.m.b.H. Eine rechtstatsächliche und rechtspolitische Untersuchung. Von Dr. Kurth Fehling, Leipzig 1935.

311 *Julius Asch*; vgl.: Zur Pathologie der chronischen Darminvaginationen. Inaugural-Dissertation der Kaiser Wilhelms-Universität Strassburg zur Erlangung der Doktorwürde vorgelegt von *Julius Asch*

Historisches Material

aus Thorn W.[est] / Pr.[eußen], Mainz 1880, ohne Lebenslauf.
312 Namen der Töchter: »Töchter: *Marliese, Trudel*, 3. Tochter weiß ich nicht« (E-Mail von *Detlev Landgrebe* an *Th. Hübner* vom 15.4.2008).
313 Siehe oben S. 232 Anm. 283.
314 Vgl. *Beate Meyer*, Fragwürdiger Schutz – Mischehen in Hamburg (1933–1945), in: dies. (Hg.), Die Verfolgung und Ermordung der Hamburger Juden (1933–1945), 2006, S. 79–88.
315 Archiv J. 64, S. 302; J. 65, S. 302.
316 Die Talmud-Tora-Realschule wurde am 30. Juni 1942 geschlossen.
317 Archiv J. 67, S. 302 – Brief v. 17.5.1945.

Alles, nur kein Judenkind (S. 163–165)

318 *Adolf Hitler*, * 20.4.1889 Braunau am Inn / Österreich, † 30.4.1945 Berlin durch Suizid.
319 Sohn (jüngerer Bruder: *Carl Gerd Grossmann*) von *Carl L. Grossmann*; er hat das Familienunternehmen 1933 als Immobilienmakler gegründet, welches heute noch in Hamburg besteht: *Grossmann & Berger GmbH* (Internet: grossmann-berger.de).

»Ich habe sie doch geliebt«

Leben ohne Angst (S. 167–168)

320 Vgl. den Bericht von *Hermann Matthäs*, Bürgermeister von Bergedorf, in: *Otto-Hartwig Harders* (Arbeitskreis Stadtgeschichte Reinbek), Text (Schautafel) für die Ausstellung »Reinbeker Profile«, Oktober 1988 (in: Archiv der Stadt Reinbek): Es »sei noch erwähnt, daß vor meiner zweiten Fahrt zum britischen Kommandeur, am 2. Mai nachts im Bergedorfer Rathaus der damalige Bürgermeister Sehr aus Wentorf zugleich im Namen des damaligen Bürgermeisters Claußen aus Reinbek bat, den britischen Truppen auch die kampflose Übergabe Wentorf und Reinbeks anzubieten. Ich versprach dies und habe demgemäß gehandelt.«

Etwas anders der Bericht von *D. Bavendamm*, Reinbek. Eine holsteinische Stadt zwischen Hamburg und Sachsenwald, (¹1988) ²1996, S. 135, wo Datum und Uhrzeit des Einmarschs der Engländer in Reinbek präzise festgehalten sind: »3. Mai 1945 … plötzlich, gegen 15.20 Uhr, waren die ›Tommys‹ da« [*Tommy*, Verkleinerungsform von *Thomas*, Spitzname des engl. (Fuß-) Soldaten]. Vgl. auch Artikel »Lichtbildervortrag: Vor 60 Jahren – Kriegsende in Wentorf«, in: Der Reinbeker, 25. April 2005, 17. Woche, Lokalteil Wentorf, S. 7.

321 *D. Bavendamm*, Reinbek. Eine holsteinische Stadt zwischen Hamburg und Sachsenwald, (¹1988) ²1996, S. 135: »2. Mai 1945: Der englische Kampfkommandant des betreffenden Frontabschnitts hatte den Befehl zur Beschießung Reinbeks gegeben. In dem Ort wurden wohl nicht zu Unrecht letzte Widerstandsnester der Werwölfe vermutet. In der Nacht zum 3. Mai, gegen zwei Uhr, sollte das Feuer eröffnet werden.«

322 *G.-A. Goldschmidt*, Über die Flüsse, 2001, S. 370: »Damals [Mitte der 1950er Jahre] erzählte mir mein 1935 geborener Neffe [*Detlev Landgrebe*], wie sehr sich seine Kindhcit, seit dem Tode meiner Mutter 1942, in Furcht und Schrecken abgespielt hatte. Kein Morgen ohne das Aufwachen mit der Angst, mitgenommen zu werden oder daß seine Mutter mitgenommen wird. Er war erst acht Jahre alt und

wußte dennoch, was ihn erwartete, daß früher oder später die ›Halb-Juden‹ auch deportiert werden würden. Eine seiner schönsten Erinnerungen, erzählte er, war einige Tage vor dem 8. Mai 1945, als er am Gartentor mit den Eltern die Engländer sah, die die Straße von Schöningstedt nach Reinbek herunterfuhren. Die Befreier waren endlich da. Er empfand eine unaussprechliche Erleichterung, zu seiner Mutter blickend, bemerkte er, daß sie weinte, er fragte seinen Vater, warum: ›Mutti weint, weil Deutschland den Krieg verloren hat.‹«

323 Archiv J. 78, S. 303 – Brief v. 12.7.1947; J. 79, S. 303 – Brief v. 24.7.1947.

Endlich Professor (S. 168–170)

324 *Prof. Dr. Bruno Snell* (1896–1986), klassischer Philologe, 1977 Mitglied der Friedensklasse des Ordens Pour le Mérite.
325 *L. Landgrebe*, Ludwig Landgrebe, in: Philosophie in Selbstdarstellungen Bd. II, 1975, S. 149: »ich erhielt schon im Sommer 1945 eine Dozentur an der Universität Hamburg. Sie wurde im Herbst 1945 als eine der ersten deutschen Universitäten nach dem Kriege wiedereröffnet.«
326 Archiv J. 68, S. 302, Beschluß vom 8.8.1945.
327 Archiv J. 69, S. 303f. – Brief v. 7.9.1945.
328 *Ludwig Landgrebe*, Das Problem einer absoluten Erkenntnis, in: *ders.*, Phänomenologie und Metaphysik, 1949, V. Beitr., S. 132–147 = in: *ders.*, Der Weg der Phänomenologie, (¹1963) ²1967, III. Beitr., S. 63–73.
329 Archiv J. 71, S. 303.
330 Archiv J. 72, S. 303.
331 Archiv J. 73, S. 303.
332 Archiv J. 74, S. 303; J. 76, S. 304.
333 Archiv J. 66, S. 302 – Brief v. 12.5.1945.
334 Archiv J. 67, S. 302 – Brief v. 17.5.1945.

Ein Überlebender kehrt zurück (S. 170–174)

335 Archiv B. 24, S. 285.
336 *A. Goldschmidt*, Geschichte der evang. Gemeinde Theresienstadt 1942–1945, 1948 / 2009.
337 *A. Goldschmidt*, Geschichte der evang. Gemeinde Theresienstadt 1942–1945, 1948 / 2009, S. 12f. / 387.
338 *A. Goldschmidt*, a.a.O., S. 20 / 398f. – Brief: Theresienstadt, am 11.10.1943.
339 *A. Goldschmidt*, a.a.O., S. 18 / 395; S. 20 / 398.

Rückkehr zur Normalität (S. 175–181)

340 *A. Goldschmidt*, a.a.O., S. 35 / 424.
341 Der Nürnberger Prozeß gegen die 24 Hauptangeklagten währte vom 20.11.1945 bis zum 1.10.1946.
342 *Dr. Henning Schwarz*, Geschichte der Christlich Demokratischen Union im Kreise Stormarn, Stadtarchiv Reinbek Archiv-Nr. V / 31, masch.gesch., S. 1–5: »Es handelt sich vornehmlich um 3 wichtige Richtungen: … in Ostholstein … [geht es um] die Gründung einer Christlich-Demokratischen-Aufbaupartei …, die evangelische Prägung haben sollte« (1); in »Kiel fand sich eine Gruppe … [welche] die Bildung einer Sammlungspartei aller demokratischen Kräfte rechts von der SPD [plante] … Ihre These lautete, nicht die Bürger müssen Proletarier, sondern die Proletarier müssen Bürger werden« (1); »In Rendsburg … einigte man sich unter dem Einfluß … der Berliner CDU … auf das Programm einer christlich demokratischen Partei« (1). »Für die Gründung der CDU im Kreise Stormarn liegen aus dem Jahre 1945 Aufzeichnungen nicht vor. Es ist nur bekannt, daß Ende 1945 … Gespräche mit Freunden und ehemaligen Parteimitgliedern der Deutschen Volkspartei geführt … [wurden,] um eine bürgerliche Partei rechts der SPD zu gründen.« (2)

Am 9.4.1946 wurde der CDU-Bezirksverband in Reinbek gegründet. Erster Vorsitzender dieses Verbandes war *Dr. Lingens*. Dem Verband gehörten die Herren *Dobbertin* und *Achilles* aus Reinbek an.«

In der Aufzeichnung findet sich der Name *Dr. Arthur Goldschmidt* nicht, was aber nichts besagt, weil »aus dem Jahre 1945 Aufzeichnungen nicht vor[liegen]« (4). Vgl. auch: *Ernst Dieter Lohmann*, Brief, Reinbek, am 17.1.1988 an *Dirk Bavendamm*, Reinbek, angehängt: »CDU-Ortsverband Reinbek«, Stadtarchiv Reinbek Archiv-Nr. V / 30 – Vorarbeit für: *Dirk Bavendamm*, Reinbek. Eine holsteinische Stadt zwischen Hamburg und Sachsenwald, (¹1988, »erschien … anläßlich der 750-Jahrfeier«, ebd. S. 13) ²1996, vgl. S. 139.

343 Die »ersten Gemeindewahlen [fanden] am 15. September und … [die] Wahlen zu den Stadt- und Landkreisen am 13. Oktober 1946« statt, an denen »beteiligte sich die Christlich Demokratische Union … Ende 1946 gab es im Kreisverband Stormarn eine Reihe von Bezirksverbänden … [u.a.] Bad Oldesloe« [*Henning Schwarz*, Geschichte a.a.O. (s. o. Anm. 342), S. 4].

344 Erster Bürgermeister von Reinbek nach *Eduard Claußen* waren: *Wilhelm Kleist* 15.12.1945–31.1.1946; *Carl Dobbertin* 1.2.1946–22.9.1946; *Alwin Hemken* (s. u. Anm. 345) 23.9.1946–11.11.1948; *Carl Dobbertin* 12.11.1948–28.4.1950; *Wilhelm Kleist* 28.4.1950–31.3.1951.

Carl Dobbertin löste 1946 als erster Bürgermeister von Reinbek den Nachfolger von *Eduard Claußen* (s. o. S. 229 Anm. 246) – *Wilhelm Kleist* (s. u. Anm. 345: Gemeindedirektor) – ab, welcher ihn wiederum 1950 in dem Amt beerbte. Quelle: Brief von *Peter Wagner* an *Th. Hübner* vom 15.4.2008, Hauptamt Stadtarchiv Reinbek: »[S.] 236 5. Niederschrift über die Beratung des ~~Bürgermeisters mit den Gemeinderäten~~ [sic!] Gemeinde-Ausschusses Reinbek, den 2. Januar 1946 Anwesend sind: 1. Bürgermeister *Wilhelm Kleist*, 2. Beigeordnete *Carl Dobbertin*« 3. Gemeinderäte: 1. *Richard Achilles* … 8. *Dr. Arthur Goldschmidt* … 15. *Alvin Hemken* … 20. … 4. Gemeindedirektor *Wilhelm Kleist* 5. Protokollführerin *Emmi Voß*«, S. 240: »Beratungsgegenstand den 15. Februar 1946 Anwesend sind: 1. Bürgermeister *Carl Dobbertin*« 2. Beigeordneter – 3. Gemeinderäte: 1. *Richard Achilles* … 8. *Dr. Arthur Goldschmidt* … 15. *Alvin Hemken* … 18. … Protokollführerin *Emmi Voß*«, S. 237: »Beratungsgegenstand … I. Wahl des Bürgermeisters. Anstelle des durch die Militärregierung nicht bestätigten Herrn *Ohle* wird Herr *Dobbertin* einstimmig zum Bürgermeister gewählt. – Es fand öffentliche Wahl statt, Herr *Dobbertin* war während der Wahl nicht zugegen« – eine Kopie aus dem Protokollbuch verdankt *Th. Hübner* Herrn *Peter Wagner*, Hauptamt Stadtarchiv Reinbek. Namen kursiv von *Th. Hübner*. Vgl. *Alfons Bohnhoff*, Die politische Vertretung Reinbeks, in: *Curt Davids*, Festschrift zur 725-Jahrfeier von Reinbek: 1238–1963, Reinbek 1963 (Heide in Holstein 1963), S. 156–161.

345 Brief von *Peter Wagner* an *Th. Hübner* vom 15.4.2008, Hauptamt Stadtarchiv Reinbek: Protokoll Gemeinde-Ausschuß: »*Dr. Arthur Goldschmidt* wird am 15.2.1946 zum 2. B[ürger]M[eister] gewählt und rückwirkend zum 1.2.1946 eingesetzt«; vgl. »[S.] 239 6. Niederschrift über die Beratung des ~~Bürgermeisters mit den Gemeinderäten~~ [sic!] Gemeindevertretung Reinbek, den 15. Februar 1946. Anwesend sind: 1. Bürgermeister *Carl Dobbertin*« 2. Beigeordnete – 3. Gemeinderäte: 1. *Richard Achilles* … 8. *Dr. Arthur*

Goldschmidt … 15. Alvin Hemken … 20. … 4. Gemeindedirektor Wilhelm Kleist 5. Protokollführerin Emmi Voß«, S. 240: »Beratungsgegenstand I. Einführung des Bürgermeisters in sein Amt. Der Gemeindedirektor eröffnete die Sitzung und führte Bürgermeister *Dobbertin* mit Begrüssungsworten in sein Amt. … Bürgermeister *Dobbertin* übernimmt den Vorsitz … II. Ergänzung der vorläufigen Verfassung der Gemeinde Reinbek vom 15. Dezember 1945. … Die Periode für den Bürgermeister und den Stellvertreter beginnt am 1. Februar 1946. III. Wahl des stellvertretenden Bürgermeisters. Vorgeschlagen werden die Herren *Dr. Goldschmidt* und *Hemken*. Es fand geheime Wahl statt. *Dr. Goldschmidt* bekommt 11 Stimmen und Herr *Hemken* 10 Stimmen.« – eine Kopie aus dem Protokollbuch verdankt *Th. Hübner* Peter Wagner, Hauptamt Stadtarchiv Reinbek. Namen kursiv von *Th. Hübner*.

346 Hier handelt es sich wohl – wenn sie aus dem *Baltikum* gekommen sein sollten – um Soldaten; anderes ist historisch (nach 1945!) kaum vorstellbar.

Gerade aus osteuropäischen Ländern waren schon immer Studenten in die von dem Forstwissenschaftler *Johann Heinrich Cotta* (1763–1844) 1811 in Tharandt (Kreis Weißeritz / Sachsen) begründete Forstakademie gekommen, in deren Geschichte Prof. *Dr. Franz Heske* – mit ihm gemeinsam begründete *Arthur Goldschmidt* nach dem Zweiten Weltkrieg die Volkshochschule in Reinbek (s. u. Anm. 351) – 1931 eintritt. Er gründet im gleichen Jahr das »Institut für Ausländische und Koloniale Forstwirtschaft« und verlegt es 1940 nach Reinbek.

Die sich gegenseitig zuarbeitenden Männer *Arthur Goldschmidt*, *Franz Heske* – er war am 3.7.1892 in Frauenburg Böhmen (heute Tschechien) geboren († 7.3.1963 Hamburg) – und *Ludwig Landgrebe* mit seinen Prager Erfahrungen dürfte so etwas wie eine Freundschaft miteinander verbunden haben.

347 Vgl. *G.-A. Goldschmidt*, Über die Flüsse, 2001, S. 259.

348 Sein Name ist *Ernst Rosemann* (E-Mail des Autors an *Th. Hübner* vom 8.4.2008).

349 Den Dr.-Titel übernahmen damals die Ehefrauen noch von ihrem Ehemann; Frau *Dr. Schwarz* behielt den Titel auch nach ihrer Scheidung bei (Quelle: E-Mail von *Detlev Landgrebe* an *Th. Hübner* vom 8.4.2008).

350 Siehe handschriftliche Niederschrift zur Gründung des »Verein Volkshochschule Sachsenwald e.V.« vom 7.10.1946, Stadtarchiv Reinbek Archiv Nr. III / 683; Sammlung Zeitungsausschnitte zur Sachsenwald-Volkshochschule in Reinbek, Stadtarchiv Reinbek.

351 *Max Hackemesser*, Volkshochschule »Sachsenwald« in Reinbek, in: *Curt Davids*, Festschrift zur 725-Jahrfeier von Reinbek: 1238–1963, Reinbek 1963 (Heide in Holstein 1963), S. (197–200) 197: »Besondere Förderer der Gründung einer V[olks]H[och]S[chule] in Reinbek waren der aus Theresienstadt zurückgekehrte Oberlandesgerichtsrat Dr. Goldschmidt, sein Schwiegersohn Prof. Dr. Landgrebe, Prof. Dr. Heske [s. o. Anm. 346] vom Weltforstwirtschafts-Institut und der Bildhauer [*Richard*] Achilles [s. o. S. 237–239 Anm. 342, 344, 345]. Die Hauptredner des Tages waren der damalige Landrat … und Prof. Dr. Landgrebe, dessen Schwiegervater Dr. Goldschmidt kurz vor Beginn des Festaktes im Theater vom Tod ereilt wurde. Zum größten Teil ohne Ahnung des Geschehens lauschten die Teilnehmer den künstlerischen Darbietungen, den zahlreichen Grußworten und der historisch-philosophischen Festansprache über den ›Sinn der

Historisches Material

Wissenschaft und des Denkens'«; vgl. *Dirk Bavendamm*, Reinbek. Eine holsteinische Stadt zwischen Hamburg und Sachsenwald, (¹1988) ²1996, S. 141.

Eine merkwürdige Freundschaft (S. 181–186)

352 Archiv J. 78, S. 303 – Brief v. 12.7.1947; die Namen wurden von *Th. Hübner* kursiv gesetzt.

353 *Adolf Hitler*, Rede an das deutsche Volk nach dem Attentat am 21.7.1944.

354 Archiv J. 79, S. 303 – Brief v. 27.7.1947; die Namen wurden von *Th. Hübner* kursiv gesetzt.

Bessere Zeiten (S. 186–189)

355 Archiv J. 81, S. 304; J. 82, S. 304; J. 83, S. 304.

356 Archiv J. 84, S. 304.

357 Zu Prof. *Dr. Eugen Fink*, * 11.12.1905 Konstanz, † 25.7.1975 Freiburg i.Br., siehe: *Ludwig Landgrebe*, Eugen Fink (1905–1975), in: Philosophy and phenomenological research Jg. XXXVI, New York 1975/76, S. 594–595; Festschrift für Eugen Fink zum 60. Geburtstag, hg. v. *Ludwig Landgrebe*, Den Haag 1965; vgl. *Eugen Fink*, Weltbezug und Seinsverständnis, in: *Ludwig Landgrebe*: Phänomenologie heute. Festschrift für Ludwig Landgrebe, hg. v. *Walter Biemel* (Phaenomenologica Bd. 51), Den Haag 1972, S. 94–102.

358 Archiv J. 87, S. 304; übernahm aber noch seine eigene Lehrstuhlvertretung: J. 88, S. 304; J. 90, S. 304: *Dr. Ludwig Landgrebe* wird 1979 Ehrenmitglied der Allgemeinen Gesellschaft für Philosophie.

359 *Martin Heidegger*, Die Selbstbehauptung der deutschen Universität. Rede, gehalten bei der feierlichen Übernahme des Rektorats der Universität Freiburg i.Br. am 27.5.1933.

360 Gesamtdeutscher Block / Bund der Heimatvertriebenen und Entrechteten (GB / BHE), gegründet Januar 1950 in Schleswig-Holstein von *Waldemar Kraft* (1898–1977), fusionierte vor der Bundestagswahl 1961 mit der Deutschen Partei (DP) zur Gesamtdeutschen Partei (GDP).

361 Siehe oben S. 223f. Anm. 185.

362 *G.-A. Goldschmidt*, Über die Flüsse, 2001, S. 345f.

363 *Aaron [Aron] Gurwitsch*, * 17.1.1901 Vilnius (Litauen), † 25.6.1973 Zürich (Schweiz), 1919 Abitur Danzig, Studium Philosophie und Deutsche Literatur Berlin, 1920 Frankfurt a.M. Studium Medizin und Mathematik, dann auch Philosophie, 1929 Promotion Göttingen (*Aron Gurwitsch*, Phänomenologie der Thematik und des reinen Ich. Studie über Beziehungen von Gestalttheorie und Phänomenologie, Berlin 1929) und Heirat mit *Alice Stern*, 1931 Habilitationsschrift [*Aron Gurwitsch*, Die mitmenschlichen Begegnungen in der Milieuwelt, hg. v. und eingel. von *A.(lexandre) Métraux* (Phänomenologisch-psychologische Forschungen Bd. 16), Berlin 1977 (sollte 1931/32 als Hab.schrift erscheinen, Habilitierung fand nicht statt)], 1933–1940 Lehre an der Sorbonne Paris, 1940 wandert *Gurwitsch* in die USA aus, 1958 Gastprofessor Universität Köln; vgl. *Richard Grathoff*, Alfred Schütz – Aaron Gurwitsch. Briefwechsel 1939–1959, mit einer Einleitung von *Ludwig Landgrebe*, München 1985.

Das Schweigen der fünfziger Jahre (S. 189–193)

364 Zu *Karl Dietrich Erdmann* (* 29.4.1910 Köln, † 23.6.1990 Kiel) vgl. – mit Bezug auf: Das Erbe der Ahnen. Geschichtsbuch für Oberschulen und Gymnasien, hg. v. *Paul Börger*, Leipzig 1939 – *Karl Dietrich Erdmann*, Teil 5. Die Geschichte des Zweiten und Dritten Reiches von 1871 bis in die Gegenwart (*Th. Hübner* konnte kein Exemplar ausfindig machen)

– Darstellung bei: *Martin Kröger / Roland Thimme*, Die Geschichtsbilder des Historikers Karl Dietrich Erdmann vom Dritten Reich zur Bundesrepublik, München 1996, S. 63ff.: Im Mittelpunkt seiner Darstellung stehe das Begriffspaar Volk - Führer, das deutsche Volk vollende den Verlauf seiner Geschichte im Führer Adolf Hitler. Ein Gegenführer sei Karl Marx, ein Jude und Internationalist, dessen Lehre den Gegenpol des Nationalsozialismus darstelle. In Gestalt des von Juden beherrschten russischen Bolschewismus bedrohe der Marxismus das nationalsozialistische Deutschland und das übrige Europa.

Karl Dietrich Erdmann »reinigte« nach 1945 bei seinen Freunden *Ludwig* und *Ilse Landgrebe* nicht nur seinen Körper: als Familie *Erdmann* in Mönkeberg, nahe von Kiel-Kitzeberg, Anfang der 50er Jahre ihr Haus bauten, stand in der ersten Zeit noch kein Badezimmer zur Verfügung, so daß sie sich regelmäßig bei *Landgrebe*s in Kitzeberg badeten (Telephonat *Detlev Landgrebe* mit *Th. Hübner* 12.4.2008).

365 Hier wurde 1852–1998 Stahl gekocht; im Zuge der Neuordnung der deutschen Eisen- und Stahlindustrie wurde 1951 die Dortmund-Hörder Hüttenunion AG gegründet, 2001 Stillegung; während des Nationalsozialismus existierte auf dem Werksgelände ein Außenlager des KZ Buchenwald, wo zwischen 400 und 650 Mädchen und Frauen interniert waren und zur Zwangsarbeit herangezogen wurden.

366 Das Evangelische Studienwerk e.V. (Villigst) ist das Begabtenförderungswerk der Evangelischen Kirche in Deutschland, gegründet 1948.

367 *Bernhard Löffler*, Soziale Marktwirtschaft und administrative Praxis. Das Bundeswirtschaftsministerium unter Ludwig Erhard (Vierteljahrsschrift für Sozial- und Wirtschaftsgeschichte – Beihefte 162), Stuttgart 2002 (Habilitationsschrift Passau 2000/01), S. 170: Es »wechselten nach ihrer Tätigkeit im Bundeswirtschaftsministerium weitere acht der näher untersuchten Beamten in leitende Positionen der freien Wirtschaft.[26]« Ebd. Anm. 26; »*Erich Raemisch* ging in die Textilindustrie (Vorstand der Rheinischen Kunstseide AG Krefeld)«.

368 Prof. *Dr. Peter Pringsheim* (* 19.3.1881 München, † 20.11.1963 Antwerpen), Physiker, entstammte einer alten schlesischen Kaufmannsfamilie jüdischer Abstammung, ev. getauft, Sohn des Mathematikers Prof. *Dr. Alfred Pringsheim* (1850–1941) und seiner Frau *Hedwig Pringsheim*, geb. *Dohm*, promoviert bei *Wilhelm Conrad Röntgen* (1845 Lennep, † 1923 München, 1901 1. Nobelpreisträger für Physik) in München, 1925 Prof. für Physik in Berlin, 1933 Berufsverbot, mit Hilfe seiner belgischen Ehefrau *Emmeke (Emilia) Clément* (Heirat 1923) Wechsel nach Brüssel, am 10.5.1940 auf der Straße von den Deutschen verhaftet, Internierung Lager Gurs, mit Hilfe seines Schwagers *Thomas Mann* – Ehemann (der Schwester von *Peter Pringsheim*) von *Katharina Hedwig* (»*Katia*«) *Mann*, geb. *Pringsheim* (1883–1980) – am 6.12.1940 Entlassung, Ausreise in die USA, Professor in Chicago, die *Thomas Mann* zunächst zum Teil finanzierte; vgl. *Valentin Wehefritz*, Gefangener zweier Welten. Prof. Dr. phil. Dr. rer. nat. h.c. Peter Pringsheim (1881–1963). Ein deutsches Gelehrtenschicksal im 20. Jahrhundert, Dortmund 1999.

369 Prof. *Dr. Hermann Ferdinand Fränkel* (* 7.5.1888 Berlin, † 8.4.1977 Santa Cruz / Kalifornien, jüdischer Abstammung), Altphilologe, Studium der klassischen Philologie und Germanistik in Berlin, Bonn und Göttingen (Lehrer u.a.: *Ulrich*

von *Wilamowitz-Moellendorff*, *Franz Bücheler*), 1915 Promotion Göttingen, Heirat mit *Lilli* (Tochter des Namensvetters und Kollegen *Eduard Fraenkel*), geb. *Fraenkel*, 1921 Habilitation (Die homerischen Gleichnisse, Göttingen ¹1921. ²1977 hg. v. *Ernst Heitsch*), 1935 Emigration in die USA, Prof. Stanford, Gastdozent Berkley, Emeritierung 1953, Gastprofessuren u.a. 1955–1960 Freiburg i.Br.

370 Prof. *Dr. Erik Wolf*, * 13.5.1902 Bieberich, † 13.10.1977 Oberrottweil, Rechtsphilosoph und Kirchenrechtler, Promotion 1924 Jena, 1927 Habilitation Heidelberg.

371 Vgl. Werbung für: »Zeugnisse der Bekennenden Kirche. Herausgegeben von *Erik Wolf*«, in: *A. Goldschmidt*, Geschichte der evang. Gemeinde Theresienstadt 1942–1945, 1948, 3. Einbandseite; *Bernd Martin*, Professoren und Bekennende Kirche. Zur Formierung Freiburger Widerstandskreise über den evangelischen Kirchenkampf, in: *Nils Goldschmidt* (Hg.), Wirtschaft, Politik und Freiheit (Untersuchungen zur Ordnungstheorie und Ordnungspolitik Bd. 48), Tübingen 2005, S. (27–56) 36 Anm. 36: *Erik Wolf* war Parteimitglied der NSDAP seit 1937, Parteinummer 4715792 (Akte Bundesarchiv Berlin, ehemals Document Center).

372 Prof. *Dr. Ernst Rudolf Huber*, * 8.6.1903 Oberstein, † 28.10.1990 Freiburg i.Br., Staatsrechtler, Schüler von *Carl Schmitt* (1888–1985), bei dem er 1926 promovierte, Habilitation 1931, Vater von *Dr. Wolfgang Huber* (* 1942 Straßburg), Ratsvorsitzender der Evangelischen Kirche in Deutschland.

373 Prof. *Dr. Arnold Bergsträsser*, * 14.7.1896 Darmstadt, † 24.2.1964 Freiburg i.Br., Soziologe und Politikwissenschaftler, 1923 Promotion Heidelberg, 1927 Habilitation, wegen seiner jüdischen Abstammung emigrierte er 1938 in die USA, 1954 Prof. in Freiburg i.Br.

374 Prof. *Dr. Hans Bender*, * 5.2.1907 Freiburg i.Br., † 7.5.1991 ebd., 1933 Promotion bei *Erich Rothacker* (1888–1965), 1941 Habilitation (im Schnellverfahren von den Nazis betrieben), 1967 ord. Prof. für Psychologie in Freiburg i.Br.

Die Brüder meiner Mutter (S. 193–195)

375 Archiv J. 75, S. 303 – Brief v. 14.2.1947.

376 *G.-A. Goldschmidt*, Über die Flüsse, 2001, S. 286: »Im Februar 1947 war mein Vater an Herzschlag gestorben … Wir hatten einen regen Briefwechsel miteinander gehabt. Mein Vater war stolz gewesen, mir seine fast perfekten Französischkenntnisse zu zeigen. Ich schämte mich, nicht einmal sehr traurig gewesen zu sein, als ich von seinem Tod erfuhr.«

377 Archiv J. 77, S. 303 – Brief v. 8.4.1947.

378 *Arbeitskreis* Reinbeker Stadtgeschichte an der Volkshochschule Sachsenwald (Hg.), Ein Garten in Reinbek. Wege der Jüdischen Familie Goldschmidt. Eine Ausstellung im Rahmen der Schleswig-Holsteinischen Kulturtage im Schloß Reinbek Stormarnsaal, Begleitheft zur Ausstellung 10.9.–23.10.1994, Reinbek 1994 (siehe *Georges-Arthur Goldschmidt*, Mein Vater Arthur Goldschmidt).

379 Archiv J. 91, S. 304 – Briefkarte vom 25.11.1995.

380 *G.-A. Goldschmidt*, Über die Flüsse, 2001.

381 *G.-A. Goldschmidt*, Über die Flüsse, 2001, S. 5: Widmung: »Für Thomas, Camille und Maxime dieses Porträt ihres Großvaters«; s. u. S. 264.

Schlußstrich in Reinbek (S. 196–197)

382 Archiv J. 67, S. 302 – Brief v. 17.5.1945.

383 Siehe oben S. 229 Anm. 246, S. 236 Anm. 320 und S. 238 Anm. 344.

384 *G.-A. Goldschmidt*, Über die Flüsse, 2001, S. 311f.; vgl. S. 323: »in einem breiten

Ledersessel sitzend, spornte mich der Pate [*Carl Dobbertin*, s. u. B. 05, S. 283 und Anm. 9] an, mich weiter anzustrengen, und hielt mir einen neuen Hundertmarkschein hin. Nachdem er sich billig die Hütte des Vaters [*Arthur Goldschmidt*] geleistet hatte, gab er dem Sohn ein wenig Zucker«.

385 Schwester von *Josefine Dobbertin*, geb. *Mottelet*.

386 Siehe oben S. 214 Anm. 100.

Nach dem Tod von *Josefine Dobbertin* geb. *Mottelet* im Januar 1953 in Reinbek (s. o. S. 227 Anm. 240) heiratete *Carl Dobbertin Aminka Dobbertin* (geb. *Müller-Waldeck*, verw. *von Zitzewitz*, * 2.1.1910 Eberswalde bei Berlin, † 5.5.1995 Montegrotto / Italien). Sie brachte *Mortimer Georg-Wilhelm von Zitzewitz* (* 11.6.1940 Königsberg) mit in die Ehe (so *Dr. Malte Dobbertin*, Brief an *Th. Hübner*, Zollikon / Schweiz, 12.9.2008). Zu *Mortimer von Zitzewitz* vgl.: *Gerhard Lange*, Der BND und der Waffenhandel, (Internet Juni 2008: bnd: der bnd und der waffenhandel - de.soc.politik) 25. Juli 1996: »Das Hamburger Handelshaus Dobbertin & Co KG war zur Mitte der 60er Jahre vom BND als Tarnfirma für diese Rüstungsgeschäfte ausgesucht worden. Geknüpft wurden die Beziehungen zu der Firma über den Vorsitzenden der Geschäftsführung, Mortimer von Zitzewitz, und den ehemaligen Hitler-Adjutanten General Gerhard Engel, der Geschäftsführer der Dobbertin-Tochter Werkzeug-Außenhandel GmbH in Düsseldorf [»*Mortimer v. Zitzewitz* war nicht Vorsitzender der Dobbertin-Tochter Werkzeughandel GmbH in Düsseldorf, diese Firma ist ihm unbekannt«, so *Dr. Malte Dobbertin* in seinem Brief an *Th. Hübner*, a.a.O.]war.«

Vgl. Artikel »Die Welt ist voller Wunder«, in: Der Spiegel. Das Deutsche Nachrichtenmagazin, Hamburg, Nr. 50 11.12.1978, S. 19–22 (S. 20: »Davon höre ich zum erstenmal«. *Karl Carstens* vor dem Untersuchungsausschuß des Bundestages); Artikel »Bei Dobbertin ausgeschieden«, ebd. S. 10.

387 *Dr. Malte Dobbertin* (Brief an *Th. Hübner*, Zollikon / Schweiz, 12.9.2008): »Mortimer von Zitzewitz war nach dem Tod meines Vaters 1960 bis zur Firmenauflösung in den späten 60er Jahren Geschäftsführer und Komplementär der Firma Dobbertin & Co.«

Eine große Familie (S. 197–198)

388 (Linie *Detlev Landgrebe*) 1. *David* (* 5.11.1968 Hamburg), 3. *Johannes* (* 16.11.1971 Hamburg), 7. *Jonathan* (* 21.6.1977 Hamburg); (*Winfried Landgrebe*) 2. *Jobst* (* 19.11.1970 Bergisch Gladbach), 4. *Alix* (* 13.10.1972 Bergisch Gladbach), 5. *Max* (* 5.2.1974 Bergisch Gladbach); (*Marianne Gmelin*, geb. *Landgrebe*) 6. *Florian* (* 16.9.1976 Ostfildern / Ruit), 8. *Matthias* (*21.6.1978 Ostfildern / Ruit), s. u. S. 278f.

389 (Linie *Detlev Landgrebe* → *David Landgrebe*) 2. *Franziska* (* 24.7.2001 Hamburg), 5. *Constantin* (* 20.6.2003 Hamburg), 9. *Leonard* (* 18.1.2006 Hamburg); (*Detlev Landgrebe* → *Johannes Landgrebe*) 3. *Hannah* (* 5.9.2001 Brüssel), 6. *Antonia* (8.1.2004 Hamburg);

(Linie *Winfried Landgrebe* → *Jobst Landgrebe*) 1. *Bengt* (* 13.11.2000 München), 4. *Bjarne* (* 28.9.2002 Göttingen), 7. *Britt-Marie* (* 17.5.2005 Göttingen);

(Linie *Marianne Gmelin* → *Florian Gmelin*) 8. *Konrad* (* 25.6.2005 Düsseldorf), 10. *Viktor* (* 26.3.2007 Düsseldorf).

390 (Linie *Winfried Landgrebe* → *Jobst Landgrebe*) 11. *Lennart* (* 30.6.2008 Köln); (*Winfried Landgrebe* → *Max Landgrebe*), 12. *Arthur* (* 8.9.2008 Berlin).

Historisches Material

391 Siehe unten S. 279.
392 Siehe unten S. 278 Anm. 84; vgl. S. 278 Anm. 86.
393 Vgl. z.B. *Ludwig Landgrebe*, Philosophie und Theologie, in: Neue Zeitschrift für systematische Theologie und Religionsphilosophie Jg. 5, Berlin 1963, S. 3–15; *Ludwig Landgrebe* war seit 1964 Mitherausgeber der »Neue Zeitschrift für systematische Theologie und Religionsphilosophie«, Berlin 1963ff. (1959–1962: »Neue Zeitschrift für systematische Theologie«) [*L. Landgrebe*, Chronol. Verz., S. 157 Nr. 14]. Vgl. Interview mit Prof. *Dr. Ludwig Landgrebe* über das Verhältnis Glaube – Wissenschaft, in: (Fernsehsendung) *Georg Bedau*, Hierzulande – Heutzutage. Erkenntnisse in der Wissenschaft (10 Minuten, 3 Sekunden), Eigenproduktion des Westdeuschen Rundfunks (WDR), Sendeanstalt: Westdeutscher Rundfunk. Sendedatum 29.5.1966. Kurzgefaßter Inhalt: Philosophie und Sinnsuche im wissenschaftlich-technischen Zeitalter. Interview (3 Minuten 25 Sekunden) mit Prof. *Dr. Ludwig Landgrebe* (* 9.3.1902 Wien, † 14.8.1991 Köln-Rodenkirchen) über das Verhältnis Glaube – Wissenschaft.
394 Siehe unten S. 278f..
395 Siehe unten S. 277f..

Nachwort des Autors (S. 199–200)

396 *Renate Maria Landgrebe*, geb. *Lieck*, s.u. S. 277.
397 Vgl. *Renate Landgrebe*, Zur Psychologie traumatischer Verfolgungserfahrungen deutscher »Halbjuden« (1933–1945). Psychische Verarbeitung und Auswirkungen 55 Jahre danach, Hamburg 2002.

Zeittafel

Es wurden nur die Geschehen aus dem Textteil (S. 11–200), nicht jedoch diejenigen aus den Anmerkungen, Stammbäumen usw. aufgenommen.

Datum	Geschehen	Seite
1710	Judenreglement in Hamburg	21, 22
7.7.1765	*Ludwig August Moritz Landgrebe* wird in Schwarzenhasel geboren.	54, 272
1781–1783	*Chr. C. W. von Dohm* veröffentlicht seine Schrift »Über die bürgerliche Verbesserung der Juden« in Berlin.	20, 325
25.11.1784	*David A. Goldschmidt* heiratet *Channe* (»*Fanny*«) *Salomon*.	19, 261
1789	*Graf Mirabeau* Wortführer der Nationalversammlung.	20
1791	Gesetz zur Emanzipation der Juden in Frankreich durchgesetzt.	21
9.2.1794	*Moritz David Goldschmidt* wird in Hamburg geboren.	19, 261
Beginn 19. Jh.	Es etabliert sich ein jüdischer Mittelstand.	24
6.8.1806	Ende des Heiligen Römischen Reichs Deutscher Nation.	21, 204
10.12.1806	*Johanna Schwabe* wird in Bremerlehe geboren.	24, 261, 266
1807–1813	Bestand des Königreichs Westfalen.	21
10.12.1807	*Jérôme Bonaparte*: Juden sollen öffentliche Ämter bekleiden.	21
1808–1813	Gleichstellung der Juden in den von Franzosen besetzten deutschen Gebieten.	22
1809	In Baden gilt die volle Gleichberechtigung der Juden.	21
1809	Frau *Scheube* gründet eine Kattundruckerei in Weida.	55
3.2.1809	*Felix Mendelssohn Bartholdy* wird in Hamburg geboren.	27, 208
6.7.1809	*Heinrich Carl Ludwig Landgrebe* wird in Grebenstein geboren.	54f., 274
um 1810	Forderung nach Gleichstellung der Juden in Hamburg.	21
5.7.1810	*Phineas Taylor Barnum* wird in Bethel geboren.	30, 209
Ende 1810	Hamburg wird von den Franzosen besetzt.	22
1812	Juden können in Hamburg das Bürgerrecht erwerben.	22
11.3.1812	Königliches Edikt in Preußen zur Gleichstellung der Juden.	21, 22
1813	Hamburger Senat will wieder das Fremdenrecht für Juden.	22
1815	Hamburger Senat setzt auf dem Wiener Kongreß die alte Judenordnung durch.	22, 23
Seit 1816	ist *Marcus Hertz Schwabe* in Hamburg ansässig.	19, 20, 22
11.12.1817	Gründung »Neuer Israelitischer Tempel-Verein in Hamburg«.	23
6.10.1820	*Johanna Maria Lind* (»*Jenny*«) wird in Stockholm geboren.	29, 262
21.3.1821	*Felix Mendelssohn Bartholdy* wird getauft.	27, 208
9.9.1827	*Moritz D. Goldschmidt* heiratet *Johanna Schwabe*.	19, 261, 266
21.8.1829	*Otto Moritz David Goldschmidt* wird in Hamburg geboren.	29, 262
1.6.1835	*Heinrich Carl Ludwig Landgrebe* heiratet *Natalie Josephe Scheube* verw. *Leisching* in Weida.	55, 274
(nach?) 1835	*Heinrich Carl Ludwig Landgrebe* gründet in Weida ein eigenes Unternehmen.	55

Historisches Material

1836 (?)	Die »Allgemeine Zeitung des Judentums« berichtet über den Judenhaß in Hamburg.	25
17.4.1837	*Karl Ludwig Richard Landgrebe* wird in Weida geboren.	55, 275, 287
1838	(Erster Auftritt) *Jenny Lind* wird im 19. Jh. als die »schwedische Nachtigall« berühmt.	29
7.9.1841	*Alfred Goldschmidt* wird in Hamburg geboren.	36, 262, 327
2.4.1843	*Felix Mendelssohn Bartholdy* gründet das Conservatorium der Musik zu Leipzig, die erste Musikhochschule Deutschlands.	35
29.10.1843	*Otto Goldschmidt* wird als 48. Student am Conservatorium der Musik zu Leipzig eingeschrieben.	32, 318, 346
1847	*Johanna Goldschmidt* veröffentlicht anonym ihr erstes Buch »Rebekka und Amalia. Briefwechsel …«.	9, 25, 203, 205f., 209, 309, 333
1848	*Johanna Goldschmidt / Amalie Westendarp* gründen den »Frauenverein zur Bekämpfung und Ausgleichung religiöser Vorurteile«	26
1.11.1848	*Ludwig August Moritz Landgrebe* stirbt in Oberhülsa.	54, 272
27.12.1848	Die Nationalversammlung beschließt die Gleichberechtigung der Juden.	27
23.2.1849	Proklamierung der Gleichberechtigung der Juden in Hamburg.	26, 27
1850	*Johanna Goldschmidt* gründet mit *F. Fröbel* den ersten »Bürgerkindergarten« in Hamburg.	27
1850er Jahre	Im Grindel entstehen die ersten Hochhäuser Hamburgs.	20
27.9.1850	*Jenny Lind* bricht mit dem Schiff von Liverpool aus zu einer Konzerttournee in die USA auf.	29, 30
Mai 1851	*Otto Goldschmidt* trifft in New York auf *Jenny Lind*.	30
Mitte 1851	*Jenny Lind* trennt sich von ihrem Konzertagenten *Ph. T. Barnum*.	30
Herbst 1851	*Jenny Lind* und *Otto Goldschmidt* kommen sich näher.	31
11.10.1851	*Hermann Morris Schwabe* läßt sich 39jährig in Hamburg taufen.	20, 27, 266
5.2.1852	*Jenny Lind* und *Otto Goldschmidt* heiraten in Boston.	31
21.5.1852	*Jenny Lind* gibt in New York ihr Abschiedskonzert.	31, 210, 315
1855	*Johanna Goldschmidt* gründet den Fröbelverein in Hamburg.	27
Sommer 1858	*Jenny Lind* und *Otto Goldschmidt* siedeln nach London über.	32
16.6.1862	*Marcus Hertz Schwabe* stirbt im Alter von 96 Jahren in Hamburg.	20, 264
1863–1885	*Otto Goldschmidt* ist Prof. für Klavier an der Royal Academy of Music in London.	32
28.10.1866	*Elsa Bernstein*, geb. *Porges*, wird in Wien geboren.	144
5.3.1867	*Alfred Goldschmidt* heiratet in Hamburg *Pauline Lassar*.	36, 262, 281
17.11.1867	*K. Ludwig R. Landgrebe* heiratet *Leopoldine A. Linnert* in Wien.	55, 275, 287
13.12.1867	(Pastor) *Andreas Fries* wird in Heiligenstedten geboren.	222
1.7.1868	*Alfred* und *Pauline Goldschmidt* treten aus dem deutsch-israelischen Gemeindeverbund in Hamburg aus. [Von einem Beamten am 17. Mai 1939 irrtümlicherweise wegen der Heirat am 5.3.1867 auf 1867 datiert; s. o. S. 123]	36, 123, 262
12.6.1869	*Marie Landgrebe* wird in Wien geboren.	62, 215, 275

ZEITTAFEL

1870–1871	Deutsch-Französischer Krieg.	45
16.3.1871	*Karl Ludwig Heinrich Landgrebe* wird in Wien geboren.	55, 215, 275
30.4.1873	*Arthur Felix Goldschmidt* wird in Berlin geboren.	37, 212, 232, 263, 327, 337, 428
1873–1874	*Alfred Goldschmidt* baut und bezieht in Berlin-Steglitz eine Villa.	37
1875	*Otto Goldschmidt* gründet in London den Bach-Chor.	32
1875	Für den Ariernachweis gelten den Nazis seitdem die Eintragungen im Standesamt, bis dahin die in den Kirchenbüchern.	93
21.3.1876	*Heinrich Carl Ludwig Landgrebe* stirbt in Wien.	55, 274
19.7.1877	*Rosa Anna Tuma* wird in Wien rk. getauft.	59, 275, 280, 290
20.9.1877	*Julius Horschitz* heiratet in Hamburg *Ilka Betty Goldschmidt*, geb. *Fleischel*.	44, 267, 285
17.1.1878	*Karl Ludwig Richard Landgrebe* stirbt in Wien.	55, 275, 287
1882	*Johanna Goldschmidt* stiftet einen Stipendienfonds für hilfsbedürftige Kindergärtnerinnen.	27
9.2.1882	*T. K. J. Horschitz*, genannt »*Kitty*«, wird in Kassel geboren.	43, 263, 268
23.10.1882	(Pastor) *Walter Auerbach* wird in Altona geboren.	231
10.10.1884	*Johanna Goldschmidt* stirbt in Hamburg.	27, 261, 266
2.11.1887	*Johanna Maria Lind-Goldschmidt* (»*Jenny*«) stirbt in Malvern Wells / Worcestershire.	29, 32, 209, 262
16.3.1888	*A. Goldschmidt* beobachtet den Beerdigungszug von Kaiser Wilhelm I.	38, 212
19.10.1888	Taufe von *Toni Katharina Jeanette Horschitz* in Hamburg.	263, 282
9.2.1889	*Alfred* und *Pauline Goldschmidt* lassen sich in Berlin mit ihrem Sohn *Arthur* ev. taufen.	36, 38, 262f., 281f.
Ende 1889	*Alfred* und *Pauline Goldschmidt* kehren nach Hamburg zurück.	37
12.10.1891	*Edith Stein* wird in Breslau geboren.	215
1892	*A. Goldschmidt* nimmt in Freiburg i.Br. sein Jurastudium auf.	40
9.12.1894	Pastor *Andreas Fries* wird in Barmstedt ordiniert.	222
27.5.1895	*A. Goldschmidt* schließt sein Studium mit der 1. juristischen Prüfung in Berlin mit »ausreichend« ab.	40, 212f., 337
28.6.1895	*Rosa Tuma* erhält das Befähigungszeugnis zur Kindergärtnerin.	59, 291
20.7.1895	*A. Goldschmidt* beendet seine Studienzeit mit der Promotion in Erlangen.	40, 212f., 337
6.10.1895	*Andreas Fries* wird Pastor in Reinbek.	222
12.4.1897	*Julius* und *Ilka Horschitz* lassen sich als Protestanten taufen.	44, 267, 285
27.1.1900	*Rosa Anna Tuma* konvertiert vom rk. zum ev. Glauben.	57, 59, 275, 292
5.4.1900	*Karl Ludwig Heinrich Landgrebe* heiratet *Rosa Tuma* in Wien.	57f., 275, 292, 349

Historisches Material

14.1.1902	*Leopoldine Landgrebe* findet in einem Brief an ihren Sohn *Karl* kein gutes Wort für seine junge Frau *Rosa*.	58, 288
23.1.1902	*A. Goldschmidt* veröffentlicht einen Artikel zum Bismarckdenkmal.	43, 213, 307
31.1.1902	*Arthur F. Goldschmidt* wird in Hamburg als Richter vereidigt.	40, 213, 282, 337
9.3.1902	*Ludwig Max Carl Landgrebe* wird in Wien geboren.	57, 244, 264, 276, 342, 357
1902–1923	*Ludwig Max Carl Landgrebe* lebt in Wien.	244, 264, 276, 293, 341
5.9.1903	*Rosa Anna Tuma* stirbt in Bludenz.	57, 59, 275, 292
5.9.1903	*Leopoldine Landgrebe* übernimmt die Erziehung von *Ludwig*.	59
10.5.1905	*Arthur Goldschmidt* heiratet *T. K. J. Horschitz*, »Kitty« genannt.	36, 42f., 46f., 248, 263, 268, 282, 348
10.5.1905	*Otto Goldschmidt* schenkt *Kitty Goldschmidt* zu ihrer Hochzeit eine große Brosche aus Elfenbein mit dem Bild des Heiligen Christophorus, ehedem ein Geschenk der englischen *Königin Victoria* für *Jenny Lind* (siehe S. 97, 355).	36
1905–1916	Nach ihrer Hochzeit wohnen *A.* und *Kitty Goldschmidt* im Haus Jungfrauenthal Nr. 18 in dem Hamburger Stadtteil Eppendorf.	47, 248
21.9.1906	*Ilse Maria Goldschmidt* wird in Hamburg geboren.	47, 74, 214, 264, 277, 282, 293
13.12.1906	*Ilse Maria Goldschmidt* wird in Hamburg ev. getauft.	74, 264, 282, 293
24.2.1907	*Otto Moritz David Goldschmidt* stirbt in London.	29, 32, 262
16.11.1910	Hamburger Frauen-Zeitung gedenkt *Johanna Goldschmidt*s.	27
28.2.1911	*Herman Leo van Breda* (Taufname: *Leo Marie Karel*) wird in Lier geboren.	114, 244, 353
14.5.1911	Pastor *Walter Auerbach* wird ordiniert.	231
August 1911	*Kitty Goldschmidt* schreibt an ihre Tochter *Ilse*: Kaiser und Kaiserin gesehen.	47
6.8.1911	*Walter Auerbach* wird Pastor in Schlichting.	231
1913	*Elsa Goldschmidt* stirbt.	76, 263
2.11.1913	*Walter Auerbach* wird Pastor in Altenkrempe.	231
1914	Der 12jährige *Ludwig Landgrebe* übt seine zukünftige Unterschrift: »Professor Dr. Ludwig Landgrebe.«	63
28.7.1914	Ausbruch des Ersten Weltkrieges; die Familie *O. Goldschmidt* bricht die Beziehungen zu der von *A. Goldschmidt* ab.	35, 38, 48, 130, 212

ZEITTAFEL

1.8.1914	(Das Deutsche Reich erklärt Rußland den Krieg.) Die Maximen des Centralvereins der deutschen Staatsbürger jüdischen Glaubens werden veröffentlicht.	157, 212
5.11.1914	*Alfred Gustav Goldschmidt* schreibt von der Front in Polen an seine Mutter *Pauline*, geb. *Lassar*, einen Brief.	48
Weihnachten 1914	*Ilse Goldschmidt* hilft, Feldpostpakete für die vier Brüder ihrer Mutter zu packen.	48
20.9.1915	*Kitty Goldschmidt* schreibt Geburtstagsbrief an Tochter *Ilse*.	48, 214, 283
17.12.1915	Brief von *Alfred G. Goldschmidt* an seine Mutter *Pauline Goldschmidt* über Kriegsgreuel an der Front in Polen.	214, 263, 282
1916	*A.* und *Kitty Goldschmidt* ziehen von Hamburg-Eppendorf nach Reinbek in das Haus Kückallee 27 zur Miete.	49
1916	*Ilse Goldschmidt* besteht als einziges Mädchen das humanistische Abitur auf dem humanistischen Gymnasium für Jungen in Bergedorf.	51
1916–1918	*Edith Stein* erste Assistentin von *E. Husserl*.	215
Sommer 1916	*Leopoldine Landgrebe* schreibt Briefe an *Karl L. H. Landgrebe*, der in Krakau als Unteroffizier seinen Kriegsdienst ableistet.	60f.
27.7.1917	*Kitty Goldschmidt* schreibt an Tochter *Ilse* von ihrer Freude über die Siege gegen die Russen.	48f., 214, 283
16.11.1917	*A. Goldschmidt* wird zum Rat am Hanseatischen Oberlandesgericht von Hamburg, Lübeck und Bremen gewählt.	41, 213, 283, 337
Winter 1917/18	Die Zivilbevölkerung in Wien hungert.	62
Dezember 1917	*Alfred G. Goldschmidt* fällt in Frankreich.	49, 263
1918–1923	*Martin Heidegger* Assistent bei *E. Husserl*.	215
13.7.1918	*Leopoldine Landgrebe* stirbt in Wien.	65, 275, 288
11.11.1918	Ende der Donaumonarchie, Ende des I. Weltkrieges.	64
1919	*A.* und *Kitty Goldschmidt* kaufen das Haus Kückallee 27 in Reinbek.	50
1919	*A. Goldschmidt* wurde bei der letzten (Dreiklassen-)Wahl in die Gruppe 2 der Wahlliste eingetragen.	52
10.9.1919	Friedensvertrag von St. Germain.	65, 89
1920–1927	Briefe von *Karl Landgrebe* an *Ludwig Landgrebe*.	65
1921	*Arthur Goldschmidt* gründet mit einer Gruppe gutbürgerlicher Herren den Tontaubenklub Sachsenwald e.V. in Wohltorf.	52
1921	*Walter August Horschitz* heiratet in 2. Ehe *Annemarie Rosenthal*.	76, 267
4.7.1921	*Ludwig Max Carl Landgrebe* besteht in Wien sein Abitur.	63, 65, 294
1923	*Eduard Leisching* empfiehlt seinem Freund *E. Husserl* seinen Neffen *Ludwig Landgrebe*.	65, 71
1923	*Marie Landgrebe* macht sich Gedanken darüber, ob *Ludwig Landgrebes* Lehrer *E. Husserl* den Ruf nach Berlin annimmt.	63
März 1923	*Ilse Maria Goldschmidt* wird konfirmiert.	47

Historisches Material

1923–1929	*Ludwig Landgrebe* in Freiburg i.Br.	65
Herbst 1923	[bis Frühjahr 1930]	
	Ludwig Landgrebe Assistent bei *E. Husserl*.	66, 216
Sommer 1924	*E. Husserl* stellt *L. Landgrebe* ein hervorragendes Zeugnis aus.	66
3.8.1924	*Alfred Erich Goldschmidt* (»*Eric*«) wird in Reinbek geboren.	53, 264, 283
Frühjahr 1926	Letzte Post von *Marie Landgrebe* an *Ludwig Landgrebe*.	63
26.4.1926	*Marie Landgrebe* stirbt in Wien.	63, 67, 215, 275
24.2.1927	Promotion von *Ludwig Landgrebe*: Tag der mündlichen Prüfung.	63, 67, 217, 296, 311
Ende 1920er	(nach der Promotion seines Sohnes) *Karl Ludwig Heinrich Landgrebe* heiratet in 2. Ehe *Anna Passecker*.	59, 276
1928	*Edmund Husserl* wird in Freiburg i.Br. emeritiert.	69, 216
2.5.1928	*Jürgen Arthur* (heute *Georges-Arthur*) *Goldschmidt* wird in Reinbek geboren.	53f., 250, 264
1928	*Ilse Goldschmidt* bleibt im Hause ihrer Eltern, um nach der Geburt ihres Bruders *Jürgen* ihrer Mutter zu helfen.	54
Wintersemester 1928/1929	*Ilse Goldschmidt* nimmt das Studium der Kunstgeschichte in Freiburg i.Br. auf.	54
Sommer 1929	*Ludwig Landgrebe* verlobt sich mit *Ilse Goldschmidt*.	54, 68
1.1.1930	[bis 1932]	
	Ludwig Landgrebe erhält ein Habilitationsstipendium.	70
Januar 1930	*Ilse Goldschmidt* besucht ihren künftigen Schwiegervater *Karl Ludwig Heinrich Landgrebe* in Wien.	67
Frühjahr 1930	*Ludwig Landgrebe* beendet seine Tätigkeit als Privatassistent bei *E. Husserl*.	69, 216
Frühjahr 1930	[bis 1938]	
	Eugen Fink (1905–1975) Privatassistent bei *E. Husserl* bis zu dessen Tod am 27.4.1938.	216
6.9.1930	*Ludwig Landgrebe* erhält die deutsche Staatsbürgerschaft.	70, 276, 296, 433
9.11.1931	*Karl Ludwig Heinrich Landgrebe* stirbt in Wien.	55, 67, 215, 255, 275
seit 1933	Verfolgung der Familie u.a.	13, 52f., 75-78, 133, 176, 192
1933	*Walter August Horschitz* heiratet in 3. Ehe *Carla Boehlich* und wandert nach Persien aus.	76, 268
1933	*Annemarie Horschitz-Horst* emigriert nach London.	76
1933	Judenvernichtung vorhersehbar? – *Ilse Landgrebe*.	76, 78
1933	leben rund ½ Million Juden im Deutschen Reich.	126
1933–1934	*Ludwig Landgrebe* erstellt seine Habilitationsschrift.	83

ZEITTAFEL

14.1.1933	*Eduard Leisching* schreibt Empfehlung an seinen Freund *Oscar Kraus* für seinen Neffen *Ludwig Landgrebe*.	71
1933–1939	Prag.	83–92
30.1.1933	*Adolf Hitler* Reichskanzler.	71
23.3.1933	Ein Ermächtigungsgesetz wird verabschiedet.	72
28.3.1933	Aufruf zum Boykott jüdischer Geschäfte wird vorbereitet.	72
31.3.1933	Den jüdischen Richtern soll Beurlaubung angeordnet werden.	73
Anf. April 1933	*Arthur F. Goldschmidt* wird beurlaubt.	37, 53, 73, 76, 79, 176, 385
ab 1.4.1933	Jüdische Geschäfte werden boykottiert.	72
7.4.1933	»Gesetz zur Wiederherstellung des Berufsbeamtentums«.	73, 79
11.4.1933	Verordnung, wer als nichtarisch zu gelten hat.	74
27.5.1933	M. Heidegger, Rektoratsrede Freiburg i.Br.	187
Anf. Juli 1933	*Arthur Goldschmidt* empfiehlt *Ludwig Landgrebe*, das Verlöbnis zu lösen.	79, 221, 283
4.7.1933	*Ludwig Landgrebe* hält seiner Verlobten die Treue.	79, 85, 221, 296
22.7.1933	Hochzeit *Ludwig* und *Ilse Landgrebe*.	80f., 150, 264, 276, 351
1.9.1933	Schreiben Senatspräsident bzgl. Zwangspensionierung.	75, 283
30.11.1933	Zwangspensionierung von *Arthur F. Goldschmidt* am 60. Geb.	74, 213, 337
17.4.1934	*Carl Reimar Landgrebe*, genannt *Mocki*, in Reinbek geb.	83, 277, 296, 351
1935	*Ernst Voege* (»Harras«) bricht die Freundschaft mit *Ludwig Landgrebe* ab.	181f.
24.1.1935	Beschluß der Phil. Fakultät der Deutschen Universität Prag, L. Landgrebe zu habilitieren und die Venia legendi zu erteilen.	84f., 298f.
27.3.1935	*Hans Detlev Ludwig Landgrebe* wird in Reinbek geboren.	13, 83, 124, 277, 297
4.5.1935	*Carl Reimar Landgrebe*, genannt *Mocki*, stirbt in Reinbek.	83f., 251, 258f., 277, 298, 351
15.9.1935	Die sogenannten »Nürnberger Gesetze« werden erlassen.	87, 131, 182, 385, 388
1.10.1935	Pastor *Walter Auerbach* wird zwangspensioniert.	138, 231
14.11.1935	Verordnung zum Reichsbürgergesetz, wer als jüdischer Mischling gilt.	123f.
1936	Angebot an *Ludwig Landgrebe*, in den USA wissenschaftlich zu arbeiten.	87
9.1.1936	Das tschechische Kultusministerium erteilt *Ludwig Landgrebe* die venia docendi für Philosophie.	84–86, 298
1.8.1936	Pastor *Andreas Fries* wird emeritiert.	222

Historisches Material

2.7.1937	Erlaß des Reichserziehungsministers verwehrt *Erich* und *Jürgen* *Goldschmidt* den Übergang auf das Gymnasium.	94
1938	*H. van Breda* und *L. Landgrebe* retten den wiss. Nachlaß von *Husserl* vor den Nazis aus Freiburg i.Br. nach Löwen.	91
13.3.1938	Österreich wird durch den Einmarsch der deutschen Truppen gewaltsam dem Deutschen Reich einverleibt.	88f., 358
10.4.1938	*Ludwig Landgrebe* nimmt an der Fahrt für »Auslandsdeutsche« von Prag nach Dresden (Teilnahme an der Abstimmung) teil.	88
Mai 1938	Während der Sudetenkrise macht die tschechoslowakische Regierung mobil.	90
18.5.1938	Trennung der Eltern *Goldschmidt* von ihren Söhnen *Erich* (13 J. alt) und *Jürgen* (gerade 10 J.) auf dem Hamburger Hbf.	14, 96, 203
17.8.1938	Verordnung, daß jüdische Bürger vom 1.1.1939 an ihren Vornamen den Namen *Israel* bzw. *Sara* beifügen müssen.	97, 107
30.9.1938	Mit dem Münchener Abkommen täuscht *Hitler* die Westmächte.	90
5.10.1938	Verordnung über Reisepässe von Juden (Kennung mit »J«).	107, 227
WS 1938/39	*Ludwig Landgrebe* wird Opfer der Nazi-Übergriffe in Prag.	90
15.11.1938	Erlaß zur Entfernung jüdischer Kinder aus »deutschen« Schulen.	94
3.12.1938	»Verordnung über den Einsatz des jüdischen Vermögens«.	133
28.12.1938	Geheime Führerentscheidung zur Unterbringung von Juden.	54f.
1939–1942	*Kitty Goldschmidt* ist verhärmt und verzweifelt.	46
1.1.1939	Jüdische Bürger müssen ihren Vornamen den Namen *Israel* bzw. *Sara* beifügen (Verordnung s. o. 17.8.1938).	97
30.1.1939	*Arthur* und *Katharina Goldschmidt* teilen der Polizeibehörde in Reinbek mit, daß sie die zusätzlichen Vornamen »Israel« und »Sara« angenommen haben.	98, 283
21.2.1939	Deutsche Juden müssen Gold, Silber, Platin etc. abliefern.	36, 96
15.3.1939	*Hitler* bricht das Münchener Abkommen, deutsche Truppen marschieren in die Tschechoslowakei ein.	90
27.3.1939	*L. Landgrebe* bittet brieflich den Rektor der Prager Universität um sein Einverständnis, die Tätigkeit in Prag zu unterbrechen.	91
April 1939	*Ludwig* und *Ilse Landgrebe* ziehen von Prag nach Löwen.	94
12.5.1939	Die ev.-luth. schleswig-holsteinische Kirche wirbt für die »Erforschung« der »Reinheit des Blutes«.	93, 225, 338
17.5.1939	Die jüdische Abstammung von *Detlev Landgrebe* wird im Rahmen der Volkszählung zum ersten Mal aktenkundig.	123, 246, 281, 284, 299
19.6.1939	*Ludwig Landgrebe*s Antrag auf Aufnahme in den nationalsozialistischen deutschen Dozentenbund wird abgelehnt.	94, 299
Sommer 1939	*Detlev Landgrebe* verbringt den Sommer bei seinen Großeltern in Reinbek; es entsteht eine Rötelzeichnung von ihm.	94, 99f., 103, 107f., 123, 178f., 352, 355

ZEITTAFEL

1.9.1939	Abendliche Ausgehsperre für Juden.	98
1.9.1939	Beginn des II. Weltkriegs mit dem Überfall der Deutschen auf Polen.	99, 134
28.9.1939	*L. Landgrebe* ersucht die deutsche Botschaft in Brüssel, seiner Frau *Ilse* die Namensänderung im Paß zu erlassen.	108
seit Herbst 1939	*Arthur Goldschmidt* und *Carl Dobbertin* beraten über den Verkauf des Hauses Kückallee 27.	135
bis 1940	Die Adresse Kückallee 27 wird in Kückallee 37 geändert.	11, 428
1940–1945	*Detlev Landgrebe* erlebt die belastetsten Jahre seiner Kindheit in Reinbek.	11, 100
9.5.1940	*Winfried Landgrebe* wird in Löwen geboren.	108, 124, 183, 278, 297
10.5.1940	Die Deutschen überfallen Belgien.	108, 113, 228
10.5.1940	*Ludwig Landgrebe* wird verhaftet und in das südfranzösische Internierungslager Saint Cyprien deportiert.	109f., 117, 183, 228
10.5.1940	Pater *van Breda* bringt *Detlev* in das kath. Krankenhaus, wo er seine Mutter *Ilse Landgrebe* zum ersten Mal mit dem Baby *Winfried* sieht.	113, 228
18.5.1940	Die belgische Armee kapituliert bedingungslos. Belgien wird von den Deutschen besetzt.	109
21.5.1940	*Ilse Landgrebe* wendet sich als Wöchnerin in ihrer Not an einen deutschen Offizier *Dr. Eduard von Becker*, der vermeintlich in Brüssel stationiert ist.	114
28.5.1940	*Ilse Landgrebe* wagt nach den Kriegswirren in Belgien, nach dem Haus in Löwen zu sehen: Haustür und Schränke sind erbrochen.	115
10.7.1940	*Ludwig Landgrebe* kehrt aus Saint Cyprien zurück und trifft auf dem Bahnhof in Löwen mager und abgerissen ein.	115
22.7.1940	Das Vichy-Regime kollaboriert mit den Nazis und schließt für das unbesetzte Frankreich einen Waffenstillstandsvertrag.	115
12.-13.8.1940	Eine Kommission ermittelt im Auftrag des deutschen Auswärtigen Amtes, daß in Saint Cyprien 2595 Personen interniert sind.	115
2.10.1940	Der Rektor der kath. Universität Löwen bestätigt Lehrtätigkeit von *Ludwig Landgrebe* von April 1939 bis 10. Mai 1940.	117
4.10.1940	Familie *Landgrebe* zieht bei *Goldschmidt*s in Reinbek ein.	117f., 300
10.10.1940	*Ludwig Landgrebe* wird von der Gestapo vorgeladen.	119
11.11.1940	Der Bürgermeister von Reinbek teilt dem Landrat des Kreises Stormarn den Zuzug der Familie *Ludwig Landgrebe* mit.	124, 300
20.11.1940	*Ludwig Landgrebe* zwischen »keinerlei Hoffnung« und Bangen.	119f.
24.1.1941	*Ludwig Landgrebe* tritt seine Arbeit als kaufmännischer Angestellter in der Firma *Dobbertin & Co* an.	121, 301
1941	*Kitty Goldschmidt* beschließt, eine Blumengirlande anzubringen.	121
1941	*Ludwig Landgrebe* arbeitet nach Büro und Gartenarbeit nachts philosophisch weiter.	169

Historisches Material

15.4.1941	Kennzeichnungspflicht einer von Juden bewohnten Wohnung mit einem Judenstern neben dem Namensschild an der Wohnungstür.	136
Juni 1941	»Endlösung der Judenfrage« bedeutet nun ihre Vernichtung.	78
22.6.1941	Beginn des Krieges gegen die Sowjetunion.	78
1.9.1941	Polizeiverordnung stigmatisiert Juden vom 6. Lebensjahr an.	124
Herbst 1941	Einschulung von *Detlev Landgrebe*.	154
Oktober 1941	*Detlev Landgrebe* erlebt die Gefährdung seiner Großeltern *Goldschmidt* und seiner selbst.	128
Oktober 1941	leben noch 163.696 Juden im Deutschen Reich (ohne Österreich).	126
Oktober – November 1941	70.000 Juden werden aus Berlin, Wien, Prag und aus anderen deutschen Städten nach Lodz und nach Riga deportiert.	126
21.10.1941	*Ludwig Landgrebe* stellt einen Antrag, seine Großeltern von der Kennzeichenpflicht als Juden freizustellen.	125
24.10.1941	Anordnung des Reichssicherheitshauptamtes: »Deutschblütige« dürfen in der Öffentlichkeit keine Beziehungen zu Juden zeigen.	128, 229
24.10.1941	Der »Kniefall« von *Katharina Goldschmidt*, die Deportation ist aufgeschoben.	128, 139
25.10.1941	Fast wären *Arthur* und *Katharina Goldschmidt* bei dem ersten Transport der Hamburger Juden nach Osten dabei gewesen.	126, 135, 162 170
4.11.1941	Ablehnung des von *Ludwig Landgrebe* gestellten Antrags auf Freistellung von der Kennzeichnungspflicht seiner Schwiegereltern.	229, 284, 301
15.11.1941	*Edgar Horschitz* wird aus dem Zuchthaus der Gestapo übergeben.	132
18.11.1941	*Arthur Goldschmidt* erteilt *Ludwig Landgrebe* notariell Generalvollmacht in allen seinen Angelegenheiten.	135
20.11.1941	Ministerielle Verfügung: jüdische Gefangene sind 6 Wochen vor ihrer Entlassung der Gestapo zu melden.	132
26.11.1941	*Arthur Goldschmidt* verkauft das Haus Kückallee 37 an *Carl Dobbertin*.	135, 301, 428
5.12.1941	*Carl Dobbertin* vermietet *Ludwig Landgrebe* und Ehepaar *Goldschmidt* eine Wohnung in *A. Goldschmidt*s Haus.	136, 302
6.12.1941	*Edgar* wird mit einem der ersten Judentransporte des Winters 1941 nach Riga deportiert und dort ermordet.	132, 268, 353
8.12.1941	Bürgermeister *E. Claußen* verwendet sich bei der Gestapo für *A.* und *K. Goldschmidt*, so daß sich die Deportation verzögert.	130
Winter 1941	Wer sich von nun an noch offen für Juden einsetzt, wird mit Gefängnis oder gar KZ bestraft.	125
24.12.1941	*Kitty Goldschmidt* erlebt das letzte Mal Weihnachten.	122
1941/42	*Arthur Goldschmidt* malt ein Brustbild von *Detlev Landgrebe*.	126f., 178, 353
Winter 1941/42	*Erwin* und *Elli Horschitz* streiten mit *A.* und *K. Goldschmidt* um das sonntägliche Mittagessen.	145

ZEITTAFEL

1942	Die Eltern von *Annemarie Horschitz-Horst* kommen ihrer Deportation durch gemeinsamen Selbstmord zuvor.	76, 78
1942–1945	*Detlev Landgrebe* erlebt eine leidvolle Zeit in der Kückallee 37.	11
8.1.1942	Pastor *Walter Auerbach* wird mit der Betreuung von Christen jüdischer Herkunft im Hamburger Raum beauftragt.	231
20.1.1942	Wannseekonferenz: Vernichtung der europ. Juden beschlossen.	78
Februar 1942	Landrat genehmigt Kauf des *A. Goldschmidt*-Hauses durch *Carl Dobbertin*.	135
10.2.1942	Ausschluß von Christen jüdischer »Abstammung« aus der Kirche.	137, 230
Frühjahr 1942	*Kitty Goldschmidt* ist mit ihren Kräften am Ende.	136
22.5.1942	Pastor *Andreas Fries* stirbt in Hamburg-Bergedorf.	222
2.6.1942	*Toni Katharina Jeanette* (»*Kitty*«) *Goldschmidt* stirbt in Reinbek.	137, 139, 236, 263, 268, 284, 385
9.6.1942	Die Mutter von Pastor *Walter Auerbach* wurde 87jährig nach Theresienstadt deportiert, wo sie ermordet wurde.	140, 231
30.6.1942	Die Talmud-Tora-Realschule in Hamburg wird geschlossen.	236
19.7.1942	*Arthur Goldschmidt* muß sich zum Abtransport einfinden.	139f., 232
20.7.1942	*Arthur Goldschmidt* wird 69jährig nach Theresienstadt verbracht.	139, 161, 185, 385
9.8.1942	*Edith Stein* wird im KZ Auschwitz-Birkenau ermordet.	215
Spätherbst 1942	Beamte schätzen den Wert des »Judenguts« von *A. Goldschmidt*.	148
7.12.1942	*Ilse* Sara Landsche (*Landgrebe*) wird aufgefordert, ihre Personalien für die Kartei der Reichsvereinigung anzugeben.	150
Januar 1943	Der Holländer und Nazi *Jean Westering* schwärzt *Erwin* und *Elli Horschitz* bei der Polizei mit katastrophalen Folgen an.	146
24.3.1943	*Erwin Horschitz* wird nach Theresienstadt deportiert.	147
Sommer 1943	*Detlev Landgrebe* wird für drei Monate in ein Kinderheim in Bodensdorf am Ossiacher See in Kärnten geschickt.	157
September 1943	Seit dem Tod des Vaters *Karl* 1931 *Ludwig Landgrebe*s erster Besuch bei Verwandten und Freunden in Wien; er holt dann seinen Sohn *Detlev* aus Bodensdorf (Kinderheim) ab, trifft die zweite Frau seines Vaters *Anna Landgrebe*, geb. *Passecker*. Im Klagenfurter Bahnhof besucht *Detlev Landgrebe* zum ersten Mal in seinem Leben ein Restaurant.	158
23.10.1943	Der Theresienstädter Häftling *Dr. Kurt Steinfeld* betrachtet sich und seine Frau als zugehörig zu der ev. Gemeinde.	144
Frühjahr 1944	*Detlev Landgrebe* ist an einer Hylusdrüsentuberkulose erkrankt.	159
1944	*Erich Goldschmidt* rettet sich mit einem Sprung aus dem Fenster vor den Deutschen in Frankreich.	137, 193
Juni 1944	*Ludwig Landgrebe*s »Glaube an die Autorität der militärischen Fachleute … Erst nach dem … Gelingen der Invasion … zerstört«.	184
Juli 1944	*Detlev Landgrebe* kommt in ein Kinderheim nach Oberstdorf.	159
20.7.1944	Attentat auf *Adolf Hitler* und Versuch eines Staatsstreichs.	181, 184f.

Historisches Material

21.7.1944	*Ludwig Landgrebe* gelangt zu »einem endgültigen menschlichen Verdammungsurteil über *Hitler*«.	184, 240
Oktober 1944	*Detlev Landgrebe* wird von seinem Vater *Ludwig* aus dem Kinderheim Oberstdorf abgeholt und fühlt sich ihm so nahe wie kaum je wieder.	160
13.1.1945	*Max Walter Ignaz Landgrebe* stirbt in Wien.	215, 276
Februar 1945	Es gibt noch 194 amtlich registrierte Juden in Hamburg, die mit einem Arier verheiratet in einer sogenannten Mischehe leben.	162
13.2.1945	Anordnung Landratsamt: »Arbeitseinsatz« der Reinbeker Juden.	162, 302
vor 14.2.1945	*Eduard Claußen* riskiert einen Zusammenstoß mit der Gestapo.	170
14.2.1945	»Arbeitseinsatz«, Sammelpunkt Talmud-Tora-Schule in Hamburg.	162f.
14.2.1945	Letzte Deportation aus Hamburg.	146, 162, 232, 388
20.4.1945	*A. Hitler*s Geburtstag wird zum letzten Mal gefeiert.	164f., 256
20.4.1945	*Detlev Landgrebe*s Aufnahme ins »Jungvolk« der »Hitlerjugend«.	165
2.5.1945	Bürgermeister bietet kampflose Übergabe von Reinbek an.	167, 196, 236
vor 3.5.1945	Einige Tage vor der Besetzung endet der Schulunterricht.	167
3.5.1945	Reinbek wird von den Engländern besetzt.	11, 100, 167
1945–1950	*Detlev Landgrebe* erlebt die schönsten Jahre seiner Kindheit in Reinbek.	11, 100
8.5.1945	Ende der nationalsozialistischen Diktatur in Deutschland.	passim
12.5.1945	*Ludwig Landgrebe* schreibt Dankesbrief an *C. Dobbertin*.	169, 237, 302
15.5.1945	Für diesen Tag war die Vergasung der restlichen Insassen von Theresienstadt geplant.	144
17.5.1945	*Ludwig Landgrebe*s schreibt Dankesbrief an Bürgermeister *E. Claußen*.	129, 163, 170, 196, 229, 236f.
Sommer 1945	*L. Landgrebe* bemüht sich, an der Universität wieder Fuß zu fassen.	168
Juni 1945	Auflösung der ev. Gemeinde Theresienstadt.	232, 426
1.7.1945	Rückwirkende Einstellung von *L. Landgrebe* als Dozent.	168, 303
6.8.1945	*Walter Horschitz* stirbt in London.	76, 267
15.8.1945	*B. Snell* teilt *L. Landgrebe* Umhabilitierung Prag – Hamburg mit.	168, 302
Sept. 1945	Rückkehr von *Arthur Goldschmidt* aus Theresienstadt.	38, 169, 170, 369
ca. Sept. 1945	*Ludwig Landgrebe* tritt in die CDU ein.	187
7.9.1945	Hochschulabtlg. teilt *L. Landgrebe* rückwirkende Dozentur mit.	168, 237, 302
Herbst 1945	Die Schule in Reinbek nimmt den Unterricht wieder auf.	167
Winter 1945/46	Eine Frau stirbt im strengen Winter an Lungenentzündung.	175
20.11.1945	Beginn des Nürnberger Prozesses.	237
Winter 1945/46	Berichte im Radio über die Nürnberger Prozesse.	175

ZEITTAFEL

15.12.1945	*E. Claußen* gibt das Amt des 1. Bürgermeisters von Reinbek ab.	129, 196, 229, 238, 353
22.12.1945	*Karl Jaspers'* Gutachten über *Martin Heidegger*.	79, 221, 329
nach 1945	*Hans Arnthal* lebt in London.	268
nach 1945	*Wilhelm Martens* wird Oberlandesgerichtspräsident in Karlsruhe.	269
23.1.1946	Antrittsvorlesung *Ludwig Landgrebe* in Hamburg.	168, 303, 312
6.7.1946	*Ludwig Landgrebe* wird in den Senat der Universität Hamburg gewählt und nimmt an der Wahl des ersten Nachkriegsrektors teil.	169
August 1946	*Arthur Goldschmidt* zeichnet *Detlev Landgrebe* zum letzten Mal.	178f., 355
22.9.1946	*Ludwig Landgrebe* wird zum außerplanmäßigen Professor ernannt.	121, 169
1.10.1946	Ende des Nürnberger Prozesses.	237
Wintersemester 1946/1947	*Ludwig Landgrebe* beginnt in Kiel zu lehren.	169
5.2.1947	*Ludwig Landgrebe* unterschreibt Vereinbarung bzgl. seiner Berufung zum ordentlichen Professor für Philosophie in Kiel.	169
9.2.1947	*Arthur Goldschmidt* stirbt in Reinbek.	38, 40, 174, 178, 180, 194, 242, 257, 263, 285, 327
14.2.1947	*Ludwig Landgrebe* teilt mit bewegenden Worten *Erich Goldschmidt* den Tod von *Arthur Goldschmidt* brieflich mit.	194, 242, 303
1.4.1947	*Ludwig Landgrebe* wird zum ordentlichen Professor auf den Lehrstuhl für Philosophie an die Universität Kiel berufen.	169, 186
8.4.1947	*Ludwig Landgrebe* versucht, *Erich Goldschmidt* von seinem Vorhaben, Soldat zu werden, in einem Brief abzubringen.	194, 242, 303
12.7.1947	*Ludwig Landgrebes* erster Brief an »*Harras*«.	79, 182
24.7.1947	*Ludwig Landgrebes* zweiter Brief an »*Harras*«.	183
1948	»Die evangelische Gemeinde in Theresienstadt 1942–1945« von *Arthur Goldschmidt* erscheint.	11, 144, 308, 369, 375
12.5.1948	Der ehemalige Mithäftling *Arndt* dankt *Ilse Landgrebe* für die Übersendung der Schrift von *A. Goldschmidt*.	144
17.5.1948	*Ilse Marianne Landgrebe* wird in Reinbek geboren.	186, 198, 259, 279, 297
Mai 1950	Umzug der Familie *Ludwig Landgrebe* von Reinbek nach Kiel.	186f., 189
1953	*Ludwig Landgrebe* erreicht ein Ruf an die Universität Marburg.	186
15.7.1954	Pastor *Walter Auerbach* stirbt, er hat das Amt der Betreuung aller Christen jüdischer Herkunft in Altona bis dahin inne.	231
Sommer 1955	*Detlev Landgrebe* beginnt, in Kiel Geschichte und Rechtswissenschaften zu studieren.	190
Winter 1955/56	*Detlev Landgrebe* arbeitet als Stahlarbeiter in Dortmund.	190

Historisches Material

Sommer 1956	*Detlev Landgrebe* setzt das Studium in Freiburg i.Br. fort.	191
1956	*Ludwig Landgrebe* folgt einem Ruf an die Universität Köln.	186, 304
1956	*Ludwig Landgrebe* fährt nach Polen, um mit polnischen Kollegen zu arbeiten.	187
1957	Die Familie *Landgrebe* zieht nach Bergisch Gladbach in eine repräsentative ehemalige Fabrikantenvilla um.	186
Sommer 1959	*Ludwig*, *Ilse* und *Detlev Landgrebe* besuchen *Carl Dobbertin* am Bodensee.	196
15.4.1960	*Carl Dobbertin* stirbt.	53, 197, 214, 349
Winter 1960/61	*Detlev Landgrebe* studiert in Paris und begegnet *Jürgen (Georges-) Arthur Goldschmidt*; nie kommt das Gespräch auf die Nazizeit.	193
1960er Jahre	*Ludwig Landgrebe* äußert sich abschätzig über Emigranten.	79
1960er Jahre	*Ludwig Landgrebe* erstellt zahlreiche Gutachten für die Deutsche Forschungsgemeinschaft, die er mit seiner Frau *Ilse* bespricht.	189
1961	*Ludwig Landgrebe* kauft die ehemalige Fabrikantenvilla in Bergisch Gladbach, die er bewohnt.	186
1961	*Ludwig Landgrebe* lehnt den Ruf auf den bis dahin vakant gehaltenen Lehrstuhl von *M. Heidegger* in Freiburg i.Br. ab.	186, 304
1962	Auseinandersetzung zwischen *Annemarie Horschitz-Horst* und Ehepaar *L.* und *I. Landgrebe* um die Emigration zur Nazizeit.	78
um 1962	*Ilse Landgrebe* beginnt, ihre Familiengeschichte aufzuzeichnen.	20, 44f., 221, 304
um 1965	*Jürgen (Georges-) Arthur Goldschmidt* fragt seine Schwester *Ilse*, ob sie ihm den Tod ihres Sohnes *Carl Reimar* am 4.5.1935 noch nachtrage.	84, 223
25.8.1967	*Detlev Landgrebe* und *Renate Landgrebe*, geb. *Lieck*, heiraten.	14, 97, 197, 277, 355
25.8.1967	*Kitty Goldschmidt* schenkt *Renate Landgrebe* zu ihrer Hochzeit eine große Brosche aus Elfenbein mit dem Bild des Heiligen Christophorus, ehedem ein Geschenk von *Otto Goldschmidt* zu ihrer Hochzeit am 10.5.1905, davor wiederum ein Geschenk der englischen *Königin Victoria* für *Jenny Lind* (s. o. Abb. 57 S. 197).	97, 355
21.8.1968	Niederschlagung der tschechischen Freiheitsbewegung durch die Sowjets.	187
1968–1978	*Ilse Landgrebe* erlebt die Geburt ihrer acht Enkel.	198
5.11.1968	*David Christian Ludwig Landgrebe* wird in Hamburg geboren.	98, 243, 277
31.3.1970	*Ludwig Landgrebe* wird emeritiert.	186, 304
16.11.1971	*Johannes Benedikt Landgrebe* wird in Hamburg geboren.	98, 243, 277
4.3.1974	Prof. Dr. *Herman Leo van Breda* (Taufname: *Leo Marie Karel*) stirbt in Löwen.	224, 258, 353
14.10.1974	*Eduard Claußen* stirbt in Reinbek.	129, 196, 229, 353

1975	*L. Landgrebe*, Ludwig Landgrebe, in: Philosophie in Selbstdarstellungen Bd. II, S. 128–169 erscheint (siehe Lit.verz. S. 313).	60, 63
26.8.1976	Artikel im *stern* von *G. Schwarberg* (»Herr Schultz und sein Schatten«) erinnert an die Verurteilung von *Edgar Horschitz*.	132, 229
21.7.1977	*Vincent Jonathan Landgrebe* wird in Hamburg geboren.	98, 188, 243, 278
1979	*Ludwig Landgrebe* läuft zum letzten Mal Ski.	68
vor 2.7.1982	*Ilse Landgrebe* backt die letzte Sachertorte für ihren Enkel *Jonathan*.	188
2.7.1982	*Ilse Maria Landgrebe* stirbt in Bergisch Gladbach.	84, 152, 188, 197, 221, 264, 277, 298
1982 und Spätsommer 1984	*Ludwig Landgrebe* antwortet auf die Frage, wie er das Leben mit seiner Frau *Ilse* trotz der Verfolgung während der Nazizeit durchgehalten habe: »Ich habe sie doch geliebt«.	80, 221
um 1985	*Detlev Landgrebe* erfährt von *Renate Schmitz-Peiffer*, geb. *Schwarz*, daß seine Mutter *Ilse* den Tod ihres Sohnes *Carl Reimar* am 4.5.1935 nie verwunden hat.	84
14.8.1991	*Ludwig Max Carl Landgrebe* stirbt in Köln-Rodenkirchen.	97, 197, 199, 244, 264, 276, 298, 341
1993	*Detlev Landgrebe* besucht Yad Vashem in Jerusalem und findet im Totenbuch den Namen von *Erwin Horschitz*.	148
10.9.- 23.10.1994	Ausstellung im Schloß Reinbek »Ein Garten in Reinbek. Wege der jüdischen Familie Goldschmidt«.	195, 242, 321
25.11.1995	Brief auf einer Visitenkarte von *Erich Goldschmidt* an *Detlev Landgrebe*.	195, 304
31.3.2000	*Dr. Detlev Landgrebe* wird pensioniert.	13, 198
2001	*Detlev Landgrebe* entdeckt die Päckchen mit den penibel nach Generationen geordneten Urkunden von *Ludwig Landgrebe* und den Umschlag »kleiner Ariernachweis«.	93
2002	*Renate Landgrebe* schließt ihr Psychologiestudium mit der Diplomarbeit »Zur Psychologie traumatischer Verfolgungserfahrungen deutscher ›Halbjuden‹ (1933–1945)« ab.	244, 306, 313
12.6.2005	*Winfried Landgrebe* wird als Pfarrer in den Ruhestand verabschiedet.	198, 278
17.5.2008	Feier des 60. Geburtstages von *Marianne Gmelin* geb. *Landgrebe* (* 17.5.1948) in Blankenese.	198

Stammbäume

Etymologische Hinweise auf die wichtigsten Familiennamen aus: *Max Gottschald* [1882–1952], Deutsche Namenkunde. Unsere Familiennamen. Fünfte verbesserte Auflage mit einer Einführung in die Familiennamenkunde von *Rudolf Schützeichel*, Berlin / New York (¹1932) ⁵1982 (*Gottschald / Schützeichel*). In der Ich-Form (»mein Vater« usw.) schreibt *Detlev Landgrebe*.
Unterstrichene Vornamen sind Rufnamen.

Stammbaum der Familie Goldschmidt
(»Goldschmidt … scheidet das G.[old] aus dem Silbererze«)[1]

David Abraham Goldschmidt, Jude, Altona
heiratet am 25. November 1784
Channe (»*Fanny*«) Salomon, Tochter von *Isaac Seligmann Berend Salomon*.

Sohn von David Abraham Goldschmidt und Channe (»Fanny«), geb. Salomon
(»Salomon: hebr. ›der Friedfertige‹. Nicht nur jüd.«)[2]

Moritz David Goldschmidt (Abb. 2 S. 28), Kaufmann in Hamburg, geb. 9. Februar 1794 in Hamburg,
    jüdisch, gest. etwa 1880,
heiratet am 9. September 1827 in Hamburg
Johanna Schwabe (Abb. 1–3 S. 19, 28, 29), geb. 10. Dezember 1806 in Bremerlehe, jüdisch, gest. 10.
    Oktober 1884 in Hamburg,

Kinder von Moritz David Goldschmidt und Johanna, geb. Schwabe (Abb. 1–3 S. 19, 28, 29)
(»Schon altd.[eutsch] Swabo … Swabrich > Schwäbrig; Schwab«)[3]

1. (Stellung in der Geschwisterreihe richtig?) *Felix* Goldschmidt (Abb. 2 S. 28), Arzt, geb. u. gest. in Hamburg; verheiratet mit *Delphine Kummern* (Pfarrerstochter), geb. 1837 in Kaiserslautern, gest. 1927 in Hamburg.

---

1   *Gottschald / Schützeichel*, a.a.O. (s.o.), S. 214.
2   *Gottschald / Schützeichel*, a.a.O. (s.o.), S. 420.
3   *Gottschald / Schützeichel*, a.a.O. (s.o.), S. 450.

Historisches Material

2. (Stellung in der Geschwisterreihe?) *Henriette Goldschmidt*, geb. 1825, gest. 1920,[4] (Abb. 2 S. 28); verheiratet mit *Dr. M.[oritz?] G.[ustav?] Salomon* (geb. 1817?), Arzt.[5]
3. (?) *Emil Goldschmidt*, Kaufmann.
4. (?) <u>Otto</u> Moritz David *Goldschmidt* (Abb. 2, 58, S. 28, 317), geb. 21. August 1829 in Hamburg, jüdisch, tritt kurz vor seiner Hochzeit zum ev. Bekenntnis über, gest. 24. Februar 1907 in London, heiratet am 5. Februar 1852 in Boston-Massachusetts / USA

Johanna Maria Lind (»*Jenny*«, Abb. 58, S. 317), geb. 6. Oktober 1820 in Stockholm, ev., gest. 2. November 1887 in Malvern Wells / Worcestershire, Kinder:
   – *Walter Goldschmidt*, geb. 5. August 1853 in Dresden,[6]
   – *Jenny Maria Catherine Goldschmidt*, geb. 1857 in Dresden,
   – *Ernst Goldschmidt*, geb. 1861 in Wimbledon.

5. *Anna Goldschmidt* (Abb. 2, 3 S. 28, 29), heiratet in die Familie *Warburg*.
6. <u>Alfred</u> Oscar *Goldschmidt* (mein Urgroßvater, Abb. 2, 3 S. 28, 29), geb. 7. September 1841 in Hamburg, jüdisch bis zu seinem Austritt aus der deutsch-israelitischen Gemeinde in Hamburg am 1. Juli 1868,[7] ev. getauft am 9. Februar 1889 in Berlin,[8] gest. 27. Februar 1899 in Hamburg,[9]

heiratet am 5. März 1867 in Zivilehe in Hamburg

Pauline Lassar (Abb. 16, 17 S. 49, 50),[10] geb. 23. Juli 1845 in Hamburg,[11] jüdisch bis zu ihrem Austritt aus der deutsch-israelitischen Gemeinde in Hamburg am 1. Juli 1868,[12] ev. getauft am 9. Februar 1889 in Berlin,[13] gest. 23. April 1919 in Hamburg, Tochter von *Diodor Lassar* und *Emma* geb. *Beyfuss*, beide jüdisch.

Pauline Lassar hatte einen Bruder: Prof. *Dr. med. Oscar Lassar*, verheiratet mit *Emma* geb. *Büding*; deren Sohn Prof. *Dr. Gerhard Oskar Lassar*, ev., geb. am 16. Februar 1888 in Berlin,

---

4 Nicht zu verwechseln mit *Henriette Goldschmidt* geb. *Benas* (* 23.11.1825 Krotoschin / Posen, † 30.1.1920 Leipzig), Pädagogin und Frauenrechtlerin, obgleich ihre Themen und ihr Lebenswerk in Leipzig denen von *Johanna Goldschmidt* (1806–1884) in Hamburg (*Friedrich Fröbel*, 1782–1852!) ähneln.

5 Vgl. *Dr. M.[oritz] G.[ustav] Salomon* (* 1817), Die Beschneidung. Historisch und medizinisch beleuchtet, Braunschweig 1844, Vorrede (VII-X) X: unterschrieben: »Hamburg, im März 1844.«

6 Quelle siehe Abb. 6 S. 35 und Transkription S. 346.

7 Archiv A. 03, S. 281.

8 Archiv A. 05, S. 281.

9 Archiv A. 06, S. 281, vgl. A. 07, S. 282

10 Archiv A. 02, S. 281; s. o. S. 235 Anm. 308.

11 Archiv A. 01, S. 281.

12 Archiv A. 04, S. 281.

13 Archiv A. 05, S. 281.

war verheiratet mit *Margarete Lassar* (Abb. 29 S. 77), geb. *Küller*, der Patentante von *Detlev Landgrebe*.[14] Die Aussage von *Ilse Maria Landgrebe*, geb. *Goldschmidt*, gegenüber ihrem Sohn *Detlev Landgrebe*, daß Prof. *Dr. Gerhard Lassar* ein Vetter ihres Vaters *Arthur Goldschmidt* sei,[15] bezieht sich also auf die mütterliche Linie *Lassar* ihres Vaters.[16]

Kinder von Alfred Oscar Goldschmidt (Abb. 2, 3 S. 28, 29) und Pauline, geb. Lassar (Abb. 16, 17 S. 49, 50)
(»Lassar: s. Lazarus«, »Lazarus: lat. Form für hebr. Elieser, Elazar. Auch christlich«)[17]

1. *Oscar Goldschmidt*, geb. 1868 in Hamburg, gest. 1947 in New York, verheiratet mit *Rita*, kinderlos, gest. Juni 1980.
2. *Paul Goldschmidt*, verheiratet mit *Anna* geb. *Oppenheim*, wanderte um 1900 nach Montreal aus.
3. Dr. <u>Arthur</u> *Felix Goldschmidt* (mein Großvater, Abb. 9, 10, 17, 29, 32, 52, 53 S. 39, 41, 50, 77, 95, 173, 177), geb. 30. April 1873 in Berlin, infolge des Austritts seiner Eltern zunächst konfessionslos, ev. getauft am 9. Februar 1889,[18] gest. 9. Februar 1947 in Reinbek,[19] heiratet am 10. Mai 1905 in Kassel *Toni <u>Katharina</u> Jeanette* (»*Kitty*«) *Horschitz* (meine Großmutter, Abb. 11, 12, 15, 17, 19, 29 S. 42, 43, 46, 50, 51, 77),[20] geb. 9. Februar 1882 in Kassel, zunächst konfessionslos, ev. getauft am 19. Oktober 1888 in Hamburg,[21] gest. 2. Juni 1942 in Reinbek,[22] Tochter von *Julius* (Abb. 12 S. 43) und *Ilka Horschitz* (s. u. S. 267, Abb. 12, 14, 29 S. 43, 45, 77).
4. *Elsa Goldschmidt*, geb. 26. Juni 1875, gest. 1913, Lehrerin; sie wurde später gemütskrank.[23]
5. <u>Alfred</u> *Gustav Goldschmidt* (»*Fredy*«, Abb. 17 S. 50), geb. 12. Dezember 1879 in Berlin, Dezember 1917 gefallen in Frankreich.[24]

14 Archiv J. 23, S. 297.
15 Telephonauskunft von *Detlev Landgrebe* an *Th. Hübner* am 10.4.2008.
16 Siehe oben S. 211 Anm. 71; S. 235 Anm. 308.
17 *Gottschald / Schützeichel*, a.a.O. (s. o. S. 261), S. 317. 319.
18 Getauft in der ev. Jerusalemkirche zu Berlin (s. o. S. 212 Anm. 72): Archiv B. 03, B. 01, S. 282.
19 Archiv B. 25, S. 285.
20 Archiv B. 05, S. 282.
21 Getauft in der ev. luth. Gemeinde St. Georg zu Hamburg: Archiv B. 01, S. 282.
22 Archiv B. 21, S. 284.
23 *Elsa Goldschmidt* war Taufpatin von *Ilse Maria Goldschmidt*, Archiv B. 05, S. 282f.
24 Siehe oben S. 48: Brief (17.12.1915) von der Kriegsfront von *Alfred Gustav Goldschmidt* an seine Mutter – Archiv A. 08, S. 282.

Historisches Material

Kinder von Arthur Goldschmidt (Abb. 9, 10, 17, 29, 32, 52, 53 S. 39, 41, 50, 77, 95, 173, 177) und Toni Katharina Jeanette (»Kitty«), geb. Horschitz (Abb. 11, 12, 15, 17, 19, 29 S. 42, 43, 46, 50, 51, 77)
(»Horschitz: tsch.[echisch] hořcice - ›Senf‹«)[25]

1. <u>Ilse</u> Maria Goldschmidt (Abb. 17–19, 29–31, 53, 57 S. 50, 51, 77, 81, 83, 177, 197), geb. 21. September 1906 in Hamburg,[26] ev.,[27] gest. 2. Juli 1982 in Bergisch Gladbach (meine Mutter)[28] heiratet am 22. Juli 1933 in Reinbek
Prof. Dr. <u>Ludwig</u> Max Carl Landgrebe (Abb. 26, 27, 30, 53, 56 S. 62, 64, 81, 177, 197), geb. 9. März 1902 in Wien, ev., gest. 14. August 1991 in Köln (mein Vater).
2. Alfred <u>Erich</u> Goldschmidt (»*Eric*«, Abb. 32 S. 93), geb. 3. August 1924 in Reinbek, ev.,[29] trat als Erwachsener zum rk. Bekenntnis über, verwitwet, 1 Sohn.
3. <u>Jürgen</u> Arthur (heute *Georges-Arthur*) Goldschmidt (Abb. 32 S. 95), geb. 2. Mai 1928 in Reinbek, ev.,[30] verheiratet mit *Lucienne Goldschmidt*, geb. *Jeoffroy*, Kinder:
   - *Jean Philippe Goldschmidt*, geb. 8. Mai 1957 in Paris, konfessionslos, heiratet am 17. Juli 1986 in Paris *Rosi Lipka*, geb. am 29. März 1961, ev.; Kinder: *Camille Goldschmidt*, geb. 24. Januar 1992 in Paris, und *Maxime Goldschmidt*, geb. 25. Januar 1996 in Paris, beide konfessionslos.
   - *Didier Goldschmidt*, geb. 5. Juni 1959 in Paris, konfessionslos, geschieden von *Isabelle Mago*, geb. 23. Juli 1957. Sohn: *Thomas Goldschmidt*, geb. 6. Nov. 1990 in Paris, konfessionslos.

Herkunft von Johanna Goldschmidt geb. Schwabe (Abb. 1–3 S. 19, 28, 29)[31]

<u>Hertz</u> Israel Schwabe, verheiratet mit *Matel* geb. *Levy*, Kind:
   - <u>Marcus</u> Hertz Schwabe, geb. 23. Februar 1766 in Ovelgönne / Wesermarsch, jüdisch, gest. 16. Juni 1862 in Hamburg, verheiratet mit
Henriette geb. *Lazarus* (»*Jette*«), geb. 1769 in Neustadtgödens / Krs. Friesland, jüdisch, gest. 12. Dezember 1826 in Hamburg, Tochter von *Moses Lazarus*.

Kinder von Marcus Hertz Schwabe und Henriette geb. Lazarus
(*Lazarus* s. o. S. 263: Erläuterung zu *Lassar*)

---

25 *Gottschald / Schützeichel*, a.a.O. (s.o. S. 261), S. 259.

26 Archiv B. 05, S. 282.

27 *Ilse Maria Goldschmidt* wurde am 13.12.1906 in Hamburg getauft: Archiv B. 05, S. 282f.

28 Archiv J. 23, S. 296.

29 *Alfred Erich Goldschmidt* wurde am 13.12.1924 in Reinbek getauft: Archiv B. 05, S. 283.

30 *Jürgen Arthur Goldschmidt* wurde am 30.12.1928 in Reinbek getauft: Archiv B. 05, S. 283.

31 Archiv A. 09, S. 282.

1. *Rosette Schwabe*, geb. 1. Juni 1791 in Bremerlehe, jüdisch, gest. 29. April 1853 in Hamburg, verh. mit *Adolph Gobert*, Kaufmann in Hamburg, geb. 4. März 1779 in Göttingen, gest. 11. Februar 1853 in Hamburg.
2. *Betty Schwabe*, geb. 26. Mai 1793 in Bremerlehe, jüdisch, gest. 3. April 1874 in Hamburg, verh. mit *Dr. med. Joseph Jacob Gumprecht*, geb. 7. Juli 1772 in Göttingen, gest. 1. Januar 1838 in Hannover, Arzt in Hamburg 1806–1819.
3. *Julie Schwabe*, geb. 1801 in Bremerlehe, jüdisch, gest. 3. April 1833 in Hamburg, verh. am 31. Juli 1822 in Hamburg mit *Dr. med. Gerson Hirsch Gerson*, geb. 1788 in Hamburg, gest. 1844 in Hamburg.[32]

---

32 *Gerson Hirsch Gerson*, De forma corneae oculi humani deque singulari visus phaenomeno dissertatio inauguralis. Quam consensu et auctoritate gratiosi medicorum ordinis in Academia Georgia Augusta pro summis in medicina et chirurgia honoribus rite obtinendis die VII. Aprilis A. MDCCCX. Publico eruditorum examini submittit Gerson Hirsch Gerson Hamburgensis. Gottingae [Göttingen med. Diss. 1810] gewidmet »Viro doctissimo celeberrimo Domino I. A. H. Reimarus [1729–1814] Doct. Med., Professori Gymnas. Hamburg. etc. Praeceptori suo in aeternum venerando«.

Johann Albert Heinrich Reimarus ist der Sohn von *Hermann Samuel Reimarus* (1694–1768), Freund des gleichaltrigen *Gotthold Ephraim Lessing* (1729–1781) und der berühmte Verfasser der Schrift: *Johann Albert Heinrich Reimarus*, Ausführliche Vorschriften zur Blitz-Ableitung an allerley Gebäuden, Hamburg / Bonn 1794.

Vgl.: *G. H. Gerson*, Ueber den Hospitalbrand nach eignen während des spanischen Befreyungskrieges und in Belgien gemachten Erfahrungen, von G. H. Gerson, M. D. vormals Assistant surgeon [chirurgischer Assistent] bey der königlich deutschen Legion. Hamburg 1817. In den einschlägigen Katalogen, z.B. dem der Staatsbibliothek Berlin, findet sich für »G. H. Gerson« als Auflösung »*Georg Hartog Hirsch Gerson*«, auch die Lebensdaten werden beigefügt: »1788–1844«.

Die Frage stellt sich: *Gerson Hirsch Gerson* = *G.[eorg] H.[artog Hirsch] Gerson*? Während die Vornamen *Gerson Hirsch* eindeutig belegt sind, wurden die Vornamen *Georg Hartog Hirsch* nur erschlossen und dann stets ungeprüft übernommen. In *Julius Hirschberg* [1843–1925], Geschichte der Augenheilkunde, Nachdruck der Ausg. Leipzig 1899–1912, Leipzig und Berlin 1914, sowie Berlin 1915–1918, Hildesheim 1977, § 515 finden sich die Einträge: Hamburg. *Georg Hartog (Hirsch) Gerson*, S. 95. *Cäsar Hartog Gerson*, S. 95.

Der Vorname *Hartog* könnte von dem zweiten *Gerson* auf den ersten übernommen worden sein, aus *Gerson* wurde *Georg*, der Vorname *Hirsch* findet sich ja in beiden Namensversionen. Interessant ist, daß in der Geschichte der Augenheilkunde *Gerson*s Beitrag zur Heilung der corneae (Hornhaut des Auges) gewürdigt wird, eben das oben zit. Diss.thema! *Th. Hübner* schließt aus den aufgeführten Belegen und Überlegungen: *Gerson Hirsch Gerson* wird in der wiss. Lit. und in den Katalogen irrtümlich als *G.[eorg] H.[artog Hirsch] Gerson* geführt; die Vornamen *Georg Hartog* sind Fehlvermutungen der Univ.bibliotheken.

Zur Verwirrung um die richtigen Vornamen dürften auch die Veröffentlichungen von folgendem Autor beigetragen haben:

Historisches Material

4. *Johanna Schwabe* (Abb. 1–3 S. 19, 28, 29), geb. 10. Dezember 1806 in Bremerlehe,[33] jüdisch, gest. 10. Oktober 1884 in Hamburg, s. o. S. 126, verh. am 9. September 1827 in Hamburg mit *Moritz David Goldschmidt*, geb. 9. Februar 1794 in Hamburg, gest. etwa 1880.
5. *Ludolph Schwabe*, geb. 1808 in Bremerlehe, jüdisch, heiratet am 26. August 1838 in Hamburg *Helena Leonore Schmer*, Tochter von *Max Leonhard Schmer* und *Johanna Schmer* geb. *Mayer*, emigriert 1851 mit Familie und zwei Dienern nach England.
6. *Selly Schwabe*, geb. 1. November 1809 in Bremerlehe, jüdisch, gest. 27. Juli 1891 in Leipzig, heiratet am 19. Juni 1831 in Hamburg *Hermann Samson*, Kaufmann, geb. um 1804 in Braunschweig.
7. *Hermann Morris Schwabe*, geb. 25. Mai 1812 in Bremerlehe, ev. getauft 11. Oktober 1851 in Hamburg, verh. mit *Charlotte* geb. *Rothschild*, geb. 13. Juli 1816, Tochter von *Jacob Rothschild* und *Julie* geb. *Oppenheim*, wird wie ihr Ehemann am 11. Oktober 1851 in Hamburg ev. getauft.

Stammbaum der Familie Horschitz
(»Horschitz: tsch.[echisch] hořcice – ›Senf‹«)[34]

Moritz Horschitz geb. 18. September 1812, jüdisch, Wollgroßhändler, seit 29. Mai 1872 Commercienrat, hatte mit zwei Ehefrauen acht Kinder,
heiratet am 8. Januar 1838 in 1. Ehe
Goldchen geb. *Wallach*, geb. 1813/14, gest. 5. April 1864.

Kinder von Moritz Horschitz und Goldchen geb. Wallach
(»Wallach: O[rts]N[ame]. Düsseld.[orf]«)[35]

1. *Lina Horschitz*, geb. 5. Februar 1840, verheiratet mit dem Bankier *Rudolph Arnthal*.
2. *Julius Horschitz* (mein Urgroßvater, Abb. 12 S. 43; s. Abb. 13 S. 44), geb. 1. April 1838 in Kassel, jüdisch, Zeitpunkt des Austritts aus der jüdischen Gemeinde unbekannt, eingebürgert in

---

Georg Hartog Gerson, Flussregulirung und Niederungs-Landwirtschaft oder die Einwirkung der Regulirung unserer Ströme auf die Vorfluthverhältnisse der Niederungen (Landwirtschaftliche Jahrbücher 1893), Berlin 1893; *Georg Hartog Hirsch Gerson*, Die Schicksale der Fäkalien in kanalisierten und nichtkanalisierten Städten. Rieselfelder, bearb. von *Georg H. Gerson / Johann Heinrich Vogel / Theodor Weyl* (Handbuch der Hygiene Bd. 2, Abt. 1, Lfg. 2), Jena 1896.

33 *Ludwig Geiger*, Diesterweg und Frau Johanna Goldschmidt, Januar 1907, S. 199, berichtet: »Ihr [einer »Schwiegertochter«] verdanke ich auch die nachfolgenden Notizen über die Schriftstellerin«, denen er den Geburtsort von *Johanna Goldschmidt* entnimmt: »war 1806 in Bremerlohe geboren«.

34 *Gottschald / Schützeichel*, a.a.O. (s. o. S. 261), S. 259.

35 *Gottschald / Schützeichel*, a.a.O. (s. o. S. 261), S. 514.

Hamburg am 28. Mai 1881,[36] mit seiner Ehefrau *Ilka* geb. *Fleischel* (Abb. 12, 14, 29 S. 43, 45, 77) am 12. April 1897 in Hamburg ev. getauft,[37] gest. 1910 in Hampstead, heute ein Stadtteil Londons; heiratet am 20. September 1877 in Hamburg
Ilka Betty Fleischel (meine Urgroßmutter, Abb. 12, 14, 29 S. 43, 45, 77),[38] geb. 11. Oktober 1858 in Leipzig, jüdisch, Zeitpunkt des Austritts aus der jüdischen Gemeinde unbekannt, am 12. April 1897 in Hamburg ev. getauft,[39] gest. 1930 in Reinbek bei Hamburg.

3. *Jeanette Horschitz* (Zwillingsschwester von *Julius Horschitz*), geb. 1. April 1838 in Kassel, heiratet am 6. Juni 1862 *Wilhelm Ladenburg* aus Mannheim, Bankier in London, hatte mit ihm sechs Kinder; Nachfahren leben im Vereinigten Königreich.
4. *Julie*, Daten unbekannt.

Kinder von Julius Horschitz (Abb. 12 S. 43; s. Abb. 13 S. 44) und Ilka, geb. Fleischel (Abb. 12, 14, 29 S. 43, 45, 77)
(»Fleisch: … Fleisch|l … Schlächter, Metzger, Selcher, Wurster …«)[40]

1. <u>Erwin</u> *Moritz Horschitz* (Abb. 29 S. 77), geb. 29. September 1878 in Hamburg, ev. getauft, gest. 31. März 1943 in Theresienstadt, heiratet am 14. Februar 1911 in Hamburg *Martha Elli* geb. *Reimann* (Abb. 29 S. 77),[41] adopt. *Hamberg* (adoptiert von *Eduard* und *Ida Hamberg*); Kinder:
   - *Gerda* (Abb. 29 S. 77), geb. 16. Mai 1913 in Hamburg, ev., gest. 1. Oktober 2005 in Berlin, verheiratet mit *Walter Matthess*, geschieden, Kinder:
     • *Jutta Matthess*, geb. 23. April 1940 in Hamburg, ev., lebt in Berlin mit Tochter *Julika Matthess*, geb. 19. Januar 1971 in Berlin, und Enkeln *Oskar Matthess*, geb. 14. Dezember 2002 in Berlin, und *Karla Matthess*, geb. 25. März 2005 in Berlin.
     • *Thomas Matthess*, geb. 27. Juli 1944 in Berlin, gest. 5. Oktober 2005 in Reichenau.
   - *Günter* (Abb. 29 S. 77), geb. etwa 1915, ein Sohn *Harald* mit Kindern *Rainer* und *Alexander*.
   - *Kurt*, jetzt *Raymond E. Hollis*, geb. 25. Februar 1916 in Hamburg, wanderte etwa 1946 in die USA aus, gest. 24. Dezember 2006 in Marco Island / Florida, drei Kinder.
2. *Walter August Horschitz* (Abb. 29 S. 75), geb. 27. Mai 1880 in Kassel, ev., gest. 6. August 1945 in London heiratet
   in 1. Ehe vor 1918 *Augusta* (weitere Daten unbekannt);
   in 2. Ehe *Annemarie Rosenthal*, geb. 22. September 1899, 1921 in Berlin, geschieden 1926 (Übersetzerin der Werke von *Ernest Hemingway* unter dem Namen *Horschitz-Horst*), Tochter *Margret Horschitz*, verh. *Duis*, geb. 21. April 1922, Kinder: *Antje*, geschiedene *Christensen*, Kinder:

---

36 Archiv C. 02, S. 285.

37 Archiv C. 03, S. 285.

38 Archiv C. 01, S. 285.

39 Archiv C. 03, S. 285.

40 *Gottschald / Schützeichel*, a.a.O. (s. o. S. 261), S. 186.

41 Zu der von den Nazis angeratenen Scheidung am 11.3.1943 in Hamburg und dem Suizid von Erwin Horschitz s. o. S. 145–148; Archiv C. 07, S. 285; C. 09, S. 286.

Historisches Material

Kathrin, Pieter, Thomas;
in 3. Ehe 1933 *Carla Horschitz*, geb. *Boehlich*, keine Kinder.

3. *Toni <u>Katharina</u> Jeanette* (»*Kitty*«) *Horschitz* (meine Großmutter, Abb. 11, 12, 15, 17, 19, 29 S. 42, 43, 46, 50, 51, 77), geb. 9. Februar 1882 in Kassel, gest. 2. Juni 1942 in Reinbek, verheiratet mit <u>Arthur</u> *Felix Goldschmidt* (Abb. 9, 10, 17, 29, 32, 52, 53 S. 39, 41, 50, 77, 95, 173, 177, s.o. S. 263).

4. *Richard Horschitz* (Abb. 29 S. 77), geb. 13. Nov. 1884 in Kassel, ev., gest. 11. April 1947 in der Schweiz, heiratet am 7. Mai 1922 in Reinbek *Mathilde Henning* (Abb. 29 S. 77), geb. ca. 1898 im Elsaß als Tochter eines deutschen Zollbeamten, gest. 1960. *Richard Horschitz* war Bergwerksdirektor in der Region Zwickau, lebte später in Halle a.d. Saale, floh 1939 in die Schweiz, ging nach Frankreich, wo er einige Jahre im Untergrund lebte. Verhaftung und Deportation in das Lager Gurs. Nach dem Krieg legale Einreise in die Schweiz. Tochter:
   - *Eva Maria Oetiker-Horschitz*, geb. 11. Juli 1923 in Halle a. d. Saale, ev., gest. 30. Juni 2003 in Zürich, verheiratet mit <u>*Hans*</u> *Emil Oetiker-Horschitz*, geb. 6. Juli 1924 in Uzwill / St. Gallen, Schweiz, Sohn:
   - <u>*Thomas*</u> *Richard Oetiker-Mancuso*, geb. 26. Juni 1955, ev.-ref., Sportjournalist in St. Gallen, verheiratet mit *Caterina Mancuso-Oetiker*, geb. 2. Juli 1971 in Zürich, Kinder:
   - *Anna Sofia Oetiker*, geb. 6. März 2003, ev.-ref.; *Loris Richard Oetiker*, geb. 3. September 2006, ev.-ref., Bürgerort der Familie *Oetiker*: Männerdorf / Zürich, Schweiz.

5. <u>*Edgar*</u> *Bruno Horschitz* (Abb. 29, 44 S. 77, 131), geb. 15. August 1887 in Hamburg, ev., am 6. Dezember 1941 nach Riga deportiert und dort ermordet.

Herkunft von Ilka Horschitz, geb. Fleischel (Abb. 12, 14, 29 S. 43, 45, 77)

August Fleischel, geb. 1832 in Budapest, gest. 1905 in Rom,
heiratet am 16. Juni 1857 in Hamburg
Regina Oppenheimer, geb. 30. November 1836 in Hamburg, gest. 1934 in Florenz (Eltern: *Lourent Oppenheimer* und *Sanneku* geb. *Ruben*).[42]

Kinder von August Fleischel und Regina geb. Oppenheimer
(»Oppenheimer: O[rts]N[ame]. Rheinhessen«)[43]

1. *Ilka Fleischel* (meine Urgroßmutter, Abb. 12, 14, 29 S. 43, 45, 77) verheiratet mit *Julius Horschitz* (Abb. 12 S. 43; s. Abb. 13 S. 44; s.o. S. 266f.).
2. *Bruno Fleischel*, geb. 1859 in Hamburg, verheiratet mit *Tilla* geb. *König*, Kinder: *Helmut, Helga* und *Gisela*
3. *Egon Fleischel*, geb. 1861 in Hamburg.
4. *Toni Fleischel* heiratet am 23. April 1882 *Gustav Arnthal*, drei Kinder:
   - Dr. jur. *Hans Arnthal* (verheiratet mit *Fränzel*, wanderte 1939 mit zwei Söhnen nach Australien aus, lebte nach 1945 in London).
   - *Margot Arnthal* verheiratet mit *Hans Schiff*.

---

42 Vgl. *G.-A. Goldschmidt*, Über die Flüsse, 2001, S. 31.
43 *Gottschald / Schützeichel*, a.a.O. (s.o. S. 261), S. 375.

- *Vera Arnthal*, verheiratet mit *Dr. h.c. Wilhelm Martens*,[44] nach 1945 Oberlandesgerichtspräsident in Karlsruhe, drei Töchter:
  - *Edith Martens*, verheiratet mit *Dr. Eduard von Becker*, Sohn:
    - ◊ *Dr. Peter von Becker*,[45] geb. 13.11.1947 in Mannheim, Kulturjournalist und Schriftsteller, lebt in Berlin, ist verheiratet,
  - *Ursula Arnthal*, verheiratete *Galler*.
  - Eine Tochter ist in der Emigration in London verstorben.
5. *Maria Fleischel*, geb. 1875 in Hamburg, verheiratet mit dem italienischen Offizier *Matassi*, gest. ca. 1965 in Florenz,[46] drei Kinder, u.a. *Nuni*, verheiratet mit dem Italiener *d'Alessandro*, geschieden.

44 *Dr. h.c. Wilhelm Martens*: * 2.7.1889 Konstanz, † 31.12.1974 Karlsruhe, konnte seine juristische Ausbildung erst 1920 abschließen, die für ihn 5 Jahre lang durch den Ersten Weltkrieg unterbrochen gewesen ist. Nach verschiedenen Verwendungen im Justizdienst in Freiburg i.Br. (dort vorübergehend auch als Rechtsanwalt), Offenburg und Mannheim, war er bis Kriegsende 1945 Amtsgerichtsrat in Mannheim. Als Unbelasteter wurde er am 5.6.1945 von der Provinzial-Militärregierung Nordbaden als Präsident der Landgerichte Mannheim und Heidelberg eingesetzt und mit dem Wiederaufbau der Rechtspflege als Landesdirektor der Justiz in der zunächst in Nordbaden eingesetzten Landesregierung betraut. Nach der Errichtung des Oberlandesgerichts Stuttgart als oberster Rechtsinstanz für das Land Baden-Württemberg wurde *W. Martens* Vizepräsident des neuen Gerichts mit dem Sitz in Karlsruhe und gleichzeitig ständiger Vertreter des Justizministers für den Bezirk Nordbaden. Am 14.4.1949 wurde ihm der Titel Oberlandesgerichtspräsident verliehen. *W. Martens* war 1950 Vertreter des Landes Baden-Württemberg in dem Sachverständigenausschuß zur Südweststaatfrage und zur Volksbefragung. Mit der Wiedereröffnung des Oberlandesgerichts Karlsruhe für den gesamten badischen Landesteil am 1.7.1953 übernahm *W. Martens* die Leitung des Gerichts bis zu seinem Ruhestand am 31.12.1954. Die Universität Heidelberg verlieh ihm den Ehrendoktor für seine Verdienste um den Wiederaufbau der deutschen Rechtspflege und seine tätige Verbundenheit mit der Universität als Vorsitzender der Freunde der Studentenschaft.
   Lebensdaten aus: *Werner Münchbach* (Hg.), Festschrift 200 Jahre Badisches Oberhofgericht, Oberlandesgericht Karlsruhe, Heidelberg 2003, S. 177: »Dr. h.c. Wilhelm Martens Oberlandesgerichtspräsident 1953 bis 1954«. Vgl. *G.-A. Goldschmidt*, Über die Flüsse, 2001, S. 31. 373: »Meine ›Freizeit‹ verbrachte ich ziemlich oft bei einer Kusine meiner Mutter, die einen Juristen, *Wilhelm Martens*, geheiratet hatte, der ... zur Widerstandsgruppe um *Goerdeler*, den Bürgermeister von Leipzig, gehört hatte.«

45 Lebenslauf in: *Peter von Becker*, Straftäter und Tatverdächtige in den Massenmedien: Die Frage der Rechtmäßigkeit identifizierender Kriminalberichte. Eine Untersuchung zur beispielhaften Konkretisierung von Medienverantwortung im demokratisch-sozialen Rechtsstaat. Inaugural-Dissertation zur Erlangung der Doktorwürde einer Hohen Juristischen Fakultät der Ludwig-Maximilians-Universität zu München 1978 = (Materialien zur indisziplinären Medienforschung 10), Baden-Baden 1979.

46 *Maria Matassi-Fleischel* war Taufpatin von *Ilse Maria Goldschmidt*, Archiv B. 05, S. 283.

Historisches Material

Stammbaum der Familie Landgrebe

Familie *Lantgraff, Landgraf* auch *Landgraffe, Landgrebe* – eine Einleitung.

In der deutschen Namenkunde von *Max Gottschald* sucht man die Namen *Lantgraff, Landgraf, Landgraffe* und *Landgrebe* vergebens: Wie schön, daß der Name sich etymologisch selbst erklärt! Der Name »Geb(e), -grebe: n[ieder]d.[eutsch] s.[iehe] Graf, ob[er]d.[eutsch] Greb« aber ist sehr wohl vermerkt.[47] *Rudolf Schützeichel* erklärt die ursprüngliche Bedeutung von *Graf:* »höherer Richter, dann Hochadliger, aber auch Dorfschulze, Vorstand. N[ieder]d.[eutsch] mit Umlaut grēbe, grēve«.[48] Der Name erinnert entfernt an den Beruf von *Moritz Landgrebe* (1713–1799, s. u. S. 272), der *Landbereiter* in Melsungen war: »im Land reisender Bevollmächtigter« oder »berittener unterer Verwaltungsbeamter mit polizeilichen Aufgaben in ländlichen Bezirken, Bereiter« (Deutsches Rechtswörterbuch).[49] Vielleicht waren die ›Landgrafen‹ seit alters Dorfschulzen im Hessischen.

Die Entstehung der Stammtafel *Landgrebe* erklärt sich wahrscheinlich so:

- Pfarrer <u>Heinrich</u> Wilhelm Landgrebe (1806–1875, s. u. S. 272f.) hat mit seinem autobiographischen Bericht, den er in Vaake (Pfarrer dort 1853–1875) verfaßt hat (s. u. Anm. 54 S. 272), die Grundlage für den Stammbaum der Familie *Landgrebe* geschaffen.
- Ein Sohn von ihm ist: Pfarrer <u>Karl</u> Friedrich Theobald Landgrebe (1840–1910, s. u. S. 273). Er dürfte von dem autobiographischen Bericht seines Vaters nicht nur gewußt, sondern auch an seinen Sohn das Wissen darum weitergegeben haben.
- Dessen Sohn wiederum, Pfarrer Karl <u>Wilhelm</u> Theodor Paul Landgrebe (1870–1932, s. u. S. 273) hat – wahrscheinlich unter Zuhilfenahme des Berichts seines Großvaters – 1906 in Aachen einen Stammbaum der Familie *Landgrebe* erstellt.[50]
- Diesen hat Dipl. Ing. *Werner Landgrebe* (1905–1980, s. u. S. 273f.) in Aschau (Chiemgau) – Neffe von Pfarrer Karl <u>Wilhelm</u> Theodor Paul Landgrebe (1870–1932) – auf den Stand von 1967 gebracht und am 19. Dezember 1967 an Prof. Dr. <u>Ludwig</u> Max Carl Landgrebe (1902–1991, s. u. S. 276f.) in Bergisch Gladbach eine Kopie des »Stammbaum Landgrebe Stand 1967« geschickt.

---

47   *Gottschald / Schützeichel*, a.a.O. (s. o. S. 261), S. 220.

48   *Gottschald / Schützeichel*, a.a.O. (s. o. S. 261), S. 218.

49   Deutsches Rechtswörterbuch. Achter Band. Krönungsakt bis Mahlgenosse, bearbeitet von *Günther Dickel* † und *Heino Speer*, hg. v. Heidelberger Akademie der Wissenschaften, Weimar 1991, Sp. (339–340) 339. Von der Neubearbeitung – Deutsches Rechtswörterbuch. Elfter Band: Rat bis Schaden, hg. v. Heidelberger Akademie der Wissenschaften, Stuttgart 2007 (aber April 2008 noch nicht vollständig erschienen) – ist bisher (18.4.2008) nur das Heft »Rat – Satzzettel« erschienen.

50   Die Information, daß der Stammbaum 1906 in Aachen erstellt worden ist und Dipl Ing. *Werner Landgrebe* zur Grundlage gedient hat, findet sich in dem »Stammbaum Landgrebe Stand 1967« (Archiv J. 86, S. 304) vermerkt; so *Detlev Landgrebe*, E-Mail vom 5.2.2008 an *Th. Hübner*.

- Diese befindet sich heute im Besitz seines Sohnes *Dr. Detlev Landgrebe* (geb. 1935, s. u. S. 277) in Hamburg (Archiv J. 86, s. u. S. 304) und ist die Grundlage des von ihm 2007 skizzierten Stammbaums (von der VI. Generation an) gewesen.
- Die vollständigste Stammtafel der Familie *Lantgraff, Landgraf* auch *Landgraffe, Landgrebe* – auch ihr lag der »Stammbaum Landgrebe Stand 1967« von Dipl. Ing. *Werner Landgrebe* zugrunde (Kürzel »Quelle: WL«) – findet sich im Internet unter www.schrenk-zeitung.de/Stammbaum/ Stammbaumdatenbank (Abrufdatum: 17.4.2008).[51]

Die in diesem Buch behandelte genealogische Hauptlinie ist mit römischen Ziffern durchnumeriert und in Kapitälchen gesetzt worden.

I.
Nikolaus Lantgraff, gest. um 1639 Burghasungen (heute Stadt Zierenberg, Kreis Kassel), Konfession unbekannt, verheiratet mit N. N. (Anm.: *Globes Lantgraff*, Witwe zu Burghasungen), Konfession unbekannt,
Sohn (einziges bekanntes Kind):

II.
Martin Landgraf (auch *Landgraffe*), geb. 1600 in Burghasungen (heute Stadt Zierenberg, Kreis Kassel), Konfession unbekannt, gest. Dezember 1671 Altenstädt [heute Stadt Naumburg (Hessen), Kreis Kassel], bestattet am 24. Dezember 1671 ebd., Konfession unbekannt, Heirat in Wenigenhasungen (heute Stadt Wolfhagen, Kreis Kassel) um 1633 mit *Catharina*, geb. um 1602 Wenigenhasungen (heute Stadt Wolfhagen, Kreis Kassel), gest. November 1670 Altenstädt [heute Stadt Naumburg (Hessen), Kreis Kassel], Konfession unbekannt,
Sohn (einziges bekanntes Kind):

III.
Johannes Landgrebe (auch *Landgraffe*), geb. 25. Oktober 1635 Wenigenhasungen (heute Stadt Wolfhagen, Kreis Kassel), gest. Februar 1707 Altenstädt [heute Stadt Naumburg (Hessen), Kreis Kassel], beerdigt am 20. Februar 1707 in Altenstädt [heute Stadt Naumburg (Hessen), Kreis Kassel], Konfession unbekannt, Heirat in Altenstädt [heute Stadt Naumburg (Hessen), Kreis Kassel] am 2. Dezember 1661 mit *Agatha Köster*, geb. um 1643 Altenstädt [heute Stadt Naumburg (Hessen), Kreis Kassel], gest. März 1686 Altenstädt [heute Stadt Naumburg (Hessen), Kreis Kassel], beerdigt am 15. März 1686, Konfession unbekannt,
Sohn (einziges bekanntes Kind):

IV.
Philipp Landgrebe, geb. 6. Oktober 1672 Altenstädt [heute Stadt Naumburg (Hessen), Kreis Kassel], gest. Juni 1723 Maden bei Gudensberg, beerdigt am 6. Juni 1723 in Maden bei Gudensberg,

---

51 Diesen gewichtigen Hinweis verdanke ich *Dr. Stefan Flesch*, Leiter des Archivs der Ev. Kirche im Rheinland, E-Mail vom 14.4.2008 an *Th. Hübner*; © Dipl. Ing. *Guenter J. Schrenk* (www.schrenk-zeitung.de), erstellt am 24.11.2007.

Historisches Material

Konfession unbekannt, Heirat in Maden bei Gudensberg am 15. März 1698 mit *Elisabeth Vaubel*, geb. 27. Dezember 1673 Maden bei Gudensberg, gest. September 1728 Maden bei Gudensberg, beerdigt am 2. Oktober 1728 in Maden bei Gudensberg,[52] Konfession unbekannt,
Sohn (einziges bekanntes Kind):

V.

Moritz Landgrebe, geb. 12. November 1713 Maden bei Gudensberg, gest. 25. April 1799 Melsungen, Heirat mit *Dorothea Hartmann*, geb. um 1722, gest. 9. Dezember 1796 Melsungen, Konfession unbekannt, Landbereiter (s. o. S. 270) Melsungen,
Sohn (einziges bekanntes Kind):

VI.

<u>Ludwig</u> *August Moritz Landgrebe*, Bürgermeister zu Grebenstein / Kurfürstenthum Hessen, geb. 7. Juli 1765 Schwarzenhasel (Rotenburg a.d. Fulda) / Hessen, ev., gest. 1. November 1848 Oberhülsa bei Homberg / Hessen, heiratet
in 1. Ehe am 6. März 1802 *Maria Philippina Metz*, geb. 7. Dezember 1780 Trendelburg, ev., Tochter eines Gastwirts ebd., gest. 18. Oktober 1804 Grebenstein, eine Tochter:
Sabine Wilhelmine Landgrebe, geb. 5. Mai 1804 Grebenstein, gest. 17. Juni 1845 Ista bei Kassel, heiratet im Alter von 22 Jahren den Rektor in Grebenstein, *Karl Friedrich Siefert* (* 8.9.1803 Ziegenhain bei Kassel, † 20.3.1872 Hilmes bei Bad Hersfeld, vier Söhne, fünf Töchter);
in 2. Ehe am 23. Juni 1805 in Trendelburg die jüngere Schwester seiner verstorbenen Frau, <u>Christina</u> *Elisabeth Metz*, geb. 17. September 1782 Trendelburg, ev., gest. 1. April 1826 Grebenstein, Kinder:
1. <u>Heinrich</u> *Wilhelm Landgrebe*, geb. 13. Mai 1806 Grebenstein, ev., Hauslehrer 1830, Schulmeister (1832–1835) und Rektor (1835–1839) in Gudensberg, Ordination 1. Juni 1832 Kassel, verh. 7. August 1833 Hofgeismar mit *Sophie Marie Siefert* (* 27.10.1805 Ziegenhain bei Kassel, † 26.8.1848 Hannoversch Münden),[53] Pfarrer in Maden (1836–1839), Hülsa (1839–1853), in Vaake und Veckerhagen / Weser (18.2.1853–27.6.1875), gest. 27. Juni 1875 Veckerhagen / Weser plötzlich nach einem Gottesdienst, sein gußeisernes Grabkreuz hat sich auf dem alten Friedhof in Vaake erhalten;[54] unter seinen Nachkommen sind mehrere Pfarrer,

---

52 *Karl* <u>Ludwig</u> *Richard Landgrebe* schreibt in seiner nicht zu Ende geführten Selbstbiographie: »Unsere Familie aber stammt aus *Maten* (dem alten Matium) bei Gudensberg. Dort weisen die Kirchenbücher die Geschlechterreihe bis zum Anfang des siebzehnten Jahrhunderts nach« (E-Mail vom 27.2.2007 von *Detlev Landgrebe* an *Th. Hübner*); s. u. Archiv E. 16, S. 287.

53 *Friedrich Wilhelm Bauks*, Die evangelischen Pfarrer in Westfalen von der Reformationszeit bis 1945, Bielefeld 1980, Nr. 3623 S. 289; s.o. S. 215 Anm. 103.

54 Aus: *J. Desel*, Artikel »15. Landgrebe, Heinrich Wilhelm [Geb.datum hier: 13.5.1806], 1853 bis 1875«, in: *J. Desel*, Pfarrergeschichte, 2003, S. 924f. Nr. 15: Quelle des Artikels ebd. Anm. 5162: »Dies und das Folgende nach seinem [*Heinrich Wilhelm Landgrebe*] autobiographischen Bericht im Ev. Pfarramt Vaake«; vgl. Archiv J. 86, S. 304. Den Hinweis verdanke ich *Ralf Bansmann*, Sachbearbeiter landeskirchliches Archiv Kassel.

Vier Söhne, drei Töchter,[55] 4. Kind und 2. Sohn:
Anmerkung zur Herkunft der Stammtafel Familie *Landgrebe* (s. o. S. 270f.):
- <u>Karl</u> *Friedrich Theobald Landgrebe*, geb. 5. November 1840 Oberhülsa bei Homberg / Hessen, Gymnasium Kassel und Rinteln, Abitur Ostern 1861, Studium Marburg, 1. theol. Examen Marburg Ostern 1864, 2. theol. Examen Herbst 1867, Hilfslehrer Gymnasium Marburg 1866, seit 1. Mai 1868 Lehrer Elberfeld Realschule, Heirat am 19. Mai 1869 in Oberweimar (Marburg) *Wilhelmine Sippel* (* 6.6.1843 Schweinsberg bei Marburg, † 24.7.1904 Langendreer bei Bochum, Vater Pfarrer *Sippel* in Schweinsberg, Hessen), Pfarrer in der reformierten Gemeinde Hattingen: ordiniert und eingeführt am 11. September 1873, als Pfarrer eingeführt in (Bochum-) Langendreer am 14. November 1879, gest. 23. Mai 1910 Anstalt Tannenhof / Rheinland,[56] vier Söhne und drei Töchter, das 1. Kind und der 1. Sohn sowie das 4. Kind und der 4. Sohn:[57]
  - *Karl* <u>Wilhelm</u> *Theodor Paul Landgrebe*, geb. 19. Juni 1870 Elberfeld, Gymnasium Bochum, Abitur Ostern 1888, Studium Marburg, Berlin, 1. theol. Examen Münster 1892, seit 1. Mai 1892 Lehrer (Bochum-) Langendreer, Predigerseminar Soest 1. Oktober 1894 bis 30. September 1895, 2. theol. Examen 1895, seit 1. Oktober 1895 Hilfsprediger Hilchenbach, seit 15. Februar 1898 (Dortmund-) Hörde, seit 20. Dezember 1899 Lünen, ordiniert am 5. November 1899 in Warburg, als Pfarrer in Lünen eingeführt am 19. Mai 1901, als Pfarrer in Aachen eingeführt am 29. Oktober 1905, Ruhestand 30. November 1931, gest. 19. November 1932 Aachen; er blieb unverheiratet.[58]
  - *Gottlieb Landgrebe* [* 26.12.1875 Hattingen a.d. Ruhr, † 10.5.1923 (heute Hagen-) Haspe], Heirat am 12.4.1904 in (heute Dortmund-) Hörde mit <u>Johanna</u> *Maria Wilhelmine Kleffmann* [* 10.3.1879 (heute Dortmund-) Hörde, † 16.7.1960 (heute Hagen-) Haspe], Industriekaufmann, Prokurist Hasper Werk, zwei Kinder:
    ◊ *Werner Landgrebe*, Dipl. Ing.,[59] geb. 29. Januar 1905 Düsseldorf, gest. 18. Juli 1980 Rosenheim, Heirat mit *Elisabeth Göser* (* 16.11.1906 Heilbronn, † 9.11.1990 Aschau)

---

55 *Julie Amalie Louise Landgrebe* (* 21.6.1834 – † 16.9.1915), *Ludwig August Theodor Landgrebe* (* 6.4.1836 – † 14.2.1899), *Auguste Natalie Landgrebe* (* 3.4.1839 – † 18.12.1889), *Adele Henriette Landgrebe* (* 28.11.1844 – † 20.8.1929), *Berta Landgrebe* (* 12.4.1846 – † 2.3.1910).

56 *Friedrich Wilhelm Bauks*, Die evangelischen Pfarrer in Westfalen von der Reformationszeit bis 1945, Bielefeld 1980, Nr. 3623 S. 289.

57 *Wilhelm Landgrebe* (* 19.6.1870 – † 19.11. 1932), *Karl Landgrebe* (* 24.12.1871 – † 21.3. 1919), *Gerhard Landgrebe* (* 3.5.1873 – † 10.2. 1875), *Gottlieb Landgrebe* (* 26.12.1875 – † 10.5.1923), *Margarethe Landgrebe* (* 9.3.1877 – † 17.7. 1958), *Mathilde Landgrebe* (* 22.12. 1881 – † 24.11.1964), *Luise Landgrebe* (* 4.3.1887, † 26.6.1888).

58 *Friedrich Wilhelm Bauks*, Die evangelischen Pfarrer in Westfalen von der Reformationszeit bis 1945, Bielefeld 1980, Nr. 3624 S. 289; vgl. *Albert Rosenkranz* (Hg.), Das Evangelische Rheinland ein rheinisches Gemeinde- und Pfarrbuch im Auftrag der Evangelischen Kirche im Rheinland. II. Band: Die Pfarrer, Düsseldorf 1958, S. 292.

59 Vgl. Archiv J. 86, S. 304.

Historisches Material

  29.10.1932 Heilbronn, vier Kinder;[60]
  ◊ *Hanna Wilhelmine Landgrebe* (* 7.6.1910 Haspe, † 6.12.1964 Hagen).

VII.
2. Heinrich <u>Carl</u> Ludwig Landgrebe (Abb. 21, 22 S. 56, 57), geb. 6. Juli 1809 Grebenstein, ev., gest. 21. März 1876 Wien, Kauf- und Handelsherr, Associé der Scheubeschen Kattunfabrik[61] in Weida / Großherzogtum Sachsen-Weimar-Eisenach, heiratet am 1. Juni 1835 in Weida / Großherzogtum Sachsen-Weimar-Eisenach <u>Natalie</u> *Josephe Scheube* verw. *Leisching* (Abb. 21, 22 S. 56, 57), geb. 13. Dezember 1801 Weida / Großherzogtum Sachsen-Weimar-Eisenach, ev.,[62] gest. 15. August 1881 Wien. Sie war seit 1821 in 1. Ehe mit *Louis Gustav Leisching*, geb. 20. März 1796, gest. 1824, verheiratet, Sohn:
   – <u>Eduard</u> *Anton Volkmar Leisching*, geb. 24. Mai 1823, gest. 26. April 1899. Dieser hatte später sechs Kinder, u.a. *Eduard Leisching*: s. u. zu *Karl* <u>Ludwig</u> *Richard Landgrebe*.
3. *Georg Friedrich August Landgrebe*, geb. 8. März 1813 , ev., gest. 30. Januar 1890, Heirat 1845 mit *Mathilde Burberg*, verw. *Keller* (* 1819 Eller bei Düsseldorf, † 24.6.1905 Düsseldorf) Fabrikant in Düsseldorf, Kinder:
   – *Moritz Jacob Hermann Landgrebe* (* 1.7.1848 Nordhausen / Harz, † 1910 Düsseldorf, ledig, Fabrikant),
   – *Ludwig Heinrich Bernhard Landgrebe* (* 27.4.1851 Nordhausen / Harz, † 22.9.1852 Nordhausen / Harz),
   – *Friedrich August Landgrebe* (* 22.2.1853 Nordhausen / Harz, † 23.3.1853 Nordhausen / Harz im Alter von einem Monat),
   – *Oskar Landgrebe* (* Februar 1855 Düsseldorf, † 15.8.1899 Düsseldorf, Fabrikbesitzer, ledig.
4. *Gustav Adolf Theodor Landgrebe*, geb. 18. Juli 1815 Grebenstein, ev., gest. 14. Januar 1854 Vaake / Weser, Goldschmied in Vaake / Weser, später Zahnarzt, ledig.
5. *Philippine Friederike Mathilde Landgrebe*, geb. 7. Oktober 1818 Grebenstein, ev., gest. 23. September 1820 Grebenstein im Alter von knapp 2 Jahren.
6. *Clara Henriette Frederique Landgrebe*, geb. 22. August 1821 Grebenstein, ev., gest. 7. Juli 1894 Marburg, Heirat mit *Eduard Brauns*, Pfarrer in Rinteln / Weser, zwei Söhne, zwei Töchter.

Sohn von Heinrich <u>Carl</u> *Ludwig Landgrebe und Natalie geb. Scheube verw. Leisching (Abb. 21, 22 S. 56, 57)*

(»Scheub-: s. Schaub und Schaube«, »Schaub: ›Strohbündel‹ > ›dürrer Mensch‹ … Scheub|el«, »Schaube: ›langes Überkleid‹ … Scheubner«; »Leisching: s. Leute«, »Leute: zu a[lt]h[och]d. m[ittel]hd.liut ›Volk‹«):[63]

60 *Wolfgang Landgrebe* (* 14.4.1935), *Erika Landgrebe* (* 12.9.1936), *Hannelies Landgrebe* (* 15.10.1944), *Hans-Werner Landgrebe* (* 28.5.1948).

61 Siehe oben S. 215 Anm. 104.

62 *Natalie Josepha Scheube*, verw. *Leisching*, wurde am 16. Dezember 1801 in Weida ev. getauft: Archiv D. 01, S. 286.

63 *Gottschald / Schützeichel*, a.a.O. (s. o. S. 261), S. 430. 426f. 322. 324.

STAMMBÄUME

VIII.

Karl Ludwig Richard Landgrebe (mein Urgroßvater, Abb. 21, 22 S. 56, 57), geb. 17. April 1837 Weida / Großherzogtum Sachsen-Weimar-Eisenach, ev.,[64] gest. 17. Januar 1878 Wien.[65] Er wuchs mit seinem Halbbruder *Eduard Anton Volkmar Leisching* auf. Dieser hatte später sechs Kinder, u.a. *Dr. Eduard Leisching*, Begründer des Wiener Volksbildungsvereins und Direktor des Wiener Kunstgewerbemuseums, Förderer meines Vaters *Ludwig Landgrebe*, Onkel *Edu* genannt.[66]

Karl *Ludwig* Richard Landgrebe wird am 17. November 1867 in der Wiener Evangelischen Pfarrgemeinde durch den k.u.k. Feldsuperior ev. getraut mit *Leopoldine Agnes Linnert* (Abb. 25 S. 60),[67] geb. 5. Juli 1848 Wien, rk.,[68] Klavierlehrerin,[69] gest. 13. Juli 1918 Wien.[70] Sie hat als Großmutter meinen Vater *Ludwig* erzogen.

Kinder von Karl Ludwig Richard Landgrebe (Abb. 21, 22 S. 56, 57) und Leopoldine Agnes geb. Linnert (Abb. 25 S. 60):

1. *Marie* Natalie Landgrebe, geb. 12. Juni 1869 Wien, gest. 26. April 1926 Wien, ledig.

IX.

2. *Karl Ludwig Heinrich Landgrebe* (mein Großvater, Abb. 23 S. 58), geb. 16. März 1871 Wien, ev.,[71] gest. 9. November 1931 Wien, heiratet in 1. Ehe am 5. April 1900 in Wien

Rosa Anna Tuma, (meine Großmutter, Abb. 24 S. 58),[72] geb. 15. Juli 1877 Wien, am 19. Juli 1877 in Wien rk. getauft (Taufpatin: *Rosalia Wagenhammer*, Amtsdienersgattin),[73] gest. 5. September 1903 Bludenz,[74] *Rosa* tritt vor ihrer Heirat am 27. Januar 1900 zum ev. Glauben über,[75]

---

64 *Karl Ludwig Richard Landgrebe* wurde am 7.5.1837 in Weida getauft – Archiv E. 01, S. 286 – und am 8.4.1852 ebd. konfirmiert, Archiv E. 04, S. 286.

65 Archiv E. 14, S. 287; E. 13, S. 287.

66 Hofrat *Dr. Eduard Leisching*, * 26.11.1858, † 7.12.1938 Wien, s.o. S. 216 Anm. 128.

67 Archiv E. 12, S. 287; E. 13, S. 287; vgl. D. 02, S. 286; E. 10, S. 287; E. 11, S. 287.

68 *Leopoldine Agnes Linnert* wurde am 7.7.1848 in Wien getauft: Archiv E. 02, S. 286.

69 Archiv E. 18, S. 288.

70 Archiv E. 25, S. 288; E. 26, S. 289.

71 *Karl Ludwig Heinrich Landgrebe* wurde am 30.4.1871 in der Evangelischen Gemeinde Augsburgischen Bekenntnisses zu Wien getauft: Archiv G. 01, S. 290; er wurde am 4. Advent 1886 in der Evangelischen Kirche zu Wien konfirmiert: Archiv G. 11, S. 291.

72 Archiv G. 19, S. 292.

73 Archiv G. 02, S. 290.

74 Archiv G. 22, S. 292.

75 Archiv G. 18, S. 292.

Historisches Material

   ein Kind:
   - s. u. <u>Ludwig</u> *Max Carl Landgrebe*, geb. 9. März 1902 Wien.
   Heiratet in 2. Ehe *Anna Passecker*, geb. 1886, gest. 1936, kinderlos.
3. <u>Max</u> *Ludwig Ignaz Landgrebe*, geb. 26. März (Februar?) 1873 Wien, ev., gest. 13. Januar 1945 Thalgau bei Salzburg, Prokurist, Heirat 1803 in Wien mit *Auguste Therese Nawrath*, geb. 16. März 1873, gest. 26. Oktober 1923 Wien,
   zwei Kinder:
   - *Erich Landgrebe* (Abb. 59 S. 363), geb. 18. Januar 1908 Wien, gest. 25. Juni 1979 Salzburg (beigesetzt auf dem Friedhof St. Jakob am Thurn bei Salzburg), Heirat am 26. März 1938 in Krems mit *Margret Schmidt*, geb. 10. November 1917 Rehberg bei Krems, Maler und Schriftsteller, Vetter und Freund von *Ludwig Landgrebe*,
     zwei Kinder:
     • *Georg Landgrebe* (* 10. März 1940 Wien), Heirat am 12. April 1967 in Paris mit *Christiane von Steinhart*,
     • *Barbara Landgrebe* (* 1. März 1942 Wien), Heirat am 30. Mai 1964 in Salzburg mit *H. Schüller*.
   - *Walter Landgrebe*, geb. 3. Dezember 1912 Wien, Heirat am 11. August 1939 in Wien mit *Elisabeth Hermine Hausjell*, geb. 3. November 1914 Wien,
   drei Kinder:
   - *Eva Landgrebe* (* 3. November 1941 Wien), Heirat am 29. Mai 1965 in Wien mit *Dr. med. Harald v. Chavanne*, ein Sohn,
   - *Wolfgang Landgrebe* (* 23. November 1943 Wien), Heirat am 27. Juni 1966 in Bruck a. d. Leitha[76] mit *Christiane Hinterberger* (* 27. Juni 1944 Wien),
   - *Elisabeth Landgrebe* (* 20. Februar 1945 St. Gilgen bei Salzburg), Heirat am 5. Januar 1966 in Laxenburg (Niederösterreich) mit *Dr. Josef Schwarzmeier* (* 14. August 1939 Salzburg), ein Sohn.
4. *Paul Landgrebe*, geb. 1874 Wien, gest. 29. März 1876 Wien im Alter von zwei Jahren.[77]

Sohn von <u>Karl</u> Ludwig Heinrich Landgrebe (Abb. 23 S. 58) und <u>Rosa</u> Anna geb. Tuma (Abb. 24 S. 58):

X.

Prof. Dr. <u>Ludwig</u> Max Carl Landgrebe (mein Vater, Abb. 26, 27, 30, 53, 56 S. 62, 64, 81, 177, 197),[78] geb. 9. März 1902 Wien, ev.,[79] gest. 14. August 1991 Köln-Rodenkirchen, heiratet am 22. Juli 1933 in Reinbek <u>Ilse</u> *Maria Goldschmidt* (Abb. 17–19, 29–31, 53, 57 S. 50, 51, 77, 81, 83, 177, 197),

---

76 Bruck a. d. Leitha: s. u. S. 280 Trauzeuge von *Franz* und *Anna Tuma Mathias Eben*, Schuhmachermeister in Bruck a. d. Leitha.

77 Archiv E. 07, S. 287.

78 Der österreichische Staatsbürger *Ludwig Max Carl Landgrebe* hat am 6.9.1930 die deutsche Staatsbürgerschaft angenommen: Archiv J. 21, S. 296.

79 *Ludwig Max Carl Landgrebe* wurde am 23.3.1902 in der ev. Pfarrgemeinde Augsburgischen Bekenntnisses getauft: Archiv J. 01, S. 293.

geb. 21. September 1906 Hamburg,[80] ev., gest. 2. Juli 1982 Bergisch Gladbach (meine Mutter, s. o. S. 264).[81]

Kinder von *Ludwig Max Carl Landgrebe* (Abb. 26, 27, 30, 53, 56 S. 62, 64, 81, 177, 197) und *Ilse Maria* geb. *Goldschmidt* ((Abb. 17–19, 29–31, 53, 57 S. 50, 51, 77, 81, 83, 177, 197)

XI.

1. *Carl Reimar Arthur Landgrebe* (»*Mocki*«, Abb. 31 S. 83), geb. 17. April 1934 Reinbek, ev.,[82] gest. 5. Mai 1935 Reinbek im Alter von einem Jahr.
2. *Dr. Hans Detlev Ludwig Landgrebe* (Abb. 32, 33, 42, 53–55 S. 95, 101, 127, 177, 179), ev.,[83] geb. 27. März 1935 Reinbek,

heiratet am 25. August 1967 in Hamburg *Renate Maria Landgrebe* geb. *Lieck*, geb. am 7. Juni 1943 Wiesbaden, rk., drei Kinder:

XII.

– *David Christian Ludwig Landgrebe*, geb. 5. November 1968 Hamburg, ev., heiratet am 26. Januar 2001 in Hamburg *Ulrike Landgrebe-Sardemann*, geb. *Sardemann*, geb. 24. August 1970 Berlin, ev., Kinder:

XIII.

- *Franziska Johanna Marie Landgrebe*, geb. 24. Juli 2001 Hamburg, ev.,
- *Constantin David Claus Landgrebe*, geb. 20. Juni 2003 Hamburg, ev.,
- *Leonard Christian Arthur Landgrebe*, geb. 18. Januar 2006 Hamburg, ev.

XII.

– *Johannes Benedikt Landgrebe*, geb. 16. November 1971 Hamburg, ev., heiratet am 6. April 2001 *Dagmar Dörries-Landgrebe* geb. *Dörries*, geb. 28. September 1969 Celle, ev., Kinder:

XIII.

- *Hannah Leona Landgrebe*, geb. 5. September 2001 Brüssel, ev.,
- *Antonia Rebecca Landgrebe*, geb. 8. Januar 2004 Hamburg, ev.

---

80   Archiv B. 05, S. 282; J. 03, S. 293; getauft in St. Johannis-Eppendorf (Hamburg), Archiv B. 05, S. 282f.; J. 04, S. 293.

81   Archiv J. 23, S. 298.

82   *Carl Reimar Arthur Landgrebe* wurde am 5.8.1934 von Pastor *Fries* in Reinbek getauft: Archiv J. 23, S. 296.

83   *Hans Detlev Ludwig Landgrebe* wurde am 11.4.1935 von Pastor *Fries* in Reinbek getauft: Archiv J. 23, S. 297.

Historisches Material

XII.

– *Dr. Vincent <u>Jonathan</u> Landgrebe*, geb. 21. Juni 1977 Hamburg, ev.

XI.

3. *Winfried Landgrebe* (Abb. 53 S. 177),[84] geb. 9. Mai 1940 Löwen / Belgien, ev.,[85] heiratet in 1. Ehe am 7. Juli 1970 <u>Christiane</u> Renée Rose Edeltraud *Landgrebe* geb. *Hochstetter*[86] in Bergisch Gladbach, die Ehe wurde im Oktober 1992 in Köln geschieden; er heiratet in 2. Ehe am 17. März 2005 in Köln <u>Nicola</u>-Susanne Sigrid *Landgrebe* geb. *Thomas*,[87] geb. 24. April 1967 Augsburg, rk., kinderlos; drei Kinder aus der 1. Ehe:

XII.

– *Dr. <u>Jobst</u> Felix Max Landgrebe*, geb. 19. November 1970 Bergisch Gladbach, ev., heiratet am 30. März 2000 in Köln <u>Katja</u> Bettina *Landgrebe*, geb. *Fleck*, geb. am 26. Juni 1972 Köln, ev., Kinder:

84 Studium der ev. Theologie 1961 Tübingen, 1963 Heidelberg, 1965 Bonn, 1. theol. Examen 29.3.1967 Düsseldorf, 1967–1969 Vikariat Moers, 2. theol. Examen 8.7.1969 Düsseldorf, Pastor im Hilfsdienst: 1969–1970 Studium Chicago, 1970–1971 Gefängnis Siegburg, 31.1.1971 Ordination Moers, 1971–1974 Pfarrer Gefängnis Siegburg, 1974–1978 Berufsschulpfarrer an der Berufs- und Höheren Handelsschule Wuppertal und 1974–1982 Lehrbeauftragter für Gefangenenseelsorge und -diakonie an der Kirchlichen Hochschule Wuppertal und 1978–1982 Pfarrer Gefängnis Heinsberg, 1. Pfarrstelle der Ev. Kirchengemeinde Köln-Rodenkirchen – eingeführt am 20.6.1982, in den Ruhestand verabschiedet am 12.6.2005; siehe *Thomas Hübner*, »Die prophetische Rede in der Gemeinde schafft einen Freiraum geschützter menschlicher Begegnung«. Ein offener Brief an Pfarrer *Winfried Landgrebe* zu seinem 60. Geburtstag, in: Gemeindebrief 20. April – 20. August 2000, Jg. 22 Nr. 65, hg. v. der Ev. Kirchengemeinde Rondorf, Köln-Rondorf 2000, S. 42f.

85 *Winfried Landgrebe* wurde am 1.3.1931 in der Wohnung seiner Großeltern *Goldschmidt* durch Pastor *Hartung* getauft: Archiv J. 23, S. 297; konfirmiert am 18.3.1956 in der Nicolaikirche zu Kiel.

86 Tochter von: *Dr. Dr. Helmut Paul Otto Gero Bruno Felix Hochstetter* [* 14.7.1909 Troppau (heute Slowakei), † 14.6.1991 Bergisch Gladbach, Pfarrer], in: *A. Rosenkranz*, Das Ev. Rheinland, ein rheinisches Gemeinde- und Pfarrerbuch, Bd. II: Die Pfarrer, 1958, S. 217. Dieser ist gemeint: *G.-A. Goldschmidt*, Über die Flüsse, 2001, S. 397: »Und was einen meiner Neffen [*Winfried Landgrebe*] betrifft, er heiratete eine Pastorentochter [*Christiane Landgrebe* geb. *Hochstetter*], deren Vater einen Bratenrock mit breiten runden Rückenknöpfen trug und der von christlichen Pflichten sabbelte. Seine Vergangenheit war bestimmt dieselbe, wie sie es für die ganze Kirchenbelegschaft der Hitlerzeit gewesen ist. Der Neffe wurde selber Pfarrer und war lange Zeit Seelsorger einer Jugendstrafvollzugsanstalt gewesen, wo ich einen ganzen Tag verbrachte und mich lange mit dem jugendlichen, kaltblütigen Mörder eines Taxifahrers unterhielt.« Vgl. hier S. 226 Anm. 208.

87 Als Schauspielerin trägt sie ihren Mädchennamen als Künstlernamen: *Nicola Thomas*.

XIII.
- Bengt Friedrich Jakob Landgrebe, geb. 13. November 2000 München, ev.,
- Bjarne Felix Paulus Landgrebe, geb. 28. September 2002 Göttingen, ev.,
- Britt-Marie Victoria Kathrine Landgrebe, geb. 17. Mai 2005 Göttingen, ev,
- Lennart Jonathan Italo Cord, geb. 30. Juni 2008 Köln, ev.

XII.
- Dr. Alix Marie Landgrebe, geb. 13. Oktober 1972 Bergisch Gladbach, ev.
- Max Philipp Landgrebe, geb. 5. Februar 1974 Bergisch Gladbach, ev., verlobt mit Dorothee Katrin Dick, geb. am 21. März 1975 Göttingen, ev.[88], Kind:

XIII.
- Arthur Jacob Landgrebe, geb. 8. September 2008 Berlin.

XI.
4. Ilse Marianne Gmelin, geb. Landgrebe, geb. 17. Mai 1948 Reinbek, ev.,[89] heiratet am 28. Juni 1973 in Freiburg i.Br. Dr. Rüdiger Gmelin, geb. 21. Juli 1944 Glogau, Arzt, zwei Kinder:
- Florian Gmelin, geb. 16. September 1976 Ostfildern / Ruit, ev., heiratet am 9. Juli 2004 in Schliersee Ute geb. Kühn, geb. 22. April 1976 Wentorf bei Hamburg, ev., Kinder:
  - Konrad Felix Gmelin, geb. 25. Juni 2005 Düsseldorf, freikirchlich ev.,
  - Viktor Ferdinand Gmelin, geb. 26. März 2007 Düsseldorf, freikirchlich ev.,
- Matthias Gmelin, geb. 21. Juni 1978 Ostfildern / Ruit, ev.

Herkunft von Leopoldine Agnes Landgrebe geb. Linnert (Abb. 25 S. 60)
(»Linnar(t)z: 1. s. Leo (Linnert)«, »Leo: urspr. wohl zu ahd. lewēn ›gnädig, günstig sein‹, aber schon früh zu lat. leo ›Löw‹ gezogen«)[90]
Mathias Linnert, Weißwäscher, verheiratet mit *Katharina Rotsenbigler*.

Als Nachkomme ist mir nur bekannt:
Ignatz Michael Linnert,[91] geb. 9. Juli 1814 Wien, an demselben Tag rk. getauft;[92] Taufpate war der Milchmann *Michael Gellem*), gest. 11. Februar 1885,[93] heiratet am 8. Februar 1848 in Wien (zu der Zeit Oberjäger der 2. Kompanie des k.u.k. 7. Jägerbataillon in Wien)

---

88 Dorothee Katrin Dick wurde am 7.11.1981 in Meckenheim getauft.

89 Ilse Marianne Landgrebe wird am 20.2.1949 im Hause der Eltern Landgrebe durch Pastor Auerbach getauft: Archiv J. 23, S. 297f.

90 Gottschald / Schützeichel, a.a.O. (s.o. S. 261), S. 329. 323.

91 Er schrieb sich später auch ohne t: Ignaz Linnert.

92 Archiv F. 01, S. 289.

93 Archiv F. 04, S. 289; F. 05, S. 289.

Historisches Material

Maria Schlender,[94] »Handarbeiterin«, geb. 9. November 1829 Drachenburg / Steiermark, rk.,[95] gest. 7. September 1865 an »Lungensucht« in Wien, sie war die eheliche Tochter von *Jakob Schlender* und *Agnes* geb. *Plassko*.
zwei Kinder:
- <u>Leopoldine</u> *Agnes Linnert*, verh. *Landgrebe* s. o. S. 275 (meine Urgroßmutter, Abb. 25 S. 60).
- *Camilla Linnert* (Todesanzeige für *Ignatz Linnert* im Jahre 1885: »*Camilla Millauer* mit Ehemann *Friedrich Millauer* und den Kindern *Camilla, Max, Leopoldine* und *Ludwig*«).

Herkunft von <u>Rosa</u> Anna Landgrebe geb. Tuma (Abb. 24 S. 58)
(»Tuma: s. Thomas«, »Thomas: hebr. ›Zwilling‹ … Tommek, Tuma, Thum«)[96]
Josef Tuma, rk., Tagelöhner zu Kronau in Mähren verheiratet mit
Maria geb. *Klienik*, rk., Tochter von *Josef Klienik* (Häusler[97] in Kladerup bei Nemest in Mähren).

Als Nachkomme ist mir nur bekannt:
Franz Tuma, geb. 29. November 1832 in Kronau in Mähren, rk. (seine Taufpaten waren *Augustin Weinschadl*, pensionierter Tabakaufseher in Kronau und dessen »Eheweib« *Anna*),[98] heiratet am 5. Februar 1867 (zu der Zeit ist er Kanzleidiener der k.u.k. priv. Lemberg-Czernowitzer Eisenbahngesellschaft in Wien) *Anna Eben*,[99] geb. 21. Juli 1839 Maria Ellend, rk.,[100] Tochter von *Michael Eben* (Kleinhäusler) und *Maria* geb. *Kramer*, Enkelin väterlicherseits von *Michael Eben*, Viertlehner in Regelsbrunn und seiner Ehefrau *Magdalena* geb. *Schiller*, Enkelin mütterlicherseits von *Mathias Kramer*, Kleinhäusler in Maria Ellend, und seiner Ehefrau *Anna* geb. *Schwarzberger*. Die Taufpaten von *Anna Eben* sind *Josef Krupitsch*, Kleinhäusler in Maria Ellend, und dessen Ehefrau *Agatha*. Trauzeugen von *Franz* und *Anna Tuma* sind *Mathias Eben*, Schuhmachermeister in Bruck a. d. Leitha,[101] und *Josef Krupitsch*, Kleinhäusler in Maria Ellend.

Als Nachkomme von *Franz Tuma* und *Anna* geb. *Eben* ist mir nur bekannt:
<u>Rosa</u> *Anna Landgrebe* geb. *Tuma* (meine Großmutter, Abb. 24 S. 58), geb. 15. Juli 1877 Wien, am 19. Juli 1877 in Wien rk. getauft (s. o. S. 275).[102]

---

94 Archiv F. 03, S. 289.

95 Am 9.11.1829 in Drachenburg / Steiermark getauft: Archiv F. 02, S. 289.

96 *Gottschald / Schützeichel*, a.a.O. (s. o. S. 261), S. 499. 491.

97 Häusler = Tagelöhner mit kleinem Grundbesitz.

98 Archiv H. 01, S. 292f.; ebd.: *Franz Tuma* wurde am 30.11.1832 getauft.

99 Archiv H. 03, S. 293.

100 *Anna Eben* wurde am 21.7.1839 getauft: Archiv H. 02, S. 293.

101 Bruck a. d. Leitha: s. o. S. 276 Hochzeit *Wolfgang Landgrebe* und *Christiane Hinterberger* am 27.6.1966 in Bruck a. d. Leitha.

102 Archiv G. 02, S. 290.

Liste der verwendeten Unterlagen aus dem Familienarchiv von Detlev Landgrebe

A. Familie *Alfred* Oscar Goldschmidt und *Pauline*, geb. *Lassar*[1]

A. 01 Geburtsurkunde *Pauline Lassar* 23. Juli 1845; Auszug aus dem Geburtsregister der deutsch-israelitischen Gemeinde in Hamburg; Ao.1845 No.19; ausgestellt am 29. Juni 1888.

A. 02 Heiratsurkunde von *Alfred* Oscar Goldschmidt und *Pauline* Lassar vom 5. März 1867;
– Auszug aus den Civilstandsregistern der Landherrenschaft der Geestlande No. 25,
– dieselbe Angelegenheit betreffend: Auszug aus den hamburgischen Zivilstandsregistern beglaubigt am 20. März 1939 durch das Archiv der Hansestadt Hamburg.

A. 03 Austrittserklärung von *Alfred* Oscar Goldschmidt aus der deutsch-israelitischen Gemeinde. Bescheinigung der Gemeindeverwaltung der Stadt Hamburg – Archiv der Hansestadt Hamburg, personenkundliche Abteilung – vom 29. Februar 1939, daß laut Protokoll des Vorstandes der deutsch-israelitischen Gemeinde in Hamburg, Jahrgang 1868, S. 80, *Alfred Oscar Goldschmidt* mit Schreiben aus Berlin vom 1. Juli 1868 seinen Austritt aus dem Gemeindeverband erklärt hat. Abschrift beglaubigt am 17. März 1939 durch die ev. Kirchengemeinde in Reinbek.[2]

A. 04 Austrittserklärung von *Pauline Goldschmidt*, geb. *Lassar*. Mitteilung des Archivs der Hansestadt Hamburg vom 20. März 1939 an *Dr. Arthur Goldschmidt*: Eine Austrittserklärung seiner Mutter sei in dem Protokoll des Vorstandes der deutsch-israelitischen Gemeinde vom Jahre 1868 nicht verzeichnet. Anscheinend habe damals die Erklärung des Familienvorstandes für das Ausscheiden seiner ganzen Familie aus dem Gemeindeverband genügt.

A. 05 Taufurkunde von *Alfred* Oscar und *Pauline* Goldschmidt [geb. *Lassar*] am 9. Februar 1889; Abschrift aus dem Taufbuch der Jerusalem- und Neuen Kirche[3] in Berlin, Jahrgang 1889, S. 6 / Nr. 41–42; beglaubigt in Berlin am 17. Februar 1939 durch das Ev. Pfarramt der Jerusalem- und Neuen Kirche (vgl. B. 03, S. 282).

A. 06 Auszug aus dem Sterbe-Hauptregister des Hamburgischen Standesamtes 3 vom 17. April 1899 betr. Tod von *Alfred* Oscar Goldschmidt am 27. Februar 1899.

---

1   Siehe oben S. 262.

2   Von einem Beamten am 17. 5.1939 irrtümlicherweise wegen der Heirat am 5.3.1867 auf 1867 datiert, s.o. S. 123.

3   Vgl. Anm. 72 S. 212.

Historisches Material

A. 07 Grabbrief Friedhof Ohlsdorf Nr. 22625 (Hamburg) vom 28. Februar 1899, mit dem *Pauline Goldschmidt* ein Grabplatz mit 4 Stellen überlassen wird.

A. 08 Brief von *Alfred [Gustav] Goldschmidt* an *Pauline Goldschmidt* vom 17. Dezember 1915. Abschrift aus der Sammlung der handschriftlichen Abschriften der Briefe von der Kriegsfront von *Alfred [Gustav] Goldschmidt* an seine Mutter *Pauline Goldschmidt*.

A. 09 Stammtafel der Jüdischen Familie *Schwabe* aus Ovelgönne (heute Landkreis Wesermarsch / Niedersachsen), erstellt am 10. August 1940.

B. Familie Dr. Arthur Felix Goldschmidt und Toni Katharina Jeanette (»Kitty«), geb. Horschitz[4]

B. 01 Taufe von *Toni Katharina Jeanette Horschitz* am 19. Oktober 1888:
- Taufurkunde der ev. luth. Gemeinde St. Georg in Hamburg vom 19. Oktober 1888;
- Taufbescheinigung der Gemeinde St. Georg [Hamburg] vom 23. April 1897;
- Auszug aus dem Taufregister der Gemeinde St. Georg [Hamburg] Jahrgang 1888, Seite 218 Nr. 936 (vgl. C. 03, S. 285).

B. 02 Impfscheine von *Katharina Horschitz* vom 4. November 1894, 22. Februar 1896 und 23. April 1897.

B. 03 Taufschein der Jerusalemkirche[5] in Berlin von *Arthur Felix Goldschmidt* vom 20. Februar 1889 betreffs Taufe am 9. Februar 1889 (vgl. A. 05, S. 281).

B. 04 Urkunde betr. Richtereid von *Dr. Arthur Goldschmidt* vom 31. Januar 1902.

B. 05 Familienstammbuch der Familie *Arthur Goldschmidt* vom 10. Mai 1905 (Tag der Eheschließung)

- Heiratsbescheinigung: Amtsrichter, Doktor der Rechte *Arthur Felix Goldschmidt* und *Toni Katharina Jeannette Horschitz* – Heirat am 10. Mai 1905. Beurkundet in Cassel am 10. Mai 1905; Abschrift der Heiratsurkunde, beglaubigt am 15. März 1939 durch die ev.-luth. Kirchengemeinde Reinbek;
- Kirchliche Trauung am 10. Mai 1905 (nur mit Bleistift vermerkt ohne Siegel);
- Geburtsurkunde vom 29. September 1906 von *Ilse Maria Goldschmidt*, geboren am 21. September 1906 um ½21 Uhr nachmittags in Hamburg (vgl. J. 03, S. 293).
- Taufurkunde über die Taufe derselben am 13. Dezember 1906 in Hamburg (Ev. Kirchengemeinde St. Johannis-Eppendorf); Bestätigung am 23. Juni 1933 durch die ev.-luth.

---

4 Siehe oben S. 263.

5 Vgl. Anm. 72 S. 212.

Kirchengemeinde Reinbek; Paten: *Elsa Goldschmidt*,[6] *Maria Matassi-Fleischel*,[7] *Erwin Horschitz*,[8] *Dr. med. Martin Görlitt* (vgl. J. 04, S. 293).
- Geburtsurkunde vom 8. August 1924 von *Alfred Erich Goldschmidt*, geboren am 3. August 1924 in Reinbek;
- Taufurkunde über die Taufe desselben vom 13. December 1924, Reinbek;
- Geburtsurkunde vom 8. Mai 1926 von *Jürgen Arthur Goldschmidt*, geboren am 2. Mai 1928 um 10 Uhr vormittags in Reinbek;
- Taufurkunde über die Taufe desselben vom 30. Dezember 1928, Reinbek.[9]

B. 06 Brief von *Kitty Goldschmidt* aus St. Peter-Ording vom 20. Sept. 1915 an *Ilse Goldschmidt* in Reinbek.

B. 07 Brief von *Kitty Goldschmidt* an *Ilse Goldschmidt* vom 27. Juli 1917, ohne Adresse.

B. 08 Urkunde betr. Richtereid am 16. November 1917 von *Dr. Arthur Goldschmidt* als Mitglied des Hanseatischen Oberlandesgerichts in Hamburg.

B. 09 Ernennungsurkunde von *Dr. Arthur Goldschmidt* zum Oberlandesgerichtsrat durch die Senate der drei Hansestädte mit den Unterschriftsdaten vom 21. Juni 1918 (Hamburg), 1. Februar 1918 (Lübeck) und 7. Februar 1918 (Bremen).

B. 10 Brief von *Arthur Goldschmidt*, Reinbek, Kückallee 27 vom 1. Juli 1933 an *Ludwig Landgrebe*, Prag-Bubenco, Lotyiska 6.

B. 11 Abschiedsbrief von Senatspräsident [*Dr. Arnold Julius*] E.[*duard*] *Engel*, Blumenau 4, Hamburg 23,[10] vom 1. September 1933 an *Dr. Arthur Goldschmidt* auf schwarzumrandetem, gewöhnlich für Kondolenzschreiben bestimmtem Briefpapier.

B. 12 Annahme der Zwangsnamen Sara und Israel des Ehepaares *Dr. Arthur Goldschmidt*; Briefwechsel mit dem Standesamt Kassel am 30. / 31. Januar 1939.

B. 13 Kopien der beiden Briefe von *Arthur* und *Katharina Goldschmidt* vom 30. Januar 1939 wegen der Annahme der Vornamen Sara und Israel mit Eingangsvermerk der Gemeindeverwaltung Reinbek vom 31. Januar 1939 und der Verfügung zur Meldekartei vom 14. Juli 1939.

---

6   Siehe oben S. 263.
7   Siehe oben S. 269.
8   Siehe oben S. 267.
9   Paten waren *Carl Dobbertin, Reinhart Bunsen* und *Ellen Raemisch*, geb. *Arnold*, so *G.-A. Goldschmidt*, Über die Flüsse, 2001, S. 311f. 325. 376.
10 Siehe oben S. 220 Anm. 163f..

Historisches Material

B. 14   Auszug der Ergänzungskarte zur Volkszählung am 17. Mai 1939 mit Angaben zu Namen, Geburtsdaten von *Arthur Goldschmidt*, *Katharina Goldschmidt* und *Detlef Landgrebe*[11] und einer Rubrik mit der Frage, ob einer der vier Großelternteile der Rasse nach Volljude sei. Fragezeichen bei *Detlef* (Kopie = J. 34, S. 299).

B. 15   Auszug aus einer Akte der Gemeinde Reinbek vom 26. Juni 1941 über die in Reinbek wohnhaften Volljuden und Mischlinge, in der *Arthur* und *Katharina Goldschmidt* als Volljuden aufgeführt sind.

B. 16   Mitteilung des Landrates des Kreises Stormarn vom 4. November 1941 an *Ludwig Landgrebe*, daß seinem Antrag, seine Schwiegereltern vom Kennzeichenzwang (d.h. das Tragen des Judensterns) zu befreien, nicht entsprochen werden könne (= J. 57, S. 301).

B. 17   Kopie des Schreibens des Bürgermeisters [*Eduard Claußen*] von Reinbek vom 24. November 1941 an den Landrat des Kreises Stormarn, Hamburg-Wandsbek betr. Arisierung des Grundstücks *Dr. Goldschmidt*, an *Dr. Arthur Goldschmidt*, ebenda.

B. 18   Schreiben des Reinbeker Bürgermeisters vom 8. Dezember 1941 an die Geheime Staatspolizei [Gestapo] Lübeck (Kopie) mit der Bitte, die Evakuierung des Ehepaares *Goldschmidt* endgültig hinfällig werden zu lassen, und der Anregung, das *Goldschmidt*'sche Grundstück auf *Dobbertin* zu übereignen und das Mobiliar *Ludwig Landgrebe* zu überlassen.

B. 19   Kopie des Schreibens des Bürgermeisters [*Eduard Claußen*] von Reinbek vom 30. Dezember 1941 an den Landrat des Kreises Stormarn, Hamburg-Wandsbek betr. Arisierung des Grundstücks *Dr. Goldschmidt*; an *Dr. Arthur Goldschmidt*, ebenda.

B. 20   Todesanzeige von [*Toni* Katharina *Jeanette*] Kitty Goldschmidt, geb. *Horschitz*, Reinbek 2. Juni 1942. Aufgeführt sind die Trauernden: *Dr. Arthur Goldschmidt*, *Ilse Maria Landgrebe*, geb. *Goldschmidt*, *Erich Goldschmidt*, Mégève-Hte Savoie, *Jürgen Goldschmidt*, Mégève-Hte Savoie, *Detlev Landgrebe*, *Winfried Landgrebe*.

B. 21   Zwei Sterbeurkunden von *Toni* Katharina *Jeanette* Sara *Goldschmidt*, ev. luth., früher mosaisch, vom 3. Juni 1942 der Standesämter 2, 2a der Gemeindeverwaltung der Hansestadt Hamburg.

B. 22   Brief von *Dr. Kurt Steinfeld*, Theresienstadt, vom 23. Oktober 1943 an *Dr. Arthur Goldschmidt*, ebenda.

B. 23   Bescheinigung des Kreissonderhilfsausschusses des Kreises Stormarn vom 7. März 1946 für *Dr. Arthur Goldschmidt* wegen Zuteilung einer Lebensmittelkarte für Schwerarbeiter und der vorzugsweisen Zuteilung einer Wohnung.

---

11   Die Quelle weist die Schreibweise »Detlef« statt *Detlev* aus.

Liste der verwendeten Unterlagen

B. 24   Anfrage der Verwaltung des Kreises Stormarn bei der Gemeindeverwaltung Reinbek vom 22. November 1946 über die Zahl der vorhandenen Juden in Reinbek.

B. 25   Sterbeurkunde von *Arthur Felix Goldschmidt*, gestorben am 9. Februar 1947, vom 10. Februar 1947 des Standesamtes der Gemeinde Reinbek.

B. 26   Gemeinschaftlicher Erbschein für die Erben von *Arthur Goldschmidt* vom 24. Februar 1947.

C. Familie Julius Horschitz und Ilka Betty, geb. Fleischel[12]

C. 01   Heiratsurkunde von *Julius Horschitz* und *Ilka Betty Fleischel* vom 20. September 1877; Standesamt 3 in Hamburg Nr. 609 / 1877; Abschrift vom 15. April 1939 durch das Standesamt 2 in Hamburg.

C. 02   Urkunde zur Aufnahme als hamburgische Staatsbürger von *Julius Horschitz* und seiner Frau *Ilka* und den Söhnen *Erwin* [Moritz] *Horschitz* und *Walter* [August] *Horschitz*; A Nr. 17425 vom 2. Juni 1881 ausgestellt vom Chef der Aufsichtsbehörde für die Standesämter.

C. 03   Taufurkunden von *Julius Horschitz* und *Ilka Fleischel* am 12. April 1897; Auszug aus dem Taufregister der ev.-luth. Kirche St. Gertrud in Hamburg, Jahrgang 1897 Nr. 242 / 243; ausgestellt am 17. April 1939 durch das Archiv der Hansestadt Hamburg (vgl. B. 01, S. 282).

C. 04   Urteil des Landgerichts Hamburg, Große Strafkammer, vom 26. April 1940: Abschrift Rep. 3348 / 40 Landgericht Hamburg 11 KLs 35.40 (36) 11Js. 11 / 40b, 30 / 40 gegen *Edgar Horschitz* wegen »Rassenschande« (Kopie).

C. 05   Vier Briefe von *Edgar Horschitz* aus dem Zuchthaus Hamburg-Fuhlsbüttel vom 25. Mai 1941, 12. Juli 1941, 24. August 1941 und 7. Oktober 1941 an seinen Bruder *Erwin Horschitz* in Hamburg (Photokopien).

C. 06   Kopie aus »Register für Hauptverfahren« der Hamburger Gefängnisbehörde betr. *Edgar Horschitz* (ohne Datum).

C. 07   Urteil des Landgerichts Hamburg, Zivilkammer, vom 11. März 1943 Az. 6 R 70 / 43 wegen Scheidung von *Erwin* [Moritz] und [Martha] *Elly Horschitz* (Kopie).[13]

C. 08   Abwanderungsbefehl der Geheimen Staatspolizei, Staatspolizeileitstelle Hamburg, Tagebuch Nr. II B 2-374 / 43 vom 22. März 1943 »An den Juden *Erwin* Israel *Horschitz*«.

---

12   Siehe oben S. 267.

13   Die Quelle weist die Schreibweise »Elly« statt *Elli* aus.

Historisches Material

C. 09 Erklärung des Rechtsanwalts *Gerhard Goßler*, Hamburg, vom 10. September 1946 zur Zwangsscheidung von *Erwin* und *Elli Horschitz* (Kopie).

C. 10 Badische Landesstelle, Zweigstelle Singen (Hohentwiel), für die Entschädigung der Opfer des Nationalsozialismus. Kopie des Berichtes von *Elli Horschitz* über die Inhaftierung und Todesursache ihres Ehemannes *Erwin Horschitz* (Kopie, Datum nicht erkennbar).

D. Familie Heinrich <u>Carl</u> Ludwig Landgrebe und <u>Natalie</u> Josephe geb. Scheube verw. Leisching[14]

D. 01 Taufschein von <u>Natalie</u> *Josephe Scheube*; geb. 13. Dezember 1801. Auszug aus dem Kirchenbuch der protestantischen Pfarrei der Stadt Weida im Großherzogthume Sachsen Weimar-Eisenach vom 22. April 1876, Taufbuch Seite 39 b, Nr. 6, Jahrgang 1801, in dem die Taufe am 16. Dezember 1801 bescheinigt wird.

D. 02 Einverständniserklärung zur Eheschließung von *Karl <u>Ludwig</u> Richard Landgrebe* und *Leopoldine Linnert*: Durch die von dem k.u.k. Notar *Leon Mikocki* beglaubigte Urkunde erklären sich *Carl Landgrebe* und *Natalie Landgrebe*, geb. *Scheube*, am 25. September 1867 in Wien mit der Eheschließung einverstanden (vgl. E. 12, S. 287).

E. Familie Karl <u>Ludwig</u> Richard Landgrebe und Leopoldine, geb. <u>Linnert</u>[15]

E. 01 Taufschein für Zwecke des Ariernachweises von *Karl <u>Ludwig</u> Richard Landgrebe*: Auszug aus dem Kirchenbuche der protestantischen Pfarrei im Großherzogthume Sachsen-Weimar-Eisenach Seite 153 No. 43 betr. Taufe am 7. Mai 1837; beglaubigt durch den Notar *Dr. Karl Spohr* in Wien / Hietzing am 8. April 1938.

E. 02 Taufschein für Zwecke des Ariernachweises von <u>Leopoldine</u> *Agnes Linnert*: Auszug aus dem Geburts- und Tauf-Protocolle Litt. E Folio 73 der Seelsorge des k.u.k. Militär-Garnisons-Spitals Nro. 1 und der k.u.k. Medizin Chirurg. Josephs-Academie zu Wien, in dem die katholische Taufe am 7. Juli 1848 bescheinigt wird; beglaubigt durch den Notar *Dr. [Karl] Spohr* am 8. April 1938 in Wien Hietzing.

E. 03 Schulzeugnis von *Leopoldine Linnert* vom 17. September 1850.

E. 04 Confirmations-Zeugniß von *Karl <u>Ludwig</u> Richard Landgrebe* vom 8. April 1852 in Weida.

E. 05 Militärfreischein für *Karl <u>Ludwig</u> Richard Landgrebe*: Bescheinigung des Großherzglich. Sächs. Direktors des V. Verwaltungsbezirks in Neustadt a[n der] / Orla vom 15. Dez. 1857, durch die er wegen Untüchtigkeit von der Militärdienstpflicht freigesprochen wird.

---

14 Siehe oben S. 274.

15 Siehe oben S. 275.

Liste der verwendeten Unterlagen

E. 06   Impfungszeugniß von *Leopoldine Linnert* vom 16. September 1861 in Wien.

E. 07   Quittung vom 1. April 1876 über die Beerdigungsgebühr für den am 29. März 1876 verstorbenen *Paul*, Sohn des Kaufmanns *Ludwig Landgrebe*.

E. 08   Unterthanenbescheinigung des Deutschen Reichs für *Karl <u>Ludwig</u> Richard Landgrebe*. »Der Großherzogl. S.[ächsische] Director des V. Verwaltungsbezirks« bestätigt am 24. April 1876 in Neustadt a[n der] / Orla, dass *L.*, dessen Ehefrau *<u>Leopoldine</u> Agnes Linnert* und deren Kinder die »Eigenschaft eines Unterthanen des Großherzogthums Sachsen-Weimar-Eisenach« haben.

E. 09   Bürgerschein der Gemeinde Weida für *Karl <u>Ludwig</u> Richard Landgrebe*: Erteilung des Bürgerrechts in Weida am 2. Oktober 1867.

E. 10   Einzugserlaubnißschein der Gemeinde Weida für *Leopoldine Linnert*: »zum Behufe ihrer Verehelichung« wird ihr am 2. Oktober 1867 die »Heimathszugehörigkeit« in Weida bescheinigt.

E. 11   »Wohnungszeugniß zum Behuf des Aufgebots«: Polizeilich beglaubigtes Wohnungszeugnis für *Carl <u>Ludwig</u> Richard Landgrebe*[16] vom 18. Oktober 1867 über seine Wohnung in der Technikerstraße 5 im IV. Gemeinde Bezirk Wieden [Wiener Stadtteil].

E. 12   Trauungszeugnis von *Karl <u>Ludwig</u> Richard Landgrebe* und *Leopoldine Linnert*: Bescheinigung des Feldsuperiors in Wien vom 17. November 1867 der Trauung am 17. November 1867 in der evangelischen Pfarrkirche in Wien (vgl. D. 02, S. 286).

E. 13   Trauungsschein für Zwecke des Ariernachweises von *Karl <u>Ludwig</u> Richard Landgrebe* und *Leopoldine*, geb. *Linnert*: Auszug aus dem Trauungsbuche der Wiener Evangelischen Pfarr-Gemeinde Augs.[burgischen] Bekennt.[nisses], in dem das Pfarramt die Trauung am 17. November 1867 bescheinigt; beglaubigt durch den Notar *Dr. Karl Spohr* in Wien / Hietzing am 8. April 1938.

E. 14   Auskunft aus dem Melderegister der Stadt Wien über den Tod von *Karl <u>Ludwig</u> Richard Landgrebe* am 17. Januar 1878.

E. 15   Totenschein von *Karl <u>Ludwig</u> Richard Landgrebe*; Bescheinigung aus dem Totenregister der evangelischen Pfarrgemeinde Augsburgischen Bekenntnisses in Wien vom 10. Mai 1887, durch die der Tod am 17. Januar 1878 bescheinigt wird.

E. 16   »Selbstbiographie von Ludwig Richard Landgrebe« (17.4.1837 –)«, ohne Datum.[17]

---

16   Die Quelle weist die Schreibweise »Carl« statt *Karl* aus.

17   Siehe oben S. 272f. Anm. 54.

Historisches Material

E. 17   Schreiben des Magistrats der k.u.k. Reichs-und Residenzstadt Wien vom 29. Januar 1888 mit der Zusicherung, *Leopoldine Landgrebe* und ihre Kinder <u>Marie</u> *Natalie Landgrebe*,[18] <u>Max</u> *Ludwig Ignaz Landgrebe* und <u>Karl</u> *Ludwig Heinrich Landgrebe* in die Zuständigkeit der Stadt zu übernehmen, wenn ihr die Aufnahme in den österreichischen Staatsverband durch die k.u.k. niederösterreichische Statthalterei zugesichert worden sei.

E. 18   Österreichische Staatsbürgerurkunde vom 27. April 1888, mit der *Leopoldine Landgrebe*, Clavierlehrerin, wohnhaft Wien VIII [Josefstadt], Albertgasse 7, und ihren drei Kindern durch den Magistrat der k.u.k. Reichshaupt- und Residenzstadt Wien A. Z. 122695 / XVII aufgrund des Erlasses der k.u.k. niederösterreichischen Statthalterei vom 4. April 1888 die Staatsbürgerschaft verliehen wird. Rückseite: Stempel der Volkszählung 1891, VIII Bezirk, Albertgasse 7.

E. 19   Brief von *Leopoldine Landgrebe*, Wien vom 14. Jänner 1902 an [ihren Sohn] *Carl Landgrebe* [d.i. <u>Karl</u> *Ludwig Heinrich Landgrebe*, 1871–1931] in Firma Gebrüder *Bergmann*, Wien IV, Wiedener Hauptstr. 47.

E. 20   Meldezettel von *Leopoldine Landgrebe* in der Wohnung ihres Sohnes von *Karl* [*Ludwig Heinrich*] *Landgrebe* in Wien im XIII. Bezirk, Hietzing, Trauttmannsdorffgasse 52 vom 15. Mai 1904 abgestempelt vom k.u.k. Polizeikommissariat Hietzing am 16. Mai 1904.

E. 21   Brief von *Leopoldine Landgrebe*, Wien XIII, Traut[t]mannsdorf[f]gasse 52, vom 9. Juli 1916 an *Carl Landgrebe* [d.i. <u>Karl</u> *Ludwig Heinrich Landgrebe*, 1871–1931] in Krakau, Landsturm Art. Abtlg. 1/9 Feldpost 186.

E. 22   Brief von *Leopoldine Landgrebe*, Wien XIII, Traut[t]mannsdorf[f]gasse 52, vom 23. Juli 1916 an *Carl Landgrebe* [d.i. <u>Karl</u> *Ludwig Heinrich Landgrebe*, 1871–1931] in Krakau, Landsturm Art. Abtlg. 1/9 Feldpost 186.

E. 23   Brief von *Leopoldine Landgrebe*, Wien XIII, Traut[t]mannsdorf[f]gasse 52, vom 11. Oktober 1916 an R. U. O. [d.i. vermutlich Reserveunteroffizier] *Carl Landgrebe* [d.i. <u>Karl</u> *Ludwig Heinrich Landgrebe*, 1871–1931] in Krakau, Landsturm Art. Abtlg. 1/9, Feldpost 186.

E. 24   Brief von *Leopoldine Landgrebe*, Wien XIII, Traut[t]mannsdorf[f]gasse 52, vom 9. April 1917 an *Carl Landgrebe* [d.i. <u>Karl</u> *Ludwig Heinrich Landgrebe*, 1871–1931] in Krakau, Landsturm Art. Abtlg. 1/9 Feldpost 186.

E. 25   Todtenschein von *Leopoldine Landgrebe*, geb. *Linnert*; Bescheinigung der kath. Pfarre Hietzing, Erzdiözese Wien, in dem der Tod am 13. Juli 1918 bescheinigt wird. Sterbebuch Tom. IX Fol. 156.

---

18   Zum Vornamen »*Natalie*« siehe <u>Natalie</u> *Josephe Landgrebe*, geb. *Scheube*; s. o. S. 286.

Liste der verwendeten Unterlagen

E. 26 Rechnung der Gemeinde Wien – Städtische Leichenbestattung – vom 15. Juli 1918 über 441,40 Kronen für die Beisetzung von *Leopoldine Landgrebe*.

E. 27 Postkarte von *Marie Landgrebe*, Wien IV, Wiedenergürtel 68 vom 8. März 1921 an *Ludwig Landgrebe*, Wien XIII, Traut[t]mannsdorf[f]gasse 52.

E. 28 Brief von *Marie Landgrebe*, Reifnitz [am Wörthersee, Kärnten] vom 1. August 1923 an *Ludwig Landgrebe*.

E. 29 Brief von *Marie Landgrebe*, Wien, vom 7. März 1926 an *Ludwig Landgrebe*.

E. 30 Osterkarte von *Marie Landgrebe*, Wien vom 31. März 1926 an *Ludwig Landgrebe*.

E. 31 Postkarte von *Marie Landgrebe*, Schladming [Steiermark], vom 28. Juli 1926 an *Ludwig Landgrebe*, stud. phil., Freiburg / Breisgau, Bernhardstraße 13.

E. 32 »Gedenkartikel von *Martha Bach* für *Marie [Natalie] Landgrebe*. Dem Andenken meiner lieben, guten Freundin *Marie Landgrebe* gewidmet. Wien im Oktober 1926.«

F. Familie *Ignatz* Michael Linnert und Maria, geb. *Schlender*[19]

F. 01 Taufschein von *Ignatz Michael Linnert*. Auszug aus dem Taufprotokoll Fol 293 der Pfarre am Rennweg in Wien vom 23. September 1827, in dem die kath. Taufe von *Ignatz Michael Linnert* am 14. Juli 1814 bescheinigt wird (mit Stempel der Volkszählung 1881).

F. 02 Taufschein von *Maria Schlender*. Auszug aus dem Taufbuch der kath. Pfarre Drachenburg / Steiermark Folio 76, Tom III vom 20. April 1846, in dem bescheinigt wird, daß *Maria Schlender* am 9. November 1829 kath. getauft wurde.

F. 03 Trauung von *Ignatz Linnert* und *Maria*, geb. *Schlender*: Trauungsschein der Feldgarnison in Wien vom 5. März 1848 über die Trauung am 8. Februar 1848.

F. 04 Totenschein von *Maria Linnert*, geb. *Schlender* der Pfarre Mariabrunn in Wien vom 14. September 1865, in dem der Tod am 7. September 1865 bescheinigt wird.

F. 05 Quittung der Pfarre Mariabrunn vom 10. September 1865 wegen der Kosten der Beisetzung von *Maria Schlender*.

F. 06 Pensionierung von k.u.k. Platzhauptmann I. Klasse beim Platzkommando in Wien *Ignaz Linnert*; Urkunde des »Kaiserl. Königlich. Reichskriegsministerium« Abtheilung 1, Nr. 2778

---

19 Siehe oben S. 279.

Historisches Material

vom 22. Mai 1875, nach welcher er zum 1. Juni 1875 als »ganzinvalid« in den definitiven Ruhestand übernommen wird.[20]

F. 07 Übernahme der Kosten für die Beerdigung der Leiche *Ignatz Linnert*, k.u.k. Hauptmann des Ruhestandes. Amtsquittung vom Todtenbeschreibamte Wien vom 13. Februar 1885, wonach *Josef Kaschna*, Zugführer im Garnisonsspital Nr. 1 in Wien, 50 Gulden 60 Groschen gezahlt hat.

G. Familie <u>Karl</u> Ludwig Heinrich Landgrebe und <u>Rosa</u> Anna geb. Tuma[21]

G. 01 Geburts- und Taufschein von <u>Karl</u> Ludwig Heinrich Landgrebe über die Taufe am 30. April 1871; gültig nur zum Nachweis der arischen Abstammung: Auszug aus dem Taufbuche der Evangelischen Gemeinde Augsburgischen Bekenntnisses, Wien Innere Stadt vom 13. Februar 1939.

G. 02 Taufschein von <u>Rosa</u> Anna Tuma: Bescheinigung vom 25. April 1884 der kath. Gemeinde St. Carl in Wien, Taufbuch Tom 22, Fol 46, über die Taufe am 19. Juli 1877.

G. 03 Vier Schulnachrichten der achtklassigen städtischen Bürgerschule im VII. Bezirk, Lerchenfeldergasse Nr. 61 (Wien), über die Versetzung von *Karl Landgrebe* jeweils in die nächste höhere Klasse; Schuljahre 1878/1879 bis 1881/1882 – 2. bis 5. Klasse.

G. 04 Fünf Religionszeugnisse über die Teilnahme von *Karl Landgrebe* an dem evangelischen Religionsunterricht in den Schuljahren 1879/1880 bis 1883/1884 in der Volksschule in der Lerchenfelderstraße (Wien).

G. 05 Vier Bestätigungen über die Zahlung von *Karl Landgrebe* als Beitrag zur Erhaltung der Stationen für den Religionsunterricht an die Schulkasse der Wiener evangelischen Gemeinden A. und H. C vom 25. September 1879, 23. September 1880, 7. März 1882, 28. September 1882.

G. 06 Zwei Jahreszeugnisse derselben achtklassigen städtischen Bürgerschule im VII. Bezirk, Lerchenfeldergasse Nr. 61 (Wien), von *Karl Landgrebe* über die Versetzung in die jeweils nächste Klasse mit einer in jedem Jahr und in allen Fächern sehr guten Bewertung; Schuljahre 1882/1883 vom 15. Juli 1883 und 1883/1884 vom 15. Juli 1884.

G. 07 Ein Religionszeugnis über die Teilnahme von *Karl Landgrebe*, Josefstadt, Albertgasse Nr. 20, (Wien) an dem evangelischen Religionsunterricht in der Bürgerschule in Neubau, Zollergasse Nr. 41 (Wien) im Schuljahr 1884/85.

---

20 Zur Schreibweise des Vornamens siehe S. 279 Anm. 91. Die Quelle weist die Schreibweise »Ignaz« statt *Ignatz* aus.

21 Siehe oben S. 275.

Liste der verwendeten Unterlagen

G. 08 Freischwimmschein von *Karl Landgrebe* vom 4. Juli 1885 ausgestellt durch den Schwimmeister *Anton Hübner* im Brümelbad.

G. 09 Entlassungszeugnis aus der achten Klasse der öffentlichen Bürgerschule in Wien, 7. Bezirk, Zollergasse Nr. 41 (Wien), vom 15. Juli 1885 mit der Bewertung »sehr gut« in allen Fächern.

G. 10 Zwei Zeugnisse der privaten Handelsschule des Directors *Allina*,[22] vormals *Mühlbauer*, Wien I, Kärntnerstraße 14, Seilergasse 9 für *Karl Landgrebe*:

– über das 1. Semester des 2. Jahrganges des Schuljahres 1885–1886 vom 12. Februar 1886;
– Abschlußzeugnis des zweiten Jahrganges im Schuljahr 1885/1886 vom 15. Juli 1886.

G. 11 Konfirmationsschein von <u>Karl Ludwig Heinrich Landgrebe</u> der Evangelischen Kirche in Wien vom 4. Advent 1886.

G. 12 »Erster k.u.k. autorisirter Militär-Lehr-Curs in Wien«: »Classifikations Ausweis des Frequentanten *Karl Landgrebe*« vom 1. Juli 1892.

G. 13 Frequentations-Zeugnis derselben Einrichtung (»Erster k.u.k. autorisirter Militär-Lehr-Curs in Wien«) von *Karl Landgrebe* vom 1. Juli 1892.

G. 14 *Rosa Tuma*: Befähigungszeugnis der Privat-Kindergärtnerinnen-Bildungsanstalt in Wien als Kindergärtnerin vom 28. Juni 1895.

G. 15 Zeugnis der Firma *E. Leisching*, Wien,[23] vom September 1895 über die erfolgreich abgeschlossene Lehre von *Karl Landgrebe* von 1886 bis 1888 und seine anschließende Tätigkeit bis 1892 als Commis.

G. 16 Zeugnis für den Rechnungs-Unteroffizier II tit. I Classe *Karl Ludwig Landgrebe*, mit dem ihm vom k.u.k. Festungs-Artillerie-Regiment Kaiser I am 13. September 1895 bestätigt wird, daß seine moralische Aufführung während seiner 3jährigen Präsenzdienstzeit tadellos war.

G. 17 Zeugnis der Gummi-Webewaren Fabrik Lurie & Bauer in Wien vom 30. Juni 1898 über die Tätigkeit von *Karl Landgrebe* vom 1. Oktober 1895 bis 30. Juni 1898 als Auslandskorrespondent und Buchhalter.

---

22 Nicht zu verwechseln mit der Allina-Handelsschule in Wien, deren Name sich auf *Heinrich Allina* (* 24.1.1878 in Schaffa, † 10.12.1953 in Wien, Bankbeamter, österreichischer Politiker) bezieht.

23 Es ließ sich nicht ermitteln, ob der Firmenname etwas mit *Eduard Anton Volkmar Leisching* oder seinem Sohn, Hofrat *Dr. Eduard Leisching* (* 26.11.1858, † 7.12.1938 Wien) zu tun hat; s. o. S. 216 Anm. 128 und S. 275.

Historisches Material

G. 18 Uebertritts-Schein von _Rosa Anna Tuma_ aus dem Uebertrittsbuche der evangelischen Pfarrgemeinde Augsb.[urgischen] Bekenntn.[isses] in Wien, Jahr 1900, Zahl 19 B, in dem der Übertritt am 27. Januar 1900 aus der katholischen in die evangelische Kirchengemeinschaft Augsb.[urgischen] Bekenntn.[isses] bescheinigt wird.

G. 19 Trauungsschein von _Karl Ludwig Heinrich Landgrebe_ und _Rosa Anna Tuma_: Auszug aus dem Trauungsbuche der evangel. Pfarrgemeinde Augsb.[urgischen] Bekenntn.[isses] in Wien vom 5. April 1900.

G. 20 Wohnungszeugnis für _Karl Landgrebe_ Stolzenthalergasse 19, VIII Bezirk (Josefstadt) Wien (ohne Datum).

G. 21 Brief von _Rosa Landgrebe_, Kirchberg [am Wechsel, Niederösterreich], 4. Juni 1902, an _Leopoldine Landgrebe_.

G. 22 Todtenschein _Rosa Anna Landgrebe_, geb. _Tuma_: Auszug aus dem Todtenbuch der ev. Pfarrgemeinde in Bregenz, Vorarlberg, Band II, Seite 7, Zahl 25 vom 2. Oktober 1903, in dem der Tod von _Rosa Anna Tuma_ am 5. September 1903 bescheinigt wird.

G. 23 Urkunde des k.u.k. Landbezirkskommandos Nr. 1 in Wien vom 31. Dezember 1913, in dem _Karl Ludwig Landgrebe_ der Dienst im Heer während 10 Jahren und 3 Monaten bescheinigt und damit die allgemeine Landsturmpflicht erfüllt ist.

G. 24 Bescheinigung des schweren Artillerieregimentes Nr. 1 Ersatzbatterie Nr. 1 in Wien vom 11. November 1918, daß _Karl Landgrebe_ über 5 Jahre, 10 Monate als Rechnungs Unteroffizier gedient und ihm der Austritt aus dem Heer bewilligt worden ist.

G. 25 Brief von _C[K]arl Landgrebe_, Wien XIII, Traut[t]mannsdorf[f]gasse 52 vom 12. Januar 1920 an _Ludwig Landgrebe_, derzeit im Jugendheim i. d. Karthause (Karthäuserklause) Saming, Nied.[er] Oest.[erreich].

G. 26 Brief von _C[K]arl Landgrebe_, Wien XIII, Traut[t]mannsdorf[f]gasse 52, vom 3. Juni 1923 an _Ludwig Landgrebe_, Freiburg / Breisgau, Bernhardstraße 13.

G. 27 Brief von _C[K]arl Landgrebe_, Wien, XIII, Traut[t]mannsdorf[f]gasse 52, vom 2. Mai 1926 an _Ludwig Landgrebe_, Freiburg / Breisgau, Bernhardstraße 13.

H. Familie Franz Tuma und Anna, geb. Eben[24]

H. 01 Geburts- und Taufschein für Zwecke des Ariernachweises von _Franz Tuma_: Handschriftlicher Auszug aus dem Geburts- und Taufregister Tom VII pag. 208 der römisch-katholischen

---

24 Siehe oben S. 280.

Pfarre Kronau, Decanat Eibenschitz, Diözese Brünn im Markgrafthum Mähren, in dem die Geburt am 29. November 1832 und die kath. Taufe am 30. November 1832 bescheinigt werden; beglaubigt durch das Amtsgericht Salzburg am 9. Januar 1939.

H. 02 Taufschein für Zwecke des Ariernachweises von *Anna Eben*: Handschriftlicher Auszug aus dem Taufprotokoll No. 15 fol 74 der kath. Pfarre Maria Ellend, Amtsbezirk Hainberg in Niederösterreich, in dem die kath. Taufe am 21. Juli 1839 bescheinigt wird; beglaubigt durch das Amtsgericht Salzburg am 9. Juli 1939.

H. 03 Trauungsschein zum Zwecke des Ariernachweises von *Franz Tuma* und *Anna Eben*: Handschriftlicher Auszug aus dem Trauungsprotokoll 1851 fol. 17 der röm. kath. Pfarre Maria Ellend, Erzdiözese Wien, in dem bescheinigt wird, daß *Franz Tuma* und *Anna Eben* am 5. Februar 1867 nach christkatholischem Gebrauch getraut wurden; beglaubigt durch das Amtsgericht Salzburg am 9. Januar 1939.

J. Familie <u>Ludwig</u> Max Carl Landgrebe und <u>Ilse</u> Maria Landgrebe, geb. Goldschmidt[25]

J. 01 Taufschein von <u>Ludwig</u> *Max Carl Landgrebe*: Auszug aus dem Taufbuche der evangelischen Pfarrgemeinde Augsb.[urgischen] Bekenntn.[isses] in Wien, Jahr 1902, Zahl 56 vom 26. März 1902, in dem die Taufe am 23. März 1902 bescheinigt wird.

J. 02 Schutzpocken-Impfungszeugnis vom 24. September 1903 über die Impfung von *Ludwig Landgrebe* durch den Impfarzt *Dr. Hammerl* am 14. September 1903 in Bludenz; Honorarnote von *Dr. Hammerl* vom 31. Dezember 1903 über 6 Kronen wegen der Impfung.

J. 03 Geburtsurkunde Nr. 513 des Hamburgischen Standesamtes Nr. 3 vom 26. September 1906 *Ilse Maria Goldschmidt* geb. am 21. September 1906 in einem Auszug aus dem Geburts-Haupt-Register desselben Standesamtes vom 23. Mai 1935 (vgl. B. 05, S. 282).

J. 04 Taufschein der Gemeinde St. Johannis-Eppendorf der evangelisch-lutherischen Kirche im Hamburgischen Staate von <u>Ilse</u> *Maria Goldschmidt* getauft am 13. Dezember 1906. (vgl. B. 05, S. 282f.).

J. 05 Impfaufforderung der Polizeibehörde Hamburg vom 1. März 1907 an <u>Ilse</u> *Maria Goldschmidt*.

J. 06 Impfscheine <u>Ilse</u> *Maria Goldschmidt* des Impfbezirks Hamburg vom 10. Mai 1907, 1908 und des Impfbezirks Kreis Stormarn vom 17. Dezember 1918.

J. 07 Schutzpocken-Impfungszeugnis vom 23. Januar 1915 über die Impfung von *Ludwig Landgrebe*, wohnhaft in Wien, XIII Bezirk, Trauttmannsdorffgasse 52, durch die Impfärztin *Dr. Anna Pölzl*, Wien, IV. Bezirk, Gusshausstraße Nr. 22, am 16. Januar 1915 in Wien.

---

25 Siehe oben S. 264, 276f., 279.

Historisches Material

J. 08   Reifezeugnis des Staatsgymnasiums Wien VIII von *Ludwig Landgrebe* vom 4. Juli 1921.

J. 09   Legitimation als Hörer der Universität Wien von *Ludwig Landgrebe* vom 8. Oktober 1921.

J. 10   Kolloquienzeugnis vom 6. Juli 1922 unterzeichnet von *R. Reiniger*[26] in Wien über die Teilnahme von *Ludwig Landgrebe* im Sommersemester 1922 an einem Kolloquium über *Kant*.[27]

J. 11   Bescheinigung des Universitätssekretariats Freiburg i.Br. vom 23. Februar 1923 über die Zulassung von *Ludwig Landgrebe* als Studierender der Philosophie im Sommersemester 1923.

J. 12   Seminar-Zeugnis vom 6. März 1923 unterzeichnet von *R. Reiniger* in Wien über die Teilnahme von *Ludwig Landgrebe* im Wintersemester 1922/1923 an der Besprechung philosophischer Werke.[28]

J. 13   Seminar-Zeugnis der philosophischen Fakultät der Universität Wien vom 8. März 1923 unterzeichnet vom Leiter des historischen Seminars über die Teilnahme von *Ludwig Landgrebe* an Übungen über Mittelalter im Wintersemester 1922/1923.

J. 14   Anmeldungsbuch für stud. phil. *Ludwig Landgrebe* aus Wien, Staatsangehörigkeit Deutschösterreicher eingeschrieben auf der badischen Albert Ludwigs-Universität zu Freiburg i.Br. mit den Teilnahmebestätigungen an Vorlesungen und Übungen vom Sommersemester 1923 bis zum Wintersemester 1926/1927 durch Unterschriften u.a. der Dozenten *Husserl* und *Heidegger* (nur Sommersemester 1923).[29]

---

26   Vgl. *Karl Nawratil*, Robert Reiniger. Leben – Wirken – Persönlichkeit (Österreichische Akademie der Wissenschaften, Philosophisch-Historische Klasse, Sitzungsberichte Bd. 265,2), Wien 1969; *Robert Reiniger*, Kant, seine Anhänger und seine Gegner. Geschichte der Philosophie in Einzeldarstellungen. Abt. VII. Die Philosophie der neuesten Zeit 1, hg. v. *Gustav Kafka*, Bd. 27 / 28, München 1929.

27   Vgl.: Öffentliche Vorlesungen an der Universität zu Wien im Sommersemester 1922, Wien 1922, S. 34: »D. Philosophische Fakultät. I. Philosophie. Reiniger R., o.[rdentlicher] P.[rof.] Dr.: Kant, 4st., Di. Mi. Do. Fr. 4–5«.

28   Vgl.: Öffentliche Vorlesungen an der Universität zu Wien im Wintersemester 1922/23, Wien 1922, S. 38: »D. Philosophische Fakultät. I. Philosophie. Reiniger R., o. P. Dr.: Die deutsche Philosophie von Kant bis Hegel, 4st., Di. Mi. Do. Fr. 4–5«. *Robert Reiniger*, Locke, Berkeley, Hume, München 1922. Es handelt sich also um den Engländer *John Locke* (* 29.8.1632 Wrington bei Bristol, † 28.10.1704 Oates / Essex), den Iren *George Berkeley* (* 12.3.1685 Grafschaft Kilkenny / Irland, † 14.1.1753 Oxford) und den Schotten *David Hume* (* 7.5.1711 Edinburgh, † 25.8.1776 ebd.).

29   *Sommersemester 1923*: Ankündigung der Vorlesungen der Badischen Albert Ludwigs-Universität Freiburg im Breisgau für das Sommerhalbjahr 1923, Freiburg i.Br. 1923, [Übersicht] S. 14–15: Philosophische Fakultät. 1. Philosophie und Pädagogik:

Liste der verwendeten Unterlagen

J. 15   Zeugnis vom 15. September 1923 in Wien über den erfolgreichen Abschluß des Unterrichts im Maschinenschreiben durch *Ludwig Landgrebe*.

J. 16   Handschriftliche Bestätigung von *Edmund Husserl* vom 8. November 1923, Freiburg i.Br., über die Tätigkeit von *Ludwig Landgrebe* als Hilfsassistent.

- *Edmund Husserl*, Ausgewählte phänomenologische Probleme 4st[ündig] Mo Di Do Fr 5–6 [Uhr], S. 289; Phänomenologische Übungen für Fortgeschrittene, 2st Mi 11–1, S. 311;
- *Martin Heidegger*, Ontologie Mo 8–9, S. 291; Phänomenologische Übungen für Anfänger, Sa 7–9, S. 299; Kolloquium über die theologischen Grundlagen von Kants Religion innerhalb der Grenzen der bloßen Vernunft nach ausgewählten Texten, für Fortgeschrittene, 1st (in Gemeinschaft mit *Julius Ebbinghaus*), S. 302.

Wintersemester 1923/1924: [dasselbe] ... für das Winterhalbjahr 1923/24, Freiburg i.Br. 1923, [Übersicht] S. 14: Philosophische Fakultät. 1. Philosophie und Pädagogik:
- *Edmund Husserl*, Erste Philosophie Mo Di Do Fr 5–6, S. 283; Phänomenologische Übungen für Fortgeschrittene, Mi 11–1, S. 297.

Sommersemester 1924: Ankündigung der Vorlesungen der Badischen Albert-Ludwigs-Universität [fortan steht zwischen »Albert« und »Ludwigs« ein Gedankenstrich] Freiburg im Breisgau für das Sommerhalbjahr 1924, Freiburg i.Br. 1924, [Übersicht] S. 14:
- *Edmund Husserl*, Grundprobleme der Ethik, Mo Di Do Fr 5–6, S. 267; Phänomenologische Übungen für Fortgeschrittene, Mi 11¼–1, S. 288.

Wintersemester 1924/1925: [dasselbe] ... für das Winterhalbjahr 1924/25, Freiburg i.Br. 1924, [Übersicht] S. 14:
- *Edmund Husserl*, Geschichte der neueren Philosophie, Mo Di Do Fr 5–6, S. 285; Phänomenologische Übungen für Fortgeschrittene, Mi 11¼–1, S. 298.

Sommersemester 1925: [dasselbe] ... für das Sommerhalbjahr 1925, Freiburg i.Br. 1925, [Übersicht] S. 15:
- *Edmund Husserl*, Einleitung in die phänomenologische Psychologie, Mo Di Do Fr 5–6, S. 281; Übungen in der Analyse und Deskription rein geistiger Akte und Gebilde (im Anschluß an die Vorlesungen über phänomenologische Psychologie), privatim, Mi 11–1, S. 294.

Wintersemester 1925/1926: [dasselbe] ... für das Winterhalbjahr 1925/26, Freiburg i.Br. 1925, [Übersicht] S. 14:
- *Edmund Husserl*, Grundprobleme der Logik, Mo Di Do Fr 5–6, S. 279; Ausgewählte logische Probleme, für Fortgeschrittene, Mi 11–1.

Sommersemester 1926: [dasselbe] ... für das Sommerhalbjahr 1926, Freiburg i.Br. 1926, [Übersicht] S. 15:
- *Edmund Husserl*, Geschichte der neueren Philosophie, Mo Di Do Fr 5–6, S. 280; Phänomenologische Übungen für Vor[!]geschrittene, Mi 11–1, S. 294.

Wintersemester 1926/1927: [dasselbe] ... für das Winterhalbjahr 1926/27, Freiburg i.Br. 1926, [Übersicht] S. 14:
- *Edmund Husserl*, Einführung in die Phänomenologie, Mo Di Do Fr 5–6, S. 282; Phänomenologische Übungen für Vorgeschrittene, Mi 11¼–1, S. 296.

Historisches Material

J. 17   Maschinenschriftliches Zeugnis von *Edmund Husserl*, Prof. der Philosophie, mit Unterschrift vom 16. Mai 1924, Freiburg i.Br., zur Unterstützung des Gesuchs von *Ludwig Landgrebe*, seine finanzielle Unterstützung zu erhöhen.

J. 18   Zeugnis der Universität Freiburg i.Br. von Prof. *H. Jantzen* vom 28. Juli 1924 über die Prüfung von *Ludwig Landgrebe* in Niederländischer Malerei.[30]

J. 19   Promotionsurkunde der Universität Freiburg i.Br. von *Ludwig Landgrebe* vom 17. September 1928.

J. 20   Brief von *Ludwig Landgrebe*, Freiburg i.Br., Zähringerstr. 5 vom 29. April 1929 an Oberlandesgerichtsrat *Dr. Arthur Goldschmidt*, Reinbek bei Hamburg, Kückallee 27.

J. 21   Einbürgerungsurkunde Deutsches Reich Republik Baden, Badisches Bezirksamt, Freiburg i.Br. 6. September 1930 über den Erwerb der deutschen Staatsanghörigkeit durch *Dr. Ludwig Karl Max Landgrebe*.[31]

J. 22   Brief von *Ludwig Landgrebe*, Prag-Bubenco, Lotyiska 6 vom 4. Juli 1933 an *Arthur Goldschmidt*, Reinbek bei Hamburg, Kückallee 27.

J. 23   Deutsches Einheitsfamilienstammbuch von *Ludwig Max Karl Landgrebe*[32] – ausgestellt am 22. Juli 1933, Inhalt:
– Heiratsschein von *Ludwig Max Karl Landgrebe* und *Ilse* Maria Landgrebe, geb. *Goldschmidt*, Reinbek, 22. Juli 1933;
– Trauschein für dieselben der Ev. Luth. Kirchengemeinde Reinbek, 22. Juli 1933;
– Geburtsschein vom 21. April 1934, Reinbek, von *Carl Reimar* Arthur Landgrebe, geb. am 17. April 1934, Reinbek;
– Taufschein für denselben vom 5. August 1934, Reinbek, getauft am 5. August 1934 von Pastor *Fries* in Reinbek;[33] Taufpaten sind keine eingetragen worden;

---

30   Ankündigung der Vorlesungen der Badischen Albert-Ludwigs-Universität Freiburg im Breisgau für das Sommerhalbjahr 1924, [Übersicht] S. 17: Philosophische Fakultät. 4. Archäologie und Kunstgeschichte: *Hans Jantzen*, Geschichte der niederländischen Malerei im 15. und 16. Jahrhundert, Mo Di Do 11–12, S. 387.
Hans Jantzen war Korreferent der Doktorarbeit von *Ludwig Landgrebe*, Wilhelm Diltheys Theorie der Geisteswissenschaften (Analyse ihrer Grundbegriffe). Inaugural-Dissertation zur Erlangung der Doktorwürde der Philosophischen Fakultät der Albert-Ludwigs-Universität zu Freiburg i.Br. vorgelegt von Ludwig Landgrebe aus Wien. Referent: Prof. Dr. [Edmund] Husserl. Korreferent: Prof. Dr. [Hans] Jantzen. Tag der mündlichen Prüfung: 24. Februar 1927.

31   Der Name lautet richtig: *Ludwig Max Carl Landgrebe*, s. o. S. 276.

32   Der Name lautet richtig: *Ludwig Max Carl Landgrebe*, s. o. S. 276.

33   Zu Pastor *Andreas Karl Adolf Fries* s. o. S. 222 Anm. 178.

- Geburtsschein vom 4. April 1935, Reinbek, von *Hans Detlev Ludwig Landgrebe*, geb. am 27. März 1935, Reinbek;
- Taufschein für denselben vom 11. April 1935, Reinbek, getauft am 11. April 1935 von Pastor *Fries* in Reinbek; die Taufpaten sind nach dem Eintrag im Kirchenbuch: »Frau *Gretchen Lassar*, Berlin«, das ist *Margarete Lassar* (geb. *Küller*, Gesangslehrerin),[34] »Herr *Dr. Otto Thomä*, Nieder-Ingelheim, Rhein« (Chemiker), »Herr *Dr. Otto von Preuschl*,[35] Wien« (Rechtsanwalt) »Frau *Hertha Müller*, Berlin«;[36]
- Geburtsschein vom 11. Mai 1940, Leuven (Löwen), von *Winfried Landgrebe*, geb. am 9. Mai 1940, Reinbek;
- Taufschein für denselben vom 1. März 1941, Reinbek, getauft am 1. März 1941 in der Wohnung der Großeltern *Goldschmidt* durch Pastor *Hartung*,[37] Taufpaten: *Edith Martens* (Kusine und Freundin von *Ilse Landgrebe*),[38] Berlin; *Erich Goldschmidt*, Megève, Frankreich;
- Geburtsschein vom 18. Mai 1948, Reinbek, von *Ilse Marianne Landgrebe*, geb. am 17. Mai 1948, Reinbek;
- Taufschein für dieselbe vom 20. Februar 1949, Reinbek, getauft am 20. Februar 1949 im Hause der Eltern durch Pastor *Auerbach*;[39] Taufpaten:[40] *Doris Egbring* (Schauspielerin, Freundin der Familie),[41] *Walter Koppenhagen* (»Liebhaber unserer Mutter« *Ilse*

---

34 Siehe oben S. 235 Anm. 308; S. 262f.

35 Vgl. *Dr. Otto von Preuschl*, Die beiden blinden Grafen Tannenberg im Jahre 1809, in: Tiroler Heimatblätter. Zeitschrift für Geschichte, Natur- und Volkskunde Jg. 34 Heft 4/6, Innsbruck April-Juni 1959, S. 42–45, ebd. Impressum: »Die Mitarbeiter ... Peuschl, Dr. Otto von, Archivar, Terlan«. *Detlev Landgrebe*, E-Mail vom 24.4.2008 an *Th. Hübner*: »Der in den Heimatblättern kann es gewesen sein. Aber ich weiß nichts von ihm. Soweit ich weiß, hatte mein Vater die Verbindung zu ihm verloren. Warum wohl? Jedenfalls hat er sich als Pate nie gerührt im Unterschied zu meinen drei anderen Paten.«

36 Quellen: für das in Anführungszeichen Gesetzte »...«: E-Mail vom 21.2.2008 von *Susanne Steffen*, Verwaltung Ev.-Luth. Kirchengemeinde Reinbek-Mitte; E-Mail von *Detlev Landgrebe* an *Th. Hübner* vom 12.2.2008; zu *Margarete Lassar*, geb. *Küller*, Gesangslehrerin s. o. S. 159 und S. 235 Anm. 308.

37 Zu Pastor *Paul Hermann Jakob Hartung* s. o. S. 230f. Anm. 267. Ein gutes Jahr vor der Beerdigung von *Toni Katharina Jeanette Goldschmidt* ging Pastor *Hartung* also noch in ein »jüdisches« Haus, s. o. S. 136–138.

38 Zu *Edith Martens* s. o. S. 114, 269.

39 Zu Pastor *Walter Jacob Theodor Auerbach* s. o. S. 231 Anm. 269.

40 Auskunft über die Taufpaten von *Winfried* und *Ilse Marianne Landgrebe* sowie ihre Beziehung zu der Familie: E-Mail von *Detlev Landgrebe* an *Th. Hübner* vom 12.2.2008.

41 Siehe oben S. 158; S. 234, Anm. 304: Ihre Mutter *Eleonore Egbring*, geb. *Sommer*, leitete ein Kinderheim am Ossiacher See. *Doris Egbring* (»Dorle«) war im Winter 1946/47 auf der Schau-

Historisches Material

   Landgrebe),[42] *Jürgen Goldschmidt*;
- Todesschein vom 13. Mai 1935 des Standesamtes Reinbek von *Karl Reimar Arthur Landgrebe*, gestorben am 4. Mai 1935 in Reinbek;[43]
- Vermerk vom 17. Mai 1935, Reinbek, über die Beerdigung desselben durch Pastor *Fries*, Reinbek am 7. Mai 1935;
- Todesschein von *Ilse Maria Landgrebe* geb. *Goldschmidt* vom 6. Juli 1982, Bergisch Gladbach, gestorben am 2. Juli 1982 um 4 Uhr 50 Minuten in Bergisch-Gladbach, Ferrenbergstr. 24;
- Todesschein vom 19. August 1991 von *Dr. phil. Dr. h.c. Dr. h.c. Ludwig Max Carl Landgrebe*, gestorben am 14. August 1991 um 13 Uhr 10 Minuten in Köln, Stadtteil Rodenkirchen, Hauptstraße 128.

J. 24 Das Auswärtige Amt in Berlin erklärt brieflich am 23. Januar 1935, daß gegen den von *Ludwig Landgrebe* anläßlich der Habilitation geplanten Erwerb der tschechoslowakischen Staatsangehörigkeit keine Bedenken bestehen.

J. 25 »Der Reichs- und Preußische Minister für Wissenschaft, Erziehung und Volksbildung«, Brief vom 11. April 1935 an *Dr. Ludwig Landgrebe*. Das Einverständnis mit der Habilitierung an der Deutschen Universität Prag wird erklärt. In Übereinstimmung mit dem Auswärtigen Amt keine Bedenken gegen den geplanten Erwerb der Tschechoslowakischen Staatsangehörigkeit.

J. 26 Polizeiliche Abmeldung von *Ilse Maria* und *Detlev Landgrebe* vom 15. Juli 1935 aus Reinbek wegen Umzugs in die Tschechoslowakei.

J. 27 Brief der philosophischen Fakultät der Deutschen Universität in Prag vom 23. September 1935 über den einstimmigen Beschluß der Fakultät, *Ludwig Landgrebe* die venia legendi zu erteilen.

---

   spielschule in Hamburg und wohnte einige Monate bei der Familie *Landgrebe* in Reinbek in der Kückallee. Daraus entstand eine Freundschaft.

42 *Walter Koppenhagen*, Oberstudiendirektor in Uetersen; vgl. *Walter Koppenhagen*, Gedicht »Soldatenschau«, in: Blätter im Geiste Nietzsches, hg. v. *Karl Alfred Strohbach* (die Zeitschrift wurde 1937 von *Strohbach* begründet), Jg. 5, Folge 54 / 55, August / September 1942, (enthält 8 Seiten): Das einzige möglicherweise erhaltene Exemplar (aus: Bibliothek *Richard Frank Krummel*) ist erst 2010 zugänglich: Nietzsche-Dokumentationszentrum Naumburg (liegt z.Zt. unzugänglich im Stadtmuseum Naumburg, so E-Mail vom 26.5.2008 Direktor *Dr. Siegfried Wagner*); bibliographisch nachgewiesen in: *Richard Frank Krummel*, Nietzsche und der deutsche Geist. Bd. III 1919–1945, 1998, (»Nietzsche-Kreis um Karl Alfred Strohbach«) S. 658 (Absatz: a1); vgl. *Walter Koppenhagen*, Carmina, 1958 »als Manuskript gedruckt« (Druck: *Heinrich Bruns*, Uetersen), 12 S.

43 Versehentlich wurde der Totenschein auf »*Karl*« statt auf *Carl Reimar Arthur Landgrebe* (Geburtsschein) ausgestellt.

Liste der verwendeten Unterlagen

J. 28 Mitteilung des Dekanats der philosophischen Fakultät der Deutschen Universität in Prag vom 22. Januar 1936 über die Erteilung der venia docendi für *Ludwig Landgrebe*. Der einschlägige Text der Mitteilung hat folgenden Wortlaut: »Das Ministerium hat mit Erlass vom 9. Jänner 1936, Zahl: 55.407 / 35 - IV / 3 den Beschluß des Professorenkollegiums der hiesigen Fakultät vom 24. Jänner 1935, Ihnen die venia docendi für Philosophie zu erteilen, bestätigt.«

J. 29 Wahl des Großdeutschen Reichstages am 10. April 1938: Merkblatt für Reisende im Sonderzug für Auslandsdeutsche nach Dresden und Teilnahmeheft mit Programm des Abstimmungsaktes in Dresden, Fahrschein für den Sonderzug von Prag nach Dresden ausgestellt von: Die Deutsche Arbeitsfront NS-Gemeinschaft »Kraft durch Freude«.

J. 30 Reisepaß »Deutsches Reich« von *Dr. Ludwig Max Landgrebe*, ausgestellt durch die Deutsche Gesandtschaft in Prag am 17. August 1938 gültig bis 19. Februar 1939; verlängert bis 9. Februar 1940 durch die Deutsche Gesandtschaft in Prag am 10. Februar 1939; verlängert bis 9. Februar 1941 durch die Paßstelle der deutschen Botschaft in Brüssel am 8. Februar 1940.

J. 31 Durchschlag eines Briefes von Dozent *Dr.[Ludwig] Landgrebe*, Roztoky bei Prag vom 27. März 1939 an Sr. Magnifizenz dem Rektor der Deutschen Universität in Prag, Herrn Prof. *Dr. Ernst Otto*.

J. 32 Bestätigung des Rektorats der Deutschen Universität in Prag vom 29. März 1939, daß *Ludwig Landgrebe* sich an der philosophischen Fakultät habilitiert hat und den Aufnahmeantrag in den nationalsozialistischen Dozentenbund eingereicht hat.

J. 33 Certificat D´Inscription Au Registre des Étrangers, Royaume de Belgique, für *Ludwig Landgrebe* der Gemeinde Kessel-Loo (Belgien) vom 22. April 1939 bis zum 22. Oktober 1939 mit einer Verlängerung vom 22. April 1940 bis zum 22. Oktober 1940. Das gleiche Dokument für *Ilse Marie Goldschmidt*, verheiratete *Landgrebe*.

J. 34 Auszug der Ergänzungskarte zur Volkszählung am 17. Mai 1939 mit Angaben zu Namen, Geburtsdaten von *Arthur Goldschmidt*, *Katharina Goldschmidt* und *Detlef Landgrebe*[44] und einer Rubrik mit der Frage, ob einer der vier Großelternteile der Rasse nach Volljude sei. Fragezeichen bei *Detlef* (Kopie = B. 14, S. 284).

J. 35 Mitteilung des NS-Dozentenbund Prag-Brünn unter dem Briefkopf »Nationalsozialistische Deutsche Arbeiterpartei« vom 19. Juni 1939 an *Ludwig Landgrebe* in Löwen, daß die Aufnahme in die Dozentenschaft nicht stattfinden kann.

J. 36 Mitteilung der Deutschen Botschaft in Brüssel vom 17. Oktober 1939 an *Ludwig Landgrebe* in Löwen, daß seinem Antrag auf Befreiung seiner Ehefrau von der Führung des Vornamens Sara nicht entsprochen werden kann.

---

44 Die Quelle weist die Schreibweise »Detlef« statt *Detlev* aus.

Historisches Material

J. 37   Bericht von *Ludwig Landgrebe* als Beilage zu dem Anmeldeformular, Kessel-Loo bei Löwen, Koning Albert Laan 16, über seine Internierung (maschinenschriftlicher Durchschlag).

J. 38   Vermerk der Deutschen Botschaft vom 24. Mai 1940 auf dem handschriftlichen Hilfegesuch von *Ilse Landgrebe* an Major *Dr. von Becker*, Sternwarte in Uccle, vom 21. Mai 1940.

J. 39   Formular »Antrag auf Feststellung von Schäden auf Grund der Verordnung über die Entschädigung deutscher Staatsangehöriger für Kriegssachschäden vom 14. August 1940 (Mil. V.O. BI S. 155)«. Von *Ludwig Landgrebe* am 30. August 1940 ausgefüllt; beigefügt eine Liste der durch Plünderung entstandenen Verluste im Hause Kessel-Loo, Koning Albert Laan 16 mit der Angabe der Schadenssumme von 992 RM [Reichsmark]; Eingangsstempel der Ortsgruppe Brüssel der NSDAP Landesgruppe Belgien.[45]

J. 40   Mitteilung des Beauftragten der Landesgruppe der NSDAP-A.[uslands]O.[rganisation] Belgien für Schadensregelung, *Dr. Werzner*, an *Ludwig Landgrebe*, Löwen, daß sein Entschädigungsantrag an die Feldkommandatur in »Leuwen« weitergeleitet sei (ohne Datum: »… 1940«).

J. 41   Erklärung des Rektors der Universität Löwen vom 2. Oktober 1940, daß er mit der vorzeitigen Beendigung des Auftrages von *Ludwig Landgrebe* einverstanden ist.

J. 42   Anmeldeformular der Familie *Landgrebe* vom 5. Oktober 1940 bei der polizeilichen Meldebehörde der Gemeinde Reinbek über den am 4. Oktober 1940 erfolgten Zuzug nach Reinbek, Kückallee 37.

J. 43   Zuzug von Juden: Schreiben des Bürgermeisters von Reinbek vom 11. November 1940 an den Landrat des Kreises Stormarn mit der Mitteilung, daß *Ilse* Sara *Landgrebe*, Jüdin, und *Detlev* und *Winfried Landgrebe*, Mischlinge ersten Grades, aus Belgien nach Reinbek zugezogen sind (Kopie).

J. 44   Kennkarte »Deutsches Reich« für *Ludwig Landgrebe* vom 14. November 1940, ausgestellt vom Landrat des Kreises Stormarn in Hamburg-Wandsbek, gültig bis 13. November 1945. Volkszählung vom 17. Mai 1939. Kopie der Ergänzungskarte.

J. 45   Kennkarte »Deutsches Reich« für *Ilse Maria* Sara *Landgrebe* unterschrieben mit »*Ilse* Sara *Landgrebe* geb. *Goldschmidt*« mit Fingerabdrücken der Zeigefinger ausgestellt vom Landrat des Kreises Stormarn in Hamburg-Wandsbek am 14. November 1940 gültig bis 13. November 1945. Sie ist als Jüdin auf der Vorderseite der Kennkarte durch ein großes »J« gekennzeichnet.

J. 46   Durchschlag des Briefes von *Ludwig Landgrebe*, Reinbek bei Hamburg, Kückallee vom 20. November 1940 an Prof. *E.[rnst] Otto*, Prag.[46]

---

45   Siehe oben S. 115.

46   Zu Prof. [*Ernst*] *Otto* s.o. S. 228 Anm. 234.

Liste der verwendeten Unterlagen

J. 47 Brief von Doz. *Dr. L. Landgrebe*, Reinbek bei Hamburg, Kückallee 37 vom 20. November 1940 an Sr. Spektabilität dem Dekan der Philos. Fakultät der Deutschen Karls-Universität in Prag, Herrn Prof. *Dr. E.*[rnst] *Schwarz*.

J. 48 Brief von [Prof.] *E.*[rnst] *Otto*, Prag XII, Beneschauer Str. 23, vom 26. November 1940 an *Ludwig Landgrebe*, Reinbek bei Hamburg, Kückallee 37.

J. 49 Brief des Dekans der Philosophischen Fakultät der Deutschen Karls-Universität Prag, [Prof. Dr.] *Ernst Schwarz* vom 20. Dezember 1940 an *Ludwig Landgrebe*, Reinbek bei Hamburg, Kückallee 37.

J. 50 Brief von Professor [*Ernst*] *Otto*, Prag, vom 9. Januar 1941 an *Ludwig Landgrebe*.

J. 51 Bestätigung der Firma Dobbertin & Co vom 24. Januar 1941, daß *Ludwig Landgrebe* als kaufmännischer Angestellter eingestellt worden ist.

J. 52 Angestelltenversicherung, Versicherungskarte für *Dr. Ludwig Landgrebe* ausgestellt in Hamburg am 28. Januar 1941 mit Angabe des Arbeitsverdienstes von Juli bis Dezember 1942: RM [Reichsmark] 1.926,00; 1943: RM 3.675,00; 1944: RM 4.462,65; 1.1. bis 31.8.1945: RM 2.315,00 Krankenkasse Barmer Ersatz-Kasse Hamburg; jährliche Bestätigung des Arbeitgebers durch Firmenstempel und Unterschrift von Dobbertin & Co.

J. 53 Arbeitsbuch von *Dr. Ludwig Landgrebe* ausgestellt am 1. Februar 1941 vom Arbeitsamt Bad Oldesloe. Eintragung über den Beginn der Tätigkeit am 24. Januar 1941 als Korrespondent in der Firma Dobbertin & Co. Ende der Tätigkeit am 31. August 1945.

J. 54 Wehrpaß von *Dr. Ludwig Landgrebe* ausgestellt am 25. April 1941 durch den Oberst und Kommandeur des Wehrbezirks Neumünster.

J. 55 Entschädigungsbescheid Nr. 742 der Oberfeldkommandatur 672 in Brüssel vom 26. August 1941 an *Ludwig Landgrebe* in Reinbek über die Gewährung einer Entschädigung von 992 RM [Reichsmark].

J. 56 Mitteilung des Reichsverwaltungsgerichts (Entschädigungsabteilung des Reichskriegsschädenamtes, Berlin, an *Ludwig Landgrebe*, Reinbek, daß der von der Wehrmachtsdienststelle in Belgien bewilligte Betrag von 992 RM [Reichsmark] zur Zahlung im Postscheckwege angewiesen worden sei (ohne Datum).

J. 57 Mitteilung des Landrates des Kreises Stormarn vom 4. November 1941 an *Ludwig Landgrebe*, daß dem Antrag von *Ludwig Landgrebe*, seine Schwiegereltern vom Kennzeichenzwang zu befreien, nicht entsprochen werden könne (= B. 16, S. 284).

J. 57a Kaufvertrag über das Grundstück Kückallee 37 vom 26. November 1941.

Historisches Material

J. 58   Schreiben von *Ludwig Landgrebe* an den Reinbeker Bürgermeister vom 1. Dezember 1941 mit der ausführlich begründeten Bitte, die geplante Übertragung des Mobiliars seiner Schwiegereltern auf sich zu genehmigen (Kopie).

J. 59   Mietvertrag vom 5. Dezember 1941 zwischen *Carl Dobbertin* und *Ludwig Landgrebe* über die bisher von dem Ehepaar *Goldschmidt* bewohnte Wohnung in der Kückallee 37.

J. 60   Schreiben des Reinbeker Bürgermeisters vom 21. Februar 1942 an *Ludwig Landgrebe* mit der Bitte um Auskunft, welche Dienststelle der Geheimen Staatspolizei ihn bei der Rückkehr aus Belgien vernommen hat (Kopie).

J. 61   Mitteilung von *Ludwig Landgrebe* vom 24. Februar 1942 an den Reinbeker Bürgermeister, er habe sich am 10. Oktober 1940 bei der Staatspolizeileitstelle Hamburg, Düsternstraße, gemeldet (Kopie).

J. 62   Schreiben des Reinbeker Bürgermeisters vom 27. Februar 1942 an die Geheime Staatspolizei Lübeck, daß *Ludwig Landgrebe* sich nach der Rückkehr aus Belgien bei der Staatspolizeileitstelle Hamburg gemeldet habe (Kopie).

J. 63   Formular der Bezirksstelle Nordwestdeutschland der Reichvereinigung der Juden in Deutschland, Hamburg, Beneckestr. 2, vom 7. Dezember 1942 an *Ilse* Sara Landsche mit der Aufforderung, ihre Personalien anzugeben, um zu prüfen, ob sie der Reichsvereinigung der Juden in Deutschland angehöre.[47]

J. 64   Vermerk der Ortspolizeibehörde Reinbek vom 13. Februar 1945 wegen »Geschlossener Arbeitseinsatz von Volljuden« (Kopie).

J. 65   Vermerk der Gemeindeverwaltung Reinbek vom 13. Februar 1945 betr. Einzelheiten des geschlossenen Arbeitseinsatzes der jüdischen Teile aus Mischehen (Kopie).

J. 66   Maschinenschriftlicher Durchschlag des Briefes von *Ludwig Landgrebe*, Reinbek, Kückallee 37 vom 12. Mai 1945 an »Lieber Herr *Dobbertin*«.

J. 67   Abschrift des Briefes von Univ.-Doz. *Dr. L. Landgrebe*, Reinbek bei Hamburg, Kückallee 37 vom 17. Mai 1945 an Bürgermeister *Claussen*, Reinbek.

J. 68   Mitteilung des Dekans der Philosophischen Fakultät der Hansischen Universität vom 15. August 1945, dass der Fakultätsausschuß am 8. August 1945 die Umhabilitierung von der Universität Prag an die Hansische Universität genehmigt hat.

---

47   Siehe oben S. 150.

Liste der verwendeten Unterlagen

J. 69 Mitteilung der Hochschulabteilung der Verwaltung der Hansestadt Hamburg vom 7. Sept. 1945, daß *Dr. Ludwig Landgrebe* mit Wirkung vom 1. Juli 1945 an Diäten nach der Diätenordnung für die Dozenten bei den wissenschaftlichen Hochschulen bewilligt worden sind.

J. 70 Einladung des Dekans [*Bruno Snell*] der Philosophischen Fakultät der Universität Hamburg vom 7. Januar 1946 zur Antrittsvorlesung von *Dr. Ludwig Landgrebe* am 23. Januar 1946 über das Thema »Das Problem einer absoluten Erkenntnis«.[48]

J. 71 Mitteilung des Syndikus der Universität Hamburg vom 6. Juli 1946 über die Wahl von *Dr. Ludwig Landgrebe* durch die Versammlung der außerplanmäßigen Professoren und Privatdozenten als Vertreter in den Universitätssenat.

J. 72 Ernennungsurkunde des Dozenten *Dr. Ludwig Landgrebe* zum außerplanmäßigen Professor an der Universität Hamburg vom 27. September 1946.

J. 73 Vereinbarung zwischen dem Kurator der Universität Kiel (*Dr. Fehling*) und Prof. *Dr. Ludwig Landgrebe* vom 2. November 1946 wegen der Übernahme der Vertretung eines der planmäßigen Lehrstühle für Philosophie der Universität Kiel für das Wintersemester 1946/47.

J. 74 Vereinbarung zwischen dem Kurator der Universität Kiel (*Dr. August Wilhelm Fehling*) und Prof. *Dr. Ludwig Landgrebe* vom 5. Februar 1947 wegen der Übernahme des planmäßigen ordentlichen Lehrstuhls für Philosophie zum 1. April 1947.

J. 75 Kopie des Briefes von Prof. *Dr. Ludwig Landgrebe*, Reinbek, Kückallee 37 vom 14. Februar 1947 an »Mein lieber Erich«.

J. 76 Ernennungsurkunde vom 28. Februar 1947 von *Dr. Ludwig Landgrebe* zum planmäßigen ordentlichen Professor durch den Ministerpräsidenten des Landes Schleswig-Holstein.

J. 77 Kopie des Briefes von Prof. *Dr. Ludwig Landgrebe*, Reinbek, Kückallee 37 vom 8. April 1947 an »Mein lieber Erich«.

J. 78 Maschinenschriftlicher Durchschlag des Briefes von *Ludwig Landgrebe* an *Harras* [d.i. *Ernst Voege*] vom 12. Juli 1947.

J. 79 Maschinenschriftlicher Durchschlag des Briefes von *Ludwig Landgrebe* an *Harras* [d.i. *Ernst Voege*] vom 27. Juli 1947.

J. 80 Brief vom 12. Mai 1948 von Herrn *Arndt* an *Ilse Maria Landgrebe*, Reinbek, Kückallee 37.

---

48 *L. Landgrebe*, Das Problem einer absoluten Erkenntnis, in: *ders.*, Phänomenologie und Metaphysik, 1949, V. Beitr., S. 132–147 = in: *ders.*, Der Weg der Phänomenologie, (¹1963) ²1967, III. Beitr., S. 63–73.

Historisches Material

J. 81   Vereinbarung zwischen dem Kultusminister des Landes Nordrhein-Westfalen und Prof. *Dr. Ludwig Landgrebe* vom 30. November 1955 wegen der Übernahme der planmäßigen ordentlichen Professur für Philosophie an der Universität Köln mit Wirkung vom 1. April 1956.

J. 82   Ernennungsurkunde vom 27. Januar 1956 von Professor *Dr. Ludwig Landgrebe* zum ordentlichen Professor durch den Kultusminister des Landes Nordrhein-Westfalen.

J. 83   Entlassungsurkunde vom 18. April 1956 von *Dr. Ludwig Landgrebe* durch den Ministerpräsidenten des Landes Schleswig-Holstein.

J. 84   Korrespondenz zwischen *Ludwig Landgrebe* und den Kultusministerien von Baden-Württemberg, Nordrhein-Westfalen und *Eugen Fink* wegen einer Berufung von *Ludwig Landgrebe* auf den Lehrstuhl von *Martin Heidegger* an der Universität Freiburg i.Br. beginnend mit dem 27. November 1960 und endend mit einem Brief des Rektors der Universität Köln vom 5. Februar 1962 mit Dank an *Ludwig Landgrebe* wegen seines Bleibens in Köln.

J. 85   Familiengeschichtliche Aufzeichnungen von *Ilse Maria Landgrebe*, geb. *Goldschmidt*, entstanden seit 1962.

J. 86   Dipl. Ing. *Werner Landgrebe* in Aschau (Chiemgau) versendet am 19.12.1967 an *Ludwig Landgrebe* in Bergisch Gladbach eine Kopie des von ihm erstellten »Stammbaum Landgrebe Stand 1967«; diese befindet sich im Archiv von *Detlev Landgrebe*, Hamburg. Zur Entstehung dieses Stammbaums s. o. S. 270f.

J. 87   Urkunde des Ministerpräsidenten des Landes Nordrhein-Westfalen vom 27. Januar 1970 über die Entpflichtung von *Ludwig Landgrebe* mit Ablauf des Monats März 1970 wegen Erreichens der Altersgrenze.

J. 88   Schreiben der Hochschulverwaltung des Landes Nordrhein-Westfalen vom 11. Juli 1970 an die Universität Köln wegen der Übertragung der Vertretung des Lehrstuhls für Philosophie auf *Ludwig Landgrebe* für das Sommersemester 1970 und das Wintersemester 1970/71.

J. 89   Schreiben der Philosophischen Fakultät der Universität Freiburg i.Br. vom 22. Februar 1977 mit Glückwunsch an *Ludwig Landgrebe*: Am 24. Februar 1977 fünfzigster Jahrestag der Promotion.

J. 90   Urkunde der Allgemeinen Gesellschaft für Philosophie aus dem Jahre 1979 zur Verleihung der Ehrenmitgliedschaft an Professor *Dr. Ludwig Landgrebe* durch den Präsidenten *Kluxen* (1922–2007).

J. 91   Briefkarte von »Le Chef de Bataillon (E.R.) *Eric Goldschmidt*, L'Arc en Ciel, 520 Avenue de Montferrat, 83300 Draguignan« vom 25. November 1995 an *Dr. Detlev Landgrebe*, Hamburg.

Literaturverzeichnisse

(Querverweise beziehen sich auch auf andere Abschnitte dieser Verzeichnisse)

Die von Detlev Landgrebe benutzte Literatur

Gerhard Ahrens, Von der Franzosenzeit bis zur Verabschiedung der neuen Verfassung 1806–1860, in: *Werner Jochmann / Hans-Dieter Loose* (Hg.), Hamburg. Geschichte einer Stadt und ihrer Bewohner, Bd. 1, 1982, S. 415–490;

Frank Bajohr, Von der Ausgrenzung zum Massenmord. Die Verfolgung der Hamburger Juden 1933–1945, in: Hamburg im »Dritten Reich«, hg. v. der Forschungsstelle für Zeitgeschichte in Hamburg, Göttingen 2005, S. 471–518;

Avraham Barkai, »Wehr Dich«. Der Centralverein deutscher Staatsbürger jüdischen Glaubens (C.V.) 1893–1938, München 2002;

Sybille Baumbach, Die israelitische Freischule von 1815, in: *Peter Freimark / Arno Herzig* (Hg.), Die Hamburger Juden in der Emanzipationsphase 1780–1870 (Hamburger Beiträge zur Geschichte der deutschen Juden 15 / Veröffentlichungen des Hamburger Arbeitskreises für Regionalgeschichte 3), Hamburg 1989, S. 214–233;

Uwe Brodersen / Ingo von Münch (Hg.), Gesetze des NS-Staates. Dokumente eines Unrechtssystems, zusammengestellt von *Uwe Brodersen*, mit einer Einführung von *Ingo von Münch*, Paderborn (¹1968, ²1982) ³1994 (Nachdruck ⁴2004);

Ursula Büttner (Hg.), Das Unrechtsregime. Internationale Forschung über den Nationalsozialismus. Festschrift Werner Jochmann zum 65. Geburtstag, unter Mitwirkung von *Werner Johe* und *Angelika Voß* (Hamburger Beiträge zur Sozial- und Zeitgeschichte Bd. 21, 22). Bd. 1: Ideologie, Herrschaftssystem, Wirkung in Europa, Bd. 2: Verfolgung, Exil, Belasteter Neubeginn, Hamburg 1986;

Michael Burleigh, Die Zeit des Nationalsozialismus. Eine Gesamtdarstellung, aus dem Englischen übersetzt von *Udo Rennert* und *Karl Heinz Silber*, Frankfurt am Main 2000;

Peter Freimark (Hg.), Juden in Preußen – Juden in Hamburg (Hamburger Beiträge zur Geschichte der deutschen Juden Bd. 10), Hamburg 1983;

Peter Freimark / Arno Herzig (Hg.), Die Hamburger Juden in der Emanzipationsphase 1780–1870 (Hamburger Beiträge zur Geschichte der deutschen Juden 15 / Veröffentlichungen des Hamburger Arbeitskreises für Regionalgeschichte 3), Hamburg 1989;

Saul Friedländer, Das Dritte Reich und die Juden. Die Jahre der Verfolgung 1933–1939, aus dem Englischen übersetzt von *Martin Pfeiffer*, München ¹1998;

Ludwig Geiger, Diesterweg und Frau Johanna Goldschmidt. Zur Frauenbewegung vor einem halben Jahrhundert, in: Die Frau. Monatsschrift für das gesamte Frauenleben unserer Zeit, hg. v. *Helene Lange*, Jg. 14, Berlin Januar 1907, S. 199–211;

Annette Göhres / Stephan Linck / Joachim Liß-Walther (Hg.), Als Jesus »arisch« wurde. Kirche, Christen, Juden in Nordelbien 1933–1945. Die Ausstellung in Kiel, Bremen ¹2003;

Johanna Goldschmidt, Blicke in die Familie, Leipzig (1. Aufl. 1862) ²1864, 1. Heft 60 S., 2. H. 49 S. , 3. H. 63 S.;

Historisches Material

John A.[shley] S.[oames] Grenville, Die »Endlösung« und die »Judenmischlinge« im Dritten Reich, in: *U. Büttner* (Hg.), Das Unrechtsregime Bd. 2, 1986, S. 91–121;

Ingeborg Grolle, Die freisinnigen Frauen. Charlotte Paulsen. Johanna Goldschmidt. Emilie Wüstenfeld (Hamburgische Lebensbilder Bd. 16), Bremen ²2000;

Arno Herzig, Die erste Emanzipationsphase im Zeitalter Napoleons, in: *Peter Freimark / Alice Jankowski / Ina S.[usanne] Lorenz* (Hg.), Juden in Deutschland. Emanzipation, Integration, Verfolgung und Vernichtung. 25 Jahre Institut für die Geschichte der Deutschen Juden (Hamburger Beiträge zur Geschichte der deutschen Juden Bd. 17), Hamburg 1991, S. 130–147;

Werner Jochmann / Hans-Dieter Loose (Hg.), Hamburg. Geschichte einer Stadt und ihrer Bewohner. Bd. 1: *Hans-Dieter Loose* (Hg.), Von den Anfängen bis zur Reichsgründung, Hamburg 1982; Bd. 2: *Werner Jochmann* (Hg.), Vom Kaiserreich bis zur Gegenwart, Hamburg 1986;

Jan Kershaw, Hitler 1889–1936, aus dem Englischen von *Jürgen Peter Krause* und *Jörg W. Rademacher* unter Mitarbeit von *Cristoforo Schweeger*, Stuttgart (¹1998) ²1998;

Jan Kershaw, Hitler 1936–1945, aus dem Englischen von *Klaus Kochmann*, Stuttgart ¹2000;

Renate Landgrebe, Zur Psychologie traumatischer Verfolgungserfahrungen deutscher »Halbjuden« (1933–1945). Psychische Verarbeitung und Auswirkungen 55 Jahre danach. Hochschulschrift Universität Hamburg, Fakultät Erziehungswissenschaft, Psychologie und Bewegungswissenschaft, Dipl.-Arbeit 02-029. Sachgebiet HO 74, Hamburg 2002 (Martha-Muchow-Bibliothek, Fak. EPB);

Uwe Lohalm, Hamburg im Dritten Reich: Die nationalsozialistische Judenverfolgung 1933 bis 1945. Ein Überblick, (Landeszentrale für politische Bildung) Hamburg 1999;

Ina [Susanne] Lorenz, Die Juden in Hamburg zur Zeit der Weimarer Republik. Eine Dokumentation. 2 Teile (Hamburger Beiträge zur Geschichte der deutschen Juden Bd. 13, 1.2), Hamburg 1987;

Ina [Susanne] Lorenz, Identität und Assimilation. Hamburgs Juden in der Weimarer Republik, Hamburg 1989;

Beate Meyer, »Jüdische Mischlinge«. Rassenpolitik und Verfolgungserfahrung 1933–1945 (Studien zur jüdischen Geschichte Bd. 6), Hamburg ¹1999;

Lina Morgenstern, Johanna Goldschmidt, in: *dies.*, Die Frauen des 19. Jahrhunderts. Biographische und culturhistorische Zeit- und Charactergemälde, Folge l Heft 1–12 [Folge 2, H. 13–24, 1889; Folge 3, H. 25–36, 1891], Berlin 1888, S. 323–328;

Jeremy Noakes, Wohin gehören die »Judenmischlinge«? Die Entstehung der ersten Durchführungsverordnung zu den Nürnberger Gesetzen, in: *Ursula Büttner* (Hg.), Das Unrechtsregime. Internationale Forschung über den Nationalsozialismus. Festschrift Werner Jochmann zum 65. Geburtstag, unter Mitwirkung von *Werner Johe* und *Angelika Voß* (Hamburger Beiträge zur Sozial- und Zeitgeschichte Bd. 21, 22). Bd. 1: Ideologie, Herrschaftssystem, Wirkung in Europa, Bd. 2: Verfolgung, Exil, Belasteter Neubeginn, Hamburg 1986;

Inge Stephan / Hans Gerd Winter (Hg.), Hamburg von der Franzosenzeit bis zum Ende des Kaiserreiches (Hamburger Beiträge zur öffentlichen Wissenschaft Bd. 6), Hamburg 1989;

Cornelia Süß, Der Prozeß der bürgerlichen Gleichstellung der Hamburger Juden 1815–1865, in: *Peter Freimark / Arno Herzig* (Hg.), Die Hamburger Juden in der Emanzipationsphase 1780–1870 (Hamburger Beiträge zur Geschichte der deutschen Juden 15 / Veröffentlichungen des Hamburger Arbeitskreises für Regionalgeschichte 3), Hamburg 1989, S. 279–298.

LITERATURVERZEICHNISSE

Das von Detlev Landgrebe benutzte Archivmaterial (vgl. S. 281–304)

Amalie Henriette Westendarp, Meine Mutter. Agathe Margarethe Meyer, geb. Beusch, geb. 1794, gest. 1833. Handschriftliche Aufzeichnungen, Archiv der Firma H. C. Meyer jr. Hamburg 1887;

(Prospekt:) »Hohes Licht. Oberstdorf im Allgäu, 843 m. Das Jugenderholungsheim ›Hohes Licht‹ wurde 1923 von Mevr. [Frau] H.[enriette] Laman [Trip] de Beaufort [1890–1982, niederländische Schriftstellerin] und *Jonkheer Dr. jur. H. Laman Trip* erbaut und steht seitdem in gleichem Besitz und unter gleicher Leitung. Es ist das älteste Jugenderholungsheim im deutschen Alpengebiet und verbindet in der Umsorgung der ihm anvertrauten Jugend Tradition und reichste Erfahrung mit modernen Heilmethoden und zeitgemäßer Erziehung. Herausgegeben im Mai 1939«.

Veröffentlichungen der Familienmitglieder

Zu *Arthur Goldschmidt* hat der Hg. eine vollständige Bibliographie zu erstellen versucht und sowohl den bibliographischen Dienst der Deutschen Nationalbibliothek (Leipzig, Antwortschreiben von *Annette Nase* vom 11.6.2008 an *Th. Hübner*) als auch den der Staats- und Universitätsbibliothek Hamburg befragt, aber keinen einzigen der »Aufsätze über italienische Malerei« (s. o. S. 54) finden können. Der Hinweis der Deutschen Nationalbibliothek auf das »Korrespondenzblatt über Auswanderungs- und Siedlungswesen« geht fehl (s. u. Anm. 14 S. 327); dort werden auch die zwei anderen Autoren gleichen Namens genannt. Eine Bibliographie zum anderen Protagonisten in *Detlev Landgrebes* Buch, *Ludwig Landgrebe*, liegt vor: siehe *Ludwig Landgrebe*, Chronol. Verz. sämtl. Schriften [von *Ludwig Landgrebe*] 1928 bis 1981, in: *ders.*, Faktizität und Individuation, 1982, S. 157–162. Während hier zu *Georges-Arthur Goldschmidt* kein Werkverzeichnis vorgesehen ist, wurden aufgrund des etwas schwierigen Zugangs zu den Werken von *Johanna Goldschmidt*, ihres Sohnes *Otto Goldschmidt* (hier und S. 315–318) und anderer Familienmitglieder alle Titel aufgeführt, die *Th. Hübner* finden konnte.

Jürg Altwegg, Die Heidegger-Kontroverse, Frankfurt a.M. 1988, siehe: *Georges-Arthur Goldschmidt*, Ein Leben, ein Werk im Zeichen des Nationalsozialismus;

Hans Arnthal, Die Nebenleistungsaktiengesellschaft. (§ 212 HGB.). Inaugural-Dissertation zur Erlangung der Doktorwürde bei der Juristischen Fakultät der Universität Leipzig eingereicht von Hans Arnthal bacc. iur. Referendar in Hamburg, Borna-Leipzig 1910;

Peter von Becker, Straftäter und Tatverdächtige in den Massenmedien: Die Frage der Rechtmäßigkeit identifizierender Kriminalberichte. Eine Untersuchung zur beispielhaften Konkretisierung von Medienverantwortung im demokratisch-sozialen Rechtsstaat. Inaugural-Dissertation zur Erlangung der Doktorwürde einer Hohen Juristischen Fakultät der Ludwig-Maximilians-Universität zu München 1978 = (Materialien zur indisziplinären Medienforschung 10), Baden-Baden 1979;

Dominique Foucher, siehe: *Georges-Arthur Goldschmidt*, Arthur Goldschmidt, dessinateur de surcroît;

Historisches Material

Dorothee Freudenberg-Hübner und *Erhard Roy Wiehn*, Abgeschoben. Jüdische Schicksale aus Freiburg 1940–1942. Briefe der Geschwister Liefmann aus Gurs und Morlaas an Adolf Freudenberg in Genf, Konstanz 1993;

Friedrich Fröbel: siehe *Johanna Goldschmidt*, Briefe;

Gerson Hirsch Gerson, De forma corneae oculi humani deque singulari visus phaenomeno dissertatio inauguralis. Quam consensu et auctoritate gratiosi medicorum ordinis in Academia Georgia Augusta pro summis in medicina et chirurgia honoribus rite obtinendis die VII. Aprilis A. MDCCCX. Publico eruditorum examini submittit Gerson Hirsch Gerson Hamburgensis. Gottingae [Göttingen med. Diss. 1810);

G.[erson] H.[irsch] Gerson,[1] Ueber den Hospitalbrand nach eignen während des spanischen Befreyungskrieges und in Belgien gemachten Erfahrungen, von G. H. Gerson, M. D. vormals Assistant surgeon bey der königlich deutschen Legion, Hamburg 1817;

Georg Hartog Gerson, Flussregulirung und Niederungs-Landwirtschaft oder die Einwirkung der Regulirung unserer Ströme auf die Vorfluthverhältnisse der Niederungen (Landwirtschaftliche Jahrbücher 1893), Berlin 1893;

Georg Hartog Hirsch Gerson, Die Schicksale der Fäkalien in kanalisierten und nichtkanalisierten Städten. Rieselfelder, bearb. von *Georg H. Gerson / Johann Heinrich Vogel / Theodor Weyl* (Handbuch der Hygiene Bd. 2, Abt. 1, Lfg. 2), Jena 1896;

Rüdiger Gmelin, Polycythämia vera – klinische Aspekte und Ergebnisse der Radiophosphorbehandlung, Freiburg i.Br. Diss. 1979;

Arthur Goldschmidt, Die rechtliche Natur des Bodmerei-Vertrages. Inaugural-Dissertation zur Erlangung der Juristischen Doctorwürde vorgelegt der Hohen Juristenfacultät der Friedrich-Alexander-Universität zu Erlangen von Arthur Goldschmidt aus Hamburg, Hamburg 1895, 43 S.;

Arthur Goldschmidt, Das Hamburgische Bismarckdenkmal (11. Januar 1902), in: Kunstchronik. Wochenschrift für Kunst und Kunstgewerbe [Beiblatt zur Zeitschrift für bildende Kunst] NF Jg. XIII Nr. 13, 23. Januar [1902], Leipzig / Berlin 1901/1902, S. 198;

Arthur Goldschmidt, Revisionsbefugnis und Ausfuhrsperren. Ein Gutachten zur Praxis der Außenhandelsstellen, Hamburg (Hamburger Ausschuß für Freiheit des Außenhandels) 1922, 16 S.;

Arthur Goldschmidt, Geschichte der evang. Gemeinde Theresienstadt 1942–1945. Von DR. ARTHUR GOLDSCHMIDT † weil.[and] Oberlandesgerichtsrat in Hamburg (Das christliche Deutschland 1933 bis 1945, hg. v. einer Arbeitsgemeinschaft katholischer und evangelischer Christen / Evangelische Reihe Heft 7), Tübingen 1948 (Vorwort vom 6.XI.1946) / neu hg. und mit Anm. versehen von *Thomas Hübner*, in: *Detlev Landgrebe*, Kückallee 37. Eine Kindheit am Rande des Holocaust, Rheinbach 2009, S. 365–426;

Georges-Arthur Goldschmidt, Der Spiegeltag. Roman. Deutsch von *Peter Handke* [ders., Li miroir quotidien, Paris ¹1981], Frankfurt am Main ¹1982;

Georges-Arthur Goldschmidt, Ein Garten in Deutschland. Eine Erzählung. Aus dem Französischen übersetzt von *Eugen Helmlé* [ders., Un jardin en Allemagne. récit, Paris ¹1986], Zürich ¹1988;

Georges-Arthur Goldschmidt, Ein Leben, ein Werk im Zeichen des Nationalsozialismus,

---

1 Zum Namen des Autors siehe S. 265 Anm. 32.

in: *Jürg Altwegg*, Die Heidegger-Kontroverse, Frankfurt a.M. 1988, S. 113–116;

Georges-Arthur Goldschmidt, Die Absonderung. Erzählung. Mit einem Vorwort von *Peter Handke*, Zürich ¹1991;

Georges-Arthur Goldschmidt, Der unterbrochene Wald. Erzählung. Aus dem Französischen von *Peter Handke*, Zürich ¹1992 [*ders.*, La forêt interrompue, Paris 1991];

Georges-Arthur Goldschmidt, Mein Vater Arthur Goldschmidt, in: Ein Garten in Reinbek. Wege der Jüdischen Familie Goldschmidt, 1994, S. 10–12;

Georges-Arthur Goldschmidt, Arthur Goldschmidt, dessinateur de surcroît, in: *Sabine Zeitoun* und *Dominique Foucher*, Le Masque de la Barbarie. Le Ghetto de Theresienstadt 1941–1945, mit einem Vorwort von *Milan Kundera*, Éditions de la Ville de Lyon / Centre d'Histoire de la Résistance et de la Déportation, November 1998, S. 143–149;

Georges-Arthur Goldschmidt, Über die Flüsse. Autobiographie. Aus dem Französischen übersetzt vom Verfasser, Zürich ¹2001 [*ders.*, La traversée des fleuves, Paris ¹1999];

Jenny Goldschmidt, geb. *Lind*: siehe *Jenny Lind*;

Johanna Goldschmidt, Briefe an *Friedrich Fröbel*: »Hamburg, am 12. März [18]49 Adr.[esse]: Frau Goldschmidt Alterwall 63«; »Die Direktion des Vereins deutscher Frauen *Minna Leppoé, Pauline Alt, Johanna Goldschmidt*« Hamburg, d. 8. Okt. 1849; Mitunterzeichnerin Verein Deutscher Frauen zu Hamburg Brief ohne Datum (Okt./Nov. 1849); »Grindelhof, am 15. Mai 1850«, in: *Helmut König*, Mein lieber Herr Fröbel! Briefe von Frauen und Jungfrauen an den Kinder- und Menschenfreund, hg. im Auftrag der Kommission für deutsche Erziehungs- und Schulgeschichte der Akademie der pädagogischen Wissenschaften der DDR, Berlin 1990, S. 108–109, 141, 145. 147, (Originale im Friedrich-Fröbel-Museum in Bad Blankenburg, der undatierte Brief: Archiv Deutsches Institut für Internationale Pädagogische Forschung in Berlin);

[*Johanna Goldschmidt*, ermittelte Verf., siehe *Alexander Sande*], Rebekka und Amalia. Briefwechsel zwischen einer Israelitin und einer Adeligen über Zeit- und Lebensfragen, Leipzig, 1847;[2]

[*Johanna Goldschmidt*,] Muttersorgen und Mutterfreuden. Worte der Liebe und des Ernstes über Kindheitspflege. Von einer Mutter [= *Johanna Goldschmidt*]. Mit einer Vorrede von Seminardirektor *Dr. [Adolph] Diesterweg*, Hamburg (Hoffmann und Campe) [Band I] ¹1849, »Erstes … [bis] Eilftes Kapitel«, XXII, 220 S.;[3]

[*Johanna Goldschmidt*,] Muttersorgen und Mutterfreuden. Worte der Liebe und des Ernstes über Erziehung. Von einer Mutter [= *Johanna Goldschmidt*]. Zweiter Band., Hamburg (Hoffmann und Campe) ¹1851, »Zwölftes … [bis] Drei und zwanzigstes Kapitel«, XII, 232 S.;[4]

2 Zur Autorschaft von *Johanna Goldschmidt* siehe S. 205f. Anm. 24.

3 *Th. Hübner* konnte vier Exemplare in öffentlichen Bibliotheken finden: Universitätsbibliothek Dresden, Duisburg-Essen; Bayrische Staatsbibliothek München; Bibliothek für Bildungsgeschichtliche Forschung des Deutschen Instituts für Internationale Pädagogische Forschung, Berlin.

4 *Th. Hübner* konnte nur ein einziges Exemplar in einer öffentlichen Bibliothek finden – Bibliothek für Bildungsgeschichtliche Forschung des Deutschen Instituts für Internationale Pädagogische Forschung, Berlin – und dankt dem Bi-

Historisches Material

Johanna Goldschmidt, Blicke in die Familie, Leipzig (1. Aufl. 1862) ²1864, 1. Heft 60 S., 2. H. 49 S. , 3. H. 63 S.;

Johanna Goldschmidt, Bericht über die Bewahranstalt und Schule des Frauenvereins zur Unterstützung der Armenpflege. Abgestattet von J. Goldschmidt auf Wunsch des Frauenvereins, Hamburg 1866;

Johanna Goldschmidt, Durch Sonderung zur Einigung, in: Der Frauen-Anwalt. Organ des Verbandes deutscher Frauenbildungs- und Erwerbvereine, hg. v. *Jenny Hirsch*, I. Jg. 1870–1871, Berlin 1871, S. 25–27;

Johanna Goldschmidt, Der Hamburger Fröbel-Verein, in: Der Frauen-Anwalt. Organ des Verbandes deutscher Frauenbildungs- und Erwerbvereine, hg. v. *Jenny Hirsch*, II. Jg. 1871–1872, Berlin, 1872, S. 33–36;

Johanna Goldschmidt, Auszug aus dem Berichte über die Thätigkeit des Hamburger Fröbel-Vereins von 1862 bis 1872. Abgestattet im Namen des Vorstandes von *Johanna Goldschmidt* d.[er] z.[eitige] Präsidentin, in: Der Frauen-Anwalt. Organ des Verbandes deutscher Frauenbildungs- und Erwerb-Vereine, hg. v. *Jenny Hirsch*, III. Jg. 1872–1873, Berlin, 1873, S. 149–153;

Johanna Goldschmidt, Auszug aus dem Bericht über die Thätigkeit des Hamburger-Fröbel-Vereins 1872–1874 erstattet im Namen des Vorstandes von der Präsidentin *Johanna Goldschmidt*, in: Der Frauen-Anwalt. Organ des Verbandes deutscher Frauenbildungs- und Erwerb-Vereine, hg. v. *Jenny Hirsch*, V. Jg. 1874–1875 No. 11. 12, Berlin, 1875, S. 265–271;

Otto Goldschmidt / [Johanna Maria] Jenny Lind, Exeter Hall, Evening Concert in behalf of the Nightingale Fund. Book of the Words of Mr and Made Goldschmidt's evening concert of sacred and miscellaneous music, London o.J. (1856);

Richard Grathoff, siehe: *Ludwig Landgrebe*, Einleitung, 1985;

Joseph Jacob Gumprecht, Dissertatio inauguralis chirurgico-medica. De pulmonum abscessu ope chirurgica aperiendo. Quam illustris medicorum ordinis in Academia Georgia Augusta pro gradu doctoris in medicina et chirurgia rite consequendo publice defendet. Auctor Joseph Jacob Gumprecht Gottingensis [1772–1838], die XVI. decembris MDCCXCII Gottingae [Göttingen Univ., Med. Diss., 1793 – S. 6 dem Vater »*Jac.[ob] Moses Gumprecht*« gewidmet];

Joseph Jacob Gumprecht, Ueber einige Ursachen der Unvollkommenheit in der Geburtshülfe, Göttingen 1800;

Robert Adolf Kann: siehe *E. Leisching*, Ein Leben für Kunst- und Volksbildung, 1978;

Helmut König: siehe *Johanna Goldschmidt*, Briefe;

Milan Kundera, siehe: *Georges-Arthur Goldschmidt*, Arthur Goldschmidt, dessinateur de surcroît;

Alix Landgrebe, »Wenn es Polen nicht gäbe, dann müßte es erfunden werden«. Die Entwicklung des polnischen Nationalbewußtseins im europäischen Kontext von 1830 bis in die 1880er Jahre (Studien der Forschungsstelle Ostmitteleuropa an der Universität Dortmund Bd. 35), Wiesbaden 2003 (Diss. Berlin 2002);

Detlev Landgrebe, Der Rechtsgedanke der actio pro socio im Recht der GmbH. Inaugural-Dissertation zur Erlangung des Grades eines Doktors der Rechte durch die Rechts- und Staatswissenschaftliche Fakultät der Rheinischen Friedrich-Wilhelms-Universität Bonn vorgelegt von *Detlev Landgrebe* aus Bergisch-Gladbach. Promoviert am: 15. März 1966, Bonn 1966;

Detlev Landgrebe, Lebenslauf, in: *ders.*, in: Der Rechtsgedanke der actio pro socio im

bliotheksleiter, *Dr. Christian Ritzi*, für die Erstellung einer Kopie.

Recht der GmbH, Diss. Bonn 1966, S. 151;

Detlev Landgrebe, Investitionslenkung und soziale Marktwirtschaft, Hamburg (Landeszentrale für politische Bildung) ¹1975 / ²1977;

Detlev Landgrebe, Eine Kindheit am Rande des Holocaust, in: Kirche, Christen, Juden in Nordelbien 1933–1945. Die Ausstellung im Landeshaus, hg. v. Präsident des Schleswig-Holsteinischen Landtages [*Martin Kayenburg*] in Zusammenarbeit mit *Annette Göhres* und *Joachim Liß-Walther*, (Schriftenreihe des Schleswig-Holsteinischen Landtages Heft 7), Kiel 2006;

Heinrich Wilhelm Landgrebe, Die Seidenzucht in Deutschland, mit besonderer Berücksichtigung auf Kurhessen, ihre Behandlung und Vortheile, Kassel 1852;

Heinrich Wilhelm Landgrebe: siehe *J. Desel*, Artikel »15. Landgrebe, Heinrich Wilhelm, 1853 bis 1875«, in: *J. Desel*, Pfarrergeschichte, 2003, Nr. 15;

Jobst Felix Max Landgrebe, Expression und Charakterisierung eines humanen löslichen *46 kDa Mannose-6-Phosphat-Rezeptors* in Insektenzellen, Diss. Göttingen 1995;

Jonathan Landgrebe, Liberalisierung und Regulierungsmanagement im Telekommunikationsmarkt. Strategische Mitgestaltung regulatorischer Rahmenbedingungen durch die Marktteilnehmer in Deutschland, Wiesbaden 2006 (Diss. München 2006);

Ludwig Landgrebe, Wilhelm Diltheys Theorie der Geisteswissenschaften (Analyse ihrer Grundbegriffe). Inaugural-Dissertation zur Erlangung der Doktorwürde der Philosophischen Fakultät der Albert-Ludwigs-Universität zu Freiburg i.Br. vorgelegt von Ludwig Landgrebe aus Wien. Referent: Prof. *Dr. [Edmund] Husserl*. Korreferent: Prof. *Dr. [Hans] Jantzen*. Tag der mündlichen Prüfung: 24. Februar 1927. (Die vorliegende Arbeit erscheint zugleich auch im Jahrbuch für Philosophie und phänomenologische Forschung, herausgegeben von *Husserl*, Band IX. [Bd. I.1913 – XI.1930], Halle Saale 1928, S. 237–366), [Sonderdruck] Halle a. S. 1928, S. IV. 238–366 [*L. Landgrebe*, Chronol. Verz., S. 157 Nr. 1];

Ludwig Landgrebe, Lebenslauf, in: *ders.*, Wilhelm Diltheys Theorie der Geisteswissenschaften, Halle a. S. 1928, S. IV (nach S. 366);

Ludwig Landgrebe, Artikel »Dilthey, Wilhelm (1833–1911)«, in: Encyclopaedia of the Social Sciences, Ed. in chief *Edwin R.[obert] A.[nderson] Seligman*. Associate Ed.: *Alvin [Saunders] Johnson*, New York, Vol. (1–15, 1930–1935) five Danton-Exile, New York 1931, S. 144 [*L. Landgrebe*, Chronol. Verz., S. 157, Nr. 17, nennt als das Erscheinungsjahr versehentlich statt 1931 »1933«];

Ludwig Landgrebe, Der Begriff des Erlebens. Ein Beitrag zur Kritik unseres Selbstverständnisses und zum Problem der seelischen Ganzheit 1932, hg. sowie mit einem Nachwort und einem Lit.verz. versehen von *Karel Novotný* (Orbis Phaenomenologicus Quellen, Bd. 2), Würzburg (Herbst) 2008 [Erstausgabe, nicht eingereichte, erste Habilitationsschrift];[5]

Ludwig Landgrebe, Nennfunktion und Wortbedeutung: eine Studie über Martys Sprachphilosophie, Halle (Akademischer Verlag) 1934, 132 S. [Habilitationsschrift; *L. Landgrebe*, Chronol. Verz., S. 157 Nr. 2];[6]

---

[5] In ihren E-Mails an *Th. Hübner* haben Prof. *Dr. Ivan Chvatík* am 3.5.2008 und *Dr. Hans Rainer Sepp* am 8.5.2008 freundlicherweise auf diese Erstausgabe aufmerksam gemacht.

[6] Zu *Anton Marty* (1847–1914) siehe S. 222 Anm. 177 (Lit.).

Ludwig Landgrebe, Diltheys Stellung in der deutschen Geistesgeschichte. Aus Anlaß seines 25jährigen Todestages 1.X.1911., in: Geistige Arbeit. Zeitung aus der wissenschaftlichen Welt, hg. v. *G.[erhard] Lüdtke* und *H.[ans] Sikorski* (I, 1934 – XI, 1944, dann Erscheinen eingestellt, vormals: Minerva-Zeitschrift. Nachrichten für die gelehrte Welt, Berlin Jg. 1 1924/25), 3. Jg. Nr. 20, Berlin 20. Oktober 1936, S. 1–2 [*L. Landgrebe*, Chronol. Verz., S. 158 Nr. 20];

Ludwig Landgrebe, Zur Überwindung des europäischen Nihilismus [Vortrag Bremen 7.1.1946], in: Hamburger Akademische Rundschau. Herausgegeben von Dozenten und Studenten der Universität Hamburg (verantwortlicher Redakteur: *Karl-Ludwig Schneider*). Veröffentlicht unter Zulassung Nr. 34 der Militärregierung, 1. Jg. 1946/1947, 6. Heft, Hamburg 1946/1947, S. 221–235 = Hamburger Akademische Rundschau, 4 Teile: Nachdruck des I. (1946/1947), II. (1947/1948), III. Jahrganges (1948/1950), Teil 4: *Angela Bottin* (Hg.) Begleitband Berichte. Dokumentation. Register (Hamburger Beiträge zur Wissenschaftsgeschichte Bd. 10 Teil 1–4, Berlin / Hamburg 1991), Berlin / Hamburg 1991 [*L. Landgrebe*, Chronol. Verz., S. 158 Nr. 27];

Ludwig Landgrebe, Das Buch. Zur Idee der Universität:
- *Karl Jaspers*, Die Idee der Universität, … Berlin-Heidelberg, 1946, 123 Seiten.
- *Gerhard Ritter*, Die Idee der Universität und das öffentliche Leben, … Freiburg i.B., 1946, 27 Seiten.
- *José Ortega y Gasset*, Mission of the University. Ins Englische übersetzt und eingeleitet von *Howard Lee Nostrand*. In: International Library of Sociology and Social Reconstruction, ed. by Dr. Karl Mannheim; Kegan Paul, … London, 1946, 81 Seiten.

in: Hamb. Akad. Rundsch. a.a.O. (s.o. *L. Landgrebe*, 1946/1947) 1. Jg. 1946/1947, 10. Heft, Hamburg 1946/1947, S. 432–434.437;

Ludwig Landgrebe, Thomas Mann über Nietzsche, in: Hamb. Akad. Rundsch. a.a.O. (s.o. *L. Landgrebe*, 1946/1947) 2. Jg. 1947/1948, 11./12. Heft, Hamburg Mai / Juni 1948, S. 617–621 [*L. Landgrebe*, Chronol. Verz., S. 158 Nr. 29];

Ludwig Landgrebe, Phänomenologie und Metaphysik, Hamburg 1949 [*L. Landgrebe*, Chronol. Verz., S. 157 Nr. 4];

Ludwig Landgrebe, Das Problem einer absoluten Erkenntnis [Antrittsvorlesung am 23.1.1946 Hamburg], in: *ders.*, Phänomenologie und Metaphysik, 1949, V. Beitrag, S. 132–147 = in: *ders.*, Der Weg der Phänomenologie, (^{1}1963) ^{2}1967, III. Beitr., S. 63–73;

Ludwig Landgrebe vermittelte das Manuskript aus dem Nachlaß von *Edmund Husserl*: Shaw und die Lebenskraft des Abendlandes. Von *Edmund Husserl*, in: Hamb. Akad. Rundsch. a.a.O. (s.o. *L. Landgrebe*, 1946/1947) 3. Jg. 1948/1950, 11./12. Heft, Hamburg 1950, S. 743–744;

Ludwig Landgrebe, Philosophie der Gegenwart (Wissenschaft der Zeit), Bonn ^{1}1952, (Ullstein Bücher 166) Frankfurt a.M. Lizenzausgabe ^{2}1957, ^{3}1958, ^{4}1961 (übersetzt in 5 Sprachen) [*L. Landgrebe*, Chronol. Verz., S. 157 Nr. 5];

Ludwig Landgrebe, Philosophie und Theologie, in: Neue Zeitschrift für systematische Theologie und Religionsphilosophie Jg. 5, Berlin 1963, S. 3–15 [*L. Landgrebe*, Chronol. Verz., S. 159 Nr. 64];

Ludwig Landgrebe, Der Weg der Phänomenologie. Das Problem einer ursprünglichen Erfahrung, mit einem Vorwort von *Günter Rohrmoser* »dem verehrten Autor, Professor Dr. Landgrebe, zu seinem 60. Geburtstag als Gabe überreicht« (ebd. S.

7), Gütersloh ¹1963 (²1967, ³1969, ⁴1971, ⁵1978 (Gütersloher Taschenbücher Siebenstern Nr. 295) [*L. Landgrebe*, Chronol. Verz., S. 157 Nr. 6];

Ludwig Landgrebe (Hg.), Festschrift für Eugen Fink zum 60. Geburtstag, Den Haag 1965 [*L. Landgrebe*, Chronol. Verz., S. 161 Nr. 10];

Ludwig Landgrebe, Ludwig Landgrebe, in: Philosophie in Selbstdarstellungen Bd. II, hg. v. *Ludwig J.[akob] Pongratz*, Hamburg 1975, S. 128–169 [*L. Landgrebe*, Chronol. Verz., S. 160 Nr. 90: »Philosophische Autobiographie«];

Ludwig Landgrebe, Eugen Fink (1905–1975), in: Philosophy and phenomenological research Jg. XXXVI, New York 1975/76, S. 594–595 [*L. Landgrebe*, Chronol. Verz., S. 160 Nr. 88];

Ludwig Landgrebe, Erinnerungen an meinen Freund *Jan Patočká*. Ein Philosoph von Weltbedeutung, in: Perspektiven der Philosophie III 1977, erschienen Hildesheim / Amsterdam 1978 [*L. Landgrebe*, Chronol. Verz., S. 161 Nr. 101];

Ludwig Landgrebe, Chronologisches Verzeichnis sämtlicher Schriften [von *Ludwig Landgrebe*] von 1928 bis 1981, in: *ders.*, Faktizität und Individuation, 1982, S. 157–162;

Ludwig Landgrebe, Faktizität und Individuation. Studien zu den Grundfragen der Phänomenologie, Hamburg 1982;

Ludwig Landgrebe, Professor H. L. van Breda †, in: Philosophy and phenomenological research Jg. XXXVI, New York 1975/1976, S. 441–442 [*L. Landgrebe*, Chronol. Verz., S. 160 Nr. 87];

Ludwig Landgrebe, Einleitung in: *Richard Grathoff*, Alfred Schütz – Aaron Gurwitsch. Briefwechsel 1939–1959, München 1985;

Ludwig Landgrebe, Briefwechsel mit *Edmund* und *Malvine Husserl* vom 18.9.1925 bis zum 15.4.1938, in: Edmund Husserl. Briefwechsel Band IV. Die Freiburger Schüler (Husserliana Dokumente Band III Briefwechsel. Teil 4 Die Freiburger Schüler), hg. in Verbindung mit *Elisabeth Schuhmann* von *Karl Schuhmann*, Dordrecht / Boston / London 1994, S. 247–383;

Ludwig Landgrebe: Phänomenologie heute. Festschrift für Ludwig Landgrebe [zum 70. Geb.], hg. v. *Walter Biemel* (Phaenomenologica Bd. 51), Den Haag 1972;

Renate Landgrebe, Zur Psychologie traumatischer Verfolgungserfahrungen deutscher »Halbjuden« (1933–1945). Psychische Verarbeitung und Auswirkungen 55 Jahre danach. Hochschulschrift Universität Hamburg, Fakultät Erziehungswissenschaft, Psychologie und Bewegungswissenschaft, Dipl.-Arbeit 02-029. Sachgebiet HO 74, Hamburg 2002 (Martha-Muchow-Bibliothek, Fak. EPB);

Gerhard Lassar, Grundbegriffe des preußischen Wegerechts. Inaugural-Dissertation zur Erlangung der Doktorwürde einer Hohen Juristischen Fakultät der Friedrich-Wilhelms-Universität zu Berlin vorgelegt von *Gerhard Lassar*, Gerichtsreferendar in Berlin, Berlin 1919;

Gerhard Lassar, Lebenslauf, in: *ders.*, Grundbegriffe des preußischen Wegerechts, Berlin 1919, S. 32;

Oscar Lassar, Zur Manometrie der Lungen. Inaugural-Abhandlung der medicinischen Facultät zu Würzburg vorgelegt von Oscar Lassar aus Hamburg, Würzburg, 1872;

Oscar Lassar (Hg.), Katalog zur wissenschaftlichen Ausstellung der 59. Versammlung deutscher Naturforscher und Aerzte, Berlin 1886;

Oscar Lassar, Über Volksbäder, Braunschweig ¹1887 / ²1888 (2. vermehrte Aufl.);

Oscar Lassar, Über Volks- und Arbeiter-Bäder (aus: Concordia. Zeitschrift des Vereins zur Förderung des Wohles der Arbeiter, Jg. 9 Nr. 8/9, 1887), Mainz 1887;

Historisches Material

Oscar Lassar, Die Kulturaufgabe der Volksbäder, Berlin 1889;

Oscar Lassar (Hg.), Katalog zur medizinisch-wissenschaftlichen Ausstellung für den 10. internationalen medizinischen Congress 1890, Berlin 1890;

Oscar Lassar (Hg.), Deutsche Kurorte. Eine Festschrift für die Mitglieder des X. Internationalen Medicinischen Congresses, Berlin 1890;

Oscar Lassar, Die Prostitution zu Paris (aus: Berliner klinische Wochenschrift 1892 Nr. 5), Berlin 1892;

Oscar Lassar, Die gesundheitsschädliche Tragweite der Prostitution, Berlin 1892;

Oscar Lassar, Das medicinische Studium der Frau, Vortrag, Berlin 1897;

Oscar Lassar, Über häusliche Gesundheitspflege, Berlin 1905;

Eduard Leisching, Ein Leben für Kunst- und Volksbildung. 1858–1938. Erinnerungen, hg. v. *Robert A.[dolf] Kann* und *Peter Leisching* (Fontes rerum austriacarum Abt. 1, Sciptores Bd. 11), Wien 1978;

Peter Leisching: siehe *E. Leisching*, Ein Leben für Kunst- und Volksbildung, 1978;

Jenny Lind [verh. *Goldschmidt*], The lost letters of *Jenny Lind*, transl. from the German and ed. with commentaries by *W. Porter Ware*, London 1966, III, 159 S.;

Karel Novotný: siehe *Ludwig Landgrebe*, Der Begriff des Erlebens, 2008;

Dr. M.[oritz] [G.[ustav] Salomon, Die Beschneidung. Historisch und medizinisch beleuchtet, Braunschweig (Friedrich Vieweg und Sohn) 1844, Umfang: X, 102 (die Paginierung springt von »101« zu »201«, also nicht: 201) Seiten;

Erhard Roy Wiehn, siehe: *Dorothee Freudenberg-Hübner* …, Abgeschoben, 1993;

Sabine Zeitoun, siehe: *Georges-Arthur Goldschmidt*, Arthur Goldschmidt, dessinateur de surcroît.

Literaturverzeichnisse

Werkverzeichnis Otto Goldschmidt (1829–1907)
und weitere Kompositionen sowie Musikausgaben aus dem Kreis der Familie

*O. Goldschmidt*s Werke sind geordnet nach der op.-Zahl. Bibliogr. z. Zt. nicht nachweisbar sind: op. 1–4; 5,1–2; 10–11; 14; (15,3?); 16–17; 18,1–3; 19; 21; 23,2 (ff.?); eventuell 28 usw. Vgl. *Gunilla Eschenbach*, Wiederentdeckte Mendelssohn-Autographe in Zeugnissen des Conservatoriums der Musik zu Leipzig, in: *Hans Joachim Marx* (Hg.), Hamburger Mendelssohn-Vorträge. Internationale Felix Mendelssohn Bartholdy-Gesellschaft, Hamburg 2003, Anhang S. (139-157) 140: »Goldschmidt hatte dort ein von ihm selbst komponiertes Konzert vorgetragen.« – Es könnte sich hier um op. 1 von *Otto Goldschmidt* handeln. In dem neuesten wiss. Artikel – *Linda Maria Koldau*, Artikel »*Goldschmidt, Otto (Moritz David)*«, in: MGG² Personenteil Bd. 7, 2002, Sp. 1263–1264 – werden die op.-Hinweise (op. 7–9, 13, 20, 25,27) von *Robert Pascall* – Artikel »Goldschmidt, Otto Moritz David«, in: MGG¹ Bd. 16 (Supplement), Kassel u.a. 1979, Sp. 501–502 – nur übernommen; für den wiss. Anspruch von MGG² eine etwas schmale Auskunft. *Gaynor G. Jones / Christopher Fifield*, Artikel »*Goldschmidt, Otto (Moritz David)*«, in: Grove² Bd. 10, 2001, S. 107, gibt über op.-Ausgaben keine Auskunft.

Jenny Lind [afterwards *Goldschmidt*], Programme of Madame Otto Goldschmidt's grand concert … May 21, 1852. With the words of the songs and translations, N.[ew] Y.[ork] 1852;[7]

Otto Goldschmidt, »Come when the Dawn«. Part Song for two soprani, Alto, Tenor & two Basses, the words by *F.[rancis] Bennoch*, op. 5 Nr. 3, London o.J. (1859);

Otto Goldschmidt, Deux reveries pour le Piano, op. 6, London 1853;

Otto Goldschmidt, Trois pensées fugitives pour le piano, op. 7, London (Addison & Hollier) o.J. (1853);

Otto Goldschmidt, Six Songs [for Soprano or Tenor], with German and English words (The Poetry by *O.[skar Freiherr] von Redwitz* [1823–1891]etc.), op. 8, London o.J. (1859);

Otto Goldschmidt, Six Songs [for Soprano or Tenor], with German and English words (The Poetry by [*Nikolaus*] *Lenau* [1802–1850], [*Emanuel*] *Geibel* [1815–1884], [*Joseph Freiherr von*] *Eichendorff* [1788–1857], etc.), op. 9, London o.J. (1859);

Otto Goldschmidt, Trio für Pianoforte, Violine und Violoncello, op. 12, Leipzig (Breitkopf & Härtel) o.J. (ca. 1854), 47 S. und zwei Stimmen;

Otto Goldschmidt, 12 grandes études, Pour le piano, Composées et Dédiées à Madame Clara Schumann, op. 13, London o.J. (1855);

Otto Goldschmidt, The healing Flower, Four-part Song [Textanfang: »A Flow'r of wond'rous Beauty«, the words from the German by *J.[ohn] Oxenford* (1812–1877)],[8] op. 15 Nr. 1, London o.J. (1859);

Otto Goldschmidt, Summer Evening. four-part Song [Textanfang: »The Night her Shade

---

[7] Wenn es heißt (s.o. S. 31), für dieses Konzert habe *Otto Goldschmidt* »eine Abschiedsarie … komponiert«, so kann es sich hier um op. 2, 3 oder 4 handeln.

[8] Vgl. *John Oxenford*, The Auto-biography of Goethe … [Aus meinem Leben: Dichtung und Wahrheit] translated by *John Oxenford*, 2 Bd.e, London ¹1848–49 (Neuaufl. New York 1969, London 1971, Chicago / London 1974).

is bringing«, the words from *L.[udwig] Tieck* [1773–1853], translated by *J.[ohn] Oxenford* [1812–1877], op. 15 Nr. 2, (*J.[ohn] P.[yke] Hullah* (1812–1897), The singers library of concerted music. Secular No. 27), London o.J. (1859) / Neuausgabe London 1906 ([*Vincent Novello* (1781–1861)] Novello's Part-Song Book, second Series No. 1013);

Otto Goldschmidt / William Sterndale Bennett [1816–1875], The Chorale Book for England. Congregational edition, 2 Bd.e, London 1863–1865;

Otto Goldschmidt / William Sterndale Bennett [1816–1875], The Chorale Book for England. The Hymns from the »Lyra Germanica«, translated by *Catherine Winkworth*, London 1863;

Otto Goldschmidt / William Sterndale Bennett [1816–1875], The chorale book for England; a complete hymnbook … in accordance with the services and festivals of the Church of England / The hymns from the Lyra germanica and other sources, translated by *Catherine Winkworth* (1827–1878); the tunes from the sacred music of the Lutheran, Latin, and other churches, for four voices, with historical notes, etc., etc., compiled and editet by *William Sterndale Bennett* and *Otto Goldschmidt*, London 1865;

Otto Goldschmidt, Do you ask what the birds say?, op. 18 Nr. 4, London (Cramer) o.J. (1865?);

Otto Goldschmidt, Ruth. A sacred pastoral, the words selected from the Bible, op. 20, the music composed by *Otto Goldschmidt*, the pianoforte arrangement by *A.[lfred] H. Thouless* († 1893) London (Lamborn Cock, Addison & Co) 1868;

Otto Goldschmidt, Ruth, ein biblisches Idyll nach Worten der Heiligen Schrift in Musik gesetzt, (op. 20), Düsseldorf (Stahl) 1870, 15 S.;

Otto Goldschmidt, Ruth. A sacred pastoral. Chorus parts, op. 20, London o.J. (1870);

Otto Goldschmidt, Ruth, ein biblisches Idyll nach Worten der Heiligen Schrift, in Musik gesetzt für Solostimmen, Chor und Orchester, op. 20, Klavier-Auszug mit deutschem und englischem Text, Hamburg ([Fritz] Schuberth) o.J. (1874), 168 S.;

Otto Goldschmidt (Hg.), The Bach Choir['s] Magazine. Select Vocal Part Music of different schools, Nr. 1–23 (von Nr. 24 an ist der Hg. jeweils ein anderer; es erschienen 37 Nr.), London 1877–1905;

- Nr. 10a: *Giovanni Pierluigi da Palestrina* (1525?-1594), Adoramus te, motett for 4 voices, edited and marked for the use of the Bach Choir by *Otto Goldschmidt*, London 1879;
- Nr. 10b: *J. L. da Vittoria* (1540–1605), O quam gloriosum, motett for 4 voices, edited and marked for the use of the Bach Choir by *Otto Goldschmidt*, London 1877;
- Nr. 16: *Henry Purcell* (1659–1695), Jehova quam multi sunt hostes, London 1882;

Otto Goldschmidt, Duet for two Pianofortes, op. 22, London (Chappell & Co) o.J. (1886);

Otto Goldschmidt, Vier Lieder von Goethe – the English version by *C.[atherine] Winkworth* [1827–1878] – für eine Singstimme mit Pianoforte-Begleitung, op. 23 No. 1 Blü[!]mengruss – No. 2 An die Entfernte … No. 3 Gegenwart … No. 4 Cupido, etc., London (S. Lucas, Weber & Co) o.J. (1887);

Otto Goldschmidt, Prelude … for the 1st Tableau of the Tale of Troy … as performed ad Cromwell House in 1883. Op. 24. Arrangement für two pianofortes by the composer, London (Chappell & Co) o.J. (1897);

Otto Goldschmidt, Three Pianoforte Pieces, op. 25, Nr. 1 Widmung. Transcription [of Six

LITERATURVERZEICHNISSE

Abb. 58
Otto Goldschmdit (1829–1907) und Jenny Goldschmidt geb. Lind (1820–1887) © Ullstein Bild

Songs, op. 8 Nr. 1]; Nr. 2 Im Sommer. Scherzo; Nr. 3 Variations on a Theme [Pastorale für Orgel, F-Dur BWV 590, bis 1727] by [Johann] Sebastian Bach. London (Edwin Ashdown) o.J. (1897), 9 S.;[9]

Otto Goldschmidt, Two pieces for clarinet (or violin) and pianoforte, op. 26, ca. 1900, 9 S. und 2 Stimmen (Klavierstimme gleichzeitig Partitur) / hg. v. *Colin Bradbury*, London (Stanley Lucas & Son) ca. 1899, 14 S. (Klavierpartitur, Stimme) – »Evening« ist eine Bearbeitung des Komponisten seines op. 9,2 »Gruß an den Abend«, enthält: Evening, Rondo caprice;[10]

Otto Goldschmidt, Musikbeilagen. Zusammengestellt und herausgegeben von *Otto Goldschmidt*: I. Cadenzen, II. Volle Auszüge, III. Skandinavische Lieder, in: *Henry Scott Holland / William Smyth Rockstro*, Jenny Lind, ihre Laufbahn als Künstlerin. 1820–1851. Nach Briefen, Tagebüchern u.a. von *Otto Goldschmidt* gesammelten Schriftstücken, deutsch von *Hedwig I. Schoell*, mit Abbildungen und Musikbeilagen, 2 Bände, Leipzig 1891, S. 401.1–24;[11]

Otto Goldschmidt, Music. An Ode by Sir Lewis-Morris [1726–1798] … for Soprano Solo and a small Three-Part Choir of Soprani and Alti, with Harp and Organ, op. 27, London / New York (Boosey & Co) 1898;

Robert Schumann, Waldszenen Opus 82. Faksimile nach dem Autograph im Besitz der Bibliothèque nationale de France, Paris. »Waldscenen. Neun Clavierstücke von *Robert Schumann*. op. 93 [sic!] 82, componirt und Fräulein Annette Preusser zugeeignet«, Nachwort von *Margit L. McCorkle*, München (G. Henle Verlag, ISMN M-2018-3217-3) 2005.

9 Das Exemplar aus dem Nachlaß *Joseph Joachim* (* 28.6.1831 Kittsee bei Preßburg / Ungarn, † 15.8.1907 Berlin, Geigenvirtuose), welches sich in der Bibliothek der Universität der Künste zu Berlin befindet, trägt den handschriftlichen Eintrag von *Otto Goldschmidt*: »Dem Jugendfreunde. Dem verehrten Meister Joseph Joachim von Otto Goldschmidt, Weihnachten 1900«. Handschriftlicher Eintrag (von *Joseph Joachim*?): »Inhalt Goldschmidt op 25³ Variations. op 26 2 Pieces for Clarinet (or Violin) and Pianoforte«. *Otto Goldschmidt* und *Joseph Joachim* haben sich beide bei *Felix Mendelssohn Bartholdy* als erste Studenten 1843 an dem Conservatorium der Musik zu Leipzig eingeschrieben; vielleicht rührt daher die ›Jugendfreundschaft‹ der ehemaligen Kommilitonen.

10 Siehe oben Anm. 9.

11 Auch in: *Henry Scott-Holland / William Smyth Rockstro*, Memoir of madame Jenny Lind-Goldschmidt, her early art-life and dramatic career 1820–1851. From orig. documents, letters, … collected by Mr. *Otto Goldschmidt*, London 1891; vgl. auch *William Smyth Rockstro*, Jenny Lind. A record and analysis of the »method« of the late Madame Jenny Lind-Goldschmidt, ed. together with a selection of cadenze, solfeggi, abellimenti, & c. in illustration of her vocal art, ed. by *Otto Goldschmidt*, London 1894.

LITERATURVERZEICHNISSE

Veröffentlichungen von Freunden der Familienmitglieder (und über sie)

v. Br. [das ist *Herman Leo van Breda*[12]], Das Husserl-Archiv in Löwen, in: Hamb. Akad. Rundsch. a.a.O., 3. Jg. 1948/1950, 11./12. Heft, Hamburg 1950, S. 750–752;

Herman Leo van Breda, Laudatio für Ludwig Landgrebe und Eugen Fink [anläßlich der Verleihung des Ehrendoktorats durch die Katholieke Universiteit de Leuven am 2.4.1971], in: *Ludwig Landgrebe*: Phänomenologie heute. Festschrift für Ludwig Landgrebe, hg. v. *Walter Biemel* (Phaenomenologica Bd. 51), Den Haag 1972, S. 1–13;

Adolph Diesterweg, Vorwort, in: *J. Goldschmidt*, Muttersorgen und Mutterfreuden [Bd. I], 1849, S. I–XXII;

Kurt Fehling, Gefahren der beschränkten Haftung für die Gläubiger einer G.m.b.H. Eine rechtstatsächliche und rechtspolitische Untersuchung. Von Dr. Kurt Fehling, Leipzig 1935;

Eugen Fink / Herman Leo van Breda, Studien zur Phänomenologie 1930–1939 (Phaenomenologica 21), Den Haag 1966;

---

12   Anmerkungen der Redaktion, in: Hamb. Akad. Rundsch. a.a.O. (s. o. *L. Landgrebe*, 1946/1947, S. 312), 3. Jg. 1948/1950, 11./12. Heft, Hamburg 1950, S. 844: »Der Bericht über das Husserl-Archiv beruht auf einem eingehenderen Manuskript von Professor von Breda-Löwen. Wir bringen ihn in der Form, in der er am 6. April 1949 im Nachtprogramm des Nordwestdeutschen Rundfunks, Sender Köln (›Wie die Philosophie wieder zur Sache kam. Weg und Wert der Phänomenologie Edmund Husserls‹) gesendet wurde«; s. u. Hörfunk- und Fernsehsendungen S. 339.

Eugen Fink, Weltbezug und Seinsverständnis, in: *Ludwig Landgrebe*: Phänomenologie heute. Festschrift für Ludwig Landgrebe, hg. v. *Walter Biemel* (Phaenomenologica Bd. 51), Den Haag 1972, S. 94–102;

Hermann Ferdinand Fränkel, Die homerischen Gleichnisse (Habilitationsschrift), Göttingen ¹1921. ²1977 hg. v. *Ernst Heitsch*;

Friedrich Fröbel in seinen Briefen, hg. v. *Helmut Heiland*, Würzburg 2008;

Aron Gurwitsch, Phänomenologie der Thematik und des reinen Ich. Studie über Beziehungen von Gestalttheorie und Phänomenologie, (Diss.) Berlin 1929;

Aron Gurwitsch, Die mitmenschlichen Begegnungen in der Milieuwelt, hg. und eingel. von *A.(lexandre) Métraux* (Phänomenologisch-psychologische Forschungen Bd. 16), Berlin 1977 (sollte 1931/32 als Hab.schrift erscheinen, Habilitierung fand nicht statt);

Aron Gurwitsch, s. *L. Landgrebe*, Einl. in: *R. Grathoff*, 1985 (s. o. S. 313);

Ernest Hemingway: siehe *P. Ingendaay*, Der Sieger geht leer aus, in: Frankfurter Allgemeine Zeitung Nr. 163 vom 17.7.1999, S. 1;

Sebastian Hensel, siehe: Die Familie Mendelssohn 1729 bis 1847, Berlin ¹⁵1911;

Edmund Husserl, Gutachten über Landgrebes Dissertation [s. o.], 13.II.1927, in: *Edmund Husserl*. Briefwechsel Band IV. Die Freiburger Schüler (Husserliana Dokumente Band III Briefwechsel. Teil 4 Die Freiburger Schüler), hg. in Verbindung mit *Elisabeth Schuhmann* von *Karl Schuhmann*, Dordrecht / Boston / London 1994, S. 376–378;

Edmund Husserl, Die Krisis der europäischen Wissenschaften und die transzendentale Phänomenologie. Eine Einleitung in die phänomenologische Philosophie, hg., eingel. und mit Registern versehen von *Elisabeth Ströker* (Philosophische Bibliothek

Historisches Material

Bd. 292), Hamburg ¹1977, ²1982, ³1996 / dass.: Husserliana Bd. 29. Ergänzungs-Band, Texte aus dem Nachlaß 1934–1937 hg. v. *Reinhold N. Smid* aufgrund des Nachlasses vom Husserl-Archiv (Leuven) unter Leitung von *Rudolf Bernet*, Dordrecht u.a. 1993;

Walter Koppenhagen, Gedicht »Soldatenschau«, in: Blätter im Geiste Nietzsches, hg. v. *Karl Alfred Strohbach* (die Zeitschrift wurde 1937 von *Strohbach* begründet), Jg. 5, Folge 54 / 55, August / September 1942, (enthält 8 Seiten); bibliographisch nachgewiesen in: *Richard Frank Krummel*, Nietzsche und der deutsche Geist. Bd. III 1919–1945, 1998, (»Nietzsche-Kreis um Karl Alfred Strohbach«) S. 658 (al);

Walter Koppenhagen, Carmina, 1958 »als Manuskript gedruckt« (Druck: *Heinrich Bruns*, Uetersen), 12 S.;

Jenny Lind (verh. *Goldschmidt*): *Jenny Lind*, die schwedische Nachtigall. Eine biographische Skizze. Mit dem Portrait der Künstlerin, Hamburg 1845;

Berthold Litzmann, Clara Schumann [sie war eine Freundin der Familie]. Ein Künstlerleben. Nach Tagebüchern und Briefen: Erster Band. Mädchenjahre 1819–1840, Leipzig ¹1902; Zweiter Band. Ehejahre 1840–1856, Leipzig ¹1905; Dritter Band. Clara Schumann und ihre Freunde 1856–1896, Leipzig (¹1908) ⁵·⁶1923;

Felix Mendelssohn Bartholdy, Briefe aus den Jahren 1833 bis 1847, hg. v. *Paul Mendelssohn Bartholdy* und *Dr. Carl Mendelssohn Bartholdy*. Nebst einem Verzeichnisse der sämmtlichen musikalischen Compositionen von Felix Mendelssohn Bartholdy zusammengestellt von *Dr. Julius Rietz*, Bd. I Briefe 1830–1832 (Leipzig ¹1861) Potsdam 1997; Bd. II Briefe 1833–1847 (Leipzig ¹1863) Potsdam 1997;

Felix Mendelssohn Bartholdy, Brief an Jenny Lind, Leipzig, 18. März 1846, in: *ders.*, Sein Leben in Briefen, ausgewählt und eingel. von *Reinhard Sietz*, Köln / Krefeld 1948, S. 233–236;

Die Familie Mendelssohn 1729 bis 1847. Nach Briefen und Tagebüchern von *S.[ebastian] Hensel*, Berlin (¹1879 – Bd. I: 1729–1835; Bd. II: 1835–1843; Bd. III: 1843–1847) Bd. (I ²1880. ¹⁵1908) II, (²1880) ¹⁵1911;

Jan Patočká, Zur ältesten Systematik der Seelenlehre, in: *Ludwig Landgrebe*: Phänomenologie heute. Festschrift für Ludwig Landgrebe, hg. v. *Walter Biemel* (Phaenomenologica Bd. 51), Den Haag 1972, S. 122–137;

Otto von Preuschl, Die beiden blinden Grafen Tannenberg im Jahre 1809, in: Tiroler Heimatblätter. Zeitschrift für Geschichte, Natur- und Volkskunde Jg. 34 Heft 4/6, Innsbruck April-Juni 1959, S. 42–45;

Annette Preußer (Hg.), Diaconissin Louise Raetze. Ein Charakterbild. Der Ertrag ist zur Gründung eines Freibetts »zur treuen Schwester« in Kaiserswerth bestimmt, Leipzig 1882;

William Smyth Rockstro, Jenny Lind. A record and analysis of the »method« of the late Madame Jenny Lind-Goldschmidt, ed. together with a selection of cadenze, solfeggi, abellimenti, & c. in illustration of her vocal art, ed. by *Otto Goldschmidt*, London 1894;

Jürgen Schmude, Ein mutiger und liberaler Streiter für den Rechtsstaat. Zum Tod von Ulrich Klug, in: Sozialdemokratischer Pressedienst Jg. 13 Heft 90, 12.5.1993, Bonn 1993, S. 4;

Clara Schumann, siehe *Berthold Litzmann*, Clara Schumann. Ein Künstlerleben. Nach Tagebüchern und Briefen, Bd.e I-III, Leipzig ¹1902. ¹1905. (¹1908) ⁵·⁶1923;

Emil Utitz, Psychologie des Lebens im Konzentrationslager Theresienstadt (Widmung: »Meinen Mitarbeitern in Zeiten der Not und Gefahr, den Toten und Lebenden«), Wien (Verlag A. Sexl), Wien 1948, 80 S., 5 Abb.

LITERATURVERZEICHNISSE

Veröffentlichungen über Familienmitglieder

Arbeitskreis Reinbeker Stadtgeschichte an der Volkshochschule Sachsenwald: *Hans-Peter Bünger, Otto-Hartwig Harders, Gisela Manzel, Rolf Matzke* / Geschichtswerkstatt Reinbek: *Sieghard Bußenius, Alfred Schulz* (Hg.), Ein Garten in Reinbek. Wege der Jüdischen Familie Goldschmidt. Eine Ausstellung im Rahmen der Schleswig-Holsteinischen Kulturtage im Schloß Reinbek Stormarnsaal, Begleitheft zur Ausstellung 10.9.–23.10.1994, Reinbek 1994 (siehe *Georges-Arthur Goldschmidt*, Mein Vater Arthur Goldschmidt);

Manfred Berger, Frauen in der Geschichte des Kindergartens. Ein Handbuch, Frankfurt ¹1995;

Paul Blauert, Die Revolution des Jahres 1848 in Weida, in: Weidaer Geschichtsblätter für Geschichte und Heimatkunde der Stadt Weida und ihrer Umgebung. Monatliche Zeitschrift des Ortsgeschichtlichen Vereins Weida. Mitteilungen des Ortsgeschichtlichen Vereins zu Weida (1. 1920 – 7 1925. 1926–1930 nicht erschienen. 8. 1931–1943 = Beilage zu Weidaer Zeitung. Allgemein Zeitung und Amtsblatt für Münchenbernsdorf und Umgebung. Triptizer Anzeiger. Amtsblatt der Stadt Triptis und Umgebung, Weida) Jg. 1, 1920, S. 3–19;

Maya Fassmann, Die Frauenrechtlerin Johanna Goldschmidt, in: Die Geschichte der Juden in Hamburg 1590–1990. Wissenschaftliche Beiträge der Universität Hamburg zur Ausstellung »Vierhundert Jahre Juden in Hamburg«, hg. v. *Arno Herzig* in Zusammenarbeit mit *Saskia Rohde* [*S. Rohde*: Bibliographie S. 679–695], Die Juden in Hamburg 1590 bis 1990 Band (1–3) 2, Hamburg 1991, S. 237–248;

Maya Fassmann, Johanna Goldschmidt (1806-1884). Suche nach Emanzipation und Integration, in: *dies.*, Jüdinnen in der deutschen Frauenbewegung 1865–1919, Hildesheim u.a. 1996, S. 137–156;

Christopher Fifield, siehe: *Gaynor G. Jones / Christopher Fifield*, Artikel »*Goldschmidt, Otto (Moritz David)*«;

Elizabeth Forbes, Artikel »Lind [Lind-Goldschmidt], Jenny [Johanna Maria]«, in: The new Grove Dictionary of Music and Musicians, hg. v. *Stanley Sadie*, (Grove²) Bd. 14, London / New York ²2001, S. 710;

Heinrich Gottlieb Francke, Nachrichten über die Familie Francke in Weida im Großherzogtum Sachsen, Nr. 2. Abgeschlossen im Juli 1912, Weida / Dresden 1912;

Nils Olof Franzén, Jenny Lind – Die schwedische Nachtigall. Eine Biographie. Aus dem Schwedischen übersetzt von *Alfred Otto Schwede*, Berlin[-Ost] ¹1982 (= Neuauflage: Berlin ¹1990; ²1990);

Ludwig Geiger, Diesterweg und Frau Johanna Goldschmidt. Zur Frauenbewegung vor einem halben Jahrhundert, in: Die Frau. Monatsschrift für das gesamte Frauenleben unserer Zeit, hg. v. *Helene Lange*, Jg. 14, Berlin Januar 1907, S. 199–211;

Otto Goldschmidt: siehe:
- *Gaynor G. Jones / Christopher Fifield*, Artikel »*Goldschmidt, Otto (Moritz David)*«, 2001;
- *Henry Scott-Holland* [1847–1918] / *William Smyth Rockstro*, Memoir of madame Jenny Lind-Goldschmidt, London 1891;
- *Henry Scott Holland / William Smyth Rockstro*, Jenny Lind, ihre Laufbahn als Künstlerin, Leipzig 1891;
- *Linda Maria Koldau*, Artikel »*Goldschmidt, Otto (Moritz David)*«, 2002;
- *Robert Pascall*, Artikel »Goldschmidt, Otto Moritz David«, 1979;
- *William Smyth Rockstro*, Jenny Lind. A record and analysis of the

»method« of the late Madame Jenny Lind-Goldschmidt, London 1894;

Ingeborg Grolle, Die freisinnigen Frauen. Charlotte Paulsen. Johanna Goldschmidt. Emilie Wüstenfeld (Hamburgische Lebensbilder Bd. 16), Bremen ¹2000;

Inge Grolle, Johanna Goldschmidt (1806–1884) und Emilie Wüstenfeld (1817–1874). Aufbruch und Wege im Geist von 1848, in: *Helmut Bleiber / Walter Schmidt / Susanne Schötz* (Hg.), Akteure eines Umbruchs. Männer und Frauen der Revolution von 1848/49, (Bd. 1 Berlin 2003) Bd. 2 Berlin 2007, S. 179–208;

Rebecca Grotjahn, Artikel »Lind, Goldschmidt, Jenny, Johanna Maria«, in: Die Musik in Geschichte und Gegenwart. Allgemeine Enzyklopädie der Musik (MGG²). Personenteil Bd. 11, hg. v. *Ludwig Finscher*, Kassel / Basel / London / Stuttgart / Weimar ²2004, Sp. 139–141;

Murray G.[ordon] Hall, Geschichte des österreichischen Verlagswesens. Österreichische Verlagsgeschichte Bd. 1 (Literatur und Leben NF 23,1), Wien 1985;

Paul Ingendaay, Der Sieger geht leer aus. Künstler und Popfigur, grandios und erschöpft: Vor hundert Jahren wurde Ernest Hemingway geboren, in: Frankfurter Allgemeine Zeitung Nr. 163 vom 17.07.1999, S. 1;

Gaynor G. Jones / Christopher Fifield, Artikel »Goldschmidt, Otto (Moritz David)«, in: The new Grove Dictionary of Music and Musicians, hg. v. *Stanley Sadie*, (Grove²) Bd. 10, London / New York ²2001, S. 107;

Cecilia Jorgensen / Jens Jorgensen, Chopin and the Swedish Nightingale. The life and times of Chopin and a romance unveiled 154 years later, Brüssel ¹2003;

Meyer Kayserling [1829–1905], Die jüdischen Frauen in der Geschichte, Literatur und Kunst, Leipzig 1879 (Nachdr. Hildesheim 1991);

Hans-Dietrich Knoll, Weidaer Industriegeschichte. Die Textilindustrie Teil I. Verlagswesen und Manufakturen, in: Die Osterburg. Eine Publikation des Museums Vereins. Text und Gestaltung von *H.-D. Knoll* Nr. 101, Weida o.J. (Nr. 1 erschien 1996), S. 3–5;

Hans-Dietrich Knoll, Weida vor 150 Jahren. Revolution in einer kleinen Stadt. Sturm auf das Landgreb'sche Haus, in: Die Osterburg. Eine Publikation des Museums Vereins. Text und Gestaltung von *H.-D. Knoll* Nr. 17, Weida Juli 1998, S. 6;

Adolph Kohut, Berühmte israelitische Männer und Frauen in der Kulturgeschichte der Menschheit. Lebens- und Charakterbilder aus Vergangenheit und Gegenwart; ein Handbuch für Haus und Familie, Leipzig, [Bd. 1, ca. 1900] Bd. 2 [ca. 1901], Leipzig-Reudnitz;

Linda Maria Koldau, Artikel »Goldschmidt, Otto (Moritz David)«, in: Musik in Geschichte und Gegenwart (MGG²). Personenteil Bd. 7, ²2002, Sp. 1263–1264;

Hans Kühner, Artikel »Lind, Jenny (verh. Goldschmidt)«, in: Die Musik in Geschichte und Gegenwart. Allgemeine Enzyklopädie der Musik (MGG¹) Bd. 8, Kassel u.a. 1960, Sp. 885–887;

Jenny Lind, siehe:
- *Elizabeth Forbes*, Artikel »*Lind [Lind-Goldschmidt], Jenny [Johanna Maria]*«, 2001;
- *Rebecca Grotjahn*, Artikel »*Lind, Goldschmidt, Jenny, Johanna Maria*«, 2004;
- *Cecilia Jorgensen / Jens Jorgensen*, Chopin and the Swedish Nightingale, 2003;
- *Hans Kühner*, Artikel »*Lind, Jenny (verh. Goldschmidt)*«;
- *Henry Scott-Holland* [1847–1918] / *William Smyth Rockstro*, Memoir of madame Jenny Lind-Goldschmidt, London 1891;

- *Henry Scott Holland / William Smyth Rockstro*, Jenny Lind, ihre Laufbahn als Künstlerin, Leipzig 1891;
- *William Smyth Rockstro*, Jenny Lind. A record and analysis of the »method« of the late Madame Jenny Lind-Goldschmidt, London 1894;

Lina Morgenstern, Johanna Goldschmidt, in: dies., Die Frauen des 19. Jahrhunderts. Biographische und culturhistorische Zeit- und Charactergemälde, Folge 1 Heft 1–12 [Folge 2, H. 13–24, 1889; Folge 3, H. 25–36, 1891], Berlin 1888, S. 323–328;

Werner Münchbach (Hg.), Festschrift 200 Jahre Badisches Oberhofgericht, Oberlandesgericht Karlsruhe, Heidelberg 2003, S. 177: »Dr. h.c. Wilhelm Martens Oberlandesgerichtspräsident 1953 bis 1954«;

Robert Pascall, Artikel »Goldschmidt, Otto Moritz David«, in: Die Musik in Geschichte und Gegenwart. Allgemeine Enzyklopädie der Musik (MGG¹) Bd. 16 (Supplement), Kassel u.a. 1979, Sp. 501–502;

William Smyth Rockstro, Jenny Lind. A record and analysis of the »method« of the late Madame Jenny Lind-Goldschmidt, ed. together with a selection of cadenze, solfeggi, abellimenti, & c. in illustration of her vocal art, ed. by *Otto Goldschmidt*, London 1894;

William Smyth Rockstro, siehe: *Henry Scott-Holland*;

Hedwig I. Schoell, siehe: *Henry Scott Holland / William Smyth Rockstro*, Jenny Lind, ihre Laufbahn als Künstlerin, Leipzig 1891;

Saskia Rohde: siehe *Maya Fassmann*, Die Frauenrechtlerin Johanna Goldschmidt;

Alfred Schulz, Der Reinbeker Arthur Goldschmidt, ein Deutscher, der sein Vaterland liebte, in: Spuren. Berichte aus der Geschichtswerkstatt Reinbek Nr. 2, hg. v. Geschichtswerkstatt Reinbek, Reinbek 1993, 5–9;

Alfred Otto Schwede: siehe *Nils Olof Franzén*, Jenny Lind, Berlin (-Ost) ¹1982;

Henry Scott-Holland / William Smyth Rockstro, Memoir of madame Jenny Lind-Goldschmidt, her early art-life and dramatic career 1820–1851. From orig. documents, letters, … collected by Mr. *Otto Goldschmidt*, London 1891= deutsch:

Henry Scott Holland / William Smyth Rockstro, Jenny Lind, ihre Laufbahn als Künstlerin. 1820–1851. Nach Briefen, Tagebüchern u.a. von *Otto Goldschmidt* gesammelten Schriftstücken, deutsch von *Hedwig I. Schoell*, mit Abbildungen und Musikbeilagen, 2 Bände, Leipzig 1891;

Meta Seifert, Johanna Goldschmidt, in: Hamburger Frauen-Zeitung. Organ des Hamburger Hausfrauen-Vereins, Jg. 2, Nr. 23, Hamburg 16. November 1910, S. 1–2;

Hans Rainer Sepp, Der Begriff des Erlebens. Ludwig Landgrebes unpublizierte Schrift von 1932, in: *Helmuth Vetter* (Hrsg.), Lebenswelten. Ludwig Landgrebe – Eugen Fink – Jan Patočka, Frankfurt a. M. 2003, S. 103–113;

Christian Stifter, Kleines Portrait: Eduard Leisching 1858–1938, in: Mitteilungen des Vereins zur Geschichte der Volkshochschulen (seit 1995: Spurensuche. Zeitschrift für Geschichte der Erwachsenenbildung und Wissenschaftspopularisierung, vorher: Verein zur Geschichte der Volkshochschulen. Mitteilungen, Zusatz anfangs: Mitteilungen des …) Jg. 3 H. 3, Wien 1992, S. 18–19;

Helmuth Vetter (Hg.), Lebenswelten. Ludwig Landgrebe – Eugen Fink – Jan Patočka. Wiener Tagungen zur Phänomenologie 2002 (Reihe der Österreichischen Gesellschaft für Phänomenologie Bd. 9), Frankfurt a. M. 2003.

Historisches Material

Weitere Literatur

Gerhard Ahrens, Von der Franzosenzeit bis zur Verabschiedung der neuen Verfassung 1806–1860, in: *W. Jochmann / H.-D. Loose* (Hg.), Hamburg. Geschichte einer Stadt und ihrer Bewohner, Bd. 1, 1982, S. 415–490;

Julius Asch, Zur Pathologie der chronischen Darminvaginationen. Inaugural-Dissertation der Kaiser Wilhelms-Universität Strassburg zur Erlangung der Doktorwürde vorgelegt von *Julius Asch* aus Thorn W.[est] / Pr.[eußen], Mainz 1880;

Rita Bake: siehe *E. Bernstein*, Das Leben als Drama, hg. v. *R. Bake* und *B. Kiupel*, 1999;

Ben Barkow, siehe: *Philipp Manes*, Als ob's ein Leben wär. Tatsachenbericht Theresienstadt 1942–1944, hg. v. *Ben Barkow* und *Klaus Leist*, Berlin 2005;

Sybille Baumbach, Die israelitische Freischule von 1815, in: *P. Freimark / A. Herzig* (Hg.), Die Hamburger Juden, 1989, S. 214–233;

Dirk Bavendamm, Reinbek. Eine holsteinische Stadt zwischen Hamburg und Sachsenwald, hg. v. Magistrat der Stadt Reinbek, Reinbek (¹1988, »erschien … anläßlich der 750-Jahrfeier«, ebd. S. 13) ²1996 – siehe Festschrift zur 725-Jahrfeier von Reinbek (s. u. S. 338 *E.D. Lohmann*);

Walter Gustav Becker: siehe *Th. Würtenberger* (Hg.), Phänomenologie … Festschrift für G. Husserl, 1969;

Emil Bieber: siehe *Winfried Weinke / Emil Bieber*, Verdrängt, vertrieben, aber nicht vergessen, 2003;

Claudia Bendick: siehe *H. Schultze / A. Kurschat* (Hg.), »Ihr Ende schaut an …«, 2006;

Eva Berger / Inge Jaehner / Peter Junk / Karl Georg Kaster / Manfred Meinz / Wendelin Zimmer, Felix Nussbaum. Verfemte Kunst – Exilkunst – Widerstandskunst (Katalog der Dauerausstellung Kulturgeschichtliches Museum Osnabrück), Bramsche (¹1994) ³1995;

Manfred Berger, Frauen in der Geschichte des Kindergartens. Ein Handbuch, Frankfurt ¹1995;

Rudolf Bernet / Eduard Marbach / Iso Kern, Edmund Husserl – Darstellung seines Denkens. Mit einer Einführung, Hamburg (¹1989) ²1996;

Elsa Bernstein [Pseudonym: *Ernst Rosmer*], Das Leben als Drama. Erinnerungen an Theresienstadt, hg. v. *Rita Bake* und *Birgit Kiupel*, Dortmund ¹1999 [2. Aufl. Berlin / Bonn (Friedrich-Ebert-Stiftung) ²2005];

Rudolf Boehm: siehe *Th. Würtenberger* (Hg.), Phänomenologie … Festschrift für G. Husserl, 1969;

Edgar Bodenheimer: siehe *Th. Würtenberger* (Hg.), Phänomenologie … Festschrift für G. Husserl, 1969;

Alfons Bohnhoff, Die politische Vertretung Reinbeks, in: *Curt Davids*, Festschrift zur 725-Jahrfeier von Reinbek: 1238–1963, Reinbek 1963 (Heide in Holstein 1963), S. 156–161;

Andreas Brämer, Judentum und religiöse Reform. Der Hamburger Israelitische Tempel 1817–1938, Hamburg 2000;

Herman Leo van Breda: siehe *Eugen Fink, Jacques Taminaux, Jörgen Vijgen, André Wylleman*;

Leo Breuer:
  – siehe *R. W. Gassen* u. *B. Holeczek* (Hg.), Leo Breuer 1893–1975, 1992;
  – *Maria Velte*, Leo Breuer. Gemälde und Gouachen 1919–1968, 1968;

Hansjörg Buss / Annette Göhres / Stephan Linck / Joachim Liß-Walther (Hg.), »Eine Chronik gemischter Gefühle«. Bilanz der Wanderausstellung ›Kirche, Christen, Juden in Nordelbien 1933–1945‹, Bremen 2005;

Ursula Büttner (Hg.), Das Unrechtsregime. Internationale Forschung über den Nationalsozialismus. Festschrift Werner Jochmann zum 65. Geburtstag, unter Mitwirkung von *Werner Johe* und *Angelika Voß* (Hamburger Beiträge zur Sozial- und Zeitgeschichte Bd. 21, 22). Bd. 1: Ideologie, Herrschaftssystem, Wirkung in Europa, Bd. 2: Verfolgung, Exil, Belasteter Neubeginn, Hamburg 1986;

Elisabeth Dabelstein, Wände und Grate. Mit 40 Kunstdruckbildern, Salzburg, Verlag »Das Bergland-Buch«, 1949;

Curt Davids, Festschrift zur 725-Jahrfeier von Reinbek: 1238–1963, Zusammenstellung und Schriftleitung: *Curt Davids*, hg. v. Magistrat der Stadt Reinbek, Reinbek 1963 (Heide in Holstein 1963) – 750-Jahrfeier von Reinbek siehe *Dirk Bavendamm*, Reinbek;

Jochen Desel, Artikel »15. Landgrebe, Heinrich Wilhelm, 1853 bis 1875«, in: *Jochen Desel*, Pfarrergeschichte des Kirchenkreises Hofgeismar von den Anfängen bis 1980. Für den Druck bearbeitet von *Andreas Heiser* (Veröffentlichungen der Historischen Kommission für Hessen 33. Kurhessisch-Waldeckisches Pfarrerbuch fünfter Band), Marburg 2003, Nr. 15, S. 924–925 – Quelle des Artikels ebd. Anm. 5162: »Dies und das Folgende nach seinem [Heinrich Wilhelm Landgrebe] autobiographischen Bericht im Ev. Pfarramt Vaake«;

Klaus D. Dettweiler, Übersee-Club Hamburg. Der 1922 auf Initiative von Max Warburg gegründete Traditionsclub feiert seinen 70. Geburtstag. Welthandel stellte Fragen an den neuen Geschäftsführer, Klaus D. Dettweiler, Hamburg HPB Welthandel-Verlag Bd. 12, 1992;

Alwin Diemer: siehe *Th. Würtenberger* (Hg.), Phänomenologie … Festschrift für G. Husserl, 1969;

Christian Conrad Wilhelm von Dohm [1751–1820], Über die bürgerliche Verbesserung der Juden, Berlin / Stettin [¹1781]; neue, verb. Aufl.: Theil 1, 1781; Theil 2, 1783 [2. Aufl.: Theil 1 und 2, ²1789 mit Anm. von *F. L. Kahle*; Nachdruck der Ausg. 1781–83: 2 Teile in einem Band, Hildesheim 1973;[13]

Albert Armin Ehrenzweig: siehe *Th. Würtenberger* (Hg.), Phänomenologie … Festschrift für G. Husserl, 1969;

»Ihr Ende schaut an …«: siehe *H. Schultze / A. Kurschat* (Hg.), »Ihr Ende schaut an …«, 2006;

Karl Engisch: siehe *Th. Würtenberger* (Hg.), Phänomenologie … Festschrift für G. Husserl, 1969;

Die *Entwicklung* der Gesellschaft »Harmonie« von 1789. Ein dokumentarischer Beitrag zur Geschichte bürgerlicher Kultur und Geselligkeit in Hamburg (Veröffentlichungen des Vereins für Hamburgische Geschichte 26), Hamburg 1979;

Karl Dietrich Erdmann, Teil 5. Die Geschichte des Zweiten und Dritten Reiches von 1871 bis in die Gegenwart, in: Das Erbe der Ahnen. Geschichtsbuch für Oberschulen und Gymnasien, hg. v. *Paul Börger*, Leipzig 1939 (*Th. Hübner* konnte kein Exemplar ausfindig machen);

Gotthard Erler: siehe *Theodor Fontane*, Der Stechlin;

Gunilla Eschenbach, Wiederentdeckte Mendelssohn-Autographe in Zeugnissen des Conservatoriums der Musik zu Leipzig, in: *Hans Joachim Marx* (Hg.), Hamburger Mendelssohn-Vorträge. Internationale Mendelssohn-Bartholdy-Gesellschaft, Hamburg 2003, Anhang S. 139–157;

Festschrift zur 725-Jahrfeier von Reinbek: 1238–1963, Zusammenstellung und Schriftleitung: *Curt Davids*, hg. v. Magistrat der

---

13 Lit. zu *Ch. C. W. von Dohm*, Über die bürgerliche Verbesserung der Juden, Berlin, 1781 / 1783, s. o. S. 203f. Anm. 10.

Historisches Material

Stadt Reinbek, Reinbek 1963 (Heide in Holstein 1963) – 750-Jahr-Feier von Reinbek siehe *Dirk Bavendamm*, Reinbek;

Theodor Fontane, Der Stechlin (*Th. Fontane, Romane und Erzählungen in acht Bänden*), Bd. 8 hg. v. *Gotthard Erler*, Berlin / Weimar (¹1969 dieser Ausg.; Vorabdruck: 1897/98, 1. Buchausgabe: 1898) ⁴1993;

Peter Freimark / Arno Herzig (Hg.), Die Hamburger Juden in der Emanzipationsphase 1780–1870 (Hamburger Beiträge zur Geschichte der deutschen Juden 15 / Veröffentlichungen des Hamburger Arbeitskreises für Regionalgeschichte 3), Hamburg 1989;

Peter Freimark / Alice Jankowski / Ina S.[usanne] Lorenz (Hg.), Juden in Deutschland. Emanzipation, Integration, Verfolgung und Vernichtung. 25 Jahre Institut für die Geschichte der Deutschen Juden (Hamburger Beiträge zur Geschichte der deutschen Juden Bd. 17), Hamburg 1991;

Peter Freimark (Hg.), Juden in Preußen – Juden in Hamburg (Hamburger Beiträge zur Geschichte der deutschen Juden Bd. 10), Hamburg 1983;

Peter Freimark / Franklin Kopitzsch (Hg.), Spuren der Vergangenheit sichtbar machen. Beiträge zur Geschichte der Juden in Hamburg. Landeszentrale für politische Bildung in Verbindung mit dem Institut für die Geschichte der Deutschen Juden, Hamburg 1991;

Friedrich II.: Die Kriege Friedrichs des Großen, hg. v. Großen Generalstabe. Kriegsgeschichtliche Abteilung II. Dritter Teil: Der Siebenjährige Krieg 1756–1763, Bd. 10: Kunersdorf, Berlin 1912;

Richard Füllgraf, Die Schulen Reinbeks in den letzten 25 Jahren. 25 Jahre Volksschule Reinbek (1938–1963), in: *Curt Davids*, Festschrift zur 725-Jahrfeier von Reinbek: 1238–1963, Reinbek 1963 (Heide in Holstein 1963), S. 182–189;

Kristin Galle, Walter Auerbach – Als Pastor wegen seiner jüdischen Herkunft zwangspensioniert (Abiturjahrgang 1904), in: *H. Buss / A. Göhres / St. Linck / J. Liß-Walther* (Hg.), »Eine Chronik gemischter Gefühle«, 2005, S. 163;

Ein Garten in Reinbek. Wege der Jüdischen Familie Goldschmidt: siehe Arbeitskreis Reinbeker Stadtgeschichte …;

Richard W.[alter] Gassen und *Bernhard Holeczek* (Hg.), Leo Breuer 1893–1975. Retrospektive (zuerst erschienen als Ausstellungskatalog Wilhelm-Hack-Museum Ludwigshafen a. Rh. 15.XI.1992 – 3.I.1993, Bonner Kunstmuseum 1.III. – 18.IV.1993), Ludwigshafen 1992;

Caroline Gay: siehe Buch der Erinnerung. Die ins Baltikum deportierten deutschen, österreichischen und tschechoslowakischen Juden, Übersetzung ins Englische *Caroline Gay*, 2003;

Gedenkbuch Berlins der jüdischen Opfer des Nationalsozialismus, hg. v. Zentralinstitut für Sozialwissenschaftliche Forschung, Berlin ¹1995;

Die Geschichte der Juden in Hamburg 1590–1990, siehe: *Arno Herzig* (Hg.), Die Geschichte der Juden in Hamburg 1590–1990. Wissenschaftliche Beiträge der Universität Hamburg zur Ausstellung »Vierhundert Jahre Juden in Hamburg«, hg. v. *Arno Herzig* in Zusammenarbeit mit *Saskia Rohde* [*S. Rohde*: Bibliographie S. 679–695], Die Juden in Hamburg 1590 bis 1990 Band (1–3) 2, Hamburg 1991;

Ralph Giordano, Die Bertinis. Roman, Frankfurt a.M. ¹1982;

Martha Glass, Jeder Tag in Theresin ist ein Geschenk. Die Theresienstädter Tagebücher einer Hamburger Jüdin 1943–1945, hg. v. *Barbara Müller-Wesemann*, Hamburg 1996;

Annette Göhres: siehe *H. Buss / A. Göhres / St. Linck / J. Liß-Walther* (Hg.), »Eine Chronik gemischter Gefühle«, 2005;

Annette Göhres / Stephan Linck / Joachim Liß-Walther (Hg.), Als Jesus »arisch« wurde. Kirche, Christen, Juden in Nordelbien 1933–1945. Die Ausstellung in Kiel, Bremen (¹2003) ²2004;

Dr. Arthur [nicht: *Artur*!] *Goldschmidt* [nicht der hier behandelte], Gewerkvereine und Kartelle. Ein Vergleich auf historischer Grundlage. Inaugural-Dissertation der Staatswirtschaftlichen Fakultät der Kgl. Ludwig-Maximilian-Universität zu München zur Erlangung der Doktorwürde eingereicht von Arthur Goldschmidt, Berlin 1907 [kein Lebenslauf enthalten];

Arthur Goldschmidt [nicht der hier behandelte], Goethe im Almanach, Leipzig 1932;[14]

Nils Goldschmidt, siehe: *Bernd Martin*, Professoren und Bekennende Kirche;

John A.[shley] S.[oames] Grenville, Die »Endlösung« und die »Judenmischlinge« im Dritten Reich, in: *U. Büttner* (Hg.), Das Unrechtsregime Bd. 2, 1986, S. 91–121;

Jacob und *Wilhelm Grimm*, Kinder- und Hausmärchen. Gesammelt durch die Brüder *Grimm*. Vergrößerter Nachdruck der zweibändigen Erstausgabe von 1812 und 1815 nach dem Handexemplar des Brüder Grimm-Museums Kassel mit sämtlichen handschriftlichen Korrekturen und Nachträgen der Brüder Grimm sowie einem Ergänzungsheft: Transkriptionen und Kommentare in Verbindung mit *Ulrike Marquardt* von *Heinz Rölleke*, Göttingen 1986;

Brüder *Grimm*, Kinder- und Hausmärchen, 1. Bd. Märchen Nr. 1–60, 2. Bd. Nr. 61–144, 3. Bd. Nr. 145–200. Kinderlegenden 1–10, 4. Bd. Nachweise und Komm. Literaturverzeichnis – Nach der Großen Ausgabe von 1857, textkritisch revidiert, kommentiert und durch Register erschlossen, hg. v. *Hans-Jörg Uther* (Die Märchen der Weltliteratur), München 1996;

Murray G.[ordon] Hall, Belletristische Verlage der Ersten Republik. Österreichische Verlagsgeschichte Bd. II (Literatur und Leben NF 23,2), Wien 1985;

Murray G.[ordon] Hall, Der Paul-Zsolnay-Verlag. Von der Gründung bis zur Rückkehr aus dem Exil (Studien und Texte zur

---

14 Der Eintrag »Dem Andenken meines Vaters *Adolf Goldschmidt* dem Freunde der Wissenschaften und Künste gewidmet« zeigt, daß es sich nicht um *Dr. Arthur Felix Goldschmidt* (* 30.4.1873 Berlin, † 9.2.1947 Reinbek) handeln kann, sein Vater war <u>Alfred</u> Oscar Goldschmidt (* 7.9.1841 Hamburg, † 27.2.1899 Hamburg). Die »Einleitung«, a.a.O., S. VII–XI, ist unterzeichnet mit »Leipzig, im Januar 1932 *Arthur Goldschmidt*«. Dieser *Arthur Goldschmidt* könnte derjenige sein, der 1928 bis 1933 das »Korrespondenzblatt über Auswanderungs- und Siedlungswesen, hg. v. Hilfsverein der Deutschen Juden. Zentralbüro für jüdische Auswanderungsangelegenheiten. Vom Reichswanderungsamt anerkannte gemeinnützige Auskunftsstelle für jüdische Durchwanderung und Auswanderung, Redigiert von *Dr. Mark Wischnitzer* und *Arthur Goldschmidt*« betreut hat (so die Deutsche National Bibliothek Leipzig, Antwortschreiben von *Annette Nase* vom 11.6.2008 an *Th. Hübner*). Weder Dr. <u>Arthur</u> Felix Goldschmidt noch der Autor von »Gewerkvereine und Kartelle« (a.a.O., s. o.) können hier gemeint sein, denn dann wäre der Dr.-Titel wie vor dem Namen von *Dr. Mark Wischnitzer* auch vor den von *Arthur Goldschmidt* gesetzt worden. Es sind also *drei* verschiedene Autoren mit dem Namen »*Arthur Goldschmidt*« bekannt.

Historisches Material

Sozialgeschichte der Literatur Bd. 45), Tübingen 1994;

Murray G.[ordon] Hall / Herbert Ohrlinger, Der Paul Zsolnay Verlag 1924–1999. Dokumente und Zeugnisse, Wien 1999;

Max Hackemesser, Volkshochschule »Sachsenwald« in Reinbek, in: Festschrift zur 725-Jahrfeier von Reinbek: 1238–1963, Zusammenstellung und Schriftleitung: *Curt Davids*, hg. v. Magistrat der Stadt Reinbek, Reinbek 1963 (Heide in Holstein 1963), S. 197ff.;

Brigitte Hamann, Elisabeth, Kaiserin wider Willen (TB Serie Piper 2990), München (¹1982) 1998;

Christoph Hauschild: siehe *H. Heine*, Prosanotizen;

Martin Heidegger, Die Selbstbehauptung der deutschen Universität. Rede, gehalten bei der feierlichen Übernahme des Rektorats der Universität Freiburg i.Br. am 27. 5. 1933, in: *ders.*, dass. Das Rektorat 1933/34. Tatsachen und Gedanken, Frankfurt a.M. 1983, S. 9–19;

Heinrich Heine, Prosanotizen. I. bis Mai 1831, in: *ders.*, Historisch-kritische Gesamtausgabe der Werke. Düsseldorfer Ausgabe, Bd. 10 Shakespeares Mädchen und Frauen und Kleinere literaturkritische Schriften, bearbeitet von *Christoph Hauschild*, Hamburg ¹1993, S. 311–344;

Andreas Heiser: siehe *J. Desel*, Artikel »15. Landgrebe, Heinrich Wilhelm, 1853 bis 1875«, in: *J. Desel*, Pfarrergeschichte, 2003, Nr. 15;

Michael Hensle, »Rundfunkverbrechen« vor nationalsozialistischen Sondergerichten. Eine vergleichende Untersuchung der Urteilspraxis in der Reichshauptstadt Berlin und der südbadischen Provinz, Diss. Berlin, 2001;

Deborah Hertz, Ihr offenes Haus – Amalia Beer [1767–1854] und die Berliner Reform (aus dem Englischen von *Christian Wiese*), in: Kalonymos. Beiträge zur deutsch-jüdischen Geschichte aus dem Salomon Ludwig Steinheim [1789–1866] -Institut Jg. 2 H. 1, Duisburg 1999, S. 1–4;

Arno Herzig: siehe *P. Freimark / A. Herzig* (Hg.), Die Hamburger Juden, 1989;

Arno Herzig (Hg.), Die Geschichte der Juden in Hamburg 1590–1990. Wissenschaftliche Beiträge der Universität Hamburg zur Ausstellung »Vierhundert Jahre Juden in Hamburg«, hg. v. *Arno Herzig* in Zusammenarbeit mit *Saskia Rohde* [*S. Rohde*: Bibliographie S. 679–695], Die Juden in Hamburg 1590 bis 1990 Band (1–3) 2, Hamburg 1991;

Arno Herzig, Die erste Emanzipationsphase im Zeitalter Napoleons, in: *P. Freimark / A. Jankowski / I. S. Lorenz* (Hg.), Juden in Deutschland, 1991, S. 130–147;

Julius Hirschberg, Geschichte der Augenheilkunde, Nachdruck der Ausg. Leipzig 1899–1912, Leipzig und Berlin 1914, sowie Berlin 1915–1918, Hildesheim 1977;

[*Paul*] *Oskar Höcker*, Friedrich der Große als Feldherr und Herrscher. Ein Lebensbild des Heldenkönigs, dem Vaterland und der deutschen Jugend geweiht zum hundertjährigen Todestage des unvergeßlichen Monarchen. Eine lebendige Beschreibung des militärischen und politischen Wirkens Friedrichs II. von Preußen. Mit vielen Abbildungen von *Adalbert von Roeßler*, Leipzig [¹·²1886, 176 S.; seit der 3. Aufl. 1896 ergänzt durch zwei Anhänge: Das Heer und die Generale Friedrichs des Großen] ⁶1906;

Hör zu! Die Rundfunkzeitung. Norddeutsche Ausgabe Nr. 15 1949, Woche vom 3. bis 9. April 1949, Hamburg 1949;

Bernhard Holeczek: siehe *R. W. Gassen* u. *B. Holeczek* (Hg.), Leo Breuer 1893–1975, 1992;

Edmund Husserl: siehe *R. Bernet / E. Marbach / I. Kern*, Edmund Husserl, (¹1989) ²1996;

Gerhart Husserl: siehe *Th. Würtenberger* (Hg.), Phänomenologie … Festschrift für G. Husserl, 1969;

Hannelore Jacobs: siehe *D. Bavendamm*, Reinbek, ²1996;

Inge Jaehner: siehe *E. Berger* u.a., F. Nussbaum. Verfemte Kunst – Exilkunst – Widerstandskunst, ³1995;

Alice Jankowski: siehe *P. Freimark / A. Jankowski / I. S. Lorenz* (Hg.), Juden in Deutschland, 1991;

Karl Jaspers, Gutachten für den Bereinigungsausschuß der Universität Freiburg [i.Br.], 22.12.1945, in: *Hugo Ott*, Martin Heidegger [1889–1976], unterwegs zu seiner Biographie, 1988, S. 316;

Werner Jochmann / Hans-Dieter Loose (Hg.), Hamburg. Geschichte einer Stadt und ihrer Bewohner. Bd. 1: *Hans-Dieter Loose* (Hg.), Von den Anfängen bis zur Reichsgründung, Hamburg 1982; Bd. 2: *Werner Jochmann* (Hg.), Vom Kaiserreich bis zur Gegenwart, Hamburg 1986;

Werner Johe: siehe *U. Büttner* (Hg.), Das Unrechtsregime, 1986;

Peter Junk: siehe *E. Berger* u.a., F. Nussbaum. Verfemte Kunst – Exilkunst – Widerstandskunst, ³1995;

Wilhelm Kamlah, Christentum und Selbstbehauptung. Historische und philosophische Untersuchungen zur Entstehung des Christentums und zu Augustins »Bürgerschaft Gottes«, Königsberg, Habilitationsschrift Phil. Fakultät, Limburg a.d. Lahn 1940 / Frankfurt a.M. 1940; unter dem Titel »Christentum und Geschichtlichkeit …« neubearbeitete und ergänzte Aufl. Stuttgart / Köln ²1951;

Karl Georg Kaster: siehe *E. Berger* u.a., F. Nussbaum. Verfemte Kunst – Exilkunst – Widerstandskunst, ³1995;

Iso Kern: siehe *R. Bernet / E. Marbach / I. Kern*, Edmund Husserl, (¹1989) ²1996;

Walther Killy, Artikel »Landgrebe, Erich, österr. Schriftsteller, Maler. Graphiker. * 18.1.1908 Wien, † 25.6.1979 Salzburg.«, in: *ders.*, Deutsche biographische Enzyklopädie (DBE), München (1995–2003) 1997, Bd. (1–13) 6, Kogel–Maxsein, S. 217;

Birgit Kiupel: siehe *E. Bernstein*, Das Leben als Drama, hg. v. *R. Bake* und *B. Kiupel*, 1999;

Eckart Kleßmann, Geschichte der Stadt Hamburg, Hamburg (¹1981) ²1981;

Israel Eduard Kley, Catechismus der mosaischen Religionslehre, Berlin ¹1814 (spätere Ausg.: Katechismus …, 1850);

Israel Eduard Kley, Predigten in dem neuen Jisraelitischen Tempel zu Hamburg, Hamburg, Bd. 1: 1819, Bd. 2: 1820;

Israel Eduard Kley [1789–1867], Der Berg des Herrn, und Der ewige Gottesdienst des Jisraeliten, zwey Predigten, an den ersten Tagen des Peßach- und des Wochenfestes 5583 in dem neuen J[eru]s[aleme]r. Tempel zu Hamburg, Hamburg 1823;

Israel Eduard Kley, Geschichtliche Darstellung der Israelitischen Freischule zu Hamburg bei Gelegenheit der Feier ihres 25jährigen Bestehens (am 31. Oktober 1841) mitgetheilt von Eduard Kley, Hamburg 1841;

Israel Eduard Kley, Blätter der Erinnerung. Letzte Kanzelvorträge im Neuen Israelitischen Tempel, Hamburg 1844;

Israel Eduard Kley, Die Feste des Herrn. Israelitische Predigten für alle Festtage des Jahres, gehalten in dem neuen Tempel zu Hamburg, Berlin 1824; *ders.*, Predigt-Skizzen. Beiträge zu einer künftigen Homiletik, Bd. 1: Das erste Buch Mosis, Grünberg 1844; Bd. 2: Das zweite Buch Mosis, Grünberg 1856;

Israel Eduard Kley: siehe *Joseph Mendelssohn*, Blüthen. Gedichte und Novellen, Braunschweig 1839;

Ulrich Klug: siehe *Th. Würtenberger* (Hg.), Phänomenologie … Festschrift für G. Husserl, 1969;

Ulrich Klug, Ein Zeitzeuge berichtet. Professor Ulrich Klug zu Gast in der Stadtbücherei, in: Elmshorner Nachrichten, Hamburg 27.11.1987;

Historisches Material

Ulrich Klug, Rechtsphilosophie, Menschenrechte, Strafrecht. Aufsätze und Vorträge aus den Jahren 1981 bis 1993, hg. v. *Günter Kohlmann*, Köln / Berlin u.a. 1994;

Ulrich Klug: Festschrift für Ulrich Klug zum 70. Geburtstag, hg. v. *Günter Kohlmann*, Bd. 1: Rechtsphilosophie, Rechtstheorie; Bd. 2: Strafrecht, Prozeßrecht, Kriminologie, Strafvollzugsrecht, Köln 1983;

Ulrich Klug: Ansprachen gehalten anläßlich der Überreichung der Festschrift zum 70. Geburtstag an Professor Dr. Ulrich Klug am 7. November 1983, Köln 1983;

Ulrich Klug: siehe *Jürgen Schmude*, Ein mutiger und liberaler Streiter, 1993;

Ulrich Klug zum Gedächtnis. Reden anläßlich der Akademischen Trauerfeier für Herrn Professsor Dr. Ulrich Klug am 8.12.1994, hg. v. Verein zur Förderung der Rechtswissenschaft, Köln 1995;

Walter Knoke, Kirche in den ersten Jahren der nationalsozialistischen Herrschaft im Spiegel von Gemeindechroniken aus dem ländlichen Ostholstein, in: *K. Reumann* (Hg.), Kirche und Nationalsozialismus, 1988, S. 307–328;

Armin Koch, Choräle und Choralhaftes im Werk von Felix Mendelssohn Bartholdy (Abhandlungen zur Musikgeschichte Bd. 12), (Diss.) Göttingen 2003;

Günter Kohlmann, siehe Festschrift für Ulrich Klug, 1983;

Franklin Kopitzsch: siehe *P. Freimark / F. Kopitzsch* (Hg.), Spuren der Vergangenheit sichtbar machen, Hamburg 1991;

Oskar Kraus, Anton Marty: sein Leben und seine Werke, eine Skizze, Halle a.S. 1916 (auch in: *Anton Marty*, Gesammelte Schriften Bd. 1.1, siehe ebd.);

Martin Kroger / Roland Thimme, Die Geschichtsbilder des Historikers Karl Dietrich Erdmann vom Dritten Reich zur Bundesrepublik, München 1996;

Herbert Kupferberg, Die Mendelssohns (aus dem Amerikanischen von *Klaus Leonhardt*), Tübingen 1972;

Andreas Kurschat: siehe *H. Schultze / A. Kurschat* (Hg.), »Ihr Ende schaut an …«, 2006;

Simone Ladwig-Winters, Anwalt ohne Recht. Das Schicksal jüdischer Rechtsanwälte in Berlin nach 1933, Berlin ¹1998 (²2007);

Karl Larenz: siehe *Th. Würtenberger* (Hg.), Phänomenologie … Festschrift für G. Husserl, 1969;

Klaus Leist: siehe *Philipp Manes*, Als ob's ein Leben wär. Tatsachenbericht Theresienstadt 1942–1944, hg. v. *Ben Barkow* und *Klaus Leist*, Berlin 2005;

Thilo Leppin: siehe *TTK Tontaubenklub Sachsenwald e.V.* (Hg.);

Bernhard Liesching, »Eine neue Zeit beginnt«. Einblicke in die Propstei Altona 1933 bis 1945, hg. v. Kirchenkreis Altona, Hamburg 2002;

Stephan Linck: siehe *H. Buss / A. Göhres / St. Linck / J. Liß-Walther* (Hg.), »Eine Chronik gemischter Gefühle«, 2005;

Stephan Linck: siehe *A. Göhres / St. Linck / J. Liß-Walther* (Hg.), Als Jesus »arisch« wurde, ²2004;

Joachim Liß-Walther: siehe *H. Buss / A. Göhres / St. Linck / J. Liß-Walther* (Hg.), »Eine Chronik gemischter Gefühle«, 2005;

Joachim Liß-Walther: siehe *A. Göhres / St. Linck / J. Liß-Walther* (Hg.), Als Jesus »arisch« wurde, ²2004;

Bernhard Löffler, Soziale Marktwirtschaft und administrative Praxis. Das Bundeswirtschaftsministerium unter Ludwig Erhard (Vierteljahresschrift für Sozial- und Wirtschaftsgeschichte – Beihefte 162), Stuttgart 2002 (Habilitationsschrift Passau 2000/01);

Hans-Dieter Loose: siehe *W. Jochmann / H.-D. Loose* (Hg.), Hamburg. Geschichte einer Stadt und ihrer Bewohner, 1982. 1986;

Ina Susanne Lorenz: siehe *P. Freimark / A. Jankowski / I. S. Lorenz* (Hg.), Juden in Deutschland, 1991;

Ina [Susanne] Lorenz, Die Juden in Hamburg zur Zeit der Weimarer Republik. Eine Dokumentation. 2 Teile (Hamburger Beiträge zur Geschichte der deutschen Juden Bd. 13, 1.2), Hamburg 1987;

Hartmut Ludwig, Artikel »Hamburger, Georg, Dr. jur.«, »Honig, Max«, »Kobrak, Richard, Dr. jur.«, in: *H. Schultze / A. Kurschat* (Hg.), »Ihr Ende schaut an …«, 2006, S. 284–285. 314–315. 345–347;

Erich Lüth, Aus der Geschichte der Hamburger Juden, in: *P. Freimark / F. Kopitzsch* (Hg.), Spuren der Vergangenheit sichtbar machen, Hamburg 1991, S. 51–58 (= in: Hamburg, ein Sonderfall. Festschrift zum Kongreß der Lehrer und Erzieher in Hamburg, Hamburg 1966);

Werner Maihofer: siehe *Th. Würtenberger* (Hg.), Phänomenologie … Festschrift für G. Husserl, 1969;

Philipp Manes, Als ob's ein Leben wär. Tatsachenbericht Theresienstadt 1942–1944, hg. v. *Ben Barkow* und *Klaus Leist*, Berlin 2005;

Eduard Marbach: siehe *R. Bernet / E. Marbach / I. Kern*, Edmund Husserl, (¹1989) ²1996;

Ulrike Marquardt: siehe *Jacob* und *Wilhelm Grimm*, Kinder- und Hausmärchen;

Bernd Martin, Professoren und Bekennende Kirche. Zur Formierung Freiburger Widerstandskreise über den evangelischen Kirchenkampf, in: *Nils Goldschmidt* (Hg.), Wirtschaft, Politik und Freiheit (Untersuchungen zur Ordnungstheorie und Ordnungspolitik Bd. 48), Tübingen 2005, S. 27–56;

Anton Marty, Gesammelte Schriften Bd.e 1.1; 1.2; 2.1; 2.2, hg. v. *Josef Eisenmeier* und *Alfred Kastill*, Halle a.S. 1916;

Anton Marty: siehe *Oskar Kraus*, Anton Marty: sein Leben und seine Werke, 1916;

Hans Joachim Marx (Hg.), Hamburger Mendelssohn-Vorträge. Internationale Mendelssohn-Bartholdy-Gesellschaft, Hamburg 2003;

Otto Mathies, Der Überseeclub Hamburg und das Patriotische Gebäude. Zur Eröffnung Januar 1925, Hamburg 1925;

Margit L. McCorkle, Nachwort, in: *Robert Schumann*, Waldszenen Opus 82. Faksimile nach dem Autograph im Besitz der Bibliothèque nationale de France, Paris, München 2005, S. 19–23;

Manfred Meinz: siehe *E. Berger* u.a., F. Nussbaum. Verfemte Kunst – Exilkunst – Widerstandskunst, ³1995;

Felix Mendelssohn-Bartholdy, siehe: *Gunilla Eschenbach*, Wiederentdeckte Mendelssohn-Autographe in Zeugnissen des Conservatoriums der Musik zu Leipzig;

Joseph Mendelssohn, Blüthen. Gedichte und Novellen eines Schriftsetzers (gewidmet seinem »unvergeßlichen Lehrer *Eduard Kley*, Prediger am Neuen Israelitischen Tempel und Oberlehrer der Israelitischen Freischule in Hamburg«, mit einem Vorwort von *Friedrich Karl von Strombeck* [1771–1848], Braunschweig (Selbstverlag) 1839;

Beate Meyer, Fragwürdiger Schutz – Mischehen in Hamburg (1933–1945), in: *dies.* (Hg.), Die Verfolgung und Ermordung der Hamburger Juden 1933–1945. Geschichte. Zeugnis. Erinnerung, Göttingen / Hamburg 2006;

Michael A. Meyer, Die Gründung des Hamburger Tempels und seine Bedeutung für das Reformjudentum, in: Die Geschichte der Juden in Hamburg 1590–1990, Bd. 2, Hamburg 1991, S. 195–207;

Matthias Morgenstern, Von Frankfurt nach Jerusalem. Isaac Breuer und die Geschichte des »Austrittsstreits« in der deutsch-jüdischen Orthodoxie (Schriftenreihe wissenschaftlicher Abhandlungen des Leo Baecks Instituts 52), Tübingen 1995;

Wilhelm Emil Mühlmann: siehe *Th. Würtenberger* (Hg.), Phänomenologie … Festschrift für G. Husserl, 1969;

Historisches Material

Karl Nawratil, Robert Reiniger. Leben – Wirken – Persönlichkeit (Österreichische Akademie der Wissenschaften, Philosophisch-Historische Klasse, Sitzungsberichte Bd. 265,2), Wien 1969;

Susanne Netzer, Fortuna et Veritas. Jakob Ludwig Salomon Bartholdy, in: Mendelssohn-Studien Bd. 15, Hannover 2007, S. 147–198;

Elke von Nieding, Versteckt in der Geschichte – Bartholdys Meierei, in: Mendelssohn-Studien Bd. 15, Hannover 2007, S. 107–119;

Jeremy Noakes, Wohin gehören die »Judenmischlinge«? Die Entstehung der ersten Durchführungsverordnung zu den Nürnberger Gesetzen, in: *U. Büttner* (Hg.), Das Unrechtsregime Bd. 2, 1986, S. 69–89;

Rosmarie Nüesch-Gautschi, Voralpines Töchterinstitut Buser in Teufen, in: FrauenLeben Appenzell. Beiträge zur Geschichte der Frauen im Appenzellerland. 19. und 20. Jahrhundert, hg. v. *Renate Bräuniger*, Herisau 1999, S. 328–338;

Felix Nussbaum: siehe *E. Berger* u.a., Felix Nussbaum. Verfemte Kunst – Exilkunst – Widerstandskunst, ³1995;

Herbert Ohrlinger: siehe *Murray G.[ordon] Hall / Herbert Ohrlinger*, Der Paul Zsolnay Verlag 1924–1999;

Hugo Ott, Martin Heidegger und der Nationalsozialismus, in: *Annemarie Gethmann-Siefert / Otto Pöggeler* (Hg.), Heidegger und die praktische Philosophie (Suhrkamp-TB 694), Frankfurt a.M. 1988, S. 64ff.;

Hugo Ott, Martin Heidegger, unterwegs zu seiner Biographie, Frankfurt a.M. 1988;

Ernst Otto, Bericht über das Studienjahr 1938/39 der Deutschen Karls-Universität in Prag, in: Bericht der Deutschen Karls-Universität in Prag über die Studienjahre 1936/37. 1937/38, 1938/39. Nachrufe, Prag (Selbstverlag der Deutschen Karls-Universität) 1942;

Friedrich Regensdorfer, 60 Jahre Wiener Frauen-Erwerb-Verein. 1866–1926, Wien 1926;

Im deutschen Reich. Zeitschrift des Centralvereins Deutscher Staatsbürger Jüdischen Glaubens, Berlin (Jg. I/1895 – XXVIII/1922, 4) Jg. XX, H. 9, September – Oktober 1914;

Johann Albert Heinrich Reimarus, Ausführliche Vorschriften zur Blitz-Ableitung an allerley Gebäuden. Aufs Neue geprüft, und nach zuverlässigen Erfahrungen, in Hinsicht auf Sicherheit und Bequemlichkeit, entworfen, Hamburg / Bonn 1794;

Der Reinbeker [Anzeigenblatt], Artikel »Lichtbildervortrag: Vor 60 Jahren – Kriegsende in Wentorf«, in: Der Reinbeker, 25. April 2005, 17. Woche, Lokalteil Wentorf, S. 7;

Hans Reiner: siehe *Th. Würtenberger* (Hg.), Phänomenologie … Festschrift für G. Husserl, 1969;

Robert Reiniger, Kant, seine Anhänger und seine Gegner. Geschichte der Philosophie in Einzeldarstellungen. Abt. VII. Die Philosophie der neuesten Zeit 1, hg. v. *Gustav Kafka*, Bd. 27 / 28, München 1929;

Robert Reiniger, Locke, Berkeley, Hume, München 1922;

Klauspeter Reumann (Hg.), Kirche und Nationalsozialismus. Beiträge zur Geschichte des Kirchenkampfes in den evangelischen Landeskirchen Schleswig-Holsteins (Schriften des Vereins für Schleswig-Holsteinische Kirchengeschichte Reihe 1 Bd. 36 – irrtümlich als Bd. 35 gezählt), Neumünster 1988;

Gerhard Ritter, Christentum und Selbstbehauptung. Schriftenreihe der Evangelischen Akademie Reihe I Heft 1, Tübingen-Stuttgart 1946;

Eberhard Röhm / Jörg Thierfelder, Juden, Christen, Deutsche 1933–1945.
 – Band 1: 1933 bis 1935. Ausgegrenzt (Calwer Taschenbibliothek 8), Stuttgart 1990;
 – Band 2: 1935 bis 1938. Entrechtet, Teil 1 (Calwer Taschenbibliothek 9), Stuttgart 1992;

- Band 2: 1935 bis 1938. Entrechtet, Teil 2 (Calwer Taschenbibliothek 10), Stuttgart 1992;
- Band 3: 1938 bis 1941. Ausgestoßen, Teil 1 (Calwer Taschenbibliothek 50), Stuttgart 1995;
- Band 3: 1938 bis 1941. Ausgestoßen, Teil 2 (Calwer Taschenbibliothek 51), Stuttgart 1995;
- Band 4: 1941–1945. Vernichtet, Teil 1 (Calwer Taschenbibliothek 101), Stuttgart 2004;
- Band 4: 1941–1945. Vernichtet, Teil 2 (Calwer Taschenbibliothek 104), Stuttgart 2007;

Heinz Rölleke: siehe *Jacob* und *Wilhelm Grimm*, Kinder- und Hausmärchen;

Ernst Rosmer [das ist: *Elsa Bernstein*]: siehe *E. Bernstein*, Das Leben als Drama, 1999;

Rüdiger Safranski, Ein Meister aus Deutschland. Heidegger und seine Zeit, München / Wien 1994;

Curt Rothenberger (Hg.), Das hanseatische Oberlandesgericht. Gedenkschrift zu seinem 60jährigen Bestehen. Mit einem Geleitwort von *Karl Kaufmann*, Hamburg 1939;

Alexander Sande [irrtümlich vermuteter Verf., siehe *J. Goldschmidt*], Rebekka und Amalia. Briefwechsel zwischen einer Israelitin und einer Adeligen über Zeit- und Lebensfragen, Leipzig, 1847;[15]

Satzung der »Harmonie«. Gesellschaft Harmonie 1789, Hamburg 1908;

Wolfgang Scheffler: siehe *Buch der Erinnerung*. Die ins Baltikum deportierten deutschen, österreichischen und tschechoslowakischen Juden, bearbeitet von *Wolfgang Scheffler*, 2003;

Gustav Schiefler, Eine hamburgische Kulturgeschichte 1890–1920. Beobachtungen eines Zeitgenossen, bearbeitet von *Gerhard Ahrens*, *Hans Wilhelm Eckardt* und *Renate Hauschild-Thiessen* (Veröffentlichungen des Vereins für Hamburgische Geschichte Bd. 27), Hamburg 1985;

Alfred Schütz: siehe *Richard Grathoff*, Alfred Schütz – Aaron Gurwitsch. Briefwechsel, 1985;

Peter-Klaus Schuster, Peter Behrens und Nürnberg. Geschmackswandel in Deutschland. Historismus, Jugendstil und die Anfänge der Industrieform, Ausstellungskatalog bearb. von *Peter-Klaus Schuster* u.a., München 1980;

Günther Schwarberg, Herr Schultz und sein Schatten. In Hamburg sollte ein Richter Karriere machen, der im Dritten Reich Juden wegen »Rassenschande« ins Zuchthaus schickte, in: stern magazin Jg. 29 Heft Nr. 36, Hamburg 26. Aug. bis 1. Sept. 1976, S. 134–136;

Gerd Simon, Wissenschaftspolitik im Nationalsozialismus und die Universität Prag. Dokumente, eingeleitet und hg. v. *G. Simon*, Tübingen (¹2000) ²2001;

Der Spiegel. Das Deutsche Nachrichtenmagazin, Nr. 50, Hamburg 11.12.1978, Artikel: »Bei Dobbertin ausgeschieden«, ebd. S. 10; »Die Welt ist voller Wunder«, ebd. S. 19–22; »Davon höre ich zum erstenmal«. Karl Carstens vor dem Untersuchungsausschuß des Bundestages, ebd. S. 20;

Friedrich Karl von Strombeck: siehe *Joseph Mendelssohn*, Blüthen. Gedichte und Novellen, Braunschweig 1839;

Rainer Stubenvoll: siehe *TTK Tontaubenklub Sachsenwald e.V.* (Hg.);

Cornelia Süß, Der Prozeß der bürgerlichen Gleichstellung der Hamburger Juden 1815–1865, in: *P. Freimark / A. Herzig* (Hg.), Die Hamburger Juden, 1989, S. 279–298;

---

15 Zur irrtümlichen Annahme einer Autorenschaft von *Alexander Sande* siehe S. 205 f. Anm. 24.

Historisches Material

Jacques Taminaux, In memoriam H. L. van Breda, in: Revue philosophique de Louvain 72, Löwen 1974, 238–440;

Martin R.[ichard] Textor (Hg.), Kindergartenpädagogik. Online-Handbuch (Stand: 4.8.2006);

Jörg Thierfelder: siehe *Eberhard Röhm / Jörg Thierfelder*, Juden, Christen, Deutsche 1933–1945;

Roland Thimme: siehe *Martin Kröger / Roland Thimme*, Die Geschichtsbilder;

Ralph Larry Todd, Mendelssohn. A life in music, Oxford 2003;

TTK Tontaubenklub Sachsenwald e.V. (Hg.), TTK 75 Jahre, Redaktion: *Rainer Stubenvoll*, Gestaltung: *Thilo Leppin*, Hamburg 1996;

Hans-Jörg Uther: siehe *Brüder Grimm*, Kinder- und Hausmärchen;

Maria Velte, Leo Breuer. Gemälde und Gouachen 1919–1968 (Ausstellungskatalog Mittelrhein Museum Koblenz 27.9.-20.12.1968, Baukunst Köln 9.1.-15.2.1969), Koblenz 1968;

Philipp Vielhauer, Urchristentum und Christentum in der Sicht Wilhelm Kamlahs. *Rudolf Bultmann zum 70. Geburtstag*, in: Evangelische Theologie 15, München 1955, S. 307–333 = *Ph. Vielhauer*, Aufsätze zum Neuen Testament (Theol. Bücherei Bd. 31), München 1965, S. 253–282;

Jörgen Vijgen, Artikel »van Breda, Herman Leo«, in: Biographisch-Bibliographisches Kirchenlexikon Bd. XXV, Nordhausen 2005, Sp. 1405–1407;

Angelika Voß: siehe *U. Büttner* (Hg.), Das Unrechtsregime, 1986;

Joseph Walk (Hg.), Das Sonderrecht für die Juden im NS-Staat. Eine Sammlung der gesetzlichen Maßnahmen und Richtlinien. Inhalt und Bedeutung, Heidelberg / Karlsruhe ¹1981 (²1996);

John Warrack, Artikel »Benedict, Sir Julius«, in: Die Musik in Geschichte und Gegenwart. Allgemeine Enzyklopädie der Musik (MGG¹) Bd. 15, Kassel u.a. 1973, Sp. 647–648;

Valentin Wehefritz, Gefangener zweier Welten. Prof. Dr. phil. Dr. rer. nat. h.c. Peter Pringsheim (1881–1963). Ein deutsches Gelehrtenschicksal im 20. Jahrhundert, Dortmund 1999;

Winfried Weinke / Emil Bieber, Verdrängt, vertrieben, aber nicht vergessen: die Fotografen Emil Bieber, Max Halberstadt, Erich Kastan, Kurt Schallenberg, Wilfried Weinke, Weingarten 2003;

Hans Welzel: siehe *Th. Würtenberger* (Hg.), Phänomenologie … Festschrift für G. Husserl, 1969;

Thomas Würtenberger (Hg.), Phänomenologie, Rechtsphilosophie, Jurisprudenz. Festschrift für Gerhart Husserl zum 75. Geburtstag, mit einer Bibliographie der Werke *G. Husserl*s, ebd. S. 274–276, Frankfurt a.M., 1969 (mit Frontispizportrait *G. Husserl*s) – Beiträge: *Rudolf Boehm*, Zur Phänomenologie der Gemeinschaft. Edmund Husserls Grundgedanken, ebd., S. 1–26; *Hans Reiner*, Zur Bedeutung der phänomenologischen Methode in Ethik und Rechtsphilosophie, ebd., S. 27–37; *Alwin Diemer*, Zur Grundlegung einer Phänomenologie des Rechts, ebd., S. 38–64; *Albert Armin Ehrenzweig*, Zur Phänomenologie und Psychoanalyse der Rechtswissenschaften, ebd., S. 65–71; *Edgar Bodenheimer*, Phänomenologie und Rechtsquellenlehre, ebd., S. 72–92; *Walter Gustav Becker*, Grundformeln einer anthropologischen Jurisprudenz, ebd., S. 93–131; *Karl Larenz*, Originäre Rechtssachverhalte, ebd., S. 132–151; *Wilhelm Emil Mühlmann*, Zur Kritik des soziologischen Handlungsbegriffs, ebd., S. 152–167; *Karl Engisch*, Gerhart Husserls »Negatives Sollen im Bürgerlichen Recht« im Lichte der Strafrechtsdogmatik«, ebd., S. 168–171; *Thomas Würtenberger*, Zur Phänomenologie der richterlichen Erfahrung bei der Strafzumessung, ebd., S. 177–200; *Hans Welzel*, Bemerkungen zur Rechtsphilosophie von Leibniz, ebd., S. 201–211; *Ulrich Klug*, Phänomenologische Aspekte in der Strafrechtsphilosophie von Kant und Hegel, ebd., S. 212–233; *Werner Maihofer*, Hegels Prinzip des modernen Staates, ebd., S. 234–273;

André Wylleman, In memoriam Prof. H. L. van Breda, in: Tijdschrift voor filosofie 36, Leuven 1974, S. 381–383;

Zeitschrift des Centralvereins Deutscher Staatsbürger Jüdischen Glaubens, siehe *Im deutschen Reich*;

Allgemeine Zeitung des Judenthums. Ein unpartheiisches Organ für alles jüdische Interesse in Betreff von Politik, Religion, Literatur, Geschichte, Sprachkunde und Belletristik, Berlin (Nr. 1) 1837;

Wendelin Zimmer: siehe *E. Berger* u.a., F. Nussbaum. Verfemte Kunst – Exilkunst – Widerstandskunst ³1995.

Nachschlagewerke

Ankündigung der Vorlesungen der Badischen Albert Ludwigs-Universität Freiburg im Breisgau für das *Sommerhalbjahr 1923*, Freiburg i.Br. 1923;
- *Wintersemester 1923/1924:* [dasselbe] … für das Winterhalbjahr 1923/24, Freiburg i.Br. 1923;
- *Sommersemester 1924:* Ankündigung der Vorlesungen der Badischen Albert-Ludwigs-Universität [fortan steht zwischen »Albert« und »Ludwigs« ein Gedankenstrich] Freiburg im Breisgau für das Sommerhalbjahr 1924, Freiburg i.Br. 1924;
- *Wintersemester 1924/1925:* [dasselbe] … für das Winterhalbjahr 1924/25, Freiburg i.Br. 1924;
- *Sommersemester 1925:* [dasselbe] … für das Sommerhalbjahr 1925, Freiburg i.Br. 1925;
- *Wintersemester 1925/1926:* [dasselbe] … für das Winterhalbjahr 1925/26, Freiburg i.Br. 1925;
- *Sommersemester 1926:* [dasselbe] … für das Sommerhalbjahr 1926, Freiburg i.Br. 1926;
- *Wintersemester 1926/1927:* [dasselbe] … für das Winterhalbjahr 1926/27, Freiburg i.Br. 1926;

Friedrich Wilhelm Bauks, Die evangelischen Pfarrer in Westfalen von der Reformationszeit bis 1945 (Beiträge zur Westfälischen Kirchengeschichte / Neue Folge der Beihefte zum Jahrbuch für Westfälische Kirchengeschichte Bd. 4), Bielefeld 1980;

Buch der Erinnerung. Die ins Baltikum deportierten deutschen, österreichischen und tschechoslowakischen Juden, hg. v. »Volksbund Deutsche Kriegsgräberfürsorge e.V.« und dem »Riga-Komitee der Deutschen Städte« gemeinsam mit der Stiftung »Neue Synagoge Berlin – Centrum Judaicum« und der Gedenkstätte »Haus der Wannsee-Konferenz«, bearbeitet von *Wolfgang Scheffler* und *Diana Schulle* [Übersetzung ins Englische *Caroline Gay*], Bd. II, München 2003;

Jochen Desel, Pfarrergeschichte des Kirchenkreises Hofgeismar von den Anfängen bis 1980. Für den Druck bearbeitet von *Andreas Heiser* (Veröffentlichungen der Historischen Kommission für Hessen 33. Kurhessisch-Waldeckisches Pfarrerbuch fünfter Band), Marburg 2003;

Deutsche biographische Enzyklopädie (DBE), hg. v. *Walther Killy* und *Rudolf Vierhaus* unter Mitarbeit von *Dietrich von*

Historisches Material

Engelhardt, 13 Bände, München 1995–2003;

Gesamtverzeichnis des deutschsprachigen Schrifttums (GV) 1911–1965, hg. v. *Reinhard Oberschelp*, bearb. unter der Ltg. von *Willi Gorzny*, Bd. 1–150, München 1976–1981;

Gesamtverzeichnis des deutschsprachigen Schrifttums außerhalb des Buchhandels 1966–1980. Autoren- und Körperschaftenregister, hg. v. *Willemina van der Meer*, Bd. 43–45, München 1991;

Max Gottschald [1882–1952], Deutsche Namenkunde. Unsere Familiennamen. Fünfte verbesserte Auflage mit einer Einführung in die Familiennamenkunde von *Rudolf Schützeichel*, Berlin / New York (^{1}1932) ^{5}1982;

The new Grove Dictionary of Music and Musicians, hg. v. *Stanley Sadie*, 29 Bd.e (Grove^2), London / New York ^{2}2001;

Friedrich Hammer, Verzeichnis der Pastorinnen und Pastoren der Schleswig-Holsteinischen Landeskirche 1864–1976, hg. v. Verein für Schleswig-Holsteinische Kirchengeschichte, Kiel 1991;

Michael Holzmann / Hanns Bohatta, Deutsches Anonymen-Lexikon 1501–1926, (Weimar 1902–1928) Neudr. Hildesheim 1961;

Dirk Jachomowski / Wulf Pingel, Ämter Reinbek, Trittau, Tremsbüttel. Findbuch des Bestandes Abt. 111 (Veröffentlichungen des Schleswig-Holsteinischen Landesarchivs Bd. 88), Schleswig (Landesarchiv Schleswig-Holstein) 2006;

Richard Frank Krummel unter Mitwirkung von *Evelyn S. Krummel*, Nietzsche und der deutsche Geist. Band III: Ausbreitung und Wirkung des Nietzscheschen Werkes im deutschen Sprachraum bis zum Ende des Zweiten Weltkrieges. Ein Schrifttumsverzeichnis der Jahre 1919–1945 (Monographien und Texte zur Nietzsche-Forschung Bd. 40), Berlin 1998;

Die Musik in Geschichte und Gegenwart. Allgemeine Enzyklopädie der Musik, 17 Bd.e (MGG^1), hg. v. *Friedrich Blume*, Kassel u.a. ^{1}1949–1986 (Bd.e 15–16 Supplement; Bd. 17 Register);

Die Musik in Geschichte und Gegenwart. Allgemeine Enzyklopädie der Musik. Sachteil, 9 Bd.e (MGG^2), hg. v. *Ludwig Finscher*, Kassel / Basel / London / Stuttgart / Weimar ^{2}1994–1998. Registerband Sachteil, ebd., 1999;

Die Musik in Geschichte und Gegenwart. Allgemeine Enzyklopädie der Musik. Personenteil, 17 Bd.e (MGG^2), hg. v. *Ludwig Finscher*, Kassel / Basel / London / Stuttgart / Weimar ^{2}1999–2007. Registerband Personenteil, ebd., 2007. Supplementband 2008;

Willibald Pschyrembel [1901–1987], Klinisches Wörterbuch mit klinischen Syndromen, [begr. von *Otto Dornblüth* (1860–1922), Wörterbuch der klinischen Kunstausdrücke für Studierende und Ärzte, Leipzig ^{1}1894] Berlin ^{251}1972;

Deutsches Rechtswörterbuch. Wörterbuch der älteren deutschen Rechtssprache. In Verbindung mit der vormaligen Akademie der Wissenschaften der DDR hg. v. der Heidelberger Akademie der Wissenschaften. Achter Band Krönungsakt bis Mahlgenosse, bearbeitet von *Günther Dickel* † und *Heino Speer* unter Mitarbeit von *Renate Ahlheim, Ulrich Kronauer, Eva-Maria Lill, Annemarie Lindig, Karin Preis* und *Ulrike Rühl*, Weimar 1984–1991;

Deutsches Rechtswörterbuch. Elfter Band: Rat bis Schaden, hg. v. Heidelberger Akademie der Wissenschaften, Stuttgart 2007 (aber April 2008 noch nicht vollständig erschienen);

Albert Rosenkranz (Hg.), Das Evangelische Rheinland ein rheinisches Gemeinde- und Pfarrerbuch, Bd. II: Die Pfarrer (Schriftenreihe des Vereins für Rheinische Kirchengeschichte Bd. 7), Düsseldorf 1958;

Hans Schröder [1796–1855], Lexikon der hamburgischen Schriftsteller bis zur Gegenwart, im Auftrag des Vereins für Hamburgische Geschichte ausgearbeitet von Hans Schröder, Bd. 2 Dassovius-Günther, Hamburg 1854 (Bd. 1–8, 1851–1883);

Harald Schultze / Andreas Kurschat (Hg.), »Ihr Ende schaut an …«. Evangelische Märtyrer des 20. Jahrhunderts, hg. unter Mitarbeit von *Claudia Bendick*, Leipzig 2006;

Öffentliche Vorlesungen an der Universität zu Wien im Sommersemester 1922, Wien;

Wintergrüße. 400 Autographen, Widmungsexemplare und Bücher zur Stuttgarter Antiquariatsmesse 2008, hg. v. *Eberhard Köster*, Tutzing Januar 2008.

Nachschlagewerke im Internet

http://www.ghettho-theresienstadt.info
   Theresienstadt Lexikon
http://www.jewishgen.org/yizkor/nuremberg/nur005.html
   List of Nuremberg's Victims of Shoah
http://makarovainit.com/list.htm
   University over the Abyss. List of Lecturers in Ghetto Theresienstadt

Archivmaterial, Unveröffentlichtes, Prospekte usw.

Die Ansage. Mitteilungen des Nordwestdeutschen Rundfunks, Nr. 11, 9.III.1949, Hamburg 1949 (maschinengeschrieben, s. u. S. 339 Anm. 17);

Sabine Boehlich, »Heb auf, was Gott Dir vor die Thüre legt.« Das Leben der Sophie Jansen, Hochschulschrift, Potsdam (Hochschulschrift Sommersemester 2003) 2003 (liegt in der Universitätsbibliothek Potsdam);

»Nachlass Eugen Fink. Laufzeit 1925–1975«, bearb. von *Dr. Cathrin Nielsen* und *Dr. Hans Rainer Sepp*, in: Universitätsarchiv der Albert-Ludwigs-Universität, Werthmannplatz 2, 79085 Freiburg i.Br., Bestand E 015;

Festschrift Grundschule Mühlenredder Reinbek 1950–2000, Redaktion: *Margrit Ehbrecht*, Reinbek 2000;

Gemeindebrief 20. April – 20. August 2000, Jg. 22 Nr. 65, hg. v. der Ev. Kirchengemeinde Rondorf, Köln-Rondorf 2000 (siehe S. 278 Anm. 84);

»Personalbogen. *Arthur Felix Goldschmidt, Dr.*, Geburtsverhältnisse: 30. April 1873 zu Berlin, 1. jurist. Prüfung: 27. Mai 1895 ›ausreichend‹ zu Berlin, Referendar: 19. Juli 1895; 2. jurist. Prüfung: 23. Februar 1899; Promotion: Erlangen, 20. Juli 1895. Spätere Laufbahn: 3 / 3 99: Assessor. 31. 1. 1. [sic!] 1.2. 1902.: Amtsrichter: 6. / 1 1913: Landesrichter. 16.11.1917 Oberlandesgerichtshof. 30.11. [sic!] 1.12.1933: § 6. in den Ruhestand versetzt. Bemerkungen: –«;[16]

16 Den »Personalbogen« hat freundlicherweise die Präsidentin des Hanseatischen Oberlandesgerichts, *Erika Andreß*, Sievekingplatz 2, 20355 Hamburg, durch *Jörn Feddersen* mit einem Schreiben vom 29.4.2008 (Aktenzeichen: 1451 E-lq) *Th. Hübner* zukommen lassen.

Historisches Material

Jenny Goldschmidt geb. *Lind* (1820–1887), Autograph – Brief vom 25. Mai 1858, Provenienz: Wintergrüße. 400 Autographen, Widmungsexemplare und Bücher zur Stuttgarter Antiquariatsmesse 2008, hg. v. *Eberhard Köster*, Tutzing Januar 2008, S. 52 Nr. 237 (Abb. 4 S. 33, 343f., Archiv *Th. Hübner*);

Jenny Goldschmidt geb. *Lind* (1820–1887), Noten-Autograph 2. April 1859, Provenienz: Antiquariat *David Schulson* Autographs, Inc., 34 Old Short Hills Road Millburn, New Jersey 07041 (Abb. 7 S. 36, 347, Archiv *Th. Hübner*);

Otto Goldschmidt (1829–1907), Noten-Autograph 31. März 1859, Provenienz: Antiquariat *David Schulson* Autographs, Inc., 34 Old Short Hills Road Millburn, New Jersey 07041 (Abb. 8 S. 37, 347, Archiv *Th. Hübner*);

(*Otto Goldschmidt*) Inskriptionseintrag *Otto Goldschmidt*, Archiv Hochschule für Musik und Theater »Felix Mendelssohn Bartholdy« Leipzig (Abb. 6 S. 35, 346);

Otto-Hartwig Harders (Arbeitskreis Stadtgeschichte Reinbek), Text (Schautafel) für die Ausstellung »Reinbeker Profile«, Oktober 1988, in: Archiv der Stadt Reinbek;

Unsere Heimatkirche: »Herausgegeben im Auftrage des Landeskirchenamts Kiel vom landeskirchl. Presseamt«, Berlin o. J. (1939), 15 S. mit zahlr. Abbildungen mit Begleitschreiben vom 12.5.1939 (siehe S. 225 Anm. 200);

Ernst Dieter Lohmann, Brief Reinbek, am 17.1.1988 an *Dirk Bavendamm*, Reinbek, angehängt: »CDU Ortsverband Reinbek«, Stadtarchiv Reinbek Archiv-Nr. V / 30 (Vorarbeit für: *Dirk Bavendamm*, Reinbek, eine holsteinische Stadt zwischen Hamburg und Sachsenwald, ¹1988 / ²1996, s. o. S. 324 Lit. verz.);

5. Niederschrift über die Beratung des Gemeinde-Ausschusses Reinbek, den 2. Januar 1946, Protokollbuch S. 236f., Stadtarchiv Reinbek (siehe S. 238 Anm. 344);

6. Niederschrift über Die Beratung der Gemeindevertretung Reinbek, den 15. Februar 1946, Protokollbuch S. 239f., Stadtarchiv Reinbek (siehe S. 328f. Anm. 345);

handschriftliche Niederschrift zur Gründung des »Verein Volkshochschule Sachsenwald e.V.« vom 7.10.1946, Stadtarchiv Reinbek Archiv Nr. III / 683 (siehe S. 239 Anm. 350);

Sammlung Zeitungsausschnitte zur Sachsenwald-Volkshochschule in Reinbek, Stadtarchiv Reinbek (siehe S. 239 Anm. 350);

Felix Mendelssohn Bartholdy, Autograph Leipzig 18. Juni 1846, Zwischenzeugnis für *Otto Goldschmidt*, Archiv Hochschule für Musik und Theater »Felix Mendelssohn Bartholdy« Leipzig (Abb. 5 S. 34, 345f.);

Dr. Henning Schwarz, Geschichte der Christlich Demokratischen Union im Kreise Stormarn, Stadtarchiv Reinbek Archiv-Nr. V / 31, 1986 maschinengeschrieben, 5 S.

LITERATURVERZEICHNISSE

Hörfunk- und Fernsehsendungen (geordnet nach dem Erstsendedatum)

Th. Hübner dankt *Stephan Michelfelder*, stellv. Justitiar beim Westdeutschen Rundfunk (WDR) Köln, *Elisabeth Waxweiler*, Verbindungsbüro der Indendantin des WDR, und *Friedrich Dethlefs*, Deutsches Rundfunkarchiv, Sammlung und Informationsvermittlung Wiesbaden, für die Recherche in den Rundfunkarchiven.

Hörfunk

Herman Leo van Breda, Löwen, Wie die Philosophie wieder zur Sache kam. Weg und Wert der Phänomenologie Edmund Husserls‹, 6. April 1949 im Nachtprogramm des Nordwestdeutschen Rundfunks, Sender Köln;[17]

17 Siehe oben S. 319 und Anm. 12: *v. Br.* [*Herman Leo van Breda*], Das Husserl-Archiv in Löwen, in: Hamb. Akad. Rundsch., 3. Jg. 1948/1950, 11./12. Heft, Hamburg 1950, S. 750–752. *Friedrich Dethlefs*, Deutsches Rundfunkarchiv, Sammlung und Informationsvermittlung, Wiesbaden, teilt *Stephan Michelfelder* mit (E-Mail 16.6.2008): »Der gesuchte Beitrag [von *Herman Leo van Breda*] von 1949 konnte leider nicht ermittelt werden. Meine Überprüfung in der Programmpresse erbrachte eine kleine Husserl-Reihe des NWDR Köln«. »Der Autor des zweiten Beitrags am [Mittwoch, dem] 6.4.[1949] ist leider nicht genannt«, könnte aber der gesuchte sein: Vgl. »Die Ansage. Mitteilungen des Nordwestdeutschen Rundfunks, Nr. 11, 9.III.1949«, Hamburg 1949, maschinengeschrieben S. 4: »Nachtprogramm. Wie die Phänomenologie zur Sache kam (5., 6. und 7. April [1949], 22,30–24,00 Uhr, NWDR Köln«: »Weg und Wert der Phänomenologie *Edmund Husserl*s steht im Mittelpunkt der Sendungen am Dienstag, Mittwoch und Donnerstag abend. Man kann die Philosophie *Husserl*s nicht betrachten, ohne des Vaters der modernen Logik, *Bernhard Bolzano* [* 5.10.1781 Prag, † 18.12.1848 ebd.] zu gedenken, dessen Lebensarbeit und Bedeutung der Professor der Technischen Hochschule in Stuttgart, *Dr. Max Bense*, im ersten Vortrag schildert. *Bernhard Bolzano*, der am Ende der 48er Jahre des vergangenen Jahrhunderts starb und den man mit Recht den böhmischen *Leibniz* nannte, gehört zu den grossen, lange verschollenen Vätern dieses Geistes der Logik, der heute Philosophien und Wissenschaft trägt. Während der zweite Vortrag *Husserl*s Lehre umreisst, deren besondere Bedeutung auf dem Gebiet des Wahrheitsproblems und dem Kampf gegen Empirismus und Psychologismus liegt, kommt im dritten Vortrag mit *Dr. Hedwig Conrad-Martius* eine Schülerin des Philosophen zu Wort. Wesen und Ausmass des Schöpferischen in der Natur soll in diesem Vortrag aufgezeigt werden. Es wird versucht, eine sachliche Begründung für den zwiespältigen Charakter unseres Kosmos zu geben: der Gottähnlichkeit auf der einen und der Gotteswidrigkeit auf der anderen Seite.« (Namen von *Th. Hübner* kursiv gesetzt.) Vgl. Hör zu! Die Rundfunkzeitung. Norddeutsche Ausgabe Nr. 15 1949, Woche vom 3. bis 9. April 1949, Hamburg 1949, Di, 5. April 1949 (»Nordwestdeutscher Rundfunk 22.30 [Uhr] Nachtprogramm. ›Wie die Phänomenologie zur Sache kam‹ …«), Mi, 6. April 1949 dass., Do, 7. April 1949 dass.

Historisches Material

Iring Fetscher, Serien- / Reihentitel: Besprechung neuer Bücher; Sende- / Haupttitel: *Ludwig Landgrebe*, »Philosophie der Gegenwart« [Bonn ¹1952, Frankfurt a.M. ²1957, ³1958] (9 Minuten, 30 Sekunden), Produktionsdatum Norddeutscher Rundfunk Hannover: 18.1.1958, Erstsendedatum: 10.2.1958, Sendeform: Rezension, Sprecher: *Iring Fetscher*, Redaktion: Kulturelles Wort, Redakteur: *Christian Gneuß*, Bandanfang: Verehrte Hörer, Philosophie … / … Publikum erreichen wird;

Ludwig Landgrebe, Serien- / Reihentitel: Wissenschaft oder Dogma? – *Karl Marx* nach 75 Jahren. Sende- / Haupttitel: Hat die Geschichte ein Ziel? (Folge 1, 48 Minuten, 30 Sekunden), Produktionsdatum Norddeutscher Rundfunk Hannover: 11.4.1958, Erstsendedatum: 22.4.1958, 3. Programm, Sendeform: Vortrag, Sprecher: *Ludwig Landgrebe*, Redaktion: Kulturelles Wort, Redakteur: *Christian Gneuß*, Bandanfang: 100: In einer der Jugendschriften … / … angesehen werden soll. 200: Damit sind wir bei … / … noch ein Wort mitreden kann;

Ludwig Landgrebe, Sende- / Haupttitel: Phänomenologie in Frankreich (I): Nach *Husserl*: *Jean-Paul Sartre* (76 Minuten, 45 Sekunden), Produktionsdatum Westdeutschen Rundfunk Köln: 1.4.1966, Erstsendedatum Norddeutscher Rundfunk Hamburg: 24.4.1966, 3. Programm, Sendeform: Vortrag, Sprecher: *Ludwig Landgrebe*, Redaktion: 3. Programm, Redakteur: *Rainer Hagen*, Anmerkung: ZA.N1346/1-2. Gefälligkeitsaufnahme vom Westdeutschen Rundfunk, Köln (XXV-14041/1-3);

Edmund Husserl / *Ludwig Landgrebe*, Serien- / Reihentitel: Minima Philosophica. Sende- / Haupttitel: *Ludwig Landgrebe* interpretiert Texte von *Edmund Husserl* (48 Minuten, 50 Sekunden), Produktionsdatum Norddeutscher Rundfunk Hamburg / Westdeutscher Rundfunk Köln: 8.1.1970, Erstsendedatum: 15.1.1970, 3. Programm, Sendeform: Vortrag, Sprecher: *Ludwig Landgrebe*, Redaktion: HA-Wort-Zentralredaktion, Redakteur: *Joachim Schickel*, Anmerkung: ZA.N1745/1-2. Produktionshilfe vom Westdeutschen Rundfunk Köln Nr. 08-2850-70/1-2;

Klaus Werry, Philosophische Positionen unserer Zeit. Porträt des Philosophen Edmund Husserl (14 Minuten). Beschreibung seines Lebens, seiner Persönlichkeit und Lehrtätigkeit und der Bedeutung und des Charakters seiner philosophischen Lehre, der Phänomenologie; mit folgenden Einblendungen:
– Gespräch mit Prof. *Ludwig Landgrebe*. Philosoph und der letzte noch lebende Schüler von Edmund Husserl (Original-Ton).
– Charakteristik der Persönlichkeit von Husserl und Beschreibung seines akademischen Lehrstils (1 Minute, 50 Sekunden).
– Zum Sinn der phänomenologischen Reduktionen (1 Minute, 25 Sekunden).
– Auswirkungen der NS-Herrschaft auf das Wirken von Edmund Husserl (1 Minute, 48 Sekunden).
– Inhalt und Aussage des Husserl-Werkes »Die Krise [gemeint: Krisis] der europäischen Wissenschaften und die transzendentale Phänomenologie«[18]

18 *Edmund Husserl*, Die Krisis der europäischen Wissenschaften und die transzendentale Phänomenologie. Eine Einleitung in die phänomenologische Philosophie, hg., eingel. und mit Registern versehen von *Elisabeth Ströker* (Philosophische Bibliothek Bd. 292), Hamburg ¹1977, ²1982, ³1996 / dass.: Husserliana Bd. 29.

(1 Minute, 7 Sekunden).
- Bedeutung der Phänomenologie für die heutige Zeit (45 Sekunden).

Aufnahme-Datum Deutsche Welle: 21.7.1986, Band-Nr. 1 708 275 0, Standort: Deutsche Welle.

Fernsehen

Georg Bedau, Hierzulande – Heutzutage. Erkenntnisse in der Wissenschaft (10 Minuten, 3 Sekunden), Eigenproduktion des Westdeutschen Rundfunks (WDR), Sendeanstalt: Westdeutscher Rundfunk, Sendedatum: 29.5.1966, Archivnummer beim WDR H-2160, Kamera: *Frank Kiessling, Eberhard Ullmann*.

Kurzgefaßter Inhalt: Philosophie und Sinnsuche im wissenschaftlich-technischen Zeitalter. Interview (3 Minuten 25 Sekunden) mit Prof. *Dr. Ludwig Landgrebe* (* 9.3.1902 Wien, † 14.8.1991 Köln-Rodenkirchen) über das Verhältnis Glaube – Wissenschaft; Prof. *Dr. René König* (* 5.7.1906 Magdeburg, † 21.3.1992 Köln), Universität Köln, über Soziologie. Statements von Prof. *Ludwig Landgrebe* und Prof. *René König*. Es werden Fragen der Philosophie und der Soziologie besprochen. Eingestreut: Studien von menschlichem Verhalten auf der Straße.

Friedrich Wilhelm Räuker (zuständiger Redakteur), Horizonte. Fragen und Antworten der philosophischen Anthropologie. Was ist der Mensch? Das indirekte Wesen (29 Minuten, 22 Sekunden), Eigenproduktion des Westdeutschen Rundfunks (WDR), Sendeanstalt: Westdeutscher Rundfunk, Sendedatum: 24.1.1968, Archivnummer beim WDR: 0005739.

Kurzgefaßter Inhalt: Fragen und Antworten der philosophischen Anthropologie. Die Distanz, der Abstand zum eigenen Ich, zum eigenen Körper, zur Sprache, zum Ichbewußtsein: das ist eine der entscheidenden Einsichten der modernen philosophischen Anthropologie. Zum Thema eine Diskussion zwischen Prof. *Dr. Helmuth Plessner* (* 4.9.1892 Wiesbaden, † 12.6.1985 Göttingen) und Prof. *Dr. Ludwig Landgrebe* (* 9.3.1902 Wien, † 14.8.1991 Köln-Rodenkirchen).

Ergänzungs-Band, Texte aus dem Nachlaß 1934–1937 hg. v. *Reinhold N. Smid* aufgrund des Nachlasses vom Husserl-Archiv (Leuven) unter Leitung von *Rudolf Bernet*, Dordrecht u.a. 1993.

Verzeichnis der Abbildungen

Wenn eine Photographie farbig ist, wird das erwähnt; im anderen Fall ist es eine Schwarzweißaufnahme; die Frage, wessen Handschrift es ist, wenn sich ein Eintrag auf der Rückseite des Bildes fand, hat stets *Detlev Landgrebe* beantwortet.

Abb. 1	*Johanna Goldschmidt* geb. *Schwabe* (1806–1884) Plattenaufnahme 8,9 × 5,6 cm Photograph: *F. König*, Photographisches Institut Adolphsplatz 7, Hamburg Provenienz: Familien-Photoarchiv *Detlev Landgrebe*, Hamburg	S. 19
Abb. 2	Ehepaar <u>Moritz</u> David Goldschmidt (1794 – etwa 1880) und *Johanna Goldschmidt* geb. *Schwabe* (1806–1884) mit fünf ihrer sechs Kinder, von links nach rechts: (5. Kind in der Geschwisterreihe) *Anna Goldschmidt* (verh. *Warburg*), <u>Moritz</u> David Goldschmidt, 4. (?) <u>Otto</u> Moritz David Goldschmidt (1829–1907, verh. mit *Johanna Maria Lind* – »Jenny«, 1820–1887), (6.) <u>Alfred</u> Oscar Goldschmidt (1841–1868) zwischen den Eltern, *Johanna Goldschmidt* geb. *Schwabe*, 1. (?) *Felix Goldschmidt* (verh. mit *Delphine Kummern*, 1837–1927), 2. (?) *Henriette Goldschmidt* (verh. mit *Dr. M.[oritz ?] G.[ustav ?] Salomon*) 3. (?) *Emil Goldschmidt* fehlt auf dem Bild. Daguerreotypie von 1843, 14,5 × 12 cm »Geliefert von der Stettenheim'schen Kunsthandlung Hamburg, Neuerwall No. 98 (alte No. 3.)« Rückwärtig handschriftliche Einträge von *Arthur Goldschmidt*. Photograph: »Daguerreotyp *Stelzner* Portraitmaler Jungfernstieg Nᵒ· 11 Hamburg« Photo: *Pavel Strnad*, Photograph Köln, Mai 2008 Provenienz: Familien-Photoarchiv *Detlev Landgrebe*, Hamburg	S. 28
Abb. 3	*Johanna Goldschmidt* geb. *Schwabe* (1806–1884), mit ihren Nesthäkchen (die Namen ergeben sich aus dem rückwärtigen handschriftlichen Eintrag von *Arthur Goldschmidt* auf dem Familienbild S. 28): links *Anna Goldschmidt*, rechts <u>Alfred</u> Oscar Goldschmidt (1841–1899) Daguerreotypie von 1843, 6,3 × 5,2 cm (Innenmaße Passepartout) Photo: *Pavel Strnad*, Photograph Köln, Mai 2008 Provenienz: Familien-Photoarchiv *Detlev Landgrebe*, Hamburg	S. 29
Abb. 4	*Jenny Goldschmidt* geb. *Lind* (1820–1887), Autograph – Brief vom 25. Mai 1858 Provenienz: Wintergrüße. 400 Autographen, Widmungsexemplare und Bücher zur Stuttgarter Antiquariatsmesse 2008, hg. v. *Eberhard Köster*, Tutzing Januar 2008, S. 52 Nr. 237; © *Thomas Hübner*.	S. 33

Historisches Material

Transkription:
(Adresse Briefumschlag: S[eine]r. Hochwürden Herrn Kirchenrath *Christa*,[1] Kaufbeuren; das in Kaufbeuren abgestempelte Kuvert der Zeit gehört möglicherweise nicht zu dem Brief)
Dresden 25. May 1858
Geehrter Herr Pfarrer /
In ergebener Beantwortung / Ihrer herzlichen Zuschrift / vom 17. März habe ich vor / allen Dingen um Nachsicht / zu bitten dafür daß ich / erst heute zu derselben / schreibe, indem ich bisher / durch sehr dringende / Beschäftigungen veran- / laßt durch unsern Wegzug / von Dresden nicht dazu / kommen konnte. /
Es freut mich recht sehr, / daß die gewünschten / Bibeln in die Hände der / Heilsbegierigen zu / Ehnstein nunmehr / endlich gelangt sind / und indem ich Ihnen recht sehr für Ihre Hülfe / und gütige Vermittlung / dabei danke, schließe [?] ich / den verlegten Betrag mit 21. Pr.[eußen] Thalern / 39 Gulden 39 / hierbei. /
Auch habe ich Ihnen zu / danken daß Sie daran / gedacht haben mir im / Laufe dieses Winters / Kunde zu geben von / dem traurigen Sterbefall / der beiden Ehegatten / Dimffs die mich und / meinen Mann natürlich / schmerzlich überrascht / hat!
Wir beide empfehlen / uns Ihnen auf's freund- / lichste und mit den / besten Wünschen für Ihr / ferneres Wohlergehen /
verbleibe ich /
Ihre achtungsvoll /
Ergebene /
Jenny Goldschmidt /
geb. Lind.

[Wahrscheinlich werden hier verschiedene Währungen genannt: 2 Preußen Thaler hatten den Wert von 3½ süddeutschen Gulden; also entsprachen 21 Pr. Thaler 36,75 südd. Gulden, was dem hier ausgewiesenen Wert von 39 Gulden und 39 Kreuzern (?) in etwa entspräche]

---

1 *Emanuel Eduard Christa*, * 1831 Kaufbeuren, Lateinschule Kaufbeuren, Gymnasium St. Anna Augsburg, 1850–1854 Studium Universität Erlangen, Predigerseminar München, dort Stadtvikar, Badeprediger und Pfarrvikar in (Bad) Kissingen, 1859–1908 Pfarrer in Kaufbeuren, wirkte als Schulreferent, Kämmerer, Dekan, Kirchenrat und Generalsynodaler für den Bezirk Kempten, Mitglied des schwäbischen Landrates, reichte 1908 sein Emeritierungsgesuch ein, † 7.11.1909 München; *Th. Hübner* verdankt diese Auskünfte *Georg Düll*, Archiv der Dreifaltigkeitskirche Kaufbeuren (E-mail 10.6.2008), welcher diese entnommen hat: *Richard Ledermann*, Pfarrerverzeichnis, aufgestellt um 1958.

Verzeichnis der Abbildungen

Abb. 5 *Felix Mendelssohn Bartholdy* (1809–1847), Autograph Leipzig 18. Juni 1846 S. 34
Zwischenzeugnis von *Otto Goldschmidt*.
Erstveröffentlichung, Bericht und Lit.: *Gunilla Eschenbach*, Wiederentdeckte Mendelssohn-Autographe in Zeugnissen des Conservatoriums der Musik zu Leipzig, in: *Hans Joachim Marx* (Hg.), Hamburger Mendelssohn-Vorträge. Internationale Felix Mendelssohn Bartholdy-Gesellschaft, Hamburg 2003, Anhang S. (139–157) 140, vgl. S. 139f.:

Otto Goldschmidt (1829–1907), der spätere Ehemann Jenny Lindts [!], ist wohl der prominenteste unter ihnen … Goldschmidt immatrikulierte sich als 48. Schüler, nachdem ihm Mendelssohn persönlich den Eintritt ins Konservatorium nahegelegt hatte. Bei dem erhaltenen Zeugnis handelt es sich wohl noch nicht um das Abgangszeugnis, das wenige Monate später im Oktober 1846 ausgestellt worden sein dürfte. Es enthält Bemerkungen von Moritz Hauptmann (Harmonielehre und Kontrapunkt), Louis Plaidy (Klavier), Rudolph Sachse (Violine) und Felix Mendelssohn Bartholdy. Zu Hauptmanns spekulativphilosophischer Musiktheorie scheint Goldschmidt kein rechtes Verhältnis gefunden zu haben. Mendelssohn würdigt sein ›schönes Talent zum Pianofortespiel‹ und seine Begabung ›in der Composition für sein Instrument‹ – letzteres möglicherweise in Erinnerung an eine Klavierprüfung zwei Monate zuvor. Goldschmidt hatte dort ein von ihm selbst komponiertes Konzert vorgetragen. Der Eintrag Plaidys wirkt dagegen vergleichsweise kühl. Auch eine in den Prüfungsprotokollen zu findende Notiz – eine der wenigen aus Mendelssohns Hand – enthält durchaus kritische Töne: ›Nicht ohne Fertigkeit u. Anlage‹, aber ›unrein u. oft sogar unmusikalisch‹ heißt es zu seinem Spiel.«
© Hochschule für Musik und Theater »Felix Mendelssohn Bartholdy« Leipzig. Archiv mit frdl. Genehmigung vom 22.5.2008[2]

Transkription (nach: *Gunilla Eschenbach*, Wiederentdeckte Mendelssohn-Autographe, a.a.O., S. 146, handschriftliche Eintragungen sind kursiv gesetzt):

Inscript N° 48
Conservatorium der Musik zu Leipzig.
Lehrer-Zeugniß
für
Herrn Otto Goldschmidt, aus Hamburg
aufgenommen in das Conservatorium am *29. Octbr. 1843.* abgegangen am
Theorie der Musik und Composition. *Ohne innere Neigung zu dem theore-*

---

[2] *Th. Hübner* dankt *Sabine Borchert* vom Leipziger Archiv für ihre großzügige Hilfe (E-Mail 22.5.2008).

*tischen Theile der Musik, war Herr Goldschmidt doch lobenswerth
fleißig, und pünctlich im Stundenbesuch. Sein Talent für die Com-
position wird sich mehr auf empirischem Wege auszubilden
haben. M. Hauptmann*
Pianofortespiel.
*Herr Goldschmidt ist stets bemüht gewesen durch sorgsames
Studium u ausdauernden Fleiß seine Anlage zum Pianoforte
spiel auszubilden und hat auch rühmliche Fortschritte gemacht.
Louis Plaidy*
Violinspiel. *In letzter Zeit hat Herr Goldschmidt einige Fortschritte gemacht.
Rudolph Sachse*
~~Orgelspiel.~~ *Herr Goldschmidt hat sein schönes Talent zum Pianofortespiel auf
erfreuliche Weise ausgebildet, u. ~~sich~~ auch in der Composition für sein Instrument
nicht ~~gar~~ unbedeutende Anlagen gezeigt.
Felix Mendelssohn Bartholdy*
Gesang.
Leipzig, am *18. Juni 1846*

Abb. 6 Inskriptionseintrag *Otto Goldschmidt*   S. 35
© Hochschule für Musik und Theater »Felix Mendelssohn Bartholdy« Leipzig. Archiv mit frdl. Genehmigung vom 22.5.2008[3]

Transkription:
N°48. Herr Otto Goldschmidt aus Hamburg / aufgenommen d. 29. Octob. 1843. / Soll zahlen 3 rl [= Reichstaler] zur Biblioth.[ek] 1 rl f.[ür] d.[ie] Aufna.[hme] jährl.[ich] u. 80 rl jährl.[iches] Honorar. / Hat bei seinem Eintritt 24 rl u. dann 20 rl Weihn.[achts] Termin 1843 bezahlt / wohnt: Ritterstraße, schwarz Brett. 2 rl. beim Buchhändler Korn. / hat bezahlt 20 rl. u. 1 rl. Termin Ostern 1844. / gemahnt um 20 rl Term.[in] Joh.[anni] 1844 d. 13 Aug. 1844. / gemahnt d. 8. Nov. 1844 um 20 rl Term. Mich.[aeli] 1844. / hat bezahlt 20 rl Term. Ostern 1845. / w.[urde] gemahnt d. 15. May 1845 um 1 rl f.[ür] d. Aufna.[hme] Osterterm.[in] 1845. / hat den Term. Joh.[anni] 45 bezahlt. / ging Johanni 1846 ab d. 24 Juni. / Gab in Hamburg im Winter 1847–48 u. im Winter 1848–49 Trio-Soireen, die viel Beifall / fanden Ist Conzertspieler u. Lehrer in Hamburg. / Gab Januar 1849 ein Abschiedsconzert in Hamburg, vor seiner Abreise nach London. / Zu Leipzig spielte er im ersten Gewandh.[aus] Concerte d. 6 Oct 1850 mit Beifall. / Begleitete 1851 Jenny Lind nach Amerika, u. heiratete sie dort. Er lebte im Frühjahr 1853 mit / seiner Frau in Dresden, u. kam zum 10j.[ährigen] Jubiläum des Conservat.[oriums] nach Leipzig, wo er sich de. 2 April im / Fest-Concerte auf dem P[iano]f.[orte] hören ließ. D.[en] 5 Aug. 1853 wurde ihm in Dresden ein Sohn [*Walter Goldschmidt*] geboren. / Sommerwohnung [Schloß] Wackerbarths Ruhe. Winterwohnung Lüttichaustraße.

3   *Th. Hübner* dankt *Sabine Borchert* vom Leipziger Archiv für ihre großzügige Hilfe (E-Mail 22.5.2008).

Verzeichnis der Abbildungen

Abb. 7   *Jenny Goldschmidt* geb. *Lind* (1820–1887), Noten-Autograph 2. April 1859   S. 36
Provenienz: Antiquariat *David Schulson* Autographs, Inc., 34 Old Short Hills
Road Millburn, New Jersey 07041; © *Thomas Hübner*.

Transkription:
sag' ich laß' Sie Grüs – sen!
Jenny Goldschmidt
2th april 1859

Abb. 8   *Otto Goldschmidt* (1829–1907), Noten-Autograph 31. März 1859
Provenienz: Antiquariat *David Schulson* Autographs, Inc., 34 Old Short Hills   S. 37
Road Millburn, New Jersey 07041; © *Thomas Hübner*.

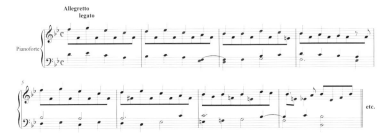

Transkription:
Fräulein Annette Preusser[4] zur freundlichen Erinnerung und

---

4   Vgl. *Robert Schumann* [1810–1856], Waldszenen Opus 82. Faksimile nach dem Autograph im Besitz der Bibliothèque nationale de France, Paris, Nachwort von *Margit L. McCorkle*, München (G. Henle Verlag, ISMN M-2018-3217-3) 2005: »Waldscenen. Neun Clavierstücke von *Robert Schumann*. op. 93 82, componirt und Fräulein Annette Preusser zugeeignet«. Vgl. *Margit L. McCorkle*, Nachwort, ebd. S. (19–23) 20: »Mit Annette Preusser entschied sich Schumann für eine junge Dilettantin als sehr geeignete Widmungsträgerin der *Waldszenen*; sie war die Tochter eines bekannten Leipziger Geschäftsmannes, mit dessen Familie die Schumanns seit langem freundschaftliche Beziehungen unterhielten. Während ihrer Besuchsaufenthalte in Leipzig wohnten Robert und Clara Schumann im Haus der Preussers ... Am l. September [1850] kam Schumann mit seiner Familie auf der Durchreise zu seiner neuen Anstellung als Düsseldorfer Stadtmusikdirektor wieder nach Leipzig; bei dieser Gelegenheit überreichte er dieses Exemplar der Widmungsträgerin.« Vgl. *Felix Mendelssohn Bartholdy*, Brief »An Madame Emma Preußer hier. Leipzig, den 4. Februar 1843«, in: *ders.*, Briefe aus den Jahren 1833 bis 1847, Bd. II (Leipzig ¹1863) Potsdam 1997, S. 373; vgl. *Armin Koch*, Choräle und Choralhaf-

Historisches Material

	mit dem Wunsche baldigen Wiedersehens Wimbledon – London März 31, 1859 Otto Goldschmidt	
Abb. 9	*Arthur Goldschmidt* (1873–1947), Selbstportrait, nicht signiert, unbezeichnet, undatiert, Öl auf Leinwand 64 × 55,3 cm Photo: *Pavel Strnad*, Photograph Köln Mai 2008 Provenienz: *Winfried Landgrebe*, Köln	S. 39
Abb. 10	*Arthur Goldschmidt* (1873–1947) 1916 Photographie 14,3 × 9,8 cm Provenienz: Familien-Photoarchiv *Detlev Landgrebe*, Hamburg	S. 41
Abb. 11	*Toni Katharina Jeanette* (»*Kitty*«) *Horschitz* (1882–1942) vor ihrer Eheschließung mit *Arthur Goldschmidt* am 10. Mai 1905 in Kassel Photograph: *H. Bauschenek*, Atelier *J. Benade*, Kassel, Königstr. 27; Plattenaufnahme 15,7 × 7,8 cm (siehe Abb. 15 S. 46 von demselben Photographen) Provenienz: Familien-Photoarchiv *Detlev Landgrebe*, Hamburg	S. 42
Abb. 12	*Ilka Betty Horschitz* geb. *Fleischel* (1858–1930), *Toni Katharina Jeanette* (»*Kitty*«) *Horschitz* (1882–1942, verh. *Goldschmidt*) und *Julius Horschitz* (1838–1910) am 20. September 1902. Silberne Hochzeit von *Ilka* und *Julius*, *Kitty* mit dem Silberhochzeitsbuch, das sie für ihre Eltern gemacht hat. Photographie 10,1 × 10,5 cm Provenienz: Familien-Photoarchiv *Detlev Landgrebe*, Hamburg	S. 43
Abb. 13	Das Wohnzimmer im Hause von *Julius Horschitz* (1838–1910) im Hamburger Stadtteil Harvestehude am Alsterkamp um 1888 Plattenaufnahme 11,9 × 17 cm Provenienz: Familien-Photoarchiv *Detlev Landgrebe*, Hamburg	S. 44

tes im Werk von Felix Mendelssohn Bartholdy (Abhandlungen zur Musikgeschichte Bd. 12), (Diss.) Göttingen 2003, S. 70 Anm. 61: In dem Entwurf mit »autographen Blättern, die Mendelssohn … Annette Preußer schenkte«, findet sich folgende Widmung: »An *Annette Preußer* zu freundlicher Erinnerung an *Felix Mendelssohn Bartholdy*, Leipzig, d. 13. Januar 1846«; vgl. ebd. S. 74. 75. 119f. 122; vgl. *Berthold Litzmann*, Clara Schumann. Ein Künstlerleben. Nach Tagebüchern und Briefen, Bd. II, Leipzig ¹1905, S. 183 Anm. *; vgl. Diaconissin Louise Raetze. Ein Charakterbild. Herausgegeben von *Annette Preußer*. Der Ertrag ist zur Gründung eines Freibetts »zur treuen Schwester« in Kaiserswerth bestimmt, Leipzig 1882, 238 S. (»Vorwort … Annesdale, Windermere, Mai 1882«).

Verzeichnis der Abbildungen

Abb. 14 *Ilka Betty Horschitz* geb. *Fleischel* (1858–1930) März 1895 S. 45
Photograph: *E.[mil] Bieber* [1878–1962], K.[öniglich] Bayer.[ischer] Hof-Photograph. Berlin W, Leipzigerstrasse 128 / Hamburg, Neuer Jungfernstieg 20, Plattenphoto 13,5 × 7,2 cm
rückwärtig handschriftlicher, zeitgenössischer Eintrag: »März 1895«
Literatur: *Winfried Weinke* / *Emil Bieber*, Verdrängt, vertrieben, aber nicht vergessen: die Fotografen Emil Bieber, Max Halberstadt, Erich Kastan, Kurt Schallenberg, Wilfried Weinke, Weingarten 2003
Provenienz: Familien-Photoarchiv *Detlev Landgrebe*, Hamburg

Abb. 15 *Toni Katharina Jeanette* (»Kitty«) *Horschitz* (1882–1942) um 1902 in Kassel S. 46
Photograph: *H. Bauschenek*, Atelier *J. Benade*, Kassel, Königstr. 27; Plattenaufnahme 18,8 × 9,9 cm (siehe Abb. 11 S. 42 von demselben Photographen)
Provenienz: Familien-Photoarchiv *Detlev Landgrebe*, Hamburg

Abb. 16 *Pauline Goldschmidt* geb. *Lassar* (1845–1919), nach 1899 als Witwe (ihr Ehemann *Alfred* Oscar Goldschmidt, geb. 1841, † 27. Februar 1899) S. 49
Photograph: *R.[udolf] Dührkoop* [1848–1918], Hamburg, Ferdinandstr. 43: »Höchste Auszeichnungen … Stuttgart 1899«
Plattenaufnahme 14,6 × 10,1 cm
Provenienz: Familien-Photoarchiv *Detlev Landgrebe*, Hamburg

Abb. 17 *Pauline Goldschmidt* geb. *Lassar* (1845–1919), *Arthur Goldschmidt* (1873–1947), *Toni Katharina Jeanette* (»Kitty«) *Goldschmidt* geb. *Horschitz* (1882–1942), *Alfred* Gustav Goldschmidt (»Fredy«, 1879–1917) und sitzend *Ilse Maria Goldschmidt* (1906–1982) um 1916 S. 50
Photographie 11,2 × 16,3 cm
Provenienz: Familien-Photoarchiv *Detlev Landgrebe*, Hamburg

Abb. 18 *Ilse Maria Goldschmidt* (1906–1982) 1919 S. 51
Photograph: Prägestempel unten rechts: »Ziesemer Hamburg«
Photographie 14,3 × 9,8 cm
Provenienz: Familien-Photoarchiv *Detlev Landgrebe*, Hamburg

Abb. 19 *Toni Katharina Jeanette* (»Kitty«) *Goldschmidt* geb. *Horschitz* (1882–1942) und ihre Tochter *Ilse Maria Goldschmidt* (1906–1982) um 1922 S. 51
Photographie 14,9 × 10,4 cm
Provenienz: Familien-Photoarchiv *Detlev Landgrebe*, Hamburg

Abb. 20 *Carl Joachim Heinrich Dobbertin* (* 15.10.1889 Altona, † 15.4.1960 Hamburg) um 1943 S. 53
Photographin: *Anny Breer*, Photographische Werkstatt Hamburg, Neuer Wall 2
Photographie 22,1 × 16,2 cm
Provenienz: *Malte Dobbertin*, Zollikon / Schweiz

Historisches Material

Abb. 21   Ehepaar *Heinrich Carl Ludwig Landgrebe* (1809–1876) und *Natalie Josephe Landgrebe* geb. *Scheube* verw. *Leisching* (1801–1881), dazwischen sein Sohn *Karl Ludwig Richard Landgrebe* (1837–1878)
Daguerreotypie von 1843, 7,4 × 5,4 cm (Innenmaße Passepartout)
Photo: *Pavel Strnad*, Photograph Köln, Mai 2008
Provenienz: Familien-Photoarchiv *Detlev Landgrebe*, Hamburg   S. 56

Abb. 22   Ehepaar *Natalie Josephe Landgrebe* geb. *Scheube* verw. *Leisching* (1801–1881) und *Heinrich Carl Ludwig Landgrebe* (1809–1876), dazwischen sein Sohn *Karl Ludwig Richard Landgrebe* (1837–1878) Wien etwa 1865
Plattenaufnahme 19,5 × 24,8 cm
Provenienz: Familien-Photoarchiv *Detlev Landgrebe*, Hamburg   S. 57

Abb. 23   *Karl Ludwig Heinrich Landgrebe* (1871–1931)
Photographie 9 × 5,8 cm
Provenienz: Familien-Photoarchiv *Detlev Landgrebe*, Hamburg   S. 58

Abb. 24   *Rosa Anna Tuma* (1877–1903), vielleicht kurz vor ihrer Eheschließung mit *Karl Ludwig Heinrich Landgrebe* am 5. April 1900 in Wien
Photograph: Atelier *Brunn & Löbl* (»academ. Maler & Photographen«), Wien VII, Mariahilferstrasse 108 (»Atelier rückwärts im Garten«); Plattenaufnahme 14,5 × 10,1 cm
Provenienz: Familien-Photoarchiv *Detlev Landgrebe*, Hamburg   S. 58

Abb. 25   *Leopoldine Agnes Landgrebe* geb. *Linnert* (1848–1918), Weihnachten 1909 in Wien
Photograph: *Rudolf Jobst*, Kunstwerkstätte für Lichtbilder, Wien III, Hauptstrasse 33
Plattenaufnahme 9,1 × 6 cm (siehe Abb. 26 S. 62 von demselben Photographen)
Provenienz: Familien-Photoarchiv *Detlev Landgrebe*, Hamburg   S. 60

Abb. 26   *Ludwig Max Carl Landgrebe* (1902–1991) Weihnachten 1910
Photograph: *Rudolf Jobst*, Kunstwerkstätte für Lichtbilder, Wien III, Hauptstrasse 33
Plattenaufnahme 9,1 × 6 cm (siehe Abb. 25 S. 60 von demselben Photographen)
Provenienz: Familien-Photoarchiv *Detlev Landgrebe*, Hamburg   S. 62

Abb. 27   *Ludwig Max Carl Landgrebe* (1902–1991) etwa 1920
Photograph: *F. X. Adler*, Wien-Hietzing, XIII. Penzingerstr. 60
Plattenaufnahme 9 × 6 cm
Provenienz: Familien-Photoarchiv *Detlev Landgrebe*, Hamburg   S. 64

Abb. 28   *Edmund Husserl* (* 8.4.1859 Proßnitz / Mähren, † 27.4.1938 Freiburg i.Br.)
Photographie 7,9 × 10,4
Provenienz: Familien-Photoarchiv *Detlev Landgrebe*, Hamburg   S. 66

Verzeichnis der Abbildungen

Abb. 29 Hochzeitsgesellschaft von *Richard* (1884–1947) und *Mathilde Horschitz* geb. *Henning* (1898–1960) am 7. Mai 1922 in Reinbek vor dem *Goldschmidt*schen Haus Kückallee 27 (später Nr. 37, heute 43);
      von links nach rechts stehend hintere Reihe: *Erwin Horschitz* (1878–1943), *Walter Horschitz* (1880–1945), drei Personen unbekannt (Eintrag zu der unbek. Frau auf der Rückseite: »*Grete*«: *Margarete Lassar* geb. *Küller*?);
      vordere Reihe: *Elli Horschitz* (geb. *Reimann*, adopt. *Hamberg*), *Kitty* geb. *Horschitz* (1882–1942) und *Arthur Goldschmidt* (1873–1947), *Mathilde* und *Richard Horschitz*, *Ilka Horschitz* geb. *Fleischel* (1858–1930), *Edgar Horschitz* (1887–1941);
      sitzend *Günter Horschitz* (geb. etwa 1915), <u>*Ilse*</u> *Maria Goldschmidt* (1906–1982), *Gerda Horschitz* (1913–2005)
Photograph: *J. Schlotfeldt*, Bergedorf, Wentorferstraße 8a
Plattenaufnahme 18 × 25,6 cm
Provenienz: Familien-Photoarchiv *Detlev Landgrebe*, Hamburg
   S. 77

Abb. 30 Hochzeit von <u>*Ludwig*</u> *Max Carl Landgrebe* (1902–1991) und <u>*Ilse*</u> *Maria Landgrebe* geb. *Goldschmidt* (1906–1982) am 22. Juli 1933
Photographin: rechts unten signiert: »*Ilse Hamann*« (siehe Abb. 31 S. 83, Abb. 53 S. 177 von derselben Photographin)
Photographie 12,7 × 7,8 cm
Provenienz: Familien-Photoarchiv *Detlev Landgrebe*, Hamburg
   S. 81

Abb. 31 <u>*Ilse*</u> *Maria Landgrebe* geb. *Goldschmidt* (1906–1982) mit ihrem ersten Kind *Carl* <u>*Reimar*</u> *Arthur Landgrebe* (»*Mocki*«, * 17.4.1934 Reinbek, † 5.5.1935 Reinbek) Herbst 1934
Photographin: rechts unten signiert und datiert: »*Ilse Hamann* 1934«
(siehe Abb. 30 S. 81, Abb. 53 S. 177 von derselben Photographin)
Photographie 10,6 × 5,7 cm
Provenienz: Familien-Photoarchiv *Detlev Landgrebe*, Hamburg
   S. 83

Abb. 32 *Erich Goldschmidt* (geb. 1924), *Arthur Goldschmidt* (1873–1947), *Jürgen Goldschmidt* (geb. 1928) und vorne *Detlev Landgrebe* (geb. 1935), Frühjahr 1938
Photographie 8 × 5,4 cm
Provenienz: Familien-Photoarchiv *Detlev Landgrebe*, Hamburg
   S. 95

Abb. 33 *Detlev Landgrebe* (geb. 1935) am 23. Mai 1939 im Garten des Hauses Kückallee 27 (später Nr. 37, heute 43)
Photographie 8,2 × 5,2 cm
handschriftlicher Eintrag rückwärtig von *Toni* <u>*Katharina*</u> *Jeanette* (»*Kitty*«) *Goldschmidt* geb. *Horschitz* (1882–1942): »Wie schön liegt sich's in der Maiensonne vor dem Geburtshause! 23. Mai 39«
Provenienz: Familien-Photoarchiv *Detlev Landgrebe*, Hamburg
   S. 101

Historisches Material

Abb. 34   *Detlev Landgrebe* (geb.1935) begleitet im Sommer 1939 seinen Großvater Arthur Goldschmidt (1873–1947), der mit der Staffelei im Sachsenwald unterwegs nach Motiven Ausschau hält
Photographie 8,5 × 5,3 cm
Provenienz: Familien-Photoarchiv *Detlev Landgrebe*, Hamburg
S. 103

Abb. 35   *Arthur Goldschmidt* (1873–1947), Die Bille bei Reinbek, unbezeichnet, nicht signiert, nicht datiert, Öl auf Leinwand, 81 × 61 cm
Photo: *Renate Landgrebe*, Hamburg Oktober 2007
Provenienz: *Detlev Landgrebe*, Hamburg
S. 104

Abb. 36   *Arthur Goldschmidt* (1873–1947), Kornfeld bei Reinbek, unbezeichnet, nicht signiert, nicht datiert, Öl auf Malkarton, 49,5 × 39,8 cm
Photo: *Pavel Strnad*, Photograph Köln, Mai 2008
Provenienz: *Winfried Landgrebe*, Köln
S. 105

Abb. 37   *Felix Nussbaum* (* 11.12.1904 Osnabrück, † Auschwitz nach dem 2.8.1944), Selbstbildnis im Lager [Saint Cyprien bei Perpignan, Pyrenäen, Südfrankreich], unbezeichnet, signiert und datiert: 1940; Öl auf Sperrholz, 52,5 × 41,5 cm
Neue Galerie New York
Provenienz: Milwaukee, Wisconsin, *Marvin L.* und *Janet Fishman*.
Abgebildet in: *Eva Berger* u.a., Felix Nussbaum. Verfemte Kunst – Exilkunst – Widerstandskunst, ³1995, S. 338.
© VG Bild-Kunst, Bonn 2008; mit freundlicher Genehmigung von: Neue Galerie New York
S. 111

Abb. 38   *Leo Breuer* (* 21.9.1893 Bonn, † 14.3.1975 ebd.), Internierungslager St. Cyprien. Der Schreibende, 1941, signiert unten rechts: L. BR.
Aquarell / Tinte, 25,5 × 21 cm
Abgebildet in: *Maria Velte*, Leo Breuer. Gemälde und Gouachen 1919–1968 (Ausstellungskatalog Mittelrhein Museum Koblenz 27.9.-20.12.1968, Baukunst Köln 9.1.-15.2.1969), Koblenz 1968, S. 8 Nr. 13 (Katalog S. 112); *Richard Walter Gassen* u. *Bernhard Holeczek* (Hg.), Leo Breuer 1893–1975. Retrospektive, 1992, S. 124
© VG Bild-Kunst, Bonn 2008
S. 112

Abb. 39   *Leo Breuer* (* 21.9.1893 Bonn, † 14.3.1975 ebd.), Internierungslager St. Cyprien. Zwei Betende, 1941, signiert unten rechts: L. BR.
Aquarell / Tinte, 27,5 × 21,5 cm
Abgebildet in: *Maria Velte*, Leo Breuer. Gemälde und Gouachen 1919–1968 (Ausstellungskatalog Mittelrhein Museum Koblenz 27.9.-20.12.1968, Baukunst Köln 9.1.-15.2.1969), Koblenz 1968, S. 8 Nr. 12 (Katalog S. 112); *Richard Walter Gassen* u. *Bernhard Holeczek* (Hg.), Leo Breuer 1893–1975. Retrospektive, 1992, S. 124
© VG Bild-Kunst, Bonn 2008
S. 112

Verzeichnis der Abbildungen

Abb. 40   *Felix Nussbaum* (* 11.12.1904 Osnabrück, † Auschwitz nach dem 2.8.1944), »St. Cyprien« (Gefangene in Saint Cyprien), bezeichnet, signiert und datiert auf der Rückseite: 18.VI.1942 (unvollendet), Öl auf Leinwand, 68 × 138 cm, Felix-Nussbaum-Haus Osnabrück mit der Sammlung der Niedersächsischen Sparkassenstiftung   S. 113
Abgebildet in: *Eva Berger* u.a., Felix Nussbaum. Verfemte Kunst – Exilkunst – Widerstandskunst, ³1995, S. 376f. (vgl. S. 378–380).
© VG Bild-Kunst, Bonn 2008; mit freundlicher Genehmigung von: Felix-Nussbaum-Haus Osnabrück mit der Sammlung der Niedersächsischen Sparkassenstiftung

Abb. 41   (Prof.) *Dr. Herman Leo van Breda* (Taufname: *Leo Marie Karel*, * 28.2.1911 Lier, † 4.3.1974 Löwen), Franziskanermönch (Ordensname: *Hermanus*), Philosoph und Begründer des *Husserl*-Archivs in Löwen, Priesterweihe 19.8.1934, 1936 Studien am Löwener Institut für Philosophie, wo er 1941 promoviert wurde   S. 114
Photographie 12,8 × 7,6 cm
Provenienz: Familien-Photoarchiv *Detlev Landgrebe*, Hamburg

Abb. 42   *Arthur Goldschmidt* (1873–1947), Portrait Detlev Landgrebe (geb. 1935), unbezeichnet, nicht signiert und nicht datiert [1941 / 1942]   S. 127
Öl auf Karton, 43,2 × 34 cm
Provenienz: *Detlev Landgrebe*, Hamburg

Abb. 43   *Eduard Claußen* (* 26.2.1885 Meldorf, † 14.10.1974 Reinbek), bis zum 15.12.1945 Bürgermeister von Reinbek, Photographie während der 700-Jahr-Feier 2.-6. Juli 1938; siehe das darauf verweisende Abzeichen unter dem Parteiabzeichen der NSDAP   S. 129
Provenienz: Archiv der Stadt Reinbek mit freundlicher Genehmigung vermittelt durch *Peter Wagner*
© Archiv der Stadt Reinbek

Abb. 44   <u>Edgar</u> Bruno Horschitz (* 15.8.1887 Hamburg – am 6.12.1941 nach Riga deportiert und dort ermordet) um 1916   S. 131
Photograph: *P.* (Peter oder Paul, beide Brüder waren Photographen, die Firma existiert heute – Mai 2008 – noch) *Haarstick*, Badenweiler, 13,4 × 9,7
Provenienz: Familien-Photoarchiv *Detlev Landgrebe*, Hamburg

Abb. 45   *Arthur Goldschmidt* (1873–1947), Leseratten, nicht signiert, unbezeichnet, undatiert (1942–1945)   S. 140
Bleistiftzeichnung in Theresienstadt auf Papier 10 × 14 cm
Abgebildet: *Georges-Arthur Goldschmidt*, Arthur Goldschmidt, dessinateur de surcroît, in: *Sabine Zeitoun* u. *Dominique Foucher*, Le Masque de la Barbarie. Le Ghetto de Theresienstadt 1941–1945, mit einem Vorwort von *Milan Kundera*, 1998, S. (143–149) 147 unten (getitelt: »Liseurs«)

Historisches Material

Abb. 46 *Arthur Goldschmidt* (1873–1947), Die Stube des Zeichners, nicht signiert, unbezeichnet, undatiert (1942–1945)
Bleistiftzeichnung in Theresienstadt auf Papier, 21 × 30 cm
Abgebildet in: *Georges-Arthur Goldschmidt*, Arthur Goldschmidt, dessinateur de surcroît, in: *Sabine Zeitoun* u. *Dominique Foucher*, Le Masque de la Barbarie. Le Ghetto de Theresienstadt 1941–1945, mit einem Vorwort von *Milan Kundera*, 1998, S. (143–149) 146 oben (getitelt: »La chambrée du dessinateur«)   S. 141

Abb. 47 *Arthur Goldschmidt* (1873–1947), unten links getitelt »Theresienstadt 1942 jüd. Hochzeit auf dem Dachboden«, signiert »*Dr. A. G.*«
Bleistiftzeichnung in Theresienstadt auf Papier, 15 × 17,5 cm.
Abgebildet in: *Georges-Arthur Goldschmidt*, Arthur Goldschmidt, dessinateur de surcroît, in: *Sabine Zeitoun* u. *Dominique Foucher*, Le Masque de la Barbarie. Le Ghetto de Theresienstadt 1941–1945, mit einem Vorwort von *Milan Kundera*, 1998, S. (143–149) 146 unten   S. 142

Abb. 48 *Arthur Goldschmidt* (1873–1947), unten links getitelt »22.9.42. Abtransport nach Polen«, Bleistiftzeichnung in Theresienstadt auf Papier, 10 × 14 cm.
Abgebildet in: *Georges-Arthur Goldschmidt*, Arthur Goldschmidt, dessinateur de surcroît, in: *Sabine Zeitoun* u. *Dominique Foucher*, Le Masque de la Barbarie. Le Ghetto de Theresienstadt 1941–1945, mit einem Vorwort von *Milan Kundera*, 1998, S. (143–149) 149 unten.   S. 143

Abb. 49 Familienidyll mit *Hans Detlev Ludwig Landgrebe* (geb. 1935), *Winfried Landgrebe* (geb. 1940), *Ilse Marianne Landgrebe* (geb. 1948, verh. *Gmelin*) und *Ilse Maria Landgrebe* geb. *Goldschmidt* (1906–1982) im Sommer 1949
Photographie 5,5 × 8,3 cm
Provenienz: Familien-Photoarchiv *Detlev Landgrebe*, Hamburg   S. 151

Abb. 50 *Fina von Ondarza* geb. *Dobbertin* mit *Carl Reimar Arthur Landgrebe* (»*Mocki*«, 1934–1935) im Hause *Dobbertin* in der Goetheallee in Reinbek, Jahresanfang 1935
Photographie 11,2 × 8,2 cm
Provenienz: Familien-Photoarchiv *Detlev Landgrebe*, Hamburg   S. 156

Abb. 51 *Arthur Goldschmidt* (1873–1947), Die weiße Gartenpforte Kückallee 37, nicht signiert, unbezeichnet, undatiert
Pastellzeichnung auf Malkarton, 51,5 × 36,5 cm.
Provenienz: *Detlev Landgrebe*, Hamburg   S. 171

Abb. 52 *Arthur Goldschmidt* (1873–1947) November 1946
Photographie 10,3 × 8 cm
Provenienz: Familien-Photoarchiv *Detlev Landgrebe*, Hamburg   S. 173

Verzeichnis der Abbildungen

Abb. 53 <u>Ludwig</u> Max Carl Landgrebe (1902–1991), Detlev Landgrebe (geb. 1935), Winfried Landgrebe (geb. 1940), Arthur Goldschmidt (1873–1947) und <u>Ilse</u> Maria Landgrebe geb. Goldschmidt (1906–1982) November 1946 S. 177
Photographin: Prägestempel unten rechts: »Ilse Hamann. Foto Werkstatt« (siehe Abb. 30 S. 81, Abb. 31 S. 83 von derselben Photographin)
Photographie 8 × 13 cm
Provenienz: Familien-Photoarchiv *Detlev Landgrebe*, Hamburg

Abb. 54 *Arthur Goldschmidt* (1873–1947), Portrait Detlev Landgrebe (geb. 1935), unten rechts getitelt »Detlef«, unten links signiert und datiert »A. G. 17.VII.[19]39«, S. 179
Rötelzeichnung auf Papier, 29,5 × 23,5 cm
Provenienz: *Detlev Landgrebe*, Hamburg

Abb. 55 *Arthur Goldschmidt* (1873–1947), Portrait Detlev Landgrebe (geb. 1935), nicht signiert, unbezeichnet, datiert »8.[19]46« S. 179
Bleistiftzeichnung auf Papier, 27,3 × 20,2 cm
Provenienz: *Detlev Landgrebe*, Hamburg

Abb. 56 <u>Ludwig</u> Max Carl Landgrebe (1902–1991) etwa 1969 S. 197
Photographie 22,4 × 17,8 cm
Provenienz: Der Ministerpräsident des Landes Nordrhein-Westfalen

Abb. 57 <u>Ilse</u> Maria Landgrebe geb. Goldschmidt (1906–1982) vor dem 25. August 1967. Es ist das Heiratsdatum von *Detlev* und *Renate Landgrebe*, an welchem *Ilse Landgrebe* ihrer Schwiegertochter das Medaillon aus Elfenbein mit dem Bild des Heiligen Christophorus (ursprünglich ein Geschenk der englischen *Königin Victoria* an *Jenny Lind*) neu gefaßt zur Hochzeit als Vermächtnis übergeben hat; auf dem Bild trägt sie es noch (siehe S. 36, 97). S. 197
Farbphotographie 17,4 × 12,5 cm
Provenienz: Familien-Photoarchiv *Detlev Landgrebe*, Hamburg

Abb. 58 *Otto Goldschmidt* (1829–1907) und *Jenny Goldschmidt* geb. *Lind* (1820–1887) S. 317
© Ullstein Bild

Abb. 59 *Erich Landgrebe* (1908–1979), Autograph – Dankschreiben mit Selbstbildnis an Oberschulrat *Josef Wesely* in Vorau (Steiermark) vom 25. Januar 1968, Absender auf dem Briefumschlag: »Landgrebe 5061«, das ist die Postleitzahl von Elsbethen S. 363
Provenienz: Grazer Buch- und Kunstantiquariat *Wolfgang Friebes*, Münzgrabenstraße 7, 8016 Graz (Österreich)
© *Thomas Hübner*
Transkription:
»Der alte Landgrebe dankt Herrn Oberschulrat Josef Wesely für die Grüße und erwidert sie seinerseits auf das höflichste!«

Historisches Material

Abb. 60   *Arthur Goldschmidt* (1873–1947) 26. Oktober 1946, Selbstportrait, signiert   S. 367
»*Dr. A. G*«, datiert »26.X.46«,
Bleistiftzeichnung 27,6 × 20,5 cm
rückwärtig: *ders.*, Portrait einer Frau, unbezeichnet, nicht signiert, nicht datiert, Bleistiftzeichnung unvollendet
Provenienz: *Winfried Landgrebe*, Köln

Erich Landgrebe – Ein Eintrag

Detlev Landgrebe schrieb am 15. Januar 2007 an *Th. Hübner* folgende E-Mail: »Sollte der Kontakt zwischen *Erich* und meinem Vater [*Ludwig Landgrebe*] bis zu Anfang der fünfziger Jahre deshalb unterbrochen gewesen sein, weil *Erich* mit seinem jüdisch versippten Vetter nichts zu tun haben wollte? ... Habe ich Dir schon geschrieben, daß *Marianne* [*Gmelin*, geb. *Landgrebe*] bei der Witwe[1] von *Erich* bei diesem Thema auf eisiges Schweigen gestoßen ist?«

Um was geht es? In der Deutschen biographischen Enzyklopädie (DBE) finden sich beide »Vetter[n] und Freund[e]« (siehe auch oben S. 276) auf einer Seite friedlich vereint: *Erich* (1908–1979) und *Ludwig Landgrebe* (1902–1991). Sowohl den Kindern von *L. Landgrebe* als auch vielleicht ihm selbst war nicht bekannt, welche Rolle sein Vetter *Erich* im sog. Dritten Reich gespielt hatte:

»Der Kaufmannssohn studierte an der Wiener Akademie für Angewandte Kunst und an der Hochschule für Welthandel und absolvierte eine kaufmännische Ausbildung in Hamburg, bevor er 1931 in die USA ging und verschiedene Berufe ausübte. Nach seiner Rückkehr nach Wien 1933 war er in der elterlichen Firma tätig [sein Vater *Max Landgrebe* soll sich in Wien einen Omnibus-Betrieb aufgebaut haben] und widmete sich daneben der Schriftstellerei und Malerei. 1936 trat *E. Landgrebe* der NSDAP und der Nationalsozialistischen Kulturgemeinde bei, fungierte nach dem ›Anschluß‹ Österreichs als kommissarischer Verwalter jüdischer Verlage und war kurze Zeit Geschäftsführer des *Paul Zsolnay* Verlags.[2] Während des Zweiten Weltkriegs hielt er sich als Kriegsberichterstatter in Rußland und Afrika auf, wo er 1943 in amerikanische Gefangenschaft geriet. Nach seiner Entlassung 1946 lebte *L.* als Schriftsteller in Elsbethen bei Salzburg. Er schrieb Zeitromane mit autobiographischen Zügen (u.a. ›Adam geht durch die Stadt‹, 1936;[3] *In sieben Tagen*,

---

1 *Margret Langrebe* (geb. *Schmidt*), * 10.11.1917 Rehberg bei Krems, lebt in Salzburg (s.o. S. 276); vgl. *M. G. Hall*, Der Paul-Zsolnay-Verlag. Von der Gründung bis zur Rückkehr aus dem Exil, 1994, S. 759.

2 Kursiv vom *Th. Hübner*.

3 *Erich Landgrebe*, Adam geht durch die Stadt. Roman, Berlin / Wien / Leipzig (Paul Zsolnay Verlag) ¹1936, ²1942, Wien 1954, 1961, 282 S.; Dänisch: *Erich Landgrebe*, Adam gaar gennem Byen (übersetzt von *Soffy Topsøe*), Kopenhagen 1943, 236 S.; niederländisch: *Erich Landgrebe*, Adam trekt door de stad (übersetzt von *Elisabeth Gutteling*), Den Haag 1946, 234 S.

Historisches Material

1955⁴) sowie selbstillustrierte Kinder- und Jugendbücher,⁵ Reisebücher, Hörspiele, Gedichte und Essays.«⁶

In dem 1924 von *Paul Zsolnay* gegründeten Paul Zsolnay Verlag⁷ hatte *Erich Landgrebe* schon sehr früh Einfluß für den »reichsdeutschen Markt« gewonnen. Um den Verlag »gleichgeschaltet« erscheinen zu lassen, wurden die »Literarische Nachrichten« des Verlags seit Herbst 1934 »Südostdeutsche Literaturblätter« genannt, in welchen sich auch Beiträge von *E. Landgrebe* finden.⁸ »Der Euphemismus ›südostdeutsch‹ bedeutete so etwas wie ›arisch‹ und ›gesamtdeutsch‹.«⁹

Nach dem Zwangs-»Anschluß« Österreichs an das Deutsche Reich am 13. März 1938 versuchte sich der Paul Zsolnay Verlag zunächst durch »Scheinarisierung« über Wasser zu halten;¹⁰ sehr bald aber wurde der Verlag der Nazi-Propa-

---

4   *Erich Landgrebe*, In sieben Tagen. Roman, Gütersloh (1.-6. Tsd.) 1954 (7.-14. Tsd.) 1955, 255 S.

5   *Erich Landgrebe*, Michaels erster Sommer. Mit Zeichnungen des Dichters, Berlin / Wien / Leipzig (Paul Zsolnay Verlag. Ab 1941 Verlag Karl Heinrich Bischoff) ¹1940 ²1942, 178 S.; *ders.*, Von Dimitrowsk nach Dimitrowsk. Roman. Zeichnung des Umschlags von *Erich Landgrebe*, Linz 1948, 414 S.; *ders.*, Das Nachtkastl-Buch. Zwei Dutzend fröhliche Geschichte. Mit 9 Initialen und 15 Zeichnungen des Verf., Salzburg 1949, 183 S.; *ders.*, Die Reise nach Pernambuco oder Die geheimnisvolle Füllfeder. Mit 35 Zeichnungen des Autors, Wien / Heidelberg 1951, 175 S.; *ders.*, Aufruhr in Salzheim. Mit 20 Federzeichnungen des Verf., Wien ¹1954, ²1955, 1961, 168 S.; *ders.*, Salzheimer Zirkus. Mit 17 Federzeichnungen des Verf., Wien (1.-12. Tsd.) 1955. 1956, Düsseldorf / Stuttgart 1960, 158 S.; *ders.*, Onkelgeschichten. Mit Zeichnungen des Autors (Das kleine Buch 176), Gütersloh 1967, 62 S.

6   *W. Killy*, Artikel »Landgrebe, Erich, österr. Schriftsteller, Maler. Graphiker«, in: DBE, München 1997, Bd. 6, Kogel-Maxsein, S. 217 (diesem Artikel folgt direkt der zu *Ludwig Landgrebe* auf der gleichen Seite).

7   Vgl. *M. G. Hall*, Der Paul-Zsolnay-Verlag. Von der Gründung bis zur Rückkehr aus dem Exil, 1994; *M. G. Hall / Herbert Ohrlinger*, Der Paul Zsolnay Verlag 1924–1999. Dokumente und Zeugnisse, Wien 1999.

8   Südostdeutsche Literaturblätter Heft 1 [vorher: Literarische Nachrichten und Bücher-Vorschau des Paul Zsolany Verlages, Berlin / Wien / Leipzig 1933–1933], Wien 1934, bis Heft 7, Wien 1937. Siehe *M. G. Hall*, Der Paul-Zsolnay-Verlag. Von der Gründung bis zur Rückkehr aus dem Exil, 1994, S. 168f.

9   *M. G. Hall*, Der Paul-Zsolnay-Verlag. Von der Gründung bis zur Rückkehr aus dem Exil, 1994, S. 168.

10 *M. G. Hall*, Der Paul-Zsolnay-Verlag. Von der Gründung bis zur Rückkehr aus dem Exil, 1994, S. 668–670.

ganda unterworfen,[11] dem auch der verlagsleitende Einfluß von *Erich Landgrebe* diente:[12]

»Der junge Erich Landgrebe (1908–1979), der schon 1936 wegen illegaler NS-Betätigung in Haft genommen worden war, reüssierte …wenig mit seinem dichterischen Werk …, dafür bekam er durch eine politische Entscheidung und im Widerspruch zur Verordnung, wonach nach dem 1. April 1939 ein kommissarischer Verwalter in einem Betrieb nicht mehr eingesetzt werden durfte, eine Schlüsselstelle im Verlag. *Denn Landgrebe war der erste ausdrückliche Wunschkandidat von Propagandaminister Joseph Goebbels als Ariseur des Verlags,* und erfreute sich großen Vertrauens an entscheidenden Parteistellen. Er wurde immerhin auf Weisung des Reichspropagandaministeriums im Verlag als Geschäftsführer eingestellt. Landgrebe, der den Zsolnay Verlag ›mit Münchner Kapital‹ (April 1940) arisieren wollte, heißt es in den Akten, genieße ›das volle Vertrauen des Propagandaministeriums‹ und sei ›dem Propagandaministerium sehr erwünscht‹. Seine schriftstellerische Tätigkeit dürfte unter dem Umstand gelitten haben, daß er – mit unbekannter Qualifikation – 1938/1939 zuerst als Kommissarischer Verwalter und schließlich als ›Abwickler‹ die Aufgabe hatte, die Wiener Großfirmen R. Löwit [Verlag][13] und A. Mejstrik – beide im Besitz von Dr. Mayer Präger [»mosaischer Konfession«[14]] – zu liquidieren, was er erfolgreich tat. Mayer Präger wurde verhaftet und im Jänner 1939 dem KZ Buchenwald überstellt. Danach dürfte er nach Polen verschleppt worden und dort umgekommen sein.[15]«[16]

E. Landgrebe wurde zum 1. April 1939 zum Geschäftsführer bestellt, um »die Umstände um die ›Entjudung‹ des [Paul Zsolnay] Verlages [zu] beleuchten, weil das Reichswirtschaftsministerium im Einvernehmen mit dem Propagandaministerium den Standpunkt vertrat, es würde sich ›um eine getarnte Entjudung‹, um eine

---

11 *P. Zsolnay* emigrierte nach England und gründete dort den Heinemann & Zsolnay Verlag; vgl. *M. G. Hall*, Der Paul-Zsolnay-Verlag. Von der Gründung bis zur Rückkehr aus dem Exil, 1994, S. 549f., 677ff.

12 *M. G. Hall*, Der Paul-Zsolnay-Verlag. Von der Gründung bis zur Rückkehr aus dem Exil, 1994, S. 271: »Verlagsleiter«, S. 676, am 1. April 1939: »kommissarischer Leiter«, S. 464: »inzwischen Geschäftsführer«, vgl. S. 199, 576, 641, 678, 684, 699, 714, 726.

13 Siehe auch *M. G. Hall*, Der Paul-Zsolnay-Verlag. Von der Gründung bis zur Rückkehr aus dem Exil, 1994, S. 678.

14 Internet-Auftritt: www.stadtbibliothek.wien.at: Verlag Richard Löwit (Wien-Leipzig); hier auch weiteres zu *E. Landgrebe* als »Ariseur«.

15 Näheres dazu: *M. G. Hall*, Österreichische Verlagsgeschichte Bd. II, 1985, S. 254–258.

16 *M. G. Hall*, Der Paul-Zsolnay-Verlag. Von der Gründung bis zur Rückkehr aus dem Exil, 1994, S. 471; Hervorhebungen von *Th. Hübner*.

Historisches Material

›Scheinarisierung‹ handeln.«[17] Ein Schreiben vom Reichsministerium für Volksaufklärung und Propaganda vom 7. Januar 1942 an das Reichswirtschaftsministerium belobigt *E. Landgrebe* und meldet Vollzug: »Herr Erich Landgrebe hat die Reinigung des Verlags von jüdischen Elementen durchgeführt und es verstanden, durch eigene Initiative das literarische Niveau zu heben.«[18]

Da eine Untersuchung der Schriften von *E. Landgrebe* vor und nach 1945 noch aussteht, soll hier an einem Beispiel deutlich werden, wie dieser Schriftsteller in jungen Jahren (31jährig) gedacht hat:

In seinem Roman »Die neuen Götter.[19] Aus den Papieren des Architekten Hemrich« hat *E. Landgrebe* programmatisch seine Naziideologie[20] dargestellt. Er selbst – das ›ich‹ des Protagonisten *Hans Hemrich*[21] – hält sich nicht für geeignet: »Ich sehe zu wenig einfach und leide zu sehr an allem, was die Zeit hervorbringt, ich habe, ach, zu feine Nerven, um Kämpfer zu sein« (88).

Das 1939 in Wien erschienene, schlichte Buch versetzt den Leser in das Jahr 1934:[22] »Wir leben in einem Staat von Dunkelmännern, und hart neben uns blüht ein Reich auf in Licht und Kraft, das allen Ballast hergebrachter Götter kindlich schöpferisch über Bord wirft« (83). »Eine Schar entschlossener Männer in meiner österreichischen Heimat hat sich zusammengetan, um dieses abgesprengte Land dem Baumeister des großen Reiches zu bringen« (87).

Zu dieser »Schar« gehört auch der Vater von *Klaus* und *Abel*.[23] Der nordische Mensch ist »aus einem Guß«, in Österreich kommt der »Vater … vom Norden, eine

---

17 *M. G. Hall*, Der Paul-Zsolnay-Verlag. Von der Gründung bis zur Rückkehr aus dem Exil, 1994, S. 618f.

18 *M. G. Hall*, Der Paul-Zsolnay-Verlag. Von der Gründung bis zur Rückkehr aus dem Exil, 1994, S. 700.

19 *Erich Landgrebe*, Die neuen Götter. Aus den Papieren des Architekten Hemrich. Roman, Berlin / Wien / Leipzig (Paul Zsolnay Verlag) 1939, 270 S. Zum Titel »Die neuen Götter« s. ebd. S. 66, 70, 88, 107, 114, 261 = »glühende Flamme«, siehe S. 93, 96, 210.

20 Vgl. *Erich Landgrebe*, Erlebnisberichte von Mitkämpfern aus den Feldzügen in Polen und Frankreich 1939/40, Zusammenstellung und Bearb. von *Otto Sroka*, *Erich Landgrebe* (Mit den Panzern in Ost und West Bd. 1), Prag (Volk und Reich Verlag) 1942.

21 *E. Landgrebe*, Die neuen Götter, 1939, S. 25.

22 *E. Landgrebe*, Die neuen Götter, 1939, S. 66, 68, 87.

23 Vgl. Kain und Abel 1. Mose 4! Zu Klaus und Abel: *E. Landgrebe*, Die neuen Götter, 1939, S. 117ff., 120, 147ff., 152f., 160ff., 172f, 175ff., 201ff., 205ff.

Mutter spinnt die Erbschaft ihres Blutes herauf aus geheimnisumwebtem Süden und Osten ... Grenzblut mit tausend Gefahren sind wir« (105). Der Vater vom starken »Klaus« (118f.) steht wie dieser für den »neuen Herrenmenschen« (108), den »Herr[en]«,[24] die Mutter von »Abel«[25] für den »Untermenschen« (114), den »Sklave[n]« (110), für »Ergebenheit, Zwielicht, Halbschatten, Halblicht, demütiges Kriechen auf allen vieren« (133), »Diener« (141). Klaus »stellte ... immer mehr den Herrn, und Abel etwas Schwaches, Krankes und Verwerfliches dar« (160). »Klaus ... verlangte, ... daß man ihn ... anstatt des toten Vaters in den Kampf der Männer ... [und] nicht allzu lange mehr auf die Schule schicke ... sie [die Mutter] begriff, ... daß Klaus weder sie noch Abel zu den vollen und in Frage kommenden Menschen zählte« (260). »Abel« ist nach der »Mutter« geraten – das Judesein wird ja über die Mutter vererbt! – hat stets in »Griffnähe ein kleines Lämmchen aus weißer Wolle, das er Ludwig getauft hatte«.[26] Demgegenüber schwingt Klaus, der »Herrenmensch«, der nach dem Vater geraten ist – *Vater*land – »Hammer und Pistolen«, redet mit »Donnerstimme« (161). Wer ist mit »Ludwig« gemeint – der »Vetter und Freund« des Verfassers, *Ludwig Landgrebe*, der seit 1933 eine Jüdin zur Frau hatte? Die Schlichtheit des Buches spräche nicht gegen solche Assoziationen.

E. Landgrebe gehörte in Wien spätestens seit 1936 der »illegalen Organisation« an, die sich »Nationalsozialistische Kulturgemeinde (N.S.K.G.) nannte«, und wurde deswegen auch am 4. Mai 1936 von der österreichischen Polizei verhaftet.[27] Dieser seiner nationalsozialistischen, illegalen Organisation setzte *E. Landgrebe* hier in der Figur des Vaters von Klaus und Abel ein religiös angereichertes Märtyrer-Denkmal: Der »Vater« starb, »nachdem er zum letztenmal Dank und Wunsch hinausgesandt hatte zum großen Licht, den heißen Wunsch darum, daß es nicht umsonst gewesen sein möge, daß er hier, auf dem Straßenpflaster von Wien ... den letzten bittern Zug tun mußte aus dem Lebensbecher«.[28]

Die Nazi-Hetze gegen das »Weltjudentum« wird von *E. Landgrebe* mit christologischen Versatzstücken vermengt: »die Proleten aller Länder wollen die Herrschaft

---

24 *E. Landgrebe*, Die neuen Götter, 1939, S. 109, 111.

25 *E. Landgrebe*, Die neuen Götter, 1939, S. 118, 119, der »dunkle, schmale« 118.

26 *E. Landgrebe*, Die neuen Götter, 1939, S. 117, vgl. 149, 151, 154, 161, 263.

27 *M. G. Hall*, Der Paul-Zsolnay-Verlag. Von der Gründung bis zur Rückkehr aus dem Exil, 1994, S. 199.

28 *E. Landgrebe*, Die neuen Götter, 1939, S. 174, vgl. 162f., 168, 174, 240.

Historisches Material

aufrichten eines asiatischen Händlervolkes und die Vertreter des Mannes, der vom Himmelreich in uns kündete, haben sich eine Organisation geschaffen, mit der sie die Welt beherrschen wollen, die jener, ihr Herr, abtat, ohne sich vor seinen Richtern zu verteidigen! Überall regt sich das Gemeinste, Niedrigste, Gedemütigste, das Kleinste, und will – denn es hat die Masse hinter sich – die Herrschaft der Untermenschen vorbereiten. Und wir letzten Stolzen?« (114) »… und er mußte daran denken, daß er [Klaus] dieser Christus und der Bruder das Lamm [symbolisiert Abel, s. o.] war … Ja, und dieses Lamm wird also auch gerettet, wenn es gar nicht kämpfen will? Nein, das gefiel Klaus nicht. Er fühlte, daß ihm ein Gott näher stand, der der Schwachen nicht achtete, der zumindestens nicht wie dieser helfende Gott auf dem Bilde dort alles in seine Arme nimmt, was schwach ist« (154).

Die bisherige (Bauhaus-?) Architektur (»Eckig und hart steht das große Haus dort, zusammengedrängt, als gäbe es hier keinen Raum. Für … Herrn Gleichgültig«)[29] wird wie ›entartete‹ Kunst dargestellt, von ihr verabschiedet sich die Titelfigur des Romans ebenso wie sie sich von sich selbst verabschiedet: »Ich erwache, ja – ich sehe mich; da liegt er ja neben mir, Hans Hemrich, der erfolgreiche Architekt, da liegt er und schläft, ich aber wache« (25). Der Protagonist verläßt seine Frau *Verena*,[30] die er gegen *Anna* vertauscht, denn »ihre Augen leuchten hell und stark: Kampf!« Das Mädchen vom Land hält seine »Gedanken [für] zu – städtisch« (53). »Architekt Hemrich« baut fortan Häuser, die »niedrig … und breit … zeigen, daß wir Grund haben und Raum und daß wir für unsere Erde bauen – nicht in den Himmel hinein wie die New Yorker« (66), besser noch: »eine einfache geräumige Blockhütte, mit festen Bohlen und Heu zwischen den Fugen« für sich und Anna mit ihrem »gesegneten Leib« (269). Er gründet für die Arbeiter einen »Bausparverein« und baut nun »Arbeiterhäuser« und »Siedlungen«.[31]

Soweit ein junger, ideologisch und durch Karrierechancen verführter und -barer Schriftsteller. Das sagt noch nichts darüber aus, wie der ältere und »alte Landgrebe« nach 1945 gedacht und geschrieben hat. Es diene nur als ein Beleg dafür, wie nahe Verfolgen und Verfolgtwerden in einer Familie beieinanderliegen konnten.

---

29 *E. Landgrebe*, Die neuen Götter, 1939, S. 121, vgl. S. 228, 266.
30 *E. Landgrebe*, Die neuen Götter, 1939, S. 37, (Brief: S. 59, 128, 230), 78f., 167, 182ff.
31 *E. Landgrebe*, Die neuen Götter, 1939, S. 157. 187.

Erich Landgrebe – Ein Eintrag

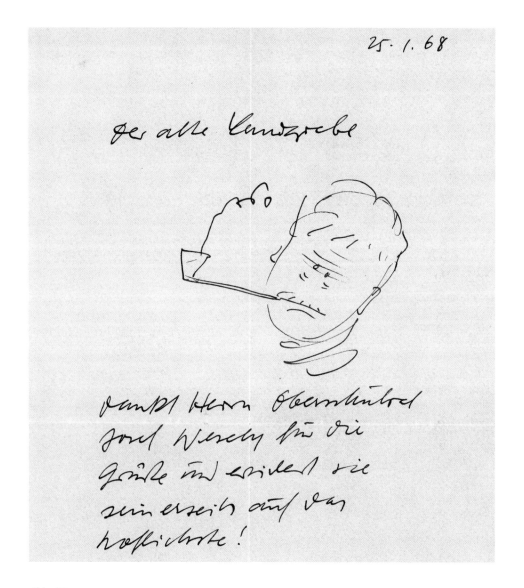

Abb. 59
Erich Landgrebe (1908–1979), Autograph – Dankschreiben mit Selbstbildnis an Oberschulrat Josef Wesely in Vorau (Steiermark) vom 25. Januar 1968, Absender auf dem Briefumschlag: »Landgrebe 5061«, das ist die Postleitzahl von Elsbethen (Transkription S. 355)

Theresienstadt

Abb. 60
Arthur Goldschmidt (1873–1947) 26. Oktober 1946, Selbstportrait, signiert »Dr. A. G«, datiert »26.X.46«, Bleistiftzeichnung 27,6 × 20,5 cm

Vorwort des Herausgebers

Nachdem *Arthur Goldschmidt* (1873–1947) im September 1945 aus Theresienstadt zurückgekehrt war, begab er sich an seinen bewegenden Bericht, mit dessen Aufzeichnungen er nach dem 18. Oktober 1945 begonnen haben dürfte.¹ Abgeschlossen hat er ihn wahrscheinlich mit dem hellsichtigen Vorwort (s. u. S. 377), welches er auf den 6. November 1946 datiert. Das Erscheinen seiner »Geschichte der evangelischen Gemeinde Theresienstadt 1942–1945« im Jahre 1948 hat er nicht mehr erlebt.

Wer eine solche Quelle nach sechzig Jahren neu ediert, kann es nicht bei einem Abdruck belassen; das verbietet der Ernst des Vorhabens. Der Text bleibt als Quelle selbstverständlich unverändert; die ursprüngliche Paginierung (z.B. 26) ist vermerkt.² Um ihn aber über zwei Generationen hinweg in unsere Zeit zu retten, wurde ihm ein erläuternder Anmerkungsteil beigegeben. Hierfür habe ich aus der erdrückenden Menge der Literatur³ folgende grundlegenden Werke herangezogen:

Hans Günther Adler (1910–1988), Theresienstadt 1941–1945. Das Antlitz einer Zwangsgemeinschaft, Tübingen (¹1955) ²1960;⁴

---

1 Am 18.10.1945 wurde *Dr. jur. Dr. phil. Rolf Grabower* Oberfinanzpräsident in Nürnberg (s. u. S. 420 Anm. 84), den Zeitpunkt nennt *A. Goldschmidt*, Geschichte der evang. Gemeinde Theresienstadt 1942–1945, 1948, S. 32 / 420: »*jetziger* Oberfinanzpräsident in Nürnberg« (Hervorhebung vom Hg.). Dem terminus a quo korrespondiert der ad quem: Vorwort, ebd. S. 5 / 377: »6. November 1946«.

2 Ergänzungen von *Th. Hübner* im laufenden Text in eckigen Klammern: [...]; das in runde Klammern Gesetzte gehört zum Text von *A. Goldschmidt*; Kursivsetzung der Namen von *Th. Hübner*; zu den Umständen s. o. Kapitel »Die Jungens sind in Frankreich«, S. 106, 122.

3 Vgl. Theresienstädter Studien und Dokumente, hg. v. Institut Theresienstädter Initiative, Prag / Frankfurt a.M., 1994ff.

4 *Hans G.[ünther] Adler* [* 2.7.1910 Prag, † 21.8.1988 London], Theresienstadt 1941–1945. Das Antlitz einer Zwangsgemeinschaft. Geschichte Soziologie Psychologie (Civitas gentium, Schriften zur Soziologie und Kulturphilosophie), Tübingen [J. C. B. Mohr (Paul Siebeck)] (¹1955, XLV, 773 S.) ²1960, LIX, 892 S. [Reprint der Ausgabe ²1960, mit einem Nachwort von *Jeremy Adler*, Göttingen (Wallstein-Verlag) 2005, LIX, 926 S.], Widmung S. V: »Für Geraldine als Totenfeier: Geraldine / Dr. Gertrud Adler-Klepetar, / geboren am 9.12.1905 in Prag, / mit ihrer Mutter / durch das Gas ermordet und verbrannt am 14.10.1944 / in Auschwitz-Birkenau / Sie gab durch zweiunddreissig Monate / bis zu den Grenzen ihrer grossen Kraft / in Theresienstadt ihr bestes für ihre Familie, / für viele Freunde und ungezählte Leidende. / Rastlos opferte sie sich auf. / Für ihre Mutter ging sie in den Tod. / Menschenwürde / hat in ihr den Sieg der

Theresienstadt

Hans Günther Adler, Die verheimlichte Wahrheit. Theresienstädter Dokumente, Tübingen 1958;

Philipp Manes (1875–1944, portraitiert von *A. Goldschmidt*, ebd. vor S. 273), Als ob's ein Leben wär. Tatsachenbericht Theresienstadt 1942–1944, Berlin 2005;[5]

Georg Weis, Totenbuch Theresienstadt, Wien 1971 / *Mary Steinhauser* (Hg.), Totenbuch Theresienstadt. Damit sie nicht vergessen werden, Wien 1987;[6]

Eberhard Röhm / *Jörg Thierfelder*, Juden, Christen, Deutsche 1933–1945, Stuttgart 1990–2007 (*A. Goldschmidt*, Zeichn. Trauerfeier Theresienstadt, 4/II, S. 130).[7]

Zu den Namen, die *Arthur Goldschmidt* in seinem Bericht nennt und die in einem dieser Werke aufgeführt worden sind, erscheint bei der ersten Erwähnung ein Verweis ohne Seitenangabe, weil sie im Personenregister jeweils leicht zu finden sind.[8] Folgende Quellen im Internet (Mai 2008) sind mir eine große Hilfe gewesen:

Demut über die Anfechtung / der Schande täglich gefeiert.« (siehe ebd., S. 703);

H.[ans] G.[ünther] Adler, Die verheimlichte Wahrheit. Theresienstädter Dokumente, Tübingen [J. C. B. Mohr (Paul Siebeck)] 1958, XIII, 372 S., mit Abbildungen, 1 Falttafel, Widmung S. III: »Den Toten die es litten zum Gedächtnis / den Lebenden die es überstanden / zur Erinnerung«.

5   *Philipp Manes* [* 16.8.1875 Elberfeld, † nach dem 28.10.1944 Auschwitz], Als ob's ein Leben wär. Tatsachenbericht Theresienstadt 1942–1944, hg. v. *Ben Barkow* und *Klaus Leist*, Berlin (Ullstein) 2005: s. u. S. 419 Anm. 78.

6   *Georg Weis*, Totenbuch Theresienstadt, Wien (Jüdisches Komitee für Theresienstadt) [1]1971, wieder veröffentlicht in: *Mary Steinhauser* und Dokumentationsarchiv des Österreichischen Widerstandes (Hg.), Totenbuch Theresienstadt. Damit sie nicht vergessen werden, Wien (Junius Verlags- und Vertriebsgesellschaft) [1-3]1987, siehe ebd. S. I. 4.

7   *Eberhard Röhm* / *Jörg Thierfelder*, Juden, Christen, Deutsche 1933–1945:
Band 1: 1933 bis 1935. Ausgegrenzt (Calwer Taschenbibliothek 8), Stuttgart 1990;
Band 2: 1935 bis 1938. Entrechtet, Teil 1 (Calwer Taschenbibliothek 9), Stuttgart 1992;
Band 2: 1935 bis 1938. Entrechtet, Teil 2 (Calwer Taschenbibliothek 10), Stuttgart 1992;
Band 3: 1938 bis 1941. Ausgestoßen, Teil 1 (Calwer Taschenbibliothek 50), Stuttgart 1995;
Band 3: 1938 bis 1941. Ausgestoßen, Teil 2 (Calwer Taschenbibliothek 51), Stuttgart 1995;
Band 4: 1941–1945. Vernichtet, Teil 1 (Calwer Taschenbibliothek 101), Stuttgart 2004;
Band 4: 1941 1945. Vernichtet, Teil 2 (Calwer Taschenbibliothek 104), Stuttgart 2007.

8   Die Lit.hinweise werden wie folgt abgekürzt: *Adler*, Antlitz; *Adler*, Wahrheit; *Manes*, Leben (hier ist neben dem »Personenregister«, ebd. S. 538–542, zu beachten: »Kurzer biographischer Anhang«, ebd. S. 498–533, die Namen hieraus finden sich nicht im Personenregister); *Weis* / *Steinhauser*, Totenbuch (da kein Register vorhanden ist, werden S.angaben beigegeben); *Röhm* / *Thierfelder*, 1; 2/I; 2/II; 3/I; 3/II; 4/I und 4/II.

Vorwort des Herausgebers

das »Theresienstadt Lexikon« (http://www.ghettho-theresienstadt.info); die »List of Nuremberg's Victims of Shoah« (http://www.jewishgen.org/yizkor/nuremberg/nur005.html) und »University over the Abyss. List of Lecturers in Ghetto Theresienstadt« (http://makarovainit.com/list.htm).

Auf folgendes erhellende, etwas verborgene Heft mache ich aufmerksam: *Emil Utitz*, Psychologie des Lebens im Konzentrationslager Theresienstadt, Wien 1948, 80 S., 2 Tafeln. Der Kunsthistoriker, Psychologe und Philosoph *Emil Utitz* (1883–1956)[9] war ein Förderer und Freund von *Ludwig Landgrebe*. Nachdem *Utitz* zur gleichen Zeit wie *Arthur Goldschmidt* in Theresienstadt gewesen war, erschien von ihm in demselben Jahr und aus gleichem Anlaß sein Bericht zu Theresienstadt.

Vier Stimmen sollen einleitend zu Worte kommen; sie stellen dem Werk von *Dr. Arthur Goldschmidt* das Zeugnis von Augenzeugen aus.

»Die Diakonisse *Johanne Aufricht*, eine nach Theresienstadt deportierte Christin, die überlebte, erinnerte sich an das kirchliche Leben im Ghetto: ›Die Stadt hatte eine schöne Kirche, aber verschlossen für uns. Unsere evangelischen Gottesdienste waren auf dem Söller eines Wohnhauses. Unser Prediger war der Oberlandesgerichtsrat *Goldschmidt* aus Hamburg. [Wir waren] eine große, traurige Gemeinde, die nach Gottes Wort hungerte.‹

Ähnlich äußerte sich auch die ebenfalls nach Theresienstadt deportierte Christin *Clara Eisenkraft*: ›Ich fand dort in der Hölle von Theresienstadt eine Gemeinde vor, die mit viel Not und Mühe und vielen Widerständen zum Trotz aufgebaut war. Das Verdienst hierfür hat sich ein über 70 Jahre alter Jurist aus Hamburg, *Dr. Goldschmidt*, erworben. Wie mir erzählt wurde, war er von Kaserne zu Kaserne, von Haus zu Haus, von Baracke zu Baracke gegangen, um die evangelischen Christen ausfindig zu machen. […] Mit wie viel Mühe hat er die Gemeinde dort gesammelt und auch wirklich zusammengehalten, gebaut und erbaut, die Kranken in den Krankenhäusern besucht und die Toten beerdigt, deren es eine so große Anzahl gab. Vor allen Dingen hat er allsonntäglich regelrechte Predigtgottesdienste mit Liturgie und allem, was dazugehört, abgehalten.‹«[10]

---

9 Siehe oben S. 224 Anm. 186.

10 Die hier wiedergegebenen Berichte wurden folgendem Werk entnommen: *Röhm / Thierfelder*, a.a.O. (s.o. S. 370 Anm. 7) 4/II, S. 122 Anm. 204. 205, S. 593 (Lit. S. 698); zitiert wird: *Johanne Aufricht*, Tagebuch, zit. in: *Ruth Felgentreff*, Ist verpflichtet den Judenstern zu tragen. Eine Dokumentation über die Diakonissen Johanne und Erna Aufricht, Kaiserswerth, Theresienstadt, Auschwitz, hg. im Auftrag der Schwesternschaft des Diakonissenmutterhauses,

»Dieser unser Gottesdienstraum war ein elender, halb zerfallener Wäscheboden mit offenen Luken, zu denen Wind und Winter hereinkamen; die Schneeflocken flogen einem manchmal ins Gesicht. Ein paar elende, wackelige rohgezimmerte Bänke ohne Lehne dienten außer den dort befindlichen Balken als Sitzgelegenheiten. Aus rohen Brettern war ein Altar gefertigt, auf dem das Symbol der christlichen Kirche, das Kruzifix, stand. Daneben war eine Staffelei aufgestellt, auf der ein Marienbild mit dem Jesusknaben stand, ein Bild für unsere Kirche von *Dr. Goldschmidt*, der nicht nur Richter und hier Prediger, sondern wie auch Fachleute bekundeten, ein sehr guter Maler war.«[11]

Die dritte Stimme ist eine kritische: *Elsa Bernstein* beschreibt in ihren Erinnerungen, wie sie die Ansprache von *Arthur Goldschmidt* bei einer Beerdigung erlebt hat: »Der Versammlungsraum ist auf einem Speicher, die letzte der drei Treppen eine Hühnerleiter ... Man sitzt auf Holzbänken. ... Ein heiseres Harmonium hält mühsam den unsicher einsetzenden Chor zusammen. Dann spricht ein Dr. G. aus Hamburg. Sehr gescheit, viel zu gescheit, um feierlich oder gar weihevoll zu sein. Die Einsteinsche Relativitätstheorie mit heranzuziehen ist hier nicht am Platz. Gut, daß *Dr. Stargardt* noch ein paar Worte hinzufügt. Einfache, warme Worte. Der eine hat Herz und der andere hatte kein Herz.«[12]

Am 12. Mai 1948 dankt der ehemalige Mithäftling *Arndt* brieflich *Ilse Landgrebe* für die Übersendung der Schrift ihres Vaters:

»Sie [die Schrift] hat mir wieder die unverzagte und positive Einstellung ihres Vaters und seine Aktivitäten, wenn es galt zu handeln, in das Gedächtnis zurückgerufen. Oft habe ich mich daran aufgerichtet; ebenso ist es mit zahlreichen anderen gewesen und so ist sein Wirken so außerordentlich segensreich gewesen.«[13]

Kaiserswerth 1973, S. 32 (Namen kursiv gesetzt von *Th. Hübner*). Zu den Geschwistern und Diakonissen *Johanne* und *Erna Aufricht* siehe auch ebd., S. 13–18.

[11] *Röhm / Thierfelder*, a.a.O. (s.o. S. 370 Anm. 7) 4/II, S. 126 Anm. 209, S. 593 (Lit. S. 698, Namen kursiv gesetzt von *Th. Hübner*); zitiert wird: *Clara Eisenkraft*, Damals in Theresienstadt. Erlebnisse einer Judenchristin, Wuppertal ¹1977, S. 49f. Zu Kruzifix und Bild s.u. S. 391f., 411f.

[12] *Elsa Bernstein* [Pseudonym: *Ernst Rosmer*], Das Leben als Drama. Erinnerungen an Theresienstadt, hg. v. *Rita Bake* und *Birgit Kiupel*, Dortmund ¹1999 [2. Aufl. Berlin / Bonn (Friedrich-Ebert-Stiftung) 2005], S. 67f.; s.o. S. 145; s.u. S. 420.

[13] Archiv J. 80, S. 303 – Brief vom 12.5.1948; s.o. S. 144.

Vorwort des Herausgebers

Es wird heute in den evangelischen Kirchengemeinden Deutschlands viel über den »Gemeindeaufbau« nachgedacht. *Arthur Goldschmidt* zeigt, welcher sich gerade auch in ideologisch verblendeten Zeiten bewährt:

»Das Gemeindeleben 1. Der Gottesdienst … 2. Bibelstunde … 3. Gemeindeabende … Die Predigt« – ein Vorbild durchaus auch unserer Zeit.

Köln-Rondorf, im Oktober 2008

Thomas Hübner

1 Das christliche Deutschland 1933 bis 1945

herausgegeben von einer Arbeitsgemeinschaft katholischer
und evangelischer Christen

Evangelische Reihe
Heft 7

3 Geschichte
der
evang. Gemeinde Theresienstadt
1942–1945

Von
Dr. Arthur Goldschmidt †
weil. Oberlandesgerichtsrat in Hamburg

1948

Furche-Verlag Tübingen

4 G.M.Z.F.O.[14]
Visa No. 3667 / Rp de la Direction de l'Education Publique
Autorisation No. 3589 de la Direction de l'Information

Druck: Buchdruckerei Eugen Göbel, Tübingen

---

14 G.M.Z.F.O. = Gouvernement Militaire de la Zone Française d'Occupation.

[5] *Vorwort*

Die Geschichte der evangelischen Gemeinde in Theresienstadt – bei deren Darstellung sich die »Ich«-Form leider nicht ganz vermeiden ließ – hat vielleicht eine Bedeutung, die über das Interesse an den sachlichen Vorgängen und den persönlichen Schicksalen hinausgeht.

Die anfangs auf dunklem Dachboden, bei Kerzenlicht und in halber Heimlichkeit stattfindenden Gottesdienste wurden gelegentlich mit dem Gottesdienst in den Katakomben verglichen.

Dieser an das äußere Geschehen anknüpfende Vergleich verdeckte einen tieferen Sinn.

Denn auch das Dasein der Theresienstädter Gemeinde, so kurze Zeit es in steter Spannung zwischen »Ungeschichtlichkeit« und »Geschichtlichkeit« gedauert hat, beweist, daß das von *Kamlah* in seinem so benannten Werke aufgeworfene Problem »Christentum und Selbstbehauptung«[15] nur in *einem* Sinne beantwortet werden kann, daß der Wegweiser aus dem die Welt überwuchernden Irrgarten des Nihilismus das Kreuz ist!

Reinbek bei Hamburg, den 6. November 1946.

Arthur Goldschmidt.[16]

---

15 Siehe unten S. 429–432, Nachwort des Herausgebers.

16 *Adler*, Antlitz a.a.O. (s.o. S. 369 Anm. 4); *Manes*, Leben a.a.O. (s.o. S. 370 Anm. 5); *Röhm / Thierfelder*, a.a.O. (s.o. S. 370 Anm. 7) 4/II.

[7] I. Theresienstadt

Theresienstadt liegt an der Eger, unweit von Leitmeritz an der Elbe, in einer fruchtbaren Landschaft Böhmens. Es ist eine von *Kaiser Joseph II.*[17] auf geometrischem Grundriß erbaute kleine Festungsstadt, in ihrer alten Anlage umschlossen von Festungswällen und Gräben.

Der Ort enthält eine Reihe zum Teil architektonisch ausgezeichneter Kasernen, mit großen von Galerien umgebenen Höfen, eine schöne Kirche mit anmutigem Turm auf weitem Marktplatz und eine Menge kleiner Privathäuser, vielfach in bestem josephinischem Stil. Ringsum schauen die Höhenzüge des Mittelgebirges in die Straßen hinein. Die Zahl der Einwohner – außer der Besatzung – belief sich auf etwa fünf- bis sechstausend Menschen.

Dieses Theresienstadt wurde, wie *Hitler* einmal verkündete, »den Juden geschenkt«;[18] die Häuser waren zu dem Zweck enteignet und die Bewohner evakuiert. Demgemäß wurde es Ende 1941 zum »Ghetto« erklärt; eine Bezeichnung, die später in »jüdische Siedlung« verändert wurde.

---

17 *Benedikt August Johann Anton Michael Adam Joseph II.* (* 13.3.1741 Wien, † 20.2.1790 ebd.), Erzherzog von Österreich aus dem Geschlecht Habsburg-Lothringen, 1764 römisch-deutscher König, 1765–1790 Kaiser des Heiligen Römischen Reiches Deutscher Nation, ab 1780 auch König von Ungarn und Böhmen; *Adler*, Antlitz a.a.O. (s.o. S. 369 Anm. 4); *Adler*, Wahrheit a.a.O. (s.o. S. 370 Anm. 4).

18 *Adolf Hitler*, * 2.4.1889 Braunau am Inn (Österreich), † 30.4.1945 Berlin durch Suizid; vgl. Propagandafilm »Der Führer schenkt den Juden eine Stadt« (fertiggestellt März 1945): Der Schauspieler und Regisseur *Kurt Gerron* [eigentlich *Kurt Gerson*, * 11.5.1897 Berlin, † 28.10.1944 Auschwitz, aus Westerbork nach Theresienstadt deportiert am 26.2.1944; siehe u.a. den Film »Der blaue Engel« (1930), wo *Kurt Gerron* den Zauberkünstler *Kiepert* spielt] »mußte 1933 nach Holland ins Exil gehen, wurde 1943 zunächst nach Westerbork und dann nach Theresienstadt (wo *Kurt Gerron* sein Kabarett ›Karussell‹ inszenierte) deportiert. Man zwang ihn dort, die Regie zu dem Propagandafilm *Der Führer schenkt den Juden eine Stadt* zu übernehmen. Ende 1944 wurde er in Auschwitz ermordet« [Artikel »Der blaue Engel«, in: Filmklassiker. Beschreibungen und Kommentare. Bd. 1: 1913–1946 (Bd. 2: 1947–1964, Bd. 3: 1965–1981, Bd. 4: 1982–1994), hg. v. *Thomas Koebner* unter Mitarbeit von *Kerstin-Luise Neumann*, Stuttgart 1995, S. (206–209) 208f.] – »Der Film wurde nie öffentlich gezeigt [Prag 1.3.1945?]. Die meisten der im Film gezeigten Personen wurden nach Fertigstellung des Films nach Auschwitz deportiert. *Leo Baeck* überlebte das Ghetto Theresienstadt.« *Röhm / Thierfelder*, a.a.O. (s.o. S. 370 Anm. 7) 4/II, S. 118.
Adler, Antlitz a.a.O. (s.o. S. 369 Anm. 4); *Adler*, Wahrheit a.a.O. (s.o. S. 370 Anm. 4); *Röhm / Thierfelder*, a.a.O. (s.o. S. 370 Anm. 7) 1, 2/I, 2/II, 3/I, 3/II, 4/I, 4/II.

Theresienstadt

Bis zum Ende sind schätzungsweise einhundertundfünfzig- bis einhundertundsechzigtausend »Juden« hindurchgekommen, bei ständigem Wechsel zwischen Antransport und Abtransport.

Die Zahl der Insassen schwankte daher zwischen dreißigtausend und fünfzig- bis sechzigtausend; darunter waren Menschen vom frühen Kindesalter bis zum höchsten Greisenalter, Gesunde und Kranke, Sieche und Kriegsbeschädigte, unter ihnen viele Blinde und schwer Amputierte.

Die Sterblichkeit war, besonders im ersten Jahre, sehr groß; in diesem Jahre starben etwa fünfunddreißigtausend Insassen, schätzungsweise fünfundzwanzigtausend, vor allem Alte und Sieche, sind an Unterernährung und infolgedessen eingetretener Widerstandslosigkeit gegen Krankheiten und Seuchen gestorben.

Theresienstadt hatte nicht den Charakter der verrufenen Konzentrationslager, es war vielmehr eine nach den Anweisungen und unter der Aufsicht der SS. geführte städtische Selbstverwaltung.

Die SS. trat im allgemeinen und grundsätzlich mit den Einwohnern, die nur jede Uniform zu grüßen hatten, nicht in Berührung, sondern nur mit den Verwaltungsorganen.

Mißhandlungen kamen nur vereinzelt vor, zum Beispiel bei Außenarbeiten, wenn jemand das Mißfallen eines kontrollierenden SS.-Mannes durch die Art seiner Arbeit oder durch eine Übertretung erregte oder wenn jemand beim Rauchen – das anfangs sogar unter Todesstrafe verboten war – ertappt wurde.

Anders soll es in der »kleinen Festung« zugegangen sein, einem außerhalb der Stadt gelegenen Festungswerk, wohin Personen wegen schwere[8]rer Vorwürfe gebracht wurden. Ganz im Anfang, im Januar 1942, wurden allerdings siebzehn Insassen gehängt, darunter ein siebzehnjähriger Junge, weil er eine Karte an seine Mutter »ich habe Hunger« durchgeschmuggelt hatte!

Die Außenpolizei war in den Händen von tschechischen Gendarmen und einer »Ghettowache«.

Die Verwaltung führte ein von der SS. eingesetzter »Ältestenrat« unter Leitung des »Judenältesten«, also eine Art Magistrat, der in die verschiedensten Verwaltungen zerfiel, wie Finanzwesen, Arbeitszentrale, Gesundheitswesen, Fürsorgewesen, Elektrizitätswerk, Wasserwerk, Bauabteilung, Materialverwaltung, Beerdigungswesen und so fort. Auch ein Gericht, das »Ghettogericht«, fehlte nicht.

Das so im Laufe der Entwicklung durchorganisierte Gemeinwesen war völlig kommunistisch, »kollektiv« – wie es genannt wurde – aufgebaut. Geld gab es nicht – der Besitz von solchem war unter strengen Strafen verboten –, außer einem formellen »Ghettogeld«, das nur Verrechnungsbedeutung für die Gutschrift von

I. Theresienstadt

Arbeitslohn und für den kontrollierten Bezug von Kleidern, Wäsche, Schuhen, Galanteriewaren, die aus den Nachlässen stammten, auf Grund von aufgerufenen Nummern hatte. Auf die Guthaben wurden allerdings bei der Auflösung von Theresienstadt gewisse Beträge in Tschechenkronen ausgezahlt. Privateigentum gab es nicht, außer an den für den persönlichen Gebrauch dienenden Sachen. Alle Hinterlassenschaften fielen in die »Gemeinschaft«. Grundsätzlich und behördlich bestand bis zum fünfundsechzigsten Lebensjahre Arbeitspflicht.

Bei vollkommener Gleichstellung aller Personen ohne Unterschied in bezug auf Vorbildung, Herkunft, Amt oder Beruf, wurden Professoren, Künstler, Ärzte, Großindustrielle und ihre Frauen als Straßenarbeiter, Klosettwarte, Kartoffelschälerinnen und anderes eingestellt; ebenso häufig wurden Personen ohne jede sachliche Berufung in gehobenen Stellen verwendet. Soweit aber der Bedarf es forderte, wurden qualifizierte Persönlichkeiten ihrer Eignung entsprechend verwandt. Die Finanzierung des Gemeinwesens ruhte auf großen in Prag vorhandenen Guthaben, die aus den in Deutschland und Böhmen den Juden abgenommenen Vermögen stammten, und aus denen die SS. die Mittel gewährte, welche in dem Verkehr mit der Außenwelt – Bezug von Nahrungsmitteln und Materialien – erforderlich waren.

Die Einwohner – alles »Juden« im Sinne der Nürnberger Gesetze – waren ein buntes Gemenge völlig ungleichartiger Menschen. Gelehrte, Künstler, hohe Beamte, Schriftsteller, große Industrielle und Kaufleute waren vermischt mit Angehörigen des mehr oder minder gebildeten jüdischen Mittelstandes und einer großen Anzahl von noch völlig »östlich« anmutenden Personen. Im großen ganzen war daher die Menge nur zusammengehalten durch das unter dem Druck der Verfolgung verstärkte und vielfach erneute Bewußtsein, »Jude« zu sein.

Dieses Bewußtsein war natürlich bei dem Teile, der noch konfessionell [9] eingestellt war, religiös begründet und beruhte auf dem bei ihm noch durchaus wachen Gedanken, das auserwählte Volk Gottes zu sein. Aber bei dem wohl überwiegenden Teile, der religiös mehr oder minder entwurzelt war und nationalistisch dachte, war der jüdische Gedanke nur ein politischer, ein »nationaler«, der in starkem Umfange nicht nur in der Bejahung des Zionismus seinen Ausdruck fand, sondern auch in der ohne jede Kritik und Prüfung erfolgenden Aufnahme der Rassenideologie. Es bedarf kaum einer Ausführung, daß die überzeugten Christen an dieser geistigen Bindung an das Judentum, von dem sie – innerlich und äußerlich – immer schon gelöst waren oder sich selbst gelöst hatten, nicht teilhatten.

Der Tag war – abgesehen von den Alten, Siechen und Kranken – durch scharf kontrollierte Arbeit der mannigfachsten Art ausgefüllt; abends war, mit der Zeit in zunehmendem Maße, Gelegenheit zu Ausspannung und geistiger Anregung durch von der »Freizeit« organisierte, von der SS. kontrollierte Vorträge belehrenden Inhalts, Konzerte, Varietés, selbst Opern und Schauspiele wurden geboten. Auch ein Kaffeehaus mit Musik – als besonderer Lichtpunkt für die so genannten »Rote Kreuz«-Kommissionen – fehlte nicht. Innerhalb der Festung selbst herrschte im allgemeinen Bewegungsfreiheit.

Das alltägliche Leben spielte sich also äußerlich geruhsam ab und entbehrte nicht einmal eines gelegentlichen Reizes [vgl. Abb. 45 auf S. 140]. Aber dennoch blieb es eine schwer zu ertragende Qual. Zunächst war die Ernährung aus den Gemeinschaftsküchen völlig unzureichend und – wie sich jedem fortwährend schon beim Anblick des anderen einhämmerte – auf allmählichen Untergang abgestellt. Es herrschte ständiger Hunger, und die Menschen magerten rasch zu Skeletten ab; das Gewicht der Verstorbenen betrug vielfach nur sechzig Pfund! Aber nicht nur war das Quantum völlig unzulänglich, sondern es war in einer Gegend, die an Obst und Gemüse reich war, für eine Bevölkerung, die selbst in großem Umfange Gemüsegärtnerei zu betreiben hatte, jede Verabreichung von Gemüse und Obst unterbunden, so daß die immer schwerer werdenden Erscheinungen der Avitaminose schließlich alle befielen. Die sehnlichst erwarteten kleinen Nahrungsmittelpäckchen, die nur selten aus der Heimat gesandt werden durften, waren nur eine winzige Erleichterung. Zu dem Hunger kam das unbeschreibliche Wohnungselend.

Nur einige sogenannte »Prominente« – teils bevorzugt wegen besonderer Stellung und Verdienste auf Weisung von Berlin, teils als höhere Angestellte in der Verwaltung oder als Nutznießer besonderer Beziehungen – genossen eine Sonderstellung, indem ihnen, zu wenigen, gut möblierte Zimmer eingeräumt wurden. Alle anderen waren entweder in den Kasernen oder in den Einzelhäusern untergebracht. In den Kasernen bewohnte man halbhelle Riesensäle, dunkle, licht- und luftlose Kasematten und Dachböden; alles war aufs engste vollgepfropft. Holzgestelle mit Strohsäcken, drei übereinander, wurden als Betten im Laufe der Zeit hergestellt; viele aber mußten bis zum Kriegsende auf dem [10] Boden liegen, oft ohne jede oder mit ganz ungenügender Heizungsmöglichkeit. In den Häusern war es nicht besser. Es gab weder Raum noch Gelegenheit zum Sitzen, außer primitiven, mühsam beschafften Hockern; Raum für Tische war eine Seltenheit [vgl. Abb. 46 auf S. 141]. Ausreichende Waschgelegenheiten und Waschgeschirre fehlten – viele Insassen mußten ihre Eßnäpfe zum Waschen benutzen. Dazu herrschte ein unbeschreiblicher, trotz aller Mühe nie zu beseitigender Schmutz, und man litt unter unvorstellbaren Mengen von Ungeziefer, besonders Wanzen und Flöhen, so

I. Theresienstadt

daß viele im Sommer ihre Bettsäcke ins Freie, in die Höfe trugen. Wenigstens die Läuseplage[19] konnte durch planmäßiges und energisches Vorgehen im wesentlichen behoben werden.

Über dieses materielle Elend hinaus wirkte die seelische Qual. Man war von der übrigen Welt völlig abgeschlossen; aus ihr drangen nur Gerüchte herein. Nur alle zwei bis drei Monate durfte man eine Karte mit fünfundzwanzig Worten, mit streng zensiertem Inhalt, hinaussenden; fast ebenso spärlich war die Nachricht von den Lieben draußen, die außerdem immer um Monate verzögert ankam. So lebte man wie auf einer weltentlegenen Insel.

Dieses abgetrennte Leben war dazu voll steter Sorge um eben dieses Leben: Man sah ein gewaltsames Ende voraus, wußte aber nicht, wie und wann es eintreten würde. Würde der Krieg gewonnen? Würde man dann durch SS.-Fliegerbomben vernichtet oder mit Maschinengewehren zusammengeschossen? Vielleicht auf dem eine Zeitlang eingezäunt gewesenen Marktplatz oder in jenem Talkessel, in dem einmal – an einem regnerischen Novembertag – die Bevölkerung zur Abzählung von früh morgens bis spät abends wie eine Viehherde zusammengetrieben war und wo man die Maschinengewehre schon aufgepflanzt gewähnt hatte! Und wurde der Krieg verloren, war dann nicht erst recht das Schicksal das gleiche – es sei denn, daß die Feinde noch rechtzeitig als Befreier kämen; die Feinde, die mit Tücherwinken aus den Höfen begrüßt wurden, wenn die Angriffsstaffeln die Stadt, die sich von ihnen geschont wußte, überflogen?

Aber nicht nur ein solches Ende drohte; auch ein früheres Todesgeschick klopfte Tag für Tag an das Tor: »Abtransport« [vgl. Abb. 48 auf S. 143]. Alle acht bis zwölf Wochen, mitunter öfter, wurden ein-, zwei-, fünftausend Menschen zum Transport bestimmt; niemand wußte, wen und wann es ihn traf. Wohin die Transporte gingen, erfuhr man nicht. – Hoffnungen auf erträgliches Arbeitslager mischten sich mit der Furcht vor Polen und Birkenfeld, worunter sich der Name Auschwitz verbarg. – Man nahm Abschied auf Nimmerwiedersehen. Nur spärliche Gerüchte von den neu Verbannten, zuweilen angeblich eine beruhigende Postkarte, drangen nach Theresienstadt. Erst nach der Befreiung erfuhr man, daß die vielen Tausende wohl meistenteils in Auschwitz vernichtet waren, auch daß das gleiche Schicksal

---

19 Vgl. das Gedicht »Der Läusekongreß« von *Eugen Schlesinger* [* 6.9.1874 (1872?) Wien, † 15.5.1944 Auschwitz, aus Wien nach Theresienstadt deportiert am 11.7.1942], Dichter in Theresienstadt, in: *Manes*, Leben a.a.O. (s.o. S. 370 Anm. 5), S. 489f. Anm. 24 (zu ebd. Heft 8, S. 378f.); *Weis / Steinhauser*, Totenbuch (s.o. S. 370 Anm. 6), S. 120.

dem kleinen in Theresienstadt gebliebenen Reste zugedacht war, dessen Vergasung in der »kleinen Festung« für den 15. Mai 1945 vorbereitet war. 11

So war es ein Leben ohne Sinn, es sei denn, daß man wußte: »Ich bin bei euch alle Tage, bis an der Welt Ende« (Mtth. 28, 20).[20]

20   Matthäus 28,20 wahrscheinlich aus einer Ausgabe folgender Übersetzung: Die Bibel oder die ganze Heilige Schrift des Alten u. Neuen Testaments nach der deutschen Übersetzung D. Martin Luthers. Neu durchgesehen nach dem vom Deutschen Evangelischen Kirchenausschuß genehmigten Text. Begleitbibel, Stuttgart 1938, S. 29. Vgl. Euangelium S. Matthes. [*Martin Luther*s Übersetzung letzter Hand 1546, bearbeitet von *Otto Albrecht*], in: D. Martin Luthers Werke. Kritische Gesamtausgabe. Die Deutsche Bibel 6. Band (WA.DB 6), Weimar 1929, S. (15–133) 133.

II. Der Aufbau der Gemeinde

A) innerhalb der Evangelischen

Ich war bis 1933 Oberlandesgerichtsrat in Hamburg, daneben immer Maler, seit 1933 nur noch Maler. Am kirchlichen Leben hatte ich mich nie tätig beteiligt. Ich galt als Jude im Sinne der Nürnberger Gesetze, da die Großeltern Juden gewesen waren. Im Juni 1942 starb meine Frau und am 20. Juli 1942 wurde ich nach Theresienstadt »evakuiert«.

Ich ging dorthin, wie unter dem Auftrag, dort Gottes Wort verkünden zu sollen. Daher verschaffte ich mir zu dem Zweck durch befreundete Pastoren liturgisches Material. Es wurde mir in Theresienstadt mit meinem gesamten Gepäck von der SS. weggenommen; ich behielt eine kleine Tasche, in der sich Reiseproviant, ein Paar Strümpfe und das Evangelium befanden.

Nach einigen furchtbaren Wochen in der Kaserne kam ich, mit einigen Hamburger Herren, auf den Dachboden einer Kaserne. Dort versammelte ich, am ersten Sonntage, einige Bekannte von mir; wir lasen einen Text des Evangeliums und ein geistliches Lied. Das sprach sich rasch herum, und von Sonntag zu Sonntag wuchs die kleine Gemeinde.

Wir saßen in dem halbdunklen, nur durch die Dachluken erhellten großen Raum auf den Tragbalken. Die Andacht nahm bald festere Formen an; man begann mit einem Lied; dann las *Dr. Münzer*, Professor der alten Geschichte aus Münster,[21] der leider schon im Herbste gestorben ist, mit tiefer, klangvoller Stimme den Text; ich knüpfte einige Worte an, und wir schlossen mit Gebet und Lied. Binnen kurzem reichte der Raum nicht mehr aus, und wir hielten die Andacht in einem Schuppen auf dem Hofe, inmitten von Schreinerwerkzeug. Auch dieser Raum war viel zu eng, und für kurze Zeit fand sich ein leerstehender Laden, der indessen bald mit neuen Ankömmlingen belegt wurde.

Es galt nun, für die Dauer einen ausreichenden Raum für den Gottesdienst zu erlangen.

---

21 Zu Prof. *Dr. Friedrich Münzer*, * 22.4.1868 Oppeln / Schlesien, † 20.10.1942 Theresienstadt, siehe: *Alfred Kneppe / Josef Wiesehöfer*, Friedrich Münzer: ein Althistoriker zwischen Kaiserreich und Nationalsozialismus, zum 20. Oktober 1982. Mit einem kommentierten Schriftenverzeichnis von *Hans-Joachim Drexhage*, Bonn 1983.

Theresienstadt

Was tun? – Alle unsere Zusammenkünfte waren eigentlich verboten, denn mehr als zwanzig Menschen durften ohne Genehmigung der SS. nicht zusammenkommen. Es gab, bei der Einstellung der Partei, keine Kultusgemeinschaften und keine Seelsorger als solche. Die Rabbiner wurden irgendwie in der Verwaltung untergebracht. Der Gottesdienst der Juden war nur geduldet. Daß die Bildung einer christlichen Gemeinde in einer reinen Judenstadt von der Verwaltung nicht gern gesehen würde, war anzunehmen. 12

Ich wandte mich trotzdem an den damaligen Judenältesten, Herrn *Edelstein*,²² und schilderte ihm die Sachlage. Über die vollzogene Tatsache, daß sich eine evangelische Gemeinde gebildet hatte, war er erstaunt, aber durchaus verständnisvoll. Der liebe Gott sei ja schließlich derselbe, und ihm, *Edelstein*, sei es gleichgültig, in welcher Weise man ihn verehre. Aber Räume, in denen jüdische Gottesdienste abgehalten würden, könnten nicht zur Verfügung gestellt werden, denn dort sei die Thora aufgestellt, und das sei unverträglich mit christlichem Gottesdienst, geschweige denn mit der Anbringung eines Kreuzes. Er wolle indessen sehen, ob nicht doch irgendein Raum zu schaffen sei; vorläufig möge ich versuchen, einen Dachboden in einer Kaserne zu erhalten. Das gelang, und wir hielten den Gottesdienst wieder auf einem Dachboden ab, zu dem viele steile Treppen führten. Auch dieser Raum erwies sich als unzulänglich – die Zahl der Besucher stieg ständig.

Inzwischen war der Dachboden, auf dem wir begonnen hatten, von der Abteilung für »Freizeit« für Varieté und Vorträge hergerichtet, eine Bühne und Holzbude aufgestellt und elektrische Beleuchtung angebracht worden. Nach allerlei Schwierigkeiten wurde dieser Raum zur Abhaltung evangelischer – später auch

---

22 *Jakob Edelstein*, * 25.7.1907 Godorenka (Galizien), † 20.6.1944 Auschwitz, am 4.12.1941 von Prag (Direktor des Palästina-Büros) nach Theresienstadt, am 15.12.1943 nach Auschwitz deportiert, wo er und seine Familie im Stammlager 11 festgehalten wurden; sein 12jähriger Sohn *Ariel* (*Arieh*?) war zeitweilig im Kinderblock; am 20.6.1944 wurde *Jakob Edelstein* erschossen, nachdem er der Hinrichtung seiner Frau *Miriam* und seines Sohnes *Ariel* hat beiwohnen müssen; siehe *Ruth Bondy*, »Elder of Jews«. Jakob Edelstein of Theresienstadt, transl. from the Hebrew by *Evelyn Abel*, New York 1989; *Adler*, Antlitz a.a.O. (s.o. S. 369 Anm. 4) und *Adler*, Wahrheit a.a.O. (s.o. S. 370 Anm. 5): »*Arieh*«, Jakob, Mirjam Edelstein; *Manes*, Leben a.a.O. (s.o. S. 370 Anm. 5); *Röhm / Thierfelder*, a.a.O. (s.o. S. 370 Anm. 7) 4/II; vgl. auch *Elsa Bernstein* [Pseudonym: *Ernst Rosmer*], Das Leben als Drama. Erinnerungen an Theresienstadt, hg. v. *Rita Bake* und *Birgit Kiupel*, Dortmund ¹1999 [2. Aufl. Berlin / Bonn (Friedrich-Ebert-Stiftung) 2005], S. 175–190: »Personenregister, eine Auswahl derjenigen Personen, die Elsa Bernstein selbst nennt« – S. 177f.: »Dr. Edelstein, Jakob« (als Geb.jahr wird 1903 genannt).

II. Der Aufbau der Gemeinde

katholischer – Gottesdienste durch Schreiben vom 18. Oktober 1942 zur Verfügung gestellt. Das war die erste, halbwegs offizielle, Anerkennung der Gemeinde.

Ich bat nun einige Herren und Damen, mich bei den mannigfachen Aufgaben und Fragen, die dauernd entstanden, zu unterstützen. Vor allem gebührt Dank *Dr. O. Stargardt*[23] – Landgerichtsrat aus Berlin und Mitglied der Provinzialsynode –, den ich zum »Diakon« bestellte; er hat all die Jahre hindurch die Gemeinde in innigster Hingabe, mit mir zusammen, geleitet.

Wir schritten bald dazu, eine Liste der Gemeindeglieder herzustellen und eine Kartei einzurichten.

Bei der Aufnahme der Personalien stellte sich heraus, daß eine große Anzahl von Personen sich erst als Erwachsene hatten taufen lassen, meist erst aus Anlaß der Ehe; durch Tod oder Scheidung getrennte Mischehen verhinderten schon 1942 nicht mehr die Evakuation. Ich unterließ es daraufhin grundsätzlich, den Zeitpunkt der Taufe festzulegen, um eine Differenzierung innerhalb der Gemeinde und nach außen hin zu vermeiden. Denn die Stellungnahme der Juden, vor allem der gesetzestreuen Juden – und deren waren sehr viele –, war, wie ich bald erfuhr, eine völlig verschiedene gegenüber denen, die schon von Kindheit an christlich erzogen waren, deren Eltern schon Christen gewesen waren, und denen, die erst später übergetreten waren. Gegenüber den ersteren war die Haltung im allgemeinen neutral und gipfelte höchstens in einer grundsätzlichen, gelegentlich auch mißachtenden Ablehnung des Christentums, wie sie im Judentum weit verbreitet zu sein scheint. Ganz anders war die Haltung gegenüber denjenigen, die erst als Erwachsene übergetreten waren. Man betrachtete und verachtete sie als »Abtrünnige«, als Renegaten und Verräter und bezeichnete sie als »Geschmockle«. Die jenigen, welche keine Selbstbeherrschung besaßen, vielleicht auch keine gute Erziehung erhalten oder sie in ihrer jetzigen Umgebung verloren hatten, scheuten sich oft nicht, ihrer Mißachtung bei gegebener Gelegenheit unverblümten Ausdruck zu geben.

Der Gedanke, daß jemand nicht aus Nützlichkeitsgründen, sondern aus Überzeugung zum Christentum übergetreten sei oder ein gläubiger Christ habe werden können, war offenbar unvollziehbar. Vielleicht war das Mißtrauen gegen die

---

23 *Dr. Otto Stargardt*, * 25.7.1874 Freienwalde an der Oder (Kreis Ober-Barnim), aus Berlin am 2.7.1942 nach Theresienstadt deportiert; verheiratet mit *Edith*, geb. *Wolf* (* 8.1.1880 Berlin); *Adler*, Antlitz a.a.O. (s.o. S. 369 Anm. 4); vgl. *Dr. Otto Stargardt*, Anspruchsverjährung und Klageverjährung, Erlangen Diss. 1898, Berlin 1898; *Röhm / Thierfelder*, a.a.O. (s.o. S. 370 Anm. 7) 4/I. 4/II; *Elsa Bernstein*, Das Leben als Drama, a.a.O. (s.o. S. 386 Anm. 22), S. 187: »Stargard [!], Dr. Otto«.

Echtheit des dortigen Christentums bei den Theresienstädtern überhaupt etwas größer, weil die weitgehende Anwendung der Nürnberger Gesetze auch bei den Juden fast gänzlich unbekannt war, so daß niemand wußte oder glauben wollte, daß als »Jude« auch galt, wessen Urgroßeltern zur Zeit der Geburt der Großeltern noch nicht getauft waren. Immer wurden die, die als Kinder getauft und deren Eltern Christen gewesen waren, gefragt: »Warum sind Sie denn hier?«

Jedenfalls hatten aus dieser Einstellung viele, besonders Frauen, zu leiden, die einzeln oder in der Minderzahl in Massenquartieren mit Juden hausten.

Aus dieser Situation ergab sich auch die Tatsache, daß nicht nur ein gewisser Rückstrom in das Judentum zu beobachten war, sondern nicht wenige es von vornherein scheuten, sich als Christen zu bekennen; sie hatten sich deshalb bei den offiziellen Personalaufnahmen als mosaisch oder konfessionslos bezeichnet. Das hatte im Einzelfalle die Folge, daß beim Tode jene Eintragung maßgebend war und die christliche Bestattung dieser Toten von der Verwaltung verweigert wurde.

Es meldeten sich auch Nichtchristen; sie wurden als Mitglieder nicht eingetragen, jedoch wurde ihnen gesagt, daß ihre Teilnahme an den Gottesdiensten willkommen sei, daß sie aber am Abendmahle nicht teilnehmen dürften.

Von einer konfessionellen Beschränkung war im übrigen keine Rede. Es meldeten sich und wurden, in bunter Mannigfaltigkeit, eingetragen: Lutheraner, Reformierte, Unierte, Hussiten, Angehörige der Böhmischen Landeskirche, Anglikaner, Remonstranten, Angehörige von Brüdergemeinden und andere.

Die Zahl der evangelischen Christen, die sich zur Gemeinde hielten, läßt sich nicht angeben, in die Kartei mögen etwa achthundert aufgenommen worden sein; ihre Feststellung ist nicht mehr möglich, da die Kartei in Theresienstadt verblieben ist. Diese Zahl wäre auch nicht maßgebend; denn der Bestand wechselte dauernd infolge der ständigen Zu- und Abtransporte und der, besonders in der ersten Zeit, sehr großen Sterblichkeit. Die Kartei auf dem laufenden zu halten, war aus äußeren Gründen nicht möglich.

Der Gottesdienst wurde regelmäßig von einhundertundfünfzig bis zweihundert Personen besucht; an den Feiertagen war der Besuch ein sehr viel größerer.

Im ganzen wuchs die Anzahl der Christen bis zum Februar 1945, als der letzte Transport ankam, im Verhältnis zur Gesamtbevölkerung, ständig, und zwar vor allem deswegen, weil auch bestehende Mischehen nicht mehr vor der Evakuierung schützten.

Die Schätzungen über den Anteil der Christen an der Theresienstädter Bevölkerung schwankten; die Verwaltung schätzte ihn, bei mündlichen Verhandlungen,

II. Der Aufbau der Gemeinde

auch in der letzten Zeit auf nicht mehr als fünf bis sechs vom Hundert.[24]

Wahrscheinlich war es jedoch statistisch festgestellt; jedenfalls waren die Grundlagen für solche Statistik vorhanden. Es war aber – trotz oft geäußertem Wunsche und anscheinendem Entgegenkommen –- nicht möglich, eine solche zu erhalten, vielleicht weil man befürchtete, es würden dann »Minderheitsansprüche« mit größerer Stoßkraft erhoben.

Wie schon erwähnt, war diese Gemeinde nur »geduldet« – es bestand daher auch keine Möglichkeit, ihr eine Rechtsform zu geben, sie als »Verein« oder gar als öffentliche Körperschaft zur Anerkennung zu bringen. Es wurde auch keine Satzung eingeführt, überhaupt der Versuch unterlassen, diese rein tatsächliche Gegebenheit des Zusammenschlusses mit doch nur leeren Rechtsformen zu umkleiden; es erschien richtiger, alles dem persönlichen Einfluß und der Autorität der Leitung zu überlassen und so von vornherein innere Differenzen und Spannungen möglichst zu vermeiden.

Zu überlegen war jedoch, wie unter diesen Umständen kirchenrechtlich die Stellung des Leiters sich darstellte, ob und wie weit ihm das Recht zu kirchlichen Funktionen zustehe.

Nach evangelischem Kirchenrecht steht das, bei Vorhandensein eines Kirchenregiments oder einer Kirchenordung, nur einem ordinierten und von der Kirchenleitung ernannten oder von der Gemeinde gewählten Geistlichen zu. Ein Kirchenregiment bestand in Theresienstadt nicht; es war staats- und kirchenrechtlich eine im Protektorat gelegene Enklave, die in ihrer rein tatsächlich zugestandenen Selbstverwaltung nur unter der Aufsicht und Leitung der SS. stand. Das »Kirchenregiment« der Tschechoslowakei, geschweige denn das des Reiches hatte dort nichts zu suchen, wie denn auch das – katholische – Kirchengebäude geschlossen war und Angehörige des Klerus, weder persönlich noch schriftlich, in Theresienstadt Zugang hatten.

Auch ein ordinierter Geistlicher war, wenigstens bis zum Spätsommer 1943, nicht vorhanden. Es kam daher Artikel 67 der Schmalkaldischen Artikel zum Zuge. »Denn wo die Kirche ist, da ist immer der Befehl, das Evangelium zu predigen. Darum müssen die Kirchen Gewalt haben, daß sie Kirchendiener selbst berufen, wählen und ordinieren ... Wo aber die wahre Kirche ist, da muß sie auch das Recht haben, ihre Diener zu wählen und zu ordinieren. Wie denn in der Not auch ein

---

24   Andere Zahlen s. u. S. 398 und Anm. 36.

schlichter Laie einen anderen absolvieren und sein Pfarrer werden kann.«²⁵

Hier nun war die Entwicklung die gewesen, daß die Gläubigen aus kleinstem Kreise heraus in immer zunehmendem Maße sich um eine Person geschart, sich ihr als ihrem geistlichen Leiter angeschlossen hatten. Die Gemeinde war um einen Prediger gewachsen. Für eine Wahl bestand 15 daher keine Notwendigkeit, und diesem Leiter stand, wie einem in der Not gewählten »Ältesten«, das Recht, und zwar das ausschließliche Recht der Verkündigung und der Verwaltung der Sakramente zu.

Demgemäß ist auch das Abendmahl von ihm ausgeteilt worden. Taufen wurden dagegen nicht vorgenommen. Kinder kamen dafür nicht in Frage, Erwachsene erwogen zwar in ganz einzelnen Fällen die Taufe, aber diese erübrigte sich, teils weil die Betreffenden starben, teils weil man sie, in gemeinsamer Erwägung, für die erhoffte Rückkehr in die Heimat vorbehielt.

Was die Eheschließung betrifft, so waren von der Verwaltung am 30. Januar und 21. März 1944 eingehende und ziemlich verwickelte Vorschriften erlassen. Danach durften zwar Angehörige der mosaischen Konfession religiöse »Ehen« schließen und auch lösen, was in einem besonderen Zivilregister eingetragen wurde, unter Hinweis, daß es sich nicht um rechtsgültige Ehen handle [vgl. Abb. 47 auf S. 142].

In bezug auf die anderen Konfessionen war – ohne Benehmen mit den Leitern der christlichen Gemeinden und offensichtlich ohne Berücksichtigung der kirchenrechtlichen Normen – folgende Bestimmung getroffen worden: »Der Abschluß von religiösen Ehen zwischen Angehörigen nicht mosaischer Glaubensbekenntnisse ist nicht möglich, da sich ordinierte Geistliche nicht mosaischer Glaubensbekenntnisse nicht im Bereiche der jüdischen Selbstverwaltung finden. Den Angehörigen der nicht mosaischen Glaubensbekenntnisse bleibt es jedoch unbenommen,

---

25   *A. Goldschmidt* meinte mit »Artikel 67 der Schmalkaldischen Artikel« (1536/1537) *Philipp Melanchthons* (1497–1560) Traktat (1537) »De potestate et primatu papae tractatus per theologos Smalcaldiae congregatos conscriptus« / »Von der Gewalt und Oberkeit des Bapsts [Papstes,] durch die Gelehrten zusammengezogen zu Schmalkalden«, Artikel »Von der Bischof Gewalt und Jurisdiktion«, in: Die Bekenntnisschriften der evangelisch-lutherischen Kirche, hg. (von der Gelehrten Kommission des Deutschen Evangelischen Kirchenausschusses: [*Hans*] *Lietzmann, Heinrich Bornkamm,* [*Ernst*] *Wolf,* [*Albert Friedrich*] *Hoppe,* [*Hans*] *Volz*; Berater: *Paul Althaus*; Redaktion: [*Hans*] *Lietzmann*) im Gedenkjahr der Augsburgischen Konfession, Göttingen (¹1930) ¹⁰1986, S. (469–496) 491 Z. 21–25. Wahrscheinlich zitierte *A. Goldschmidt* aus einer Ausgabe, in welcher die Schmalkaldischen Artikel und der Traktat zusammengefaßt und in Artikeln durchnumeriert worden waren.

II. Der Aufbau der Gemeinde

nach Abgabe der Eheerklärung gemäß § 2, der eherechtlichen Vorschriften vom 30. Januar 1944[26] und dem Abschnitt II[27] dieser Durchführungsvorschriften ihren Lebensbund durch die Vertreter ihrer Glaubensbekenntnisse in der hier möglichen Form einsegnen zu lassen.«[28]

Tatsächlich wurde nur in ganz wenigen Fällen der Wunsch nach kirchlicher Trauung, einmal sogar mit dem Wunsche nach Taufe verbunden, geäußert. Der Wunsch wurde abgelehnt. Denn der Wunsch entsprach nicht einem religiösen Bedürfnis, sondern war rein opportunistisch: Es handelte sich um den übrigens nicht notwendig gewordenen Versuch, durch den Abschluß eines solchen Lebensbundes die Gefahr der Trennung durch Abtransport zu vermindern. Dazu kam das Bedenken, daß nach deutschem Strafrecht die Vornahme einer kirchlichen Trauung durch einen Kirchendiener vor Abschluß einer standesamtlichen Ehe – auch eine solche war ja jener »Lebensbund« trotz seiner Eintragung in ein Register nicht – verboten war.

Die Leitung der katholischen Gemeinde hatte allerdings keine Bedenken, in einer ganzen Reihe von anders gelagerten Fällen eine kirchliche Trauung vorzunehmen, weil nach katholischem Kirchenrecht das Sakrament der Ehe sich durch die übereinstimmende Erklärung der Brautleute vollzieht und die Rolle des mitwirkenden Priesters – oder in Ermangelung eines solchen des mitwirkenden Laien – oder der beiden Zeugen eine zwar notwendige, aber nur passive Assistenz ist. –

Natürlich brachte das ständige Anwachsen der Gemeinde eine immer 16 größere Menge von verwaltungsmäßigen Aufgaben mit sich, wie die Ausstattung des Raumes, die Beschaffung von Altargeräten und Gesangbüchern.

Im Anfang war es bereits ein Ereignis, als sich für den Gottesdienst ein Tisch und eine Decke fand und darauf ein Kruzifix gestellt werden konnte.

Nach einiger Zeit wurde, auf einem Boden versteckt, ein schönes Kruzifix gefunden, etwa zweieinhalb Meter hoch und wohl aus dem Ende des achtzehnten Jahrhunderts stammend. Es wurde jeweils zum Gottesdienst hinter dem Altartisch aufgestellt und nachher wieder fortgenommen. Dazu kam bald ein etwa eineinhalb Meter großes Marienbild vom Rosenkranz. Es war für den ersten Heiligen

---

26 Vgl. *Adler*, Antlitz a.a.O. (s. o. S. 369 Anm. 4), S. (475–478) 475: »14. Eherechtliche Vorschriften. (Genehmigt durch Beschluß des AR [Ältestenrat] vom 30. Jänner 1944)«.

27 Text: *Adler*, Antlitz a.a.O. (s. o. S. 369 Anm. 4), S. 476f.

28 Text: *Adler*, Antlitz a.a.O. (s. o. S. 369 Anm. 4), S. 477 »III.«.

Abend, nach einem kleinen Druck, gemalt worden, und es schmückte fortan den gottesdienstlichen Raum.[29]

Es wurde, nach der Befreiung, dem Bischof von Leitmeritz übergeben, um es als Andenken an die beiden Gemeinden in der Kirche aufzuhängen.

Bereits im November 1942 wurde der Ältestenrat ersucht, über die SS. – ein direkter Verkehr mit der SS. war verboten – ein Schreiben zu befördern, in dem eine evangelische Gemeinde in Prag um Beschaffung von Abendmahlsgerät, Oblaten und Wein gebeten wurde; gleichzeitig wurde um Lieferung eines Altars, von Leuchtern, Altardecke und verschiedenem anderen gebeten. Man hörte lange – trotz steter Erkundigungen – nichts, bis endlich im März 1943 mitgeteilt wurde, daß die Kommandantur, und zwar bereits Anfang Dezember, angeordnet hatte, daß alle gewünschten Gegenstände von der Verwaltung zu liefern oder herzustellen seien – nur Wein sei überflüssig. Das geschah alles in befriedigender Weise; für die Abendmahlsfeiern wurden jedesmal in durchaus hinreichendem Maße süße Brote – die in Würfel geschnitten wurden – und zum Ersatz für Wein Tee und Zucker geliefert.

So war es möglich, den Altar zum Gottesdienst immer würdig herzurichten und das Abendmahl auszuteilen; die Katholiken schmückten dabei den Altar nach ihrem Brauch mit Spitzen und Blumen. Auch an einigen Lichtern fehlte es im allgemeinen nicht.

Dagegen war es nicht möglich, Testamente und Gesangbücher von auswärts zu bekommen. Dem großen und dauernden Bedürfnis konnte in geringem Umfange nur dadurch Rechnung getragen werden, daß solche Bücher aus dem Nachlaß Verstorbener der Gemeinde überwiesen wurden.

Eine besondere Schwierigkeit bereitete die Bestattungsfrage. Die Sterblichkeit war, wie bereits erwähnt, besonders im ersten Jahre außerordentlich groß. Die Leichen wurden zunächst auf Handkarren, oft zu mehreren, notdürftig mit Tüchern bedeckt, so daß die nackten Füße herausragten, später auf Pferdewagen, hoch mit Brettersärgen beladen, durch die Stadt hinaus in die Leichenhalle – eine finstere Kasematte – gefahren. Zur Feier – erst im Freien, später in einer Kasemattenhalle – wurden die Särge zu vierzig bis fünfzig, oft viel mehr, in Reihen übereinander gesetzt, mit Namensschildern versehen. Die Trauernden suchten, 17 auf Grund

---

29 Das große Marienbild hat *Arthur Goldschmidt* – wohl aus Respekt vor der röm.-kath. Gemeinde – nach Auskunft von *Clara Eisenkraft* selbst gemalt; s. o. S. 372; s. u. S. 407 Anm. 43; vgl. *Adler*, Antlitz, S. 749 a.a.O. (s. o. S. 369 Anm. 4).

II. Der Aufbau der Gemeinde

dieser Schilder, wenigstens herauszufinden, in welchem der vielen Särge der lag, dem sie die letzte Ehre erweisen wollten. Ein Rabbiner sprach das uralte Totengebet und der Vorsänger – vielfach mit wunderschöner Stimme und Technik – die hergebrachten Totenhymnen. Dann wurden die Särge auf Wagen geladen, um sie zu dem außerhalb der Festungsgrenze gelegenen Krematorium zu bringen. Die Leidtragenden durften die wenigen Schritte bis zur Grenze mitgehen.

Die Christen hatten gegen diese Bestattung nach jüdischem Ritus Bedenken. Sie versuchten deshalb, eine Absonderung von den jüdischen Leichenbegängnissen zu erreichen.

Nachdem zunächst immer wieder technische Schwierigkeiten eingewandt wurden, wurden vom Mai 1943 ab die verstorbenen Christen eine halbe Stunde vor der jüdischen Feier aufgebahrt; später wurde dafür eine besondere Halle eingeräumt. Die Versuche, diese Halle einigermaßen würdig herzurichten, waren lange vergeblich. Der Antrag, ein großes Kruzifix und die Inschrift: »Ego sum resurrectio« – »Ich bin die Auferstehung«[30] anzubringen, wurde schließlich weitergegeben, aber von der Kommandantur abgelehnt, da das öffentliche Zeigen von christlichen Symbolen nicht gestattet werden könne.

Erst ganz gegen Ende wurde die Halle in einen würdigen Zustand gebracht und mit einem großen, von einem Bildhauer angefertigten Kruzifix, auch mit jener Inschrift, versehen. Auch gelang es, daß die Leichenkarren und die Särge bei der Aufbahrung, statt mit einem Tuche mit dem Davidsstern, mit einem einfachen schwarzen Tuche bedeckt wurden.[31]

Natürlich tauchten bei der Ausgestaltung des Gemeindelebens immer wieder große und kleine Schwierigkeiten der mannigfachsten Art auf.

So erschien es zunächst unmöglich, zu Weihnachten einen Tannenbaum zu beschaffen und so die große Sehnsucht, das Christfest nach heimatlicher Weise zu feiern, zu befriedigen. Schließlich gestattete die SS. aber doch einen kleinen

---

30 Johannes 11,25: »dixit ei Iesus ego sum resurrectio et vita«, »spricht zu ihr Jesus: Ich bin die Auferstehung und das Leben«, vgl.: Biblia sacra iuxta vulgatam versionem. adiuvantibus *Bonifatio Fischer* OSB, *Johanne Gribomont* OSB, H.[edley] F.[rederick] D.[avis] *Sparks*, W.[alter] *Thiele*, recensuit et brevi apparatu instruxit *Robertus Weber* OSB, editio altera emendata tomus II proverbia – apocalypsis appendix, Stuttgart (¹1969) ²1975, S. 1679.

31 Siehe Zeichnung von *Arthur Goldschmidt*, unten links getitelt »evang. Trauerfeier Theresienstadt 1943«, nicht signiert, Bleistiftzeichnung auf Papier, abgebildet in: *Röhm / Thierfelder*, a.a.O. (s. o. S. 370 Anm. 7) 4/II, S. 130.

Baum, der dann von den Frauen liebevoll geschmückt wurde; auch von allen Seiten gespendete Kerzen – eine viel begehrte Seltenheit – fehlten nicht. Im letzten Jahre wurde der Weihnachtsbaum von dem SS.-Mann, der darüber zu befinden hatte, in zynischer Weise verweigert. Darauf ließ die jüdische Verwaltung erfreulicherweise einen künstlichen Baum mit eingefügten Zweigen und mit bunten elektrischen Lampen für den Gottesdienst herstellen!

Ja noch mehr, die Verwaltung, oder richtiger der Judenälteste, *Dr. Murmelstein*,[32] veranstaltete für die christlichen Kinder sogar eine Festvorstellung, bei der ein Kinderchor Weihnachtslieder sang, Kinder ein kleines Märchenspiel aufführten und ein Zauberer – ein seinem Beruf entrissener Insasse – seine Künste zeigte.

Großes Entgegenkommen bewies auch die Gesundheits-Verwaltung. Die Seelsorge in den Krankenhäusern war sehr eingeengt, da Besuch nur an wenigen Tagen und für wenige Stunden gestattet und die Seelsorge in dieser kurzen, von vielen Besuchern ausgenutzten Zeit wenig angebracht war. Der Leiter der Gemeinde erhielt daher einen dauernden ⎵18⎵ Passierschein, und die Chefärzte und Unterabteilungen wurden außerdem ersucht, Patienten, welche den Wunsch nach geistlichem Zuspruch äußerten, namhaft zu machen. So wurde es möglich, gelegentlich sogar den Wunsch Sterbender nach Erteilung des Abendmahls noch spät abends zu erfüllen.

Hindernisse für den Besuch des Gottesdienstes wurden nach Mög[lich]keit beseitigt. Sabbatruhe, geschweige denn Sonntagsruhe gab es nicht; nur ganz selten, bei den großen Feiertagen, ruhte die Arbeit, aber auch dann nicht bei gewissen Betrieben, die für die Wehrmacht arbeiteten, so zum Beispiel bei der Glimmer-Abteilung, in welcher viele Frauen, in langer Arbeit bei weitem Hin- und Rückweg, Glimmerplatten herstellen mußten. Viele konnten daher, da der Arbeitsdienst sehr streng war, den Gottesdienst nicht besuchen. Es wurden daher im Einverständnis mit dem Arbeitsamt den Betroffenen Bescheinigungen ausgestellt, daß sie Mitglied der Gemeinde seien und daß gebeten würde, ihnen wenigstens einmal im Monat Urlaub für den Gottesdienst zu erteilen. Diese Maßnahme bewährte sich in vielen Fällen. Aber letzten Endes hing die Bewilligung des Urlaubes doch von der

---

32   *Dr. Benjamin Murmelstein* (* 9.6.1905 Lemberg (Galizien), † 1989 Rom), 1928 Rabbinenprüfung, aus Wien nach Theresienstadt deportiert am 29.1.1943; vgl. *Benjamin Murmelstein*, Adam. Ein Beitrag zur Messiaslehre, Dissertation Wien 1927; *Adler*, Antlitz a.a.O. (s. o. S. 369 Anm. 4); *Adler*, Wahrheit a.a.O. (s. o. S. 370 Anm. 4); *Manes*, Leben a.a.O. (s. o. S. 370 Anm. 5); *Elsa Bernstein*, Das Leben als Drama a.a.O. (s. o. S. 386 Anm. 22), S. 184: »Murmelstein, Dr. Benjamin«.

II. Der Aufbau der Gemeinde

Einstellung des Abteilungsleiters und davon ab, ob er glaubte, der SS. gegenüber irgendeine Einschränkung der Arbeit verantworten zu können.

So konnte sich das äußere Leben der Gemeinde im allgemeinen planmäßig gestalten.

Rückwärts betrachtet, muß anerkannt werden, daß die Verwaltung einer gesollt und gewollt rein jüdisch aufgebauten Gemeinschaft, die naturgemäß eine christliche Gemeinde als einen Fremdkörper empfinden mußte, im ganzen doch großes Entgegenkommen bewiesen hat.

Auf dieses Entgegenkommen ist es vielleicht nicht ohne Einfluß gewesen, daß die Ansprüche darauf gelegentlich mit erheblicher Schärfe vertreten wurden. Als charakteristisch dafür mögen folgende zwei Schreiben an den Ältestenrat angeführt werden:

Dr. A. Goldschmidt Theresienstadt, den 4. August 1943.
Q 307
An den Ältestenrat
z. Hden. von Herrn *Dr. Eppstein*.[33]

Die christlichen Gemeinden sind dadurch schwer betroffen, daß der ihnen neuerdings als Kirchenraum zugewiesene und für die Anzahl der Teilnehmer am Gottesdienst besser ausreichende Bodenraum Q 319 durch anderweitige Belegung wieder fortgefallen ist, so daß bereits am Sonntag, den 1. 8. 1943, die Gottesdienste ausfallen mußten.

---

33 *Dr. Paul Maximilian Eppstein*, * 4.3.1902 Ludwigshafen, † 27.9.1944 Theresienstadt ermordet, aus Berlin nach Theresienstadt deportiert am 26.1.1943; siehe *Paul Eppstein*, Der Durchschnitt als statistische Fiktion, Diss. (Maschinenschrift) Heidelberg 1923. Er heiratete am 14.8.1933 *Dr. Hedwig Strauß* (geb. 1903), mit welcher er gemeinsam nach Theresienstadt deportiert wurde. Seine Frau wurde von dort am 28.10.1944 nach Auschwitz deportiert, wo sie ebenfalls umkam. Vgl. *Gudrun Maierhof*, Selbstbehauptung im Chaos. Frauen in der jüdischen Selbsthilfe 1933–1945, Frankfurt a.M. / New York 2002, S. 179. 216f. Ebd. S. 217 Anm. 258 wird auf einen Nachruf – Berthold Simonson, In Memoriam Dr. Paul Eppstein – hingewiesen, der im Leo-Baeck Institut in New York unter der Signatur AR 804 zu finden ist; vgl. *Röhm / Thierfelder*, a.a.O. (s. o. S. 370 Anm. 7) 3/I, S. 169; *Adler*, Antlitz a.a.O. (s. o. S. 369 Anm. 4); *Adler*, Wahrheit a.a.O. (s. o. S. 370 Anm. 4); *Manes*, Leben a.a.O. (s. o. S. 370 Anm. 5); *Röhm / Thierfelder*, a.a.O. (s. o. S. 370 Anm. 7) 3/I; *Elsa Bernstein*, Das Leben als Drama a.a.O. (s. o. S. 386 Anm. 22), S. 178: »Eppstein, Dr. Paul«.

Wenn auch nicht alle, so ist doch ein großer Teil der christlichen Ghetto-Insassen, vielleicht eine größere Anzahl als früher, infolge der Ereignisse von einer tiefen Religiosität erfüllt, finden in dem Glauben [19] und im Gottesdienst ihren ganzen Halt und sehen die ganze Woche mit Sehnsucht dem Sonntag entgegen.

Die Möglichkeit, die Gottesdienste weiter abzuhalten, ist daher nicht so sehr für das vielleicht weniger bedeutungsvolle Fortbestehen der christlichen Gemeinde, als vielmehr für den Mut und das Durchhalten einer großen Zahl von einzelnen Menschen von vitaler Bedeutung.

Der evangelische Gottesdienst findet Sonntags von neun bis zehn Uhr, der katholische Gottesdienst von elf bis zwölf Uhr statt. Außerdem findet je am letzten Sonnabend eines jeden Monats von zwei bis drei Uhr ein katholischer Gottesdienst statt.

Wie wir hören, ist der offenbar für unsere Zwecke an sich sehr geeignete Saal des Rathauses am Sonntagvormittag, wie auch zu der angegebenen Zeit Sonnabends frei.

Wir richten daher an den Ältestenrat die ergebene Bitte, uns den Rathaussaal für die Sonntage von neun bis zwölf Uhr und für jeden letzten Sonnabend im Monat von zwei bis drei Uhr zur Abhaltung von Gottesdiensten zur Verfügung zu stellen.

gez.: *Dr. Goldschmidt*
als Seelsorger der evangelischen Gemeinde;
zugleich im Sinne und in Vollmacht der
katholischen Christen zu Theresienstadt.

II. Der Aufbau der Gemeinde

Die röm.-kath. Christen
durch Dipl.-Ing. *Ernst Gerson*[34]

Hauptstr. 1 / 42
Theresienstadt, am 11.10.1943.

Die evang. Christen
durch *Dr. Arthur Goldschmidt*
Badhausgasse 7.

An den Ältestenrat.

Als Herr *Dr. Paul Eppstein* uns anläßlich einer Aussprache Ende April 1943 mitteilte, daß er grundsätzlich der Überlassung eines kleinen Bodenabteiles an die beiden christlichen Gemeinden zwecks Abhaltung von religiösen Übungen außerhalb des eigentlichen Gottesdienstes zustimme, durften wir uns der Hoffnung hingeben, daß diese Zusage eingehalten werden würde. Die seither eingetretene verschärfte Raumnot hat die Erfüllung dieses Versprechens bisher verhindert. Ob der von uns in Aussicht genommene Raum / Boden D m in Hauptstr. Nr. 1 / in absehbarer Zeit freiwerden wird, ist mehr als fraglich. Daher hofften wir, daß die Ghettoverwaltung in sinngemäßer Auslegung der Zusage ihres Ältesten uns in anderer Weise entschädigen werde.

Diese Hoffnung erwies sich als trügerisch, da unser Begehren auf Einräumung des Bodenraumes Badhausgasse 7 für sieben bis acht Wochenstunden von der Freizeitgestaltung mit der Begründung abgewiesen [20] wurde, daß sie diesen Boden

---

34 *Ernst Gerson*, * 17.10.1896, am 11.9.1942 aus Wien nach Theresienstadt, von dort am 29.9.1944 nach Auschwitz deportiert, wo er in der Gaskammer ermordet wurde; vgl. *Danuta Czech*, Kalendarium der Ereignisse im Konzentrationslager Auschwitz-Birkenau 1939–1945, Reinbek 1989, S. 889f.; *Jana Leichsenring*, Die katholische Gemeinde in Theresienstadt und die Berliner Katholiken, in: Theresienstädter Studien und Dokumente Bd. 11, Prag 2004, S. 178–222. *Adler*, Antlitz a.a.O. (s. o. S. 369 Anm. 4), ebd. S. 707 Bericht zum katholischen Gottesdienst; vgl. *Margit Naarmann*, »Ich denke und fühle nicht als Jude …«. Ernst Gerson, ein katholischer »Nichtarier«, in: *Folker Siegert* (Hg.), Grenzgänge. Menschen und Schicksale zwischen jüdischer, christlicher und deutscher Identität. Festschrift für Diethard Aschoff (Münsteraner Judaistische Studien. Wissenschaftliche Beiträge zur christlich-jüdischen Begegnung hg. v. Institutum Judaicum Delitzschianum. Bd. 11), Münster 2002, S. 307–327 (zur »Katholischen Gemeinde« ebd., S. 323–326); *Weis / Steinhauser*, Totenbuch (s. o. S. 370 Anm. 6), S. 39; *Röhm / Thierfelder*, a.a.O. (s. o. S. 370 Anm. 7) 4/II.

Theresienstadt

aus Raumnot und weil sie ihn für Proben benötige, nicht einmal für diese geringe Zeit entbehren könne. Diese Gründe sind nun nicht stichhaltig. Wenn man ein Wochenprogramm der Freizeitgestaltung, insbesondere die Fülle seichter Unterhaltung und flacher Vorträge überblickt, die da geboten wird, dann darf man den Schluß ziehen, daß sechs Stunden wöchentlich keine Rolle spielen können, *wenn man nur will*. Überdies haben wir festgestellt, daß der besagte Raum für viele Wochenstunden keineswegs für Proben, sondern privatem Gesangsunterricht eingeräumt wurde. Dieser Umstand nötigt uns zu folgenden Feststellungen:

1. Die Juden haben in Mittel- und Westeuropa eine Minderheit von 1–2 % dargestellt, die seinerzeit eine vollkommene Kulturautonomie besaßen und – mit Recht – Toleranz begehrten und erhielten.
2. Nach einer Mitteilung des Herrn Rabb. *Schoen*[35] befinden sich unter etwa 40.000 Ghettoinsassen etwa 34.000, also 85 % Glaubensjuden. Nach dem Religionsschlüssel kann man daher mit 9 % Christen und 6 % Konfessionslosen rechnen.[36]
3. Es ist selbstverständlich, daß den schwer arbeitenden Ghettoinsassen Gelegenheit geboten werden muß, sich nach der Tagesmühe bei leichter Kunst und populären Vorträgen zu entspannen. Während aber jenen Glaubensjuden, die nach schwererer Kost verlangen, eine Fülle von hochwertigen jüdischen Kulturvorträgen geboten wird, wird der christlichen Minderheit die Abhaltung kultureigener religiöser Vorträge nahezu unmöglich gemacht.

---

35 Rabbiner *Dr. Albert Schoen*, * 29.11.1913 Uherský Brod (Mähren), † 1944/45 Auschwitz, aus Uherský Brod nach Theresienstadt deportiert am 31.3.1942, von dort am 29.9.1944 nach Auschwitz deportiert, wo er umgekommen ist; *Adler*, Antlitz a.a.O. (s. o. S. 369 Anm. 4); *Manes*, Leben a.a.O. (s. o. S. 370 Anm. 5); *Röhm / Thierfelder*, a.a.O. (s. o. S. 370 Anm. 7) 4/II.

36 Siehe aber oben S. 388f.; vgl. *Adler*, Antlitz a.a.O. (s. o. S. 369 Anm. 4), S. 308:

»		mosaisch		nicht mosaisch	
Dez.	1943	30.480	87,9 %	3.925	12,1 %
Mai	1944	23.529	84,2 %	4.193	15,8 %
Dez.	1944	8.346	72,1 %	3.112	27,9 %
20.4.	1945	11.104	63,4 %	6.194	36,6 %

Die nicht mosaischen Gruppen teilten sich folgendermaßen auf:

		kath.	evang.	Sekten	konf.los	ohne Angabe
Dez.	1943	1.321	830	207	1.567	250
Mai	1944	1.439	1.084	195	1.475	255
Dez.	1944	943	1.198	139	832	110
20.4.	1945	2.014	1.808	368	2.004	117«.

II. Der Aufbau der Gemeinde

Daher beantragen wir ein letztes Mal, uns

entweder den Bodenraum Badhausgasse 7 für eine entsprechende Wochenstundenzahl einzuräumen,
oder einen entsprechenden Bodenabteil, d. i. den Boden D m in Hauptstraße 1 oder einen gleichwertigen Raum zuzuweisen.

Wir geben zu bedenken, was das Weltgericht der Geschichte einmal über die Anklage befinden würde, daß eine soziale Gemeinschaft, die als Minderheit Kulturautonomie begehrt und gefunden hat, als Mehrheit eine solche nicht einräumen will.

Dr. Ge.   *Dr. Go.*

Aber auch innerhalb der Gemeinde hat es nicht ganz an Schwierigkeiten und Spannungen gefehlt.

Im Laufe des Sommers 1943 kam mit einem Berliner Transport der Rechtsanwalt *Dr. Hamburger* an.[37] Er hatte seit 1933 im Glauben einen immer stärkeren Halt gefunden und sich der Bekenntniskirche angeschlossen. Er war als Notgeistlicher ordiniert und kam nach Theresienstadt in der Zuversicht, dort eine Gemeinde gründen und in ihr als Geistlicher wirken und vor allem predigen zu können. [21]

Zu seiner Überraschung fand er eine bereits ausgebaute Gemeinde vor, und er sah ein, daß er – bei der ganzen Sachlage – nicht an die Stelle des bisherigen Leiters treten könne, es sei denn, daß er von der Gemeinde an seiner Statt gewählt würde.

Diesem Gedanken trat er, als aussichtslos, gar nicht näher, aber er äußerte den entschiedenen Wunsch, auch zu predigen.

Da er ordiniert war, lag an sich auch kein Hindernis dafür vor, aber Bedenken sachlicher Art waren auch nicht von der Hand zu weisen: Die Predigt verfolgte – worüber weiter unten noch gesprochen werden wird – eine bestimmte Linie, die

---

37 *Dr. Georg Hamburger*, * 10.4.1891 Berlin, von Berlin nach Theresienstadt deportiert am 30.6.1943, dort verstorben am 3.8.1944; vgl *Hartmut Ludwig*, Artikel »Hamburger, Georg, Dr. jur.«, in: *Harald Schultze / Andreas Kurschat* (Hg.), »Ihr Ende schaut an …«. Evangelische Märtyrer des 20. Jahrhunderts, hg. unter Mitarbeit von *Claudia Bendick*, Leipzig 2006, S. 284–285 (Bild); *Röhm / Thierfelder*, a.a.O. (s. o. S. 370 Anm. 7) 4/II, S. 128; a.a.O. 4/I, S. 169, 233, 629 Anm. 584b; a.a.O. 4/I, 4/II.

sich allmählich aus den Erfahrungen ergeben hatte und, soweit zu erkennen war, erfüllte sie damit das, was erforderlich erschien, um der Gemeinde einen gewissen Halt gegen das äußere Leiden zu geben. *Dr. Hamburger* fehlte darüber noch jede Erfahrung und bei häufigen, freundschaftlichen Gesprächen stellte sich heraus, daß er auf dogmatische Punkte, in einem gewissen missionarischen Eifer, solches Gewicht legte, daß man damit rechnen mußte, daß Glaubensdifferenzen in der so verschieden zusammengesetzten Gemeinde sich auswirkten.

Das mußte auf Grund der ganzen Umstände tunlichst vermieden werden, wenn anders die Kraft der Verkündigung des reinen Wortes Gottes für die *gesamte* Gemeinde nicht beeinträchtigt werden sollte.

Dazu kam leider, daß *Dr. Hamburger* nicht das Glück hatte, daß ihm die Herzen sich zuwandten. Auch dem wurde oft Ausdruck gegeben.

Nun aber griff ein mit *Dr. Hamburger* von Berlin gekommener Herr ein und nahm gewissermaßen seine Partei und vertrat mit Nachdruck die Auffassung, es müßten auch andere predigen, es müsse eine Abwechslung geboten werden, wie man ja auch in Berlin zu verschiedenen Predigern von allen Richtungen habe gehen können. Dieser Auffassung gab er auch an einem Gemeindeabend überraschend Ausdruck. Damit war die Gefahr gegeben, daß eine Spaltung der Gemeinde eintrete und daß sie in Brüdergemeinden und Sekten zerfiele, womit die mühsam erworbene Stellung gegenüber der Verwaltung untergraben wäre.

Daraufhin wurde die Sachlage zum Gegenstande der Besprechung auf einer auf den 11. Oktober 1943 zusammengerufenen Sitzung der Helfer gemacht. Alle Teilnehmer dieser Sitzung – bis auf *Dr. Stargardt* und den Verfasser – sind in Transport gekommen und vermutlich in Auschwitz ermordet worden, außer Fräulein *Frankau*,[38] der gütigen, unermüdlichen Fürsorgerin, die jäh an einer Gehirnhautentzündung aus dem Leben geschieden ist.

---

38 *Margit Frankau*, * 13.6.1889 Graz, † 20.11.1944 Theresienstadt, deutscher Staatsangehörigkeit, ledig, am 6.1.1943 nach Theresienstadt deportiert. 1905 Matura am Mädchenlyzeum in Graz, Lehrerinnenexamen in englischer Sprache, 1911 im Bayrischen Roten Kreuz, München, Ausbildung als Krankenschwester, 1913 Privatassistentin von Univ.-Prof. (an der Universitäts-Kinderklinik für Orthopädie) *Dr. Hans Spitzy* (1872–1956) in Wien, 1914–1918, während des Ersten Weltkrieges, Dienst im k.u.k. Reservehospital 11 in Wien, Kriegsauszeichnung: Silbernes Ehrenzeichen des Roten Kreuzes mit der Kriegsdekoration, 1934–1942 Diakonissin des Mutterhauses in Gallneukirchen bei Linz, Schwester im Diakonissenkrankenhaus Graz, in Theresienstadt Heilgehilfin im Gesundheitswesen; *Weis / Steinhauser*, Totenbuch (s. o. S. 370 Anm. 6), S. 32.

II. Der Aufbau der Gemeinde

Dr. Stargardt verfaßte das nachfolgende Protokoll, das die Sachlage klar zusammenfaßt:

Protokoll vom 5. Oktober 1943.
An der heutigen, im Zimmer des *Dr. Stargardt*, Seestraße 26, stattgehabten Besprechung von Vertretern der *Evangelischen Gemeinde* in Theresienstadt nahmen teil: 22
Dr. Goldschmidt, Dr. Stargardt, Fräulein *Frankau*, Fräulein *Dinter, Dr. Kobrak*,[39] R[echts]A.[nwalt] *Wollstein* und die Herren *Proskauer* und *Wachs*.[40]

---

39 Dr. *Richard Kobrak*, * 15.10.1890 Breslau, † Oktober Auschwitz, wurde mit seiner Frau *Charlotte* am 18.3.1943 nach Theresienstadt deportiert; am 16.10.1944 wurde *Richard Kobrak* und am 19.10.1944 *Charlotte Kobrak* nach Auschwitz verschleppt und ermordet. Siehe *Hartmut Ludwig*, Artikel »Kobrak, Richard, Dr. jur.«, in: *Harald Schultze / Andreas Kurschat* (Hg.), »Ihr Ende schaut an …«. Evangelische Märtyrer des 20. Jahrhunderts, hg. unter Mitarbeit von *Claudia Bendick*, Leipzig 2006, S. 345–347 (Bild); vgl. *Röhm / Thierfelder*, a.a.O. (s. o. S. 370 Anm. 7) 2/II, S. 269; a.a.O. 3/I, S. 106 (biographisch), 132, 169, 178, 202, 252, 389 Anm. 248 (meist: im Zusammenhang mit *R. Kobraks* Funktion als Leiter der Wohlfahrtsabteilung im »Büro Pfarrer *Grüber*«); a.a.O. 4/I, S. 258f. (Verschleppung nach Theresienstadt, Bild!), 339f. 343 (*Adolf Freudenberg*, Leiter des Ökum. Flüchtlingsdienstes in Genf, will *R. Kobrak* finanziell bei der Ausreise in die USA helfen, was nicht mehr gelang), 629 Anm. 584a, 663; a.a.O. 4/II, S. 128, 131, 238f., 689, 690.

40 *Hans Wollstein* (1895–1944), Rechtsanwalt in Bonn (Gluckstraße 12), wurde am 27.7.1942 nach Theresienstadt, dann nach Auschwitz deportiert, wo er umkam. Vgl. *Erwin Neuenschwander*, Felix Hausdorffs letzte Lebensjahre nach Dokumenten aus dem Bessel-Hagen-Nachlaß, in: *Egbert Brieskorn* (Hg.), Felix Hausdorff zum Gedächtnis I. Aspekte seines Werkes, Braunschweig / Wiesbaden 1996, S. (253–269) 263, Anhang 1: »Abschiedsbrief von *Hausdorff* an Hans (Lot) Wollstein:
Bonn, den 25. Jan. 1942 / Lieber Freund Wollstein! / Wenn Sie diese Zeilen erhalten, haben wir Drei das Problem auf andere Weise gelöst – auf die Weise, von der Sie uns beständig abzubringen versucht haben. Das Gefühl der Geborgenheit, das Sie uns vorausgesagt haben, wenn wir erst einmal die Schwierigkeiten des Umzugs überwunden hätten, will sich durchaus nicht einstellen, im Gegenteil: / auch Endenich / Ist noch vielleicht das Ende nich! / Was in den letzten Monaten gegen die Juden geschehen ist, erweckt begründete Angst, dass man uns einen für uns erträglichen Zustand nicht mehr erleben lassen wird. […]«
Es ist unklar, wer mit *Proskauer* gemeint ist:
– Dr. *Walter Proskauer*, * 6.2.1890 Ratibor, † nach 1943 in Auschwitz verschollen, wurde von Braunschweig / Göttingen nach Theresienstadt deportiert;
– *Erwin Proskauer*, * 16.4.1881 Ratibor, † 18.10.1941, in Theresienstadt als Kinderarzt eingesetzt; vgl. *Eduard Seidler*, Jüdische Kinderärzte 1933–1945: entrechtet – geflohen – ermordet, (Bonn ¹2000) erweiterte Neuauflage Basel 2007, Register.

Theresienstadt

Dr. Goldschmidt eröffnete die Sitzung mit Rechtsausführungen über die hiesige evangelische Gemeinde. Er führte aus, daß wir weder ein Verein im Rechtssinne, noch eine Korporation oder sonst irgendwie rechtlich anerkannte Gemeinschaft seien, sondern daß wir lediglich rein tatsächlich sowohl von der bisherigen »Lagerkommandantur« wie von der Jüdischen Leitung hierselbst geduldet würden. Er, *Dr. Goldschmidt*, der die ganze Sache aus kleinsten Anfängen gebildet und durchgeführt habe, sei für alle Angelegenheiten unserer Gemeinde ausschließlich verantwortlich. Es müsse alles vermieden werden, was nach irgendeiner Seite Anstoß erregen könne.

Er bat dann *Dr. Stargardt*, die weitere Leitung der Besprechung zu übernehmen. *Dr. Stargardt* tat das, indem er zunächst *Dr. Goldschmidt* für seine klaren und wichtigen Ausführungen dankte; niemand sei mehr als er, der ehemalige Oberlandesgerichtsrat in Hamburg und nun seit über Jahr und Tag der Seelsorger unserer Gemeinde, berufen, die Rechtslage unserer Gemeinde zu erläutern. Dann wies *Dr. Stargardt* darauf hin, daß die Absicht, hier einmal eine Besprechung der Vertreter unserer Gemeinde herbeizuführen, schon *vor* dem vergangenen Mittwoch bestanden habe, daß aber nun Veranlassung sei, auch den Vorfall am vorigen Gemeindeabend in unsere Besprechung einzubeziehen. Bisher sei unsere Gemeinde in schönster Harmonie gewesen; jetzt sei zum ersten Male ein Mißklang hineingekommen oder gar, wie andere es genannt hätten, ein »Zwiespalt«, und wir müßten daher sogleich alles tun, um diesen Mißklang zu beseitigen. *Dr. Kobrak* habe im Anschluß an den neulichen Vortrag des *Dr. Hamburger* gewünscht, daß auch einmal jemand anders am Sonntag predige als *Dr. Goldschmidt*; andere hätten auch den Wunsch. *Dr. Kobrak* verlange, daß auch einmal ein Vertreter der »B.[ekennenden] K.[irche]« predigen müsse. *Dr. St.[argardt]* führte aus, daß niemand mehr als er

---

Erich Wachs, * 12.10.1921, am 16.5.1944 von Theresienstadt nach Auschwitz transportiert; siehe *Röhm / Thierfelder*, a.a.O. (s. o. S. 370 Anm. 7 4/II, S. 115, 137: »Postkarte aus Theresienstadt an die Erzbischöfliche Hilfsstelle in Wien von Erich Wachs, der aktiv in der katholischen Gemeinde mitarbeitete.« *Erich Wachs* [* 16.10.1907 Dresden], Acetylcholin und Cholin im Hühnerei während der Bebrütung, Diss. Freiburg i.Br. 1932, 8 S. (Dissertation Freiburg i.Br. 1933); ebd. S. 7 »Lebenslauf«: »besuchte … neun Jahre lang das humanistische Gymnasium zum heiligen Kreuz«; *Erich Wachs*, Die Thrombozytopoese bei der Cholaemie und ihre Beziehungen zum Vitamin K, Leipzig, Medizinische Habilitationsschrift vom 15.2.1950, 32 S. mit zahlr. Abb. Prof. *Dr. Erich Wachs* wurde Direktor der Chirurgischen Universitäts-Poliklinik Leipzig; siehe *Theodor Billroth*, Erich Wachs, in: Deutsche Forscher aus sechs Jahrhunderten, Leipzig 1965, S. 236–243; *Weis / Steinhauser*, Totenbuch (s. o. S. 370 Anm. 6), S. 146; *Röhm / Thierfelder*, a.a.O. (s. o. S. 370 Anm. 7) 4/II.

selber ein treues Mitglied der »B.K.« von der Geburt der »B.K.« an sei; als Mitglied des Dahlemer Helferkreises, als Freund der Familie *Niemöller* und als Bekannter und Verehrer vieler anderer führender Männer der B.K. brauchte er das nicht weiter zu betonen. Aber es sei ganz unwichtig, daß hier gewünscht werde, es solle auch einmal ein Vertreter der »B.K.« als solcher predigen. Die »B.K.« sei ja keine Sekte, sondern im Gegenteil der Zusammenschluß aller auf dem Boden des reformatorischen Bekenntnisses stehenden Evangelischen Christen Deutschlands und seiner Nachbarländer, und es würde die führenden Männer der »B.K.« höchlich wundern, wenn sie hörten, daß hier in Theresienstadt in unserem evangelischen Gottesdienst statt des treuen, bewährten, völlig auf dem Boden des reformatorischen Bekenntnisses stehenden Seelsorgers *Dr. Goldschmidt* ein Vertreter einer anderen »Richtung« predigen solle. Wolle man wirklich andere »Richtungen« predigen lassen, dann könne morgen ein Calvinist und übermorgen ein Hussit, ein Zinzendorfer, ein Vertreter der Anglikanischen Hochkirche das Ver[23]langen stellen, als solcher bei uns zu predigen. Das aber würde gerade die bisherige wundervolle Einheit unserer Gemeinde, die sogar mit der hiesigen katholischen Gemeinde in vorbildlicher Harmonie lebe, gefährden.

Dr. Stargardt bat nun *Dr. Kobrak*, seinen Antrag zu begründen.

Dieser führte aus, daß er im Gegensatz zu *Dr. Stargardt* kein von diesem gemaltes Schreckgespenst befürchte, wenn auch andere einmal predigen, er erwarte gerade eine Bereicherung unseres gottesdienstlichen Lebens, wenn auch andere zu Worte kämen. In anderen Städten könne man sich ja auch andere Prediger und andere Kirchen aussuchen, um einmal einen anderen Prediger anzuhören. *Dr. Goldschmidt*, der noch so viele andere Aufgaben habe, könne gar nicht 52 Sonntage hindurch predigen und es sei auch nicht möglich, daß er immer wieder Neues bringe. Er, *Dr. Kobrak*, sei auch nicht immer mit allem einverstanden, was *Dr. G.* sage – dies solle ebenso wenig ein Vorwurf gegen *Dr. G.* sein wie gegen ihn (*Kobrak*) selber – und auch andere hätten schon deswegen sich vom Gottesdienst ferngehalten, weil sie nicht alles, was *Dr. G.* predige, billigen.

Dr. Kobrak erzählte, daß seine jetzt in England lebende Tochter ihm mitgeteilt habe, daß sie der Anglikanischen Hochkirche beitreten würde, er würde es also sehr begrüßen – aber gar nicht aus persönlichen Gründen –, wenn einmal ein hier etwa vorhandenes Mitglied der Anglikanischen Hochkirche den Gottesdienst abhalte. Er trete gar nicht speziell für *Dr. Hamburger* ein, halte es aber doch für richtig, diesen einmal predigen zu lassen, da er von der Dahlemer Gemeinde dazu ermächtigt worden sei. Er beantrage, daß jeden Monat einmal ein anderer als *Dr. Goldschmidt* predige.

Dr. Stargardt bat nunmehr die anderen, sich zu diesem Antrage zu äußern. Zuerst ergriff Fräulein *Frankau* das Wort, widersprach dem Antrage mit dem Hinweis, daß wir die ganze Einrichtung und Durchführung unserer Gottesdienste *Dr. Goldschmidt* zu verdanken hätten und schon aus diesem Grunde keinen Anlaß hätten, andere als ihn predigen zu lassen. Die meisten seien auch ganz mit seinen Ausführungen einverstanden; wer es nicht sei, möge eben fernbleiben. Sie sei von Geburt treue Protestantin; hier aber komme ihr wieder einmal der Vorzug der Katholischen Kirche zum Bewußtsein, die einen Papst habe, der eben alles zu bestimmen habe. Da könne nicht jeder kommen und etwas besonderes beanspruchen. Für uns sei *Dr. Goldschmidt* hier unser Haupt; wir wollen ihn auch weiter in unseren Gottesdiensten predigen lassen in der bisherigen Weise.

Auch Herr *Proskauer* trat dem Antrage *Dr. Kobrak* entgegen und wies darauf hin, daß wir nicht bloß um der Dankbarkeit willen, zu der wir Herrn *Dr. Goldschmidt* verpflichtet seien, weiter treu zu ihm halten sollten, sondern auch um deswillen, weil die überwiegende Mehrheit der Gemeindemitglieder durchaus mit seinen Predigten einverstanden sei, was ihr ständig zunehmender Besuch unserer Gottesdienste, in denen die Sitzplätze nicht mehr ausreichen, beweise. Er kam dann auf den Wunsch des *Dr. Hamburger*, hier zu predigen, zu sprechen, der diesen Wunsch [24] bereits am Tage nach seiner Ankunft zum Ausdruck gebracht habe und geäußert habe, daß er den Auftrag habe, hier eine Gemeinde und Gottesdienste einzurichten. Im Zusammenhang hiermit verlas er einen Brief des *Dr. Hamburger* an ihn, worin dieser den Vorfall am vergangenen Mittwoch bedauert und bat, seinerseits in der Angelegenheit sprechen zu dürfen.

Danach trat auch Fräulein *Dinter* dem Antrag des *Dr. Kobrak* entgegen und bat, alles beim alten zu belassen.

Schließlich ergreift *Dr. Wollstein* das Wort und sagt, daß es nicht richtig sei, in einer Zeit, wo den Juden die Synagogen ausgeplündert worden seien und den Christen der Mund verboten sei, hier in unserer Gemeinde in Theresienstadt Uneinigkeit zu schaffen. Wir wollten doch froh und dankbar sein, daß wir hier in diesem jüdischen Lager unangefochten Sonntag für Sonntag unsere Gottesdienste unter der bewährten Leitung des *Dr. G.* abhalten könnten. Es zeige sich ja auch in diesem Gremium, daß wir alle hinter *Dr. G.* ständen.

Nach einer kurzen Gegenerklärung des *Dr. Kobrak*, in der er darauf hinwies, daß er auch ein Gremium in seinem Sinne zusammen berufen könne (!), und der Erwiderung des *Dr. Goldschmidt*, daß das Gremium ja schon *vor* dem Zwischenfall vom Mittwoch zusammenberufen worden sei, und daß er, *Goldschmidt*, seine »Diakonen« zu der Besprechung eingeladen habe, schloß *Dr. Stargardt* die Diskussion mit

II. Der Aufbau der Gemeinde

den Ausführungen: Der Antrag *Dr. Kobrak* sei hier abgelehnt, wir wollten es dabei bewenden lassen, daß *Dr. Goldschmidt* allsonntäglich predige. Unser Herrgott habe ihm die Gnade gegeben, trotz seines Alters – wir hätten ja schon vor längerer Zeit hierselbst seinen 70. Geburtstag gefeiert – körperlich und geistig auf der Höhe zu bleiben. Wenn er einmal, was Gott verhüten möge, durch Krankheit oder sonstwie verhindert sei, am Sonntag zu predigen, sei ja Zeit und Anlaß, einen anderen mit der Leitung unseres Gottesdienstes zu betrauen. Solange er aber gesund sei, solle er wie bisher zu unserer Freude und Erbauung weiter die Gottesdienste leiten und uns das Wort Gottes verkünden. Er schloß mit 1. Korinther 1. 10–13.[41]

Danach wandte sich die Besprechung den anderen Punkten der Tagesordnung zu (Gemeindeabend, Religionsunterricht, Karthotek, Vormundschaft über evangelische Vollwaisen). Um ¾ 8 Uhr wurde die Besprechung beendet.

gez.: *Dr. Stargardt*.

An *Dr. Hamburger* sandte *Stargardt* das folgende Schreiben:

Theresienstadt, 3. November 1943.

Herrn *Dr. Georg Hamburger*
Theresienstadt Bahnhofstraße 11.

---

[41] 1. Korinther 1,10–13:
10 »Ich ermahne euch aber, liebe Brüder, durch den Namen unsers Herrn Jesu Christi, daß ihr allzumal einerlei Rede führet und lasset nicht Spaltungen unter euch sein, sondern haltet fest aneinander in *einem* Sinne und in einerlei Meinung.
11 Denn es ist vor mich gekommen, liebe Brüder, durch die aus Chloes Gesinde von euch, daß Zank unter euch sei.
12 Ich sage aber davon, daß unter euch einer spricht: Ich bin paulinisch, der andere: Ich bin apollisch, der dritte: Ich bin kephisch, der vierte: Ich bin christlich.
13 Wie? Ist Christus nun zertrennt? Ist denn Paulus für euch gekreuzigt? Oder seid ihr auf des Paulus Namen getauft?«
Aus: Die Bibel oder die ganze Heilige Schrift des Alten u. Neuen Testaments nach der deutschen Übersetzung D. Martin Luthers. Neu durchgesehen nach dem vom Deutschen Evangelischen Kirchenausschuß genehmigten Text. Begleitbibel, Stuttgart 1938, S.131f. Vgl. Die I. Epistel S. Pauli: an die Corinther. [*Martin Luther*s Übersetzung letzter Hand 1546, bearbeitet von *Otto Albrecht*], in: D. Martin Luthers Werke. Kritische Gesamtausgabe. Die Deutsche Bibel 7. Band (WA.DB 7), Weimar 1931, S. (89–137) 89.

Theresienstadt

Sehr geehrter Herr *Hamburger*!

Ihr wiederholtes Anerbieten, gelegentlich eine Predigt zu übernehmen und regelmäßig Bibelstunden abzuhalten, ist von den Vertretern unserer ⎡25⎤ hiesigen Gemeinde gestern geprüft worden. Als Ergebnis dieser Prüfung teile ich Ihnen im Auftrag von Herrn *Dr. Goldschmidt* folgendes mit:

1. Es dient sicherlich zur Vertiefung der Kenntnisse der Heiligen Schrift, wenn hier Bibelstunden abgehalten werden. Wir hätten auch längst Ihrer dahingehenden Bitte entsprochen, wenn die Raumfrage dies gestattet hätte. Diese Frage ist auch jetzt noch nicht gelöst. Um aber wenigstens einen Anfang zu machen, so haben wir beschlossen, Ihnen an jedem 2. Gemeindeabend, erstmalig also am Mittwoch, 10. November 1943, in der zweiten Hälfte des Abends, also von 7 Uhr bis ¾8 Uhr, unseren Raum zur Bibelstunde zur Verfügung zu stellen. Wir würden unseren Gemeindeabend dann pünktlich um 7 abends schließen, so daß Sie im Anschluß daran die Bibelstunde gleich beginnen könnten. Wir glauben, daß diese ¾ Stunden an jedem 2. Mittwoch wohl ausreichend sind, und wir würden dann unsererseits nicht ganz auf den wöchentlichen Gemeindeabend zu verzichten brauchen. Es handelt sich, wie nicht besonders betont zu werden braucht, zunächst um einen Versuch, und wir hoffen, daß er zur allseitigen Zufriedenheit sich auswirkt.
2. Was Ihren Wunsch, gelegentlich das Wort als Prediger zu ergreifen, anlangt, so haben wir uns dahin verständigt, von Ihrem freundlichen Anerbieten keinen Gebrauch zu machen.

Wir glauben, daß in der eigenartigen Lage, in der wir uns hier in Theresienstadt befinden, die Einheitlichkeit der Schriftdeutung unter allen Umständen gewahrt werden muß. Ihr Wunsch, gelegentlich einmal hier zu predigen, muß gegenüber diesem Bestreben zurückstehen.

Es würde uns sehr freuen, wenn Sie sich dazu entschließen würden, sich diese unsere Auffassung zu eigen zu machen.

Mit freundlichen Grüßen

Ihr
Dr. St.

II. Der Aufbau der Gemeinde

Damit war die Spannung beseitigt und *Hamburger* begann mit seinen Bibelstunden. Er las und erklärte noch, vor einem kleinen Kreise, eingehend den Anfang des Markusevangeliums, mußte aber sehr bald wegen Krankheit aufhören. Auch er, ein großer und starker Mensch, ist rasch ein Opfer der Unterernährung geworden, unter der er schwer litt. Seine Schwäche nahm ständig zu, und nach langem Krankenlager starb er an Tuberkulose.

Ich habe ihn oft im Krankenhause aufgesucht. Stets war er mit theologischer Literatur beschäftigt, auch las er das Alte und das Neue Testament in der Ursprache. Die Hoffnung hat ihn nie verlassen, und über seinen Zustand war er sich kaum klar. Ganz kurz vor seinem Ende gab ich ihm das Abendmahl – ich glaube nicht, daß er es als Sterbesakrament ansah –, und die Hingabe dieses schon fast vollendeten Menschen war erschütternd, und ohne Klage, wie ein Gebet, äußerte er, Gott habe ihn verschmäht. 26

Nach seinem Tode ist, einem Wunsch von ihm entsprechend, die Liturgie so geändert worden, daß das Bekenntnis, statt vor der Predigt, vor dem Schlußgebet gesprochen wurde.⁴²

Später wurde der Wunsch, daß auch ein anderer gelegentlich spreche, aus anderen Gründen wieder wach. Es war eine Reihe von protestantischen Holländern, unter ihnen der Pastor *Dominé Enker*,⁴³ gekommen. Er war 1933 aus Köln nach Holland ausgewandert, hatte Theologie studiert und hatte bereits als ordinierter Geistlicher, zuletzt in dem jüdischen Konzentrationslager, gewirkt. Es war natürlich, daß ihm – schon mit Hinsicht auf seine Landsleute – Gelegenheit zum

---

42 Zur Liturgie s. u. S. 411–413.

43 *Dominé Enker*, wurde im September 1944 nach Theresienstadt deportiert, vgl. »Max Enker« in: *Adler*, Antlitz a.a.O. (s. o. S. 369 Anm. 4), S. 749 Nr. 101a; dort wird ein Manuskript genannt, welches wohl nicht veröffentlicht wurde: »Hirschberg H.[ans] W.[alter]: Christen im Ghetto. Ms. Berlin 1945. Autor vom 10.2.1944 bis zur Befreiung in T[heresienstadt], aktiv im protestantischen Gemeindeleben. Die Gottesdienste leiteten *Dr. Arthur Goldschmidt* (* [18]84 [richtig: 30.4.1873]), er malte ein von beiden christlichen Konfessionen verwendetes Altarbild [s. o. S. 372, 392 Anm. 29], und *Dr. Otto Stargardt*, der sich um die Kirchenmusik kümmerte. Anfang September 1944 kam noch der holländische Pfarrer *Max Enker* hinzu. In jedem Gottesdienste *Stargardts* wurde für *Martin Niemöller* eine Fürbitte gesprochen. Hervorhebung des guten Verhältnisses zwischen Protestanten und Katholiken, deren Trauerfeiern bei Begräbnissen im Herbst 1944 von den Protestanten übernommen wurden, da die Sprecher der katholischen Gemeinde verschickt worden waren [s. u. S. 414]. Autor schildert seine eifervoll ›volksmissionarische‹ Tätigkeit im Lager« (Kursivsetzung der Namen von *Th. Hübner*); *Röhm / Thierfelder*, a.a.O. (s. o. S. 370 Anm. 7) 4/II.

Predigen gegeben wurde, was er allerdings nur in deutscher Sprache tun durfte.

Zugleich erschien es wünschenswert, daß auch mein Freund *Stargardt*, der so wesentlich und unermüdlich die Leitung der Gemeinde unterstützte, an der Verkündigung sich beteiligte. Es wurde in der letzten Zeit ein regelmäßiger Turnus für die Predigten eingerichtet. Immerhin hielt ich darauf, daß die Leitung fest in meiner Hand bliebe und die Helfer mir nur mit ihrem *Rat* zur Seite standen.

Das erschien notwendig, denn gelegentlich regte sich immer wieder das Bestreben, grundsätzliche organisatorische Maßnahmen durchzusetzen, die schließlich zu einer korporativ geleiteten Gemeinschaft geführt hätten, in der persönliches Geltungsbedürfnis und letztenendes auch sektenmäßige Bestrebungen Raum gewonnen hätten. Das mußte im Interesse der allem voranstehenden inneren und äußeren Geschlossenheit der Gemeinde vermieden werden.

So sonderbar es erscheint, in dieser rein kommunistisch aufgezogenen Stadt war – abgesehen natürlich von den Weisungen der SS. – in Wirklichkeit, wenn es darauf ankam, allein der Wille des »Judenältesten« maßgebend. Das zeigte sich besonders deutlich bei dem letzten Judenältesten, *Dr. Murmelstein*. Er war, früher ein gelehrter Rabbiner, ein ungewöhnlich kluger, organisatorisch begabter und energischer Mann ohne jede Sentimentalität, eine wirkliche Führernatur, der auch bedenkenlos sich als »Führer« gerierte. Natürlich war er vielfach angefeindet und nur seine unerfreulichen Seiten wurden in den Vordergrund gestellt.

Eine solche Führung war aber wohl durch die Verhältnisse geboten; denn die Menge, um deren Leitung es sich handelte, war völlig ungleichartig, gewaltsam zusammengetrieben, nur zur allmählichen oder vielleicht ganz plötzlichen Vernichtung bestimmt.

Das Zusammenleben hatte daher nur noch den Sinn, das Leben selbst bis zum Ende in äußerer Ordnung zu führen. Die auseinanderstrebenden Kräfte aber wären, weil die zentrale Kraft eines idealen Sinnes der Gemeinschaft fehlte, übermächtig geworden, wenn nicht eine kräftige Hand das Ganze zusammenhielt.

Nicht unähnliche Gedanken trafen auch bei der Glaubensgemeinschaft zu, und es galt, alle Kräfte auf das Glaubensleben zu sammeln und den zerstreuenden Kräften zu widerstehen. [27]

B) Der Aufbau innerhalb der Katholiken

Im vorher Gesagten ist schon wiederholt auch der katholischen Gemeinde gedacht worden. Da von den Männern, die sie aufgebaut und geleitet haben, wohl keiner zurückgekehrt ist, wird kaum eine geschlossene Darstellung der Geschichte dieser Gemeinde zu erwarten sein.[44] Es soll daher versucht werden, sie kurz darzustellen, so gut es einem Außenstehenden möglich ist, der zwar bei dem äußeren Aufbau mit diesen Männern bei gemeinsamen Aufgaben zusammengearbeitet, aber am inneren Leben ihrer Gemeinde nicht teilgenommen hat.

Der Aufbau der katholischen Gemeinde ist in erster Linie dem Ingenieur *Gerson* und dem Staatsanwalt *Dr. Donath*[45] zu verdanken. *Gerson*, aus Deutschland, war in Wien als technischer Lehrer, *Donath*, Wiener, Sohn eines Obersten, war im Justizministerium beschäftigt gewesen. Beide waren in katholischen Instituten erzogen und hatten weitgehende dogmatische und kirchenrechtliche Kenntnisse. Die Sachlage war für die – zahlenmäßig größere – katholische Gemeinde natürlich eine ganz andere als für die evangelische Gemeinde. Weil ein geweihter Priester fehlte, gab es keine nur einem solchen zukommende Tätigkeit, auch keine Sakramentenspendung, insbesondere konnte weder die Messe gelesen noch Absolution erteilt werden. Die eigentliche Liturgie konnte daher nicht abgehalten werden, man mußte sich auf gemeinschaftliche »Andachten« beschränken; sie wurden aber so weit ausgestaltet, wie es unter den gegebenen Umständen möglich war. Besonderer Wert wurde dabei auf den Chorgesang gelegt, für den planmäßig Übungen stattfanden. Die Predigten wurden von *Gerson*, *Donath*, dem Prager Ingenieur

---

44 Siehe oben S. 397; *Röhm / Thierfelder*, a.a.O. (s. o. S. 370 Anm. 7) 4/II, S. 134–144; beachte *Erich Karl Ruschkewitz*, »Gemeindechronik«, »Von Mai 1943 bis zu seinem Tod im März 1945«, Fortsetzung: *Arthur Bukofzer*, »bis 31. Mai 1945«, siehe Faksimile des Manuskripts der »Chronik der katholischen Gemeinde in Theresienstadt«, welches im »Diözesanarchiv Wien« (ebd. S. 718 zu S. 135) liegt, ebd. S. 135. 140–142; vgl. *Jana Leichsenring*, Die katholische Gemeinde in Theresienstadt und die Berliner Katholiken, in: Theresienstädter Studien und Dokumente Nr. 11, Prag 2004, S. 178–222.

45 Vgl. *Dr. Rudolf Donath* [* 15.7.1908; von Westerbork nach Theresienstadt deportiert am 2.10.1942, am 28.9.1944 von Theresienstadt nach Auschwitz transportiert und dort ermordet], Das gesetzliche Konkurrenzverbot zu den Handlungsgehilfen, Leipzig Univ. Diss. 1909; *Adler*, Antlitz a.a.O. (s. o. S. 369 Anm. 4), S. 707; *Röhm / Thierfelder*, a.a.O. (s. o. S. 370 Anm. 7) 4/II, S. 138; *Jelena Makarová*, Die Akademie des Überlebens, in: Theresienstädter Studien und Dokumente Nr. 5, Prag 1998, S. 213–238; *Weis / Steinhauser*, Totenbuch (s. o. S. 370 Anm. 6), S. 21.

Chietz[46] und anderen abgehalten.

Neben den Andachten fand einmal wöchentlich eine Christenlehre statt.

Die Seelsorge war in den Händen von *Gerson* und *Donath*. Außerdem war man in der Caritas tätig, für die – im Gegensatz zu der evangelischen Gemeinde – bessere Möglichkeiten vorhanden waren, schon weil gelegentlich vom Erzbistum Wien zur Verteilung verwendbare Nahrungsmittelpakete kamen.

Endlich wurden Gemeindeabende veranstaltet und eine Zweiggesellschaft der »Leo-Gesellschaft«[47] gegründet. Dort wurde eine Reihe von Vorträgen über »Christliche Personen« und auch allgemein-kultureller Art gehalten. Von evangelischer Seite beteiligte man sich mit einem Vortrag über *Luther* sowie einem über »Kunst und Religion«.

Besondere Verdienste um die katholische Gemeinde hat sich auch Herr *Ruschkewitz*,[48] ein junger Kaufmann aus Westfalen, erworben. Er war mit nimmermüder Hingabe und steter Bereitwilligkeit in allen Dingen behilflich und scheute sich – trotz abnehmender Gesundheit – vor keiner Mühe und Anstrengung, übernahm auch – als *Gerson* und *Dr. Donath* weggekommen waren – die Leitung der Gemeinde. [28] Er starb – nach langem Krankenlager – im März 1945 an Tuberkulose; niemals hat ihn die Hoffnung verlassen, und sein starker Glaube hielt ihn bis zum letzten aufrecht. Zum Schluß lag die Leitung in den Händen von Tierarzt *Dr. Drucker*,[49] der erst Anfang 1945 aus der Tschechoslowakei gekommen war und daher zu den wenigen gehörte, die gerettet worden sind.

---

46   Siehe *Margit Naarmann*, »Ich denke und fühle nicht als Jude …«. Ernst Gerson, ein katholischer »Nichtarier«, in: *Folker Siegert* (Hg.), Grenzgänge. Menschen und Schicksale zwischen jüdischer, christlicher und deutscher Identität. Festschrift für Diethard Aschoff (Münsteraner Judaistische Studien. Wissenschaftliche Beiträge zur christlich-jüdischen Begegnung hg. v. Institutum Judaicum Delitzschianum. Bd. 11), Münster 2002, S. (307–327) 323.

47   Die österreichische Leo-Gesellschaft, 1892 von *Joseph Alexander Freiherr von Helfert* (1820 Prag – 1910 Wien) in Wien gegründet, war ein Verein zur Förderung des katholischen Wissens, nach Papst *Leo XIII.* (1810–1903) benannt; sie gliederte sich in 13 Sektionen; sie gab Veröffentlichungen heraus und veranstaltete Kurse, Kongresse, Vorträge und Ausstellungen, 1938 wurde sie aufgelöst. Zur Theresienstädter Leo-Gesellschaft vgl. *J. Leichsenring*, a.a.O. (s.o. S. 409 Anm. 44).

48   *Erich Karl Ruschkewitz*: s.o. S. 409 Anm. 44.

49   *Dr. Paul Drucker*, * 1895 Berlin, † 1959 Mexiko; vgl. *Paul Drucker*, Clinical investigations into the pathogenesis of infantile tetany (Acta Pædiatrica Vol. VI Supplementum 20.V.1927), (Univ. Diss. Kopenhagen 1927) Uppsala 1927.

III. Das Gemeindeleben

1. Der Gottesdienst

Gottesdienst fand regelmäßig am Sonntag und an den Feiertagen um neun Uhr vormittags statt. An den großen Feiertagen wurde zuweilen zweimal – am Vormittag und am Nachmittag – Gottesdienst abgehalten.

Vorher wurde – meistens mit Hilfe einiger Herren der katholischen Gemeinde, deren Andacht sich um elf Uhr anschloß – der Altar hergerichtet, das Kruzifix aufgestellt, das Marienbild[50] in seinem schweren Gestell zurechtgerückt, das Ganze mit Kerzen versehen und mit Blumen, so weit möglich, geschmückt. Nach dem Gottesdienst mußte alles – wegen anderweitiger Benutzung des Raumes – wieder weggeräumt werden.

Die liturgische Gestaltung konnte nur sehr einfach gehalten werden, da bei der geringen Zahl geeigneter Stimmen, die sich für Übungen freihalten konnten, es trotz aller Bemühungen nicht gelang, einen befriedigenden Chor zu bilden. Anfangs fehlte es auch an einem Instrument, bis zunächst eine nicht zur Gemeinde gehörige Berliner Geigerin, Fräulein *Fürth*[51] – die auch umgekommen ist – freundlicherweise half, nachdem es unter großen Schwierigkeiten gelungen war, für die kurze Zeit des Gottesdienstes eine Geige von der Verwaltung geliehen zu erhalten. Später stand ein Harmonium und zuletzt ein Flügel zur Verfügung. Gelegentlich wurden in die Liturgie musikalische Darbietungen von bedeutenden Künstlern – Gesangs-, Violin- und Klaviersoli – eingefügt.

Die Gottesdienstordnung war folgende:
Nach der Präambel wurde der Eingangschoral gesungen, dann im Chore »Ehre sei Gott in der Höhe«. Darauf wurde die Epistel verlesen und im Anschluß gemeinsam das Glaubensbekenntnis[52] gesprochen. Sodann wurde das Evangelium gelesen und – nach Singen des Chorals – die Predigt gehalten.

---

50 Siehe oben S. 372, 392.

51 Zu der Berliner Geigerin *Fürth* konnte Hg. keine Angaben finden, siehe *Weis / Steinhauser*, Totenbuch (s. o. S. 370 Anm. 6), S. 37.

52 Zum »Bekenntnis« s. o. S. 407; gemeint ist das sogenannte »Apostolische Glaubensbekenntnis« (*symbolum apostolicum*), in: Die Bekenntnisschriften der evangelisch-lutherischen Kirche a.a.O. (s. o. S. 390 Anm. 25), (¹1930) ¹⁰1986, S. (19–25) 21.

Ihr folgte das Gebet – entweder ein freies oder ein stilles oder eines der Gebete aus der Agende,[53] mit aus der Sachlage sich ergebenden Abänderungen; dabei wurde auch immer Deutschlands und derjenigen Führung gedacht, die zu seiner Rettung berufen sein möge, zwar in völlig verständlicher Form, aber doch mit der gebotenen Vorsicht. Leider erregte das bei den Tschechen Anstoß und veranlaßte einige von ihnen, fernzubleiben.

An dieses Gebet fügte sich das gemeinsam und langsam gesprochene Vaterunser,[54] worauf der Segen erteilt wurde und die Abkündigung erfolgte. Bei ihr wurde der in der Woche verstorbenen Gemeindemitglieder, zuweilen in der Form eines kurzen Nachrufes, gedacht. Es folgte der Schlußchoral.

Vor jeder Feier des Heiligen Abendmahls wurde denjenigen Gemeindegliedern, die nicht daran teilnehmen wollten, Zeit gelassen, sich zu entfernen.

Die Abendmahlsfeier begann mit dem Choral »O Lamm Gottes«.[55] Die Beteiligung am Abendmahl war so stark, daß es nicht möglich war, daß der Leiter der Gemeinde es allein austeilte. Er tat es daher gemeinsam mit *Dr. Stargardt*. Vor der Austeilung wurde in einer kurzen Ansprache auf die Bedeutung hingewiesen; die Austeilung erfolgte vor dem Altar, am Fuße des Podiums, wo ein kleiner Tisch mit Kruzifix, Bibel, Leuchter und den Geräten aufgestellt war. Bei der Austeilung assistierten zwei Herren, die die Patenen [Hostienteller] und Kelche nachfüllten. Die Austeilung erfolgte unter dem Gemeindegesang von »O Lamm Gottes« in der in der Ältesten-Agende vorgeschlagenen Form je an vier zugleich. Jedem Teilnehmer

---

53   Gültig war für Christen evangelisch-lutherischen Bekenntnisses, also auch für *Dr. Arthur Goldschmidt* (s. o. Archiv B. 03, S. 282; S. 390 Anm. 25), die »Agende für die evangelische Landeskirche. Vom Evangelischen Ober-Kirchenrat veranstaltete Hand-Ausgabe für die Gemeindegottesdienste, Berlin (Ernst Siegfried Mittler und Sohn) 1895«, in welcher sich alle hier aufgeführten liturgischen Teile eines »Hauptgottesdienst[es] an Sonn- und Festtagen mit Abendmahlsfeier« (ebd. S. 1–16) finden; »Gebete aus der Agende«: »Eingangsgebete mit Sündenbekenntnis« ebd., S. 23–25; »Sündenbekenntnisse zum Hauptgottesdienst« ebd. S. 45–46; »Gebete vor der Schriftlesung« ebd., S. 50–65; »Gebete zu besonderen kirchlichen Feiern« ebd., S. 90–101; für die Amtshandlungen: »... Hand-Ausgabe für die Kirchlichen Handlungen«, a.a.O. 1895, »Begräbnis«: S. 40–75.

54   Matthäus 6,9–13; vgl. Lukas 11,2–4.

55   »1. O Lamm Gottes, unschuldig / am Stamm des Kreuzes geschlachtet, / allzeit erfunden geduldig, / wiewohl du warest verachtet, / all Sünd hast du getragen, / sonst müßten wir verzagen. / Erbarm dich unser, o Jesu.«; 2. = 1. Strophe; die 3. Strophe ist ebenfalls bis auf die letzte Zeile textgleich mit der 1.: »... Gib deinen Frieden, o Jesu.« Text: *Nikolaus Decius* (*um 1485, † nach 1546) 1531 nach dem altkirchlichen »Agnus Dei«; Agende a.a.O. (s. o. Anm. 53).

III. Das Gemeindeleben

wurde ein Wort aus der Schrift gesagt, das nach Möglichkeit den persönlichen Umständen entsprach, und die Hand gereicht.

Zum Schluß gab der Leiter an *Dr. Stargardt* und dann dieser dem Leiter das Abendmahl. Die Feier endete mit Choral.

In den Krankenhäusern und Siechenheimen teilte der Leiter das Abendmahl aus. Es geschah am Krankenbette – zuweilen im Zimmer der Schwestern –. Kruzifix und Lichter wurden auf einem mit weißem Tuch bedeckten Tischchen am Bett aufgestellt; mit dem Kranken wurde vorher kurz über die Bedeutung des Abendmahles gesprochen und das Lied »O Lamm Gottes« gelesen. Zum Schluß wurde gemeinsam das Vaterunser gebetet.

Die anderen Zimmerinsassen jüdischer Konfession verhielten sich – abgesehen von seltenen Ungehörigkeiten, die schnell durch ein mahnendes Wort abgebogen werden konnten – in andachtsvoller Stille.

Bei Einsegnungen von Toten in der Begräbnishalle wurde Psalm 90;[56] Joh. 11,25;[57] 1. Kor. 15, 42. 43.[58] verlesen und eine Grabrede gehalten;[59] nach dem Verbot, solche zu halten, wurden wenigstens einige Worte als Nachruf gesprochen. Darauf wurden die Seelen, unter Namensnennung, der Gnade Gottes empfohlen und gemeinsam das Vaterunser gebetet.

Waren gleichzeitig verstorbene Katholiken aufgebahrt, wurde die evangelische Liturgie von dem Tumbagebet[60] umrahmt, das von einem katholischen Herrn gesprochen wurde.

---

56 Man beachte im »tausendjährigen Reich« diese Schriftlesung, Psalm 90,4: »Denn tausend Jahre sind vor dir wie der Tag, der gestern vergangen ist, und wie eine Nachtwache.« Siehe unten »chiliastisch« S. 424f.

57 Johannes 11,25: »Jesus spricht zu ihr: Ich bin die Auferstehung und das Leben. Wer an mich glaubt, der wird leben, auch wenn er stirbt«.

58 1. Korinther 15,42–43: »42 So auch die Auferstehung der Toten. Es wird gesät verweslich und wird auferstehen unverweslich. 43 Es wird gesät in Niedrigkeit und wird auferstehen in Herrlichkeit. Es wird gesät in Armseligkeit und wird auferstehen in Kraft.«

59 Die hier aufgeführten Bibelstellen werden in der »Hand-Ausgabe für die Kirchlichen Handlungen« a.a.O. (s. o. Anm. 53), Berlin 1895, vorgeschlagen: S. 42. 49. 54 (Psalm 90), 49. 59 (Joh. 11,25), 55 (1. Kor. 15, 42.43).

60 Griechisch τύμβος / lateinisch tumba – Grab, (Schaugerüst für Särge:) Katafalk; das Tumbagebet ist das Gebet des katholischen Geistlichen am Sarg zum Abschluß des Requiem, siehe: *Anselm Schott*, Das Messbuch der Heiligen Kirche. Mit neuen liturgischen Einführungen, Freiburg / Basel / Wien 1966, S. 1357, 1360, 1362.

Hatte der Leiter, worum er eine Zeitlang gebeten war, die Feier nur für verstorbene Angehörige der Katholischen Kirche abzuhalten, verlas 30 er die evangelische Liturgie und forderte die anwesenden Katholiken auf, ein Ave Maria[61] zu sprechen.[62]

2. Bibelstunde

Zunächst hat – wie schon erwähnt – *Dr. Hamburger* in einem kleinen Kreise das Markusevangelium erläutert, was – infolge seiner Erkrankung – auf wenige Abende beschränkt blieb.

Nun mußte der Leiter die Bibelstunde weiterführen. Die Schwierigkeit, als Nichttheologe diese Aufgabe zu lösen, war offenbar. In gewissem Grade wurde sie, wie auch die Predigt, dadurch erleichtert, daß – außer den verschiedenen Übersetzungen und dem griechischen Original des Neuen Testaments[63] – in der umfangreichen jüdischen Bibliothek, die nach Theresienstadt gekommen war, allerlei theologische Literatur war, die – sonst nicht gebraucht – zur dauernden Verfügung stand.

---

61 Biblia sacra iuxta vulgatam versionem. adiuvantibus *Bonifatio Fischer* OSB, *Johanne Gribomont* OSB, *H.[edley] F.[rederick] D.[avis] Sparks, W.[alter] Thiele*, recensuit et brevi apparatu instruxit *Robertus Weber* OSB, editio altera emendata tomus II proverbia – apocalypsis appendix, Stuttgart (^{1}1969) ^{2}1975, S. 1606: der erste Teil (kursiv gesetzt) des lateinischen Ave Maria der röm.-katholischen Kirche (Westkirche) besteht aus Lukas 1,28.42:

[*Have*] Ave Maria, *gratia plena,*	Gegrüßet seist Du, Maria, voll der Gnade.
Dominus tecum.	Der Herr ist mit Dir.
Benedicta tu in mulieribus,	Du bist gebenedeit unter den Frauen,
et benedictus fructus ventris tui,	und gebenedeit ist die Frucht Deines Leibes,
Iesus.	Jesus.
Sancta Maria, Mater Dei,	Heilige Maria, Mutter Gottes,
ora pro nobis peccatoribus,	bitte für uns Sünder,
nunc et in hora mortis nostrae.	jetzt und in der Stunde unseres Todes.

62 Siehe oben S. 407 Anm. 43.

63 Novum Testamentum Graece cum apparatu critico curavit † *D. Eberhard Nestle* novis curis elaboraverit *D. Erwin Nestle*, Stuttgart ^{1}1898 bis ^{17}1941.

III. Das Gemeindeleben

So *Wernle*s Einführung in das theologische Studium,[64] *Biedermann*s Dogmatik,[65] *Troeltsch*s Glaubenslehre,[66] Lehrbücher der praktischen Theologie (besonders *Achelis*),[67] *Harnack*s-Mission,[68] *Schlatter*s Geschichte Israels[69] und anderes mehr. Die größere Schwierigkeit lag aber in der Zusammensetzung der Gemeinde, nicht

---

64 *Paul Wernle* [* 1.5.1872 Zürich-Hottingen, † 11.4.1939 Basel], Einführung in das theologische Studium, Tübingen ¹1908 (VI, 524 S.), ²1911 (VI, 524 S.), ³1921 (XVI, 600 S.).

65 *Alois Emanuel Biedermann* [* 2.3.1819 Bendlikon (Gemeinde Kilchberg), † 25.1.1885 Zürich], Christliche Dogmatik, Zürich ¹1869 (XIV, 763 S.); ders., Christliche Dogmatik. 1. Der principielle Theil, Berlin ²1884 (XVI, 382 S.); ders., Christliche Dogmatik. 2. Der positive Theil, Berlin ²1885 (VIII, 675 S.); es handelt sich um eine reformierte Dogmatik.

66 *Ernst Troeltsch* [* 17.2.1865 Augsburg-Haunstetten, † 1.2.1923 Berlin], Glaubenslehre. Nach Vorlesungen aus den Jahren 1911 und 1912, mit einem Vorwort von *Marta Troeltsch*, München 1925 (X, 384 S.) (Neudruck Aalen 1981; Saarbrücken 2006; englisch Minneapolis 1991).

67 *Ernst Christian Achelis* [* 13.1.1838 Bremen, † 10.4.1912 Marburg], Praktische Theologie, Freiburg i.Br., 1. Bd. Einleitung – die Lehre von der Kirche und ihren Ämtern, Katechetik – Homiletik – Poimenik, ¹1890, XX, 549 S.; 2. Bd. Liturgik. Gemeindegottesdienst. Kybernetik. Die Lehre von den freien Vereinen, ¹1891, XX, 540 S.;
ders., Lehrbuch der praktischen Theologie, Leipzig ²1898, 1. Bd. Einleitung. Die Lehre von der Kirche und ihren Ämtern. Die Lehre vom Kultus. Homiletik, ²1898; 2. Bd., Katechetik. Poimenik. Koinonik – Innere Mission, Gustav-Adolf-Werk. Die Heiden- und Judenmission. Kybernetik, ²1898;
ders., Lehrbuch der praktischen Theologie, Leipzig ³1911, 1. Bd. Einleitung. Die Lehre von der Kirche und ihren Aemtern. 1. Buch Liturgik, VI, 532 S.; 2. Bd. Die Lehre vom Kultus. 2. Buch Theorie des Gemeindegottesdienstes. Homiletik, Katechetik, VIII, 472 S.; 3. Bd. Poimenik. Koinonik – Innere Mission, Gustav-Adolf-Verein, Auslands-Diaspora, Ev. Allianz, Ev. Bund, Heiden- und Judenmission. Kybernetik, VIII, 516 S.;
ders., Praktische Theologie (Grundriß der theologischen Wissenschaften Teil 6), Freiburg i.Br. / Leipzig ¹1893, XIV, 284 S.; Freiburg i.Br. ²1896; Tübingen ³1899, 308 S.; Tübingen / Leipzig ⁴·⁵1903, 327 S.; Tübingen ⁶1912, 344 S. = Tübingen Neudruck ⁷1919, XVI, 344 S.

68 *Adolf v. Harnack* [* 7.5.1851 Dorpat, † 10.6.1930 Heidelberg, geadelt 22.3.1914], Die Mission und Ausbreitung des Christentums in den ersten drei Jahrhunderten, Leipzig ¹1902, XII, 561 S.; ders., Die Mission und Ausbreitung des Christentums in den ersten drei Jahrhunderten. I. Bd. Die Mission in Wort und Tat, XIV, 421 S.; II. Bd. Die Verbreitung, Leipzig ²1906, 312 S. 11 Karten; ³1915; ⁴1923 (Nachdruck Leipzig 1965, Wiesbaden 1981; englisch London / New York 1904; italienisch Turin 1906; russisch Charkov 1907).

69 *Adolf Schlatter* [* 16.8.1852 St. Gallen, † 19.5.1938 Tübingen], Geschichte Israels von Alexander dem Großen bis Hadrian (Reiche der alten Welt 3), Stuttgart ¹1901, III, 342 S.; ²1925, 356 S.; ³1925, 464 S. (Nachdruck Stuttgart / Darmstadt 1972. 1977).

nur – worauf schon hingewiesen ist – daß die verschiedensten, eigentlich alle evangelischen Konfessionen in ihr vertreten waren, sondern daß viele erst als Erwachsene übergetreten waren und daher nur eine sehr unzureichende Kenntnis der Glaubenslehre vorhanden war. Dazu kam die Verschiedenheit der dogmatischen Einstellung; von der Orthodoxie über alle Schattierungen des Liberalismus hinweg bis zu einem rationalistischen, mehr oder minder verschwommenen, Deismus.

Daher erschien die Apostelgeschichte als das für den Anfang geeignetste Thema.

Sie reizte – abgesehen von der fesselnden Darstellung und der oft hinreißenden Gewalt der Menschen- und Ereignisschilderung und der Kunst der Komposition – schon durch ihren kulturhistorischen Inhalt. Es ließ sich auf dieser Grundlage unschwer der wunderbare Weg der Mission von Osten nach Europa als Wirkung der lebendigen Macht der Verkündigung des Pfingstwunders[70] und der Auferstehung nahebringen.

Die Beteiligung war lebhaft – eine sehr große Anzahl der Teilnehmer waren Akademiker, meistens Ärzte. Zum Eingang las einer der Teilnehmer ein Kapitel vor, dazu gab der Leiter eine Erläuterung und versuchte, es in den Zusammenhang des Ganzen zu stellen, woran sich dann eine sehr lebhafte Diskussion schloß.

Leider hat der Kurs nicht zu Ende geführt werden können, da eine erhebliche Zahl der Teilnehmer, vor allem die Akademiker, in Transport kamen, vermutlich zur Vernichtung, und da eine Zeitlang alle religiösen Veranstaltungen, abgesehen vom Gottesdienst selbst, von der SS. verboten waren.

Immerhin war, bei Wiederaufnahme der Bibelstunde, unzweifelhaft, [31] daß bei dem geringen Umfang der vorhandenen Glaubenssubstanz, das Schwergewicht auf die einfachsten Glaubenslehren zu legen sei.

Es sind daher nacheinander, an der Hand des Katechismus,[71] die Zehn Gebote

---

70 Apostelgeschichte 2.

71 *Martin Luther* [* 10.11.1483 Eisleben, † 18.2.1546 ebd.], Der kleine Catechismus für die gemeine Pfarrherr und Prediger (hg. v. *Otto Albrecht*), in: *D. Martin Luther*s Werke. Kritische Gesamtausgabe (WA) 30. Band. Erste Abteilung, Weimar 1910, S. (239–425); siehe auch: Enchiridion. Der kleine Katechismus D. Mart. Lutheri für die gemeine Pfarrherrn und Prediger, in: Die Bekenntnisschriften der evangelisch-lutherischen Kirche a.a.O. (s. o. S. 390 Anm. 25), (¹1930) ¹⁰1986, S. 499–542. Der kleine Katechismus von *M. Luther* dient in verschiedenen Ausgaben als Unterrichtsbüchlein für den Konfirmandenunterricht der evangelischen Gemeinden lutherischen Bekenntnisses.

und das Vaterunser[72] eingehend besprochen worden.

Auch hier war die Beteiligung, wenn auch weniger zahlreich, sehr lebhaft, und es entspannen sich manchmal weit ausholende Gespräche, zum Beispiel über die Bedeutung der Zehn Gebote als der Verkündung des Wortes Gottes in bezug auf uralte Kulturnormen, als Grundlage der christlichen Lebensordnung, und über die Bedeutung des Fünften Gebotes[73] in bezug auf die Auffassung der Relativität des Lebenswertes.

Die nach den Umständen schwierigste Aufgabe, die Besprechung des Glaubensbekenntnisses,[74] blieb vorbehalten; zu ihr kam es nicht mehr infolge der Befreiung.

3. Gemeindeabende

Von vornherein machte sich der Wunsch nach einem engeren, verkehrsmäßigen Zusammenschluß der Gemeindeglieder geltend, der so weit ging, daß man sogar eine Zusammenlegung der Christen in gemeinsamen Wohnräumen erhoffte. Auch die Gerüchte, daß die SS. das anordnen wolle, verstummten nicht.

Natürlich konnte dieser Frage gar nicht nähergetreten werden und konnten keine Schritte zur Verwirklichung dieses Wunsches unternommen werden. Es wäre eine unmögliche Zumutung für die Verwaltung gewesen. Denn von der Hitlerschen Ideologie aus waren die Theresienstädter in der politischen Scheinexistenz, die sie, [!] angesichts des planmäßigen Wechsels durch ständigen Abtransport zur Vernichtung in der »geschenkten« Stadt führten,[75] eine rassenmäßige Einheit, auf der eben die Gewährung dieser Scheinexistenz beruhte. Eine verwaltungsmäßige Sonderbehandlung der Christen wäre daher – abgesehen von der zunehmenden Feindschaft und Bekämpfung des Christentums durch den Nationalsozialismus – gegenüber diesem Grundgedanken geradezu paradox gewesen.

---

72 Erstere und letzteres auf der Grundlage des Kleinen Katechismus von *Martin Luther*, Quellen: 2. Mose 20,1–17; 5. Mose 5,6–21; Matthäus 6,9–13; vgl. Lukas 11,2–4.

73 In 2. Mose 20,13 / 5. Mose 5,17 und in *M. Luther*s kleinem Katechismus das 5. Gebot: »Du sollst nicht töten«.

74 Siehe S. 411 Anm. 52.

75 Siehe oben S. 379 Anm. 18.

Man mußte dankbar und zufrieden sein, nicht nur daß die jüdische Verwaltung, sondern auch – mehr oder minder stillschweigend – die SS. die Ausübung des christlichen Gottesdienstes duldete; darüber hinaus durfte kein Schritt getan werden, der nicht nur die Verwaltung in Verlegenheit gebracht hätte, sondern bei jener Grundeinstellung die Gefahr in sich barg, daß die SS. womöglich konsequenter Weise zu Eingriffen schritt.

Eine ganz andere Frage war es, wenn es einzelnen Gemeindegliedern gelang, zusammen zu wohnen und sich zu isolieren, wenn etwa eine verhältnismäßig große Anzahl von Christen, insbesondere Gatten von Mischehen, zum selben Transport gehörten und infolgedessen zusammen wohnen durften.

In der Form der Gemeindeabende war immerhin die Möglichkeit eines Zusammenseins gegeben. Allerdings waren die uns zur Verfügung [32] gestellten Räume für die Versammlung unserer Gemeinde ungeeignet. Es war zuerst ein mit Inventar vollgestellter großer Büroraum in einer Kaserne, später ein Kirchenraum, also ein Dachboden mit Bretterbänken.

Die Leitung dieser Abende übernahm bald *Dr. Stargardt*, und er widmete sich dieser Aufgabe zur Freude aller mit der Schlichtheit und Liebenswürdigkeit, die sein ganzes Wesen durchstrahlte.

Der Abend wurde eingeleitet mit einer Andacht, die oft an einen Spruch der Losungen[76] anknüpfte, und dann folgte ein Vortrag eines Gemeindemitgliedes, zuweilen eines solchen der katholischen Gemeinde. Anfangs beschränkte man sich – um sich etwas näherzukommen – auf Mitteilungen über das eigene Leben, insbesondere über die eigene religiöse Haltung, wenn auch gewiß nicht in Bekennerart.

Von den späteren Vorträgen sei zunächst genannt der über »Die literatur- und geistesgeschichtliche Entwicklung des protestantischen Chorals«. Über »Palästina« sprach eine Dame, die jahrelang dort als Lehrerin in einer evangelischen Schule gewirkt hatte. *Dr. Stargardt* trug »Lebenserinnerungen und Begegnungen mit der katholischen Welt« vor; Fliegererinnerungen aus dem vorigen Kriege erzählte *Dr. Engelmann* aus Berlin,[77] ein besonders treues, früh bei uns verstorbenes Mitglied

---

76   Die täglichen Losungen und Lehrtexte der Brüdergemeine für das Jahr 1942 (Ausgabe 212), hg. v. der Direktion der Brüder-Unität in Herrnhut in Sachsen, … 1943 (Ausgabe 213), … 1944 (Ausgabe 214), … 1945 (Ausgabe 215).

77   *Dr. Walter Julius Engelmann*, * 28.3.1898, † 24.5.1944 Theresienstadt, wurde am 26.6.1942 von Berlin nach Theresienstadt deportiert; *Adler*, Wahrheit a.a.O. (s.o. S. 370 Anm. 4).

III. Das Gemeindeleben

der Gemeinde. Professor *Hochstetter*,[78] ein bekannter Schriftsteller, der, dreiundsiebzig [71] Jahre alt, nach langem Krankenlager gestorben ist und bis zu den letzten Tagen, schon ganz ermattet, noch launige Gedichte schrieb,[79] las Gedichte und Bruchstücke eines in Theresienstadt geschriebenen Romans[80] vor.

78 Prof. *Gustav Hochstetter*, * 12.5.1873, † 27.7.1944 Theresienstadt, wurde (Datum?) von Mannheim nach Theresienstadt deportiert; *Manes*, Leben a.a.O. (s.o. S. 370 Anm. 5), S. 15f.: »*Philipp Manes* gab die Manuskripte zusammen mit Aufzeichnungen *Gustav Hochstetter*s einer Mitgefangenen, *Lies Klemich*, die mit *Hochstetter* befreundet war. Es ist dem Mut von Frau *Klemich* zu verdanken, daß die Manuskripte der Vernichtung entgingen; bis zur Befreiung im Mai 1945 versteckte sie die Schriften unter ihrer Matratze. Anfang Januar 1947 besuchte sie *Hildegard Hochstetter* … in Bad Saarow-Pieskow in Brandenburg, offenbar in ziemlich erschöpftem Zustand. Frau *Hochstetter* nahm Kontakt mit *Adolf Franck* auf, konnte aber die Manuskripte zu dieser Zeit wegen der ›Zonensperre‹ nicht einfach nach Starnberg schicken. *Franck* hatte aber schon Verbindung mit *Philipp Manes*' Kindern, und die Hefte wurden dem ›Jewish Relief Committee for Relief Abroad‹, einer in London ansässigen jüdischen Hilfsorganisation, übergeben. Mit Hilfe dieser Organisation kam das Paket dann im Mai 1948 in die Hände von seiner Tochter *Eva Manes*. Sie nahm in den späten fünfziger Jahren Kontakt zu *Dr. Alfred Wiener*, dem Gründer und Direktor der *Wiener* Library in London, auf und bat ihn, einen Verleger für den Tatsachenbericht zu finden. *Wiener* las das Manuskript, fand aber überhaupt kein Interesse bei Verlegern. Enttäuscht nahm *Eva Manes* die Hefte wieder an sich und bewahrte sie in ihrem Haus in Burford in Oxfordshire, bis sie 1995 den Tatsachenbericht – zusammen mit in 15 Kästen gesammelten frühen Schriften ihres Vaters – in der *Wiener* Library deponierte. Die Sammlung ist eine Leihgabe und bleibt Eigentum von Mrs. *Jackie Greavett*, der Nichte von *Eva Manes* und Enkelin von *Gertrud* und *Philipp Manes*« (Namen kursiv vom Hg.).

79 Siehe *Manes*, Leben a.a.O. (s.o. S. 370 Anm. 5), S. 95 Heft 2: »Gustav Hochstetter – Berlin, Redakteur der *Lustigen Blätter*, verfaßte weit über 100 lustige, formvollendete Gedichte, alle Theresienstädter Motive behandelnd«; ebd. S. 125 Heft 3: »Nathan der Weise 21.8.1943«; ebd. S. 486f. Anm. 10 zu S. 340 Heft 8: »Feierliche Ladung«; ebd. S. 244 Heft 5: »Es tut mir um Gustav Hochstetter leid, der seinen Ehrenabend – 71. Geburtstag – haben sollte. Er wünschte eine Auswahl seiner besten Schöpfungen vorzutragen und freute sich herzlich darauf. Doch auf doppelte Weise wurde der Plan zunichte. Gustav Hochstetter erkrankte schwer und mußte ins Krankenhaus überführt werden. Dazu kam noch das Ausfallen aller Veranstaltungen.«

80 *Manes*, Leben a.a.O. (s.o. S. 370 Anm. 5), S. 331 Heft 8, S. 485 Anm. 1: »Geplantes Motto für Hochstetters Roman Biuno«: »Lachen, Weinen, Weltgeschichte / Will dies schlichte Buch euch geben. / Späße, Bitterkeit, Berichte / Über schreckliches Erleben. / Ernste Prosa, Scherzgedichte / Und ein bißchen Herz daneben.« Ebd. S. 340: »Wir haben oft über sein Hauptwerk … gesprochen. *Biuno: Roman um Theresienstadt*. Später nannte er ihn: Gott wollte so. … Das Manuskript umfaßt etwa 800 Seiten und ist mir zu treuen Händen übergeben. Auf dem Krankenbette hat er dies schriftlich niedergelegt, und ich übernahm die Hefte. Es ist eine vielgestaltige Geschichte, viele eingestreute Gedichte und bunteste Handlung.«

Theresienstadt

Die erblindete, [fast] achtzigjährige Geheimrätin *Bernstein*[81] aus München – unter dem Namen »*Ernst Rosner* [gemeint ist: *E. Rosmer*]« die Verfasserin der von *Humperdinck* vertonten »Königskinder«[82] und Gegenschwägerin von *Gerhart Hauptmann*[83] – sprach über ihre Erinnerungen an *Liszt* und *Bülow*, denen ihre Eltern und sie sehr nahegestanden hatten.

Der frühere Richter am Reichsfinanzhof, jetziger Oberfinanzpräsident in Nürnberg, *Dr. Grabowor* [*Grabower*],[84] hat einen Vortrag über die Bibel als literarisches Werk gehalten.

81 *Elsa Bernstein*, geb. *Porges*, * 28.10.1866 Wien, † 12.7.1949 Hamburg Eimsbüttel, wurde am 26.6.1942 von München nach Theresienstadt deportiert, siehe oben S. 144f. und S. 232 Anm. 281; vgl. *Elsa Bernstein*, Das Leben als Drama a.a.O. (s. o. S. 386 Anm. 22); *Adler*, Antlitz a.a.O. (s. o. S. 369 Anm. 4); *Adler*, Wahrheit a.a.O. (s. o. S. 370 Anm. 4); *Manes*, Leben a.a.O. (s. o. S. 370 Anm. 5); *Elsa Bernstein*, Das Leben als Drama a.a.O. (s. o. S. 386 Anm. 22), S. 173f.: »Kurzbiographie: Elsa Bernstein« (als Sterbedatum anderswo der 2.7.1949).

82 Königskinder. Musikmärchen in drei Bildern, Musik: *Engelbert Humperdinck* [1854–1921] / Text: *Ernst Rosmer* [d.i. *Elsa Bernstein*, 1866–1949], Leipzig ¹⁻³1897.

83 Die Geigerin *Eva Hauptmann*, geb. *Bernstein* (* 9.11.1894 München, † 23.9.1986 Würzburg), Tochter von *Elsa* und *Max Bernstein*, war verheiratet mit dem jüngsten Sohn *Klaus* (* 8.7.1889, † 6.4.1967) von *Gerhart Hauptmann* (1862–1946, aus dessen Ehe mit *Marie Thiemann*) – vgl. *Elsa Bernstein*, Das Leben als Drama a.a.O. (s. o. S. 386 Anm. 22), S. 181: »Hauptmann, Klaus«; vgl. *Maria Elisabeth Ranft*, Eva Hauptmann, in: Lebenswege von Musikerinnen im »Dritten Reich« und im Exil Bd. 8, hg. v. Arbeitsgruppe Exilmusik am Musikwissenschaftlichen Institut der Universität Hamburg, Hamburg 2000, S. 127–141; *Adler*, Antlitz a.a.O. (s. o. S. 369 Anm. 4) (siehe *C[K]laus* und *Gerhart Hauptmann*); *Adler*, Wahrheit a.a.O. (s. o. S. 370 Anm. 4), (siehe *Gerhart Hauptmann*).

84 *Dr. jur. Dr. phil. Rolf Grabower*, * 21.5.1883 Berlin, † 12.3.1963 München, 19.1.1910 Promotion Berlin (Die finanzielle Entwicklung der Aktiengesellschaften der deutschen chemischen Industrie und ihre Beziehungen zur Bankwelt, Teildruck Berlin 1910, 76 S.; dass., Staats- und sozialwissenschaftliche Forschungen 144, Berlin 1910, 182 S.), 1919 Reichsfinanzministerium, 1922–1934 Ministerialrat Reichsfinanzministerium, 1934–1935 höchster Richter beim Reichsfinanzhof, am 1.1.1936 wg. Nürnberger Gesetze entlassen, am 19.6.1942 von München nach Theresienstadt deportiert, seit 11.7.1945 Richter am Obersten Finanzgerichtshof München, 18.10.1945–1952 Oberfinanzpräsident Nürnberg, 1948 Honorarprofessor Erlangen, 1951 Gastdozent Akademische Bundesfinanzschule Siegen; siehe: *Karl-Ulrich Gelberg* (Bearb.), Die Protokolle des Bayerischen Ministerrats 1945–1954. Das Kabinett [*Hans*] Ehard [1887–1980] II. 20. September 1947 bis 18. Dezember 1950. Band 1 24.9.1947 – 22.12.1948, hg. v. der Historischen Kommission der Bayerischen Akademie der Wissenschaften und der Generaldirektion der Staatlichen Archive Bayerns, München 2003, Ministerratssitzung Nr. 16, Freitag, 23. Januar 1948, S. 269 Anm. 5; *Adler*, Wahrheit a.a.O. (s. o. S. 370 Anm. 4); *Manes*, Leben a.a.O. (s. o. S. 370 Anm. 5).

III. Das Gemeindeleben

Von den katholischen Vorträgen diente der erste, über die »Una Sancta«, dazu, durch die Kenntnis dieser Bestrebungen dem harmonischen Zusammenarbeiten der beiden Gemeinden von vornherein die feste Grundlage zu geben. Einem über die Messe folgte von evangelischer Seite ein solcher über das Abendmahl und über die Lehre von der Rechtfertigung.

Einen unvergeßlichen Eindruck hat ein Vortrag des Feldmarschalleutnants *Friedländer*[85] hinterlassen. *Friedländer*, eine Erscheinung, die in ihrer sprühenden Frische und Wiener Liebenswürdigkeit immer noch etwas von dem jungen Kavallerieoffizier an sich hatte, war ein Mann von tiefer Frömmigkeit, außerordentlicher Bildung und überlegener Menschlichkeit aus dessen Mund nie ein Wort der Bitterkeit oder Verzweiflung kam. Er hatte schon einmal von seinem Offiziersleben und seinen Wiener Erinnerungen gesprochen und nun einen Vortrag über seine Erfahrungen im Feldzug angekündigt. Gerade da kam er – mit einigen anderen höheren Offizieren – »in Transport«, und am Abend des für den Vortrag angesetzten Tages sollte er bis elfeinhalb Uhr mit seinem Gepäckbündel in der Kaserne zur »Durchschleusung« antreten. Er ließ sich trotzdem den Vortrag nicht nehmen, und die Stimmung in dem öden kalten Kasemattenkeller war angesichts seines und so vieler anderer Schicksale sehr gedrückt, als er kam. Er aber erzählte mit einer Frische, mit einer Lebendigkeit und Anschaulichkeit ohnegleichen von dem, was er in schwersten Kämpfen gesehen und an religiösen Einstellungen erlebt hatte. Er schloß mit einem von ihm verfaßten Mariengebet von größter Innigkeit und Schönheit.

Friedländer hat niemand wiedergesehen.

Gleich darauf wurden die Gemeindeabende von der SS. für längere Zeit verboten; dieser letzte Abend wirkte, auch durch das Gebet, das in vielen Abschriften verbreitet wurde, noch lange nach.

---

85 *Johann Georg Franz Hugo Friedländer*, * 5.11.1882 Bern (Schweiz), † 12.10.1944 oder nach 16.10.1944 Transport nach Auschwitz, dort ermordet, wurde am 3.9.1943 (1.4.1943?) von Wien nach Theresienstadt deportiert, verheiratet mit *Leona Margarethe*, geb. *Abel* (* 11.8.1872 Budapest, † 1944 Theresienstadt), 1906–1909 Kriegsschule Wien, Teilnahme I. Weltkrieg, Hauptmann des Generalstabes, 1.11.1917 Major des Generalstabes, 7.12.1916 schwere Verwundung, als Halbjude hatte er sich freiwillig zur Deportation gemeldet, als seine jüdische Frau nach Theresienstadt deportiert wurde; *Adler*, Wahrheit a.a.O. (s.o. S. 370 Anm. 4); *Manes*, Leben a.a.O. (s.o. S. 370 Anm. 5); *Weis / Steinhauser*, Totenbuch (s.o. S. 370 Anm. 6), S. 34; *Elsa Bernstein*, Das Leben als Drama a.a.O. (s.o. S. 386 Anm. 22), S. 179: »Friedländer, Johann Georg Franz Hugo«, »Leona Margarethe, geb. *Hevesi*« (anderer Geb.name).

Als die Veranstaltungen wieder erlaubt waren, fanden sie in dem schließlich zur Verfügung gestellten Kinosaal statt.

Diese Abende waren, wenn sie auch die Möglichkeit eines engeren persönlichen Verkehrs nicht boten, doch ein Lichtblick in dem traurigen Einerlei des Tages, und die Dankbarkeit für die Gemütswärme, mit der *Dr. Stargardt* sie veranstaltete, war eine allgemeine.

Die Predigt

Der letzte Sinn unserer ganzen Gemeindearbeit war die Verkündigung des Wortes Gottes. Mit ihr hatte sie angefangen und in ihr gipfelte sie. Daher darf es wohl unternommen werden, den Versuch der Verkündigung zu schildern; einen Versuch, der von unsicherem Tasten ausgehend, doch allmählich zu einer gewissen Klarheit über den Auftrag führte, unter dem man stand.

Wie war die Lage, in der wir uns fanden?

Wir waren Menschen, die aus ihrem Leben gerissen waren, von allem, was wir liebten, getrennt, von dem Tun, das der Inhalt unseres Lebens war, abgeschnitten, all dessen, was das Leben erleichterte und verschönte, beraubt, in Hunger und Elend gestoßen.

Wir waren Deutsche, wir hatten ein Vaterland gehabt. Aber unser Vaterland hatte uns ausgestoßen, uns fried- und rechtlos, »vogelfrei« gemacht. Das Vaterland war zum Feinde, zur »Ferne« geworden.

Wir lebten als Gefangene, zu Tausenden und Abertausenden zusammengepfercht, und dieses Zusammenleben konnte nur aufrecht erhalten werden dadurch, daß es planmäßig organisiert wurde, daß jeder innerhalb dieser Organisation seinen Platz und seine Arbeit erhielt. Aber die Art dieses Lebens, die ja nur der Aufrechterhaltung dieses Lebens selbst diente, entbehrte jeden höheren Sinnes. Denn unaufhörlich starrte uns das Ende an – sei es, daß man heute [34] oder morgen in Not und Krankheit hinstarb, sei es, daß, heute oder morgen, das uns zum Feind gewordene Vaterland uns tötete.

Der Gedanke an Rettung und Befreiung, der noch dazu, herzbedrückend, den Gedanken an die Niederlage und den Untergang Deutschlands in sich schloß, war wie eine Fata Morgana, wie eine Lichtspiegelung in unerreichbarer Ferne, die nur wenige sahen.

III. Das Gemeindeleben

Wer von uns konnte schon mit dem Herrn sagen: »Seid getrost, ich habe die Welt überwunden!«?[86] Nein, Trauer und Sehnsucht, Resignation oder Verzweiflung mußten das tägliche Brot dieses Lebens sein und bleiben, wenn nicht die Gnade des Herrn leuchtete.

Von der Gnade des Herrn zu sprechen, zu zeigen, daß sie auch uns leuchtete, uns in diesem anscheinend hoffnungslosen Leben, das mußte der Inhalt der Predigt sein. »Der Herr ist treu, er wird euch stärken und bewahren« (2. Thess.[Thessalonicher] 3, 3) – »Setzt eure Hoffnung ganz auf die Gnade« (1. Petr. [Petrus] 1, 13) mußten also der Orgelton sein, auf dem die Melodien der Verkündigung des Wortes Gottes erklangen. – –

Als Texte für den Gottesdienst wurden grundsätzlich die Perikopen benutzt. Es ergab sich im Laufe der Jahre auf das deutlichste, daß das keineswegs eine zur Wiederholung führende Fessel war, sondern daß der Inhalt immer wieder gegenüber der gegebenen Situation ein völlig neuer war, so als ob man das Wort nie so gehört hätte. Auf diesen Texten, und zwar regelmäßig auf beiden, auf der Epistel und dem Evangelium, baute die Predigt auf, und es war fast rätselhaft, daß eine Verbindung, ein Zusammenhang zwischen ihnen nie gesucht, nie konstruiert zu werden brauchte, sondern sich immer von selbst ergab.

Die Anlage der Predigt war synthetisch, und aus der möglichst zurückhaltenden Exegese ergab sich die thematische Behandlung, sei es aus dem Texte der Epistel, sei es aus dem des Evangeliums derart, daß alle die uns in unserer Bedrücktheit sich aufwerfenden Fragen immer auf Grundlage des Themas erörtert werden konnten.

Eine schriftliche Vorbereitung der Predigt war infolge der äußeren Umstände – keine Schreibgelegenheit, keine Ruhe in dem immer überfüllten Zimmer – ausgeschlossen; die schlaflosen Nächte mußten zum Durchdenken benutzt werden, und wenige Notizen über die auftauchenden Gedanken mußten genügen, um alles übrige der Gnade Gottes zu überlassen.

Die Aufgabe war klar: Es konnte sich nicht um Erbauung und Belehrung handeln, sondern um die Erweckung von Mut aus der Heilsgewißheit im Hinblick auf das Letzte, nicht nur als Selbstverständnis des einzelnen, sondern auch als Grundlage einer christlichen Führung des Lebens untereinander.

Ein solcher Mut war es allein, der angesichts dessen, was hinter uns lag, was der Tag mit sich brachte und was die Zukunft drohte, es möglich machte, das Leben

---

86   Johannes 16,33, Jesus Christus: »In der Welt habt ihr Angst; aber seid getrost, ich habe die Welt überwunden.«

in dieser Welt zu ertragen, in einer Welt, die für uns doch noch nicht zu Ende war. Denn wir standen ja noch in ihr, wir sehnten uns noch nach den Lieben und nach der Heimat, wir wollten nicht [35] hungern und frieren, wir wollten wieder frei werden, und in jeder Seele glühte noch – mehr oder minder stark – die Hoffnung: Trotz allem, es konnte vielleicht doch einmal wieder anders werden, wenn man nur durchhielt!

Es wäre daher sinnlos gewesen, die Predigt rein chiliastisch zu gestalten,[87] diesem menschlichen Hoffen nicht immer und immer wieder neuen Auftrieb zu geben, von dem eigenen Optimismus etwas auf die anderen überstrahlen zu lassen.

Immer wieder kam daher in der Predigt Römer 5.5: »Hoffnung läßt nicht zu Schanden werden« ungesucht zum Klingen und Mitklingen – man konnte, wenn auch in der Form vorsichtig – auf Grund der hereindringenden Gerüchte darauf hinweisen, daß der Krieg verloren sei und die Befreiung noch rechtzeitig vor dem Ende kommen könne, daß die Hoffnung auch auf das Hier nicht lasse zu Schanden werden – kurz, man konnte das Wort diesseits wendend, die verweinten Augen zum Leuchten bringen, und doch dem Worte seinen eigentlichen Sinn lassen: »Wir rühmen uns der Trübsal«.[88] Wir wissen, daß auch das Leiden eine Gnade Gottes ist, daß unter der Gnade auch unser Auftrag steht, wenn wir wieder Deutsche unter Deutschen werden sollten: Unsere Aufgabe ist dann nicht Vergeltung, sondern mit aufzubauen an dem inneren Deutschland, sich auswirken zu lassen, was das Leid uns an geistiger Erhöhung geschenkt hat.

Andererseits kamen, aus den Erlebnissen des Tages heraus, immer wieder – letztlich ganz umfaßt von Matthäus 22,37–40[89] – die in so mannigfachen Worten der Schrift enthaltenen Lebensgebote zur Geltung.

Es liegt auf der Hand, wie viele Spannungen, Zusammenstöße und äußerst selbstische Regungen dieses unselige, gedrückte und zermürbende Zusammenleben mit sich brachte. Schelten und Schimpfen, Rücksichtslosigkeit, Übervorteilungen waren an der Tagesordnung, und jede Ansammlung von Menschen, wie

---

87 Siehe oben S. 413 Anm. 56; vgl. Johannesapokalypse 20,2–4.

88 Römer 5,3.

89 Matthäus 22,37–40: 37 Jesus aber antwortete ihm: »Du sollst den Herrn, deinen Gott, lieben von ganzem Herzen, von ganzer Seele und von ganzem Gemüt« (5. Mose 6,5). 38 Dies ist das höchste und größte Gebot. 39 Das andere aber ist dem gleich: »Du sollst deinen Nächsten lieben wie dich selbst« (3. Mose 19,18). 40 In diesen beiden Geboten hängt das ganze Gesetz und die Propheten.«

III. Das Gemeindeleben

sie schon beim Essenholen täglich sich ergab, war darum doppelt unerfreulich. Darum mußte auch die moralische Haltung des Christen ihren Platz in der Predigt haben.

Aber noch ein anderer Gegenstand – ein solcher, der nicht auf das äußere Verhalten, sondern nur auf die innere Einstellung sich bezog – kam für die Predigt in Betracht.

Das Bewußtsein, Christ zu sein, die Vorstellung, zum »Volke Israel« im christlichen Sinne zu gehören, legte gar zu leicht eine pharisäerhafte Einstellung gegenüber dem Judentum, eine – gerade in diesem Ghettomilieu besonders unangebrachte – Überheblichkeit nahe, die oft nicht einmal verhehlt wurde.

Zur erzieherischen Aufgabe der Predigt gehörte es daher auch, über die religiöse Bedeutung des Judentums aufzuklären, und zwar in der Weise, daß nicht auf Grund liberaler Toleranz, sondern im Zusammenhang mit dem geschichtlichen Werdegang die immer verspöttelte jüdische Gesetzestreue, die Einstellung Christi zum Gesetz und zu den Pharisäern ver|36|ständlich gemacht und so versucht wurde, einen tiefen Respekt vor der Aufrechterhaltung der Tradition und vor dem Volke zu erwecken, von dem man gelöst war oder sich zu lösen suchte.

Dieser säkulare und erzieherische Anteil der Predigt trat natürlich ganz zurück hinter dem »Ich weiß, daß mein Erlöser lebt«,[90] kurz, hinter der Verkündigung von der Gnade Gottes und der Heilswahrheit.

Neben den für einen Laien vorhandenen theologischen Schwierigkeiten, die auf der Hand liegen, bot die größte Schwierigkeit, wenn die Predigt sich nicht auf ein bloßes Paraphrasieren des Wortes beschränken sollte, die Zusammensetzung der Gemeinde, auf die bereits hingewiesen ist: Es waren ja nicht nur alle evangelischen Konfessionen, sondern auch alle Stufen der persönlichen Gläubigkeit vertreten. Die Predigt mußte sich einerseits wenden an Menschen, die in rein chiliastischer Einstellung alles Gewicht auf die auf die Gegenwart bezogene Apokalypse legten,[91] an Menschen, die an wörtlichstem Verständnis der Schrift festhielten, an Menschen schlichter Gläubigkeit, andererseits an Menschen, die völlig rationalistisch dachten und bei denen nicht mehr viel übrig blieb als ein bloßer Deismus.

Es galt also den Versuch, gegenüber allen diesen auseinandergehenden und doch durch das gemeinsame Schicksal verbundenen Auffassungen das eine zu bekennen:

---

90 Hiob 19,25 (s. o. S. 32, 211 Anm. 66).

91 Siehe oben S. 413 Anm. 56; Johannesapokalypse 20,2–4.

Theresienstadt

die Wirklichkeit der Verkündigung. Dazu erschien es in erster Linie notwendig, die eigene dogmatische Einstellung nach Möglichkeit zurücktreten zu lassen, sich selbst »einzuklammern«, wenn vermieden werden sollte, Widersprüche zu erregen und vom Wort Gottes selbst abzulenken.

Es blieb daher nur möglich, von der Transparenz des Dogmas auszugehen und darauf sich zu stützen, daß das Wort Gottes so wirklich, so gewaltig sei, daß der Verstand aller Zeiten und jedes einzelnen sich daran abmühen möge und es bliebe doch als Wirklichkeit die Verkündigung: »Das Wort sie sollen lassen stehn.«[92]

Mit anderen Worten, die Predigt mußte sich allein auf das Evangelium stellen.

Wie im einzelnen versucht wurde, das zu gestalten, läßt sich nicht mehr darstellen.

Ob und wie weit dieser Versuch gelungen ist? Ein Zeichen dafür, daß es in gewissem Grade vielleicht der Fall war, mag der große Besuch der Predigt sein und die geschlossene Haltung der Gemeinde all die Zeit des bitteren Leides und des Endes so vieler, bis zur Stunde, da die Gemeinde – im Juni 1945 – nach einem letzten Dankgottesdienst sich auflöste und die wenigen am Leben Gebliebenen befreit allmählich wieder in die Welt zurückkehren konnten.

---

92 *Martin Luther*, Der xlvi. [46.] Psalm. Deus noster refugium et virtus. Mar. Luth. Ein feste burg ist unser Gott, in: *D. Martin Luthers Werke. Kritische Gesamtausgabe* (WA) 35. Band (Bearb. *Wilhelm Lucke*), Weimar 1923, S. (455–457) 457 Z. 4: »Das wort sie sollen lassen stan«; vgl. ebd. S. 185–229, 518–520, 615, 621; vgl. Evangelisches Gesangbuch, Gütersloh / Bielefeld / Neukirchen-Vluyn 1996, Nr. 362, Strophe 4; *Karl Christian Thust*, [Lied Nr.] 362 Ein feste Burg ist unser Gott (nach Psalm 46), in: *ders.*, Bibliografie über die Lieder des Evangelischen Gesangbuches, Göttingen 2006, S. 316–322.

Nachwort des Herausgebers

Dr. *Detlev Landgrebe* hatte die hier vorliegende Arbeit längst abgeschlossen; sie sollte als eine Art Vermächtnis für die Familie in kleiner Auflage vervielfältigt werden. Aus der Freundschaft mit seinem Bruder[1] war auch eine mit dem Autor erwachsen.

Im Herbst 2005 fragte mich *Winfried Landgrebe*, ob ich für seinen Bruder ein Manuskript lektorieren könne; ich sagte nach einer ersten Durchsicht spontan zu. Im August 2006 entschied sich *Detlev Landgrebe* für eine Veröffentlichung, nicht ahnend, wieviel Arbeit noch einmal auf ihn zukäme: Für seinen viel Geduld abfordernden Einsatz und für die Erteilung der Abdruck-Rechte der Familien-Bilder danke ich ihm! Sprachliche Eigenarten und Tempuswechsel blieben erhalten (»Die Jungens [!] sind in Frankreich«, S. 94ff.).

Weiterhin habe ich zu danken:

– für ihre engagierte und freundliche Hilfe bei Archiv-Anfragen u.ä.: *Erika Andreß – Jörn Feddersen*,[2] *Ralf Bansmann*,[3] *Christine Baur*,[4] *Sabine Borchert*,[5] Dr. *Dagmar Bickelmann*,[6] Prof. Dr. *Ivan Chvatík – Dr. Hans Rainer Sepp*,[7] *Friedrich Dethlefs*[8]

---

1   Pfarrer *Winfried Landgrebe* (s.o. S. 278 und ebd. Anm. 84).

2   *Erika Andreß*, Präsidentin des Hanseatischen Oberlandesgerichts, und *Jörn Feddersen*, Hanseatisches Oberlandesgericht, Hamburg, s.o. S. 213 Anm. 79; S. 337 und ebd. Anm. 16.

3   Sachbearbeiter im landeskirchlichen Archiv Kassel der Evangelischen Kirche Kurhessen bis Mitte April 2008 (Eintritt in den Ruhestand), s.o. S. 272 Anm. 54.

4   Wissenschaftliche Angestellte an der Staatsbibliothek zu Berlin – Musikabteilung mit Mendelssohn-Archiv, Berlin, s.o. S. 208 Anm. 33.

5   Hochschule für Musik und Theater »Felix Mendelssohn Bartholdy« Leipzig. Archiv, s.o. S. 345f. Anm. 2, 3.

6   Staatsarchiv Hamburg, s.o. S. 220 Anm. 161.

7   Zentrum für phänomenologische Forschung (CFB) und an der Karls-Universität Prag, s.o. S. 311 Anm. 5.

8   Deutsches Rundfunkarchiv, Sammlung und Informationsvermittlung, Wiesbaden, s.o. S. 339 und ebd. Anm. 17.

– *Stephan Michelfelder*[9] – *Elisabeth Waxweiler*,[10] *Georg Düll*,[11] *Dr. Stefan Flesch*,[12] *Annette Nase*,[13] *Martina – Klaus Quast*,[14] *Christian Ritzi*,[15] *Susanne Steffen*,[16] *Ulrich Stenzel*[17] und *Peter Wagner*.[18] *Peter Wagner* eignet eine große hilfsbereite Freundlichkeit und Geduld, allerdings konnte auch er bzgl. der Hausnummer der Adresse »Kückallee« (Buchtitel) nicht weiterhelfen; sie hat sich zweimal geändert: aus der Hausnummer 27 wurde 37 und dann 43.[19]

9   Stellvertretender Justitiar beim Westdeutschen Rundfunk, Köln, s. o. S. 339 und ebd. Anm. 17.

10 Verbindungsbüro der Indendantin des WDR, s. o. S. 339 und ebd. Anm. 17.

11 Archiv der Dreifaltigkeitskirche Kaufbeuren, s. o. S. 344 Anm. 1.

12 Leiter des Archivs der Evangelischen Kirche im Rheinland, s. o. S. 271 Anm. 51.

13 Deutsche National Bibliothek Leipzig, s. o. S. 307, 327 Anm. 14.

14 Die Schulsekretärin der Grundschule Reinbek und ihr Ehemann, s. o. S. 234 Anm. 296–298.

15 Leiter der Bibliothek für Bildungsgeschichtliche Forschung des Deutschen Instituts für Internationale Pädagogische Forschung, Berlin; s. o. S. 309f. Anm. 4.

16 Verwaltung Ev.-Luth. Kirchengemeinde Reinbek-Mitte, s. o. S. 297 Anm. 36.

17 Nordelbisches Kirchenarchiv Kiel s. o. S. 225, 230f. Anm. 200, 267.

18 Hauptamt Stadtarchiv Reinbek, s. o. S. 229, 238f. Anm. 246, 344, 345.

19 Die Archivstücke J. 42, S. 300 vom 4.10.1940; J. 47, S. 301 – Brief vom 20.11.1940; J. 48, S. 301 – Brief vom 26.11.1940 und J. 49, S. 301 – Brief vom 20.12.1940 belegen alle die Adresse »Kückallee 37«. Die neue Hausnummer war offensichtlich vom Bauamt der Stadt Reinbek vergeben worden, ohne daß die Nazibehörden davon Notiz genommen hatten: Der jüngste Eintrag in diesem Buch, in welchem die Adresse »Nr. 27« lautet, findet sich in der Liste der Volljuden und Mischlinge in Reinbek (Archiv B. 15, S. 284) vom 26. Juni 1941. Noch 1942 lautet die Adresse »Nr. 27«: »Auszug aus der Namensliste der Deportation nach Theresienstadt vom 19. Juli 1942«, »Lfd. Nr. … 203 Goldschmidt Arthur F.[elix] I.[srael] [›Geb.dat.‹] 30.4.73 Berlin [›Beruf‹] – [›Wohnung‹] Reinbek, Kückallee 27 [›St.(aats) A.(ngehörigkeit)‹] D.[eutsches] R.[eich]«, in: *Martha Glass*, Jeder Tag in Theresin ist ein Geschenk, Hamburg 1996, S. 27. Daß das nicht mehr die korrekte Adresse war, belegt der notariell beglaubigte Kaufvertrag vom 26.11.1941 über das Grundstück »Kückallee 37« (Archiv J. 57a, S. 301). Die Veränderung der Adresse könnte 1940 erfolgt sein.
Der jüngste Eintrag der Nr. 37 datiert in diesem Buch vom 12.5.1948 (Archiv J. 80, S. 303 – Brief vom 12.5.1948). Heute hat das Haus die Anschrift »Nr. 43« (*Peter Wagner*, E-Mail vom 23.4.2008 an *Th. Hübner*).

Nachwort des Herausgebers

- Dem Heimatgeschichtsforscher *Hans-Dietrich Knoll* in Weida, der mir wertvolle Literaturangaben und Hinweise zur Familie *Landgrebe* in der Weidaer Zeit geben konnte;[20]
- dem Familienforscher Dipl. Ing. *Guenter J. Schrenk* (www.schrenk-zeitung.de) in Stadtbergen, er erteilte mir die Genehmigung der Nutzung der Daten zur Familie *Landgrebe* (Stammbaum) und fertigte die Übersicht an;[21]
- der Verwertungsgesellschaft Bild-Kunst in Bonn für die Erteilung der Abdruck-Rechte der Bilder von *Leo Breuer* (1893–1975) und *Felix Nussbaum* (1904–1944);
- dem Arrangeur *Emil Plate* für die Transkription von Notenhandschriften (Abb. 7, 8 S. 347);
- den Familien *Goldschmidt* und *Landgrebe* (Erbengemeinschaft), vertreten durch *Detlev Landgrebe*, für die Erteilung der Abdruck-Rechte der Bilder von *Arthur Goldschmidt*;
- meinem Freund *Dr. Stephan Bitter* für sein geduldiges Korrekturlesen;
- *Winrich C.-W. Clasen* für seine hervorragende verlegerische Betreuung;
- den freundlichen Förderern danke ich für die großzügig gewährten Druckkostenzuschüsse.

Ein besonderer Dank gebührt meiner Frau *Katja Hübner*; sie hat mich verwöhnt, wenn die Arbeit drückte; sie hat im Gespräch erhellend geklärt, wenn der Text sich widersprüchlich ins Dunkel zu verlieren drohte; sie hat über zwei Jahre hindurch auf viel gemeinsame Zeit verzichtet und den Abschluß so zu einem gemeinsam angestrebten Ziel gemacht.

Detlev Landgrebe bat mich, die »Geschichte der evang. Gemeinde Theresienstadt 1942–1945« neu herauszugeben und diesem Buch beizufügen. Auch im Hinblick darauf habe ich ihm das *Johanna Goldschmidt*-Zitat als Motto für dieses Buch vorgeschlagen. *J. Goldschmidt* (1806–1884) klagt hier zu Recht die ›geschichtliche‹ Kirche an, die im Widerspruch zu ihren neutestamentlichen Wurzeln – »die [›ungeschichtliche‹] Kirche, die Alles in Liebe segnen sollte« – steht: »sie verbindet ja doch nur, was zu ihr gehört, und trennt für immer die, die sich nicht in ihren

---

20 Siehe oben S. 215 Anm. 104, 105.
21 Siehe oben S. 271 Anm. 51, hinteres Vorsatzpapier dieses Buches.

Schoos flüchten.« *J. Goldschmidt* deckt 1847 diesen Widerspruch lange vor *Franz Overbeck* (1837–1905), *Friedrich Nietzsche* (1844–1900) und *Alfred Loisy* (1857–1940) auf. Diesen Widerspruch sollte ihr Enkel *Arthur Goldschmidt* (1873–1947) fast 100 Jahr später aus ganz anderen Gründen wieder aufnehmen.

*A. Goldschmidt*s Vorwort endet mit einem christlichen Bekenntnis. Es liegt in dem überraschenden Hinweis auf *Wilhelm Kamlah*s (1905–1976) Habilitationsschrift »Christentum und Selbstbehauptung« von 1940,[22] in der *Kamlah* eine von *Augustin* (354–430) herkommende und von *F. Overbeck* zur Sprache gebrachte Kritik an der christlichen Kirche aufnimmt. *A. Goldschmidt* resümiert: »Denn auch das Dasein der Theresienstädter Gemeinde, so kurze Zeit es in steter Spannung zwischen ›Ungeschichtlichkeit‹ und ›Geschichtlichkeit‹ gedauert hat, beweist, daß das von *W. Kamlah* in seinem so benannten Werke aufgeworfene Problem ›Christentum und Selbstbehauptung‹ nur in *einem* Sinne beantwortet werden kann, daß der Wegweiser aus dem die Welt überwuchernden Irrgarten des Nihilismus das Kreuz ist!«[23]

Mit dem Stichwort »Nihilismus« leuchtet etwas von einem Gespräch auf, in das *A. Goldschmidt* nach seiner Befreiung aus Theresienstadt mit seinem Schwiegersohn *L. Landgrebe* unter gemeinsamem Dach in Reinbek eingetreten sein könnte. *L. Landgrebe* arbeitete zu der Zeit an seinem ersten in Freiheit geschriebenen Vortrag, den er am 7. Januar 1946 in Bremen halten und im ersten Jahrgang der Hamburger Akademischen Rundschau veröffentlichen sollte: »Zur Überwindung des europäischen Nihilismus«. Dieser Vortrag nimmt zentrale Gedanken aus der *Kamlah*schen Habilitationsschrift[24] auf und endet ebenso wie *A. Goldschmidt* mit

---

22 *Wilhelm Kamlah*, Christentum und Selbstbehauptung. Historische und philosophische Untersuchungen zur Entstehung des Christentums und zu Augustins »Bürgerschaft Gottes«, Königsberg, Habilitationsschrift Phil. Fakultät, Limburg a.d. Lahn 1940 / Frankfurt a.M. 1940 / unter dem Titel »Christentum und Geschichtlichkeit. …« neubearbeitete und ergänzte Aufl. Stuttgart / Köln ²1951.

23 *A. Goldschmidt*, Geschichte der evang. Gemeinde Theresienstadt 1942–1945, 1948 / 2009, S. 5 / 377.

24 *Ludwig Landgrebe*, Zur Überwindung des europäischen Nihilismus, in: Hamb. Akad. Rundsch. 1. Jg. 1946/47 6. Heft, S. 221–235 (Vortrag Bremen 7.1.1946); vgl. *W. Kamlah*, Christentum und Selbstbehauptung a.a.O. (Anm. 22), »Anhang«, S. 451–474; vgl. zu dem hier angesprochenen Themenkomplex *Philipp Vielhauer*, Urchristentum und Christentum in der Sicht Wilhelm Kamlahs. *Rudolf Bultmann zum 70. Geburtstag*, in: Evangelische Theologie 15, München 1955, S. (307–333) 309 Anm. 9 = *Ph. Vielhauer*, Aufsätze zum Neuen Testament (Theol. Bü-

einem christlichen Bekenntnis: »Das ist der ins Philosophische gewendete Ertrag der christlichen Lehre vom unendlichen Wert der einzelnen Seele«.[25] *L. Landgrebe* zitiert *Friedrich Nietzsche*, den »ins Philosophische gewendete[n]« *Overbeck*: »Die Kirche ist exakt das, wogegen Jesus gepredigt hat.«[26] *L. Landgrebe* steht wie sein Schwiegervater in der »Spannung zwischen ›Ungeschichtlichkeit‹ und ›Geschichtlichkeit‹«, zwischen christlichem Bekenntnis und kirchlichem Versagen.[27]

Als »*Ungeschichtlichkeit*« – *W. Kamlah* spricht von der »Entgeschichtlichung«[28] – im *Kamlah*schen Sinne will *A. Goldschmidt* seine Erfahrungen in Theresienstadt richtig gedeutet wissen. Der »ständige ... Wechsel zwischen Antransport und Abtransport«[29] war der Rhythmus der eschatologischen Todesmelodie: »ein ... Todesgeschick klopfte Tag für Tag an das Tor: ›Abtransport!‹«[30] Gilt es, sich in der »Predigt« in Theresienstadt zur »Ungeschichtlichkeit« in der »Erweckung von Mut aus der Heilsgewißheit im Hinblick auf das Letzte«[31] zu bekennen? Sah man zu

---

cherei Bd. 31), München 1965, S. (253–282) 255f. Anm. 9; *L. Landgrebe*, Thomas Mann über Nietzsche, ebd. 2. Jg. 1947/48, 11./12. Heft, Mai / Juni 1948, S. (617–621) 617: »Das Rätsel der Entwicklung des deutschen Geistes von der Höhe ... bis zum Absturz in Nihilismus«.

25   *Ludwig Landgrebe*, Zur Überwindung des europäischen Nihilismus, a.a.O. (Anm. 24), S. 235; vgl. *Adolf Harnack*, Das Wesen des Christentums. Sechzehn Vorlesungen vor Studierenden aller Facultäten im Wintersemester 1899/1900 an der Universität Berlin gehalten, Leipzig ¹1900, S. 44: »Gott der Vater, die Vorsehung, die Kindschaft, der unendliche Wert der Menschenseele«.

26   *Ludwig Landgrebe*, Zur Überwindung des europäischen Nihilismus, a.a.O. (Anm. 24), S. 235; *Friedrich Nietzsche*, Aus dem Nachlaß der Achtzigerjahre, in: *ders.*, Werke in drei Bänden, hg. v. *Karl Schlechta*, III. Bd., München ¹1956 / Lizenzausg. Darmstadt 1977, S. (415–925) 658: »– Die *Kirche* ist exakt das, wogegen Jesus gepredigt hat – und wogegen er seine Jünger kämpfen lehrte –«; vgl. *Alfred Loisy* (1879 zum Priester geweiht, lehrte seit 1885 Bibelwissenschaft am Institut catholique in Paris), L'Evangile et l'Eglise, Paris 1902 = *ders.*, Evangelium und Kirche. Autorisierte Übersetzung nach der zweiten vermehrten, bisher unveröffentlichten Auflage des Originals von *Joh.[anna] Grière-Becker*, Kirchheim / München 1904, S. 112: »Jesus hatte das Reich [Gottes] angekündigt, stattdessen ist die Kirche gekommen.«

27   Siehe z.B. oben S. 93 und S. 225 Anm. 200.

28   *W. Kamlah*, Christentum und Selbstbehauptung / Christentum und Geschichtlichkeit a.a.O. (Anm. 22), z.B. S. 48 / 51.

29   *A. Goldschmidt*, a.a.O., 1948 / 2009, S. 7 / 380; vgl. S. 13 / 388; 15 / 391; 31 / 417.

30   *A. Goldschmidt*, a.a.O., 1948 / 2009, S. 10 / 383; s.o. S. 144.

31   *A. Goldschmidt*, a.a.O., 1948 / 2009, S. 34 / 423.

Recht »ein gewaltsames Ende voraus, wußte aber nicht, wie und wann es eintreten würde«:[32] »Denn ihr wisset weder Tag noch Stunde«?[33] *Arthur Goldschmidt* assoziiert mit den »Katakomben« das, was *Wilhelm Kamlah* vom Urchristentum sagt: »Der Tod rückt vor in die Mitte der Eschatologie«.[34] »Die Eschatologie ist nun nicht mehr geschichtliche Hoffnung, sondern Hoffnung des zu äußerst Einzelnen.«[35] In solchen Worten konnte sich der aus Theresienstadt Zurückgekehrte wiederfinden:[36] »Die Möglichkeit, die Gottesdienste weiter abzuhalten, ist daher nicht so sehr für das vielleicht weniger bedeutungsvolle Fortbestehen der christlichen Gemeinde, als vielmehr für den Mut und das Durchhalten einer großen Zahl von einzelnen Menschen von vitaler Bedeutung.«[37]

Mein Eintrag zu *Erich Landgrebe* (S. 357–363) steht quer zu den Texten, die *Detlev Landgrebe* und *Arthur Goldschmidt* verfaßt haben. Es geht hier nicht um eine Würdigung des Schriftstellers, sie stünde noch aus, vielmehr um die Einsicht, daß Menschenwerk – wie z.B. Erziehung, Bildung, Familie oder Milieu – nicht ausreicht, um uns Menschen vor ideologischer Verführbarkeit zu bewahren. Diese

---

32   *A. Goldschmidt*, a.a.O., 1948 / 2009, S. 10 / 383; s.o. S. 144.

33   Matthäus 25,13.

34   *Wilhelm Kamlah*, Christentum und Selbstbehauptung / Christentum und Geschichtlichkeit a.a.O. (Anm. 22), S. 51 / 53.

35   *Wilhelm Kamlah*, Christentum und Selbstbehauptung a.a.O. (Anm. 22), S. 54.

36   Aufmerksam gemacht auf *W. Kamlah*, Christentum und Selbstbehauptung a.a.O. (Anm. 22), wurden *A. Goldschmidt* und / oder *L. Landgrebe* vielleicht durch das im gleichen Furche-Verlag erschienene Heft – Gerhard Ritter, Christentum und Selbstbehauptung. Schriftenreihe der Evangelischen Akademie Reihe I Heft 1, Tübingen-Stuttgart 1946 –, wo auch *A. Goldschmidt*s »Geschichte der evang. Gemeinde Theresienstadt 1942–1945« erscheinen sollte. *G. Ritter* war *L. Landgrebe* durchaus kein Unbekannter: vgl. *L. Landgrebe*, Zur Idee der Universität, in: Hamb. Akad. Rundsch. 1. Jg. 1946/47 10. Heft, S. (432–437) 433f., wo *L. Landgrebe* das Heft von *G. Ritter*, Die Idee der Universität und das öffentliche Leben, Freiburg i.Br. 1946, 27 S., vorstellt.
Der Freiburger Historiker *G. Ritter* (1888–1967) hat *W. Kamlah* nicht nur falsch zitiert, sondern ihm auch ein Zitat untergeschoben, welches diesen der »Ideologie von Volk und Rasse« (*Ph. Vielhauer*) zeiht: vgl. *W. Kamlah*, Christentum und Geschichtlichkeit a.a.O. (Anm. 22), S. 348 Anm. 770; unverzichtbar hierzu: *Philipp Vielhauer*, Urchristentum und Christentum in der Sicht Wilhelm Kamlahs, a.a.O. (Anm. 24), S. (307–333) 309 Anm. 9 / S. (253–282) 255 Anm. 9, der die Fälschung präzise beschreibt.

37   *A. Goldschmidt*, a.a.O., 1948 / 2009, S. 19 / 396.

Nachwort des Herausgebers

Einsicht sei den Lesern ein Vermächtnis von *Arthur Goldschmidt* und *Ludwig Landgrebe*. Sie hat der Enkel und Sohn *Detlev Landgrebe* nicht ohne Grund zu den beiden Protagonisten seines Berichtes gemacht.

Unter den »Selbständige[n] Veröffentlichungen« mußte *Ludwig Landgrebe* in seiner Bibliographie[38] seine nicht eingereichte, erste Habilitationsschrift unerwähnt lassen, weil es bis dahin zu keiner Publizierung gekommen war und die Schrift sogar als verloren galt. Erst auf den »Wiener Tagungen zur Phänomenologie« anläßlich des »100. Geburtstages des österreichischen Philosophen und Phänomenologen Ludwig Landgrebe«[39] am 9. März 2002 berichtet *Hans Rainer Sepp* von »Ludwig Landgrebes unpublizierte[r] Schrift«.[40] Sie wird zeitgleich mit diesem Buch erscheinen (eine bemerkenswerte coincidentia!):

Ludwig Landgrebe, Der Begriff des Erlebens. Ein Beitrag zur Kritik unseres Selbstverständnisses und zum Problem der seelischen Ganzheit 1932, hg. sowie mit einem Nachwort und einem Lit.verz. versehen von *Karel Novotný* (Orbis Phaenomenologicus Quellen, Bd. 2), Würzburg 2008.[41]

Neben dem Bericht von *Detlev Landgrebe* erscheint 60 Jahre nach ihrer Erstausgabe *Arthur Goldschmidt*s Schrift neu und die des zweiten Protagonisten *Ludwig Landgrebe* 76 Jahre nach ihrer Fertigstellung zum ersten Mal. Dort kommt *L. Landgrebe* 1932 zu dem Schluß: »das Tun ist ja nichts anderes als Sinnbildung, und Sinn ist nichts als das, worin sich das Seiende in unserem Tun auslegt«.[42] Nach der Lektüre von *Detlev Landgrebe*s hier vorgelegten Aufzeichnungen kann man sich fragen, ob sein Vater auch noch nach seinen Erfahrungen in der nationalsozialistischen

---

38 *Ludwig Landgrebe*, Chronologisches Verzeichnis sämtlicher Schriften von 1928 bis 1981, in: *ders.*, Faktizität und Individuation, 1982, S. (157–162) 157.

39 *Helmuth Vetter*, Einleitung des Herausgebers, in: *ders.* (Hg.), Lebenswelten. Ludwig Landgrebe – Eugen Fink – Jan Patočka. Wiener Tagungen zur Phänomenologie 2002 (Reihe der Österreichischen Gesellschaft für Phänomenologie Bd. 9), Frankfurt a. M. 2003, S. (5–8) 5, irrt: *Ludwig Landgrebe* wurde am 6. September 1930 als Deutscher eingebürgert (Archiv J. 21, S. 296); s.o. S. 80, 85, 91, 182.

40 *Hans Rainer Sepp*, Der Begriff des Erlebens. Ludwig Landgrebes unpublizierte Schrift von 1932, in: *Helmuth Vetter* (Hg.), Lebenswelten. Ludwig Landgrebe – Eugen Fink – Jan Patočka, Frankfurt a. M. 2003, S. 103–113.

41 Siehe oben S. 311 und Anm. 5 ebd.

42 *Ludwig Landgrebe*, Der Begriff des Erlebens, a.a.O., § 56, S. (181–185) 182 (die Seitenzahlen könnten sich für den Druck geändert haben).

Zeit so geurteilt hätte. Seine weiteren Zeilen aus dem Jahre 1932 freilich erscheinen wie ein prophetischer Blick auf sein weiteres Leben und auch auf das, was sein Schwiegervater *Arthur Goldschmidt* 1946 aus seinen Erlebnissen in Theresienstadt niederschreiben sollte:

»Welche Einstellung ist es, in der das Verhältnis unser selbst zu den Möglichkeiten unseres Seins im Ganzen, unser Ganz-sein-Können als ein Erleben-Können verstanden und ausgelegt wird? Wir sprechen davon, dass jemand ›viel erlebt‹ hat oder ›nichts erlebt‹ hat, dass einer Generation durch ein ›Erlebnis‹ der Stempel aufgeprägt wurde etc. Alle diese Reden beziehen sich immer auf ein Erlebt-*Haben*. Sie verweisen damit auf den Ursprung aus einer rückschauenden Besinnung, in der wir die Bedeutung dessen, was uns im Leben begegnete, die Art, wie wir uns damit auseinandergesetzt haben, abzuschätzen suchen, und abzuschätzen suchen, in welcher Weise wir die Möglichkeiten, die uns in unserer Welt gegeben waren[,] ergriffen oder vertan haben. Eine reiche Fülle von auffälligen Begebenheiten kann uns leer und unser Leben ›erlebnisarm‹ lassen; und ein unauffälliges Leben kann von ›tiefem‹ und ›reichem‹ Erleben sein. Immer ist dabei der Maßstab für das, was Anlass zu einem ›Erlebnis‹ geben könnte, aus dem Miteinandersein mit den Anderen genommen.«[43]

Köln-Rondorf, im Oktober 2008

Thomas Hübner

---

43   *Ludwig Landgrebe*, Der Begriff des Erlebens, a.a.O., § 65, S. (204–206) 204 (die Seitenzahlen könnten sich für den Druck geändert haben).

Namenregister
zu »Kückallee 37«, »Historisches Material« und »Nachwort des Herausgebers«

Achilles, Richard 238, 239
Addison & Hollier *Verlag* 315
Adenauer, Konrad Hermann Joseph 187
Adolf I. von Schleswig-Holstein-Gottorf *Herzog* 50, 214
Ahlheim, Renate 336
Ahrens, Gerhard 305, 324, 333
Albert von Sachsen-Coburg und Gotha 211
Alessandro, N.N. d' 269
–, Nuni d' (geb. Matassi) 269
Allina, Heinrich 291
–, N.N. *Schuldirektor* 291
Alt, Pauline 207, 309
Altwegg, Jürg 307, 309
Amme, Jochen 12
Andreas, Brämer 204, 324
Andreß, Erika 213, 337, 427
Arndt, N. N. *Mithäftling* 144, 257, 303, 372
Arnold, Ellen (verh. Raemisch, verw. von Teuffel) 191, 283
Arnthal, Fränzel (geb. N.N.) 268
–, Gustav 268
–, Hans 147, 257, 268, 307
–, Lina (geb. Horschitz) 266
–, Margot (verh. Schiff) 268
–, Rudolph 266
–, Toni (geb. Fleischel) 268

–, Ursula (verh. Galler) 269
–, Vera (verh. Martens) 269
Asch, Elisabeth (»Tante Lisbeth«) 162
–, Julius 235, 324
–, Marliese 236
–, Trudel 236
Aschoff, Diethard 410
Ashdown, Edwin 318
Auerbach, Ludwig 231
–, Magdalena (geb. Wiencke) 231
–, Maria Rebecca (geb. Ree) 231
–, Walter Jacob Theodor 138-140, 142, 230, 231, 247, 248, 251, 255, 279, 297, 326
Augustinus, Aurelius 329, 430

Bach, Johann Sebastian 32, 211, 247, 316, 318
–, Martha 215, 289
Baeck, Leo 204, 331
Bajohr, Frank 305
Bake, Rita 324, 329
Bansmann, Ralf 272, 427
Barkai, Avraham 234, 305
Barkow, Ben 224, 324, 330, 331
Barnum, Phineas Taylor 30, 31, 209, 245, 246
Bartholdi, Christian Friedrich 208
Bartholdy, Christian Friedrich Freiherr von 208
–, Jakob Ludwig (geb. Salomon) 208, 332
Bauks, Friedrich Wilhelm 272, 273, 335
Baumbach, Sybille 204, 305, 324
Baur, Christine 208, 427
Bauschenek, H. 348, 349
Bavendamm, Dirk 214, 222, 236, 238, 240, 324-326, 329, 338
Becker, Edith von (geb. Martens) 114, 269, 297
–, Eduard von 114, 253, 269, 300
–, Peter von 269, 307
–, Walter Gustav 324, 334
Bedau, Georg 244, 341
Beer, Amalia (geb. Wulff) 204, 205, 328
–, Jakob Hertz 205
–, Jakob Liebmann Meyer (Meyerbeer, G.) 31, 205, 210
–, Michael 205
Beethoven, Ludwig van 64
Behrens, Peter 226, 333
Bellini, Giovanni 214
Benade, J. 348, 349
Benas, Henriette (verh. Goldschmidt) 262
Bender, Hans 193, 242
Bendick, Claudia 324, 337
Benedict, Julius 30, 210, 334

435

Bennett, William Sterndale 316
Bennoch, Francis 315
Bense, Max 339
Berger, Eva 228, 324, 329, 331, 332, 335, 352, 353
–, Manfred 206, 321, 324
Bergmann, Editha (verh. Jung) 162
–, Firma Gebrüder 288
Bergsträsser, Arnold 193, 242
Berkeley, George 294, 332
Bernardini, Paolo 204
Bernet, Rudolf 218, 320, 324, 328, 329, 331, 341
Bernoulli, Jean 203
Bernstein, Elsa (geb. Porges) 144, 145, 232, 246, 324, 329, 333, 372
Beusch, Agathe Margarethe (verh. Meyer) 207, 307
Beyfuss, Emma (verh. Lassar) 211, 262
Bickelmann, Dagmar 220, 427
Bieber, Emil 45, 324, 334, 349
Biemel, Walter 224, 225, 313, 319, 320
Binswanger *Familie* 94
–, Ottilie (geb. Lilienthal) 94, 225
–, Paul 94
Bischoff, Karl Heinrich *Verlag* 358
Bismarck-Schönhausen, Otto Eduard Leopold von 43, 190, 213, 248, 308
Bitter, Stephan 429
Blauert, Paul 215, 321
Bleiber, Helmut 206, 322
Blume, Friedrich 336
Bodenheimer, Edgar 324, 334

Boehlich, Carla (verh. Horschitz) 76, 250, 268
–, Sabine 12, 231, 337
Boehm, Rudolf 324, 334
Bohatta, Hanns 206, 336
Bohnhoff, Alfons 238, 324
Bolzano, Bernhard 339
Bonaparte, Jérôme 21, 204, 245
–, Napoléon 21, 22, 204, 306, 328
Boosey & Co, Verlag 318
Borchert, Sabine 345, 346, 427
Bourel, Dominique 203
Bowen de Febrer, Hildegard (geb. Bowen) 12, 125, 126, 139
Bowen, Hildegard (verh. Bowen de Febrer) 12, 125, 126, 139
–, Ilse (geb. von Heimburg) 125, 126, 139, 178, 229
Bradbury, Colin 318
Bräuniger, Renate 221, 332
Brandt, Willy (geb. Frahm, Herbert Ernst Karl) 187
Brauns, Clara Henriette Frederique (geb. Landgrebe) 274
Breda, Herman Leo van (Karel, Leo Marie) 91, 110, 112-115, 120, 224, 225, 228, 248, 252, 253, 258, 313, 319, 324, 334, 335, 339, 353
Breer, Anny 349
Breitkopf, Bernhard Christoph 315
Brentano, Franz Clemens 219, 222
Breuer, Isaac 204, 331
–, Leo 112, 228, 324, 326, 328, 334, 352, 429
Brodersen, Uwe 306

Brüning, Heinrich 70
Brunn & Löbl *Photoatelier* 350
Bruns, Heinrich 298, 320
Bücheler, Franz 242
Büding, Emma (verh. Lassar) 235, 262
Bünger, Hans-Peter 321
Büttner, Ursula 229, 305, 306, 324, 327, 329, 332, 334
Bultmann, Rudolf 334, 430
Bunsen, Reinhart 106, 140, 170, 283
Burleigh, Michael 305
Buss, Hansjörg 231, 324, 326, 330, 333
Bußenius, Sieghard 321

Campe, August 309
Carossa, Hans 220
Carstens, Karl 243, 333
Cassirer, Ernst 70
Chappell & Co *Verlag* 316
Chavanne, Eva v. (geb. Landgrebe) 276
–, Harald v. 276
Chevalier, Erna (verh. Zimmermann) 96, 140, 162
–, N. N. *Tischlermeister* 96, 140
Chopin, Frédéric François 30, 210, 322
Christa, Emanuel Eduard 344
Christensen, Antje (geb. Duis) 267
Chvatík, Ivan 311, 427
Clasen, Winrich C.-W. 4, 429, 436
Claußen, Eduard 125, 126, 129, 130, 134, 135, 163, 167, 170, 196, 229, 236, 238, 254, 256-258, 284, 302, 353

NAMENREGISTER

Clément, Emmeke (auch Emilia, verh. Pringsheim) 192, 241
Cock, Lamborn, Addison & Co, Verlag 316
Conrad-Martius, Hedwig 339
Cotta, Johann Heinrich 239
Cotterell, Käthe (geb. Westfalen) 162
Cramer *Verlag* 316

Dabelstein, Elisabeth 235, 325
Daguerre, Louis Jacques Mandé 28, 29, 56, 343, 350
Daun, Joseph Leopold Graf 154, 233
David [galt den Nazis als nichtjüdischer Name] 98
Davids, Curt 214, 234, 238, 239, 324-326, 328
Delitzsch, Franz 410
Desel, Jochen 272, 311, 325, 328, 335
Dethlefs, Friedrich 339, 427
Dettweiler, Klaus D. 214, 325
Dick, Dorothee Katrin 279
Dickel, Günther 270, 336
Diederichs, Eugen 227
Diemer, Alwin 325, 334
Diesterweg, Friedrich Adolph 206, 208, 266, 305, 309, 319, 321
Dilthey, Wilhelm 67, 217, 219, 296, 311
Disraeli, Benjamin 32, 211
Dobbertin, Aminka (geb. Müller-Waldeck, verw. von Zitzewitz) 243
–, Carl Joachim Heinrich 52, 53, 70, 80, 84, 96, 97, 99, 119, 121, 128, 135, 136, 155-157, 161, 169, 170, 176, 183, 196, 197, 214, 234, 238, 239, 243, 253-256, 258, 283, 284, 301, 302, 333, 349, 354
–, Fina (verh. von Ondarza) 155, 156, 354
–, Josefine (geb. Mottelet) 80, 96, 121, 128, 135, 155, 156, 161, 169, 170, 180, 181, 229, 243
–, Malte 12, 229, 234, 243, 349
Dörries, Dagmar (verh. Dörries-Landgrebe) 277
Dörries-Landgrebe, Dagmar (geb. Dörries) 277
Dohm, Christian Conrad Wilhelm von 20, 21, 203, 204, 245, 325
–, Hedwig (verh. Pringsheim) 241
Donati, Bernhard 164
Dornblüth, Otto 235, 336
Dührkoop, Rudolf 349
Düll, Georg 344, 428
Duis, Antje (gesch. Christensen) 267
–, Kathrin 268
–, Margret (geb. Horschitz) 76, 221, 267
–, Pieter 268
–, Thomas 268

Ebbinghaus, Julius 295
Eben, Anna (verh. Tuma) 215, 276, 280, 292, 293
–, Magdalena (geb. Schiller) 280
–, Maria (geb. Kramer) 280
–, Mathias 276, 280
–, Michael 280
Ebert, Friedrich 324
Eckardt, Emanuel 12
–, Hans Wilhelm 333
Edu → Leisching, E. 63, 65, 71, 216, 249, 274, 275, 291, 314
Egbring, Doris (verh. Kahn, »Dorle«) 234, 297
–, Eleonore (geb. Sommer) 158, 234, 297
Ehrenzweig, Albert Armin 325, 334
Eichendorff, Joseph Freiherr von 315
Einstein, Albert 145
Eisenmeier, Josef 222, 331
Elisabeth von Rußland *Kaiserin* 154, 233
Emmi → Wulf, Emmi 156
Engel, Arnold Julius Eduard 75, 220, 283
–, Gerhard 243
Engelhardt, Dietrich von 335, 336
Engisch, Karl 325, 334
Erdmann, Karl Dietrich 190, 240, 241, 325, 330
Erhard, Ludwig 192, 241, 330
Erler, Gotthard 209, 325, 326
Ertel, Gertrud (verh. Schwarz) 178, 179, 239
Eschenbach, Gunilla 211, 315, 325, 331, 345
Everett, Edward 210

Fanny → Goldschmidt, Ch. (geb. Salomon) 245, 261
Fassmann, Maya 206, 321, 323
Feddersen, Jörn 213, 337, 427
Fehling, August Wilhelm 303
–, Kurt 161, 162, 235, 319
Fetscher, Iring 340

437

Fichte, Johann Gottlieb 205
Fifield, Christopher 208, 315, 321, 322
Fink, Eugen 115, 186, 216, 218, 223, 225, 228, 240, 250, 304, 313, 319, 323, 324, 337, 433
–, Martl (geb. Opitz) 228
Finscher, Ludwig 322, 336
Fishman, Janet 352
Fleck, Katja Bettina (verh. Landgrebe) 278
Fleischel, August 45, 268
–, Bruno 268
–, Egon 268
–, Gisela 268
–, Helga 268
–, Helmut 268
–, Ilka Betty (verh. Horschitz) 43-46, 77, 198, 247, 263, 267, 268, 285, 348, 349, 351
–, Maria (verh. Matassi-Fleischel) 269
–, Regina (geb. Oppenheimer) 45, 268
–, Tilla (geb. König) 268
–, Toni (verh. Arnthal) 268
Flesch, Stefan 271, 428
Fontane, Theodor 209, 325, 326
Forbes, Elizabeth 209, 321, 322
Foucher, Dominique 307, 309, 353, 354
Fraenkel, Eduard 242
–, Lilli (verh. Fränkel) 242
Fränkel, Hermann Ferdinand 192, 241, 319
–, Lilli (geb. Fraenkel) 242
Francke, Heinrich Gottlieb 215, 321
Franz II. *Kaiser* 204
Franz Joseph I. *Kaiser* 64, 216

Franzén, Nils-Olof 30-32, 209-211, 321, 323
Fredy → Goldschmidt, A. G. 49
Freimark, Peter 204, 305, 306, 324, 326, 328-331, 333
Freudenberg, Adolf 308
Freudenberg-Hübner, Dorothee 221, 308, 314
Friebes, Wolfgang 355, 363
Friedländer, Saul 305
Friedrich II. (Friedrich der Große) 153, 154, 233, 326, 328
Friedrich III. *Kaiser und König von Preußen* 212
Friedrich Wilhelm II. 21, 204
Fries, Andreas Karl Adolf 83, 222, 246, 247, 251, 255, 277, 296-298
Fröbel, Friedrich Wilhelm August 27, 206, 207, 246, 262, 308-310, 319
Füllgraf, Richard 233, 234, 326

Gabelsberger, Franz Xaver 91, 225
Galle, Kristin 231, 326
Galler, Ursula (geb. Arnthal) 269
Gassen, Richard Walter 228, 324, 326, 328, 352
Gay, Caroline 326, 335
Geibel, Emanuel 315
Geiger, Ludwig 206, 208, 266, 305, 321
Gellem, Michael 279
Gerlach, Philipp 212
Gerson, Cäsar Hartog 265
–, Georg Hartog Hirsch 265, 266, 308
–, Gerson Hirsch 265, 308

–, Julie (geb. Schwabe) 24, 203, 265
Gethmann-Siefert, Annemarie 332
Gieselbusch, Hermann 12
Giordano, Ralph 121, 228, 326
Glass, Martha 232, 326, 428
Gmelin, Florian 12, 243, 279
–, Ilse Marianne (geb. Landgrebe) 12, 149, 151, 186, 198, 234, 243, 257, 259, 279, 297, 354, 357
–, Konrad Felix 243, 279
–, Matthias 12, 243, 279
–, Rüdiger 198, 279, 308
–, Ute (geb. Kühn) 279
–, Viktor Ferdinand 243, 279
Gneuß, Christian 340
Gobert, Adolph 265
–, Rosette (geb. Schwabe) 24, 203, 265
Goebbels, Paul Joseph 72, 219, 359
Göhres, Annette 230-232, 305, 311, 324, 326, 327, 330
Goerdeler, Carl Friedrich 269
Göring, Hermann Wilhelm 176, 191
Görlitt, Martin 283
Göser, Elisabeth (verh. Landgrebe) 273
Goethe, Johann Wolfgang v. 213, 315, 316, 327
Goldschmidt *Familie* 7, 261, 429
–, Alfred Erich (»Eric«) 53, 94, 137, 153, 154, 162, 178, 193-196, 214, 250, 252, 255, 257, 259, 264, 283, 284, 297, 303, 304, 351

–, Alfred Gustav (»Fredy«) 48-50, 212, 249, 263, 282, 349
–, Alfred Oskar 28, 29, 36, 37, 49, 123, 246, 247, 262, 263, 281, 343, 349
–, Anna (geb. Oppenheim) 263
–, Anna (verh. Warburg) 28, 29, 262, 343
–, Arthur [nicht der hier behandelte] 213, 307, 327
–, Dr. Arthur [nicht der hier behandelte] 213, 307, 327
–, Arthur Felix passim
–, Camille 242, 264
–, Channe (»Fanny«, geb. Salomon) 19, 245, 261
–, David Abraham 19, 245, 261
–, Delphine (geb. Kummern) 28, 261, 343
–, Didier 12, 264
–, Elsa 76, 212, 248, 263, 283
–, Emil 28, 208, 262, 343
–, Ernst 211, 262

–, Felix 28, 29, 261, 343
–, Georges-Arthur (geb. Jürgen Arthur) 14, 97, 106, 193, 195, 203, 204, 212, 214, 221, 223, 225-227, 230, 232, 235, 236, 239, 240, 242, 243, 250, 258, 264, 268, 269, 278, 283, 307-310, 314, 321, 353, 354
–, Henriette (geb. Benas) 262
–, Henriette (verh. Salomon) 28, 262, 343
–, Ilse Maria (→ Landgrebe)
–, Jean-Philippe 264
–, Jenny Maria Catherine 211, 262

–, Johanna (geb. Schwabe) 9, 19, 20, 24-29, 173, 203, 205-210, 245-248, 261, 262, 264, 266, 305-310, 319, 321-323, 333, 343, 429, 430
–, Johanna Maria (»Jenny«, geb. Lind) 28-33, 35, 36, 97, 209-211, 245-248, 258, 262, 309, 310, 314, 315, 317, 318, 320-323, 338, 343-345, 347, 355
–, Jürgen Arthur (heute: Georges-Arthur) 53, 54, 83, 84, 94, 96, 97, 137, 152-154, 162, 178, 193, 195, 196, 214, 250, 252, 258, 264, 283, 284, 298, 351
–, Lucienne (geb. Jeoffroy) 193, 264
–, Maxime 242, 264
–, Moritz David 19, 24, 28, 29, 32, 245, 261, 266, 343
–, Nils 242, 327, 331
–, Oscar 76, 212, 263
–, Otto Moritz David 7, 28-32, 35-37, 97, 208-211, 245-248, 258, 262, 307, 310, 315-318, 320-323, 338, 343, 345-348, 355
–, Paul 76, 212, 263
–, Pauline (geb. Lassar) 36, 37, 49, 50, 123, 235, 246, 247, 249, 262, 263, 281, 282, 349
–, Rita (geb. N.N.) 263
–, Thomas 242, 264
–, Toni Katharina Jeanette (»Kitty«, geb. Horschitz) 5, 6, 35-37, 42-54, 68-70, 72, 74-78, 88, 92, 94, 96, 98, 99, 102-104, 106, 107, 117, 121, 123, 128-131, 134, 137, 145, 152, 155, 163,

178, 198, 212, 220, 231, 242, 247-249, 252-255, 258, 263, 264, 268, 278, 282-284, 297, 299, 301, 302, 309, 321, 326, 348, 349, 351
–, Walter 211, 262, 346
Gorzny, Willi 336
Goßler, Gerhard 286
Gottschald, Max 261, 263, 264, 266-268, 270, 274, 279, 280, 336
Grathoff, Richard 240, 310, 313, 319, 333
Grenville, John Ashley Soames 229, 306, 327
Grière-Becker, Johanna 431
Grimm, Ferdinand 227
–, Jacob 227, 327, 331, 333, 334
–, Wilhelm 227, 327, 331, 333, 334
Grolle, Ingeborg 12, 206, 207, 306, 322
Grossmann, Carl Gerd 236
–, Carl L. 236
–, Harald 165
Grotjahn, Rebecca 209, 211, 322
Grove, George 208, 209, 315, 321, 322, 336
Gumprecht, Betty (geb. Schwabe) 24, 203, 265
–, Jacob Moses 310
–, Joseph Jacob 265, 310
Gurwitsch, Aaron 187, 240, 313, 319, 333
–, Alice (geb. Stern) 187, 240
Gutteling, Elisabeth 357

Haarstick, Paul 353
–, Peter 353
Habicht, C. E. 210
Hackemesser, Max 239, 328

Härtel, Gottfried Christoph 315
Hagen, Rainer 340
Halberstadt, Max 334, 349
Hall, Murray Gordon 319, 327, 328, 332, 357-361
Halphen, Noémy (verh. de Rothschild) 94
Hamann, Brigitte 216, 328
–, Ilse 351, 355
Hamberg, Eduard 145, 267
–, Ida 145, 267
–, Martha Elli (geb. Reimann, verh. Horschitz) 77, 145, 146, 254, 255, 267, 285, 286, 351
Hamburger, Georg 331
Hammer, Friedrich 222, 231, 336
Hammerl, Dr. *Arzt* 293
Handke, Peter 308, 309
Hansi, N. N. [Nichte von Anna Landgrebe, geb. Passecker] 158
Harbrecht *Familie* 155
–, Günter 119, 155
–, Mandra 155
Hardenberg, Karl August Freiherr von 21, 22, 204
Harders, Otto-Hartwig 236, 321, 338
Harnack, Adolf von 431
Harras → Voege, E. 88, 167, 181-183, 185, 186, 228, 251, 257, 303
Hartung, Paul Hermann Jakob 138, 230, 231, 278, 297
Hassenpflug, Marie 227
Hauptmann, Moritz 345, 346
Hauschild, Christoph 328
Hauschild-Thiessen, Renate 333
Hausjell, Elisabeth Hermine (adopt. Schwaiger, verh. Landgrebe) 276
Hegel, Georg Wilhelm Friedrich 86, 230, 335
Heidegger, Martin 69, 70, 79, 186, 187, 192, 193, 215, 217-219, 221, 223, 240, 249, 251, 258, 294, 295, 304, 307, 309, 328, 329, 332, 333
Heiland, Helmut 319
Heimburg, Ilse von (verh. Bowen) 125, 126, 139, 178, 229
Heine, Heinrich 37, 212, 328
Heinemann, William *Verlag* 359
Heiser, Andreas 325, 328, 335
Heitmann, Olga (verh. Steffens) 213
Heitsch, Ernst 242, 319
Helenka [Tochter von Pleschi] 89
Helmlé, Eugen 308
Hemingway, Ernest 220, 221, 267, 319, 322
Hemken, Alwin 238, 239
Henle, Günter 318, 347
Henning, Mathilde (verh. Horschitz) 77, 268, 351
Hensel, Sebastian 210, 319, 320
Hensle, Michael 232, 328
Hertz, Deborah 204, 328
Herzig, Arno 204, 305, 306, 321, 324, 326, 328, 333
Heske, Franz 239
Hindenburg, Paul von Beneckendorff und von 153, 233
Hinterberger, Christiane (verh. Landgrebe) 276, 280
Hirsch, Jenny 310
Hirschberg, Julius 265, 328
Hitler, Adolf 15, 52, 71-73, 76, 86-90, 120, 121, 153, 154, 164, 165, 167, 175, 181, 182, 184, 191, 199, 220, 227, 236, 240, 241, 243, 251, 252, 255, 256, 278, 306, 379
Hochstetter, Christiane Renée Rose Edeltraud (gesch. Landgrebe) 278
–, Helmut Paul Otto Gero Bruno Felix 278
Höcker, Paul Oskar 153, 233, 328
Hoffmann, Benjamin Gottlob 309
Holeczek, Bernhard 228, 324, 326, 328, 352
Holland, Henry Scott 209, 210, 318, 321-323
Hollis, Raymond E. (geb. Horschitz, K.) 232, 267
Holzmann, Michael 206, 336
Honig, Max 331
Horkheimer, Max 217
Horschitz *Familie* 7, 266
–, Alexander 267
–, Annemarie (geb. Rosenthal → Horschitz-Horst, A.) 76, 78, 79, 220, 249, 250, 255, 258, 267
–, Augusta (geb. N.N.) 267
–, Carla (geb. Boehlich) 76, 250, 268
–, Edgar Bruno 77, 78, 130-133, 149, 214, 229, 254, 259, 268, 285, 351, 353
–, Erwin Moritz 77, 78, 145-148, 214, 221, 232, 233, 254, 255, 259, 267, 285, 286, 351
–, Eva Maria (verh. Oetiker-Horschitz) 77, 268
–, Gerda (gesch. Matthess) 77, 232, 267, 351

NAMENREGISTER

–, Goldchen (geb. Wallach) 266
–, Günter 77, 232, 267, 351
–, Harald 267
–, Ilka Betty (geb. Fleischel) 43-46, 77, 198, 247, 263, 267, 268, 285, 348, 349, 351
–, Jeanette (verh. Ladenburg) 267
–, Julie 267
–, Julius 43-46, 247, 263, 266-268, 285, 348
–, Kurt (später: Hollis, R. E.) 146, 232, 267
–, Lina (verh. Arnthal) 266
–, Margret (verh. Duis) 76, 221, 267
–, Martha Elli (geb. Reimann, adopt. Hamberg) 77, 145, 146, 254, 255, 267, 285, 286, 351
–, Martha Elly → Horschitz, Martha Elli 285, 286
–, Mathilde (geb. Henning) 77, 268, 351
–, Moritz 266
–, Rainer 267
–, Richard 77, 214, 268, 351
–, Toni Katharina Jeanette → Goldschmidt
–, Walter August 76, 77, 214, 249, 250, 256, 267, 285, 351
Horschitz-Horst, Annemarie (geb. Rosenthal, gesch. Horschitz) 76, 78, 79, 220, 249, 250, 255, 258, 267
Huber, Ernst Rudolf 192, 242
–, Wolfgang 242
Hübner, Anton 291
–, Katja 429
–, Thomas *passim*

Hullah, John Pyke 316
Humboldt, Alexander Frhr. von 21, 204
–, Wilhelm Frhr. von 21, 204
Hume, David 294, 332
Husserl, Edmund 63, 65-71, 86, 87, 91, 92, 112, 114-116, 186, 215-219, 221-223, 225, 230, 249, 250, 252, 294-296, 311-313, 319, 324, 328, 329, 331, 334, 339, 340, 350, 353
–, Gerhart 87, 224, 230, 324, 325, 328-332, 334
–, Malvine (geb. Steinschneider) 70, 222, 313

Ihl → Landgrebe, I. M. (geb. Goldschmidt) 183, 184
Ingendaay, Paul 220, 319, 322
Israel → Goldschmidt, Arthur Felix 97, 98, 232, 252, 283
Israel [Zwangsname] 97, 98, 252, 283
Itzig, Daniel 208

Jachomowski, Dirk 336
Jacobs, Hannelore 329
Jacubowsky, Peter 12
Jaehner, Inge 324, 329
Jakobs, Hans 12
Jankowski, Alice 306, 326, 328-330
Jansen, Eva (verh. Wulle, geb. Josephson) 231
–, Sophie Rahel (geb. Schlossmann, verh. Josephson) 231, 337
Jantzen, Hans 217, 296, 311
Jaspers, Gertrud (geb. Mayer) 221

–, Karl 79, 221, 257, 312, 329
Jeoffroy, Lucienne (verh. Goldschmidt) 193, 264
Jessen, Claus-Uwe 12
Jesus von Nazareth 179, 180, 230-232, 305, 327, 330
Joachim, Joseph 318
Jobst, Rudolf 350
Jochmann, Werner 305, 306, 324, 325, 329, 330
Johe, Werner 305, 306, 325, 329
Jones, Gaynor G. 208, 315, 321, 322
Joost, Dr. Hermann 147
Jorgensen, Cecilia 210, 322
–, Jens 210, 322
Josephson, Eva (verh. Wulle, 1907 Jansen) 231
–, Sophie Rahel (geb. Schlossmann, 1907 Jansen) 231, 337
Jung, Editha (geb. Bergmann) 162
Junk, Peter 324, 329
Junker, Helmut 12
Justus, Ada 226
– »Baby« 152, 226
–, Hans 99, 161, 226
–, Hella 226
–, Ingeborg 226
–, Klara (geb. v. Wieser) 103, 226

Kafka, Gustav 294, 332
Kahle, Friedrich Ludwig 204, 325
Kahn, Doris (geb. Egbring, »Dorle«) 234, 297
Kamlah, Wilhelm 329, 334, 430-432
Kann, Robert Adolf 310, 314
Kant, Immanuel 86, 230, 294, 295, 332, 335

441

Karel, Leo Marie (→ Breda, Herman Leo van) 114, 224, 353
Kaschna, Josef 290
Kastan, Erich 334, 349
Kaster, Karl Georg 324, 329
Kastill, Alfred 222, 331
Kaufmann, Karl 333
Kayenburg, Martin 311
Kayserling, Meyer 205, 322
Kern, Iso 218, 324, 328, 329, 331
Kerrl, Hanns 219
Kershaw, Jan 306
Kiessling, Frank 341
Killy, Walther 329, 335, 358
Kinder, Christian 230
Kitty → Goldschmidt, Toni Katharina Jeanette (geb. Horschitz)
Kiupel, Birgit 324, 329
Kleffmann, Johanna Maria Wilhelmine (verh. Landgrebe) 273
Kleist, Wilhelm 238
Kleßmann, Eckart 205, 214, 329
Kley, Israel Eduard 24, 204, 205, 210, 329, 331
Klienik, Josef 280
–, Maria (verh. Tuma) 280
Klug, Ulrich 133, 230, 320, 329, 330, 335
Kluxen, Wolfgang 304
Knoblauch, Eduard 212
Knobloch, Edmund 212
Knoke, Walter 231, 330
Knoll, Hans-Dietrich 215, 322, 429
Kobrak, Richard 331
Koch, Armin 330, 347
Kochmann, Klaus 306
König, F. *Photograph* 343
–, Helmut 207, 309, 310
–, René 341

–, Tilla (verh. Fleischel) 268
Köster, Agatha (verh. Landgrebe) 271
–, Eberhard 337, 338, 343
Kohlmann, Günter 230, 330
Kohut, Adolph 206, 322
Koldau, Linda Maria 208, 315, 321, 322
Kopitzsch, Franklin 326, 330, 331
Koppenhagen, Walter 297, 298, 320
Korn, N.N. *Buchhändler* 346
Kraft, Waldemar 240
Kramer, Anna (geb. Schwarzberger) 280
–, Maria (verh. Eben) 280
–, Mathias 280
Kraus, Karl 64, 68, 216
–, Oskar 71, 219, 222, 251, 330, 331
Krause, Jürgen Peter 306
Kröger, Martin 241, 330, 334
Kronauer, Ulrich 336
Krummel, Evelyn S. 336
–, Richard Frank 298, 320, 336
Krupitsch, Agatha 280
–, Josef 280
Kühn, Ute (verh. Gmelin) 279
Kühner, Hans 209, 211, 322
Küller, Margarete (verh. Lassar) 77, 159, 234, 263, 297, 351
Kummern, Delphine (geb. Goldschmidt) 28, 261, 343
Kundera, Milan 309, 310, 353, 354
Kupferberg, Herbert 208, 330
Kurschat, Andreas 324, 325, 330, 331, 337

L., Marvin 352
Ladenburg, Jeanette (geb. Horschitz) 267
–, Wilhelm 267
Ladwig-Winters, Simone 232, 330
Laman Trip, Jonkheer H. 235, 307
Landgraf *Familie* (auch Landgraffe, später Landgrebe) 7, 270, 271
–, Catharina (auch Landgraffe) 271
–, Martin (auch Landgraffe) 271
Landgraffe *Familie* (auch Landgraf, später Landgrebe) 7, 270, 271
–, Catharina (auch Landgraf) 271
–, Johannes (auch Landgrebe) 271
–, Martin (auch Landgraf) 271
Landgrebe *Familie* 7, 98, 124, 241, 270, 271, 273, 304, 429
–, Adele Henriette 273
–, Agatha (geb. Köster) 271
–, Alix Marie 12, 198, 243, 279, 310
–, Anna (geb. Passecker) 217, 234, 250, 255, 276
–, Antonia Rebecca 243, 277
–, Arthur Jacob 244, 279
–, Auguste Natalie 273
–, Auguste Therese (geb. Nawrath) 276
–, Barbara (verh. Schüller) 276
–, Bengt Friedrich Jakob 243, 279
–, Berta 273
–, Bjarne Felix Paulus 243, 279

NAMENREGISTER

–, Britt-Marie Victoria Katherine 243, 279
–, Carl L. R. → Landgrebe, Karl Ludwig Richard 287
–, Carl Rainer, gemeint ist Landgrebe, C. R. A. 223
–, Carl Reimar Arthur (»Mocki«) 83, 84, 118, 156, 198, 223, 251, 277, 296, 298, 351, 354
–, Christiane (geb. Hinterberger) 276, 280
–, Christiane (geb. von Steinhart) 276
–, Christiane Renée Rose Edeltraud (geb. Hochstetter) 278
–, Christine Elisabeth (geb. Metz) 272
–, Clara Henriette Frederique (verh. Brauns) 274
–, Constantin David Claus 243, 277
–, Dagmar → Dörries-Landgrebe, D. 277
–, David Christian Ludwig 12, 98, 243, 258, 277
–, Detlef → Landgrebe, Hans Detlev Ludwig 179, 284, 299, 355
–, Elisabeth (geb. Vaubel) 272
–, Elisabeth (verh. Schwarzmeier) 276
–, Elisabeth Hermine (geb. Hausjell, adopt. Schwaiger) 276
–, Erich 7, 276, 329, 355, 357-363, 432
–, Erika 274
–, Eva (verh. v. Chavanne) 276
–, Franziska Johanna Marie 243, 277

–, Georg 276
–, Georg Friedrich August 274
–, Gerhard 273
–, Gottlieb 273
–, Gustav Adolf Theodor 274
–, Hannah Leona 243, 277
–, Hannelies 274
–, Hans Detlev Ludwig 3, 7, 12, 94, 100, 103, 124, 127, 135, 136, 148, 150, 151, 177, 179, 184, 209, 214, 220, 221, 223, 226, 229, 230, 232-236, 239, 241, 243, 251-259, 261, 263, 270-272, 277, 281, 284, 297-300, 304, 305, 307, 308, 310, 311, 343, 348-355, 357, 427, 429, 432-434
–, Hans-Werner 274
–, Heinrich Carl Ludwig 54-57, 215, 245, 247, 274, 286, 350, 429
–, Heinrich Wilhelm 215, 270, 272, 311, 325, 328
–, Ilse Maria (geb. Goldschmidt) 45, 47-51, 53, 54, 67-69, 76, 77, 79-81, 83, 84, 124, 135, 136, 148, 150, 151, 163, 177, 188, 189, 197, 198, 212, 214, 221, 223, 226, 233, 235, 241, 248-253, 255, 257-259, 263, 264, 269, 276, 277, 282-284, 293, 296-300, 302-304, 349, 351, 354, 355, 372
–, Ilse Marianne (verh. Gmelin) 12, 149, 151, 186, 198, 234, 243, 257, 259, 279, 297, 354, 357
–, Jobst Felix Max 12, 243, 278, 311

–, Johanna Maria Wilhelmine (geb. Kleffmann) 273
–, Johannes (auch: Landgraffe) 271
–, Johannes Benedikt 12, 98, 243, 258, 277
–, Julie Amalie Louise 273
–, Karl 273
–, Karl Friedrich Theobald 273
–, Karl Ludwig Heinrich 55, 57-60, 62, 63, 65-67, 158, 215, 247-250, 255, 275, 276, 288, 290, 292, 350
–, Karl Ludwig Richard 55-57, 246, 247, 272, 274, 275, 286, 287, 290, 291, 350
–, Karl Wilhelm Theodor Paul 270, 273
–, Katja Bettina (geb. Fleck) 278
–, Lennart Jonathan Italo Cord 243, 279
–, Leonard Christian Arthur 243, 277
–, Leopoldine Agnes (geb. Linnert) 55, 58-60, 62, 64, 65, 215, 246, 248, 249, 275, 279, 280, 286-289, 292, 350
–, Ludwig August Moritz 54, 245, 246, 257, 272
–, Ludwig August Theodor 273
–, Ludwig Max Carl 5, 54, 57, 59-71, 79-81, 83-89, 98, 135, 136, 148, 150, 168, 174, 177, 188, 189, 197, 198, 215-219, 221-227, 233, 237, 239-241, 244, 248-259, 264, 270, 275-277, 283, 284, 289,

443

292-296, 298-304, 307, 310-314, 319, 320, 323, 340, 341, 350, 351, 355, 357, 358, 361, 430-434
–, Luise 273
–, Margarethe 273
–, Margret (geb. Schmidt) 276, 357
–, Maria Philippina (geb. Metz) 272
–, Marie Natalie (»Tante Mieze«) 55, 62, 63, 67, 215, 246, 249, 250, 275, 288, 289
–, Mathilde 273
–, Max Ludwig Ignaz 215, 276, 288, 357
–, Max Philipp 12, 243, 279
–, Max Walter Ignaz 55, 256
–, Moritz 270, 272
–, Natalie Josephe (geb. Scheube, verw. Leisching) 55-57, 245, 274, 286, 288, 350
–, Nicola-Susanne Sigrid (geb. Thomas) 278
–, Paul 215, 276
–, Philipp 271
–, Philippine Friederike Mathilde 274
–, Renate Maria (geb. Lieck) 12, 199, 221, 244, 258, 259, 277, 306, 313, 352, 355
–, Rosa Anna (geb. Tuma) 57-59, 247, 248, 275, 276, 280, 290-292, 350
–, Sabine Wilhelmine (verh. Siefert) 272
–, Sophie Marie (geb. Siefert) 272
–, Vincent Jonathan 12, 98, 188, 243, 259, 278, 311
–, Werner 270, 271, 273, 304
–, Wilhelm 273

–, Wilhelmine (geb. Sippel) 273
–, Winfried 12, 13, 108, 113, 118, 124, 135, 136, 148, 150-153, 162, 177, 183, 198, 221, 226, 228, 231, 234, 243, 253, 259, 278, 284, 297, 300, 348, 352, 354-356, 368, 427
–, Wolfgang 274, 276, 280
Landgrebe-Sardemann, Ulrike (geb. Sardemann) 277
Landsche, Ilse Sara → Landgrebe, Ilse Maria (geb. Goldschmidt) 150, 255, 302
Lange, Gerhard 243
–, Helene 208, 305, 321
Lantgraff Familie (später Landgraf, dann Landgrebe) 7, 270, 271
–, Globes Landtgraff Witwe zu Burghasungen 271
–, Nikolaus 271
Larenz, Karl 224, 330, 334
Lassar, Diodor 36, 211, 262
–, Emma (geb. Beyfuss) 211, 262
–, Emma (geb. Büding) 235, 262
–, Gerhard Oskar 235, 262, 263, 313
–, Margarete (geb. Küller) 77, 159, 234, 263, 297, 351
–, Oscar 36, 211, 212, 235, 262, 313, 314
–, Pauline (verh. Goldschmidt) 36, 37, 49, 50, 123, 235, 246, 247, 249, 262, 263, 281, 282, 349
Lazarus, Henriette (»Jette«, verh. Schwabe) 19, 20, 24, 25, 264

–, Moses 264
Lederer, Hugo 43, 213
Ledermann, Richard 344
Lehmann, Paul 218
Leibniz, Gottfried Wilhelm 335, 339
Leisching, E. (Firma in Wien) 291
–, Eduard (»Onkel Edu«) 63, 65, 71, 216, 249, 251, 274, 275, 291, 310, 314
–, Eduard Anton Volkmar 274, 275, 291
–, Louis Gustav 274
–, Natalie Josephe (geb. Scheube, 2. Ehe Landgrebe) 55-57, 245, 274, 286, 288, 350
–, Peter 314
Leist, Klaus 224, 324, 330, 331
Lenau, Nikolaus 315
Leonhardt, Klaus 330
Leopold I. Fürst (»Der Alte Dessauer«) 154, 233
Leppin, Thilo 214, 330, 334
Leppoé, Minna 207, 309
Lessing, Gotthold Ephraim 265
Levy, Matel (verh. Schwabe) 264
Lieck, Renate Maria (verh. Landgrebe) 12, 199, 221, 244, 258, 259, 277, 306, 313, 352, 355
Lieck-Klenke, Jutta 12
Liefmann, Else 308
–, Martha 308
–, Robert 308
Liesching, Bernhard 230, 330
Lilienthal, Gustav 225
–, Ottilie (verh. Binswanger) 94, 225
–, Otto 225

Lill, Eva-Maria 336
Linck, Stephan 230-232, 305, 324, 326, 327, 330
Lind, Johanna Maria (»Jenny«, verh. Goldschmidt) 29-33, 35, 36, 97, 209-211, 245-248, 258, 262, 309, 310, 314, 315, 317, 318, 320-323, 338, 343-345, 347, 355
Lindig, Annemarie 336
Linnert, Camilla (verh. Millauer) 280
–, Ignatz [nicht: Ignaz] Michael 279, 280, 289, 290
–, Leopoldine Agnes (verh. Landgrebe) 55, 58-60, 62, 64, 65, 215, 246, 248, 249, 275, 279, 280, 286-289, 292, 350
–, Maria (geb. Schlender) 280, 289
–, Mathias 215, 279
Lipka, Rosi 264
Liß-Walther, Joachim 230-232, 305, 311, 324, 326, 327, 330
Litzmann, Berthold 209-211, 320, 348
Locke, John 294, 332
Löffler, Bernhard 241, 330
Löwit, Richard *Verlag* 359
Lohalm, Uwe 305, 306
Lohmann, Ernst Dieter 238, 324, 338
Loisy, Alfred 430, 431
Loose, Hans-Dieter 305, 306, 324, 329, 330
Lorenz, Ina Susanne 306, 326, 328-331
Lucas, S., Weber & Co *Verlag* 316
Lucas & Son, Stanley *Verlag* 318

Ludwig, Hartmut 331
Lüth, Erich 331
Lurie & Bauer *Fabrik* 291
Luxi → Landgrebe, Ludwig Max Carl 195

Mackensen, August von 153, 233
Mago, Isabelle 264
Mahler, Gustav 63, 216
Maihofer, Werner 331, 335
Manasseh Ben Israel 203
Mancuso-Oetiker, Caterina 268
Manes, Philipp 224, 324, 330, 331
Mann, Katharina Hedwig (»Katia«, geb. Pringsheim) 241
–, Thomas 241, 312, 431
Manzel, Gisela 321
Marbach, Eduard 218, 324, 328, 329, 331
Marquardt, Ulrike 227, 327, 331
Martens, Edith (verh. von Becker) 114, 269, 297
–, Vera (geb. Arnthal) 269
–, Wilhelm 257, 269, 323
Martin, Bernd 242, 327, 331
Marty, Anton 218, 222, 311, 330, 331
Marx, Hans Joachim 211, 315, 325, 331, 345
–, Karl Heinrich 187, 241, 340
Matassi, N. N. 269
–, Nuni (gesch. d'Alessandro) 269
Matassi-Fleischel, Maria (geb. Fleischel) 269
Mathies, Otto 214, 331
Matthäs, Hermann 236
Matthess, Gerda (geb. Horschitz) 77, 232, 267, 351

–, Julika 267
–, Jutta 12, 232, 267
–, Karla 267
–, Oskar 267
–, Thomas 267
–, Walter 267
Matzke, Rolf 321
Mayer, Ernst 221
–, Gertrud (verh. Jaspers) 221
–, Johanna (verh. Schmer) 266
McCorkle, Margit L. 318, 331, 347
Meer, Willemina van der 336
Meinz, Manfred 324, 331
Mejstrik, Adolf 359
Mendelssohn Bartholdy, Abraham 27, 208
–, Carl 320
–, Felix 27, 30-32, 35, 208, 210, 211, 245, 246, 315, 318, 320, 325, 330, 331, 334, 338, 345-348, 427
–, Lea (geb. Salomon) 208
–, Paul 320
Mendelssohn, Joseph 205, 329, 331, 333
–, Moses 27, 204, 205, 208
Métraux, Alexandre 240, 319
Metz, Christine Elisabeth (verh. Landgrebe) 272
–, Maria Philippina (verh. Landgrebe) 272
Meyer, Agathe Margarethe (geb. Beusch) 207, 307
–, Amalie Henriette (verh. Westendarp) 26, 207, 246, 307
–, Beate 203, 236, 306, 331
–, Heinrich Christian (»Stockmeyer«) 207, 307
–, Michael A. 204, 331

Meyer-Schurz, Margarethe (geb. Meyer) 207
Meyerbeer, Giacomo (→ Beer, J. L. M.) 31, 205, 210
Michelfelder, Stephan 339, 428
Mikocki, Leon 286
Millauer, Camilla 280
–, Camilla (geb. Linnert) 280
–, Friedrich 280
–, Leopoldine 280
–, Ludwig 280
–, Max 280
Mirabeau, Honoré Gabriel de Riqueti Graf von 20, 204, 245
Mittler, Ernst Siegfried 412
Mocki → Landgrebe, C. R. A. 83, 84, 156, 251, 258, 259, 277, 351, 354
Model, Charlotte (verh. Rosenthal) 220
–, Otto Moritz Walter 220
Möller, Annemarie 131
Morgenstern, Lina 206, 306, 323
–, Matthias 204, 331
Morris, Sir Lewis 318
Mottelet, Jeanne 196, 197
–, Josefine (verh. Dobbertin) 80, 96, 121, 128, 135, 155, 156, 161, 169, 170, 180, 181, 229, 243
Mühlbauer, N.N. *Schuldirektor* 291
Mühlmann, Wilhelm Emil 331, 334
Müller, Heinrich 229
–, Hertha 297
Müller-Waldeck, Aminka (verw. von Zitzewitz, verh. Dobbertin) 243
Müller-Wesemann, Barbara 326

Münch, Ingo von 306
Münchbach, Werner 269, 323
Münschke, Frank 4

N. N., Hermann Adolf *Stipendiat* 191
Naarmann, Margit 410
Nagel, Wilhelm 164
Nana → Zimmermann, Erna 96, 140, 162
Napoléon I. Bonaparte 21, 22, 204, 306, 328
Nase, Annette 307, 327, 428
Nawrath, Auguste Therese (verh. Landgrebe) 276
Nawratil, Karl 294, 331
Nedelmann, Carl 12
Netzer, Susanne 208, 332
Nieding, Elke von 208, 332
Nielsen, Cathrin 216, 337
Nietzsche, Friedrich 298, 312, 320, 336, 430, 431
Noakes, Jeremy 229, 306, 332
Nostrand, Howard Lee 312
Novello, Vincent 316
Novotný, Karel 217, 218, 311, 314, 433
Nüesch-Gautschi, Rosemarie 221, 332
Nussbaum, Felix 111, 113, 228, 324, 329, 331, 332, 335, 352, 353, 429

Oberschelp, Reinhard 336
Odefey, Theodor 106, 227
Oetiker, Anna Sofia 268
–, Loris Richard 268
Oetiker-Horschitz, Eva Maria (geb. Horschitz) 77, 268
–, Hans Emil 268
Oetiker-Mancuso, Thomas Richard 268
Ohle, Hans 238

Ohrlinger, Herbert 328, 332, 358
Ondarza, Alessandro von 234
–, Alexander von 234
–, Carl-Eugen von 155-157, 234
–, Fina Maria von 234
–, Fina von (geb. Dobbertin) 155, 156, 354
Opitz, Martl (verh. Fink) 228
Oppenheim, Anna (verh. Goldschmidt) 263
–, Julie (verh. Rothschild) 266
Oppenheimer, Lourent 268
–, Regina (verh. Fleischel) 45, 268
–, Sanneku (geb. Ruben) 268
Ortega y Gasset, José 312
Ott, Hugo 221, 329, 332
Otto, Ernst 119, 120, 228, 299-301, 332
Overbeck, Franz 430, 431
Oxenford, John 315, 316

Palestrina, Giovanni Pierluigi da 316
Palm, Rudolf 154, 234
Pascall, Robert 208, 210, 211, 315, 321, 323
Passecker, Anna (verh. Landgrebe) 217, 234, 250, 255, 276
Patočká, Jan 86, 187, 218, 223, 224, 313, 320, 323, 433
Paulsen, Charlotte 206, 306, 322
Pétain, Henri Philippe Benoni Omer Joseph 115, 228
Pfeiffer, Martin 305

NAMENREGISTER

Pingel, Wulf 336
Plaidy, Louis 345, 346
Plassko, Agnes (verh. Schlender) 280
Plate, Emil 429
Platon 38
Pleschi *Putzfrau* 89
Plessner, Helmuth 341
Pniower, Hans 163, 170
Pöggeler, Otto 332
Pölzl, Anna 293
Pongratz, Ludwig Jakob 313
Porges, Elsa (verh. Bernstein) 144, 145, 232, 246, 324, 329, 333, 372
Präger, Mayer 359
Preis, Karin 336
Preuschl, Otto von 297, 320
Preußer, Annette 318, 320, 347, 348
Preußer, Emma 347
Pringsheim, Alfred 241
–, Emmeke (auch Emilia, geb. Clément) 192, 241
–, Hedwig (geb. Dohm) 241
–, Katharina Hedwig (»Katia«, verh. Mann) 241
–, Peter 192, 241, 334
Pschyrembel, Willibald 235, 336
Purcell, Henry 316

Quast, Klaus 234, 428
–, Martina 234, 428

Rademacher, Jörg W. 306
Raemisch, Ellen (geb. Arnold, verw. von Teuffel) 191, 283
–, Erich 191, 192, 241
Raetze, Louise 320, 348
Räuker, Friedrich Wilhelm 341

Redwitz, Oskar Freiherr von 315
Regensdorfer, Friedrich 215
Reimann, Martha Elli (adopt. Hamberg, verh. Horschitz) 77, 145, 146, 254, 255, 267, 285, 286, 351
Reimarus, Hermann Samuel 265
–, Johann Albert Heinrich 265, 332
Reiner, Hans 332, 334
Reiniger, Robert 294, 331, 332
Rennert, Udo 305
Reumann, Klauspeter 231, 330, 332
Reuss, Franz 204
Reventlow, Friedrich Karl Heinrich Graf zu (»Fritz«) 190
Richter, Werner 218
Rietz, Julius 320
Ritter, Gerhard 312, 332, 432
Ritzi, Christian 310, 428
Rockstro, William Smyth 209, 210, 318, 320-323
Röhm, Eberhard 332, 334
Rölleke, Heinz 227, 327, 333
Roeßler, Adalbert von 233, 328
Rohde, Saskia 321, 323, 326, 328
Rohrmoser, Günter 312
Rosenkranz, Albert 273, 278, 336
Rosenthal, Annemarie (verh. Horschitz → Horschitz-Horst, A.) 76, 78, 79, 220, 249, 250, 255, 258, 267
–, Charlotte (geb. Model) 220
–, Paul 220

Rosmer, Ernst (Pseudonym von Elsa Bernstein) 232, 324, 333
Rothacker, Erich 242
Rothenberger, Curt 213, 219, 220, 333
Rothschild, Charlotte (verh. Schwabe) 266
–, Jacob 266
–, Julie (geb. Oppenheim) 266
–, Noémy de (geb. Halphen) 94
Rotsenbigler, Katharina 215, 279
Rowohlt, Ernst 220
Ruben, Sanneku (verh. Oppenheimer) 268
Rühl, Ulrike 336
Ruprecht, Karl Friedrich Günther 227

Sachse, Rudolph 345, 346
Sadie, Stanley 321, 322, 336
Safranski, Rüdiger 215, 333
Salomon, Channe (»Fanny«, verh. Goldschmidt) 19, 245, 261
–, Henriette (geb. Goldschmidt) 28, 262, 343
–, Isaac Seligmann Berend 19, 261
–, Jakob Ludwig (d.i. Bartholdy, Jakob Ludwig) 208, 332
–, Lea (verh. Mendelssohn Bartholdy) 208
–, M.[oritz?] G.[ustav?] 28, 262, 343
–, Moritz Gustav 262, 314
Samson, Hermann 266
–, Selly (geb. Schwabe) 24, 203, 266
Sande, Alexander 206, 309, 333

447

Sara → Goldschmidt, Toni Katharina Jeanette (geb. Horschitz) 97, 252, 283, 284
Sara → Landgrebe, Ilse Maria (geb. Goldschmidt) 107, 124, 150, 255, 299, 300, 302
Sara [Zwangsname] 97, 107, 124, 150, 252, 255, 283, 284, 299, 300, 302
Sardemann, Ulrike (verh. Landgrebe-Sardemann) 277
Savigny, Friedrich Carl von 227
Schallenberg, Kurt 334, 349
Scheffler, Wolfgang 229, 333, 335
Scheteling, Wilhelm Karl Friedrich 231
Scheube & Co. 274
Scheube, N.N. [Mutter v. N. J. Scheube, verh. Landgrebe] 55, 245
–, N.N. [Vater von N. J. Scheube, verh. Landgrebe] 55
–, Natalie Josephe (1. Ehe Leisching, 2. Ehe Landgrebe) 55-57, 245, 274, 286, 288, 350
Schickel, Joachim 340
Schiefler, Gustav 41, 213, 333
Schiff, Hans 268
–, Margot (geb. Arnthal) 268
Schiller, Magdalena (verh. Eben) 280
Schinkel, Karl Friedrich 212
Schlechta, Karl 431
Schleiermacher, Friedrich Daniel Ernst 205
Schlender, Agnes (geb. Plassko) 280

–, Jakob 280
–, Maria (verh. Linnert) 280, 289
Schliep, Guido 147
Schlossmann, Sophie Rahel (verh. Josephson, 1907 Jansen) 231, 337
Schlotfeldt, J. 351
Schlottmann, N. N. *Zahnarzt* 180
Schmer, Helena Leonore 266
–, Johanna (geb. Mayer) 266
–, Max Leonhard 266
Schmidt, Margret (verh. Landgrebe) 276, 357
–, Walter 322
Schmitt, Carl 242
Schmitz-Peiffer, Renate (geb. Schwarz) 12, 223, 259
Schmude, Jürgen 230, 320, 330
Schneider, Karl-Ludwig 312
Schoell, Hedwig I. 209, 318, 323
Schönberg, Arnold 63, 216
Schötz, Susanne 322
Schratt, Katharina 216
Schrenk, Guenter J. 7, 271, 355, 429, 475
Schröder, Hans 205, 337
Schuberth, Fritz 316
Schuhmann, Elisabeth 313, 319
–, Karl 313, 319
Schulle, Diana 229, 335
Schüller, Barbara (geb. Landgrebe) 276
–, H. 276
Schütz, Alfred 240, 310, 313, 319, 333
Schützeichel, Rudolf 261, 263, 264, 266-268, 270, 274, 279, 280, 336

Schulson, David 338, 347
Schultz, Günther 133, 229, 259, 333
Schultze, Harald 324, 325, 330, 331, 337
Schulz, Alfred 321, 323
Schumann, Clara (geb. Wieck) 29, 30, 209-211, 315, 320, 347, 348
–, Robert 29, 209, 210, 318, 331, 347
Schurz, Carl 207
–, Margarethe (verh. Meyer-Schurz) 207
Schuster, Peter-Klaus 226, 333
Schwabe *Familie* 282
–, Betty (verh. Gumprecht) 24, 203, 265
–, Charlotte (geb. Rothschild) 266
–, Henriette (»Jette«, geb. Lazarus) 19, 20, 24, 25, 264
–, Hermann Morris 20, 24, 27, 203, 246, 266
–, Hertz Israel 264
–, Johanna (verh. Goldschmidt) 9, 19, 20, 24-29, 173, 203, 205-210, 245-248, 261, 262, 264, 266, 305-310, 321-323, 343, 429, 430
–, Julie (verh. Gerson) 24, 203, 265
–, Ludolph 24, 203, 266
–, Marcus Hertz 5, 19, 20, 22-25, 204, 245, 246, 264
–, Matel (geb. Levy) 264
–, Rosette (verh. Gobert) 24, 203, 265
–, Selly (verh. Samson) 24, 203, 266

NAMENREGISTER

Schwaiger, Elisabeth Hermine (geb. Hausjell, verh. Landgrebe) 276
Schwarberg, Günther 132, 229, 259, 333
Schwarz, Ernst 301
–, Gertrud (geb. Ertel) 178, 179, 239
–, Haimo 12
–, Henning 237, 238, 338
–, Renate (verh. Schmitz-Peiffer) 12, 223, 259
Schwarzberger, Anna (verh. Kramer) 280
Schwarzmeier, Elisabeth (geb. Landgrebe) 276
–, Josef 276
Schwede, Alfred Otto 209, 321, 323
Schweeger, Cristoforo 306
Seifert, Meta 208, 323
Seitz, Reinhard 210, 320
Sepp, Hans Rainer 216, 218, 311, 323, 337, 427, 433
Seydlitz, Friedrich Wilhelm von 154, 233
Shakespeare, William 328
Shaw, Bernhard 312
Siefert, Sabine Wilhelmine (geb. Landgrebe) 272
–, Sophie Marie (verh. Landgrebe) 272
Siegert, Folker 410
Silber, Karl Heinz 305
Simon, Gerd 228, 333
Simonetti, Giovanni 212
Sippel, N.N. *Pfarrer* 273
–, Wilhelmine (verh. Landgrebe) 273
Smid, Reinhold N. 320, 341
Snell, Bruno 168, 237, 256, 303
Sommer, Eleonore (verh. Egbring) 158, 234, 297
Speer, Heino 270, 336

Spohr, Karl 286, 287
Springer, Axel Cäsar 212
Sroka, Otto 360
Stahl, N.N. *Verlag* 316
Stargardt, Otto 145
Stauffenberg, Claus Schenk Graf von 192
Steffen, Susanne 297, 428
Steffens, Julius 47, 139, 213
–, Olga (geb. Heitmann) 213
Stein, Edith 215, 247, 249, 255
Steinfeld, Kurt 144, 232, 255, 284
Steinhart, Christiane von (verh. Landgrebe) 276
Steinheim, Salomon Ludwig 328
Steinschneider, Malvine (verh. Husserl) 218, 222, 313
Stelzner, N.N *Portraitmaler* 343
Stenzel, Ulrich 225, 231, 428
Stephan, Inge 306
Stern, Alice (verh. Gurwitsch) 187, 240
Stettenheim, *Kunsthandlung* 343
Stier, Wilhelm 128, 229
Stifter, Christian 216, 323
Stockmeyer → Meyer, Heinrich Christian 207
Strnad, Pavel 343, 348, 350, 352
Ströker, Elisabeth 319, 340
Strohbach, Karl Alfred 298, 320
Strombeck, Friedrich Karl von 331, 333
Struve, Karl 161
Stubenvoll, Rainer 214, 333, 334
Süß, Cornelia 306, 333
Suhr, Hugo 167, 236

Tacitus 38
Taminaux, Jacques 225, 324, 334
Tannenberg, Alois (Louis) Graf 297, 320
–, Ignaz Graf 297, 320
Teuffel, Ellen von (geb. Arnold, verh. Raemisch) 191, 283
Textor, Martin Richard 334
Thierfelder, Jörg 332, 334
Thimme, Roland 241, 330, 334
Thomä, Otto 297
Thomas, Nicola-Susanne Sigrid (verh. Landgrebe) 278
Thouless, Alfred H. 316
Tieck, Ludwig 316
Todd, Ralph Larry 208, 334
Topsøe, Soffy 357
Tralau, Emil 234
Trip de Beaufort, Henriette Laman 160, 235, 307
Tuma, Anna (geb. Eben) 215, 276, 280, 292, 293
–, Franz 57, 59, 215, 276, 280, 292, 293
–, Josef 280
–, Maria (geb. Klienik) 280
–, Rosa Anna (verh. Landgrebe) 57-59, 247, 248, 275, 276, 280, 290-292, 350

Uhland, Ludwig 209
Ullmann, Eberhard 341
Ullstein, Leopold 317, 355
Unzer, Johann Christoph 204
Uther, Hans-Jörg 227, 327, 334
Utitz, Emil 71, 86, 224, 320

449

Vandenhoeck (van den Hoeck, Abraham) 227
Vaubel, Elisabeth (verh. Landgrebe) 272
Velte, Maria 228, 324, 334, 352
Vetter, Helmuth 218, 323, 433
Victoria von Hannover *Königin* 32, 36, 97, 211, 248, 258, 355
Vielhauer, Philipp 334, 430-432
Vierhaus, Rudolf 335
Vieweg, Friedrich 314
Vijgen, Jörgen 224, 324, 334
Vittoria, J. L. da 316
Voege, Ernst (»Harras«) 88, 167, 181-183, 185, 186, 228, 251, 257, 303
Vogel, Johann Heinrich 266, 308
Voß, Angelika 305, 306, 325, 334

Waak, Hugo 235
Wagenhammer, Rosalia 275
Wagner, Peter 229, 238, 239, 353, 428
–, Siegfried 298
Wainwright, Jonathan M. 210
Walk, Joseph 334
Wallach, Goldchen (verh. Horschitz) 266
Wanger, Wilhelm Richard 108
Warburg, Anna (geb. Goldschmidt) 28, 29, 262, 343
–, Max 214, 325
Ward, Samuel Grey 210
Ware, W. Porter 314
Warrack, John 210, 334
Waxweiler, Elisabeth 339, 428

Wedemeyer, Irmgard 160
Wehefritz, Valentin 241, 334
Wehrspohn, Henni 163
Weinke, Winfried 324, 334, 349
Weinschadl, Anna 280
–, Augustin 280
Welzel, Hans 334, 335
Wernecke, Lina 154, 233
Werry, Klaus 340
Werzner, N.N. 300
Wesely, Josef 355, 363
Wessel, Horst 234
Westendarp, Amalie Henriette (geb. Meyer) 26, 207, 246, 307
Westering, Jean 146, 255
Westfalen, Käthe (verh. Coterell) 162
Weyl, Theodor 266, 308
Wiechert, Ernst 220
Wieck, Clara (verh. Schumann) 29, 30, 209-211, 320, 347, 348
Wiehn, Erhard Roy 221, 308, 314
Wiencke, Magdalena (verh. Auerbach) 231
Wiese, Christian 328
Wieser, Klara v. (verh. Justus) 103, 226
Wilamowitz-Moellendorff, Ulrich von 241
Wilhelm I. *Kaiser und König von Preußen* 38, 212, 247
Wilhelm II. *Kaiser und König von Preußen* 212
Winkworth, Catherine 316
Winter, Hans Gerd 306
Wischnitzer, Mark 327
Wolf, Erik 192, 242
Würtenberger, Thomas 224, 230, 324, 325, 328-332, 334

Wüstenfeld, Emilie 206, 306, 322
Wulf, Emmi 156
Wulff, Amalia (verh. Beer) 204, 205, 328
Wulle, Eva (geb. Josephson, 1907 Jansen) 231
Wylleman, André 225, 324, 335

Zeitoun, Sabine 309, 314, 353, 354
Zieten, Hans Joachim von 154, 233
Zimmer, Wendelin 324, 335
Zimmermann, Erna (geb. Chevalier) 96, 140, 162
–, Hermann 96
Zitzewitz, Aminka von (geb. Müller-Waldeck, verh. Dobbertin) 243
–, Mortimer Georg-Wilhelm von 197, 243
Zsolnay, Paul 358, 359
–, Paul *Verlag* 327, 328, 332, 357-361

Ortsregister
zu »Kückallee 37«, »Historisches Material«
und »Nachwort des Herausgebers«

(Erscheinungsorte in den Literaturverzeichnissen werden nicht aufgeführt.)

Aachen 270, 273
Afrika 29, 194, 357
Ajaccio (Korsika) 204
Albertgasse 7 (Wien-Josefstadt) 288
Alsterkamp (Hamburg-Harvestehude) 44, 45, 348
Altengamme 234
Altenkrempe (Ostholstein) 138, 230, 231, 248
Altenstädt 271
Alterwall 63 (Hamburg) 309
Altona 19, 53, 214, 230, 231, 247, 257, 261, 330, 349
Altrahlstedt 231
Anklam (Pommern) 225
Antwerpen 130, 241
Aschau (Chiemgau) 270, 273, 304
Augsburg 160, 278, 344
Australien 76, 147, 226, 268

Bad Blankenburg 309
Bad Hersfeld 272
Bad Oldesloe 163, 176, 238, 301
Baden 21, 245
Baden bei Wien 216
Baden-Württemberg 269, 304
Badenweiler 353
Baltikum 176, 239
Barmstedt 222, 247

Basel 221
Belgien 5, 6, 91, 92, 99, 100, 107-110, 112, 116-118, 120, 123-125, 148, 153, 154, 160, 169, 224, 227, 228, 253, 265, 278, 299-302, 308
Beneschauer Str. 23 (Prag) 301
Bergedorf 51, 167, 222, 234, 236, 249, 255
Bergisch Gladbach 186, 188, 221, 243, 258, 259, 264, 270, 277-279, 298, 304, 310
Berkley 242
Berkshire 211
Berlin *passim*
Berliner Tor (Bahnstation in Hamburg) 159, 234
Bernhardstraße 13 (Freiburg) 289, 292
Bethel 209, 245
Bieberich 242
Bille (Flüßchen) 49, 50, 103, 104, 151, 180, 352
Birkenfeld 144
Blankeneser Hauptstraße 56 (Hamburg) 231
Bludenz (Vorarlberg) 58, 248, 275, 293, 350
Bochum 273
Bodensdorf (Kärnten) 157, 158, 160, 255
Böhmen 90, 239

Bonn 112, 218, 228, 241, 278, 326, 352, 401, 429
Boston (Massachusetts) 31, 246, 262
Braunau am Inn 236, 379
Braunschweig 266
Bregenz (Vorarlberg) 292
Bremen 41, 203, 213, 249, 283, 312, 430
Bremerlehe s. Lehe 20, 207, 245, 261, 265, 266
Bremerlohe 266
Breslau 215, 247
Bridgeport (Connecticut) 209
Bruck a.d. Leitha 276, 280
Brünn (Mähren) 57, 92, 293, 299
Brüssel 108, 113, 114, 229, 241, 243, 253, 277, 299-301
Budapest 268
Bünningstedt (Kreis Stormarn) 235
Burghasungen 271

Caracas 234
Celle 277
Charlottenburg 212
Chicago 241
Chiemsee 270
Coburg 211
Curslack 234

451

Danzig 240
Darmstadt 242
Dessau 208, 233
Deutschland 13, 21, 27, 31, 35, 37, 65, 70, 71, 73, 76-80, 85, 86, 88-92, 96, 109, 110, 115-118, 126, 131, 150, 153, 160, 162, 167, 169, 175-177, 182, 183, 185, 192, 194, 195, 204, 212, 226, 246, 256, 308
Doorn (Niederlande) 212
Dortmund 190, 241, 257, 273, 310
Drachenburg (Steiermark) 280, 289
Draguignan (Département Var) 304
Dresden 31, 88, 210, 211, 252, 262, 299, 344, 346, 402
Duburg (bei Flensburg) 214
Düsseldorf 243, 273, 274, 278, 279, 347
Düsternstraße (Gestapo-Leitstelle Hamburg) 119

Eberswalde 243
Eibenschitz (Mähren) 293
Elbe 49, 234
Elberfeld 224, 273
Elbmarsch 47
Eller (Düsseldorf-) 274
Elsaß 268
Elsbethen (bei Salzburg) 355, 357, 363
England 31, 35, 36, 76, 125, 131, 162, 220, 266, 359
Eppendorf (Hamburg-) 47, 96, 248, 249, 277, 282, 293
Erftstadt 207
Erlangen 213, 247, 308, 344
Escheburg 47, 139, 213
Essenrode (heute zu Lehre / Kreis Helmstedt) 204

Europa 22, 29, 48, 64, 241, 305, 306, 325

Flensburg 214
Florenz 204, 225, 268, 269
Florida 267
Frankfurt a.M. 27, 70, 240
Frankreich 6, 14, 20, 21, 45, 49, 90, 94, 96, 106, 108, 109, 115, 122, 134, 137, 152, 153, 177, 178, 183, 194, 195, 225, 245, 249, 253, 255, 263, 268, 360, 369
Frauenburg (Böhmen) 239
Frauenschule (Großsachsenheim in Württemberg) 54
Freiburg im Breisgau 5, 40, 54, 63, 65, 66, 68, 79, 88, 91, 186, 191-193, 216-218, 221, 240, 242, 247, 250-252, 258, 269, 279, 289, 292, 294-296, 304, 308, 311, 313, 319, 328, 329, 335, 337, 350

Geestemündung 203
Geestendorf 203
Geestland 281
Genf 308
Genua 204
Glogau 279
Goetheallee (Reinbek) 52, 100, 156, 354
Göttingen 54, 211, 240-243, 265, 279, 341
Graubünden 212
Grebenstein (Kurfürstenthum Hessen, heute Landkreis Kassel) 54, 245, 272, 274
Greifswald 218
Grindel (Hamburg-) 20, 37, 136, 141, 246

Großbritannien 90, 267
Großherzogtum Sachsen 215, 321
Großsachsenheim (Württemberg) 54
Gudensberg (heute Schwalm-Eder-Kreis) 271, 272
Gurs (Département Pyrénées-Atlantiques) 78, 241, 268, 308

Hademarschen 222
Hagen 273, 274
Hainberg (Niederösterreich) 293
Halle an der Saale 77, 217, 268, 311
Hamburg *passim*
Hamburg-Hauptbahnhof 96, 170, 226, 252
Hamburg-Bergedorf 222, 255
Hamburg-Eppendorf 47, 96, 248, 249, 277, 282, 293
Hamburg-Fuhlsbüttel, Zuchthaus 285
Hamburg-Harvestehude 44, 45, 212, 348
Hamburg-Wandsbek 284, 300
Hampstead (London) 267
Hannover 265, 340
Hannover (Kurfürstentum / Königreich) 203
Hannoversch Münden 272
Hannoverscher Bahnhof (Hamburg) 140
Hansaschule (Bergedorf) 51
Harrisburg (Pennsylvania) 30
Harvestehude (Hamburg) 44, 45, 212, 348
Haspe (Hagen-) 273, 274

ORTSREGISTER

Hattingen 273
Heidelberg 187, 211, 221, 242, 269, 278
Heilbronn 273, 274
Heiligenstedten 222, 246
Heinsberg 278
Helmstedt 204
Hessen, Kurfürstenthum 54, 272
Hietzing (Wien-) 59, 286-288
Hilchenbach 273
Hilmes (bei Bad Hersfeld) 272
Hochsavoyen 94
Hörde (Dortmund-) 190, 241, 273
Hofgeismar 272
Homberg (Hessen) 272, 273
Hülsa (bei Homberg / Hessen) 272

Illinois 218
Ingelheim, Nieder- 297
Isle of Wight 211
Ista (bei Kassel) 272
Istanbul 218

Jena 224, 242
Jerusalem 259
Jerusalems-Kirche (Berlin) 36, 212, 263, 281, 282
Jičín / Böhmen 216
Josefstadt (Wiener Stadtteil) 288, 292
Jungfrauenthal Nr. 18 (Hamburg-Eppendorf) 47, 248

Kaiserslautern 261
Kaiserswerth 320, 348, 372
Kalischt (Böhmen) 216
Kalkar 233
Karlsruhe 257, 269
Kasachstan 198

Kassel 21, 42-46, 130, 247, 263, 266-268, 271-273, 282, 283, 348, 349, 427
Kassel-Wilhelmshöhe 46
Kaufbeuren 344, 428
Keitum 230
Kempten 344
Kessel-Loo (Belgien) 99, 299, 300
Kiel 11, 169, 178, 186, 187, 189, 190, 224, 225, 231, 257, 278, 303, 305, 327, 338, 428
Kiel-Kitzeberg 241
Kirchberg am Wechsel (Niederösterreich) 292
Kissingen, Bad 344
Kittsee (bei Preßburg) 318
Kladerup (bei Nemest / Mähren) 280
Klagenfurt 158, 255
Koblenz 228, 334, 352
Köln 70, 133, 186, 187, 198, 228, 230, 240, 243, 244, 258, 259, 264, 276, 278, 298, 304, 334, 339-341, 343, 348, 350, 352, 356, 368
Königsberg 243
Kolomenskoje (bei Moskau) 233
Koning Albert Laan (Löwen) 99, 108, 113, 115
Konstantinopel (Istanbul) 218
Konstanz 240, 269
Krakau 60, 249, 288
Krems 276, 357
Kronau (Mähren) 57, 280, 293
Krotoschin (Posen) 262
Kückallee (Reinbek) 50, 52, 100, 125, 134, 155, 161, 168, 175, 298, 300

Kückallee 27 (Reinbek) 11, 77, 100, 221, 232, 249, 253, 283, 296, 351, 428
Kückallee 37 (Reinbek) 3, 11, 50, 77, 100, 124, 134, 253-255, 298, 300-303, 308, 351, 428
Kückallee 43 (Reinbek) 77, 100, 351, 428
Kunersdorf 154, 233, 326

KZ Auschwitz-Birkenau 111, 113, 142, 144, 147, 174, 215, 224, 228, 255, 352, 353
KZ Buchenwald 241, 359
KZ Dachau 147
KZ Natzweiler 194
KZ Neuengamme 198
KZ Theresienstadt 3, 6, 8, 11, 38, 139-147, 150, 163, 169, 170, 172-175, 178, 182, 191, 194, 213, 224, 231, 232, 237, 239, 242, 255-257, 267, 284, 308, 309, 320, 324, 326, 330, 331, 353, 354, 393, 428-432

Langendreer (Bochum-) 273
Laxenburg (Niederösterreich) 276
Le Bignon-Mirabeau (Département Loiret) 204
Lehe 203
Lehre (Kr. Helmstedt) 204
Leipzig 32, 41, 205, 208, 210, 211, 246, 262, 266, 267, 269, 307, 315, 318, 320, 325, 331, 338, 345-348, 427
Lennep 241
Liblar (Erftstadt-) 207
Lier 114, 224, 248, 353
Liverpool 30, 246
Lodz 126, 254

453

Löwen (Leuven) 91, 92, 94, 99, 107, 108, 113-117, 120, 124, 183, 224, 225, 227, 252, 253, 258, 278, 297, 299, 300, 319, 339, 353
London 29, 30, 32, 76, 78, 130, 207, 208, 211, 225, 246, 248, 250, 256, 257, 262, 267-269, 348
Longwood (Sankt Helena) 204
Los Angeles 216
Lotyiska 6 (Prag-Bubenco) 283, 296
Ludwigshafen 326
Lübeck 41, 130, 213, 214, 249, 283, 284, 302
Lüneburg 214
Lünen 273
Luginsland (bei Muggenbrunn / Schwarzwald) 68
Luisenschule (Bergedorf) 51

Maden (bei Gudensberg; heute Schwalm-Eder-Kreis) 271, 272
Mähren 57, 90, 218, 280, 293
Männerdorf (Zürich) 268
Magdeburg 341
Malvern Wells (Worcestershire) 209, 247, 262
Mannheim 267, 269
Marburg 186, 218, 257, 273, 274, 415
Marco Island (Florida) 267
Maria Ellend 280, 293
Mariabrunn (Pfarre in Wien) 289
Marienthal (Thüringen) 207
Mayfair 211
Meckenheim 279
Megève (Département Haute-Savoie) 94, 137, 193, 284, 297

Meldorf 129, 229, 353
Melsungen 270, 272
Michaeliskirche (Hamburg) 29
Miesbach 198
Mönchengladbach 219
Mönkeberg 241
Moers 278
Montegrotto 243
Montreal 263
Morlaas 308
Moskau 233
Muggenbrunn (Schwarzwald) 68
München 144, 218, 241, 243, 269, 279, 307, 344
Münchenbernsdorf 321
Münster 273

Naumburg (Hessen) 271
Naumburg (Saale) 298
Nemest (Mähren) 280
Nesse (bei Bremerlehe) 207
Neuengamme 234
Neumünster 301
Neuruppin (Brandenburg) 212
Neustadt an der Orla 286, 287
Neustadtgödens (Krs. Friesland) 264
New York 30, 31, 111, 207, 210, 246, 263, 352, 362
Niederlande 31
Niederösterreich 216, 276, 288, 292, 293
Niedersachsen 282
Nordbaden 269
Norddeutschland 27, 167
Nordhausen (Harz) 274
Nordrhein-Westfalen 304
Nürnberg 87, 88, 123, 139, 175, 182, 226, 229, 237, 251, 256, 257, 306, 332, 333

Oberbayern 198
Oberhülsa (bei Homberg / Hessen) 246, 272, 273
Oberrottweil 242
Oberstdorf (Allgäu) 159, 160, 235, 255, 256, 307
Oberstein 242
Oberweimar 273
Oberweißbach (Thüringen) 207
Österreich 64, 70, 88, 89, 126, 154, 158, 188, 204, 212, 254, 357, 358, 360
Offenburg 269
Ohlau (Preußen) 233
Ohlsdorf (Friedhof in Hamburg) 282
Oldenburg 221
Osnabrück 111, 113, 228, 324, 352, 353
Ossiacher See (Kärnten) 157, 158, 255, 297
Ostfildern (Ruit) 243, 279
Ostholstein 138, 231, 330
Ovelgönne (Wesermarsch) 264, 282

Paris 30, 78, 193, 204, 240, 258, 264, 276, 314, 431
Paulskirche (Frankfurt a.M.) 27
Pennsylvania 30
Persien 76, 250
Plön 231
Polen 48, 99, 143, 144, 187, 249, 253, 258, 310, 354, 359, 360
Potsdam 204, 212, 233
Prag 5, 69, 71, 79, 80, 83-88, 90-92, 99, 107, 108, 110, 118-120, 126, 168, 169, 185, 187, 217, 218, 222-224, 228, 239, 251, 252, 254, 256, 283, 286, 296, 298-302, 332, 333, 339

ORTSREGISTER

Preßburg 318
Preußen 21, 27, 73, 153, 154, 158, 219, 245, 305, 326
Proßnitz (Mähren, Prostějov) 66, 218, 350

Regelsbrunn 280
Rehberg (bei Krems) 276, 357
Reichenau (Bodensee) 267
Reifnitz am Wörthersee (Kärnten) 289
Reinbek *passim*
Rhein 297
Rheinbach 4
Rheydt 219
Riga 126, 131, 132, 254, 268, 353
Rinteln (Weser) 273, 274
Rodenkirchen (Köln-) 244, 259, 276, 278, 298, 341
Rom 268
Rondorf (Köln-) 278, 337, 373, 434
Rosenheim 273
Rotenburg a.d. Fulda 272
Roveredo 212
Roztoky (bei Prag) 84, 85, 92, 299
Ruhr 190
Rußland 212, 357

Sachsen-Weimar-Eisenach (Großherzogtum) 55, 274, 275, 286, 287
Sachsenwald 49, 71, 100, 103, 152, 168, 180, 214, 222, 236, 238-240, 242, 321, 324, 338, 352
Saint Cyprien (bei Perpignan) 110-113, 115, 228, 253, 352, 353
Saint Cyr 194
Salzburg 276, 293, 357
Saming 292

Sankt Petersburg 233
Santa Cruz (Kalifornien) 241
Savoyen 14
Schaffa 291
Schladming (Steiermark) 289
Schleswig-Holstein 93, 103, 138, 240, 242, 252, 304, 321
Schlichting 231, 248
Schliersee 198, 279
Schloß Gottorf 214
Schöningstedt 237
Schottland 31
Schwarzenhasel (Rotenburg a. d. Fulda) 245, 272
Schwarzwald 68, 88, 186, 191
Schweinsberg (Hessen) 273
Schweiz 77-79, 196, 212, 222, 268, 349
Schwerte 190
Serbien 212
Singen (Hohentwiel) 286
Slowakei 278
Spandau 212
Spanien 265, 308
St. Carl (Pfarre in Wien) 290
St. Gallen 268
St. Georg (Kirchengemeinde in Hamburg) 263, 282
St. Germain (Schloß bei Paris) 65, 89, 249
St. Gertrud (Kirchengemeinde in Hamburg) 285
St. Gilgen 276
St. Peter-Ording 283
Stadtbergen 355, 429, 475
Stanford 242
Steglitz (Berlin-) 37, 247
Steiermark 280
Stockholm 209, 245, 262

Stolzenthalergasse 19 (Wien-Josefstadt) 292
Stormarn 124, 134, 162, 253, 284, 285, 293, 300, 301, 338
Straßburg 211, 242
Stuttgart 210, 269, 339
Südfrankreich 78

Tannenhof (Anstalt im Rheinland) 273
Technikerstraße 5 (Wien-Wieden) 287
Tegel (Berlin-) 204
Terlan, Etschtal (Südtirol) 297
Teufen (Appenzell Ausserrhoden) 77, 221, 332
Thalgau (bei Salzburg) 276
Tharandt 239
Thüringen 207
Thurn (bei Salzburg) 276
Tiche udoli op 8 (Roztoky bei Prag) 84
Tiefstack (Bahnstation in Hamburg) 159, 234
Trauttmannsdorffgasse (Wien-Hietzing) 64, 65, 216
Trauttmannsdorffgasse 52 (Wien-Hietzing) 59, 288, 289, 292, 293
Tremsbüttel 336
Trendelburg 272
Trettachspitze 159
Triptis 321
Trittau 336
Troppau 278
Tschechien 239
Tschechoslowakei 86, 88, 90, 119, 187, 252, 298
Tübingen 278
Turnov 223

Uccle / Ukkel (Hauptstadtregion Brüssel) 113, 300
Ungarn 212, 318
Unter den Linden (Berlin) 38
USA 29-31, 76, 87, 187, 207, 209, 210, 218, 240-242, 246, 251, 262, 267, 346, 357
Uzwill (bei St. Gallen) 268

Vaake 270, 272, 274, 325
Veckerhagen 272
Venedig 214
Venezuela 234
Vereinigtes Königreich 90, 267
Vichy 115, 253
Villegenis (Schloß bei Paris) 204
Villigst (bei Schwerte) 190, 192
Vilnius (Litauen) 240
Vorau (Steiermark) 355, 363
Vorwerksbusch (Sachsenwald) 152

Wackerbarths Ruhe *Schloß* 346
Wales 31
Warburg 273
Weida 55, 215, 245, 246, 274, 275, 286, 287, 321, 322, 429
Weißeritz (Sachsen) 239
Wenigenhasungen 271
Wentorf 167, 236, 279, 332
Wesermarsch 282
Westfalen (Königreich) 21, 204, 245
Westminster Abbey 32
Wieden (Wien-) 287
Wiedenergürtel 68 (Wien) 289
Wien 5, 31, 55, 57-60, 62-65, 67, 85, 89, 126, 144, 158, 204, 215-218, 233, 244, 246-250, 254-256, 264, 274-276, 279, 280, 286-297, 323, 341, 350, 357, 433
Wiesbaden 277, 339, 341, 427
Wilhelm-Gymnasium (Hamburg) 38, 212
Wimbledon 32, 211, 262, 348
Windermere (Cumbria) 348
Wörthersee (Kärnten) 158, 289
Wohltorf 138, 214, 249
Wolfhagen 271
Württemberg 54, 269
Würzburg 212, 313
Wulsdorf 203
Wuppertal 278
Wustrau (bei Neuruppin) 233

Yad Vashem (Jerusalem) 148, 259

Zähringer Straße 5 (Freiburg) 296
Ziegenhain 272
Zierenberg 271
Znaim (Znojmo in Tschechien) 213
Zollikon 229, 234, 243, 349
Zürich 240, 268
Zwickau 77, 268

Namenregister
zu »Theresienstadt«

Abel, Evelyn 386
–, Leona Margarethe (verh. Friedländer) 421
Achelis, Ernst Christian 415
Adler, Hans Günther 369, 370, 377, 379, 386, 387, 391, 392, 394, 395, 397, 398, 407, 409, 418, 420, 421
–, Jeremy 369
Adler-Klepetar, Gertrud (»Geraldine«) 369
Albrecht, Otto 384, 405
Alexander der Große 415
Althaus, Paul 390
Aschoff, Diethard 397
Aufricht, Erna 371, 372
–, Johanne 371, 372

Baeck, Leo 395
Bake, Rita 372, 386
Barkow, Ben 370
Bendick, Claudia 399, 401
Bernstein, Elsa (geb. Porges) 372, 386, 387, 394, 395, 420, 421
–, Eva (verh. Hauptmann) 420
–, Max 420
Bessel-Hagen, Erich 401
Biedermann, Alois Emanuel 415
Billroth, Theodor 402
Bondy, Ruth 386
Bornkamm, Heinrich 390
Brieskorn, Egbert 401
Bülow, Bernhard Fürst von 420
Bukofzer, Arthur 409

Calvin, Johannes 403
Chietz, N.N. *Ingenieur* 410
Czech, Danuta 397

Decius, Nikolaus 412
Delitzsch, Franz 397
Dilthey, Wilhelm 311, 312
Dinter *Fräulein* 401
Donath, Rudolf 409, 410
Drexhage, Hans-Joachim 385
Druck, Paul 410

Ebert, Friedrich 372, 386
Edelstein, Ariel [Arieh?] 386
–, Jakob 386
–, Miriam 386
Ehard, Hans 420
Einstein, Albert 372
Eisenkraft, Clara 371, 372, 392
Engelmann, Walter Julius 418
Enker, Dominé 407
–, Max 407
Eppstein, Hedwig (geb. Strauß) 395
–, Paul Maximilian 395, 397

Felgentreff, Ruth 371
Fischer, Bonifatio 393, 414
Franck, Adolf 419
Frankau, Margit 400, 401, 404
Freudenberg, Adolf 401
Friedländer, Johann Georg Franz Hugo 421

–, Leona Margarethe (geb. Abel oder Hevesi) 421
Fürth, N.N. *Geigerin* 411

Gelberg, Karl-Ulrich 420
Gerson, Ernst 397, 399, 409, 410
Goldschmidt, Arthur 147, 154, 195, 232, 233, 369-373, 375, 377, 390, 392, 395-397, 399-407, 412
Grabower, Rolf 369, 420
Greavett, Jackie 419
Gribomont, Johanne 393, 414
Grüber, Heinrich 401
Gustav II. Adolf 415

Hadrianus, Publius Aelius 415
Hamburger, Georg 399, 400, 402-407, 414
Harnack, Adolf von 415
Hauptmann, Eva (geb. Bernstein) 420
–, Gerhart 420
–, Klaus 420
Hausdorff, Felix 401
Helfert, Joseph Alexander Freiherr von 410
Hevesi, Leona Margarethe (verh. Friedländer) 421
Hirschberg, Hans Walter 407
Hitler, Adolf 379, 417
Hochstetter, Gustav 419
–, Hildegard 419
Hoppe, Albert Friedrich 390

Humperdinck, Engelbert 420
Hus, Jan 388, 403

Jesus von Nazareth 372, 393
Johnson, Alvin Saunders 311
Joseph II. *Kaiser* 379
Junius *Verlag* 370

Kamlah, Wilhelm 377, 430, 432
Kiupel, Birgit 372, 386
Klemich, Lies 419
Kneppe, Alfred 385
Kobrak, Charlotte 401
–, Richard 401-405
Kurschat, Andreas 399, 401

Landgrebe, Ludwig Max Carl 371
Leichsenring, Jana 397, 409, 410
Leist, Klaus 370
Leo XIII. *Papst* 410
Lietzmann, Hans 390
Liszt, Franz 420
Lucke, Wilhelm 426
Ludwig, Hartmut 399, 401
Lüdtke, Gerhard 312
Luther, Martin 384, 388, 390, 405, 410, 411, 416, 417, 426

Maierhof, Gudrun 395
Makarová, Jelena 409
Manes, Eva 419
–, Philipp 370, 377, 383, 386, 394, 395, 398, 419-421
Melanchthon, Philipp 390
Mohr, Jakob Christian Benjamin 369, 370
Münzer, Friedrich 385
Murmelstein, Benjamin 394, 408

Naarmann, Margit 397
Nestle, Eberhard 414
–, Erwin 414
Niemöller, Martin 403, 407

Porges, Elsa (verh. Bernstein) 372, 386, 387, 394, 395, 420, 421
Proskauer, Erwin 401
–, Erwin oder Walter 401, 404
–, Walter 401
Ranft, Maria Elisabeth 420
Röhm, Eberhard 370-372, 377, 379, 386, 387, 393, 395, 397-399, 401, 402, 407, 409
Rosmer, Ernst [Pseudonym von Elsa Bernstein] 372, 386, 420
Ruschkewitz, Erich Karl 409, 410

Schlatter, Adolf 415
Schoen, Albert 398
Schott, Anselm 413
Schultze, Harald 399, 401
Seidler, Eduard 401
Seligman, Edwin Robert 311
Siebeck, Paul 369, 370
Siegert, Folker 397
Sikorski, Hans 312
Simonson, Berthold 395
Sparks, Hedley Frederick 393, 414
Stargardt, Otto 372, 387, 400-408, 412, 413, 418, 422
Steinhauser, Mary 370, 383, 397, 400, 402, 409, 411, 421
Strauß, Hedwig (verh. Eppstein) 395

Thiele, Walter 393, 414
Thiemann, Marie 420
Thierfelder, Jörg 370-372, 377, 379, 386, 387, 393, 395, 397-399, 401, 402, 407, 409
Thust, Karl Christian 426
Troeltsch, Ernst 415
–, Marta 415

Ullstein, Leopold 370
Utitz, Emil 371

Volz, Hans 390

Wachs, Erich 401, 402
Wallstein *Verlag* 369
Weber, Robertus 393, 414
Weis, Georg 370, 383, 397, 400, 402, 409, 411, 421
Wernle, Paul 415
Wiener, Alfred 419
Wiesehöfer, Josef 385
Wolf, Ernst 390
Wollstein, Hans (Lot) 401, 404

Zinzendorf, Nikolaus Ludwig Graf von 403

Bibelstellenregister

1. Mose 4 360

2. Mose 20,1-17 417
2. Mose 20,13 417

3. Mose 19,18 424

5. Mose 5,6-21 417
5. Mose 5,17 417
5. Mose 6,5 424

Ruth 316

Hiob 19,25 32, 211, 425

Psalm 46 426
Psalm 90 413
Psalm 90,4 413

Matthäus 6,9-13 412
Matthäus 22,14 223
Matthäus 22,37-40 424
Matthäus 25,13 432
Matthäus 28,20 384

Markus 407, 414

Lukas 1,28 414
Lukas 1,42 414
Lukas 11,2-4 412, 417

Johannes 11,25 393, 413
Johannes 16,33 423

Apostelgeschichte 2 416

Römer 5,3 424
Römer 5,5 424

1. Korinther 1,10-13 405
1. Korinther 15,42-43 413

2. Thessalonicher 3,3 423

1. Petrus 1,13 423

Johannesapokalypse 20,2-4 424, 425

Eine Jugend im Nationalsozialismus

Marieluise Winkenbach
Drei Liter für Hitler
Eine Jugend im Zweiten Weltkrieg

143 Seiten, 13,5 x 21 cm, gebunden, Lesebändchen
ISBN 978-3-87062-091-2

Die Kindheit der anfangs neunjährigen Elisabeth im Dritten Reich ist das Thema dieses spannenden Buches. Man lebt zunächst am Rande des Schreckens im »normalen« Umfeld einer zusehends moralisch entfesselten Welt. Fast schleichend sickert die nationalsozialistische Ideologie in den bürgerlichen Alltag ein.

»Weggekommen!« Aber: Wer? Wann? Wohin?

Horst Mies
Sie waren Nachbarn
Zur Geschichte der Juden in Rheinbach

112 Seiten, zahlr. Abb., 13,5 x 21 cm, frz. Broschur
ISBN 978-3-87062-098-1

Das vorliegende Buch dokumentiert in bewegender Weise das Miteinander der Rheinbacher Juden und ihrer christlichen Nachbarn, das sich fast unmerklich in ein Gegeneinander wandelt: Die Deportation aller Rheinbacher Juden erfolgte im Februar 1942 über Köln in die Vernichtungslager.

Frauen der Bibel erzählen ihre Geschichte

Hermann Saenger
Sie wussten, was sie taten

204 Seiten, 13,5 x 21 cm, gebunden, Lesebändchen
ISBN 978-3-87062-095-0

Wer weiß heute noch etwas über Susanna im Bade? Die Pharaonentochter und Moses im Schilfkörbchen? Die Hexe von Endor? Potiphars Frau? Viele Geschichten der Bibel handeln von starken Frauen, deren aufregende Lebensberichte auch nach 3000 Jahren noch fesselnd zu lesen sind – vor allem, wenn die Frauen selbst erzählen!

Glaubensgrundlagen erklärt

Dennerlein / Meyer-Blanck (Hg.)
Evangelische Glaubensfibel
Grundwissen der evang. Christen
208 S., 13,5 x 21 cm, frz. Broschur
ISBN 978-3-87062-082-0

Fürst / Werbick (Hg.)
Katholische Glaubensfibel
448 S., 13,5 x 21 cm,
frz. Broschur
ISBN 978-3-87062-069-1

Mit den beiden Glaubensfibeln liegen die wesentlichen, mit zahlreichen Farbtafeln bebilderten und theologisch fundierten Informationen zum christlichen Glauben in der Sprache von heute vor; Handbücher für alle, die in Schule, Gemeinde, kirchlicher Bildungsarbeit u.ä. tätig sind.

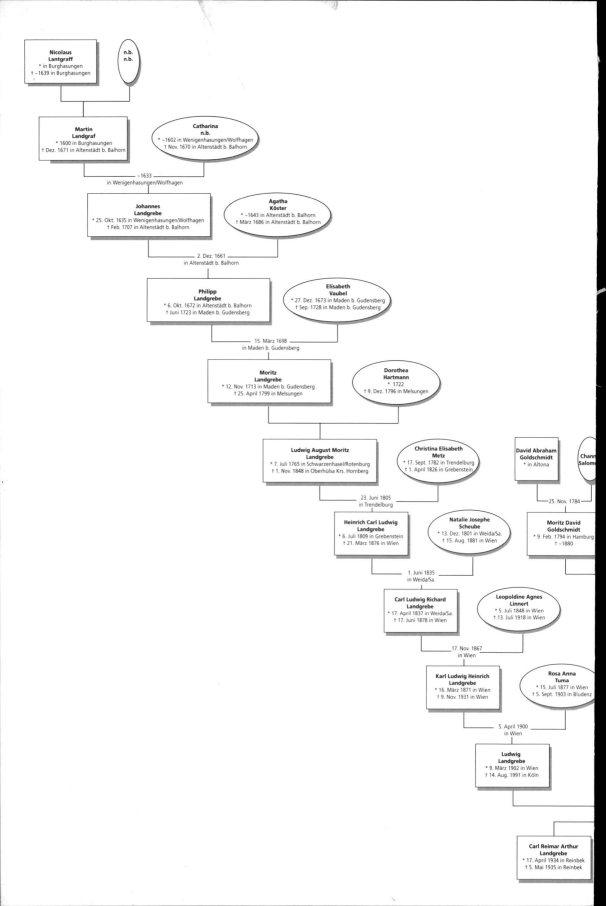